A GUERRA DOS CEM ANOS

FUNDAÇÃO EDITORA DA UNESP

Presidente do Conselho Curador
Mário Sérgio Vasconcelos

Diretor-Presidente / Publisher
Jézio Hernani Bomfim Gutierre

Superintendente Administrativo e Financeiro
William de Souza Agostinho

Conselho Editorial Acadêmico
Luís Antônio Francisco de Souza
Marcelo dos Santos Pereira
Patricia Porchat Pereira da Silva Knudsen
Paulo Celso Moura
Ricardo D'Elia Matheus
Sandra Aparecida Ferreira
Tatiana Noronha de Souza
Trajano Sardenberg
Valéria dos Santos Guimarães

Editores-Adjuntos
Anderson Nobara
Leandro Rodrigues

Georges Minois

A GUERRA DOS CEM ANOS
O NASCIMENTO DE DUAS NAÇÕES

Tradução
Thomaz Kawauche

Título original: *La Guerre de Cent Ans: Naissance de deux nations*

© 2016 Perrin, Paris
© 2024 Editora Unesp

Direitos de publicação reservados à:
Fundação Editora da Unesp (FEU)
Praça da Sé, 108
01001-900 – São Paulo – SP
Tel.: (0xx11) 3242-7171
www.editoraunesp.com.br
www.livrariaunesp.com.br
atendimento.editora@unesp.br

Dados Internacionais de Catalogação na Publicação (CIP) de acordo com ISBD
Elaborado por Vagner Rodolfo da Silva – CRB-8/9410

M666g	Minois, Georges
	A Guerra dos Cem Anos: o nascimento de duas nações / Georges Minois; traduzido por Thomaz Kawauche. – São Paulo: Editora Unesp, 2024.
	Tradução de: *La Guerre de Cent Ans: Naissance de deux nations* Inclui bibliografia. ISBN: 978-65-5711-215-1
	1. História europeia. 2. Idade média. 3. França. 4. Grã-Bretanha. 5. Guerras e conflitos. I. Kawauche, Thomaz. II. Título.
2024-780	CDD 940 CDU 94(4)

Editora afiliada:

IDE, SENHORES, CADA UM EM SEU POSTO [...]
TENDO NOSSOS BRAÇOS COMO CONSCIÊNCIA E NOSSAS ESPADAS COMO LEI.
AVANCEMOS JUNTOS E BRAVAMENTE! VAMOS LÁ, AOS TRANCOS E BARRANCOS,
SE NÃO PARA O CÉU, QUE SEJA, ENTÃO, DE MÃOS DADAS, PARA O INFERNO.

(William Shakespeare, *Ricardo III*, V, 3)

SUMÁRIO

PREFÁCIO: A GUERRA DOS CEM ANOS ACONTECEU?............... 1

**1 – ORIGENS E NATUREZA DO CONFLITO:
UMA RIXA FEUDAL QUE AUMENTA (1327-1338)**........................... 5

A crise monárquica inglesa (Londres, 1327); O reino da Inglaterra; O problema escocês; O reino da França; A crise dinástica francesa (Paris, 1328); Os problemas de Flandres e da Aquitânia; As relações se degradam (1328-1336); A escalada (1336); Eduardo III e a coalizão dos Países Baixos (1337); Os dados são lançados (1338)

**2 – GUERRA E PESTE: VITÓRIAS INGLESAS E
A MORTE NEGRA (1338-1348)**... 49

Uma luta indefinida em 1338-1339; Gante, 26 de janeiro de 1340: Eduardo, rei da França; Eclusa (24 de junho de 1340): uma Trafalgar medieval?; Trégua de Espléchin e avaliação do início da guerra (setembro de 1340); Uma nova frente: Bretanha (1341-1343); A trégua de Malestroit. Novo balanço (janeiro de 1343); Fracasso das negociações (Avignon, 1344); Retomada da guerra (1345); Crécy (26 de agosto de 1346); 1346, Annus mirabilis para Eduardo III; 1347: Calais; 1348: a peste interrompe a guerra

**3 – DE CALAIS A BRÉTIGNY: OS INFORTÚNIOS DO
REINO DA FRANÇA (1348-1360)**... 101

Fim do reinado (1348-1350); Início do reinado: João II e sua comitiva (1350-1353); Um novo interventor: Carlos, o Mau (1354); 1355: a cavalgada do Príncipe Negro; 1356: os problemas do rei João; Poitiers (19 de setembro de 1356); A França rumo ao caos (outubro de 1356-outubro de 1357); Carlos, o Mau: o retorno; Da guerra franco-inglesa à guerra social: a Jacquerie (maio-agosto de 1358); O delfim e o rei de Navarra (verão de 1358-verão de 1359); A cavalgada de Eduardo III (outubro de 1359-maio de 1360); Brétigny, 8 de maio de 1360: o desmembramento do reino

4 – UMA GUERRA CONTAGIOSA: A "PAZ BIZARRA" E AS GRANDES COMPANHIAS (1360-1370) 155

Auvérnia, Provença, Champagne: o início das companhias; O reinado das grandes companhias (1360-1364); Paz estranha e segundo fim de reinado (1360-1364); O início da associação Carlos V – Du Guesclin: Cocherel (16 de maio de 1364); A solução do problema bretão: Auray e Guérande (1364-1365); As companhias na Espanha (1366); Nájera (3 de abril de 1367) e Montiel (14 de março de 1368); Da falsa paz à verdadeira guerra (1368-1369)

5 – RECONQUISTA E REVOLTAS: DA RECUPERAÇÃO FRANCESA À CRISE EUROPEIA (1370-1382) 195

Início do recuo inglês; Du Guesclin, condestável da França (2 de outubro de 1370); A nova estratégia. Pontvallain (4 de dezembro de 1370); A reconquista de Poitou (1371-1372); Chizé, cavalgada de Lancaster e assuntos bretões (1373-1375); A trégua de Bruges e o difícil fim do reinado na Inglaterra (junho de 1375-junho de 1377); Últimos sucessos de Carlos V e Du Guesclin (1377-1380); O Cisma e a Guerra dos Cem Anos; De Carlos V a Carlos VI (1380); As desordens das duas menoridades (1380-1382)

6 – MUTAÇÕES DE CONFLITO: DA GUERRA FEUDAL À GUERRA CIVIL (1382-1415) 241

Os problemas ingleses: Ricardo II e a aproximação com a França (1382-1399); Ascensão dos Lancaster (1399); A França paralisada por conflitos internos e pela loucura do rei (1382-1399); Entre guerra e paz: as dificuldades de Henrique IV (1400-1409); Armagnacs e burgúndios: gênese da ruptura (1404-1409); As duas facções e a ajuda inglesa (1410-1412); O episódio cabochiano (1413); Henrique V, árbitro das facções francesas (1413-1415)

7 – A VITÓRIA INCOMPLETA DOS LANCASTER: AZINCOURT, TROYES E O ESFACELAMENTO DA FRANÇA (1415-1423) 283

Azincourt (25 de outubro de 1415); Um interlúdio diplomático (1416); Conquista da Normandia e assassinato de João Sem Medo (1417-1419); O Tratado de Troyes

(21 de maio de 1420); Uma implementação difícil (1420-1422); A morte dos reis e da França inglesa (1422-1423); Bedford, Filipe, o Bom, e João V; O reino de Bourges; Rumo à guerra patriótica?

8 – O EQUILÍBRIO: A GUERRA DE EXAUSTÃO DE 1424 A 1444 323
O conflito fica estagnado (1424-1428); A ofensiva inglesa de 1428: Orléans; A consagração de Carlos VII (1429); De uma consagração a outra (1429-1431); O conflito perde fôlego (1432-1435); O Congresso e o Tratado de Arras (julho--setembro de 1435); Captura de Paris (1436); os ingleses na defensiva (1436-1439); Os esfoladores e a Praguerie (1439-1440); O recuo dos ingleses (1440-1443); A Trégua de Tours (1444)

9 – O FIM DE UMA GUERRA SEM FIM: DA TRÉGUA DE TOURS À BATALHA DE CASTILLON (1444-1453) 371
A recreação de Nancy e Châlons (1444-1445); Reformas militares e fiscais na França; Desordens e fraquezas da Inglaterra; Tréguas e negociações (1444-1449); A reconquista da Normandia (1449-1450); A primeira conquista da Aquitânia (1451); Filipe, o Bom, e o delfim Luís; A segunda conquista da Aquitânia (1453)

10 – A GUERRA DOS CEM ANOS: FATOR DE MUDANÇAS ECONÔMICAS E SOCIAIS 419
Demografia: perdas humanas e migrações; Insegurança e militarização do espaço; Desorganização da rede urbana francesa; Declínio de Paris, ascensão de Londres; A guerra como matriz de políticas econômicas: privatizações, estatização e dirigismo; A guerra, fator de tributação permanente e agitação social; A guerra e a crise do senhorio; A nobreza, da realidade ao sonho

11 – A GUERRA DOS CEM ANOS: FATOR DE MUDANÇAS POLÍTICAS E MILITARES 463
Enfraquecimento e desvio da ideia de cruzada; Uma diplomacia de desconfiança; O rei da França: rumo ao direito divino; A Guerra dos Cem Anos: fator de centraliza-ção ou descentralização?; O imposto permanente: consequência direta da guerra; O poder real inglês pressionado entre o Parlamento e a aristocracia; Eficácia do exército inglês no século XIV: o grande arco, arma mítica; O exército francês: do cavaleiro ao canhão; Prática e teoria da guerra; Os mercenários; Uma lacuna: a marinha

12 – A GUERRA DOS CEM ANOS: FATOR DE MUDANÇAS CULTURAIS E RELIGIOSAS 513

A banalização da violência e o caráter inelutável da guerra; A guerra justa: tema de propaganda; O clero e a guerra: participação ativa; A Guerra dos Cem Anos: recuo da cristandade em benefício das igrejas nacionais; Xenofobia e sentimento nacional: França; Nascimento do orgulho nacional inglês; As guerras das línguas; Nascimento da identidade cultural; A guerra: estimuladora da história e da profecia; A guerra, o medo e o irracional

EPÍLOGO: DO CRISTIANISMO À EUROPA DAS NAÇÕES 563

CRONOLOGIA 569

GENEALOGIAS 573

BIBLIOGRAFIA SELECIONADA 579

Siglas; Fontes e documentos impressos; Crônicas e fontes narrativas; História geral da Guerra dos Cem Anos; Aspectos políticos; Aspectos militares; Aspectos econômicos e sociais; Aspectos culturais; Biografias das principais personalidades

MAPAS 601

Mapa 1 – França em 1328; Mapa 2 – Inglaterra nos séculos XIV e XV; Mapa 3 – Londres por volta de 1400 e Paris por volta de 1400; Mapa 4 – Principais zonas de confronto; Mapa 5 – Principais cavalgadas inglesas no século XIV; Mapa 6 – Principais batalhas campais; Mapa 7 – Crécy em 1346 e Poitiers em 1356; Mapa 8 – Cocherel em 1364 e Auray em 1364; Mapa 9 – Nájera em 1367 e Azincourt em 1415

ÍNDICE DE NOMES SELECIONADOS 611

PREFÁCIO

A GUERRA DOS CEM ANOS ACONTECEU?

Questão puramente formal, obviamente, mas necessária quando se trata de um termo consagrado como este, que às vezes esconde falsas evidências. A Guerra dos Cem Anos é uma criação de historiadores que amam o espetacular e as expressões chocantes, ou ela realmente aconteceu? Cem anos exatos de guerra, é quase bom demais para ser verdade! O uso de um termo de duração para designar um conflito pretende enfatizar a sua brevidade (a Guerra dos Seis Dias) ou a sua delonga incomum (as guerras dos Sete Anos e dos Trinta Anos). Aqui teríamos um recorde absoluto, e tão marcante que chega a levantar suspeitas.

Suspeitas confirmadas pelo fato de nenhum contemporâneo ter utilizado o termo. Em 1453, ninguém estava ciente de emergir de uma guerra de cem anos. Não somente nenhum tratado declara o seu fim, como nem mesmo se sabe ao certo quando ela começou. É verdade que, em 1389, Eustáquio Deschamps escreve:

Ai de mim! Quem veria após cinquenta e dois anos
O povo morto, a grande matança
Cavaleiros, mulheres, crianças [...]

Assim ele sugere que o caso começou em 1337. Os outros autores, porém, se contentam em dar as razões do conflito, como Hugo de Lannoy, que em 1436 declara que "as guerras estão emparedadas entre o rei da França e o rei Eduardo da Inglaterra pela coroa da França"; em 1438, Henrique VI, na fundação do colégio de All Souls em Oxford, convida à oração por aqueles que "caíram nas guerras pela coroa da França".

As pessoas certamente sabem que estão envolvidas em um conflito interminável entre os reis da França e da Inglaterra. Porém, esse conflito é tão pontuado por tréguas e tratados que a cada vez parecem definitivos, como em Brétigny e em Troyes, que não é possível saber de verdade se o que ocorre é uma série de várias guerras ou um conflito único. O fim é ainda mais problemático do que o começo, uma vez que nenhum texto oficial é assinado: nem armistício, nem tratado de paz. Nada.

É apenas no início do século XVI que J. Meyer tem a intuição de uma guerra secular, escrevendo em seus *Commentaria sive Annales Rerum Flandicarum* que "a guerra inglesa [...] foi de todas a mais longa e a mais cruel; com intervalos, ela ultrapassa o centésimo ano". Em 1600, João de Serres, em seu *Inventário geral da história de França*, menciona uma "guerra interna de cem anos" – mas ele pensa na guerra civil, cujos contornos são aliás difíceis de definir.

É preciso aguardar quase quatro séculos para que, finalmente, a "Guerra dos Cem Anos" fosse oficializada. O termo só foi usado pela primeira vez em 1823, num manual de história de C. Desmichels, o *Tableau chronologique de l'histoire du Moyen Âge*. O autor – ou o "inventor" – utiliza-o como uma expressão conveniente que permite esquematizar os embates confusos entre franceses e ingleses nos séculos XIV e XV. M. Boreau retoma o termo em 1839 em sua *História da França* e, em 1852, aparece a primeira obra intitulada *A Guerra dos Cem Anos*. Daí em diante, ele adquire o estatuto de verdade histórica intangível, em grande parte devido à sua simplicidade e conveniência. Na memória coletiva, o século XIX está agarrado a esse tronco com ramos denominados Joana d'Arc, Du Guesclin, Talbot, Étienne Marcel, Carlos (o Mau),

PREFÁCIO

Pedro (o Cruel), Príncipe Negro, Crécy, Poitiers, Azincourt e um cenário de miniaturas medievais com castelos fortificados e cavaleiros de armadura. E, agora, a árvore da "Guerra dos Cem Anos" é tão inerradicável quanto o carvalho de são Luís.[1] Os ingleses levam um certo tempo até adotarem essa invenção francesa. É somente em 1869 que E. Freeman sugere a adesão. Desde então, a *Hundred Years War* torna-se um clássico que origina inúmeras publicações.

Dizer que a Guerra dos Cem Anos é uma convenção da historiografia não significa que ela seja um mito. A ciência histórica precisa de marcos e referenciais, e se termos como Antiguidade, Guerra do Peloponeso, Alta e Baixa Idade Média, Renascimento e tantos outros podem ser relativizados, nem por isso são necessariamente arbitrários. Consagrados por gerações de historiadores, revelam-se definitivamente sólidos e justificados. No que diz respeito à Guerra dos Cem Anos, as datas podem ser discutidas indefinidamente, pois nelas não há nada de oficial. Todavia, pelo fato de ser uma guerra anglo-francesa entre dois países que são inimigos há quase oito séculos, por que não falar da Guerra dos 750 anos, de Hastings (1066) a Waterloo (1815)? Ou, mais modestamente, da Guerra dos 180 anos, desde o primeiro confisco de Guiena (1294) até o Tratado de Picquigny (1475)?

Se as datas que se impõem são 1337-1453, ou seja, exatos 116 anos, é porque nesse intervalo o confronto atinge a sua máxima intensidade e, apesar das tréguas, os dois países vivem verdadeiramente em estado de guerra. Guerra aberta, com cercos, batalhas e destruição, ou guerra fria, especialmente durante os reinados de Ricardo II e Henrique IV, nos anos de 1390 e 1400.

O que constitui a unidade dessa guerra é a estabilidade dos protagonistas e de seus objetivos: rei da França contra rei da Inglaterra, em torno da reivindicação deste último à posse integral ou parcial do reino da França em total soberania. Tal é a aposta declarada de um século de massacres. Isso pode parecer trivial diante da devastação causada pelo conflito: que um Valois, um Plantageneta ou um Lancaster seja rei da França, qual a importância disso?

---

1 Referência ao rei Luís IX da França (reinado de 1226 a 1270, canonizado em 1297), que, de acordo com o cronista João de Joinville, ouvia as queixas de seus súditos debaixo de um carvalho próximo ao castelo de Vincennes. (N. T.)

Entretanto, como sempre, por trás dos objetivos declarados, existem realidades mais profundas, e queremos mostrar que essa guerra vai muito além do quadro de um confronto entre duas monarquias.

Já foi recontada tantas vezes que todos os principais episódios são bem conhecidos, e repeti-los mais uma vez não revelará nenhum segredo no tocante aos eventos. Por outro lado, é preciso tentar trazer à tona o significado deste grande conflito para a civilização europeia. Nenhum domínio sai ileso após uma guerra total de cem anos. Porque é de uma guerra total que se trata aqui; portanto, nela recorre-se a tudo: aperfeiçoamento das técnicas militares, espionagem, propaganda, guerra econômica, armas religiosas e ideológicas. A Guerra dos Cem Anos é mais do que uma guerra: ela diz respeito a uma mudança de civilização, que marca a passagem da cristandade feudal para uma Europa das nações mediante a tomada de consciência da identidade nacional da França e da Inglaterra. A guerra, que começa como um conflito feudal, termina em um confronto nacional. Longe de ser um epifenômeno político que desliza em meio às estruturas profundas da Idade Média, trata-se de um cataclismo que perturba a política, a economia, a sociedade, as crenças e a cultura.

A Guerra dos Cem Anos tampouco se limita geograficamente à França e à Inglaterra. O coração dos confrontos é a França, certamente. Mas muitos conflitos anexos são enxertados no duelo central, que tem ramificações até o sul da Espanha e da Itália, Suíça e Países Baixos, à margem do Império germânico. É uma verdadeira guerra europeia pelo jogo de alianças, e a Europa que dela emerge em 1453 é bem diferente daquela de 1337. Esta ainda era pensada em termos de cristandade, com uma aparência de união em torno do papa e do imperador. A nova Europa já é a Europa das nações, das identidades culturais e dos particularismos.

É por isso que será necessário, depois de relembrar os acontecimentos e recolocá-los em seus contextos, esboçar um balanço global, nos últimos três capítulos, das mudanças socioeconômicas, político-militares, religiosas e culturais provocadas por um século que desencadeou uma selvageria sem precedentes. Sim, a Guerra dos Cem Anos ocorreu e ela marca uma grande transição na civilização europeia.

– 1 –

ORIGENS E NATUREZA DO CONFLITO:
UMA RIXA FEUDAL QUE AUMENTA (1327-1338)

No início do século XIV, tudo na Europa prenuncia graves crises e um futuro muito agitado. A Europa de então é a cristandade, ou seja, uma entidade fundada na comunidade de religião, na qual os Estados, baseados politicamente em laços dinásticos e relações feudais de homem para homem, mantêm relações conflituosas ou amistosas, nas quais a dimensão espiritual está sempre presente. A Igreja impõe gradualmente códigos de conduta e um quadro jurídico-canônico que regulam as relações humanas, tanto individuais quanto internacionais.

Essa bela construção teórica racha no início dos anos 1300. A própria cabeça é afetada: Roma, entregue aos combates de facções rivais, não é mais a sede do papado, que precisa se refugiar em Avignon a partir de 1309. Lá, a autoridade do papa recua diante daquela dos soberanos, os quais afirmam sua independência no plano temporal: o terrível confronto entre Bonifácio VIII e Filipe IV, o Belo, revela essa crise, que também opõe o papa e o imperador.

Este, eleito soberano, segundo regras ainda pouco claras, encontra-se à frente de um enorme conglomerado de cerca de 350 principados e cidades independentes de língua alemã; ele carrega um título de prestígio, porém vazio, pois seu verdadeiro poder vem essencialmente de suas posses familiares. De 1314 a 1347, é a vez de um bávaro, Luís de Wittelsbach, ou Luís da Baviera. Incentivado por pensadores como Marsílio de Pádua e Guilherme de Ockham (ou Occam), entra em conflito com o papa João XXII, que defende que a aprovação pontifícia é necessária para a eleição do imperador. A luta continua contra o papa Bento XII e, em 1338, os eleitores do Sacro Império, reunidos em Rhens, no Reno, proclamam que o rei dos romanos – título atribuído a quem está destinado a tornar-se imperador – não necessita da confirmação papal para exercer seu poder.

Enquanto as duas cabeças da cristandade disputam e deixam parte de seu prestígio nesse confronto, os turcos otomanos tornam-se ameaçadores. As cruzadas haviam perdido força e a viagem ao Oriente não interessa mais aos soberanos cristãos, que agora se preocupam mais em fortalecer seu poder local. O Império bizantino, um frágil baluarte contra os muçulmanos, é corroído por suas querelas internas. No leste da Europa, Sérvia, Hungria, Polônia e Lituânia formam unidades territoriais impressionantes em termos de extensão, mas a vida política ali é muito conturbada. As guerras entre a Polônia, a Lituânia e os territórios prussianos da Ordem Teutônica causam estrago. Tem-se por ali aquilo que ainda é uma frente pioneira. Mais além há o principado de Moscou, a república de Novgorod, o país da madeira, do alcatrão e das peles, frequentado apenas por mercadores ousados. No norte, Dinamarca, Suécia e Noruega oscilam entre conflitos e tentativas de união para controlar o comércio báltico contra os hanseáticos.

No sul, predomina a fragmentação. Itália, Milão, Veneza, Florença, Pisa e Gênova se enfrentam constantemente, o que não impede que os bancos florentinos dominem o mercado monetário ocidental. Os Estados da Igreja estão em completa anarquia. Quanto ao reino de Nápoles, de 1309 a 1343 seu dirigente é o angevino Roberto, que frequentemente intervém até os Alpes, onde também se manifestam as ambições do rei da Boêmia: este último, João de Luxemburgo, invade a Itália em 1331. No tocante à Península Ibérica, ela é partilhada por quatro reinos cristãos: a pequena Navarra, Aragão, Castela e Portugal. Os muçulmanos estão sempre presentes no sul, no reino de Granada.

Nessa cristandade politicamente fatiada, com chefes em luta, o centro de gravidade situa-se no noroeste, com os dois únicos Estados verdadeiramente poderosos e estáveis: os reinos da França e da Inglaterra. É sobre eles que repousa, desde o século XII, o equilíbrio feudal europeu, que é o lado temporal da cristandade. Somente os reis da França e da Inglaterra têm capacidade política e militar para garantir a estabilidade do sistema político medieval tradicional. É verdade que a inimizade entre eles remonta ao ano de 1066. As guerras entre Luís VII e Henrique II, Filipe Augusto e Ricardo Coração de Leão, são Luís e Henrique III, além de Filipe IV e Eduardo I, alimentam a epopeia militar medieval. Porém, elas obedecem a uma certa lógica interna do sistema feudal, e, de fato, serviam como reguladores enquanto o equilíbrio de forças fosse mantido. Além disso, essas guerras coincidem com a grande aventura das cruzadas e, ao contrário do que pensava o papado, as duas séries de conflitos são complementares, e não opostas. A cruzada obrigava os dois soberanos a lidar um com outro. Uma parte de seus vassalos permanecia continuamente no Oriente e suas guerras eram limitadas em intensidade, o que ajudava a manter o equilíbrio entre ambos. Ora, o último grande esforço de cruzada que exige a mobilização de recursos consideráveis data de 1293, com o projeto de Eduardo I. Desde então, os reis abandonam o sonho da reconquista do Oriente, podendo assim dedicar todas as suas forças para combater-se uns aos outros. É isso que diferencia a Guerra dos Cem Anos das guerras anteriores: a nova guerra será total, feroz e muito mais devastadora. Não é a Guerra dos Cem Anos que impede a continuidade das cruzadas; ao contrário, é o fim das cruzadas que permite a Guerra dos Cem Anos. E, ao mesmo tempo, essa guerra fratricida entre as duas grandes monarquias europeias levará ao naufrágio da cristandade, pois esta se apoia sobretudo na força estabilizadora que esses dois grandes reinos constituem.

A colisão de ambos era inevitável devido às contradições internas do sistema feudal. No início do século XIV, a feudalidade passa por tribulações. Perante o crescimento do poder monárquico, ela sofre uma dupla crise: crise interna em cada reino, com o confronto do poder real e dos grandes nobres, e crise externa, com os dois soberanos aprisionados nas engrenagens das obrigações feudais que os colocam em conflito no quadro das relações suserano--vassalo. A Guerra dos Cem Anos é inicialmente um conflito de tipo feudal.

Suas origens estão ligadas à crise entre o sistema feudal e a ascensão dos poderes monárquicos. Coincidência: os dois reinos passam quase simultaneamente, em 1327 e 1328, por crises dinásticas sintomáticas do mal-estar.

A CRISE MONÁRQUICA INGLESA (LONDRES, 1327)

Reino da Inglaterra, 1327. Em 13 de janeiro, em Londres, uma assembleia de representantes da população, que os historiadores hesitam em chamar de parlamento, decide depor o rei Eduardo II, sob alegação de ser incompetente (ele é responsável pela perda de territórios na Escócia, Irlanda e Aquitânia), além de cruel, fraco e incapaz de melhorar. Ele também é acusado de ter violado o juramento da coroação, de não ouvir conselhos sábios e de ter roubado nobres e clérigos. Encontra-se preso no castelo de Berkeley, perto de Gloucester, onde será assassinado logo depois. A coroa é transmitida para seu filho de 14 anos, Eduardo III.

O evento é obviamente excepcional. Os juristas encontram excelentes razões para justificá-lo, mas na verdade trata-se de uma revolução palaciana. O reinado de Eduardo II havia sido calamitoso. Sua impopularidade é ainda maior porque ele está sujeito a favoritos indignos, os irmãos Despenser, seus amantes, que ele cobrira de bens. A oposição da nobreza e de grande parte do alto clero apoiou a rainha, Isabel, irmã do rei Carlos IV da França e filha de Filipe IV, o Belo. Aproveitando uma missão na França onde acompanha o filho, ela planejou a derrubada do marido. Instalada em Valenciennes na casa do conde de Hainaut, Guilherme I, com seu amante Roger Mortimer, ela recrutou setecentos mercenários, que desembarcaram em 24 de setembro de 1326 em Orwell, na costa de Suffolk. Eduardo II, abandonado por todos, fugiu, foi capturado e, depois, confinado em Kenilworth até ser deposto. Seus favoritos, os Despenser, foram espancados, enforcados e esquartejados. Os novos senhores são Isabel e Mortimer, que mantêm o novo rei, o jovem Eduardo, sob tutela.

A nova equipe dirigente, com apetite insaciável por títulos e riquezas, rapidamente desperta a hostilidade dos grandes nobres, os condes de Lancaster, de Kent e de Norfolk, entre outros. O jovem rei é totalmente excluído dos negócios e vigiado de perto. No entanto, ele suporta cada vez menos sua condição e consegue reunir ao seu redor uma equipe de jovens ambiciosos e, na noite de 19 de outubro de 1330, manda prender sua mãe e Mortimer no castelo de Nottingham. Mortimer é executado em 29 de novembro de 1330. Isabel, obrigada a devolver todos os bens que havia confiscado, é colocada em prisão domiciliar nos palacetes de Hertford e Castle Rising, onde morre em 1358, aos 66 anos.

Eduardo III torna-se, portanto, aos 18 anos, em 1330, o soberano efetivo. Sua personalidade não é muito conhecida, apesar – ou talvez por causa – de sua fama. Os cronistas de fato o descrevem recorrendo aos estereótipos do soberano cavaleiresco ideal. Froissart fala do "poderoso e valente rei Eduardo, que viveu e reinou tão nobre e corajosamente", o que não nos informa muito. Em 1330, Eduardo é um jovem vivaz, atlético e pouco culto, com uma opinião elevada sobre si mesmo. Imerso desde a infância nas intrigas e tramas da corte, cúmplice da mãe na deposição e no assassinato do pai, adquiriu muito cedo a experiência da violência implacável do mundo das grandes feras que cercam o poder. Ali acrescenta certa dose de crueldade pessoal, da qual dará muitos exemplos durante as suas guerras. Impulsivo, falta-lhe reflexão no início, quando se lança impetuosamente nas empreitadas sem medir as consequências. A força é para ele a solução dos problemas. Seu maior trunfo é a capacidade intuitiva de se comportar de acordo com o que se espera dele. Instintivamente, tem os gestos do rei guerreiro cavaleiresco, e isso agrada os nobres que o rodeiam e que encontram nele um soberano capaz de inspirar respeito, medo e admiração. Essa comitiva é jovem e mais inclinada à ação do que à reflexão. No grupo que levou Eduardo ao poder em 1330, Humphrey Bohun, futuro conde de Hereford, tem 21 anos; seus irmãos Eduardo e Guilherme têm menos de 20 anos; João Moleyns tem 25; Guilherme Montagu, futuro conde de Salisbury, 28; João de Nevill, 30; o mais velho, Roberto Ufford, mais tarde conde de Suffolk, tem 32 anos. A Inglaterra é governada a partir de 1330 por esse bando de jovens turbulentos. O rei casa-se aos 16 anos com Filipa de Hainaut, filha do conde de Hainaut, que desempenha um papel moderador, mas muito limitado.

O REINO DA INGLATERRA

O reino da Inglaterra é relativamente pequeno: 130 mil km², e povoado por menos de cinco milhões de habitantes, concentrados principalmente no sudeste e no leste da Anglia, as regiões mais férteis. O resultado é uma homogeneidade bastante grande, além dos dialetos e sotaques locais. Um relativo sentimento de identidade nacional já une os ingleses, reforçado pelo caráter insular do país. Desconfia-se de estrangeiros, mercadores e clérigos, que são vigiados e chegam a ser presos e roubados em tempos de guerra. O glorioso reinado de Eduardo I (1272-1307), avô de Eduardo III, com suas vitórias sobre gauleses e escoceses, havia fortalecido o orgulho nacional, e o governante encorajara deliberadamente a difusão dos mitos de origem, que remontam à fundação da antiga Bretanha com a chegada dos troianos. As antigas lendas contadas no século XII por Godofredo de Monmouth são transformadas em verdades históricas: em 1278, Eduardo manda abrir a tumba de Arthur e Guinevere em Glastonbury. Outro fermento de coesão social e nacional é o desenvolvimento da língua inglesa, que vai conquistando a aristocracia desde o final do século XIII – até então, desde a invasão normanda, a nobreza e o alto clero se distinguiam do povo pelo uso do francês. Por volta de 1330, estamos em plena transição: embora o francês seja falado pelos nobres, ele é cada vez mais uma língua secundária, e Froissart aponta que os diplomatas ingleses tinham o hábito de se esquivar de questões delicadas nas negociações fingindo não entender seus interlocutores. A mentalidade da ilha se desenvolve, os nomes afrancesados diminuem e os casamentos principescos e reais com francesas não são populares.

O país é relativamente próspero, mas exclusivamente rural. Londres, que supera em muito todas as outras cidades, não chega nem a 50 mil habitantes. As grandes senhorias do centro, do sul e do sudeste são geridas de maneira eficiente e a produção agrícola normalmente basta para alimentar a população. No entanto, no início do século, os limites são atingidos e, até mesmo, ultrapassados: em 1315-1316, uma terrível fome afeta o país, que já apresenta excesso de população. A área cultivada atinge sua extensão máxima, as florestas estão consideravelmente recuadas e os rendimentos, estagnados. O equilíbrio produção-consumo é agora precário. Porém, ainda em 1327, o cronista João, o Belo, que atravessa o país, declara que "nunca deixa de se maravilhar com tamanha abundância".

A Inglaterra possui uma grande fonte de riqueza: a lã, cujo papel na economia nacional pode ser comparado ao do petróleo bruto no mundo atual. O país é o principal fornecedor de matérias-primas para a indústria têxtil flamenga. Isso tem uma tripla vantagem: primeiro, esse comércio enriquece a população, especialmente os pastores e mercadores, que constituem uma classe próspera e poderosa. Agrupados em sociedades que podem ser chamadas de capitalistas, eles compram licenças de exportação do rei, e sua riqueza lhes permite desempenhar um papel social e político cada vez maior: compram terras, palacetes, tornam-se credores da monarquia e podem influenciar suas decisões. Assim, o comerciante de tecidos João Pulteney, filho de um pequeno senhor (ou escudeiro) de Sussex, enriquece com o comércio de lã a ponto de se tornar uma das principais notabilidades de Londres, eleito quatro vezes prefeito, proprietário de 23 palacetes em cinco condados e de dois palácios em Londres. Ele manda construir o magnífico castelo de Penshurst Place em Kent, adianta dinheiro de guerra ao rei, e recebe título de nobreza em 1337.

Segunda vantagem da exportação de lã: ela é uma fonte inesgotável de receita para a coroa. O comércio desse produto volumoso é fácil de monitorar e, portanto, de tributar. É estritamente regulamentado. As exportações eram realizadas em um certo número de portos mediante licenças vendidas pelo rei e, além disso, os mercadores faziam negócios cujos valores podiam ser facilmente revisados. Além disso, magnatas da lã como João Pulteney podem adiantar fundos ao rei: eles desempenham o papel de banqueiros.

Terceira vantagem: a lã inglesa, indispensável para os artesãos flamengos, é uma formidável arma política para pressionar os príncipes do continente, sejam eles vassalos do rei da França ou membros do império: condes de Flandres, de Artésia, de Hainaut e duque de Brabante. Uma ameaça de embargo às exportações de lã põe em risco toda a economia de Bruges, Ypres, Gante e Lille, podendo provocar o caos revolucionário ao reduzir o proletariado urbano à miséria.

A monarquia inglesa também desenvolveu uma eficiente máquina administrativa. No nível central, a chancelaria, onde são redigidas e expedidas as decisões régias, é composta por uma equipe de escrivães competentes, animada por um espírito de corpo tanto mais forte quanto mais fazem parte, na maioria das vezes, da casa privada do chanceler. Outra administração vital é o Tesouro,[1] onde todas as receitas e despesas são examinadas nas famosas mesas com toalhas de estampa quadriculada em preto e branco. Sob a direção do tesoureiro, esse serviço se estabiliza por volta de 1330 no distrito administrativo de Westminster, ainda separado da cidade de Londres por uma zona semirrural. A administração nômade é encerrada depois de uma experiência derradeira na década de 1330: Eduardo III, para conduzir a guerra na Escócia, transfere o Tesouro para York, o que exige mais de cinquenta carroças para transportar os arquivos.

O rei governa com o pessoal limitado de sua casa: algumas dezenas de clérigos e cavaleiros que são mais próximos. O coração do lugar é o guarda-roupa, de onde saem as decisões marcadas com o selo privado que o rei carrega consigo. Para Froissart, a Inglaterra é "o país mais bem governado do mundo". A aplicação das decisões régias é facilitada pela pequena dimensão e pela homogeneidade do país, onde a lei comum (*Common Law*) se aplica em toda parte e homens livres podem recorrer a juízes de paz itinerantes.

Nas províncias, a eficiência da administração se assenta no equilíbrio entre os interesses locais e as exigências do poder central. Um homem personifica esse equilíbrio: o xerife, que não é mais o potentado todo-poderoso da era Robin Hood. Embora seus poderes tenham sido reduzidos, ele ainda está no centro das questões de ordem pública e tributação. Trata-se de um grande proprietário no condado que, na condição de nativo da região, deve levar em conta os interesses locais. A vantagem, para a monarquia, é que seus agentes não são percebidos como autoridades externas despóticas, como na França. A população se sente envolvida nas decisões.

O problema crucial, do qual depende em grande medida o resultado da guerra, é o das finanças. As receitas da monarquia inglesa são notavelmente insuficientes para sustentar um esforço militar em larga escala e em várias frentes durante décadas. A renda ordinária, proveniente dos bens patrimoniais do rei, varia entre 15 mil e 20 mil libras por ano. As taxas alfandegárias sobre a exportação de lã e peles rendem, no início do reinado de Eduardo III,

---

1 O termo em inglês é *Exchequer*, derivado da palavra francesa *Échiquier* (a mesma que designa o tabuleiro do *jeu des échecs*), e que devemos entender como Ministério das Finanças. (N. T.)

ORIGENS E NATUREZA DO CONFLITO

cerca de 13 mil libras. A taxa normal é de 6 s 8 d (6 *shillings* e 8 *pence*) por saco de lã, mas, em caso de necessidade, pode chegar a 3 libras.

Nada disso é suficiente em tempos de guerra. A monarquia inglesa também apela massivamente a empréstimos, recorrendo a comerciantes ricos e banqueiros renanos, flamengos e, sobretudo, italianos, o que implica certo risco para estes últimos. Os Frescobaldi, de Florença, adiantaram 150 mil libras a Eduardo I e Eduardo II antes de irem à falência em 1311. O rei, afinal, é um devedor pouco confiável, que só paga quando tem vontade. Os Bardi, também de Florença, irão se envolver perigosamente nas aventuras de Eduardo III.

Mas os próprios empréstimos não passam de um expediente que permite antecipar a devolução do imposto. Isso ainda é considerado um procedimento excepcional, ao qual o rei só pode recorrer mediante acordo com seus súditos, e esse acordo só pode ser firmado pelos representantes da comunidade do reino, ou seja, pelo Parlamento. Convocada pelo soberano, o Parlamento é composto pela assembleia dos lordes (cerca de 60 condes e barões do reino, 21 bispos e 30 abades) e pela assembleia dos comuns (2 cavaleiros para cada um dos 27 condados, além dos representantes de cerca de 70 burgos). O Parlamento vota o imposto solicitado em troca da consideração de suas petições pelo rei. Essas petições referem-se tanto a problemas da administração local como a reclamações contra agentes do poder central, ou até mesmo a orientações de política geral, interna ou externa.

As relações entre o rei e o Parlamento são um elemento fundamental para o bom funcionamento do Estado. Longe de serem antagônicas, as duas entidades se consideram como complementares. Os ingleses têm assim a impressão de estarem associados às decisões do soberano, e este, forte pelo assentimento de seus súditos, ganha confiança. Essa noção de interesse comum e unidade nacional ajuda a explicar os êxitos ingleses no início da guerra.

Quanto ao esforço financeiro exigido, ele se apresenta na forma de um imposto de um décimo dos bens móveis na cidade e um décimo quinto no campo. É comum dizer "arrecadar um décimo e um décimo quinto". Isso pressupõe uma avaliação dos bens de todos, e é essa a parte delicada da questão. Tal avaliação foi realizada em 1334, na tradição do *Domesday Book*, mas estava fora de questão repetir a operação anualmente, o que gerou muitas disputas. Existem algumas exceções ao imposto: os condados palatinos de Chester e Durham, tributados por seus titulares; o clero, tributado com o acordo do papa pelas duas assembleias representativas dos arcebispados da Cantuária e de York, as "Convocações", e, finalmente, os habitantes das Cinco Portas, na costa de Kent e Sussex, que prestam serviço naval.

Outro elemento é crucial para a eficácia da monarquia em períodos de guerra: a atitude dos grandes nobres. A colaboração destes é decisiva para o sucesso das operações. De modo geral, estamos num período de relações bastante conflituosas entre os grandes vassalos e o rei, um período de crise da monarquia feudal. Na Inglaterra, porém, o problema se coloca de maneira diferente. Em primeiro lugar, porque, ao contrário do que ocorre na França, a grande nobreza não se identifica com um território. As posses dos grandes barões são dispersas, não formam um bloco provincial que poderia constituir uma entidade política sustentada por um particularismo cultural. Assim, entre os nove condes do reino, o conde de Pembroke, cujo título vem de Aymer de Valence, morto em 1324, possui senhorios espalhados por dezenove condados, que vão desde a fronteira escocesa até o canal da Mancha, passando pelo País de Gales e pela Irlanda; mesmo assim, o condado de Pembroke corresponde a menos de um décimo de suas posses. De nenhum modo os condes (*earls*) e seus condados (*earldoms*) coincidem com as divisões administrativas que também chamamos de condados, mas que em inglês são chamados de *shires*. A única exceção é o conde de Lancaster, cujo condado (*earldom of Lancaster*) corresponde aproximadamente a Lancashire, no noroeste do reino. Com uma renda anual de 11 mil libras, Tomás de Lancaster é o barão mais poderoso do país. Mais tarde, os condados das marcas[2] galesas e escocesas, como Northumberland, também constituiriam entidades homogêneas. Porém, em meados do século XIV, a regra é – Froissart constata isso com surpresa – que "as terras e receitas dos barões estão dispersas entre vários lugares".

Esses nove condes, assim como os cinquenta grandes nobres que os seguem, não são menos poderosos e formidáveis. Não se identificam com um território, mas são ricos e frequentados por uma clientela importante.

---

2 A *marca* era um território de fronteira que o rei cedia a um nobre encarregado de proteger militarmente o reino contra os ataques, e o conde que cuidava das marcas recebia o título de marquês. (N. T.)

ORIGENS E NATUREZA DO CONFLITO

Contam com administração própria (um modelo em escala reduzida do reino) e gestão eficiente dos domínios. Eles são, Froissart observa novamente, "inconstantes, perigosos, arrogantes e rebeldes". Por repetidas vezes impuseram sua vontade à monarquia: a Magna Carta no tempo de João Sem Terra, as Constituições de Clarendon no tempo de Henrique III e, no caso de Eduardo II, eles simplesmente o destituíram. Porém, a originalidade desses movimentos é que eles não são dirigidos contra o poder real, mas, pelo contrário, são favoráveis a ele. Se Eduardo II foi derrubado, é porque foi considerado incapaz e incompetente. Os barões revoltados proclamam que devem lealdade à coroa, e não a este ou àquele rei, "de modo que, se na condução dos negócios do reino o rei não é guiado pela razão, seus súditos devem reconduzi-lo ao caminho dela". Esses homens podem, portanto, ser perigosos para o rei em casos graves de divergência política, mas, por outro lado, havendo acordo entre o rei e os seus barões, estes prestam-lhe um apoio indispensável que lhe permite agir com total segurança e apresentar uma frente unida diante de seu inimigo, o que raramente aconteceu com o rei da França. Eduardo III, que está de acordo com os ideais de sua nobreza, alia-se a ela.

No início do reinado, porém, essa nobreza é hostil aos empreendimentos estrangeiros. Sua atitude pode ser descrita como isolacionista: as aventuras continentais não a preocupam mais depois que a Normandia foi perdida pelo rei João. Os laços com a França foram cortados. Os nobres ingleses não possuem mais bens para defender no continente, onde, ao contrário, têm muito a perder com os custos de equipamentos. No tempo de Eduardo I, eles já haviam expressado relutância em ir lutar pela Aquitânia e, em 1311, impuseram a Eduardo II o seguinte estatuto:

> Uma vez que o rei não deve fazer guerra contra ninguém nem deixar seu reino sem o consentimento geral de seu baronato, devido aos muitos perigos que isso acarreta para ele e seu reino, ordenamos que, doravante, o rei não deixe seu reino nem faça guerra sem o consentimento geral do baronato, dado no Parlamento, e, se ele agir de outra forma e convocar suas tropas feudais para este fim, as convocações sejam nulas.

O estado de espírito da nobreza inglesa por volta de 1330 era, portanto, completamente contrário a uma intervenção na França.

O PROBLEMA ESCOCÊS

De fato, já existem ocupações bélicas suficientes na própria ilha da Bretanha, onde as regiões celtas continuam a causar problemas. O País de Gales precisou de tropas enormes em 1277 e 1287; Eduardo I conseguira subjugar essa região difícil construindo uma rede de enormes fortalezas no noroeste, em Harlech, Caernarvon, Conway, Beaumaris, Flint e Rhuddlan, mas os chefes dos clãs galeses permanecem sob vigilância. Muito mais difícil é o problema escocês. Porque o que há é um reino organizado, independente, com administração e soberano próprios, mas com o qual é difícil estabelecer relações diplomáticas estáveis devido à sua fragilidade socioeconômica. "País selvagem com charnecas desoladas e grandes montanhas, privado de tudo exceto de animais selvagens", escreve João, o Belo, que viaja para lá em 1327: era de fato controlado por chefes de clãs em guerra perpétua, cujas incursões de saque devastam regularmente o norte de Inglaterra, entre Berwick e Carlisle. Até o poder romano foi forçado a parar seu avanço ali, como evidencia a antiga Muralha de Adriano. A autoridade central é frágil e depende de coalizões inconstantes entre os clãs. Durante séculos, os reis da Inglaterra tentam em vão estabelecer seu controle sobre essas regiões desoladas, alternando entre sucessos e fracassos. O último fracasso foi amargo: em 1314, Eduardo II é completamente derrotado em Bannockburn e, em 1328, é assinado o humilhante Tratado de Northampton, pelo qual o rei da Inglaterra reconhece Roberto Bruce como rei da Escócia, oferecendo sua irmã em casamento a Davi, filho de Bruce.

O risco de ataque escocês é permanente e pesa muito na política externa dos reis da Inglaterra, sempre ameaçados de traição quando se ocupam com negócios continentais. Isso os obriga a dividir suas forças, a limitar o recrutamento de soldados ao sul do Trento: ao norte, alista-se apenas contra os escoceses. O perigo inspira muito temor porque, desde o século XIII, Escócia e França estão ligadas por tratados que estabelecem a chamada "*Auld Alliance*", a velha aliança, que permanecerá uma realidade até o século XVIII. Aliança cujo interesse estratégico é evidente para os associados, que submetem a Inglaterra a um estrangulamento. Certamente, as comunicações marítimas são difíceis entre os aliados: tempestades e interceptações por navios ingleses tornam incerto o envio de reforços aleatórios, mas qualquer ataque simultâneo pode colocar o rei da Inglaterra em dificuldades. O primeiro tratado franco-escocês oficial, em 1295, é claro: se Eduardo vos atacar, escreve Filipe, o Belo, "ajudar-vos-ei atraindo o referido rei para outros lugares"; se ele desembarcar na França, promete o rei da Escócia, invadiremos o norte de seu reino, "sitiando as cidades e devastando o país". Em 1326, esse tratado é renovado: Roberto Bruce promete invadir a Inglaterra "com todo o seu poder" no caso de uma guerra franco-inglesa. A aliança franco-escocesa será um importante fator estratégico durante a Guerra dos Cem Anos.

A renovação dos combates contra galeses e escoceses teve pelo menos um mérito para os ingleses: foi durante essas guerras que o exército inglês desenvolveu métodos, armamento e estratégia que o tornariam tão temível nas primeiras fases da Guerra dos Cem Anos. A evolução foi rápida e multifacetada, realizando-se essencialmente nos anos 1310-1330. No que diz respeito ao exército feudal tradicional, a mudança mais importante é a proporção reduzida de cavalaria, especialmente dos cavaleiros pesados, nas tropas de combate. Há uma razão sociológica para isso: a concentração de propriedades levou à diminuição do número de proprietários de terras ricos o bastante para equiparem-se como cavaleiros – estima-se entre 3 mil e 5 mil. As tropas devem ser reforçadas pelo desenvolvimento da infantaria, recrutada em meio às categorias sociais inferiores mediante um sistema de alistamento. De acordo com as necessidades da campanha, cada paróquia é responsável por fornecer um certo número de homens aptos, treinados e equipados, que serão pagos apenas em caso de guerra fora do país, o que será o caso quase sempre. O recrutamento é feito pelos comissários das guerras (*commissioners of array*).

Todos esses soldados de infantaria pertencem ao segmento superior do campesinato, porque devem providenciar seu equipamento e, para alguns deles, ter um cavalo. Não o animal pesado e caro do cavaleiro, o *destrier*, usado em batalha, mas um "*bidet*" (*mag*), usado para deslocamento. Isso permite que essa infantaria montada tenha mais mobilidade e economize suas forças durante as marchas. Com peitoral de couro, elmo e manoplas de ferro, espada, faca e lança, o cavaleiro leve, ou *hobelar*, é um proprietário de terras cuja exploração deve render pelo menos quinze libras por ano por volta de 1330. Aproximadamente no mesmo nível de riqueza, encontra-se o arqueiro montado, um agente essencial das vitórias inglesas. Sua arma é o grande arco, *longbow*, um equipamento de dois metros de altura, cujo manuseio exige força e habilidade, além de longo treinamento. Posicionados em formações cerradas nas alas, abrigados atrás de uma paliçada de estacas pontiagudas, capazes de disparar seis flechas por minuto em tiros de saraivada, os arqueiros lançavam chuvas de projéteis para dizimar os inimigos. Foi entre 1320 e 1330 que esse formidável corpo de arqueiros montados substituiu os besteiros no exército inglês. Os mais humildes, que não possuíam cavalos, e cujas únicas armas eram o arco, a faca e a espada, são considerados camponeses abastados, apesar de tudo, com terras que rendiam pelo menos duas libras.

Essa nova forma de lutar, que fazia até mesmo os cavaleiros andarem a pé e que privilegiava a defesa mais do que o ataque em formações estáticas de piqueiros e arqueiros, foi emprestada dos escoceses. Os ingleses aprenderam a lição de Bannockburn, e seu exército, mais disciplinado, formado por médios proprietários de terras, motivados e unidos pelo espírito de corpo, é um instrumento flexível e homogêneo, uma verdadeira revolução na arte militar.

O REINO DA FRANÇA

Atravessemos o canal da Mancha e consideremos agora o enorme reino da França, a mais vasta e populosa unidade territorial da Europa: 420 mil km², 16 milhões de habitantes, ou seja, 3,2 vezes a área e a população da Inglaterra. O ano de 1328 é crucial aqui. Por um lado, um grande levantamento tributário fornece estatísticas um pouco mais precisas sobre o reino às vésperas do grande conflito: 24 mil paróquias, 2.469.987 domicílios fiscais, um país descrito por Froissart nos seguintes termos: naquela época, "cheio, feliz e forte, seu povo rico e próspero, e ninguém conheceu a guerra". Quadro idílico que precisa ser relativizado. Embora seja verdade que, com exceção de Flandres, o reino está em paz há mais de um século e as pragas desapareceram, por outro lado, a fome reapareceu em 1315-1317, porque, como na Inglaterra, estamos no limite da superpopulação quando considerados os meios de produção da época: basta uma colheita ruim para se falar em escassez. A economia acaba de entrar em uma longa fase de depressão. A queda dos preços agrícolas havia começado na década de 1320. As cidades, que cresciam mais rapidamente do que a população global, encontravam cada vez mais dificuldade para garantir seu abastecimento devido às maiores distâncias de transporte dos víveres. As atividades industriais e o grande comércio estão em crise: nas cidades têxteis de Flandres, são muito tensas as relações entre o proletariado tecelão e o patriciado dos grandes mercadores. Gante, que com 60 mil habitantes é maior do que Londres, torna-se um foco de luta de classes. As grandes feiras de Champagne, Troyes, Bar, Lagny e Provins são apenas uma sombra do que haviam sido, porque os mercadores italianos e flamengos utilizam cada vez mais o vale do Reno e as passagens alpinas de um lado, e do outro lado, a via marítima.

Mas essas evoluções negativas são muito recentes para apagar a imagem de grandeza que ainda se impõe no espírito dos contemporâneos desde o glorioso reinado de são Luís. A monarquia francesa é a primeira da Europa. Desde o início do século, ela até parece ter mantido o papado sob seu domínio: o papa está ao seu alcance, do outro lado do Ródano, vigiado de Villeneuve-lès-Avignon pela recém-construída torre de Filipe, o Belo. De todo modo, ele é francês e está cercado por cardeais, a maioria deles franceses. Para o teólogo João de Jandun, "o governo da Terra pertence por direito à augusta e soberana casa de França".

O rei, em Paris, está no centro de uma administração que os legistas de Filipe, o Belo, tornaram formidavelmente eficaz. Seu quartel-general é o palácio, um conjunto complexo de prédios na ponta da Île de la Cité, onde trabalham muitos escriturários, notários e sargentos, cuja quantidade é quintuplicada entre 1314 e 1343. A centralização ao estilo francês está em marcha: todas as decisões vêm de Paris, onde a chancelaria consome pergaminho e cera de lacre[3] desenfreadamente: uma tonelada e um quarto em 1326!

Decisões importantes são tomadas no Grande Conselho, onde se reúnem em torno do rei os príncipes da família real, os membros da altíssima nobreza que se sentem incluídos, e uma proporção crescente de profissionais, vindos da burguesia e da pequena nobreza, formados em faculdades de direito. Esse novo pessoal, impregnado de direito romano, é desprezado pela

---

3 A *"cire à cacheter"* era a goma utilizada para lacrar a correspondência e imprimir o carimbo do anel do rei, funcionado como um selo real. (N. T.)

grande aristocracia, que se considera a conselheira natural do rei, cujo poder ela ainda procura equilibrar ao defender costumes e privilégios.

Essas duas tendências contraditórias, que sinalizam mudanças futuras na monarquia feudal, encontram-se no nível da administração local. No domínio real, bailios[4] e senescais, rodeados de oficiais menores, tenentes, juízes e sargentos, são figuras consideráveis, zelosos agentes do poder do rei, não hesitando em atropelar costumes e vantagens adquiridas. O principal instrumento para o avanço da autoridade real é a justiça: o princípio é que em todo o reino os súditos que têm motivos de queixa sobre alguma "negação de justiça" por parte dos senhores locais, grandes ou pequenos, podem apelar para os tribunais reais. E, em última instância, os casos acabam no Parlamento de Paris, a suprema corte, localizada também na Île de la Cité. Por volta de 1330, houve ali uma sobrecarga de apelos: os oficiais reais pressionavam os litigantes a se dirigirem à justiça do rei.

Um dos principais limites do poder real é o próprio tamanho do reino, que fragiliza e atrasa a transmissão de notícias e decisões. A manutenção da ordem pública é tarefa difícil – ela se realiza com brutalidade, sendo a violência das execuções o meio mais expedito e prático para um corpo de oficiais em número muito insuficiente. Tal procedimento mantém, a uma só vez, o medo e a impopularidade do poder real, até mesmo porque os particularismos locais permanecem muito fortes.

O ponto fraco da monarquia francesa em pleno desenvolvimento é o sistema tributário, totalmente inadequado às novas necessidades. Como na Inglaterra, as receitas do domínio – entre 400 mil e 600 mil libras tornesas[5] – eram insuficientes para financiar uma administração crescente e, acima de tudo, um exército em mudança. No início do século, isso é teoricamente impressionante, com números potenciais de 30 mil homens, um terço dos quais, cavaleiros. Mas o recrutamento clássico, baseado na convocação do *ban*,[6] reunindo os vassalos por um período limitado, não se adapta mais ao

---

4 O bailio era um magistrado que atuava como uma espécie de xerife, e o território que se encontrava sob sua jurisdição era chamado bailiado. (N. T.)

5 No original, *"livres tournois"*: trata-se da libra francesa vigente até 1795 (a rigor, oficialmente vigente entre 1667 e 1720), com uma *livre tournois* equivalendo a 20 soldos. (N. T.)

6 O direito de *ban* dizia respeito ao poder de guerra do rei, e os francos entendem, em sentido lato, como uma prerrogativa real. No contexto deste livro, o substantivo *ban* deve ser entendido como proclamação pública. (N. T.)

novo tipo de guerra, como mostrou o desastre de Kortrijk. O uso de profissionais assalariados se espalha e essas tropas são extremamente caras. Filipe IV tentou substituir o *arrière-ban*[7] por um imposto, mas a oposição foi feroz e a cobrança apresentava muitos problemas técnicos. O recurso ao imposto eventual é uma necessidade, mas, na ausência de um procedimento bem-definido, a operação é arriscada. O sucesso depende muito do prestígio pessoal do soberano e da eficácia da sua propaganda, que deve convencer os contribuintes acerca da justiça da causa do rei, bem como da necessidade de apoiá-la financeiramente.

De qualquer forma, a arrecadação é tão difícil que o rei, movido pela necessidade de dinheiro novo, recorre a expedientes: empréstimos forçados, confiscos, espoliações de minorias impopulares (como os judeus, expulsos em 1306, os banqueiros lombardos e de Cahors) e, sobretudo, a manipulação monetária, especialidade da monarquia francesa. O princípio básico é bem conhecido: uma ordenança desmonetiza as moedas em circulação, que são retiradas e refundidas nos ateliês monetários reais; as novas moedas contêm menos metais preciosos, e a diferença entre seu valor oficial e seu valor material permite cunhar mais moedas e, assim, alimentar o tesouro real: esse é o direito de *monnayage*. Filipe IV realizou várias dessas desvalorizações entre 1295 e 1306, e novamente em 1311. Em 1313, o valor material das moedas francesas era 30% menor que seu valor nominal. Isso não deixa de afetar as trocas econômicas, o valor dos empréstimos e os preços das mercadorias; ademais, as boas moedas estrangeiras, que circulam livremente no reino, tendem a desaparecer devido à conhecida lei: "a moeda ruim expulsa a boa".

Assim, apesar do reino três vezes maior que a Inglaterra, além de mais populoso, rico e diverso, o rei da França, por falta de um sistema tributário eficiente, tem proporcionalmente menos recursos que seu potencial rival. Pior ainda: o reino da França carece de coesão. Os súditos não se solidarizam com seu soberano, cujas aventuras não apoiam nem financeira nem militarmente. Esse estado de espírito presente no domínio real é ainda mais perceptível nas províncias remotas, que conservam um forte particularismo

---

7 No caso de convocação para guerra, o *ban* era dirigido aos suseranos, que eram vassalos diretos do rei, ao passo que o *arrière-ban* era a convocação indireta, ou seja, eram chamados os vassalos dos suseranos do rei. (N. T.)

linguístico, cultural e institucional, na Bretanha, em Flandres, na Aquitânia e em Languedoc. O reino da França é um mosaico de feudos que desafia qualquer tentativa de cartografia. E os maiores desses feudos formam unidades territoriais que são verdadeiros pequenos Estados independentes, governados por grandes vassalos cuja preocupação principal é limitar o poder real, e não aumentá-lo.

O reino da França em 1328 é mais estreito do que a França atual, e suas fronteiras com o Sacro Império são mais "naturais" do que as fronteiras de hoje, pois seguem aproximadamente o curso de quatro rios: Escalda, Mosa, Saône, Ródano. Ao sul, Roussillon está em Aragão, e Navarra avança sobre os Pireneus. Dentro desses limites, o domínio real, ou seja, as regiões diretamente sujeitas ao rei, representa cerca de dois terços da área: Île-de-France, Picardia, Normandia, Maine, Anjou, Touraine, Orleanês, Poitou, Limousin, Berry e Languedoc. De resto, há grandes feudos e apanágios; os primeiros reivindicam autonomia, estando o titular ligado ao rei apenas por homenagens e deveres de vassalagem; os apanágios são antigos pedaços do domínio, desmembrados e confiados pelos reis aos seus filhos mais novos para evitar brigas de família – seus titulares, parentes do soberano, são apenas um pouco mais independentes. Em 1328, esses grandes personagens, pares do reino, são os duques de Borgonha, Bretanha, Aquitânia e Bourbon, os condes de Flandres, Artésia, Alençon e Évreux. Territórios menores também constituem verdadeiros Estados independentes, como os condados de Foix, Armagnac, Comminges, Blois, Ponthieu e o viscondado de Béarn, além de alguns outros.

O rei deve contar com a boa vontade de todos esses vassalos poderosos – boa vontade flutuante e que requer contrapartidas. Precisamente nos anos 1314-1328, os vassalos não estavam dispostos a colaborar, de tal maneira que o rei teve que pagar o preço. A insatisfação tinha duas causas. Por um lado, a situação financeira degradada: receitas do domínio em baixa e despesas em alta devido ao estilo de vida dispendioso: vestimentas oficiais, roupas extravagantes, joias, serviços domésticos, manutenção de castelos e palácios urbanos; o equipamento de guerra, necessário para manter a pompa, custa uma fortuna. O conde de Flandres, Luís de Nevers, gasta 80 mil libras tornesas em 1332, e suas dívidas totalizam 342 mil libras. Esses nobres são forçados a empréstimos humilhantes de banqueiros e comerciantes.

Ao mesmo tempo, são afrontados com intervenções crescentes e cada vez mais agressivas de oficiais do rei – estes ameaçam os direitos, os privilégios e, sobretudo, a jurisdição dos nobres. Os apelos à justiça real se multiplicam, o que priva os nobres do rendimento das multas e reduz sua autoridade. Em 1314-1315, os nobres descontentes formam ligas e exigem o retorno ao bom governo da época de são Luís, mas obtêm apenas promessas. Em 1328, o mau humor persiste.

A CRISE DINÁSTICA FRANCESA (PARIS, 1328)

No entanto, naquele ano, o poder real precisava da total cooperação dos nobres. Pela primeira vez em mais de três séculos, a linha capetiana direta é interrompida. Em fevereiro morre Carlos IV, último filho de Filipe IV, o Belo. Ele não tem filhos e deixa a rainha, Joana de Évreux, grávida de sete meses. Situação inédita. Uma reunião de crise acontece em Paris no meio do mês, reunindo todos os parentes próximos do rei falecido, cinco pares da França e representantes do rei da Inglaterra, sobrinho de Carlos IV. A ordem do dia: quem exercerá a regência até o parto da rainha? Questão crucial, pois, se nascer uma menina, aquele que for escolhido terá todas as chances de se tornar rei.

O problema é espinhoso, e a resposta depende do lugar dado às mulheres na sucessão. Na maioria dos feudos, assim como em muitos reinos europeus, era permitido às mulheres governar em seu próprio nome. Mas, entre os capetianos, um precedente recente havia alterado a permissão: em 1316, Luís X morre deixando apenas uma filha, Joana, e esta havia sido afastada da sucessão pelo irmão mais novo de Luís X, Filipe – os argumentos eram as forças armadas e a personalidade de Filipe (nesse momento, não havia absolutamente nenhuma questão extravagante, como a "lei sálica", que pudesse excluir as mulheres e, como sempre acontece, a lei é criada por uma pura relação de forças). Uma vez aceito esse precedente, as coisas dificilmente poderão ser revertidas. Portanto, se a rainha der à luz uma menina, esta será descartada. Todavia, há uma questão subsidiária: Carlos IV tem uma irmã, Isabel, viúva de Eduardo II; ela tem um filho, Eduardo III, rei da Inglaterra, que é o parente masculino mais próximo do falecido rei. Ainda que as mulheres não possam reinar em seu próprio nome, poderiam elas ao menos transmitir esse direito para seus filhos? Sim, dizem os representantes de Eduardo III. Mas eles são os únicos com essa opinião. Até Guilherme de Hainaut, sogro de Eduardo, rejeita esse ponto de vista. Na ausência de qualquer argumento legal, é o contexto da época que motiva a decisão: não se deseja um rei inglês na França. É certo que Eduardo III é apenas meio inglês: sua mãe Isabel é francesa e, como ele ainda é menor de idade, é ela quem seria chamada para exercer a regência. Contudo, Isabel é desconsiderada por conta de sua má conduta: não esqueçamos que ela governa a Inglaterra na companhia de seu amante Mortimer e que acaba de mandar prender seu marido, o rei, assassinado em sua prisão. Em todo caso, os grandes vassalos franceses acham difícil homenagear um rei da Inglaterra, cujo poder seria temível.

Nessas condições, só resta como candidato aceitável Filipe de Valois, o único descendente direto de um rei da França na linhagem masculina. Seu pai, Carlos de Valois, falecido em 1325, era filho de Filipe III, o Audaz. Em se tratando de um homem de 35 anos, está apto para governar imediatamente. Ele também herda a glória de seu pai, Carlos de Valois, que, embora desprovido de senso político, forjou a reputação de um paladino: guerreiro, generoso e coberto de dívidas. Filipe, escolhido como regente em fevereiro de 1328, torna-se rei da França, Filipe VI de Valois, em 1º de abril, quando a rainha Joana dá à luz uma menina. O novo rei é um homem em pleno vigor da idade, ainda que sua capacidade de reinar possa ser colocada em dúvida. Embora seja sério e consciente de suas responsabilidades, ele é hesitante, irresoluto e imprevisível. Frequentemente deprimido, esse impulsivo fica à mercê dos conselhos de um séquito mal escolhido – "sempre pronto a aceitar os conselhos dos loucos", diz Froissart. Até mesmo na guerra, onde mostra inegável coragem pessoal, falta-lhe o dom de liderar e motivar o exército. Além disso, sofrendo de obesidade precocemente, torna-se relutante em participar de campanhas. Ele não foi educado para reinar. Empurrado para o trono da noite para o dia, ele carece de experiência.

Mais grave ainda: deve o trono a outros, à grande nobreza que o escolheu, e que agora pretende obter dele compensações. Mais do que seus predecessores, deve levar em conta as recriminações da aristocracia feudal, que espera dele generosidade. Um dos primeiros gestos do reinado é mandar executar o tesoureiro de Carlos IV, Pedro Rémi, homem competente, mas de origem modesta, cujos espólios são distribuídos entre o séquito imediato da coroa. Filipe VI, para escapar do controle muito próximo dos grandes barões, habituou-se a governar junto a pequenos grupos, em segredo, de maneira informal, pegando de surpresa sua própria administração. Tal rei não foi feito para enfrentar os grandes desafios que o aguardam.

OS PROBLEMAS DE FLANDRES E DA AQUITÂNIA

Esses desafios são sintomas do próprio sistema feudal que, no século XIV, revela seus limites e suas contradições – já se encontram aí os germes da Guerra dos Cem Anos. No reino da França, em 1328, dois grandes feudos, localizados nas duas extremidades do território, causam problemas, e esses dois casos vão se combinar, levando o rei da Inglaterra, Eduardo III, a se posicionar em relação a Filipe VI.

Ao norte, o conde de Flandres, Luís de Nevers, está em conflito com uma parte dos flamengos. Seu condado é uma exceção no quadro francês: sua riqueza vem do faturamento da indústria têxtil no quadro de enormes cidades dominadas por um patriciado de fabricantes-mercadores de tecidos, cujas encomendas fazem trabalhar um proletariado urbano pobre e turbulento. Desde o início do século, as dificuldades comerciais desaceleram os negócios, causam aumento do desemprego e reduzem os salários. Entre artesãos, mestres e trabalhadores aumenta a agitação contra o patriciado dos ricos comerciantes. Ao mesmo tempo, o conde, para combater os crescentes abusos da justiça real, aumenta a pressão fiscal visando desenvolver uma administração mais eficiente. Para isso, ele conta com o patriciado. Assim, conflito de classes e conflito político se unem e, em 1323, provocam uma revolta contra o conde em Bruges, seguida por Ypres, Furnes, Diksmuide e Poperinghe; o conde é apoiado pelo patriciado e pela grande rival de Bruges, Gante. Após cinco anos de guerra civil, o conde Luís de Nevers, em junho de 1328, pede ajuda e proteção a seu suserano contra os súditos revoltados. Para Filipe VI, esta é a oportunidade para mostrar aos seus vassalos que ele é confiável. Ele os convoca, busca o estandarte de Saint-Denis e conduz sua hoste para Flandres. Em 23 de agosto de 1328, em Cassel, Filipe esmaga o exército de artesãos e trabalhadores, aliados aos camponeses, liderados por

Nicolas Zannequin. É um massacre. A cavalaria se vinga pelo ocorrido em Kortrijk, onde havia sido despedaçada pelos piqueiros flamengos. A multidão de campônios é morta e decapitada sem restrições. Para Filipe VI, este é um bom começo na lógica feudal. Porém, ao proteger seu vassalo, ele se apresenta como um opressor das classes urbanas pobres e médias das cidades de Flandres, que naturalmente irão se voltar ao rei da Inglaterra, que não age em nome do direito feudal, mas usa a arma mais moderna da lógica econômica: dele depende o fornecimento da lã crua, sem a qual Flandres seria apenas ruína e caos.

E é ainda Eduardo III que Filipe VI encontra a caminho do outro extremo do reino, numa função completamente diferente: a de duque da Aquitânia, vassalo da monarquia francesa. A Aquitânia é inglesa desde o século XII, com o casamento da duquesa Leonor e Henrique II Plantageneta. Mas o que é a Aquitânia? Quais são seus limites? Ninguém é capaz de responder. Em 1259, o Tratado de Paris havia tentado clarificar a situação: o rei da Inglaterra reconhecia-se como vassalo lígio[8] do rei da França para o ducado, ou seja, reconhecia o soberano capetiano como seu senhor supremo, a quem devia fé e homenagem mais do que a qualquer outro senhor. Em troca, o rei da França, são Luís, aumentou consideravelmente o tamanho do ducado, conferindo a Henrique III novos direitos sobre os bispados de Limoges, Périgueux, Cahors, Agen e parte de Saintonge. Mas esses direitos eram mal definidos e havia várias ressalvas. A situação torna-se ainda mais confusa quando, em 1271, morre Afonso de Poitiers, irmão de são Luís, cuja prerrogativa incluía Poitou, Rouergue e parte de Saintonge; sua esposa, pertencente à casa de Toulouse, dirigia Agenais e Quercy. Ela, por sua vez, morre em 1271. Esta seria a oportunidade de transferir para o rei da Inglaterra os territórios prometidos em 1259. Na verdade, os termos do compromisso são tão obscuros que o rei da França atrasa as coisas. Ele cede Agenais em 1279 no Tratado de Amiens, e depois, em 1286, o sul de Saintonge. Em contrapartida, mantém Limousin. Para Périgord e Quercy, a confusão é extrema: a maioria dos subvassalos dessas regiões possuem privilégio: eles não são obrigados a transferir sua homenagem de um senhor para outro a menos que haja consentimento. Eles se

---

8 A homenagem lígia estabelecia uma relação mais estreita entre o vassalo e seu suserano: o vassalo nessa condição era chamado *homme-lige*. (N. T.)

aproveitam disso para jogar nos dois lados, exigindo indenizações e isenções antes de prestar homenagem a quem fizesse a melhor proposta, e em condições tais que a mudança de lado fosse sempre possível. É o caso do visconde de Turenne e do conde de Périgord, por exemplo.

Para garantir o seu domínio nessas regiões, o rei de Inglaterra e o duque da Aquitânia criam mais fortalezas em Agenais e no sul do Périgord, como Montpazier, Puyguilhem, Beaulieu, Lalinde, Fonroque e Molières. Na verdade, são colônias feitas para serem povoadas por imigrantes aos quais são garantidos privilégios e liberdades com o objetivo de torná-los fiéis à coroa inglesa. Contudo, nas marcas desses territórios, os bailios e senescais do rei da França afrontam cada vez mais agressivamente os direitos do duque, cujo poder é inexoravelmente corroído. Os recursos ao Parlamento de Paris se multiplicam.

A situação é tão nebulosa que só o uso da força pode resolvê-la e, desse ponto de vista, o rei da França tem uma vantagem evidente: ele pode reunir rapidamente um exército na fronteira da Aquitânia – onde quer que esteja essa fronteira – e entrar no ducado, enquanto o rei da Inglaterra levaria meses para organizar uma expedição e deslocá-la por mar até Bordeaux. Assim, em 1294, após confrontos entre marinheiros de Bayonne e da Normandia, Filipe, o Belo, convoca Eduardo I para que compareça ao Parlamento de Paris na condição de duque da Aquitânia. Eduardo não comparece e o rei da França confisca o ducado. Seguem-se quatro anos de guerra com resultados militares pouco convincentes e que custam a Eduardo a enorme soma de 400 mil libras. O caso é levado ao papa: para os juristas ingleses, a Gasconha está livre de todas as obrigações feudais; o duque não tem suserano, como mostra toda a história anterior a 1259. O papa, todavia, decide que Eduardo terá de prestar homenagem pela parte da Aquitânia que Filipe se dispuser a lhe devolver.

A briga será resolvida no campo. Eduardo entende que a melhor maneira de defender a Aquitânia será atacando o rei da França ao norte, pois ali, além da maior vulnerabilidade da parte francesa, a distribuição das forças inglesas representava menos problema. Ademais, os assuntos da Aquitânia e de Flandres já estão ligados: em 1302, um exército popular de Bruges, apoiado pelos ingleses, derrota o exército francês em Kortrijk. No ano seguinte, Filipe devolve parte da Aquitânia a Eduardo, que promete vir homenageá-lo. Este, porém, não cumpre a promessa. Na confusão, os senhores da Aquitânia, sobretudo aqueles das margens do território, conduzem uma política independente, passando de uma obediência a outra em função de seus interesses. Assim, os condes de Foix e de Armagnac permanecem aliados ao rei da França.

Nos anos seguintes, os embates se multiplicam. Eduardo II, a contragosto, aceita prestar homenagem a Filipe IV em 1308, e depois a Filipe V em 1320. Em todas as ocasiões, os soberanos enviam a lista de suas queixas e, quando Carlos IV, em 1323, reivindica homenagem, o rei da Inglaterra manda responder que estava muito ocupado para viajar. No campo, os agentes dos dois reis travam uma competição para desencorajar ou encorajar os litigantes a recorrerem ao Parlamento de Paris. Os sargentos do rei da França fazem inspeções até Bordeaux. Qualquer incidente, por menor que seja, é explorado. No calor da hora ou no mosaico de jurisdições locais infinitamente emaranhadas, tudo pode ser justificado ou condenado. Os senhores locais acertam suas contas jurando fidelidade a um ou outro rei. A casa de Albret apela ao Parlamento de Paris. O conde de Foix, cujas posses em 1290 compreendem a expansão do viscondado de Béarn, possui terras localizadas em parte na Aquitânia inglesa e em parte nos domínios do rei da França. A partir de 1323, quem toma o partido do capetiano (que representa uma ameaça permanente ao sul do ducado da Aquitânia) é Gastão II.

Este último, por falta de recursos, também é muito mal defendido. Em Bordeaux, o senescal da Aquitânia administra o território em nome do rei da Inglaterra, mas fica entregue a si próprio. Extremamente corrupto (durante o reinado de Eduardo II, assiste-se a uma sucessão de dezenove titulares), procura acima de tudo enriquecer-se. As fortificações das cidades estão abandonadas. Relata-se, por exemplo, que em 1324 o telhado da fortaleza de Blaye, essencial para a defesa dos acessos do norte de Gironda, havia desabado – "invasores" moram na corte; faltam soldados para manter a ordem; o banditismo prospera; em 1318, um legado papal é assaltado perto de Valence d'Agenais. Tudo isso serve de pretexto para intervenção dos agentes do rei da França.

Em 1323, um pequeno incidente degenera em guerra aberta. Na aldeia de Saint-Sardos, em Agenais, há um convento beneditino sob a jurisdição do duque da Aquitânia, mas que depende da abadia de Sarlat, que por sua vez está sob a influência do rei de França. A pedido do abade de Sarlat, o Parlamento de Paris declara que Saint-Sardos presta contas ao rei e, em outubro, um sargento é enviado à aldeia, onde finca simbolicamente uma estaca com as armas de Carlos IV, que pretende erguer ali uma fortaleza. Os senhores vizinhos temem que alguns de seus homens sejam atraídos para lá a fim de desfrutarem dos privilégios conferidos aos habitantes dessas colônias. Raymond-Bernard, senhor do castelo vizinho de Montpezat, incendeia a vila e enforca o sargento francês na coluna que acabara de plantar. O senescal da Aquitânia, Ralph Basset, é suspeito de tê-lo encorajado. O episódio torna-se uma questão de Estado. Carlos IV, que estava em Limoges, convoca Ralph Basset, Raymond-Bernard e seus homens para Toulouse em 23 de janeiro de 1324. Ninguém aparece. Em Londres, Eduardo II tenta acalmar as coisas, chamando Ralph Basset e enviando uma embaixada ao rei da França, liderada por seu próprio irmão, o conde de Kent. A comitiva é recebida com muita frieza em Vincennes em abril e é formalmente notificada para que entregue os culpados do incidente de Saint-Sardos, bem como o castelo de Montpezat, sem ter tempo de relatar isso em Londres. A embaixada, portanto, viaja para a Aquitânia para obedecer, mas lá as autoridades locais se recusam a ceder, e o rei Eduardo declara que os embaixadores abusaram de seus poderes ao ceder às exigências de Carlos. Eduardo então envia outra embaixada, chefiada pelo conde de Pembroke, com o objetivo de fazer que a questão fosse discutida diretamente, entre reis, durante a cerimônia de homenagem, que ele pede para ser adiada um pouco (estava marcada para 1º de julho em Amiens). Os ingleses acham que o adiamento é insuficiente. De fato, ninguém aparece. Carlos IV dá então o passo decisivo: declara o confisco do ducado da Aquitânia, imediatamente invadido por 7 mil homens liderados por Carlos de Valois. A "guerra de Saint-Sardos" revela de forma flagrante a fragilidade das defesas da Aquitânia. O exército francês encontra pouca resistência. Agen se rende sem lutar; o castelo de Montpezat é arrasado; os líderes do ducado, bloqueados em La Réole, capitulam em 22 de setembro. Aos ingleses só restam Saintes, Bordeaux, Bayonne, a costa de Landes e alguns castelos isolados. Reforços montados às pressas são bloqueados nas portas do canal da Mancha por ventos contrários.

Eduardo é obrigado a negociar, por intermédio da rainha, Isabel, que é irmã do rei da França. Um projeto de acordo é concluído em 1325: o rei da Inglaterra cederia todos os territórios da Aquitânia conquistados pelos franceses e prestaria homenagem por aquilo que lhe restava, depois que o rei da

França tivesse assumido o controle nominal deles a fim de restituí-los. O acordo é ratificado por um tratado formal em 31 de maio de 1327.

Assim, em 1328, com a ascensão de Eduardo III e Filipe VI, a Aquitânia inglesa fica reduzida a uma faixa de território de 75 quilômetros de largura média ao longo da costa atlântica, de Charente até os Pireneus, de Saintes até Bayonne. Seu coração é Bordeaux, onde a burguesia mercantil é muito ligada à Inglaterra, principal mercado de vinhos. O vinhedo, para atender à crescente demanda, sobe os vales adjacentes dos afluentes do Garona e é controlado pelos mercadores de Bordeaux.

Os vínculos com a monarquia inglesa são sobretudo econômicos. Porque, de resto, são muito tênues. Bordeaux não vê um rei da Inglaterra desde 1289, e a administração inglesa é muito pequena: um senescal, ao mesmo tempo chefe militar e principal representante do rei-duque; um condestável (título enganoso, já que, na verdade, trata-se do chefe das finanças do ducado) que, na maioria das vezes, é um eclesiástico. Essas autoridades residem no castelo de Ombrière, em Bordeaux, com uma equipe burocrática muito reduzida, composta principalmente por gascões. Em tempos de calma, o exército limita-se a algumas dezenas de homens, também gascões. A presença inglesa é, portanto, extremamente limitada: um punhado de administradores, semelhante a como os britânicos governarão as Índias muito mais tarde. Embora as receitas, provenientes especialmente de portagens e alfândegas, sejam substanciais – 13 mil libras em 1324 –, elas no entanto são insuficientes para financiar obras de defesa e guarnições em tempo de guerra. Para os reis da Inglaterra, a Aquitânia era mais do que uma posse de prestígio – tratava-se de um bem de família, uma parte do patrimônio plantageneta. Conservá-la é um dever de honra. Em Westminster, uma seção da chancelaria se ocupa exclusivamente com os assuntos do ducado. Por outro lado, a opinião pública inglesa é bastante hostil às medidas de conservação desse território, sob alegação de custarem mais do que ali se arrecada, além de desviarem a atenção do governo dos assuntos internos. Os mercadores gascões, em Londres, são bastante malvistos. Desconfiança justificada: é em parte a questão da Aquitânia que levará o país a uma guerra interminável.

AS RELAÇÕES SE DEGRADAM (1328-1336)

Até 1338 não havia dúvida de que Eduardo III reivindicaria a coroa da França. E, quando finalmente o fizesse, seria na verdade uma reivindicação adicional, destinada a motivar ainda mais seus aliados, um pretexto suplementar para a luta em uma guerra já travada por outros motivos. Em sua origem, a Guerra dos Cem Anos não é uma guerra nacional nem uma guerra de sucessão; é uma guerra feudal. Foi somente após os primeiros sucessos que os reis da Inglaterra finalmente levaram a sério suas pretensões pela coroa da França, e ainda assim não é certo que, em suas mentes, essa reivindicação fosse mais do que uma moeda de troca.

A decisão da assembleia de fevereiro de 1328 escolhendo Filipe de Valois como regente e potencial futuro rei da França chega a Londres, porém quase não há reação. Apenas Isabel protesta e envia dois bispos a Paris para reivindicar o que ela considera ser a herança de seu filho. Eles nem são recebidos. O Parlamento inglês se reúne em janeiro de 1329 e declara que Eduardo não tem direito à coroa da França e que deve prestar homenagem pela Aquitânia: portanto, não há problema de sucessão, e toda a disputa entre os dois reis gira em torno do dever feudal de homenagem à Aquitânia. Novamente, é Isabel que assume a posição mais radical, respondendo com altivez aos enviados franceses que Eduardo "era filho de um rei e não prestaria homenagem ao filho de um conde".

Esse extremismo em 1328-1329 não é conveniente: a experiência recente havia mostrado que a Aquitânia era indefensável em caso de confisco. A submissão é, portanto, necessária. Em 6 de junho de 1329, Eduardo III presta homenagem a Filipe VI na catedral de Amiens, provando que ele reconhece o Valois como legítimo rei da França. Por outro lado, a cerimônia falha. Eduardo se recusa a juntar as mãos diante de Filipe e presta homenagem simples em vez de homenagem lígia: ele reconhece Filipe como seu senhor, não como suserano supremo. O porta-voz de Eduardo, o bispo de Lincoln, faz um discurso de protesto e apresenta o rol de argumentos jurídicos contra a homenagem lígia.

Daí em diante, de 1329 a 1338, a crise vai se agravando com posicionamentos cujos princípios são afirmados a fim de se evitar perda de reputação: a marcha para a guerra é imparável. Filipe estabelece que Eduardo deve retornar até o final de julho de 1330 para prestar homenagem lígia. Os ingleses gostariam que ao menos aquilo que havia sido tomado durante a guerra de Saint-Sardos lhes fosse restituído. A recusa é categórica e um novo prazo é fixado: 15 de dezembro de 1330. Tendo o governo inglês recusado, Filipe VI envia seu irmão Carlos, duque de Alençon, com um exército, para tomar Saintes. A cidade é saqueada. Este é, talvez, o início da conquista daquilo que resta da Aquitânia.

É bem nesse momento, então, que o jovem Eduardo derruba o governo de sua mãe e de Mortimer, assumindo pessoalmente a administração dos negócios. Ele imediatamente solicita a um funcionário da chancelaria, John Shoreditch, especialista na Aquitânia, um relatório sobre o assunto e, em fevereiro de 1331, envia uma embaixada a Filipe, liderada pelos bispos de Worcester e Norwich, para negociar um acordo que muito se assemelha a uma rendição: Eduardo explica que havia sido mal aconselhado, mas agora queria que a homenagem de Amiens fosse reconhecida como homenagem lígia. Em abril, ele chega a visitar secretamente o rei da França em Pont-Sainte--Maxence, ao norte de Paris. Filipe se mostra conciliador: não exige que se repita a cerimônia de homenagem; ele chama seu exército e promete uma indenização pelo saque de Saintes. É, portanto, um apaziguamento, em favor do qual trabalha o novo chanceler de Eduardo III, João Stratford, bispo de Winchester, um homem experiente, que recomenda prudência ao jovem rei.

Todos esses esforços são arruinados pelos acontecimentos na Escócia. Em 6 de agosto de 1332, desembarca no condado de Fife, na costa leste, uma tropa mestiça anglo-escocesa, liderada por um ex-condestável da Escócia, Henrique Beaumont, e por Eduardo Balliol, filho do ex-rei João Balliol. Trata-se, na verdade, de um exército privado que conduz negócios particulares: esses personagens, que perderam todas as suas posses na Escócia após o reconhecimento de Roberto Bruce como rei pelo Tratado de Northampton em 1328, estão simplesmente em busca de compensação. Eles recrutam soldados em Yorkshire e tomam a iniciativa nessa expedição. O momento é acertado: Roberto Bruce morre em junho de 1329 e seu filho Davi II tinha apenas 8 anos. O guardião do reino é Donald, conde de Mar. Em 11 de agosto, Eduardo Balliol e sua tropa aniquilam em Dupplin Moor um exército escocês numericamente muito superior. Do ponto de vista militar, o evento é capital: trata-se do protótipo das grandes vitórias inglesas na Guerra dos Cem Anos. Balliol organiza suas tropas de uma maneira que se tornará clássica: os homens de armas a pé, atrás de uma barreira de estacas talhadas na ponta; nas alas, os arqueiros, ligeiramente à frente do corpo principal; atrás, os cavalos, prontos para perseguição ou fuga. A tropa, sem se mover, espera o ataque escocês após mandar uma chuva de flechas; os inimigos que não são abatidos pelos projéteis são golpeados pelos homens de armas a pé. Entre os milhares de mortos, inclui-se Donald. Bastou mais um sucesso para que Eduardo Balliol fosse coroado rei da Escócia em Scone, em agosto de 1332.

Os preparativos da expedição não podiam ser ignorados por Eduardo III, e este finge fechar os olhos. O resultado é eminentemente favorável a ele: Eduardo Balliol será seu precioso aliado à frente da Escócia; isso vai lhe permitir dedicar toda a sua atenção aos assuntos franceses. Além disso, quando Balliol é derrubado em 16 de dezembro pelo guarda Arquibaldo Douglas, Eduardo III decide intervir diretamente para restaurá-lo. Ele estabelece seu quartel-general em York, para onde transfere todos os arquivos de sua chancelaria. Em março de 1333, dois exércitos ingleses entram na Escócia: um, a oeste, liderado por Balliol, parte de Carlisle; o outro, a leste, liderado pelo rei, parte de Newcastle. Eduardo sitia Berwick-upon-Tweed, onde demonstra aquela firmeza implacável que seria sua marca pessoal durante todo o reinado: como os guardas inimigos não se rendem no dia marcado, ele manda enforcar dois reféns por dia, a começar pelo filho do comandante.

Em 19 de julho, Arquibaldo Douglas chega perto de Berwick com um exército escocês. A batalha acontece em Halidon Hill. É a réplica exata de Dupplin Moor. Milhares de escoceses, incluindo Douglas e cinco condes, são mortos. E Eduardo III sela a carnificina com um ato de barbárie, ordenando a execução de todos os prisioneiros. Berwick capitula. Eduardo Balliol torna-se rei da Escócia novamente e, em junho de 1334, presta homenagem a Eduardo III em Newcastle. Cede oito condados inteiros à Inglaterra e estabelece sua capital em Perth.

A notícia desse triunfo do rei da Inglaterra semeia consternação em Paris. De acordo com o Tratado de Corbeil, Filipe VI deveria ter socorrido Davi II e seus guardiões. Aliás, Eduardo III fica um pouco nervoso com esse assunto durante a campanha. Ele envia negociadores a Paris e os instrui para serem bem lacônicos sobre as questões escocesas, com o intuito de enganar Filipe. Ele escreveu a seu chanceler Stratford durante o cerco de Berwick:

"Recebemos cartas do rei da França, mas nós e aqueles de nosso conselho que estão conosco achamos que é indesejável dar uma resposta clara sobre a Escócia".

Filipe VI fica ainda mais contrariado com esses acontecimentos enquanto se preparava para a cruzada. Os preparativos estavam bem adiantados e a data da partida já havia sido marcada: agosto de 1336. Mas ele queria que Eduardo III o acompanhasse; seria muito arriscado deixá-lo para trás. O rei da Inglaterra aproveita a situação e deixa em dúvida sua participação durante três anos, oferecendo uma barganha: vou para a cruzada se a decisão sobre a Aquitânia for revisada, sobretudo se os territórios tomados durante a guerra de Saint-Sardos me forem devolvidos.

Para a Escócia, é tarde demais. Tudo o que Filipe VI pode fazer é conceder asilo a refugiados notáveis: João Randolph, conde de Moray, e especialmente o rei Davi II, que chega à Normandia em maio de 1334. O jovem soberano, agora com 10 anos, é instalado com sua corte em Château-Gaillard, onde permanecerá por sete anos. Ao mesmo tempo, uma grande embaixada inglesa, liderada pessoalmente por João Stratford, agora arcebispo da Cantuária, tenta regulamentar a questão da Aquitânia. O rei da França, porém, exige o restabelecimento de Davi II em troca de concessões no sudoeste. As negociações fracassam. Ao partirem, o rei declara sua impressão aos embaixadores: "nunca haveria amizade entre França e Inglaterra enquanto não houvesse um único homem reinando sobre ambas". Palavras infelizes, amplamente comentadas na corte de Londres, e que poderiam dar ideias a certas pessoas.

Os assuntos da Aquitânia e da Escócia estão agora ligados, e em ambos os casos a situação se deteriora em 1334. Na Aquitânia, uma comissão franco-inglesa havia sido criada para tentar definir com precisão os direitos de cada um e os limites territoriais. Com sede em Agen, e depois em Langon, a comissão se perde em disputas procedimentais e, enfim, é obrigada a desistir. Na Escócia, os partidários de Davi se manifestam em julho. Eduardo Balliol é novamente expulso. Refugiado em Berwick, ele pede ajuda a Eduardo III. Este, após ter obtido votação favorável no Parlamento para um novo imposto, bem como um empréstimo do banco Bardi, inicia em novembro uma nova campanha escocesa. Os escoceses, dessa vez liderados por dois jovens, Roberto Stewart e João Randolph, recusam a luta, pois aprenderam as lições de Dupplin Moor e Halidon Hill. O exército inglês atravessa o país cometendo devastações atrozes, mas não obtém um sucesso decisivo. É necessário recomeçar no verão de 1335, com um exército considerável de 13 mil homens, sem mais resultado. O rei da França, agora aconselhado pelo enérgico Miles de Noyers, um burgúndio experiente de 65 anos e partidário do método forte, decide reagir. Uma expedição de 6 mil homens se prepara para partir rumo à Escócia, enquanto uma campanha de propaganda articulada pelo arcebispo de Rouen, Pedro Roger, estigmatiza a conduta do rei da Inglaterra. No canal da Mancha, corsários franceses e escoceses apreendem navios ingleses com a bênção dos bailios reais da Normandia. Várias aldeias são incendiadas durante um ataque na costa inglesa, onde as fortificações começavam a ser reparadas devido ao medo de um desembarque grande. Eduardo III, imobilizado em Perth por sua campanha estéril contra um inimigo invisível, dispersa seu exército no outono de 1335. A guerra na Escócia custa-lhe uma fortuna para um resultado magérrimo: apenas o sul do país fora dominado, enquanto no norte os partidários de Davi, com o novo guarda Andrew Murray e William Douglas, um mestre em táticas de guerrilha, controlam o país. Eles conseguem notável êxito sobre um partidário de Balliol em Kildrummy.

A situação está num impasse. O papa então tenta uma mediação. Bento XII, um cisterciense austero, é de todos os papas de Avignon o menos favorável ao rei da França, de quem despreza a falta de senso político. Envia dois mediadores, um deles o bispo provençal Hugo de Aimery, que conseguem chegar a um acordo sobre a Escócia: Eduardo Balliol, o protegido de Eduardo III, continuará a reinar e, após sua morte, Davi II, o protegido de Filipe VI, trinta anos mais jovem, o sucederá. O acordo é rejeitado por Davi, sem dúvida por interferência do rei da França. Este é repreendido pelo papa em março de 1336 durante uma entrevista em Avignon – nessa ocasião, ouve de Bento XII que, por causa da situação, a cruzada fora cancelada. Isso não convinha a nenhum dos dois reis: Filipe VI perde uma oportunidade de brilhar no Oriente; Eduardo III perde o pretexto da chantagem e percebe que seu rival agora pode voltar todas as suas atenções e forças contra ele. E, de fato, apesar das censuras papais, o rei da França prepara uma grande operação na Escócia para o verão de 1336.

A ESCALADA (1336)

A amplitude do projeto é surpreendente: estamos falando em transportar nada menos que 20 mil soldados de infantaria, 5 mil besteiros e 1.200 homens de armas em 200 navios escoltados por 30 galeras de combate. Isso levanta enormes problemas logísticos e financeiros. Primeiro, os navios. O reino da França na década de 1330 possui apenas um embrião de frota de guerra. Filipe IV, o Belo, havia criado os estaleiros de Clos des Galées em Rouen, onde foram construídas galeras do tipo genovês: navios longos com sessenta remos movidos por 180 remadores e com um mastro e uma vela latina. Oito estão disponíveis em Rouen e La Rochelle, além de cinco menores. Doze outros estão em Marselha e Beaucaire, onde foram destinados à cruzada. Outros navios, gabarras normandas de alto bordo com castelos[9] de proa e de popa, bem como uma tripulação de duzentos homens, também se encontram em portos normandos. Para o transporte de tropas, a única solução é a requisição de navios mercantes da Normandia, da Picardia e de Boulonnais. Em todo caso, essa frota não bastava, e, por isso, os reis da França tradicionalmente alugavam navios e tripulações de Gênova como complemento indispensável. É isso que Filipe VI faz. Mas o governo inglês tinha agentes ativos em Gênova com a família Fieschi: sob a promessa de resolver todas as disputas comerciais entre mercadores ingleses e genoveses em favor destes últimos, além do pagamento de 8 mil marcos de prata, Eduardo III consegue sabotar os planos dos franceses. Fieschi persuade o governo genovês a queimar os navios alugados pelo rei da França e a bloquear os outros nos portos aragoneses. Não haverá, portanto, navios em quantidade suficiente.

Tampouco há dinheiro suficiente. A renda de 1336 é a mais baixa do reinado: 260 mil libras tornesas, enquanto o custo da expedição é estimado em 180 mil libras, valor bem abaixo da realidade. Uma tentativa de desvalorização falha. Filipe VI pede permissão ao papa para cobrar um imposto de dízimo sobre os bens do clero. A recusa é categórica e vem acompanhada de uma severa carta de repreensão de Bento XII.

---

9 No original, "gaillards d'avant": castelo de proa é a estrutura à frente e acima do convés do navio, onde ficam os espias (orifícios por onde passam os cabos de amarra); nas embarcações à vela há também o "gaillard d'arrière". (N. T.)

Com a falta de barcos e de dinheiro, as desilusões francesas do verão de 1336 prenunciam os contínuos carecimentos dos soberanos durante a Guerra dos Cem Anos: uma insuficiência crônica de meios para ambições excessivas, o que causa desenganos recorrentes. No presente caso, as esperanças francesas de um grande desembarque na Escócia também foram definitivamente arruinadas por uma preventiva ação relâmpago de Eduardo III: em 11 de junho, saindo de Newcastle com uma pequena tropa, ele vai rumo a Inverness destruindo tudo pelo caminho: o gado é abatido, plantações e aldeias são incendiadas; Aberdeen é completamente destruída, e o rei se assegura pessoalmente que nada tenha sido deixado de pé. Com essa tática de terra arrasada, ele garante que os franceses, se ainda tivessem capacidade para chegarem ali, não teriam a menor condição de recuperar o local. Ao mesmo tempo, ele envia uma delegação de quatro bispos para negociar com Filipe VI, que rejeita qualquer acordo.

Como a expedição para a Escócia agora é impossível, os navios franceses são lançados em ataques pontuais na costa inglesa: um ataque a Orford, em Suffolk, outra à ilha de Wight, onde vários navios ingleses são tomados. Essas ações espalham o alarme nas regiões costeiras, mas facilitam o esforço de guerra de Eduardo III, cujos súditos enfim se convencem da necessidade de lutar contra o rei da França. Diretamente interessados, eles aceitam impostos, mobilizações e requisições. Já no interior da França, o contraste é marcante: os camponeses se sentem totalmente distantes de tal conflito.

Eduardo, que se apressa em retornar a Londres, recolhe os fundos necessários para a organização de um exército: votação de um décimo e de um décimo quinto pelo Parlamento; imposição de um décimo sobre o clero; empréstimos de Bardi, de Peruzzi e de mercadores nativos; apreensão dos cofres em que o dinheiro havia sido acumulado para a cruzada. Mercadores franceses são presos e seus bens, confiscados. Filipe VI faz o mesmo com os mercadores ingleses: já estamos quase em estado de guerra, sem qualquer declaração oficial. Para os escoceses não há dúvida: eles morrem de fome aos milhares no inverno de 1336-1337, pois o campo é devastado mais uma vez no outono, por Eduardo, novamente, mas também por Andrew Murray, cada um querendo evitar que o outro pudesse tirar proveito do país.

E então o tom sobe novamente na Aquitânia, onde os oficiais franceses se mostram cada vez mais empreendedores. Os apelos ao Parlamento de

Paris se multiplicam e o governo está visivelmente em busca de um pretexto para o confisco do ducado. Em julho de 1336, o senhor de Navailles, Garcie Arnaud, move uma ação contra Eduardo III, que supostamente lhe devia 30 mil florins. Sabendo que o rei da Inglaterra é inadimplente, Filipe VI se prepara para ocupar a Aquitânia. O papa tenta intervir, e a ele Filipe responde que aquilo era um assunto entre suserano e vassalo, ou seja, um assunto feudal. No final de dezembro, Filipe encontra mais um pretexto para a briga: exige a extradição de seu cunhado Roberto de Artésia, refugiado na corte da Inglaterra. Esse personagem turbulento, que havia sido frustrado em sua herança pela tia Mahaut, e depois pela duquesa da Borgonha, teve suas reclamações indeferidas após haver apresentado documentos falsos na defesa de sua causa. Banido do reino em abril de 1332 e com bens confiscados, ele naturalmente encontrou refúgio em Londres, onde Eduardo o via como um agitador útil.

Ao voltar da Escócia, o rei da Inglaterra está plenamente convencido de que Filipe VI busca confronto. Prepara-se então para enviar uma expedição à Gasconha, ciente da fraqueza das defesas do ducado. Contudo, ele se depara com o mesmo problema de seu rival: a insuficiência da marinha para o ataque em ultramar. De modo surpreendente, apesar de sua insularidade, a Inglaterra nessa época não era uma potência marítima. No início de 1336, o número de navios de guerra do rei não passava de três: um muito antigo, o *Christopher*, e duas cocas, uma delas comprada de mercadores em 1335. Isso porque a monarquia contava com navios fornecidos, em caso de necessidade, pela organização dos Cinco Portos (que na verdade são sete) espalhada pela costa de Kent. Na prática, o sistema funciona muito mal. Alguns desses portos, como Hythe e Romney, estão assoreados e praticamente não têm atividade marítima. As requisições levam tempo: no mínimo dois meses, além de várias semanas para reunir todos os barcos, que são inadequados para uso militar – redondos, lentos, difíceis de manobrar, muitas vezes pequenos, precisam ser equipados com castelo de proa e de popa, sem contar que a capacidade de transporte de cavalos e tropas é muito baixa (estima-se que para um exército de 6 mil homens sejam necessários nada menos que quinhentos navios). O comando carece de unidade: os Cinco Portos estão sob a autoridade do *Warden* (Guardião). Os navios de Londres são conduzidos pela casa do rei; o almirante do norte conduz os navios dos portos, situados ao norte do Tâmisa; o almirante do oeste fica com os navios do sul e do oeste.

Eduardo III parece não ter consciência dessas deficiências: em 10 de janeiro de 1337, convoca todos os navios disponíveis para que estejam em Portsmouth em 15 de março, com tripulação dupla e mantimentos para três meses. A propaganda ativa estimula o ardor guerreiro em todo o país. A guerra na Escócia e os ataques marítimos nas costas do sul convenceram os ingleses da ameaça de uma invasão, e os agentes de Eduardo não tiveram problemas para manter a psicose. O clima é de guerra; os ânimos exaltam-se com a ideia de uma luta que logo ocorrerá, e o rei entusiasma-se com a sua coragem e os seus gestos cavaleirescos. Ele distribui boas recompensas e institui seis novos condes em março: assim, Henrique de Lancaster torna-se conde de Derby, Guilherme Bohun conde de Northampton, Guilherme Montagu conde de Salisbury; e o filho mais velho do soberano, o príncipe Eduardo (futuro Príncipe Negro), com 6 anos, torna-se conde da Cornualha. O exército, aguerrido pelas campanhas escocesas, domina bem as suas táticas, tanto para as batalhas como para as incursões devastadoras, as futuras "cavalgadas". Um verdadeiro espírito de corpo une os combatentes, que fazem parte dos prisioneiros da grande nobreza e estão acostumados a lutar juntos. A agitação é grande na Inglaterra no início do ano de 1337, onde os espíritos já estão em guerra.

Resta saber onde atacar. Há três frentes possíveis, e é preciso escolher, porque uma ofensiva tripla seria inviável financeiramente. A Escócia é deixada à própria sorte; Murray e Douglas aproveitam para recuperar o controle do território. A principal ameaça agora se encontra no continente: Filipe VI convoca seus vassalos por *arrière-ban* em 30 de abril. Para ele, o objetivo é a invasão da Aquitânia contra seu vassalo traidor. Eduardo, porém, sabe que a melhor maneira de defender a Aquitânia é atacar Valois pelo norte. Sua atenção está, portanto, dirigida a Flandres, com o objetivo de explorar em seu próprio benefício os sentimentos hostis ao rei da França nessa complexa área.

EDUARDO III E A COALIZÃO DOS PAÍSES BAIXOS (1337)

Ele tem de fato boas cartas para jogar. Estamos aqui na fronteira entre o reino da França e o Sacro Império. No reino, o conde de Flandres, Luís de Nevers, sempre confrontado pela hostilidade do povo das cidades e do campo, só consegue se manter no poder graças ao apoio do seu suserano, o rei, odiado pelos artesãos das grandes cidades tecelãs – este, que havia massacrado artesãos em Cassel, os descreve como "brutos sem cérebro". Naturalmente, ao proletariado industrial resta apenas voltar-se para Eduardo III, e este, em agosto de 1336, proíbe a exportação de lã e couro para Flandres, mergulhando o país em uma nova crise revolucionária. Expulse seu conde e restaurarei as exportações de lã: essa é basicamente a mensagem que Eduardo. Do outro lado da fronteira, em território imperial, no ducado de Brabante (condado de Hainaut e bispado de Cambrai), a preocupação diz respeito ao avanço dos interesses franceses: através de casamentos e compras, muitos nobres franceses adquirem senhorios. Em fevereiro de 1337, o próprio rei da França compra cinco castelanias em Cambresis para seu filho. Ele pode até escrever aos príncipes e cidades da Renânia que respeitará os direitos do Império e que não tem objetivos territoriais nessa área, mas ninguém acredita nele. Bento XII, em abril, adverte Filipe VI que o estado de espírito dos governantes da região é de "irritação beirando o desespero", e é provável que apelem ao rei da Inglaterra para defender os direitos do Império. Porque o imperador, Luís da Baviera, soberano natural dessas regiões, mostra-se incapaz de lidar com a situação. Excomungado e contestado no Império, ele tem pouca influência nos negócios europeus.

A ideia de formar uma coalizão antifrancesa recorrendo ao poder militar inglês é apresentada pelo conde de Hainaut, Guilherme de Avesnes, um ancião que era sogro tanto de Eduardo III quanto de Luís da Baviera. Ele é o pivô de uma aliança inglesa na região, onde a ideia conta com muitos adeptos: o conde da Guéldria (cunhado de Eduardo), o conde de Namur (que envia tropas contra a Escócia das quais o próprio marquês de Juliers participou), bem como o irmão de Guilherme de Avesnes. Durante os primeiros três meses de 1337, intensas negociações ocorrem entre Londres e as capitais desse conjunto de territórios que podemos chamar de Países Baixos, e, em 4 de maio, o conde de Hainaut organiza uma conferência em Valenciennes,

ORIGENS E NATUREZA DO CONFLITO

reunindo em sua casa todos os interessados. A delegação inglesa é chefiada por Henrique Burghersh, bispo de Lincoln. Ele impressiona os participantes com suas generosidades: Eduardo o fez liberar um crédito de 2 mil libras com os Bardi e mil libras com os Peruzzi a fim de que se tornasse solidário e exibisse sua riqueza distribuindo presentes (prática diplomática comum, e não apenas na Idade Média). Nesse clima de bom entendimento, chega-se ao acordo de enviar um ultimato a Filipe VI com três pontos: permitir que Roberto de Artésia volte à França para defender sua causa; abandonar completamente o apoio aos escoceses; acertar as disputas entre Eduardo e Filipe perante o Parlamento de Paris. O texto é levado ao rei da França em Vincennes no final de maio, por Joana, condessa de Hainaut, irmã do rei.

Um gesto puramente formal, é claro. O ultimato é imediatamente rejeitado. Filipe VI já se decidiu pela guerra há vários meses. São proclamadas as convocações de *ban* e *arrière-ban*. Dois exércitos deveriam se encontrar em 8 de julho, um em Amiens e o outro em Marmande, para um ataque simultâneo no norte e na Aquitânia. O bailio de Amiens recebeu ordem para confiscar Ponthieu, um pequeno condado no estuário do Soma, mantido pelo rei da Inglaterra. Por fim, um navio carregado de prata e correspondência, levando ainda alguns soldados e conselheiros de Davi II, é enviado para a Escócia, onde jamais chegará – sua rota é interceptada por navios ingleses de Yarmouth.

Haverá guerra, portanto. Ninguém duvida disso. Em Valenciennes, após a morte do conde de Hainaut em 7 de junho, os aliados acertam os detalhes práticos de seu acordo. Cada um enviará um contingente de soldados para o dia 17 de setembro no centro de Cambrésis. O próprio imperador, contatado, fornecerá 2 mil homens; o duque de Brabante, que hesitava, deixa-se convencer por um argumento irresistível: a promessa de 60 mil libras que seriam pagas em quatro anos. Nessas condições, ele enviará 1.200 homens. No total, são 6.946 combatentes, nem um a menos, aos quais se juntará o exército inglês que deve integrar a coligação a partir de 1º de outubro, sob a liderança do rei em pessoa. Este não hesitou em fazer promessas imprudentes: o total dos subsídios prometidos aos aliados era superior a 160 mil libras, às quais se juntam as despesas de guerra, porque o rei pagará pelo equipamento que cada um trouxer, bem como pelos cavalos perdidos e pelos resgates. O salário médio por homem será de 2 libras e 5 *shillings* mensais. Eduardo III se compromete além de suas possibilidades.

Para financiar sua campanha, ele conta sobretudo com a lã. O subsídio votado pelo Parlamento em março já havia sido gasto no pagamento de dívidas. Planeja-se então o seguinte arranjo financeiro: um consórcio de mercadores é criado, à frente do qual estão financiadores como William Pole e Reginaldo Conduit. O segundo é um comerciante londrino, típico empresário que aproveita a guerra para fazer fortuna como fornecedor dos exércitos. A Guerra dos Cem Anos é uma época de ouro para fabricantes de materiais estratégicos e fornecedores de suprimentos. Em suma, o que esse consórcio recebe é quase um monopólio para comprar toda a produção inglesa (na verdade, nove décimos) de lã crua, a um preço muito baixo, fixado arbitrariamente. Depois, ele revenderá essa lã no continente a um preço tão alto quanto aquele que o embargo vigente desde 1336 (que tornara a matéria-prima rara) havia alcançado. Metade do lucro obtido irá para o rei, a quem o consórcio também emprestará 200 mil libras sem juros. Os participantes se reembolsarão por meio de atribuições de direitos aduaneiros.

O plano é irrealista. Em primeiro lugar porque os prazos são demasiadamente curtos. Estamos em agosto e o exército deverá estar em operação no final de setembro. Como, com as comunicações da época, tudo isso poderia ser feito em menos de dois meses? De adiamento em adiamento, chega-se ao dia 30 de novembro, que, para o início de uma campanha militar em Flandres, é ridiculamente tardio. Sobretudo porque as notícias da Escócia são péssimas: os partidários de Davi, com reforços franceses, dominam a maior parte do país; Edimburgo está sitiada; parte das tropas teve que ser desviada para o norte com um dos líderes mais capazes, o conde de Salisbury. Nessas condições, Eduardo foi obrigado a postergar a campanha em Flandres para o ano seguinte. Os aliados estão insatisfeitos e querem que os adiantamentos prometidos sejam pagos junto com o reembolso das primeiras despesas. O duque de Brabante, o conde palatino, os condes de Hainaut, de Gelderland, de Marck e de Loos, os margraves de Juliers e de Brandemburgo, além do senhor de Falkenburg, chegam a tentar estabelecer contato com o rei da França. Em dezembro, Eduardo envia-lhes com urgência uma embaixada, chefiada por Burghersh, que faz novas promessas. Ele calcula que precisará de 276 mil libras antes de março de 1338. Os líderes do consórcio de lã, convocados a Gertruidenberg, percebem o fracasso da empreitada: o preço de revenda da lã está longe de atingir os valores previstos. Com todos os custos deduzidos, obtém-se um lucro de 41.679 libras. Em janeiro de 1338, Eduardo se encontra numa situação bem delicada. Sua coalizão está prestes a se desfazer e, ao mesmo tempo, o papa lança uma ofensiva diplomática em favor de uma trégua: envia para a Inglaterra cardeais mediadores, Pedro Gomez de Barroso e Bernard de Montfavence, cujos esforços pacifistas poderiam abalar o entusiasmo bélico inglês, esfriar a tensão beligerante e minar a confiança no rei. A propaganda real se esforça para manter os ânimos de outrora: sermões patrióticos justificam a política régia; a lista de concessões já feitas por Eduardo é exposta nas igrejas com cartazes que denunciam a intransigência do rei da França; comissários são enviados aos nobres do local para justificar a causa da Inglaterra. Aos dois cardeais, Eduardo promete que adiará seu ataque até março de 1338: ele faz o papel do bonzinho, até porque, de qualquer maneira, não tem como intervir antes. Isso lhe permite ganhar tempo até 3 de fevereiro, quando o Parlamento irá se reunir. Este o alivia temporariamente do embaraço, renovando o seu apoio e aceitando um novo acordo financeiro: metade da lã não vendida (ou seja, 20 mil sacas) será adquirida a baixo preço e a crédito pelo rei, que só precisará pagar após dois anos. Na verdade, trata-se de um empréstimo forçado.

Felizmente para o rei da Inglaterra, a situação na Aquitânia é mais favorável e Filipe VI também tem problemas. O senescal da Aquitânia é um notável guerreiro e administrador quinquagenário, Oliver Ingham, auxiliado pelo não menos notável Bérard de Albret, capitão de Blaye. Os dois homens têm a formidável tarefa de defender o que resta do ducado da Aquitânia contra uma invasão francesa, com meios extremamente limitados. Eles quase não têm chance de receber ajuda da Inglaterra, onde o rei concentra seus esforços em Flandres. Para eles é impossível montar um exército de campanha na ausência de tropas disponíveis. As únicas forças são as dos senhores locais, e estas são empregadas, mediante pagamento, na guarda das cidades e dos castelos. Fortalezas capazes de resistir a um cerco total são raras, e os acessos ao norte são os mais ameaçados: Blaye e Bourg são as únicas defesas confiáveis para Bordeaux.

No entanto, o ataque não virá do norte, mas do leste, após as formalidades habituais: em 13 de junho de 1337, dois tenentes do senescal de Périgord chegam a Bordeaux e apresentam a Oliver Ingham as cartas reais anunciando o confisco do ducado. Elas são recusadas. Passa-se, então, à invasão militar.

Em julho, forças consideráveis enviadas pelos senescais de Toulouse, Beaucaire e Agen, bem como contingentes dos condes de Foix e de Armagnac, lançam o ataque – estima-se no total 12 mil homens. Felizmente para Ingham, esse exército é comandado por um incompetente, o condestável Raul, conde d'Eu, que divide suas forças e perde seu tempo sitiando castelos isolados. A campanha, iniciada em julho, termina em setembro por apelo do condestável, sem que tenha havido sucesso significativo.

Filipe VI está cada vez mais nervoso; ignora as dificuldades que paralisam o adversário, cujas possibilidades de ação exagera. Sem saber onde o golpe principal será desferido, ele hesita, torna-se irascível. Encontra-se dominado pelo sentimento de insegurança: teme conspirações e traições, manda prender pessoas de quem desconfia. Esse comportamento errático o torna impopular e solapa a confiança das pessoas ao seu redor. Um ataque naval de Walter Mauny[10] (almirante de Hainaut a serviço de Eduardo III) na costa flamenga mantém a incerteza quanto às intenções do rei da Inglaterra.

OS DADOS SÃO LANÇADOS (1338)

Durante o inverno de 1337-1338, Gastão de Foix continua a devastar o sul da Aquitânia, capturando Geaune, Aire-sur-l'Adour e Cazaubon, e, em 24 de março de 1338, o almirante francês Nicolas Béhuchet, de origem normanda, lidera um ataque devastador a Portsmouth: a cidade é saqueada e incendiada, os danos são consideráveis. Jersey sofre o mesmo destino no dia 26. Esse caso escancara a fraqueza das defesas costeiras dos ingleses. O sistema, desenvolvido no final do século XIII, depende da mobilização da população costeira numa faixa com cerca de 30 quilômetros de largura – esses homens, embora sejam dispensados do serviço militar e das requisições, devem se organizar militarmente sempre que avistarem embarcações inimigas no horizonte, alertando os distritos vizinhos por meio de piras acesas colocadas nos locais visíveis do litoral. A desvantagem desse sistema é que, com a costa inteira potencialmente em risco, milhares de homens aptos ficam imobilizados, aguardando ataques que podem nunca acontecer, o que

---

10 Outras grafias do nome são Manny e Masny. (N. T.)

priva o rei de mais homens para as tropas. Nicolas Béhuchet está ciente do papel estratégico fundamental que uma ameaça marítima pode desempenhar para prejudicar o rei da Inglaterra. Ele explica isso em um memorando ao rei da França. Em outubro de 1337, foram feitos contatos com o genovês Anton Doria para o aluguel de vinte galeras. O governo de Valois naquela época parece entender a importância de se dominar o canal da Mancha.

No entanto, é em Flandres que acontece o evento mais importante do inverno. O conde Luís de Nevers, na condição de eterno aliado de Filipe VI, seu suserano, de acordo com os seus deveres feudais, mantém a vigência do embargo inglês à lã destinada à Flandres. Isso causa desemprego e aflição de milhares de trabalhadores, além da ruína dos fabricantes, enquanto seus rivais de Brabante aproveitam para desenvolver sua indústria de lã. Vozes se levantam em Flandres para pedir uma reaproximação com a Inglaterra. É o caso de um cavaleiro, Sohier de Courtrai, que logo será preso pelos homens do conde e executado por traição. A situação explode em dezembro de 1337: Jacob van Artevelde lidera uma revolução em Gante. Esse rico mercador, patrício, voluntariamente violento e tirânico, é uma personalidade forte cujos talentos oratórios causam fascínio. Seu discurso, segundo as *Grandes crônicas da França*, é claro: "Sem a boa vontade do rei da Inglaterra, morreremos, pois Flandres vive do trabalho com os tecidos, e não se pode fazer tecido sem lã. Por conseguinte, devemos ser amigos da Inglaterra".

Artevelde não está à frente de uma classe social. Ele é seguido tanto pelos trabalhadores quanto pelos patronos. Defende os interesses econômicos de Gante, bem como de outras cidades de Flandres. Seus inimigos são o conde e o rei da França. Os contatos são estabelecidos imediatamente com a Inglaterra. Henrique Burghersh se reúne com os representantes do novo regime em Lovaina e chega-se a um acordo no final de janeiro: Flandres manterá uma neutralidade benevolente para com os ingleses na guerra entre os dois reis. Os partidários do conde são facilmente esmagados em Biervliet e o governo de Paris, para não ver Flandres cair francamente no campo inglês, perdoa os rebeldes e reconhece sua neutralidade. Todos sabem que eles serão mortos na primeira oportunidade.

O ato seguinte é puramente formal e pode servir como data simbólica para o início da Guerra dos Cem Anos. Flandres faz parte do reino da França; Eduardo III é nominalmente um vassalo do rei da França. Se ele for à guerra como vassalo, estará traindo o rei, e isso poderia perturbar seus aliados. Para obter seu apoio sem reservas e evitar questões de consciência desnecessárias, o melhor a ser feito é esclarecer a situação desafiando Filipe VI pelo título de rei. E para que ninguém o ignore, o desafio é feito pública e solenemente, provavelmente em maio de 1338. O bispo de Lincoln, Henrique Burghersh, perante o rei e a corte de Paris, apresenta uma carta de Eduardo III dirigida a "Filipe de Valois". O documento é lido em voz alta pelo seu secretário, nele acusa-se Filipe de ter usurpado o trono e conclui: "Portanto, notificamos que temos a intenção de conquistar nossa herança pela força das armas". O rei da França, que definitivamente não se mostra surpreso, responde placidamente ao bispo: "Suas cartas são de tal natureza que não requerem resposta".

E lá vamos nós para os cem anos (ou até um pouco mais)! Na verdade, a guerra já está bem encaminhada, como vimos. Guerra de natureza feudal, acima de tudo, que dizia respeito ao feudo da Aquitânia. A reivindicação da coroa existe apenas para efeito de anúncio, para simplificar a situação diplomática. É pouco provável que nessa época o próprio Eduardo a levasse a sério. De fato, pode-se pensar que estamos simplesmente diante de um novo episódio do velho conflito entre plantagenetas e capetianos.

No entanto, a amplitude do confronto é sem precedentes. As lutas vão da Escócia aos Pireneus e, em pouco tempo, a outras regiões. O conflito se estende pelo Império e pela Itália; o papado está preocupado. A cruzada é cancelada; uma propaganda ativa busca adesão da opinião pública na querela dos soberanos. De certa forma, tem-se a impressão de que Eduardo e Filipe estão sobrecarregados com a sequência dos acontecimentos e com a multiplicidade dos teatros de operações. Como se tivessem lançado imprudentemente um movimento sobre o qual agora não tinham mais controle. Envolvidos em uma guerra que ultrapassa suas possibilidades, eles não têm nem a marinha, nem as tropas, nem (especialmente) o dinheiro necessário para a continuidade das operações. A guerra mal começou e eles já estão sem crédito – de fato, não sabem o que fazer.

Às motivações puramente feudais do conflito acrescentam-se outras disputas, que tornam o desfecho muito mais incerto devido às interferências e sobreposições que entram em cena. As questões da Escócia, da Aquitânia e de Flandres são interdependentes e tornam precárias as soluções parciais. É preciso levar em conta os interesses dos aliados. O rei da França, por exemplo, não pode se contentar em retomar a Aquitânia se Davi II e Luís de Nevers não forem restaurados na Escócia e em Flandres, respectivamente. Os meios técnicos e materiais disponíveis no século XIV não permitiam que os soberanos dominassem uma guerra tão multiforme. Esta é uma das razões pelas quais ela durará tanto tempo e terá consequências tão capitais.

– 2 –

GUERRA E PESTE:
VITÓRIAS INGLESAS E A MORTE NEGRA (1338-1348)

Como qualquer grande guerra que se desdobra em várias frentes, a Guerra dos Cem Anos coloca um problema para o narrador. E aqui o problema é agravado pela duração excepcional do conflito. Eventos que ocorrem simultaneamente em diferentes teatros de operação têm consequências uns para os outros e, portanto, a compreensão global exige que o narrador passe continuamente de uma frente a outra, sob o risco de elaborar uma narrativa desconexa. Este é notavelmente o caso na primeira década, quando a luta ocorre em quatro e, depois, em cinco setores diferentes: Escócia, Aquitânia, Flandres, canal da Mancha e Bretanha. Na prática, é necessário analisar um ano de cada vez, ou dois ou três anos para cada teatro, sendo a situação muito flutuante. Depois de um início indefinido e confuso, a guerra a partir de 1345 se mostra claramente a favor dos ingleses: as vitórias de Eduardo III culminam nos anos gloriosos de 1346-1347, embora os resultados não sejam decisivos. Em 1348, os dois adversários estão exaustos e fazem uma pausa, durante a qual veem morrer um terço de seus súditos:

a peste atinge indistintamente ingleses e franceses – todos são derrotados pela morte negra, cuja devastação é desproporcional quando comparada aos massacres da guerra.

UMA LUTA INDEFINIDA EM 1338-1339

O objeto original da disputa é a Aquitânia. Filipe VI está determinado a retomar esse feudo e, na primavera de 1338, lança duas ofensivas: uma em Agenais, outra em Saintonge. O senescal inglês, Oliver Ingham, enfrenta enormes dificuldades: Londres não lhe envia reforços e, no local, a queda das receitas alfandegárias impede o pagamento regular das guarnições, o que leva algumas delas a se amotinar; os comandantes dos lugares precisam pagar as tropas com seu próprio dinheiro e há desânimo geral. No entanto, os franceses não conseguem aproveitar a situação. Como no ano anterior, desperdiçam tempo e energia sitiando os castelos um a um. No Lot, ficam plantados entre meados de abril até o início de julho em frente à fortaleza de Penne. Em Saintonge, o único resultado da campanha foi a captura de Montendre.

Tal ineficiência leva Filipe VI a adotar medidas drásticas. Em novembro de 1338, contrata seu parente e amigo João de Luxemburgo, o extravagante e nômade rei da Boêmia, paladino e ao mesmo tempo cavaleiro andante, para conduzir operações na Gasconha. Acrescenta ainda o conde de Foix, cuja boa vontade foi reforçada por generosas doações de senhorios, além de dois temíveis profissionais da Saboia: Pedro de la Palu e Le Galois de la Baume. Há também um corpo de mineiros alemães e até mesmo algumas bombardas[1] (esta é a primeira aparição registrada dessas armas; certamente não eram eficazes, mas não deixavam de ser curiosidades experimentais). O total das forças atinge 12 mil homens em abril de 1339, um número considerável para a época. A despesa é negociada: 45 mil libras por mês. O estado-maior se estabelece em Marmande e, dessa vez, os sucessos estão no encontro. Penne, Castelgaillard e Puyguilhem caem; Blaye e Bourg sofrem ataque das galeras do almirante da França, que as captura e as incendeia. Dessa vez, até mesmo

---

1 As bombardas são as precursoras dos canhões: tubos de ferro que utilizavam pólvora e disparavam projéteis metálicos ou pedras. (N. T.)

Bordeaux parece ao alcance dos franceses. Na cidade se amontoam os sobreviventes e refugiados dos territórios perdidos; os senhores gascões se apressam para tomar o partido de Filipe VI.

No início de julho de 1339, os franceses sitiaram a capital da Aquitânia inglesa. As operações são dirigidas pelo conde de Foix e pelo bispo de Beauvais, Jean de Marigny. Um portão da cidade é tomado e inicia-se a luta nas ruas. O ataque é repelido com dificuldade. Os sitiantes não poderiam durar para sempre: careciam de equipamento de cerco e, acima de tudo, o suprimento para 12 mil homens rapidamente se mostrou impossível. Este é o paradoxo dos cercos da Guerra dos Cem Anos: os atacantes eram os primeiros a ficar sem comida. Forçados a buscar alimentos no local, produziam rapidamente um esgotamento de recursos na região e acabavam afetados pela escassez muito antes dos atacados, que eram em número bem menor. Em 19 de julho, o cerco é desmontado por falta de fôlego da ofensiva. O custo exorbitante da campanha e a necessidade de retirar as tropas a fim de enviá-las para o norte arruínam o ímpeto. E, em outubro-novembro, Ingham é até mesmo capaz de liderar um ataque de Bordeaux até Toulouse.

A 1.300 quilômetros dali, na Escócia, o destino das armas também está indefinido. Em junho de 1339, uma pequena expedição liderada por William Douglas, incluindo alguns soldados franceses e exilados escoceses da comitiva de Davi II, desembarca na costa leste. Com ela está o corsário francês Hugo Hautpoul. Os cinco navios bloqueiam o Firth of Tay[2] e a pequena tropa captura Perth e Cupar. Esse sucesso confirma a vantagem dos franceses na guerra marítima. Já em setembro de 1338, o marechal Robert Bertrand havia conseguido capturar Guernsey, e os almirantes Nicolas Béhuchet e Hugo Quiéret haviam liderado um ataque surpresa no estuário do Escalda. Cinco navios ingleses carregados de lã – incluindo o *Cog Edward* e o *Christopher*, duas das melhores unidades de Eduardo – são capturados e saqueados. Em outubro, um ataque devastador destrói grande parte de Southampton, causando a ruína de vários entrepostos comerciais. O medo de um desembarque em grande escala torna-se uma verdadeira psicose nos condados do sul da Inglaterra, onde as pessoas estão ocupadas consertando as fortificações.

---

2 "Firth": estuário ou braço de mar; o Tay é um rio da Escócia. (N. T.)

Um grande desembarque, uma repetição de 1066 – é nisso que a comitiva do rei da França começa a pensar. Os normandos são muito favoráveis a tal ideia. Planos são elaborados e as tropas até começam a ser reunidas. A operação seria confiada ao filho mais velho do rei, o duque da Normandia, e é assim mesmo que as coisas devem ser. Mas Filipe VI não é Guilherme, o Conquistador, e o empreendimento está além das forças de uma monarquia que deve enfrentar vários perigos. Tudo o que resta é repetir em 1339 as operações pontuais de 1338. Na Inglaterra, porém, a ameaça é levada a sério e a defesa das costas é tornada mais eficiente: um ataque a Harwich em março é repelido; em maio, outras tentativas também fracassam: Plymouth, ilha de Wight, Dover, Folkestone e até Hastings, um lugar simbólico. O único resultado é o incêndio em alguns barcos de pesca e algumas cabanas de camponeses. Os ingleses ainda recuperaram a iniciativa: uma frota comandada pelo almirante do norte, Robert Morley, destrói em abril um comboio mercante francês escoltado pelos genoveses, perto de Eclusa.[3] Em julho, um ataque aos Cinco Portos por 67 navios, incluindo 32 galés, sob o comando de Béhuchet, Doria e o monegasco Carlo Grimaldi, termina em completo fracasso, e a maioria dos navios genoveses retorna à Itália. Ayton Doria fica, mas está furioso: tem 30 mil florins a receber e entra em contato com agentes ingleses.

Robert Morley se aproveita da situação e, em julho-agosto, devasta vários portos na costa da Picardia e da Normandia, chegando a se aventurar até Charente, onde queima navios e aldeias. Nessa ocasião, as defesas costeiras francesas mostram-se ainda mais frágeis do que as defesas inglesas. As magras guarnições encontram-se sob as ordens dos "capitães da fronteira marítima": um para o setor ao norte do Soma, outro para o setor entre o Soma e o Sena, e um terceiro para Cotentin e Calvados. Havia ainda mais um, que seria designado para a costa de Charente em caso de necessidade. Mas os serviços são mal coordenados e os recursos, muito insatisfatórios.

As operações marítimas, apesar de seu caráter confuso, baseado em ataques isolados, desempenham um papel importante na Guerra dos Cem Anos, pois obrigam os adversários a desviar tropas e dinheiro de seus objetivos principais. Alguns ataques pontuais são suficientes para manter a ameaça

---

3 Trata-se da cidade de Sluis (literalmente, Eclusa, em neerlandês), localizada na província de Zelândia, nos Países Baixos. (N. T.)

e forçar o inimigo a manter defesas significativas. O efeito é ao mesmo tempo psicológico e material. As frotas servem menos para batalhas navais – estas são muito raras e acontecem sempre bem perto da praia – do que para semear o terror nas costas inimigas e escoltar comboios: ter o controle do canal da Mancha significa garantir a liberdade de atravessar e, portanto, de transportar tropas e equipamentos. Até 1340, esse controle é compartilhado.

O centro nervoso do conflito de 1338 a 1340 compreende Flandres e o norte da França, com a Aquitânia e a Escócia atuando como teatros anexos. Do ponto de vista geográfico, isso é natural em um conflito franco-britânico. Mas é também escolha deliberada de Eduardo III: em 1338, ele decide explorar a coalizão antifrancesa, extremamente onerosa ao seu tesouro. Em 22 de julho, desembarca na Antuérpia, liderando a primeira grande expedição militar continental da guerra: 1.400 homens de armas e 3 mil arqueiros, com cavalos e equipamentos transportados a partir da costa de Suffolk por 350 navios. A comissão de boas-vindas está presente: duques, condes e margraves (todos os líderes da coalizão), porém, em vez de soldados, haviam trazido seus comprovantes de despesas e exigiam o pagamento das quantias prometidas antes da reunião de suas tropas. Longe de liderar uma campanha militar gloriosa com bandeiras hasteadas, Eduardo faz o papel de banqueiro. E ele não tem dinheiro. A lã que seria vendida não chegou e era preciso vasculhar o fundo da gaveta. Bardi e Peruzzi adiantam mais 70 mil libras; apela-se aos banqueiros do vale do Reno a taxas usurárias; as joias da coroa estão hipotecadas; William Pole entra na contribuição.

Enquanto esses fundos são arrecadados, o imperador mantém a serenidade e procura os franceses, apenas para ver se teria melhores chances de ser pago no lado oposto. Eduardo III se apressa em reavivar a amizade anglo-germânica durante uma entrevista pessoal com Luís da Baviera numa ilha do Reno, Niederwerth, ao norte de Koblenz. O rei da Inglaterra deslumbra seu anfitrião com magnificência e generosidade, distribuindo presentes luxuosos aos conselheiros imperiais. Tranquilizado por essa demonstração de solvência, o imperador confirma sua aliança e concede a Eduardo o título sem valor de Vigário Imperial. O rei da Inglaterra retorna à Antuérpia, mas já é tarde demais para iniciar a campanha. Ela foi adiada para o ano seguinte, e quartéis de inverno tiveram que ser encontrados em Brabante para abrigar o exército.

Filipe VI, por sua vez, chega a Amiens em 24 de agosto com a auriflama. Seu exército é considerável e há outro em Tournai com o condestável Raul d'Eu. No entanto, ele não tenta nada. Para distraí-lo, Eduardo III envia a Arras o arcebispo da Cantuária e o bispo de Durham a fim de que negociem. Na verdade, ele quer apenas ganhar tempo, e o rei da França se deixa enganar até o inverno, quando também deve recuar com seu exército.

Em ambos os lados do canal da Mancha, a opinião pública se impacienta. Esperava-se uma bela batalha; pagamentos haviam sido efetuados para isso, mas nada aconteceu. Longe de reembolsar as pessoas, os reis sempre exigiam mais. Especialmente na Inglaterra, onde as requisições de carne, grãos, peixe e de transporte para abastecer um exército que não luta, mas que continua a comer, aumentam durante o inverno. Surgem resistências, ouvem-se protestos e alguns começam a duvidar dos méritos dessa guerra. Um cavaleiro, Tomás Gray, disse que o rei na Antuérpia estava "apenas justando e se divertindo".[4] Os primeiros escândalos de corrupção e tráfico de mercadorias por aproveitadores de guerra são descobertos: William Dunstable, um dos principais fornecedores do exército, está convencido de desvios massivos. Os problemas explodem. O rei, que passa todo o inverno em Brabante, nomeia seu filho de 8 anos, Eduardo, como guardião do reino, cercado por uma equipe bastante medíocre que não consegue controlar a situação. A melhor maneira de acalmar a mente das pessoas é agitar o espantalho francês: comissários viajam pelo país para arengar às comunidades, lembrando-as da ameaça de invasão francesa.

Com o passar do tempo, a situação financeira de Eduardo III se deteriora. Novos prazos se apresentam: 33 mil libras para o duque de Brabante em 1º de janeiro, 30 mil libras para o imperador no dia 6, e assim por diante. O crédito está esgotado; o dinheiro dos impostos não entra porque é gasto antes mesmo de ser recolhido; os rendimentos são comprometidos com vários meses de antecedência, e os reembolsos de dívidas são atribuídos a esta ou àquela receita aduaneira. É o caso da lã. Rumores de falência circulam sobre os Bardi e os Peruzzi. William Pole já emprestou 110 mil libras e espera ser reembolsado com terras: ele cobiça o palacete real de Holderness,

---

4 A justa era o torneio entre dois cavaleiros montados que tentavam derrubar o oponente com lança. (N. T.)

perto de Hull. O rei, de mãos atadas, negocia com sindicatos mercantes dos Países Baixos a taxas exorbitantes de até 50%; ele hipoteca seus cavalos de batalha, além de entregar bispos e condes como reféns para garantir seus reembolsos. Na sua cegueira, fala da má vontade dos contribuintes e os acusa de serem responsáveis pela situação.

A situação de Filipe VI não é muito melhor. Em março de 1339, a Câmara de Contas estima que as despesas militares do ano chegarão a 252 mil libras tornesas por mês, ou seja, quatro vezes mais do que as receitas. Ocorrem assembleias provinciais para que novos impostos e empréstimos sejam negociados. E tudo isso apenas para manter o exército no lugar, pois não há nenhuma luta ocorrendo. Em junho, Eduardo vai a Bruxelas para defender sua causa perante seus aliados e, em agosto, precisa admitir que não poderá pagá-los: "Nossos recursos estão tão esgotados pelo custo de nossos próprios homens que não podemos entrar em campanha contra o inimigo", declara ele ao margrave de Juliers. Para salvar sua honra, afirma que ainda tentará algo somente com o contingente inglês. Como ele esperava, os aliados se sensibilizam e aceitam segui-lo – em contrapartida, querem a garantia do pagamento dos valores atrasados com os bens de quatro condes, seis barões e três bispos.

O exército parte, portanto, na segunda quinzena de setembro de 1339. O alvo é Cambrai, terra do Império cujo bispo se aliou a Filipe VI. Ao sitiar a cidade, o verdadeiro objetivo é atrair o exército francês, que está muito próximo, para provocar uma grande batalha campal. A manobra falha. Eduardo III até consegue devastar a região, mas Filipe VI, com seus 25 mil homens a 50 quilômetros dali, logo atrás da fronteira, não se mexe. Em 9 de outubro, Eduardo decide ir ao seu encontro porque seus 12 mil homens esgotaram todos os recursos locais. É necessário seguir em frente e ele atravessa Cambrésis rumo a sudoeste, queimando e matando tudo em seu caminho: 55 aldeias na diocese de Noyon são arrasadas. Sozinhos, cidades e castelos resistem, porque não há tempo nem equipamento para atacá-los. Pela primeira vez, os dois exércitos se encontram a uma légua um do outro, perto de Péronne, mas Eduardo considera o terreno desfavorável e se retira. Filipe envia-lhe um desafio à maneira cavaleiresca: encontro nos dias 21 ou 22, "num local conveniente, onde não haja excesso de rios, muros ou escarpas", para uma bela batalha em linha, cujo resultado será o julgamento de Deus.

Com 25 mil contra 12 mil, o rei da França acredita que, por se tratar de uma causa justa, a balança divina provavelmente irá pender a seu favor. Eduardo, de sua parte, busca um terreno favorável. Ele o encontra em 21 de outubro, perto da aldeia de La Capelle, em Thiérache. Ali ele posiciona suas tropas, exatamente segundo o modelo de Dupplin Moor e Halidon Hill: arqueiros nas alas, ligeiramente avançados e formando um ângulo com o corpo de batalha, dispostos em três linhas de homens de armas a pé e entrincheirados atrás de toras e valas; na primeira linha, o rei e os condes de Derby, Suffolk, Northampton, Salisbury e Pembroke; na segunda linha, os alemães dos marquesados de Brandemburgo e Julier; na terceira linha, o duque de Brabante.

Tal arranjo esfria o ardor no acampamento francês, onde todos estão cientes da armadilha: um avanço da cavalaria seria suicídio. Após horas de debate, decide-se recuar e entrincheirar, deixando aos ingleses a honra de atacar primeiro. Nessas condições, a batalha de La Capelle não acontecerá. Nada ilustra melhor a primazia da defesa sobre o ataque durante a Guerra dos Cem Anos do que os dois exércitos entrincheirados, face a face, sem que nenhum dos lados esteja disposto a dar o primeiro passo. No dia 23, todos fazem as malas e voltam para casa. Eduardo se considera vencedor do ponto de vista moral. Do lado francês, Filipe é acusado de *"raposice"*[5] por ter preferido o bom senso tático à loucura cavaleiresca. Alguns nobres usam chapéus de pele de raposa com desdém. Esperanças de glória e lucro são frustradas.

GANTE, 26 DE JANEIRO DE 1340: EDUARDO, REI DA FRANÇA

Eduardo III volta a Bruxelas no final de outubro de 1339. Em 12 de novembro, ele organiza uma grande conferência na Antuérpia com seus aliados, para a qual são convidados os representantes das cidades flamengas. A situação do condado de Flandres é nesse momento indecisa. O conde Luís de Nevers é um refugiado na corte da França, e o senhor do país é Jacob van Artevelde. Este último permanece neutro no recente confronto franco-inglês, embora seja mais simpático à Inglaterra, que restaurou as exportações de lã, e, ademais, o conde é vassalo e aliado do rei da França. O rei da

---

5 No original, *"renardie"*, termo arcaico que significa "enganação". (N. T.)

Inglaterra, por sua vez, estava agora convencido da necessidade de atrair Flandres para a coalizão antifrancesa. Há vários meses ele mantém proclamadores que pregam sua causa pelo país; toma cuidado para não molestar os interesses flamengos e mantém-se informado sobre o estado de espírito da população a seu respeito. Na Antuérpia, faz amplas promessas a Artevelde, registradas num tratado em estrita conformidade às leis locais: Bruges será o palco obrigatório para a exportação da lã inglesa; os comerciantes flamengos se beneficiarão de vantagens fiscais; o comércio marítimo com a Inglaterra será protegido por navios armados à custa dos ingleses; Londres não fará as pazes com Filipe VI sem o consentimento dos flamengos; as castelanias valãs de Lille, Douai, Orchies e até a de Tournaisis serão devolvidas a Flandres; finalmente, "todos os antigos privilégios, liberdades e imunidades que eles desfrutaram em nosso tempo e no de nossos ancestrais, os reis da França e da Inglaterra". A fórmula é clara: Eduardo III assina esse tratado como rei da França. Essa é a condição exigida por Van Artevelde, que é extremamente hábil nesse negócio. Flandres é um feudo do reino da França, e somente o rei da França pode conceder aos flamengos o que esse tratado promete. Para dar-lhe valor legal, portanto, é necessário que Eduardo seja oficialmente rei da França. Foi a pedido expresso dos flamengos que Eduardo III deu o passo, como confirma a crônica de João, o Belo: sabendo que não conseguiria atingir os seus objetivos sem a ajuda dos flamengos, "pegou as armas quebradas da França, juntou com as da Inglaterra, intitulou-se rei da França e da Inglaterra e fez o que os flamengos esperavam dele".

Em 22 de janeiro de 1340, ele exibe pela primeira vez na Antuérpia seus novos estandartes divididos com os símbolos da França e da Inglaterra, lírios e leões, e no dia 26, em um palanque erguido no mercado de Gante, após ter solicitado formalmente opinião da multidão, proclama-se rei da França por aclamação popular. O gesto é teatral, até mesmo "pueril", como escreve um mercador florentino que presenciou a cena, mas corresponde a um cálculo político cuidadosamente ponderado. Durante dez anos, de 1328 a 1337, Eduardo III não levantou objeções à coroação de Filipe VI. Além disso, como seu pretenso direito está baseado no poder das mulheres em transmitir a coroa, sua situação não é a melhor desse ponto de vista, pois, em 1332, a filha de Luís X, Joana, rainha de Navarra, dá à luz um filho, Carlos, futuro rei de Navarra e, sob o apelido de Carlos, o Mau, futuro protagonista do drama.

Seus direitos à coroa são superiores aos de Eduardo. Acrescentemos que Eduardo havia reconhecido em várias ocasiões ser vassalo de Filipe, prestando homenagem a este e, depois, chegando até mesmo a reconhecer que essa homenagem era lígia. Seu gesto estrondoso de 1340 é, portanto, muito tardio e pouco convincente.

A ideia já havia sido lançada, é verdade, talvez primeiro por Roberto de Artésia. Além disso, desde 1337, a chancelaria imperial passou a chamar Filipe VI de "rei da França por assim dizer". E, em outubro de 1337, Burghersh, bispo de Lincoln, em sua viagem de negócios pela Europa, levou consigo documentos para serem usados quando necessário, alguns dos quais referindo-se a Filipe VI como "ilustre rei da França" e outros a "Eduardo pela graça de Deus rei da Inglaterra e da França". Em maio de 1338, como vimos, Burghersh havia declarado claramente que Filipe VI era um usurpador, e nas negociações de Arras de 1338 e 1339, Filipe é mencionado em documentos ingleses apenas como "nosso primo da França" ou "rei da França por assim dizer". Essas hesitações são suficientes para provar que a afirmação de Eduardo é apenas uma manobra política, uma moeda de troca. Após a cerimônia teatral de Gante, em janeiro de 1340, isso se torna uma questão de princípio, o que complicará consideravelmente a busca por um acordo. A guerra já não é apenas feudal – ela é dinástica e, em teoria, deve continuar até a eliminação ou a renúncia de um dos dois pretendentes.

De qualquer forma, as reações são vivas e imediatas. Filipe VI declara que qualquer pessoa encontrada com a declaração que Eduardo fazia circular na França (na qual ele se dirige a seus novos "súditos" e promete a eles um retorno à idade de ouro de "nosso predecessor são Luís") será executada. Aquilo que se devia aos mercadores flamengos fica congelado. Recompensas são prometidas àqueles que se juntarem ao conde, o que atrai alguns nobres. Quanto ao papa, ele se diz "atordoado e estupefato" quando recebe a notícia. Ele coloca Flandres sob interdição – isso em teoria significa que os sacramentos não são mais administrados lá, os serviços religiosos são suspensos e as igrejas, fechadas. O dinheiro colocado pelas cidades flamengas nos cofres pontifícios é apreendido.

Da mesma forma, na Inglaterra não há entusiasmo. Afinal, o custo provável dessa questão havia sido calculado: prolongamento indefinido de uma guerra já mal iniciada, impostos e competição francesa. O Parlamento de janeiro de 1340 manifesta seu mau humor multiplicando as petições e concedendo apenas uma magra contribuição. Para Eduardo, é hora de retomar as rédeas do país. Ele está ausente há quase dezoito meses. Em 21 de fevereiro, embarca para Eclusa, mas é obrigado a deixar fiadores de seu breve retorno com dinheiro e soldados: em seu lugar ficam sua esposa e seu filho mais novo, além dos condes de Salisbury e Suffolk. Voltando a Londres, convoca um novo Parlamento no final de março, diante do qual descreve um quadro apocalíptico dos males que assaltará a Inglaterra se um novo imposto não for aprovado para ele. É assim que ele obtém o subsídio de um nono em grãos, lã e cordeiros, e um décimo em bens móveis dos habitantes da cidade, tudo isso em troca da promessa de que a Inglaterra nunca estará sujeita ao outro reino no quadro da dupla monarquia.

ECLUSA (24 DE JUNHO DE 1340): UMA TRAFALGAR MEDIEVAL?

Para o ano de 1340, os dois lados estabelecem seus objetivos. Filipe VI planeja um ataque a Hainaut, para se vingar do conde e, a partir daí, pretende atacar Brabante, principal membro da coalizão no continente. Diante disso, os aliados se encontram em Gante em torno da rainha da Inglaterra, Guilherme de Hainaut e do conde de Salisbury, Guilherme Montagu. Decide-se lançar uma ofensiva contra Tournai para desviar os franceses de Hainaut. Mas o plano falha completamente. Ele dependia da cooperação de três exércitos. O primeiro, liderado por Guilherme de Hainaut, parte de Mons, contenta-se em devastar o Thiérache cometendo as atrocidades costumeiras: a população da aldeia de Aubenton, por exemplo, é queimada viva na igreja. O segundo exército, liderado por Salisbury e Suffolk, não vai além de Lille, pois os dois condes são feitos prisioneiros durante um reconhecimento imprudente. O terceiro exército, liderado por Van Artevelde, chega sozinho na frente de Tournai, mas é obrigado a voltar por causa de sua insuficiência numérica.

Tendo os aliados arruinado sua campanha em abril, é a vez dos franceses de lançarem a sua em maio. Filipe VI deu o comando a seu filho João, um jovem hesitante de 21 anos, que coordenou mal a marcha de seu exército: a vanguarda deixa muito atrás o transporte de material e suprimentos.

Chegado à frente de Valenciennes, é derrotado por uma surtida da guarnição e retrocede para Cambrai. O consolo é a captura de Escaudœuvres e Thun--l'Évêque. Filipe VI vem juntar-se às suas tropas, quando fica sabendo, em 22 de junho, que Eduardo III estava chegando com uma frota imponente.

Ele era esperado. No estuário do Escalda, 213 navios, tripulados por 20 mil marinheiros e combatentes, sob a liderança dos almirantes Quiéret e Béhuchet, estão atracados entre a ilha de Cadzand e a aldeia de Termuiden no continente, bem em frente ao porto de Sluys (Eclusa). Não foi fácil reunir esse "grande exército do mar", segundo a expressão de Filipe VI. De fato, os genoveses abandonaram a causa francesa após uma revolução local que levou Simon Boccanegra ao poder. Quem está ali com duas galeras é somente o corsário Pietro Barbavera. Além disso, em janeiro e fevereiro, os ataques ingleses em Bolonha, Le Tréport, Dieppe e Mers destruíram 18 galés e 24 navios mercantes. Foi necessário, portanto, requisitar todos os navios normandos e picárdicos disponíveis, com grande custo, operação financiada por um imposto sobre a Normandia. A frota assim montada é composta por 6 galés, 22 barcaças a remo, 7 navios reais, 167 navios mercantes, mais alguns auxiliares espanhóis e flamengos. Dos 20 mil homens, existem apenas 500 besteiros e 150 homens de armas, os outros são requisitados sem experiência.

Mas o mais grave é o enorme erro tático cometido pelos almirantes. Apesar do conselho de Barbavera, que gostaria que os franceses enfrentassem a frota inglesa em alto-mar, Quiéret e Béhuchet decidem ancorar seus navios em três linhas, proa contra popa, na estreita passagem entre Cadzand e o continente; imobilizados, sem qualquer possibilidade de manobra, são também empurrados uns contra os outros pela maré e pelo vento do noroeste. Uma aglomeração de 213 navios em um espaço tão pequeno era exatamente o que havia levado os persas ao desastre em Salamina, 1.830 anos antes. Mas Quiéret e Béhuchet provavelmente não leram Heródoto. De todo modo, trata--se de uma constante em guerra naval: qualquer frota que se arrisque a combater ancorada, privando-se da possibilidade de manobra, está fadada à destruição. De Salamina a Aboukir, não há exceções. E a batalha de Eclusa confirma a regra.

A frota inglesa compreende entre 120 e 160 velas, navios dos Cinco Portos e dos dois almirantados. Ela parte de Orwell, na costa de Suffolk, em 22 de junho. A inferioridade numérica é compensada pelo número proporcionalmente maior de arqueiros a bordo e pela liberdade de manobra na direção do vento. Eduardo III está no *Cog Thomas*. O chanceler Stratford quer cancelar a operação, pois a considera muito arriscada, e prefere renunciar. O combate, que é a maior batalha naval da Idade Média, começa às três horas da tarde do dia 24 de junho. Os ingleses se aproximam da linha de frente francesa; escolhendo sua posição, eles crivam os conveses dos navios inimigos com flechas e, passando à abordagem, completam o trabalho com espadas. Os navios franceses de segunda e terceira linhas, imobilizados, só podem assistir ao massacre, enquanto aguardam a sua vez. Estamos no solstício de verão, os dias são muito longos, o que permite que a carnificina continue até dez horas da noite. A frota francesa é literalmente aniquilada: 190 de 213 navios tomados; de 16 mil a 18 mil mortos, incluindo Quiéret, morto durante a abordagem, e Béhuchet, enforcado por ordem de Eduardo III. Durante vários dias, as marés depositaram centenas de cadáveres na praia.

Eclusa é uma das vitórias mais completas da história, uma Trafalgar[6] medieval. Os ingleses, senhores do mar, podem agora atravessar o canal da Mancha sempre que quiserem levar a guerra ao continente, e já não precisam temer uma invasão. Na verdade, as consequências são menos importantes do que se poderia imaginar: um mês depois, em 26 de julho, um novo almirante, Roberto Houdetot, um normando, apreende um comboio carregado de lã no canal da Mancha, lidera um ataque devastador na ilha de Wight e destrói o porto de Teignmouth. É que numa época em que os navios de guerra, com exceção das galeras, são apenas barcos de pesca ou de comércio nos quais alguns soldados embarcam, nada é mais fácil do que reconstituir uma frota. Eclusa não é, portanto, uma batalha decisiva. Seu principal efeito é psicológico. Do lado francês, há uma briga sobre os responsáveis pelo ocorrido. Barbavera, que conseguiu livrar suas galeras da refrega, é suspeito de traição por não ter morrido como os outros. A cavalaria francesa se afasta completamente da guerra naval.

---

6 A batalha de Trafalgar foi um evento naval ocorrido em 21 de outubro de 1805 na costa espanhola. A Inglaterra lutava pelo domínio do canal da Mancha contra França e Espanha. Apesar do número inferior de navios, a esquadra inglesa venceu a esquadra franco--espanhola e privou Napoleão do controle do Atlântico. (N. T.)

TRÉGUA DE ESPLÉCHIN E AVALIAÇÃO DO INÍCIO DA GUERRA (SETEMBRO DE 1340)

O próprio Eduardo III desembarca seu exército, mesmo estando ferido na coxa por uma flecha. Junto com Van Artevelde, elabora o plano da campanha. Os anglo-flamengos formarão dois exércitos. O mais importante, com o rei, terá como objetivo Tournai. O segundo, confiado a Roberto de Artésia, sitiará Saint-Omer. Eduardo achava que o indisciplinado Roberto contava com muito apoio na área. Na verdade, não havia nada ali. Além disso, Roberto é velho, bagunceiro e militarmente incompetente. Sofre uma gravíssima derrota em 26 de julho diante de Saint-Omer, onde mais de 8 mil flamengos são mortos pelos homens do duque de Borgonha e do conde de Armagnac, que vieram reforçar as defesas da cidade. A indisciplina e a impetuosidade são responsáveis pelo desastre – os flamengos estão completamente aturdidos quando deixam as suas trincheiras.

O exército principal não tem melhor sorte. O objetivo é mal escolhido: Tournai tem pouco interesse estratégico e, além disso, a cidade está muito bem defendida: cinco quilômetros de muralhas, ladeadas por 74 torres recém-construídas e em bom estado; 5.800 soldados de boa qualidade, sob as ordens do condestável de França, Godemar du Fay, dos dois marechais e do conde de Foix. O risco de perdas é enorme para uma campanha completamente secundária, portanto. Eduardo III, que se acredita invencível desde Eclusa, chega como rei da França e desafia "Filipe de Valois" para que resolvam a questão num único combate. Eduardo tem 33 anos, Filipe tem 47 e um peso considerável, o que tornaria a luta muito desigual. De todo modo, esse tipo de desafio nunca era aceito – ele fazia parte das formalidades habituais do grande jogo da cavalaria. O rei da França – o outro – responde com ironia: diz ele ter recebido uma carta endereçada a um certo "Filipe de Valois", que ele, Filipe VI, rei da França, desconhece, considerando que se trata então de um provável erro por parte do remetente.

No início de agosto as coisas começam a ficar sérias. O primeiro problema é cercar corretamente o entorno, o que não é fácil, dado o tamanho da cidade. Eduardo estabelece seu acampamento a oeste, o duque de Brabante, a sudeste, e os príncipes alemães e o conde de Hainaut preenchem as lacunas. As catapultas são colocadas em alguns locais favoráveis, mas sua eficácia será quase nula. Como de costume, os campos dos arredores são devastados na esperança de atrair o exército de Filipe VI: as pequenas cidades de Orchies, Saint-Amand e a abadia beneditina de Marchiennes são destruídas. A defesa é vigorosa. Equipes de guardas saem e atacam os acampamentos dos sitiantes; as catapultas dos sitiantes causam menos estragos do que as da cidade, cujas bolas de pedra caem aleatoriamente sobre as tendas (uma delas arranca a cabeça do engenheiro-chefe do conde de Hainaut). Para economizar os mantimentos, as bocas inúteis são expulsas: velhos, enfermos, mulheres e crianças. Em 26 de agosto, um assalto é lançado contra a porta Sainte-Fontaine, ao norte; a cidade resiste, assim como no novo ataque em 2 de setembro. O cerco de Tournai é uma ilustração perfeita das técnicas medievais da poliorcética.[7] Utilizam-se todos os meios clássicos: escalada, queima das portas com lenha amontoada, minas. Também ilustra a superioridade da defesa sobre o ataque no caso de grandes cidades cujas fortificações estão em boas condições. A repetição de fracassos nos ataques desencoraja os sitiantes, que começam a brigar – os brabantes são acusados de não fazer sua parte no trabalho e começa-se a recriminar o atraso nos soldos.

E eis que Filipe VI chega em 7 de setembro com um exército considerável. Ele acampa a quinze quilômetros de Tournai, a oeste, em Bouvines. Lugar histórico, onde paira a lembrança de Filipe Augusto. Eduardo III vai ao seu encontro. Mas não haverá uma segunda batalha de Bouvines. Há perda de confiança em ambos os lados e prefere-se discutir, numa pequena capela, a meio caminho entre Bouvines e Tournai, em Espléchin. Em 24 de setembro, as duas delegações chegam a um acordo: é proclamada uma trégua de nove meses, até 24 de junho de 1341, tempo suficiente para buscar novas forças a fim de retomar o combate. Até lá, todos os confrontos estão suspensos: não apenas em Flandres e Artésia, mas também na Escócia, na Aquitânia e no mar. Todos acamparão nas suas posições e manterão os territórios conquistados; os prisioneiros serão libertados sob promessa de retornarem ao cativeiro assim que as hostilidades recomeçarem. A trégua de Espléchin, ratificada e proclamada no dia seguinte, é exatamente o tipo de compromisso entre realismo e idealismo cavaleiresco que caracteriza esse período de transição nas relações internacionais. Por um lado, aquilo que fora tomado à

---

7 Poliorcética: antigo termo militar que designava a arte de fazer cercos contra fortalezas. (N. T.)

força é confirmado, e, por outro, confia-se na palavra dada. Ambos os exércitos saem de licença e todos vão para casa. Não há vencedor, e, sim, dois perdedores. Porque ambos os lados experimentam um certo amargor nesse primeiro ato da guerra.

Felipe VI não tem o que comemorar. Sua imagem pessoal está muito manchada pela conduta muito tímida: em duas ocasiões recusou lutar, quando tinha forças muito superiores às do inimigo. Essa queda de prestígio é acompanhada por uma crescente relutância dos súditos em pagar impostos cuja principal justificação era a defesa do reino: por que pagar por exércitos que nem sequer são utilizados? Além disso, seu reino está em processo de divisão, os particularismos locais estão crescendo – em muitas regiões, no centro, no leste e no sudeste, não há a menor preocupação com essa guerra, e as pessoas estão pouco inclinadas a mostrar solidariedade com picardos e normandos. A guerra, longe de favorecer a união nacional, aumenta as dissensões num primeiro momento.

Todos os combates, exceto na Escócia, acontecem em território francês, que já sofreu graves danos. As sistemáticas campanhas de devastação dos anglo-flamengos, numa escala sem precedentes, arruinaram vastos setores, que assim permanecerão por muito tempo. As atividades marítimas foram severamente perturbadas, e as 18 mil mortes em Eclusa causaram uma sangria significativa na população masculina adulta da Normandia e da Picardia. Por todo o norte e também no nordeste, a concretização da ameaça inglesa (incluindo a destruição dos subúrbios, como em Lille) obriga as cidades a repararem suas defesas com muitos gastos. E as obras, feitas às pressas, em muitos casos são ineficazes. As finanças urbanas estão completamente desequilibradas: em Arras, um imposto local de 25% sobre toda a renda produz apenas metade das 1.900 libras tornesas gastas na reparação de sete portas e um setor de barreiras. Reims gasta 10 mil libras entre 1337 e 1340 em suas muralhas. Do ponto de vista territorial, se a reconquista da Aquitânia está no bom caminho, Flandres está perdida. Filipe VI gostaria de negociar com os flamengos, prometendo-lhes uma possível anulação do interdito. Mas a atitude intransigente de Bento XII a esse respeito o priva dessa moeda de troca. Finalmente, quanto à moeda real (desvalorizada em fevereiro de 1337, em dezembro de 1338, e três vezes em 1340), ela perde 60% do seu valor nominal para as moedas de prata, lembrando-se que as manipulações monetárias foram as principais fontes de financiamento da guerra. O rei da França, portanto, não tem motivos para se alegrar.

Seu rival está completamente furioso. Sua bela campanha, tão bem iniciada em Eclusa, termina em confusão e humilhação. Apesar da fanfarronice de Eduardo, Tournai não foi conquistada. Sua situação financeira está pior do que nunca. Na volta, ele deixa sua cólera explodir e, acusando incompetência, ataca sua comitiva: de setembro a novembro de 1340, ele está em Gante, onde gasta um pouco mais de dinheiro (que não tinha) em justas e festas, e depois, no retorno à Inglaterra em 30 de novembro, e manda prender seus principais ministros: os financistas William e Ricardo Pole, João Pulteney, juízes e o presidente do tribunal de justiça (*chief justice*). O arcebispo da Cantuária, João Stratford, deve buscar refúgio em sua catedral.

A fúria de Eduardo III se deve às suas frustrações. Ele sonhava com conquistas gloriosas e é posto de joelhos por banqueiros. Ele ainda não entendeu que o nervo da guerra não é o grande arco nem a grande estratégia, mas o dinheiro. E o dinheiro não é arrecadado, ou, então, arrecada-se mal. O subsídio *in natura* votado pelo Parlamento em abril de 1340 é inconveniente: os produtos devem ser recolhidos e depois revendidos, resultando em desperdício e perda de tempo. Outro Parlamento, em julho, vota pelo empréstimo forçado de 20 mil sacas de lã, mas houve forte resistência. No final de agosto, apenas 854 sacas foram coletadas. É com o produto dessa lã que os Bardi e os Peruzzi tiveram que pagar as dívidas régias aos sindicatos de banqueiros em Louvain e Mechelen, que retinham três contas como caução. Sem lã, nada de dinheiro, e assim os condes permanecem reféns. A coroa foi entregue como penhor ao arcebispo de Trêves, que ameaça cortá-la se não for pago. Os aliados reivindicam seus subsídios. Promete-se lã, mas eles querem dinheiro vivo. Em novembro, Eduardo está desesperado; um usurário lhe empresta 6.600 libras em troca de garantias oferecidas por vários condes; Henrique de Lancaster empresta 2.100 libras penhorando suas próprias joias. Somas insignificantes quando comparadas às despesas: os gastos das campanhas militares de 1339 e 1340 são estimados em um total de 500 mil libras.

Desastre. A coalizão se desintegra, seus membros não recebem as quantias prometidas. O imperador anuncia a revogação dos poderes de Vigário Imperial que havia conferido a Eduardo III; os príncipes da Renânia recuperam sua liberdade. O rei da Inglaterra levará vários anos até resolver seus problemas financeiros, e não sem provocar desgastes: as dívidas com os Bardi e os Peruzzi são simplesmente negadas, o que levará à falência dos dois famosos bancos, em 1343 e 1346. William Pole verá apenas parte de seu pagamento. Os condes de Derby e Warwick permanecerão reféns dos banqueiros de Mechelen até maio de 1343. E, durante todo esse período, Eduardo III fica paralisado militarmente, pois não possui mais meios para financiar uma grande expedição ao continente.

Além disso, na Escócia e na Aquitânia, o ano de 1340 não é muito favorável aos ingleses. Na Escócia, a guerra de guerrilha liderada pelos partidários de Davi está em recrudescimento. Ela até teve sucesso em vários ataques em Northumberland. William Douglas capturará Edimburgo em abril de 1341, e Davi II retornará do exílio em junho. O controle da Escócia é para os ingleses uma verdadeira obra de Sísifo. Tudo precisa ser refeito. Na Aquitânia, as rivalidades entre os senhores locais tornam o terreno extremamente fluido. O conde de Foix, Gastão II, está em guerra perpétua com seu vizinho, o conde de Armagnac, enquanto ambos estão do lado francês. No final de 1339, o senescal de Bordeaux, Ingham, consegue atrair para o acampamento inglês Bernard-Aiz d'Albret, cujos territórios se situam no baixo vale do Adour, e que também acabava de herdar direitos sobre senhorios na região de Bergerac, fazendo frente aos domínios do conde de Périgord, um ativo apoio de Filipe VI. Em janeiro de 1340, Eduardo III nomeia como seus tenentes na Aquitânia Bernard-Aiz d'Albret, que levou muitos senhores com ele, e um temível chefe saboiano, Hugo de Genebra, espécie de mercenário que logo se tornaria típico. Seus pais, os condes de Genebra e da Saboia, lutam ao lado de Filipe VI. A partir de março, Albret e Hugo de Genebra, com tropas exclusivamente da Gasconha, lideram ataques em Condomois, Gabardan, Agenais e no vale do Lot. Cidades como Sainte-Bazeille, no rio Garona, são tomadas e saqueadas; Guilherme Raymond, senhor de Caumont, é um dos chefes mais ativos da ofensiva. Ao mesmo tempo, um ataque é conduzido no sul do Périgord, com Raimond de Montaut, senhor de Mussidan. O impulso para o leste dos anglo-gascões atinge seu apogeu no início de setembro. Em seguida, o senescal de Toulouse, outro saboiano, Pedro de la Palu, lidera uma contraofensiva eficaz, obriga os anglo-gascões a retirar o cerco de Condom e retoma a maior parte das localidades conquistadas. Assim como na Escócia, Eduardo III perde a iniciativa na Aquitânia. Depois de acreditar estar

GUERRA E PESTE

próximo ao sucesso, ele se vê arruinado e em uma desconfortável posição defensiva. Daí sua reação de cólera dirigida aos que o cercavam. Em outubro de 1340, escreve ao seu governo na Inglaterra: "Se no momento certo tivéssemos recebido reforço, mesmo que fosse pequeno, teríamos realizado nosso grande empreendimento e alcançado renome acima de todos os outros príncipes". Na verdade, ele é o único culpado, pois superestimou suas habilidades e lançou empreendimentos além de suas possibilidades financeiras e humanas, além de ter feito más escolhas estratégicas. A trégua de Espléchin é bem-vinda para ele, porque provavelmente ele precisa dela mais do que o seu oponente.

UMA NOVA FRENTE: BRETANHA (1341-1343)

No entanto, durante o inverno de 1340-1341, ele se acalma. Em abril-maio, tendo recuperado a compostura e cancelado as prisões e decisões de dezembro, está pensando na retomada da guerra. É quando dois acontecimentos complicam ainda mais uma situação já bastante confusa. Filipe VI tem um problema com outro vassalo: o rei de Maiorca, Jaime II, que mantinha Montpellier como feudo e rejeitava a suserania do rei da França. Imediatamente, aproveitando a oportunidade, os ingleses tomam Bourg, violando a trégua que acabara de ser estendida até o final de agosto. Os franceses reagem: o conde de Valentinois retoma Bourg em 25 de agosto, mas é derrotado em Guitres por um pequeno exército de Hugo de Genebra, e Bourg é reocupada pelos ingleses.

E, ao recomeçar a guerra no sudoeste, entra em cena num novo setor, até então poupado – é onde uma nova frente se abre: a Bretanha. O duque da Bretanha, João III, sempre se comportou como um fiel vassalo do rei da França, participando das últimas campanhas com seu contingente feudal, mas seu ducado permaneceu fora do conflito. A extensão da guerra tornava essa neutralidade cada vez mais frágil, até mesmo porque a posição da península era estratégica entre a Inglaterra e a Gasconha. É ainda uma questão dinástica que a precipita na guerra. Nesse momento, o destino parece estar criando situações inéditas, não previstas pelo direito feudal. Em 30 de abril de 1341, o duque João III morre sem filhos. Ele tem uma sobrinha, Joana de

Penthièvre, filha do irmão mais novo do duque, Guy. Joana casa-se em 1337 com Carlos de Blois, membro da grande casa francesa de Châtillon, estreitamente ligada à dos Valois. Mas João III também tinha um meio-irmão, João de Montfort, que vinha do segundo casamento do pai de João III, Artur II. Quem deve herdar: Joana, a sobrinha, ou João, o meio-irmão? O caso faz os advogados se deleitarem. De fato, segundo o direito consuetudinário bretão, Joana tem prioridade; mas, como a Bretanha é um ducado anexado, o que deve ser aplicado é a lei de sucessão do reino, e essa lei elimina as mulheres (ela acaba de ser aplicada em favor de Filipe VI). Por outro lado, João III havia mudado de ideia várias vezes durante seu reinado. Odiando seu meio-irmão, ele havia se pronunciado várias vezes em favor de Joana, antes da reviravolta espetacular ocorrida em seu último testamento. Quando ele morre, ambos os lados têm argumentos igualmente válidos e, como sempre nesse caso, é a espada que decidirá a questão.

É João de Montfort quem marcou os primeiros pontos, muito embora seja um personagem bastante medíocre. Na Bretanha, ele é apoiado sobretudo pelo segmento bretão do ducado, a oeste, formado por parte da pequena nobreza e do povo. Também possui feudos em Artésia, no vale do Loire, e no condado de Montfort-l'Amaury, na região de Paris. Mas sua principal força é a esposa, Joana de Flandres, irmã do conde de Flandres, ambiciosa, enérgica, autoritária e determinada. É ela quem anima o partido de Montfort. É ela quem pressiona o marido a se instalar na capital do ducado, Nantes, a partir de maio de 1341, e a se apoderar do tesouro ducal, que ficava em Limoges, no centro do reino. João de Montfort então convoca os grandes vassalos bretões para que lhe prestem homenagem em Nantes. Quase ninguém aparece.

Porque a grande nobreza local, especialmente na parte francófona do ducado, a leste, apoia Joana de Penthièvre e Carlos de Blois. Esses grandes nobres têm posses tanto na Bretanha quanto no reino da França. Eles temem perder suas terras francesas se se opuserem a Carlos de Blois, um parente do rei da França. Também nesse campo, a personalidade mais forte é a da esposa. Carlos é um jovem de 21 anos, piedoso ao extremo. Embora seja um cavaleiro corajoso capaz de reunir lealdades, carece de senso político e determinação. O conflito que se abre é, em muitos aspectos, a guerra das duas Joanas.

Em junho de 1341, João de Montfort explora sua vantagem e torna-se, do ponto de vista militar, senhor das principais cidades do ducado: Rennes,

Dinan, Vannes, Hennebont e Brest. O campo oposto, apanhado de surpresa, apela ao Parlamento de Paris – dadas as ligações entre Carlos de Blois e Filipe VI, não há dúvida de que o parecer será favorável. Note-se de passagem a situação paradoxal deste último, que é rei da França por causa da exclusão das mulheres e, no entanto, defende o reinado das mulheres por direito, quando o que se espera dele é que aplique a lei francesa. No mundo feudal como em qualquer outro lugar, os princípios valem apenas quando coincidem com o interesse do momento.

Seja como for, o rei, constrangido, teme sobretudo que João de Montfort se alie a Eduardo III. João de Montfort então é convocado pelo rei a Paris para aguardar o julgamento do Parlamento. Este, em 7 de setembro, decide a favor de Joana de Penthièvre e Carlos de Blois. João de Montfort foge em segredo e regressa à Bretanha, enquanto Filipe VI convoca o seu exército para 26 de setembro em Angers, com o objetivo de invadir o ducado. Muito naturalmente, João de Montfort dirige-se ao rei da Inglaterra pedindo ajuda militar; promete em troca prestar-lhe homenagem pela Bretanha. Infelizmente para ele, Eduardo III, baseado em relatórios de seus enviados a Flandres, acaba de prolongar a trégua de Espléchin até 24 de junho de 1342. O rei da França, portanto, tem carta branca para resolver o destino de João de Montfort nesse entretempo. Ele encarrega seu filho João, duque da Normandia, do comando da operação, aconselhando-o a ter cuidado e dando-lhe a ajuda de Miles de Noyer e do duque da Borgonha. Carlos de Blois faz parte da expedição formada por 7 mil homens, que deixam Angers no início de outubro de 1341. João de Montfort é despachado para a batalha em L'Humeau, na fronteira do ducado, e acaba refugiando-se em Nantes. A cidade, sitiada, capitula em menos de uma semana, no início de novembro. João de Montfort recebe um salvo-conduto para ir defender sua causa em Paris, onde o rei manda prendê-lo, encerrando-o no Louvre.

É então que Joana de Flandres, sua esposa, mostra toda a sua determinação. Ela está em Rennes, com seu filho de 2 anos, João. Sentindo-se insegura, muda-se no final do ano para a Baixa Bretanha, onde estavam as principais forças do partido de Montfort, com Tanneguy du Châtel, capitão de Brest, e Godofredo de Malestroit. Ela se estabelece em Hennebont, uma pequena cidade perto da costa sul do ducado, notavelmente fortificada. De lá, ela envia seu filho para a Inglaterra, sob guarda de Amaury de Clisson, a quem ela encarrega de concluir um tratado de aliança com Eduardo III em janeiro de 1342.

O acordo prevê que um contingente inglês liderado por Walter Mauny será entregue à Bretanha, seguido em abril por forças maiores com o conde de Northampton e Roberto de Artésia. Os ingleses assumirão o controle das cidades do partido montfortista. Mas quem vai pagar tudo isso? Eduardo, como vimos, está completamente sem dinheiro. E eis que Joana consegue disponibilizar o tesouro ducal bretão. Amaury de Clisson traz como amostra um baú contendo mil libras em ouro, prata e joias. Quanto ao resto, são prometidas 68 mil libras tornesas, ou cerca de 13.600 libras. Eduardo imediatamente envia uma equipe para inspecionar o tesouro, que está em Brest, a fim de se preparar para a fundição e cunhagem da ourivesaria. Tranquilizado sobre a solvência dos bretões, ele convoca tropas e navios para os portos de Hampshire. A operação é demorada e somente em abril Walter Mauny consegue cruzar o canal da Mancha, com forças ridiculamente fracas: 34 homens de armas e 200 arqueiros.

Enquanto isso, os franceses tomam Rennes e, em maio, chegam a Hennebont. É Carlos de Blois quem está no comando; ele traz consigo seu irmão mais velho, Luís, conde de Blois, e um espanhol exilado, Luís da Espanha, cujo pai havia sido deposto do trono de Castela e desde então levava uma vida de aventuras pela Europa. Há também ali genoveses e monegascos. Em Hennebont, Joana de Flandres galvaniza a defesa, e o exército cosmopolita de Carlos de Blois fracassa na tomada da cidade; em Vannes e Auray, os fracassos são ainda piores. Em contrapartida, o campo é metodicamente saqueado.

As coisas começam a mudar em julho, com a chegada de consideráveis reforços franceses. A situação de Hennebont torna-se insustentável. Joana de Flandres então escapa para Brest, que novamente se vê sitiada pelo exército de Carlos de Blois em terra e, em meados de agosto, pela frota genovesa no mar. Tudo depende então da chegada dos ingleses, atrasados por problemas de organização e ventos contrários. O plano de Eduardo III não levava em conta essas contingências. Ele forneceu nada menos que três exércitos: o primeiro, com o conde de Northampton, William Bohun, nomeado tenente do rei na Grã-Bretanha, deveria partir de Southampton e Portsmouth em 8 de julho; uma vez desembarcados, os navios deveriam retornar imediatamente a Sandwich e Winchelsea para embarcar a segunda expedição, em agosto, com o próprio rei e o conde de Warwick. Em setembro, uma terceira expedição, com os condes de Gloucester e Pembroke, deveria deixar Plymouth. Eduardo III decidiu obviamente concentrar todos os seus esforços na Bretanha em 1342. Mas as suas idas e vindas pelo canal da Mancha pressupunham uma logística e um controle dos ventos que não eram possíveis. Os atrasos se acumulam. Em vez de zarpar em 8 de julho, Northampton só o faz em 15 de agosto, com 260 barcos e 1.350 combatentes, logo após um ataque francês ter devastado Portsmouth. A missão é exitosa: as galeras genovesas que bloqueiam o porto de Brest (o Penfeld) são destruídas, e o exército francês se retira às pressas. Carlos de Blois retira-se para Morlaix, Luís da Espanha e Ayton Doria, para o Loire. Northampton, com reforço de 800 homens que chegam com Roberto de Artésia, sitiará Morlaix – quer abrir outro porto aos ingleses na costa norte da Bretanha. Em 30 de setembro, ele inflige sérias perdas ao exército de Carlos de Blois perto de Lanmeur.

A segunda onda inglesa, com Eduardo III em pessoa, só chega à Bretanha em 26 de outubro, após um acúmulo de atrasos devido a motins e tempestades. O rei, que deixa Sandwich a bordo do *George*, segue para Brest. O objetivo é tomar Vannes, uma das principais cidades do ducado. A operação é terrestre e naval: o rei avança com o exército para sudeste, enquanto a frota, comandada por Roberto de Artésia, segue pela costa em direção ao golfo de Morbihan. Mas as coisas não dão certo: Roberto de Artésia desce à baía de Bourgneuf, onde é derrotado por uma esquadra hispano-genovesa; depois sobe em direção ao golfo de Morbihan e tenta pegar Vannes de surpresa, mas é repelido e ferido durante o ataque, morrendo de disenteria alguns dias mais tarde. Eduardo III, por sua vez, chega com o exército por terra, inicia o assalto em 29 de novembro, mas é repelido. Apesar de tudo, os anglo-bretões progridem: Redon, Malestroit, Ploërmel caem; os condes de Northampton e Warwick chegam a Nantes após tomarem Pontivy e Rohan. O conde de Salisbury devasta o nordeste na região de Dinan, Dol, Pontorson e do monte Saint-Michel. Em todos os lugares, o dano é considerável. Assim, mesmo que a terceira onda inglesa, a dos condes de Gloucester e Pembroke, não chegasse ao seu destino, Eduardo III estava em posição vantajosa no início de dezembro de 1342.

A TRÉGUA DE MALESTROIT. NOVO BALANÇO (JANEIRO DE 1343)

No entanto, Filipe VI e o duque da Normandia contra-atacaram no final do ano: Nantes é desbloqueada; Redon, Ploërmel e Malestroit são recuperadas em janeiro de 1343. Por volta do dia 10, Filipe e Eduardo voltam a se encontrar; nos arredores de Ploërmel, encontram-se a menos de 25 quilômetros um do outro. Mais uma vez, não ousam arriscar uma batalha. Então se lembram da presença de dois cardeais, enviados pelo papa para tentar reconciliar os dois reis e acompanham os acontecimentos desde Avranches, na fronteira entre a Bretanha e a Normandia. De repente, abrindo-se a propostas de paz porque não se sentem em condições de vencer a guerra, aceitam a mediação dos prelados.

Estes representam o novo papa, pois Bento XII havia morrido em 25 de abril de 1342. Seu sucessor, Pedro Roger, de Corrèze, era formado pelos beneditinos de La Chaise-Dieu e tornara-se arcebispo de Rouen e conselheiro de Filipe VI, assumindo o nome de Clemente VI. Mais político do que homem da Igreja, tem gostos principescos e empreende a construção do novo palácio pontifício de Avignon. Totalmente conquistado pelo rei da França, ele consegue separar Hainaut e Brabante do rei da Inglaterra e, ao anular o interdito de Flandres, apazigua a hostilidade dos flamengos em relação ao acampamento francês. Em junho de 1342, envia dois cardeais com a missão de aproximar os dois reis. Eles são bem recebidos na corte da França, é claro, mas Eduardo III os adverte de que é inútil para eles fazerem a viagem da Inglaterra: em breve, ele escreve ironicamente, chegaremos ao "nosso reino da França", e poderemos nos encontrar por lá. De fato, enquanto as operações militares lhe forem favoráveis, ele não tem intenção de vê-los. Foi apenas na segunda semana de janeiro de 1343, quando seus negócios estavam se deteriorando, que ele aceita a intervenção deles.

As discussões acontecem em Malestroit e terminam em 19 de janeiro, com a assinatura de uma trégua de mais de três anos e meio, prevista para durar até 29 de setembro de 1346. Durante esse longo período, os dois governos terão que enviar representantes a Avignon para negociar uma paz definitiva, e as operações militares ficam paralisadas. Cada um guarda o território que ocupa. Esta é uma oportunidade para um novo balanço. A situação não é gloriosa para nenhum dos dois lados.

A reputação de Filipe VI continua a declinar. Pela terceira vez, ele acaba de recusar a batalha. Seu reino está seriamente escoriado: o fato é que Flandres sempre lhe escapa; na Aquitânia, ele é forçado a cancelar a reconquista, justamente quando consegue reunir um grande exército para esse fim; mais da metade da Bretanha está sob controle inimigo. Muitos nobres passam para o lado de Eduardo III. Alguns casos são particularmente graves. Especialmente dois. Primeiro, o de Olivier de Clisson, chefe de uma grande família bretã, cujas propriedades se estendem pela Bretanha e o noroeste de Poitou. Ele já havia lutado nos exércitos do rei da França, mas seu irmão mais novo, Amaury, estava do lado inglês. Foi em novembro que Olivier decidiu-se, levando consigo muitos clientes e vassalos. Filipe VI fica furioso e reage violentamente. Olivier de Clisson é preso em Paris em julho de 1343 e executado em 2 de agosto com grande encenação pública: após ser arrastado em uma treliça, decapitado na praça dos Halles e cortado em pedaços, sua cabeça é enviada para Nantes e espetada em uma lança na entrada da cidade. Sua esposa é banida e seus bens, confiscados. Tal tratamento ignominioso de um grande nobre não contribui para a popularidade do rei. O outro caso é o de Godofredo de Harcourt, senhor de Saint-Sauveur-le-Vicomte no Cotentin, que trava uma guerra privada contra o rei e saqueia os palacetes do bispo de Bayeux. Seu castelo é tomado e arrasado, e ele foge para Brabante.

Esses casos são sintomáticos da crise de confiança que afeta a monarquia dos Valois. O rei é repreendido pela condução da guerra: ao recusar confrontos diretos, ele priva a nobreza dos habituais lucros com saques e resgates, para não falar da glória; ao mesmo tempo, o equipamento é caro e o aumento das despesas extravagantes acarreta dívidas crescentes. O próprio condestável, Raul de Brienne, conde d'Eu, morre em situação de bancarrota. As vendas de domínios dos nobres para saldar dívidas são tão volumosas que os próprios compradores se preocupam com a hipótese de que "o rei ou seus sucessores possam graciosamente permitir que os nobres de seu reino recuperem suas heranças e posses vendidas ao povo por causa do fardo das guerras", como se lê numa carta obtida pelo secretário particular do rei, que recebe garantias de antemão para proteger suas aquisições. Para ajudar a nobreza, Filipe multiplica pensões, doações e isenções em detrimento dos rendimentos da coroa.

As finanças reais encontram-se em situação crítica em 1343. Em agosto, os estados gerais, reunidos em Paris, concedem a prorrogação do auxílio votado em 1340 e 1342 em troca do término das desvalorizações monetárias e do retorno a uma moeda forte, medida que provoca deflação e queda de preços. A resistência ao pagamento da ajudadeira[8] é crescente.

Filipe também é impopular por causa de seus métodos, considerados muito secretos. É exatamente em 1342 que aparece pela primeira vez a expressão "conselho secreto do rei". Os grandes nobres, que se consideram os conselheiros naturais da monarquia, ficam descontentes por serem excluídos do pequeno círculo onde as decisões são tomadas – círculo reduzido aos parentes próximos do rei, aos duques de Borgonha, de Bourbon e da Normandia, a Miles de Noyer e ao bispo de Beauvais, João de Marigny. A rainha, "mulher vingativa, cheia de ódio", diz Froissart, exerce uma influência nada desprezível, o que é malvisto. Embora em 1343 o rei prometesse consultas mais amplas, sua reputação está gravemente comprometida.

Eduardo III, por sua vez, goza de certo prestígio pessoal como rei guerreiro, empreendedor e valente, pagando com a sua pessoa, que vimos na frente de batalha na Escócia, em Flandres e na Bretanha. Ele corresponde ao ideal aristocrático do soberano cavaleiresco e liberal, e os grandes nobres lhe devotam uma lealdade inabalável. Porém, embora não tenha problema de imagem, suas dificuldades estratégicas e financeiras são enormes. Na época da trégua de Malestroit, ele já não consegue mais controlar os quatro teatros de operações. Os meios para executar sua política lhe faltam mais do que nunca. A Aquitânia está à mercê de uma retomada da ofensiva francesa e o senescal Ingham encontra-se praticamente abandonado. Ele deve administrar os meios disponíveis jogando com as rivalidades entre os gascões. Nos Países Baixos, a coalizão é desfeita, Flandres hesita e o poder de Van Artevelde é frágil. Na Escócia, os partidários de Davi retomam Roxburgh e Stirling em 1342. Eduardo III faz uma aparição por lá no inverno de 1341-1342, o que não muda nada – ele, como relata Tomás Grey, disse estar enojado da guerra "meio melancólica", o que entretanto era incompatível com seu

---

8 A ajudadeira era um imposto de caráter excepcional que o senhor poderia cobrar de seus vassalos, por exemplo, para a constituição do dote para a filha mais velha ou para pagamento de resgate nas negociações de guerra. (N. T.)

GUERRA E PESTE

temperamento. No tocante à Bretanha, de onde saiu após a trégua de Malestroit, sua situação era incerta. João de Montfort continua preso no Louvre, apesar das promessas de Filipe VI; Joana de Flandres, sua enérgica esposa, junta-se ao filho na Inglaterra e enlouquece. Na prática, Eduardo estabelece uma administração à frente dos territórios controlados pelos ingleses. O tenente do rei no local é um cavaleiro, João Hardeshull. Em Brest, local de grande importância estratégica, o rei nomeará João Gatesden como capitão. Essas personalidades, vindas da pequena nobreza inglesa, são representativas de uma nova categoria socioprofissional que se vai desenvolver por ocasião da Guerra dos Cem Anos: soldados profissionais, de origem relativamente humilde, cuja principal motivação é o apetite por lucro, que conseguem emprego ao se aproveitarem da carência de militares por parte dos soberanos, o que ainda lhes oferece a possibilidade de enriquecer vivendo no país. Isso resolve os problemas de momento, enquanto Eduardo III não possui meios para financiar a guerra na Bretanha. Para administrar os rendimentos, o rei nomeia um receptor geral, que responde pelo doce nome de Cortagarganta, e que até então cuidava das finanças do condado de Richmond, em Yorkshire, posse dos duques da Bretanha na Inglaterra desde a conquista de 1066. Paralisado pela falta de dinheiro, o rei da Inglaterra, de janeiro de 1343 a junho de 1345, foi obrigado a conter seu ardor guerreiro. Ele dedica esses dois anos e meio para pagar parte de suas dívidas. Por força das circunstâncias, a trégua de Malestroit é mais ou menos respeitada.

FRACASSO DAS NEGOCIAÇÕES (AVIGNON, 1344)

No entanto, isso não significa um retorno à calma. A Aquitânia, vale dizer, mergulha em uma situação cada vez mais anárquica, que a administração inglesa, renovada em julho-agosto de 1343, não consegue mais controlar. O velho senescal Oliver Ingham é substituído por Nicolas Beche, e o falecido condestável, por João Walwain, dois personagens carentes de autoridade e prestígio. As guerras privadas entre os senhores gascões se multiplicam e, a cada vez, um dos dois adversários passa para o campo francês. É o caso de Guilherme-Raymond, senhor de Caumont, por exemplo, por causa de uma desavença com Bernard-Aiz d'Albret. Este último é pago por sua lealdade, apesar do princípio segundo o qual a Aquitânia deveria financiar a própria manutenção: Londres é obrigada a enviar 20 mil libras em junho de 1344 para pagar os valores em atraso.

Do lado francês, as coisas não estão melhores. Em março de 1343, João, duque da Normandia, filho mais velho do rei, é nomeado "senhor das conquistas", com a missão de dirigir os territórios da Aquitânia retomados pelos ingleses. Mas o jovem de 24 anos carece de experiência e autoridade, além do fato de nem mesmo residir no local. O povo logo percebe que o novo senhor não traz vantagem em relação ao antigo: os impostos estão ficando mais pesados, principalmente com os pedidos de auxílio, que as pessoas não estavam acostumadas a pagar. Paradoxalmente, a proporção de estrangeiros na administração francesa é maior do que na época dos ingleses. Oficiais gascões são substituídos por gente da Provença, de Saboia e da Auvérnia. Os problemas se agravam, as guerras privadas se multiplicam, o descontentamento aumenta em todo o Languedoc, onde a interrupção temporária dos combates lança nos campos milhares de soldados desempregados, que se transformam em bandidos. Já é o começo dos primeiros bandos de *routiers*[9] (grupos de homens armados, com líder e organização, que moravam no país e aterrorizavam a população no intervalo entre duas campanhas militares). É o caso da Sociedade da Loucura, que opera nos arredores de Nîmes. O prolongamento da guerra e as dificuldades financeiras dos soberanos produzem um aumento de desclassificados, criminosos em fuga, refugiados, cadetes sem dinheiro, aventureiros e condenados à forca, desequilibrados, maníacos, revoltados e contestadores, além de mendigos. Para essa escória do povo, o caos nascido da guerra é uma oportunidade para se entregarem à bandidagem sob a alegação de apoiarem Filipe ou Eduardo, mesmo que isso signifique trocar de lado a todo instante.

A Bretanha afunda na mesma anarquia. Bandos de ingleses e bretões percorrem o ducado sequestrando as populações, deixadas à própria sorte. O tenente de Eduardo III, João Hardeshull, não foi o último a participar disso. Vale dizer que ele não recebe instruções nem dinheiro, porque o partido de Montfort

---

9 O *routier* era uma espécie de *highwayman* dos ingleses, ou seja, um salteador de estrada; no contexto da Guerra dos Cem Anos, assaltavam sempre em bando – daí o porquê de *routiers* estar sempre no plural. Para a diferença entre *routiers* e *écorcheurs*, ver o Cap.8 deste livro. (N. T.)

encontra-se desprovido de líder. João de Montfort, finalmente libertado em 1º de setembro de 1343, não é autorizado a retornar ao ducado. Ele foge para a Inglaterra em 25 de março de 1345 e, em 20 de maio, presta homenagem a Eduardo III como rei da França. Porém, Montfort não é popular na Bretanha. Sua esposa Joana de Flandres está louca e passará trinta anos escondida no castelo de Tickhill, em Yorkshire. O filho deles, João, é criado na Torre de Londres. Os desorientados nobres bretões do partido de Montfort, como Tanneguy du Châtel e Amaury de Clisson, aliam-se em outubro e novembro de 1344 ao partido de Carlos de Blois. Este último, em 1o de maio daquele mesmo ano, toma Quimper, onde 1.400 habitantes são massacrados. O próprio Hardeshull é feito prisioneiro, assim como Henrique de Malestroit, um dos principais auxiliares de João de Montfort. Os ingleses, no início de 1345, controlavam apenas Brest, Hennebont, Vannes e alguns lugares menores.

A trégua de Malestroit previa a realização de uma conferência em Avignon destinada a concluir a paz entre os dois reis. Tal conferência dificilmente teria sucesso, dada a intransigência de ambos os lados. Eduardo III demonstra má vontade em participar. Ele não confia no papa francês, cercado por cardeais, a maioria deles franceses, comprometidos com a causa de Filipe VI. Na Inglaterra, o papado chega a ser acusado (não sem razão, ao que parece) de financiar o esforço de guerra francês utilizando para isso o dinheiro arrecadado pelo clero inglês, o que é um escândalo. O governo de Westminster está, portanto, muito relutante em submeter a disputa a um mediador tão tendencioso. Ele enviou pela primeira vez a Avignon em 1343 apenas um barão desconhecido, com poderes muito limitados, João Grey de Ruthin. Impossível discutir seriamente com um personagem assim, que constantemente precisa pedir instruções a Londres, causando interrupções de pelo menos quinze dias a cada vez. Por conseguinte, a verdadeira conferência é adiada para março de 1344, depois para junho, depois para o outono, até finalmente acontecer em 22 de outubro, tendo os ingleses por fim enviado uma delegação decente, com o bispo de Norwich, William Bateman, um bom jurista, João Offord, secretário particular do rei, e alguns auxiliares. Mas as instruções são estritas: jamais ceder na questão da coroa da França.

No entanto, a delegação francesa recebe exatamente a mesma instrução: pode-se discutir detalhadamente sobre os limites da Aquitânia, com a condição expressa de que Eduardo se reconheça como vassalo lígio; porém, quanto à coroa, qualquer concessão está proibida. Nessas condições, a conferência tinha poucas chances de terminar bem. Filipe VI, ao contrário de Eduardo, não economizou na qualidade da representação em Avignon: enviou Luís da Espanha, Luís de Poitiers (conde de Valentinois), Simão de Bucy (primeiro presidente do Parlamento), Pedro de Cugnières (presidente da Câmara de Contas) e o bispo de Clermont, porta-voz do grupo.

Para evitar confrontos diretos, Clemente VI serve de intermediário. Ele faz o vaivém entre as duas delegações, que se instalam em cômodos diferentes. Mostrando-se muito amável, tenta seduzir os ingleses, mas rapidamente perde a paciência ao descobrir que não obtém nenhuma concessão. Dois cardeais assumem a tarefa de Clemente, porém sem mais sucesso. As soluções mais extravagantes são oferecidas aos ingleses: Eduardo renunciaria à Gasconha por todos os bens da ordem hospitalária na Inglaterra; ou ele receberia uma compensação monetária; ou então prestaria homenagem lígia, porém não ao rei, e sim a um de seus filhos; ou, ainda, ele poderia receber a Escócia, e o rei da Escócia seria recompensado no continente, sem especificar onde. De qualquer forma, a Escócia já nos pertence, respondem os ingleses.

Obviamente, a situação está travada e a tensão aumenta. Na Inglaterra, a hostilidade da opinião pública em relação ao papado cresce e o governo apenas a incita. Cartazes contra os cardeais estão colados nas portas da catedral de São Paulo e da abadia de Westminster. Multiplicam-se os protestos contra a prática das disposições pontifícias, que atribuem benefícios eclesiásticos ingleses a estrangeiros. O papa ameaça enviar legados armados com poderes espirituais de excomunhão. Em Avignon, a delegação inglesa, num ambiente hostil, já não se sentia segura: "Estou aqui em grave perigo, sem poder atingir nenhum de vossos objetivos", escreveu o bispo de Norwich ao rei. Além disso, as viagens incessantes de mensageiros entre Londres e Avignon custam cada vez mais. Então, um a um, os membros da delegação se retiram discretamente: o cavaleiro Hugo Neville, no final de novembro de 1344, seguido pelo bispo de Norwich e, depois, por Nicolino Fieschi; finalmente, em fevereiro de 1345, João Offord também escapa. As negociações acabaram por falta de negociadores.

RETOMADA DA GUERRA (1345)

Eduardo III, que em nenhum momento teve a intenção de fazer as pazes, não esperou o fracasso programado da diplomacia para planejar sua próxima campanha militar. Aproveitando a trégua para recuperar a saúde financeira, obtém antecipadamente o apoio do Parlamento, que em junho de 1344 adota uma moção declarando que

> não se chegará ao fim da presente guerra e a um honroso tratado de paz se não houver envio considerável de forças contra o inimigo. Portanto, que o rei atravesse o mar assim que estiver pronto e agarre o que Deus lhe conceder, prosseguindo com seu empreendimento até a conclusão, quaisquer que sejam as mensagens e os protestos do papa.

Armado com esse apoio incondicional, o rei planeja quebrar a trégua de Malestroit no verão de 1345 e enviar duas grandes expedições ao continente, uma para a Aquitânia com o conde de Derby, Henrique de Lancaster, a outra, comandada por ele mesmo, no norte da França. Duas expedições adicionais, com meios mais limitados, irão desembarcar, uma na Bretanha com o conde de Northampton e João de Montfort, a outra em Jersey com *sir* Tomás Ferrers e Godofredo de Harcourt, que acaba de chegar à Inglaterra. Na mente de Eduardo, 1345 deve ser um ano decisivo, e, em 15 de junho, ele, com confiança, anuncia em uma proclamação aos ingleses que quebrava a trégua, "compelido pela necessidade, em defesa de nosso reino inglês e para a recuperação de nossos direitos legítimos". Ao mesmo tempo, envia a Clemente VI um texto justificando seu gesto evocando as agressões de Filipe VI.

O plano é muito ambicioso e sua execução, como esperado, fica aquém das esperanças do soberano, exceto talvez na Aquitânia. Porque, nos outros teatros, o desencanto vem rapidamente – começando com o que seria a peça central: o desembarque na Normandia. De fato, Eduardo III, no último momento, teve que mudar seu objetivo por causa dos acontecimentos em Flandres. Nesse setor, o colapso da coalizão antifrancesa deixa Van Artevelde em uma situação delicada. Seus métodos autoritários desagradam a opinião pública; seus partidários se dividem; em Gante, no dia 2 de maio de 1345, confrontos entre guildas deixam várias centenas de mortos. Muitas cidades fazem as pazes com o conde Luís de Nevers. O rei da Inglaterra, no final de junho, decide ir primeiro para restaurar a situação nesse setor. Em 5 de julho, ele chega a Eclusa com trezentos navios e 2 mil homens. Van Artevelde vai vê-lo, mas, na noite de 17 de julho, em seu retorno a Gante, é massacrado por uma turba liderada por outro demagogo, Gérard Denis. As cidades flamengas, no entanto, mantêm a aliança com Eduardo, que levanta âncora em 22 de julho para voltar a seu plano original. Mas sua frota é dispersa por uma violenta tempestade e, no final do mês, é preciso reconhecer: a grande expedição de 1345 está cancelada.

Nesse período, na Bretanha, o conde de Northampton desembarca em junho com João de Montfort. Um de seus tenentes, Tomás Dagworth, inflige uma pequena derrota a Carlos de Blois perto de Josselin. Mas a expedição inclui apenas quinhentos homens, e João de Montfort, que sitiará Quimper, é um senhor da guerra medíocre. Ele é repelido, retira-se para Hennebont e morre em 26 de setembro. Seu filho, João, tem apenas cinco anos e ainda está na Inglaterra. Northampton continua a campanha a fim de tomar um porto na costa norte, o que facilitaria o desembarque inglês. Tudo o que consegue fazer é conquistar La Roche-Derrien, uma pequena cidade a montante de Tréguier, que só podia acomodar navios minúsculos. Ele coloca uma importante guarnição lá, com Ricardo Totesham. O resultado é insignificante e mostra-se desvantajoso devido ao massacre da guarnição de Château-Cornet, na ilha de Guernsey.

Felizmente para Eduardo, o ano foi salvo pelos resultados de Henrique de Lancaster na Aquitânia. Esse setor, até então também negligenciado por Londres, foi reorganizado em fevereiro de 1345, com a nomeação de um novo senescal de maior prestígio, lorde Stafford, que, em junho, iniciou operações em Blaye e Langon. Em Paris, aguarda-se a principal ofensiva de Eduardo, mas não se sabe de onde ela virá: Flandres? Bretanha? Aquitânia? Filipe VI se instala com suas forças no baixo vale do Loire e lá permanece a maior parte do ano.

É no início de agosto que a força expedicionária do conde de Derby desembarca em Bordeaux: quinhentos homens de armas, mil arqueiros, quinhentos soldados de infantaria galeses. Henrique de Lancaster, primeiro conde de Derby, primo do rei, tem o título de tenente da Aquitânia e plena liberdade de ação. Esse homem é excepcional: inteligente, bom administrador e bom estrategista, generoso, *bon vivant*, amante das mulheres, da boa comida e dos gestos cavalheirescos, ele personifica as aspirações dos aristocratas dessa época extravagante. Determinado a não perder tempo em intermináveis cercos a castelos obscuros, seu primeiro objetivo é Bergerac, o principal lugar francês no sul do Périgord, de onde partem regularmente ataques devastadores. A cidade é invadida já em agosto e os despojos são enormes; centenas de prisioneiros, incluindo o senescal do Périgord, são colocados para resgate. Derby então passa do vale do rio Dordonha para o de Isle e sitia Périgueux. Ele agora tem, com os reforços gascões e as tropas de Stafford, um exército respeitável de cerca de 2 mil homens de armas e 5 mil arqueiros montados, além da infantaria.

Do lado francês, a defesa da Aquitânia é confiada à liderança de João, duque da Normandia, que não sabe bem por onde começar. Ele se instala em Limoges e envia Luís de Poitiers, com pelo menos 3 mil homens de armas e o dobro de infantaria, para ajudar em Périgueux. A cerca de quinze quilômetros da cidade, os franceses param para sitiar o castelo de Auberoche. É onde são surpreendidos na manhã do dia 21 de outubro por forças de Derby, que chegaram de repente após uma marcha noturna. A batalha acaba sendo um desastre para Luís de Poitiers, que morre nessa ocasião. A lista de prisioneiros é impressionante: um conde, sete viscondes, três barões, doze *bannerets*[10] e um sobrinho do papa, além dos senescais de Toulouse e Clermont. Nunca, desde o início da guerra, uma colheita de resgates tão numerosa havia sido feita. Lancaster sozinho acumulou uma fortuna, parte da qual cobriria todos os custos de construção de seu magnífico palácio de Savoy em Londres. Seus prisioneiros em Bergerac e Auberoche renderam-lhe cerca de 70 mil libras. Seus tenentes também ganharam bastante. Foi a partir dessa data que na Inglaterra surgiu a consciência de que a guerra na França poderia ser fonte de consideráveis lucros individuais, o que desencadeou uma onda de engajamento por parte de uma multidão de pequenos nobres atraídos pela aventura e pelo desejo de ganho.

Após seu sucesso retumbante, Lancaster deixa algumas tropas em Périgueux e volta ao Garona, apreendendo várias fortificações pelo caminho (eliminando assim as guarnições francesas no trecho entre os rios

---

10 *Banneret* era um título de nobreza equivalente ao de barão. (N. T.)

Dordonha e Garona) e, no final, sitia La Réole. A cidade é tomada em 8 de novembro. A cidadela resiste por mais tempo, mas suas muralhas sucumbem com o trabalho de solapamento dos ingleses. Seguindo um protocolo muito comum, o capitão promete se render se nenhuma força de socorro chegar em até cinco semanas. O duque da Normandia, avisado, não se mexe. Ele já dispensou seu exército. La Réole capitula no início de janeiro de 1346. Langon e Sainte-Bazeille fazem o mesmo.

A inércia dos líderes franceses durante essa campanha teve uma dupla consequência. Por um lado, uma onda de transferências de fidelidade ao rei da Inglaterra por parte dos senhores locais, que mudavam de lado conforme as vicissitudes da guerra. Assim, a poderosa família Durfort de Duras, no norte dos Agenais, reconhece Eduardo III como suserano. Por outro lado, as comunidades locais começam a organizar a sua própria defesa, recusando-se a pagar impostos régios, aumentando os seus próprios impostos para manter as fortificações, criando uma força armada dedicada exclusivamente à proteção do seu território. Assiste-se ao início de uma fragmentação da soberania na Aquitânia francesa, especialmente nas regiões das marcas – estas, espremidas entre faixas territoriais francesas e inglesas, além de guerras privadas e banditismo, afundam na anarquia. O bispo de Rodez, por exemplo, organiza a defesa de Rouergue de maneira autônoma.

A queda de Aiguillon, durante o inverno de 1345-1346, finalmente leva Filipe VI a reagir. A primeira coisa a fazer é arranjar dinheiro. Os estados gerais de língua d'oïl,[11] reunidos em fevereiro no convento agostiniano de Paris, são muito relutantes quanto a uma possível extensão das taxas de ajudadeira e de gabela.[12] É-lhes oferecido outro sistema: em troca da abolição desses impostos e de vários abusos, cada grupo de duzentos famílias financiará um homem de armas, com os seus seguidores, durante seis meses. Porém, enquanto se aguarda o resultado da consulta às comunidades locais, prolongam-se as ajudadeiras e as gabelas. Ao mesmo tempo, os estados de Languedoc,[13] reunidos

---

11 As *langues d'oïl* eram as línguas da região da Gália romana, como borgonhês (ou língua burgúndia), champanhês, picardo etc. Do ponto de vista geográfico, as regiões de língua do oïl encontravam-se na metade setentrional da França. (N. T.)

12 A gabela era um imposto extremamente impopular que incidia sobre o sal e alguns produtos agrícolas ou fabricados. (N. T.)

13 Os estados de Languedoc, na metade meridional da França, correspondiam às regiões onde se falava a língua do oc. (N. T.)

em Toulouse, concedem com grande dificuldade uma talha de dez soldos por família. Tudo isso é insuficiente. Daí o recurso a empréstimos mais ou menos forçados de bancos italianos em Paris (eram de membros da corte), bem como a vários expedientes, como confisco de bens rebeldes ou venda de cartas de perdão. Uma ajuda bem considerável vem do papa: Clemente VI autoriza Filipe a arrecadar um décimo das receitas eclesiásticas do reino e empresta-lhe 33 mil florins, ou cerca de 50 mil libras, além de outras somas a Carlos de Blois e ao duque de Bourbon. Doravante, o papa apoia sem reservas a causa de Valois e financia o esforço de guerra do rei da França. Esses acordos são teoricamente secretos, mas Londres não se deixa enganar.

Ao mesmo tempo, Filipe recruta mercenários em Aragão e na Itália: besteiros, soldados de infantaria e galeras. Todos esses esforços permitem a reunião de um exército considerável sob as ordens do incompetente João, duque da Normandia e futuro rei: pelo menos 15 mil homens, incluindo 1.400 mercenários genoveses para uma campanha de grande escala na Aquitânia, que começa em 1º de agosto pelo cerco de Aiguillon.

A cidade, na confluência dos rios Lot e Garona, é estrategicamente importante e bem defendida: um grande retângulo de muralhas delimitado em comprimento e largura por dois rios. No interior, dois burgos fortificados, Lunac e Le Fossat. O capitão do local, Ralph Stafford, tem seiscentos arqueiros e trezentos soldados. O cerco promete não ser pouca coisa. João arrisca imprudentemente sua honra ao jurar publicamente não deixar o local antes da captura da cidade, que o manterá preso ao local por meses antes de sofrer um fracasso humilhante. No entanto, ele emprega bons dispositivos: trincheiras para proteger a retaguarda do exército contra possíveis reforços; comunicações entre os três corpos de exército pela construção de uma ponte sobre o Garona e a captura da ponte Clairac sobre o Lot; bloqueio da navegação no Garona por uma corrente para impedir que os suprimentos enviados por Bordeaux cheguem à cidade; instalação de catapultas. Apesar disso, o cerco não progride. Em incursões ousadas, os sitiados apoderam-se dos mantimentos dos sitiantes, que são os primeiros a sofrer com a escassez: os franceses têm quinze vezes mais bocas para alimentar do que os ingleses, e a exploração dos campos circundantes esgotam os recursos. A disenteria se espalha. João é teimoso. Permanece ali até o mês de agosto. E, durante esse tempo, seu pai tem enormes problemas no norte do país.

CRÉCY (26 DE AGOSTO DE 1346)

Eduardo III, frustrado com sua campanha de 1345, decide desferir um grande golpe. Ele planeja cruzar o canal da Mancha com o maior exército jamais reunido: de 15 mil a 20 mil homens. Para isso, imensos preparativos são feitos durante o inverno. Nada é esquecido; a opinião pública é condicionada por uma campanha de propaganda sem precedentes; proclamações espalham notícias alarmistas sobre os supostos planos agressivos de Filipe VI. Milhares de arcos pintados de branco, dezenas de milhares de flechas, pregos, correntes, cordas e todo o material estratégico são amontoados no arsenal da Torre de Londres e no de Greenwich. Carne, legumes, cereais e forragem são enviados para Portsmouth, onde centenas de barcos são requisitados. Para o recrutamento de tropas, experimenta-se um novo sistema: todos os proprietários de terra leigos, cujo recenseamento tivesse sido feito no ano anterior, deveriam enviar um número de homens proporcional aos seus rendimentos: um arqueiro a cavalo com salário de 5 libras, um *hobelar* (cavaleiro leve) com salário de 10 libras, um homem de armas por 25 libras, vinte homens de armas por 500 libras. O essencial se impõe: financiamento. Um imposto a ser cobrado durante dois anos é votado no Parlamento em 1344. Somam-se a isso, como na França, os empréstimos forçados das cidades e do clero – afinal, os Bardi haviam falido e não era mais possível contar com eles.

A organização de tal expedição anfíbia com os meios do século XIV é em si uma façanha, mesmo que os preparativos demorem mais do que o esperado. A data de partida é adiada várias vezes, de meados de fevereiro a 1º de março, depois 1º de maio e, em seguida, 15 de maio. No final de junho, Eduardo ainda está em Portchester, perto de Southampton, e os auxiliares do exército continuam chegando: carpinteiros, pedreiros, sapadores,[14] ferreiros, engenheiros e escriturários.[15] Ali estão 750 navios, capazes de transportar cerca de 15 mil combatentes.

Tal efervescência não poderia escapar aos olhos do inimigo. É óbvio que um desembarque está sendo preparado. Mas onde? E quando? Filipe VI, diante

---

14 O sapador era o soldado encarregado de cavar fossos, trincheiras e galerias subterrâneas. (N. T.)

15 O "clerc de notaire", que aqui se traduz como escriturário, era o funcionário do rei responsável pela arrecadação de impostos para o Estado. (N. T.)

dessas duas questões clássicas, só pode especular e, na incerteza, esboçar uma muralha atlântica medieval: estacas são fincadas à entrada dos principais portos, uma defesa derrisória. Também são chamadas com urgência as galeras de Grimaldi, mas, partindo de Nice, elas não chegarão a tempo. O rei da França tem ainda menos probabilidade de saber o local e a hora em que o próprio Eduardo chegará a uma decisão – ele mudou de ideia várias vezes. Tentado por um momento pela Aquitânia, acaba, na última hora, escolhendo Cotentin. As costas da Normandia parecem feitas para desembarques. A escolha deve-se à proximidade de Southampton e Portsmouth, e sem dúvida à sugestão de Godofredo de Harcourt, que aqui se sentirá em casa. Para confundir as coisas, Eduardo espalha um boato falso: a operação aconteceria na Flandres, onde Hugo Hastings está encarregado de liderar um movimento de distração. Além disso, no início de julho, as saídas de barcos de Londres, Dover, Sandwich e Winchelsea estão proibidas com o objetivo de barrar os espiões franceses. Em Paris, o nervosismo está no auge. O rei chama de volta o condestável, que se encontra no cerco de Aiguillon, e envia mensageiros para pedir a Davi que ataque no norte da Inglaterra para desviar as tropas inglesas. É um fracasso.

Finalmente, a frota inglesa aparece em frente a Saint-Vaast-la-Hougue na manhã de 12 de julho de 1346. O desembarque de homens, cavalos e equipamentos leva cinco dias. Ele acontece sem oposição. A população local foge. O plano é marchar sobre Rouen e subir em direção a Paris pelo vale do Sena. O rei dá instruções estritas: ele está em seu reino e os franceses são seus súditos, então, os soldados são proibidos de saquear, queimar, agredir ou matar civis. Em nenhum momento essas proibições serão respeitadas, e o exército inglês deixa atrás de si um rastro de devastação: Saint-Vaast, Cherbourg e Valognes são destruídas, com aldeias e abadias queimadas num trecho de mais de vinte quilômetros. Em Saint-Lô, a população é massacrada. O espólio vai sendo amontoado nos barcos que seguem o exército ao longo da costa. O primeiro obstáculo sério é Caen, onde está o condestável Raul II d'Eu, com mais de mil homens. A cidade, porém, é conquistada rapidamente por um ataque repentino das tropas do príncipe de Gales, então com 16 anos, e do conde de Warwick. Seguem-se saques e massacres: estima-se que 5 mil cadáveres de homens, mulheres e crianças foram deixados nas ruas. Um enorme espólio e um grupo de prisioneiros ricos resgatados: o condestável, o camareiro,[16] 100 cavaleiros, 120 senhores de alto escalão e muitos burgueses ricos. Não há preocupação em se tomar o castelo, que é deixado para trás, nas mãos da guarnição francesa – a marcha para leste continua. Os prisioneiros, que sobrecarregam o exército, embarcam em Ouistreham para a Inglaterra. Carga preciosa, que trará uma fortuna aos vencedores. O príncipe de Gales adquirirá, de *sir* Tomás Daniel, por mil marcos, o *sire*[17] de Tancarville, camareiro, e receberá um resgate de 6 mil libras. O condestável será primeiro comprado pelo rei de *sir* Tomás Holland por 80 mil florins e, depois, libertado por juramento após três anos para arrecadar seu resgate. Esse afluxo de espólios e prisioneiros é um poderoso argumento de propaganda para a guerra do rei, que envia boletins de vitória e proclamações para serem lidas nas igrejas. Da mesma forma, missas e procissões de ação de graças são publicidade para sua causa.

Em 31 de julho, parte-se novamente para Rouen. Filipe VI, que foi buscar a indispensável auriflama em Saint-Denis no dia 22, convoca o *arrière-ban* no dia 29 e pede ao filho, ainda ocupado no cerco de Aiguillon, a seiscentos quilômetros de distância, que volte com urgência. Filipe hesita sobre o que fazer e tenta, sem acreditar muito, concluir um acordo por meio dos cardeais enviados por Clemente VI, os quais sempre seguem os exércitos. Ele propõe restaurar Ponthieu e a parte da Aquitânia conquistada durante a guerra de Saint-Sardos, mas esses territórios ainda seriam mantidos como feudos. Eduardo, que está em uma posição muito vantajosa, recusa peremptoriamente.

No entanto, o rei da Inglaterra agora tem um problema. Ele chegou ao Sena em Elbeuf e pensa em voltar para a Inglaterra. Não tem material de cerco suficiente para atacar Rouen e, muito menos, Paris. Precisou cruzar o Sena para chegar a um porto no norte da França. Mas, entre Elbeuf e Paris, há apenas quatro grandes pontes, todas solidamente defendidas por uma aglomeração fortificada – a ideia é que, durante o cerco desta, haveria tempo para demolir as pontes: em Pont-de-l'Arche, Vernon, Mantes e Meulan. Os ingleses sobem o vale do Sena, pela margem esquerda, e chegam a

---

16 O *chambellan* era o funcionário da corte que servia o rei ou os membros da nobreza em seus aposentos; utilizam-se também as expressões "moço de câmara" e "camarista". (N. T.)

17 Os pronomes de tratamento "*sire*" e "*sir*" podem ser traduzidos como "senhor", porém, "*sire*" era utilizado para um "*sir*" mais velho ou de maior autoridade. (N. T.)

trinta quilômetros de Paris. Filipe VI manda destruir a ponte Poissy e instala-se em Saint-Denis. Eduardo, tendo chegado a Poissy em 13 de agosto, manda reconstruir às pressas uma ponte de madeira aproveitando as estacas da ponte antiga e, no dia 14, seu exército começa a travessia.

Filipe, pego de surpresa, ainda em Saint-Denis, ingenuamente tenta outra manobra: propõe a Eduardo organizar uma batalha, bem ao sul de Paris, entre os subúrbios de Saint-Germain e Vaugirard. Trata-se de campo em terreno plano, é possível retirar as poucas cabanas: será um lugar ideal para o encontro. Eduardo dá a entender que concorda. O exército francês então cruza Paris em 15 de agosto para se posicionar na margem sul da planície de Vaugirard. No dia 16, os ingleses, que agora se encontram na outra margem, destroem a ponte atrás deles e avançaram rumo ao norte. Filipe foi enganado, como Eduardo observa em uma carta sarcástica: "Você deveria ter me atacado durante os três dias em que meu exército atravessava Poissy!".

Ridicularizado, Filipe reage. Atravessando Paris novamente, ele sai em busca de Eduardo, cujo exército perde tempo fazendo saques pelo caminho. Após o desembarque na Normandia, vem a corrida ao mar, e os franceses são mais rápidos: chegando primeiro ao rio Soma, atravessam e cortam todas as pontes entre Abbeville e Amiens. Eduardo, que agora se encontra na aldeia de Airanes, vê-se confrontado com o mesmo problema de Poissy: como atravessar o Soma e o seu vale pantanoso com inimigos na outra margem? Filipe, que o acreditava encurralado, deixa Amiens em 23 de agosto e vem ao encontro de Eduardo na margem sul. Eduardo recua para o oeste na noite de 24, e seu exército, liderado por um prisioneiro de guerra, consegue cruzar o Soma no vau[18] de Blanquetaque, apesar da presença na outra margem de um corpo de exército inimigo de Godemar du Fay. É uma verdadeira façanha, realizada na maré baixa, que impede os franceses (que chegam poucas horas depois) de seguirem o mesmo caminho. Eles voltam para Abbeville e só retomam a marcha para o norte na manhã do dia 26.

Os ingleses, que passam o dia 25 se reabastecendo (saqueiam e incendeiam Le Crotoy), encontram um lugar ideal para enfrentar Filipe: a encosta com a suave inclinação de uma colina entre as aldeias de Crécy e Wadicourt. Eduardo III teve muito tempo para organizar sua força, cerca de 10 mil homens,

---

18 O vau de um rio é a parte rasa por onde se passa a pé ou a cavalo. (N. T.)

à maneira já clássica: no centro, os homens de armas a pé; na primeira fila, o príncipe de Gales junto aos condes de Warwick e de Northampton; na segunda fila, o próprio rei; nas alas, ligeiramente à frente, os arqueiros, protegidos por estrepes e carrinhos de bagagem, junto aos quais são colocados também uma centena de *ribaudeaux*, pequenos canhões utilizados pela primeira vez em batalha campal, "para espantar" o inimigo com o seu estrondo, diz Froissart.

No final da manhã de 26 de agosto, chegam os franceses, após uma marcha de vinte quilômetros; eles estão dispostos em filas num trecho longo: enquanto os primeiros já aparecem na entrada de Crécy, os últimos ainda estão em Abbeville. Na comitiva do rei, alguns gostariam de aguardar até que todos chegassem ao local, para somente então avançar sobre os ingleses pelo norte. Mas Filipe não pode se permitir recusar a batalha pela quarta vez, justamente quando possui uma grande superioridade numérica: cerca de 20 mil homens, que ele organiza às pressas em três linhas. À frente, os besteiros genoveses, com os trezentos cavaleiros alemães e tchecos de João de Luxemburgo; na segunda linha, a flor da cavalaria francesa, e, na terceira linha, o rei e os demais cavaleiros. A infantaria chega continuamente ao longo do dia em pequenos grupos que se posicionam nas alas. Improvisação e desordem de um lado, dispositivo defensivo impecável do outro. Tudo está no jeito para um desastre francês.

A batalha começa por volta das cinco horas da tarde, o que deixa pouco tempo para lutar. Uma tempestade irrompe. Os besteiros genoveses avançam atirando, porém, estão muito distantes e não fazem vítimas. Os arqueiros ingleses respondem – o grande arco tem um alcance maior que a besta e um tiro mais rápido. Os genoveses estão desprotegidos, pois os *paviseurs*,[19] que normalmente serviam de escudo à sua frente, ainda não chegaram. Dizimados pela chuva de flechas, eles voltam correndo. Do alto de seus *destriers*,[20] os cavaleiros franceses ficam furiosos com a incompetência dos besteiros, que julgam ser covardes, e partem eles mesmos para o ataque, sem esperar ordens. Porém, o ímpeto é quebrado: encontram milhares de soldados de

---

19 Ou *pavoiseur*: designação dos soldados que portavam um escudo, o *pavois*, formando uma linha de frente que protegia os besteiros. (N. T.)

20 A palavra *destrier* se refere a um tipo de cavalo, e não a uma raça, com porte para ser montado como cavalo de guerra na Idade Média. (N. T.)

infantaria correndo em outra direção para se protegerem das flechas; muitos desses soldados são atropelados. Além disso, as explosões dos *ribaudeaux* assustam as montarias, os cavalos ficam desorientados e, então, milhares de flechas caem sobre eles. Os cavaleiros que são derrubados na frente acabam se tornando obstáculos para os de trás, que tropeçam nos mortos e nos feridos; tudo está emaranhado em uma confusão indescritível. Aqueles que alcançam as primeiras fileiras inglesas lutam furiosamente; o jovem príncipe de Gales, ao que parece, realiza façanhas. João de Luxemburgo, o rei cego da Boêmia, exige ser conduzido ao centro da briga; ele cai de seu cavalo e é morto no local. Os cavaleiros ingleses da segunda linha então retomam suas montarias e chegam para completar o trabalho. Filipe VI, que tem dois cavalos mortos sob seu comando, foge, abandonando a auriflama e o estandarte real. A batalha termina ao anoitecer.

No dia seguinte, 27 de agosto, os arautos percorrem o campo de batalha para registrar os nomes dos nobres mortos, reconhecíveis por seus brasões. Do lado francês, a lista bem incompleta compreende 1.542 nomes, incluindo os do irmão do rei (o duque de Alençon), de seu sobrinho Luís (conde de Blois, irmão de Carlos de Blois), do conde de Flandres (Luís de Nevers), do duque de Lorraine e do conde de Harcourt (irmão de Godofredo de Harcourt, que lutou no acampamento oposto). Os cadáveres de soldados de infantaria, que chegam aos milhares, são empilhados em valas comuns. Do lado inglês, morreram 42 homens de armas e algumas dezenas de arqueiros. Considerada por si só, a vitória de Crécy é, na sua simplicidade, uma das mais completas da Idade Média.

1346, *ANNUS MIRABILIS* PARA EDUARDO III

Do ponto de vista estratégico, suas consequências são discutíveis. De fato, é possível considerar que a grande expedição de Eduardo III não atingiu seus objetivos. Se o rei da Inglaterra pretendia conquistar seu reino da França, foi um duplo fracasso: todas as localidades conquistadas desde o desembarque de Saint-Vaast foram novamente perdidas algumas semanas mais tarde, e os ingleses não conquistaram sequer um centímetro de terra na França. Godofredo de Harcourt, aliás, decepcionado, volta a apoiar Filipe VI. Pior: por não ter feito respeitar a proibição de saques e violência, Eduardo se mostrou não como o soberano do povo francês, mas como um inimigo. Deixou atrás de si apenas um longo rastro de devastação e massacres, que se estendeu até mesmo para além de Crécy: ao retomar sua marcha rumo ao norte em 30 de agosto, deixou de lado as cidades fortificadas, mas destruiu Etaples e Wissant, incendiando todas as aldeias.

Ao chegar à cidade de Wimille, ele decide sitiar Calais, cuja localização era ideal como ponte para futuras expedições. Aí está, sem dúvida, o principal fruto da vitória de Crécy: Eduardo III, tendo aniquilado o exército francês, estaria livre por vários meses para se demorar em um cerco maior. Filipe VI, arrasado, desconsiderado e humilhado, procura os responsáveis pela sua derrota: são os genoveses, acusados de traição; ele ordena a execução de todos aqueles que sobreviveram à batalha. Para Filipe, 1346 é verdadeiramente um *Annus horribilis*, porque os desastres não se limitam a Crécy. De todos os teatros de operações chegam más notícias.

Na Bretanha, Carlos de Blois é detido por Tomás Dagworth, que, apesar de forças muito inferiores, inflige-lhe uma derrota perto de Saint-Pol-de--Léon em 9 de junho. Um ano depois, é muito pior: em 20 de junho de 1347, Dagworth pega de surpresa, ao amanhecer, o exército de Carlos de Blois que sitia a pequena localidade de La Roche-Derrien e, literalmente, o esmaga: cerca de setecentos cavaleiros são mortos, incluindo o visconde de Rohan, além dos senhores de Châteaubriand, Laval, Malestroit e Rougé. O próprio Carlos de Blois, gravemente ferido, é levado. Enviado para Vannes, é tratado com muito cuidado, pois ele vale ouro: Dagworth o vende a Eduardo III por 25 mil escudos – ele permanece trancado na Torre de Londres no outono de 1348 enquanto o valor de seu resgate não é estabelecido. Filipe VI então nomeia Amaury de Craon como seu tenente na Bretanha, mas o ducado é agora um campo fechado sujeito às extorsões de bandos internacionais que agem quase sem controle.

Do lado inglês, o sistema adotado por Eduardo III consiste de fato em servir-se de empreendedores de guerra particulares, que contratam seus próprios homens e têm total liberdade de ação. São verdadeiros corsários, que não são pagos pela coroa, mas que vivem pelo país, cobrando taxas e roubando as populações. O rei não precisa pagar um único centavo por esse serviço e, ao mesmo tempo, trata-se de um meio eficaz de deixar o inimigo ocupado e livrar o país de elementos problemáticos, porque os voluntários se aglomeram, atraídos pelo espólio e por um estilo de vida que os coloca quase fora do direito comum. Os trezentos homens de armas e os duzentos arqueiros que seguem Dagworth são pessoas sem fé nem lei, dentre os quais condenados à forca e jovens nobres sem dinheiro que preferem a vida de aventura a se tornarem clérigos. A Bretanha é seu território de caça, onde desfrutam de bens e mulheres com total impunidade. Entre eles estão ingleses, flamengos, bretões, italianos e espanhóis. Seu empregador, Tomás Dagworth, é um cavaleiro de Suffolk, cunhado do conde de Northampton, um soldado profissional muito bom. Ele tem total liberdade de manobra em virtude de seu contrato – revogável a qualquer momento – com o rei. A sudeste da península outro aventureiro (porém, de menor envergadura), Raul de Caours, vive da caça. A partir dessa época, muitos ingleses se estabelecem na Bretanha, e alguns até se casam por lá, como Ricardo Totesham, capitão do La Roche--Derrien. Por esse sistema, a Bretanha na verdade escapa de Filipe VI.

Assim como lhe escapa a Escócia, onde, em meados de outubro de 1346, o exército inglês, comandado pelo belicoso arcebispo de York, William de La Zouche, aniquila as forças de Davi II na batalha de Neville's Cross, perto de Durham. Davi, um líder medíocre, comanda um ataque devastador no norte da Inglaterra. Durante a batalha, tenta imitar a disposição das tropas que fizeram o sucesso dos ingleses em Dupplin Moor e Halidon Hill, mas o terreno é mal escolhido e os escoceses são obrigados a atacar primeiro. É um novo massacre. O condestável, o marechal e o camareiro da Escócia são mortos, junto com centenas de outros. Como se isso não bastasse, Davi é capturado e enviado, com William Douglas, para a Torre de Londres, onde nesse momento se encontra a maior concentração de aristocratas da Europa. Ali se acotovelam reis, duques, príncipes e condes, franceses, escoceses e bretões, todos cativos de grande valor. Eduardo não sabe mais onde acomodar seus prisioneiros. Ele compra Davi II pagando uma anuidade de quinhantas libras para aquele que o capturou. O rei da Escócia vai ficar onze anos nesta jaula, que não é exatamente uma gaiola dourada.

E isso não é tudo. Na Aquitânia, Henrique de Lancaster continua suas façanhas. Após o fracasso do cerco de Aiguillon, em 20 de agosto de 1346, e a partida do duque da Normandia, o lugar-tenente do rei da França é João, conde de Armagnac. Porém, sem tropas e recebendo instruções contraditórias, não consegue fazer frente à fantástica cavalgada do conde de Derby (Lancaster), em setembro e outubro. Este, deixando La Réole em 12 de setembro, com mil homens de armas e, talvez, 2 mil soldados de infantaria, ele se lança rumo ao norte. Dois dias de marcha forçada o levam a Saint-Jean-d'Angély, tomada no primeiro ataque e imediatamente saqueada. A marcha recomeça a uma velocidade de 35 quilômetros por dia. É improvável que se perca tempo saqueando Lusignan no caminho, porque o objetivo é muito mais importante: Poitiers.

Localizada longe das zonas de combate, a cidade havia descuidado de suas defesas, incompletas e malconservadas. Os anglo-gascões rapidamente encontram uma brecha e correm para ela em 4 de outubro. A trilogia usual – estupros, massacres e saques – então se desenrola. A cidade tem dezenas de igrejas, cheias de tesouros; faltam charretes para carregar tudo.

Em 12 de outubro, Lancaster retoma o caminho para Bordeaux, passando por Tonnay-Boutonne, Tonnay-Charente, Rochefort, Soubise e a ilha de Oléron. O intuito de seus ataques não é a conquista de território, mas a devastação, a pilhagem e a difusão do terror. Objetivos plenamente alcançados, a ponto, por exemplo, de o bispo de Maillezais, a oeste de Niort, orientar seus diocesanos para que não resistam: os sucessos dos ingleses evidenciam, dizia-lhes, que Deus estava do lado de Eduardo, verdadeiro rei da França. Lancaster só deixou guarnições em algumas localidades, a fim de estabelecer centros de roubo e insegurança em território francês, como em Lusignan. Ele não perde tempo atacando cidades que tinham meios para resistir, como Niort e Saint-Maixent, mas faz do vale do rio Boutonne, entre Saint-Jean-d'Angély até Rochefort, a nova linha de defesa da Aquitânia inglesa. Ao mesmo tempo, Gaillard de Durfort lança ataques a Quercy, até Cahors, e a Corrèze, onde toma Tulle em novembro, mas o sudoeste afunda na anarquia, com os senhores locais aproveitando o vácuo de poder nas marcas e nos territórios franceses para resolver suas brigas particulares com o pretexto da guerra dos dois reis. Mas, no final de 1346, as adesões à causa inglesa se multiplicam. Em 3 de janeiro de 1347, Bazas se entrega a Eduardo III.

Este ainda está acampado em frente a Calais. Ele sabe que o cerco será longo. Calais é uma localidade medíocre com cerca de 7.500 habitantes, mas muito bem fortificada: um grande retângulo de muralhas do século XIII, com o castelo no canto noroeste; e em todo o seu entorno, pântanos e lodaçais ao longo de vários quilômetros, o que torna inviáveis tanto o trabalho dos sapadores quanto a instalação das pesadas catapultas. Esse território anfíbio só pode ser atravessado por algumas estradas. O lugar é defendido por João de Vienne e João du Fosseux. Os ingleses, talvez 15 mil, instalam seus acampamentos em solo firme, fora dos pântanos. Seus suprimentos vêm de Flandres, por terra. Os flamengos, ainda aliados de Eduardo, também desempenharam um papel significativo, participando de operações de distração para impedir que algum exército socorrista dos franceses viesse perturbar o cerco: devastação de Artésia e captura de Thérouanne em 19 de setembro de 1346.

Filipe VI, ainda em estado de choque em Crécy, não sabe como resgatar Calais. Manda trazer as galeras genovesas que, em 17 de setembro, interceptam 25 navios ingleses prestes a abastecer os sitiantes. Em terra, porém, o rei da França é incapaz de reunir um exército. Falta dinheiro e os contribuintes estão cada vez mais relutantes em pagar por resultados tão catastróficos. Os vassalos não respondem mais à convocação de *ban*: em 1º de outubro, apenas um punhado de cavaleiros se apresenta em Compiègne; outro exército é convocado em Orléans para ir à Aquitânia, mas depois a convocação é cancelada. Durante o inverno, multiplicam-se as cobranças dos coletores de impostos, ajudadeiras e gabelas, além do recurso a certos expedientes para encher os cofres: confisco dos rendimentos dos clérigos ausentes, empréstimo dos italianos e cobrança do dízimo sobre os rendimentos da Igreja (novamente autorizado pelo papa), sem contar a preparação de novas manipulações monetárias.

A derrota semeia discórdia na comitiva real. Filipe VI responsabiliza seus funcionários. Os militares, Godemar du Fay e o marechal Carlos de Montmorency, são dispensados; os financistas, como Pedro de Essarts, um dos membros mais ativos da Câmara de Contas, são presos; expurgos são realizados na administração financeira. As relações entre o rei e seus filhos se deterioram; o mesmo ocorre entre o rei e seu sogro, o duque da Borgonha. No final do ano de 1346, Filipe VI encontra-se reduzido à impotência.

1347: CALAIS

O grande acontecimento de 1347 é o cerco de Calais. No início de janeiro, ele já dura quatro meses e ameaça se eternizar, porque os ingleses não conseguiam bloquear o abastecimento da cidade por mar. Comboios vindos de Dieppe e Saint-Valéry trouxeram alimentos várias vezes, sem contar as mil toneladas em março e abril. Durante esse período, os sitiantes enfrentam lama e frio. O ânimo diminui. Os assaltos falham, principalmente devido à natureza do terreno. Assim, em novembro de 1346, tenta-se escalar os muros com grandes escadas de dez metros apoiadas em pequenos barcos de fundo chato. Em vão. Um ataque final é tentado em 27 de fevereiro, sem mais resultados. As deserções se multiplicam.

E esse cerco custa uma fortuna. Mas Eduardo III apostou sua reputação ali. Desistir agora seria jogar sua reputação no lixo. Assim, é preciso mais dinheiro. Após os sucessos de 1346, o crédito do rei estava no auge, e a propaganda ativa mantém o suspense sobre o cerco em meio à população inglesa. Em março, recorre-se à solução prática de confiscar a lã na forma de empréstimo forçado: um sindicato de comerciantes, liderado por Walter Chiriton, compra 20 mil sacas por 66 mil libras, com a condição de revendê-las. Outro sindicato, liderado pelo londrino Henrique Picard, penhora a coroa por 20 mil libras. Um imposto adicional é cobrado sobre as exportações. Tudo isso permite equipar uma centena de navios, que em abril controlam o passo de Calais. Ao mesmo tempo, os ingleses tomam o banco de areia que controla a entrada do porto, Rysbank. Ali eles erguem um forte e instalam canhões: os comboios de suprimentos não passarão.

Além disso, para desviar uma eventual intervenção francesa em Calais, Eduardo encoraja seus aliados flamengos a continuarem seus ataques à Artésia. Após a morte de Luís de Nevers em Crécy, o novo conde de Flandres é seu filho Luís de Male, de 16 anos. Até março de 1347, ele se encontrava em Flandres, sob a alta vigilância dos representantes das cidades (Eduardo queria que ele se casasse com sua filha Isabel), mas foge para a corte da França. Em abril-maio, ocorrem combates nas marcas de Flandres e Artésia.

Em 18 de março de 1347, Filipe VI vai buscar um novo estandarte de Saint-Denis. O gesto é bem mais simbólico do que o habitual, porque ninguém atende o apelo em abril. Os nobres estão desanimados e arruinados.

A guerra impôs a eles gastos sem precedentes com equipamentos durante dez anos, sem contar para muitos deles a obrigação de pagar resgate. Um exemplo entre centenas de outros: Pedro de Messelan, um bom cavaleiro de Gâtinais, deve 14.565 libras a banqueiros italianos; ele é morto em Crécy; sua família deve vender todas as propriedades e se juntar à nobreza pobre. Há os que são prisioneiros e outros ainda mudam de lado – foi o caso de um grande número de nobres da Borgonha em 1346. O rei, portanto, teve todo o trabalho do mundo para reunir um exército, que mesmo assim não ficou pronto antes de junho. Sob a direção de Luís da Espanha e Eduardo de Beaujeu, esse exército ataca Cassel sem sucesso e, em 23 de junho, Filipe acampa em Hesdin, oitenta quilômetros ao sul de Calais, com a intenção de resgatar a cidade.

É tarde demais. Eduardo III agora tem ao seu redor todas as forças da Inglaterra, o maior exército já posicionado no continente por um soberano inglês: 32 mil homens, incluindo 20 mil arqueiros, 5.300 homens de armas, 6.600 de infantaria; um sistema de transportes com quase 700 navios e 15 mil tripulantes garante não apenas o abastecimento diário com comida e equipamento, mas também a renovação da tropa. Todos os senhores da guerra estão ao redor do rei: Lancaster, de volta da Aquitânia, Northampton, Mauny, Warwick e o príncipe de Gales. Um pouco mais a leste, 20 mil flamengos estão estacionados, com o margrave de Juliers.

Quando, em 27 de julho, Filipe VI chega com seus 15 mil homens às colinas de Sangatte, percebe que qualquer tentativa de batalha seria uma loucura. Em Calais não há mais esperanças: até os animais de estimação viraram comida. As bocas inúteis são expulsas durante o inverno: 500 mulheres, crianças, velhos e doentes são despachados pelos muros, que os ingleses devolvem para os muros e são deixados para morrer de fome nos fossos. João de Vienne envia uma mensagem de angústia a Filipe, que faz uma última tentativa de negociação, novamente por intermédio dos cardeais: de 27 a 30 de julho, duas delegações se encontraram, mas o rei da França não tem nada melhor a oferecer do que a Aquitânia inteira como um feudo. Eduardo recusa. No dia 31, uma nova delegação francesa: Filipe VI propõe uma batalha campal, em terreno seco e duro, num local que seria escolhido por oito cavaleiros, quatro de cada lado. Eduardo III pode até ter espírito cavaleiresco, mas isso não significa que ele esteja disposto a arriscar o resultado alcançado após um cerco de onze meses num jogo de dados, ainda mais tendo agora todas as cartas na mão. Em 1º de agosto, o exército francês deixa Sangatte. No dia 2, João de Vienne pede as condições a Eduardo III. Eles são implacáveis: tomada de todos os bens, resgate de todos os que podem pagar e execução de todos os demais. É ao cronista João, o Belo, que devemos o relato preciso das últimas peripécias em suas linhas gerais: "Vós o desafiastes por muito tempo, muito dinheiro foi gasto e muitas vidas perdidas" – eis o que é dito a João de Vienne. Mas a comitiva de Eduardo não se sente à vontade: se um dia nos encontrarmos na mesma situação, eles não terão piedade de nós, afirma Walter Mauny ao soberano, que acaba cedendo: todos os bens serão levados, mas ele salva a vida de todos, com exceção de seis burgueses, que trarão as chaves na camisa e a corda no pescoço. A cena tornou-se uma imagem de Epinal, um dos símbolos da grande epopeia das guerras franco-britânicas. Os seis burgueses chegam; Eduardo, impiedoso, chama o carrasco para decapitá-los ali mesmo (então, para que serve a corda que eles foram obrigados a usar?); protestos; intervenção da rainha e, finalmente, o rei cede novamente. A encenação é teatral e lembra a rendição de Vercingetórix perante César. Paradoxalmente, são os vencidos que levam vantagem nos dois casos: os burgueses de Calais alimentarão por séculos a lenda dos terríveis ingleses na França.

O que vem em seguida é mais realista. A cidade está vazia – seus habitantes foram expulsos, cada um deles com apenas um pedaço de pão. Todos os bens móveis foram distribuídos como espólio e, na Inglaterra, todos os voluntários são chamados para repovoar Calais como colonos. Em algumas semanas, duzentas pessoas se apresentam. A cidade torna-se território inglês por mais de dois séculos, "a chave e a fechadura que asseguram nosso caminho para a França", declara o rei.

O interesse estratégico é evidente: um ponto de desembarque aberto o ano todo a trinta quilômetros das costas inglesas, com possibilidade de estacionar tropas e suprimentos sem risco. O território ocupado se estende por vários quilômetros de zonas pantanosas, protegidas por fortes, primeiro em madeira e depois em pedra. A cidade é gradualmente repovoada por uma população cosmopolita, onde flamengos, italianos e espanhóis se misturam com ingleses e franceses. Mas Calais é, antes de tudo, uma cidade de guarnição: cerca de 1.200 homens permanentes, sob a autoridade do capitão de Calais, um soldado profissional que tem sob suas ordens o condestável do castelo. Toda uma administração é montada, com um tesoureiro, um recebedor, um bailio e um marechal, para organizar os entrepostos e manter a ordem. Um ateliê monetário derrete as moedas para pagar a guarnição. A cidade funciona isoladamente, como enclave em um país inimigo, uma espécie de Gibraltar medieval e nórdica. Tudo basicamente vem da Inglaterra, de Kent e de Essex. Há, no entanto, uma desvantagem: o custo exorbitante do funcionamento desse posto avançado: 14 mil libras por ano; desse montante, 85% proveniente do Tesouro londrino. Quase o mesmo valor necessário para toda a Aquitânia, e isso em tempos de trégua. Calais é um portão para as excursões bélicas do rei e um fardo para o contribuinte inglês.

A cidade capitula em 3 de agosto. No dia 7, em Hesdin, Filipe VI dispensa seu exército, acreditando que a campanha havia acabado. Um erro que poderia ter sido fatal para ele. Para Eduardo III, a temporada ainda não acabou: por que não conquistar o "seu" reino da França aproveitando o fato de ter em mãos, no local, um enorme exército, livre para se mover, e do outro lado, um adversário desarmado? O príncipe de Gales lança imediatamente um ataque a Artésia; Lancaster captura Fauquembergues, a cinquenta quilômetros de Calais. Filipe VI entra em pânico e reconvoca seu exército para 1º de setembro.

Pura bravata em ambos os lados. Na realidade, os dois adversários estão esgotados (entenda-se: do ponto de vista financeiro). Estão, portanto, preparados para ouvir os cardeais que, em setembro, obtêm a assinatura da trégua de Calais, prevista para durar até 7 de julho de 1348. Assim como nas ocasiões passadas, cada lado mantém os territórios conquistados (com vantagem de Eduardo) em todas as frentes. Os flamengos preservam sua independência e o rei da França não deve impedir sua liberdade de circulação e de comércio.

Do lado inglês, alguns nobres ficam decepcionados, imaginando que o rei poderia ter aproveitado sua vantagem nesse momento para triunfar definitivamente. Eduardo III parece formidável em setembro de 1347; seu prestígio é imenso em toda a Europa. Príncipes alemães lhe oferecem a coroa real; o rei de Castela pede sua filha Joana em casamento para seu filho. Mas Eduardo demonstra sensatez. Ele finalmente entendeu os limites financeiros de seu reino. Sabe que está no limite de seus recursos, após um cerco que lhe custou uma fortuna colossal. Um de seus credores, Walter Chiriton, faliu. Insistir em reivindicar da coroa da França nesse momento seria loucura. Para ele, isso é apenas um meio de pressão nas negociações. O que importa são os territórios.

Felipe VI, por sua vez, encontra-se no fundo do poço. Aos 55 anos, obeso, humilhado, desprezado por muitos devido aos seus fracassos e hesitações, não consegue escapar nem mesmo dos estados gerais, que o criticam abertamente na reunião de Paris em 30 de novembro. Os delegados exigiam sanções, reformas e uma retomada enérgica da guerra, oferecendo para isso uma talha de 2.500.000 libras tornesas para 1348. A oferta é proporcional às humilhações sofridas pelo reino desde 1346 e mostra que a monarquia Valois ainda tem recursos enormes, muito superiores aos do Plantageneta. Após dez anos de guerra, nada está resolvido.

1348: A PESTE INTERROMPE A GUERRA

Mas, em 1348, outro cavaleiro do Apocalipse assume o protagonismo da cena: a peste. Seus efeitos são muito mais mortíferos do que os da guerra: esta matava aos milhares, enquanto a praga o fazia aos milhões. Peste bubônica da pior espécie, transmitida pelo ar e pelas pulgas. Seus estragos são devastadores: não se sobrevive mais do que uma semana aos bubões e às manchas pretas na pele. Chegada do Oriente à Itália com as pulgas de rato num navio genovês no final de 1347, a epidemia se espalha pela França na primavera de 1348: atinge Marselha, Narbonne e Montpellier, sobe o Vale do Ródano, chega a Lyon em abril, à Borgonha em julho e, em agosto, está em Paris. Ao mesmo tempo, na Inglaterra, os primeiros casos são registrados na costa de Dorset, e a partir daí o contágio avança para o oeste, por Somerset, e para o leste, por Norfolk. Londres é afetada em outubro, e a onda mortal sobe para a Escócia. A Europa inteira é atingida. Após uma relativa calmaria durante o inverno, a epidemia recomeça com força total na primavera de 1349, e a partir de então não abandonará as populações ocidentais por quase 150 anos, com tréguas (semelhante à guerra) em períodos de estagnação que antecediam ressurgências brutais (localizadas ou gerais), como as de 1361-1362, 1369 e 1375 na Inglaterra, 1379-1383 no continente; as mais terríveis foram em 1400-1401, 1420, 1433-1434, 1438-1439, 1457-1458, 1481-1485 e 1490.

A primeira onda, a de 1348-1349, semeia terror e pânico. 20% a 25% da população desaparece e, em certas cidades, até mais de 35%, além de 44% do clero da diocese de York e Lincoln. A população inglesa cai para 3 milhões em 1350. A nobreza, mais bem alimentada e vivendo em melhores condições de higiene, talvez tenha sido relativamente menos afetada, mas os grandes não foram poupados: na França, o duque da Borgonha morre em abril de 1349, depois a rainha, a duquesa da Normandia e o chanceler. O governo está desorganizado: o rei perambula várias semanas em Gâtinais e Brie sem chancelaria, pois os clérigos estão mortos ou fugiram. As repercussões financeiras são consideráveis: queda no número de contribuintes, desorganização das comunidades, migrações populacionais, abandono de lavouras, morte de coletores. Os rendimentos dos senhorios se extinguem e falta mão de obra: a crise da nobreza acentua-se, enquanto os salários sobem devido à escassez de trabalhadores. As tensões sociais agravam-se, num clima de exacerbação dos medos escatológicos que induzem a comportamentos irracionais: *pogroms*, procissões de flagelantes, profecias apocalípticas.

Seria possível haver boas condições para se ir à guerra quando tudo está tão desorganizado? É verdade que nem todos eram vítimas da peste; havia sobreviventes o bastante para que a matança recíproca com espadas continuasse. Os recrutamentos aparentemente não passaram por dificuldades. Além disso, a mortalidade maior incidiu proporcionalmente entre os muito jovens, causando uma lacuna de geração que seria sentida pelos recrutadores por volta de 1365; entretanto, a taxa de natalidade permanecia muito elevada e, dessa forma, havia atenuação desse buraco etário. O que de fato complicava mais a situação eram os efeitos financeiros e a desorganização dos serviços administrativos. Estas foram as principais razões pelas quais Eduardo III propôs, em maio de 1348, que a trégua de Calais fosse estendida; por motivos semelhantes, durante o verão, Filipe VI também teve que adiar seus planos de vingança. A peste é a maneira mais eficaz de parar a guerra.

Porém, a peste é menos inexorável do que a guerra, e parece que essa catástrofe sem precedentes não afetou o curso da guerra dos Cem Anos em seu âmago. A morte negra foi apenas um breve interlúdio na luta entre Filipe VI e Eduardo III.

– 3 –

DE CALAIS A BRÉTIGNY:
OS INFORTÚNIOS DO REINO DA FRANÇA (1348-1360)

Após os desastres de 1346-1347, a peste de 1348-1349 e, mais tarde, a catástrofe de Poitiers (1356), a França mergulha pouco a pouco na anarquia. Todas as estruturas – sociais, políticas, econômicas – estão desmoronando. Despedaçado, devastado, invadido, entregue às ambições de Carlos, o Mau, às cavalgadas do Príncipe Negro, às andanças das grandes companhias, abalado pela Jacquerie,[1] pela revolução parisiense de Étienne Marcel e, pior ainda, sem liderança, o reino se desagrega. É um milagre que ele sobreviva à década de 1350, sem dúvida uma das mais sombrias de toda a história do país. Eduardo III, apesar de seus espetaculares sucessos militares, não se mostra capaz de explorar totalmente o colapso de seu oponente. Mesmo doente e, ao que parece, mortalmente ferido, o reino da França era uma presa

---

1 O termo *"jacquerie"* é empregado para designar as revoltas populares da Idade Média, tendo origem na grande Jacquerie, constituída pelo conjunto de revoltas camponesas simultâneas ocorridas em diversos lugares no território francês em 1358. Tais revoltas teriam sido lideradas por um certo Jacques Bonhomme, o que explicaria a origem do termo. (N. T.)

FIM DO REINADO (1348-1350)

grande demais para Eduardo digerir. Ele teve que se contentar com o esquartejamento parcial no Tratado de Brétigny.

O fim do reinado de Filipe VI assiste à estagnação do conflito, num período que não era de paz nem de guerra, marcado por tréguas não respeitadas, dispersão das operações, sem grandes campanhas e difusão de um clima geral de insegurança. Os dois governos, esgotados, não controlam mais a marcha do conflito – as lutas são deixadas por conta de iniciativas locais. Assim, a Bretanha torna-se uma terra de aventura onde todos podem conquistar domínios e adquirir uma fortuna pelo uso da espada. Os dois campos não passam de fachadas: Filipe e Eduardo, para quem esse setor tornara-se secundário, deixam seus seguidores à própria sorte. Do lado "francês", Joana de Penthièvre, que luta por seu marido Carlos de Blois, prisioneiro em Londres, controla Nantes, Rennes e a maior parte da Alta Bretanha, além de Quimper. Do lado "inglês", o pequeno duque João de Montfort é educado na corte inglesa, e o representante de Eduardo no ducado é Walter Bentley, um cavaleiro de Yorkshire com um passado bastante conturbado. Recebido em 1342 na tropa do conde de Northampton, forma seu próprio bando e toma a fortaleza da ilha Tristan, na baía de Douarnenez, liderando a partir dali ataques de pirataria; depois se casa com uma rica herdeira, Joana de Belleville, senhora de Clisson; por tornar-se respeitável, ele sucede Tomás Dagworth como tenente do rei da Inglaterra na Bretanha. Seu sucesso ilustra as oportunidades que o ducado oferece a aventureiros suficientemente ambiciosos e corajosos. Muitos chegam dos condados do centro-oeste da Inglaterra, como Roger David, originário de Wiltshire, que se torna capitão do Quimperlé; com sua pequena tropa pessoal, ele toma Pestivien e o castelo de Trogoff, entre Guingamp e Morlaix; após seu casamento com Joana de Rostrenen, viscondessa viúva de Rohan, ele é uma verdadeira potência na região. De Cheshire chegam guerreiros como Hugo Calveley, que havia acumulado uma fortuna durante suas incursões privadas na Bretanha antes de se casar com uma princesa aragonesa, e Roberto Knolles, provavelmente de origem camponesa, que começou como arqueiro e logo se tornou um dos mais temidos capitães das marcas da Bretanha, controlando vários castelos.

Esses homens, rodeados por marginais que formavam bandos pequenos e dedicados, de todas as origens geográficas e sociais, vivem no país extorquindo as populações locais com pesadas cobranças em troca da sua proteção, ou simplesmente para deixá-los vivos: é o sistema do *patis* ou *appatis*. Esses senhores da guerra são completamente independentes e obedecem apenas a si mesmos, como atesta Bentley num memorando dirigido ao rei da Inglaterra em 1352. Cada um aterroriza seu próprio setor e, às vezes, os costumes cavaleirescos de organização das batalhas são representados em campo fechado, como na famosa batalha dos Trinta, em 26 de maio de 1351, envolvendo trinta bretões do *sire* de Beaumanoir e os trinta "ingleses" de Roberto de Bamborough (na verdade, uma tropa heterogênea com oito alemães e quatro bretões, entre outros). A anedota é que a luta, "essa grande façanha de armas que não devemos esquecer", diz Froissart, ocorrida a meio caminho entre Ploërmel e Josselin, termina com vitória dos bretões, por doze mortos contra três, os outros sendo feitos prisioneiros. Contudo, enquanto os chefes de guerra se divertem como podem entre uma pilhagem e a seguinte, a Bretanha afunda na anarquia.

A situação não é muito melhor nas marcas da Aquitânia, onde ninguém sabe exatamente (como admitem os conselheiros de Eduardo III) onde estão os limites entre os territórios "francês" e "inglês". O novo senescal em Bordeaux é *sir* João Cheverston, um administrador competente, também do oeste da Inglaterra. Ele dispõe de meios limitados, que lhe são fornecidos para operações específicas pelos senhores gascões. As maiores cargas são as guarnições permanentes de mais de sessenta cidades e castelos: 120 homens em Mauléon e 250 em Bergerac, por exemplo, e os recursos locais estão longe de serem suficientes para pagar os soldos. Londres deve fornecer cerca de metade.

Nas margens da Aquitânia inglesa, a insegurança é permanente. Tropas descontroladas de *routiers*, em sua maioria gascões, fazendo dos castelos da região suas bases, realizam ataques de pilhagem sob o pretexto da guerra. Périgord, Quercy e Poitou são particularmente afetadas. É assim que Bertrand de Montferrand, entrincheirado no seu covil de Lusignan com mais de 300 homens, devasta 52 paróquias e 10 mosteiros no sudeste de Poitou, entre 1346 e 1350. As tréguas não fazem diferença, apesar da nomeação de "conservadores" de ambos os lados para identificar e punir violações. Eles não têm meios para agir efetivamente contra esses audaciosos chefes de bando, que pegam pequenas cidades de surpresa, geralmente por escalada, e se retiram com seus despojos. Com a trégua de Calais, o flagelo se alastra, alimentado como sempre por soldados desmobilizados. Limousin, por sua vez, é afetada; Nontron é o principal refúgio, e a fama de certos chefes de bando começa a ultrapassar os limites locais, como a do "Bascon de Mareuil" (João de Gasnoye ou João de Sault), que se apodera do castelo de Comborn em 1348, dominando as gargantas do rio Vézère, onde ele faz seu covil, antes de se mudar para Excideuil, uma fortaleza ainda mais formidável, de onde aterroriza a região em nome do rei da Inglaterra, na verdade para benefício próprio.

A trégua de Calais não é respeitada nem pelas forças regulares. Em 1349, o novo senescal da Gasconha, Tomás Cook, lidera uma expedição na região do Poitou, onde seus gascões massacram os moradores em Limalonges, o que lhe permite libertar Lusignan. Na volta, um de seus tenentes se dá ao luxo de tomar Taillebourg. Enquanto isso, outro capitão, Stephen Cusington, conduz um ataque no vale de Dordonha.

Filipe VI decide responder: Guy de Nesle, marechal de apenas 22 anos, com o título de capitão geral de Saintonge, é encarregado de reconquistar o vale do Charente em agosto de 1349, enquanto outro exército invade o Baixo Poitou. Uma frota castelhana deve coordenar sua ação com eles. Uma desvalorização monetária em grande escala, realizada por dois especialistas, João Poilevillain e Nicolas Braque, torna possível o financiamento da operação, que começa em setembro de 1349. No Baixo Poitou e na baía de Bourgneuf, os franceses se aproveitam da rivalidade entre as famílias de Retz e Clisson. A viúva de Olivier de Clisson, Joana de Belleville, havia se casado com Walter Bentley; suas posses na região foram ocupadas por Foulques de Laval, e este agia em nome do senhor de Retz, que ainda era uma criança. A tarefa dos franceses também é facilitada pela rivalidade nessa área entre os dois tenentes de Eduardo III: Walter Bentley, que defende a propriedade de sua esposa, e Raul de Caours, que considera essa área como seu domínio reservado. Por despeito, ele passa para o lado dos franceses e, no ano seguinte, chega a conseguir matar Tomás Dagworth em uma escaramuça. Os franceses, liderados por Guilherme de La Heuse, assumem o controle do rio Vendeia, incluindo Belleville, enquanto os navios castelhanos controlam a baía de Bourgneuf e a ilha de Noirmoutier. Por outro lado, o outro exército, liderado por Guy de Nesle, permanece bloqueado na frente de Tonnay-Charente.

A resposta inglesa chega em novembro de 1349, com o retorno de Henrique de Lancaster. Desembarcado em Bordeaux com um pequeno exército, ele realiza um ataque-relâmpago de devastação ao longo do rio Garona até Toulouse, tomando 42 cidades e castelos, queimando, massacrando e estuprando, semeando o terror como instrumento de submissão. Retorna a Bordeaux em 30 de dezembro. O conde de Armagnac não teve tempo de reagir.

Combates desordenados também ocorrem no norte do reino. Em 1348, o problema flamengo está temporariamente resolvido, de forma pragmática, após as conferências em Londres, Bolonha, Dunquerque e Guines. O jovem conde Luís de Male, de 18 anos, já mostrava grande habilidade. Jogando com as rivalidades entre as cidades flamengas, faz-se senhor da maior parte do país e, em novembro, assina um tratado com Eduardo III: permanecerá vassalo do rei da França, mas viverá em paz com o rei da Inglaterra, deixando seus súditos livres para servir a este último. Artigos secretos reafirmam os direitos de Flandres sobre os distritos de Lille, Orchies e Douai, bem como sobre Artésia. Luís de Male será um habilidoso jogador entre os dois reis e, em 4 de dezembro, terá uma entrevista pessoal com Eduardo III em Dunquerque. Bruges, Ypres e Gante entram no mesmo time.

Até o final de seu reinado, Filipe VI esperava poder retomar Calais. Um cerco bem organizado estava fora de questão, e, por isso, restava apostar na traição. No final de 1349, planeja-se um complô com o italiano Aimeric de Pavie, um mercenário que já havia trocado de lado diversas vezes e que comandava parte da guarnição inglesa de Calais. Por 20 mil escudos, ele concorda em abrir um portão da cidade à noite para uma tropa francesa comandada pelo venerável cavaleiro da Borgonha Godofredo de Charny. Venerável, mas ingênuo, pois Aimeric faz jogo duplo: avisa Eduardo III, que vem pessoalmente com o príncipe de Gales para montar a armadilha. Na manhã de 2 de janeiro de 1350, antes do amanhecer, Godofredo chega discretamente perto de Calais. Aimeric vem ao seu encontro, recebe metade da quantia prometida, retorna à cidade e iça o estandarte francês em uma porta, que ele abre. Um destacamento francês entra com confiança, mas é imediatamente cercado, enquanto Eduardo III e seu filho irromperam por dois outros portões com várias centenas de arqueiros; o restante da expedição francesa é presa sob os gritos "Eduardo! São Jorge!". Dos franceses, duzentos homens de armas são mortos, outros se afogam enquanto fogem pelos pântanos, trinta são capturados, incluindo Godofredo de Charny, que é enviado para a Torre de Londres e colocado para resgate pela segunda vez. A anedota é pitoresca, mas revela o contexto da Guerra dos Cem Anos: um misto de histórias de grandeza e de pequenez, terríveis batalhas e escaramuças nas quais o lado bastante "humano" do conflito é dado por façanhas individuais, traições, gestos cavaleirescos e assassinatos sórdidos. Guerra de transição, em que o combate mantém uma dimensão de espantosa proximidade e contato direto, homem a homem, com presença física dos próprios soberanos.

Durante a primavera de 1350, as negociações ocorreram ao sul de Calais, no castelo de Guines, um ponto de encontro que será muito usual durante a década que se inicia. Lá estão os núncios papais, o bispo de Norwich do lado inglês e o de Laon do lado francês. Discussões difíceis, num clima de desconfiança, enquanto ambas as partes fazem preparativos militares que são sobretudo blefes dissuasivos. Em 13 de junho, chega-se a uma nova trégua, que deve durar até agosto de 1351. Logo após sua assinatura, ela é desrespeitada pelo Bascon de Mareuil, que em 24 de junho toma Loudun e se instala em Lusignan, de onde aterroriza os arredores, antes de ser expulso dos dois lugares no final do verão. No vale do rio Dordonha, os ingleses tomam Sainte-Foy-la-Grande, Villeneuve-de-Périgord e Domme por escalada, enquanto o conde de Armagnac retoma lugares no vale do rio Garona. No mar, uma batalha naval espetacular ocorre em 29 de agosto longe de Winchelsea, novamente ilustrando o envolvimento direto dos soberanos na luta. A bordo da frota inglesa estão Eduardo III e o príncipe de Gales, além dos condes de Derby, de Northampton e de Warwick. A frota inimiga é castelhana, composta por navios maiores e mais altos, que infligem pesadas baixas entre os ingleses. Mas, assim que estes últimos conseguem arpoar seus oponentes e embarcar, recuperam a vantagem. A frota castelhana é destruída, mas, mais uma vez, a vitória não é decisiva, e a travessia do canal da Mancha continua a ser um negócio perigoso nos anos que se seguem para os isolados navios ingleses.

INÍCIO DO REINADO: JOÃO II E SUA COMITIVA (1350-1353)

Filipe VI nunca saberá dessa nova derrota: ele morre uma semana antes, em 22 de agosto, na abadia de Coulombs, no vale do rio Eure. É o fim de um dos reinados mais catastróficos da história da França. O de seu filho, João II, então com 31 anos, será ainda pior. João, com o título de duque da Normandia, já havia dado prova de sua incapacidade. Ele herda o reino em uma situação extremamente difícil, e a nobreza francesa tinha motivos para se preocupar com o futuro. Fisicamente impressionante, inegavelmente corajoso no campo de batalha, o rei combinou duas grandes falhas na política: falta de discernimento e obstinação, que Froissart expressou pela fórmula "fácil de enformar e difícil de mudar de opinião". Quando se acrescenta que ele é impulsivo e influenciável, já se sabe que não é o homem certo para o cargo. Ele inaugura seu reinado com a execução de seu condestável, o que é um mau presságio: Raul de Brienne, conde d'Eu, foi capturado em Crécy. Libertado sob juramento em novembro de 1350 para receber seu resgate, ele foi preso em Paris por traição e decapitado na manhã seguinte. Ele é culpado de quê? De ter vendido a Eduardo III o condado de Guines para pagar parte de seu enorme resgate. O título de condestável é então atribuído a Carlos de Lacerda, mais conhecido como Carlos da Espanha, um jovem de 24 anos, não desprovido de qualidades, mas de arrogância e ambição sem limites. O cronista Matteo Villani relata que Carlos é amado pelo rei com um "amor particular" (isso não ajuda a torná-lo popular). O rei lhe dá o condado de Angoulême.

Os outros conselheiros também são vorazes, aproveitando-se da generosidade cega do rei: Simão de Bucy, presidente do Parlamento de Paris, que acumula propriedades e magníficas residências; Roberto de Lorris, o camareiro; Guilherme Flotte, o chanceler, que será sucedido por Pedro de la Forêt, em breve arcebispo de Rouen; Renaud Chauvel, presidente da Câmara de Contas e futuro bispo de Châlons; Hugo de Arcy, bispo de Laon, que se tornará arcebispo de Reims. João, "o Bom" é um perdulário: promove festas luxuosas e distribui sem controle. Como a guerra também tem que ser financiada, ele precisa arranjar dinheiro, muito dinheiro, de alguma maneira. As manipulações monetárias recomeçaram a todo vapor, organizadas pelo habilidoso João Poilevillain: desvalorizações a cada seis meses, em média, entre

1350 e 1354, o que prejudica seriamente o comércio. Em dezembro de 1350, João encontrará seu principal mediador, Clemente VI, que concede o imposto de um décimo sobre os rendimentos da Igreja na França. De Avignon, o rei vai para Montpellier, onde, em 8 de janeiro de 1351, os estados de Languedoc são chamados para votar uma ajudadeira de oito denários por libra nas vendas e uma *fouage*[2] de vinte soldos parisienses por família. Ao mesmo tempo, os estados de Languedoïl, em Paris, concedem uma ajudadeira de seis denários por libra. Esses impostos causam uma revolta em Rouen e, em agosto, 24 contribuintes recalcitrantes são enforcados ali.

O rei João deixou uma má reputação na história da França, e ele a merece. Apesar das recentes tentativas de reabilitação, que destacam sua cultura, seu amor pelos livros e pela música, esse homem brutal, impulsivo, imprevisível e vingativo é incapaz de governar corretamente. Em novembro de 1351, ele funda a Ordem da Estrela, ou Companhia dos Cavaleiros de Nossa Senhora da Casa Nobre, imitando a Ordem da Jarreteira de Eduardo III: quinhentos cavaleiros, pessoalmente ligados ao rei por um juramento que os constrange entre outras coisas a nunca recuar nas batalhas, o que garantirá uma taxa de renovação bastante alta. Uma tentativa utópica de travar o declínio da vassalagem e das obrigações feudais por um regresso fictício a uma idade de ouro da cavalaria, uma espécie de Távola Redonda de consolo para uma nobreza fragilizada pelos desastres da guerra. Em 6 de janeiro de 1352, em Saint-Ouen, ocorre a magnífica cerimônia inaugural. E, enquanto o rei faz o papel de Arthur com seus cavaleiros em mantos vermelhos e brancos com golas de pele, no mesmo dia, pouco antes do amanhecer, um comando inglês, em camuflagem preta, liderado por um pequeno nobre aventureiro, João Dancaster, atravessa o fosso da praça de Guines (uma posição-chave na estrada para Calais), escala as muralhas, mata os sentinelas, penetra pelo torreão, surpreende os guardas adormecidos e toma posse da fortaleza. O capitão estava ausente; tinha coisas mais importantes a fazer: estava em Saint-Ouen desfilando na cerimônia de inauguração da Ordem da Estrela. Anedota autêntica e terrivelmente reveladora da lacuna entre os devaneios de João, o Bom, e o realismo inglês.

---

2 Imposto feudal cobrado por família (*foyer*). (N. T.)

Realismo tanto mais audacioso pelo fato de se estar em plena trégua desde setembro de 1351. Trégua que havia sido assinada precisamente em Guines, então nas mãos dos franceses. Os combates na primavera e no verão de 1351 permitiram a João II ganhar algum terreno, em particular em Saintonge, onde o novo condestável Carlos da Espanha havia feito campanha, mais para defender o seu próprio condado de Angoulême do que tendo em vista uma estratégia geral. João sitiou e conseguiu tomar Saint-Jean-d'Angély, apesar da derrota da tropa francesa de Guy de Nesle em Saintes para João Cheverston, senescal da Gasconha, em 1º de abril. No vale inferior do Dordonha, avançavam também os franceses, com a ajuda ousada de um pequeno senhor da região, destinado a tornar-se famoso, Arnaud de Cervole, "o Arcipreste", um dos mais temíveis chefes de bando na Guerra dos Cem Anos. No final de abril, ele havia tomado a fortaleza de Montravel, perto de Castillon. Esse sucesso provocou a adesão à causa francesa de vários senhores.

Na Bretanha, o conde de Tancarville, João de Melun, sitia Ploërmel, o centro das posições inglesas, mas é forçado a levantar o cerco devido a um ataque de Walter Bentley no Maine. Operações de diversão também são lançadas de Calais, por Walter Mauny e Henrique de Lancaster, recentemente promovido a duque. Esses ataques, em abril, maio e junho de 1351, de modo algum foram conclusivos e, durante um deles, João Beauchamp, filho do conde de Warwick, até mesmo foi feito prisioneiro.

Nesse momento, as negociações são abertas para Guines. Do lado inglês, havia bastante desânimo. Golpe após golpe, as más notícias chegavam: captura de Montravel e reconciliação entre João II e o conde de Flandres, Luís de Male, em 14 de julho, por um tratado que previa que o conde cumpriria todos as suas obrigações para com o rei; depois, em 5 de agosto, capitulação incondicional de Saint-Jean-d'Angély. O próprio rei foi buscar as chaves da cidade em 1º de setembro. Mas João II, sem dinheiro, não soube explorar a situação: em 26 de setembro, suspendeu o pagamento de todas as dívidas da monarquia. Chega-se assim ao acordo, no dia 11, para uma trégua de um ano.

A captura de Guines em janeiro de 1352 pelo comando de João Dancaster é, portanto, um caso embaraçoso para Eduardo III: trata-se de uma flagrante violação da trégua. Em 15 de janeiro, uma delegação francesa é enviada a Westminster para reclamar. Eduardo, a princípio hesitante, tem seu desejo de manter Guines respaldado pela atitude belicista do Parlamento, que acumula ressentimento em relação aos franceses. Ele manda seu camareiro Bartolomeu Burghersh dizer aos delegados franceses que o rei deles era um hipócrita, que estava conspirando contra a Inglaterra "com toda a sutileza e astúcia de que ele ou seus conselheiros eram capazes". Dancaster, o herói do caso, havia sido banido da Inglaterra antes de sua façanha por vários crimes. Ele é perdoado, felicitado e recompensado.

Ambos os lados, portanto, preparam-se para retomar a guerra, que de fato só havia cessado no norte e na Bretanha. O duque de Lancaster aproveita-se disso para ir lutar contra os pagãos na Polônia. Mas no sudoeste não houve trégua. Os tenentes de Carlos da Espanha tentaram em vão recapturar Sainte-Foy-la-Grande; em dezembro de 1351, uma nova estrela em ascensão entre os chefes de guerra, João de Grailly, "Captal" de Buch,[3] de uma família nobre da região de Bordeaux, genro do senhor de Albret, seduzido pela causa inglesa, toma Saint-Antonin, no Aveyron, de surpresa. Outro chefe de bando, Normand Friquet, de Fricamps, destaca-se no sul de Angoumois, ora de um lado, ora do outro, e vimos os primeiros casos de "recompra", ou "escoamento",[4] como em Souillac, na Dordonha: uma companhia de bandidos se apossa de algo que é revendido às autoridades por 5 mil escudos. Método simples e rentável, que permite obter rapidamente grandes somas de dinheiro, evitando o transporte de saques volumosos e os problemas da revenda.

Com o recomeço da guerra, João II decide fazer, no final de janeiro de 1352, uma nova manipulação monetária, que lhe confere o direito à cunhagem. Ele também pune de modo exemplar o tenente subordinado ao capitão de Guines, que dera prova de estupidez ao ser surpreendido pelo ataque de Dancaster: ele é esquartejado na praça do mercado de Saint-Omer. O próprio capitão escapa da punição, já que não estava presente nesse episódio. Em seguida, prepara-se a campanha. Com ofensivas em três setores que terminam em três fracassos.

---

3 Captal de Buch era um título dado aos senhores do captalato de Buch, uma província na Aquitânia, onde hoje fica a comuna La Teste-de-Buch. (N. T.)

4 No original, *"videment"*, com sentido de esvaziamento do espólio armazenado. (N. T.)

No norte, Godofredo de Charny é encarregado de retomar Guines com 4.500 homens. O cerco dura vários meses e, em julho, um exército de socorro vindo de Calais obriga os franceses a desistirem. A única satisfação de Godofredo é a captura de Aimeric de Pavie, por quem havia sido enganado durante a tentativa de Calais no ano anterior. Godofredo de Charny é conhecido por sua conduta leal, admirado em seu tempo como um perfeito representante do ideal cavaleiresco. Ele é o primeiro dono do Santo Sudário (provavelmente recém-fabricado) que é mencionado nas crônicas dessa época. Nada disso o impede de se vingar ferozmente de Aimeric, que é torturado com um ferro quente e desmembrado com um machado de açougueiro na praça do mercado de Saint-Omer.

Na Aquitânia, os franceses atacam tanto ao norte, sitiando Taillebourg, quanto ao sul, onde Amaury de Craon, nomeado tenente do rei para Languedoc, lidera uma ofensiva que parte de Agen e desce pelo rio Garona. Na Inglaterra, uma pequena expedição é organizada sob a direção de Ralph Stafford: não mais de 380 homens (houve dificuldade para requisitá-los) em 33 navios que só chegam a Bordeaux em 21 de julho. Stafford, entretanto, não perde tempo. Subindo o Garona, ele derrota as tropas de Amaury de Craon em Agen, em 15 de agosto. Há muitos prisioneiros, incluindo sete cavaleiros da Estrela e João de Boucicaut, que Eduardo III recompra para completar sua coleção da Torre de Londres. Então Stafford retorna ao norte e toma Blaye em 17 de setembro, enquanto o senhor de Albret e o condestável de Bordeaux forçam os franceses a levantar o cerco de Bergerac, Moncuq e Taillebourg. Em outubro, um pequeno grupo de trabalhadores independentes (que provavelmente trabalham para o Captal de Buch) toma a bastida[5] de Lafrançaise, no Tarn.

Na Bretanha, o partido anglófilo de Montfort também obteve sucessos decisivos. Primeiro, Carlos de Blois, preso há quatro anos, é libertado sob juramento no outono de 1351, para arrecadar seu enorme resgate de 400 mil

---

5 No original, *bastide*, palavra que designava as cidades novas construídas como fortificações nos séculos XIII e XIV sobretudo no sudoeste da França. Porém, em sentido geral, *bastide* também significa uma pequena fortificação. Em língua portuguesa há a palavra "bastida" que, no contexto deste livro, pode se referir a uma barreira de paliçada que servia como pequena fortaleza temporária ou a uma torre com rodas utilizada como máquina de guerra contra cercos. O tradutor decidiu utilizar "bastida" também para o caso de uma cidade-
-*bastide*. (N. T.)

escudos. Como não consegue pagar a primeira parcela, ele volta para a Torre de Londres em maio. Os franceses, com Guy de Nesle, apoiados pelos bretões do partido de Penthièvre, atacam o castelo de Fougeray, entre Rennes e Nantes. No final de julho, Walter Bentley chega da Inglaterra com cerca de oitocentos homens e, em 14 de agosto, perto de Malestroit, em Mauron, usando a combinação clássica de homens de armas a pé flanqueados por arqueiros, inflige uma terrível derrota a Guy de Nesle. Este último, com 25 anos, é morto, assim como o visconde de Rohan e 89 cavaleiros da Ordem da Estrela, que levam a sério seu lema: não se recua. Cento e sessenta prisioneiros experimentarão as alegrias da superlotada Torre de Londres. Joana de Penthièvre aprende a lição da derrota: para salvar a coroa ducal em favor de seu marido, ela fecha um acordo com Eduardo III: Carlos de Blois será libertado sob juramento, deixando dois de seus filhos como reféns. Seu resgate é reduzido para 300 mil escudos, e o rei da Inglaterra o reconhece como duque da Bretanha. Em troca, haverá "amor, união, paz e aliança perpétua" entre o duque e o rei. Eduardo abandona a causa de Montfort e garante a aliança da Bretanha. O tratado é selado em 1º de março de 1353 em Westminster.

Em todos os aspectos, 1352 é, portanto, um ano muito ruim para João II. Como se tudo isso não bastasse, em 6 de dezembro morre o papa Clemente VI, que havia colocado todo o peso do papado de Avignon a serviço do rei da França. Seu sucessor, Estêvão Aubert, embora também fosse francês (de Limoges), eleito em 18 de dezembro, adota uma atitude muito mais imparcial entre os dois reis. Ele escreve ao duque de Lancaster: "Embora eu tenha nascido na França e, por essa e outras razões, seja especialmente afeiçoado pelo reino da França, ainda assim deixo de lado meus preconceitos particulares ao trabalhar pela paz e tento servir aos interesses de todos". Ele conhece bem os problemas: foi um dos cardeais que seguiram exércitos tentando fechar acordos. Logo em seguida, pôs-se a trabalhar, apoiando uma iniciativa de Guy de Boulogne, cardeal do Porto. Este último, aproveitando a visita do duque de Lancaster a Paris em dezembro de 1352 (que precisava resolver uma desavença particular com o duque de Brunswick), convence as duas partes a agendar uma conferência de paz.

O precedente é aberto em Guines no início de março de 1353. Obviamente, ele é levado a sério por ambos os lados: Eduardo III envia o arcebispo da Cantuária, Simão de Islip, o bispo de Norwich, William Bateman, o guardião do selo privado, Michael Northburgh, e o duque de Lancaster. João II é representado por seu chanceler e arcebispo de Rouen, Pedro de la Forêt, seu condestável, Carlos da Espanha, seu camareiro, Roberto de Lorris, os bispos de Laon e Beauvais, Roberto Le Coq e Guilherme Bertrand. Infelizmente, a desconfiança corre solta e os ingleses suspeitam muito do líder dos debates, o cardeal Guy de Boulogne, que consideram estar do lado dos franceses. Além disso, na prática, todos procuram alguma vantagem para terem algum poder nas negociações. João II nomeia o conde de Armagnac, João, como seu tenente em Languedoc, deixando-lhe grande liberdade de manobra. Logo após ser nomeado, ele reúne uma tropa em Castelsarrasin e sitia Saint-Antonin. Ele é apoiado pelos condes de Comminges e Foix. Ao mesmo tempo, bandos descontrolados de anglo-gascões capturam Surgères por escalada.

Nessas condições, as parolagens de Guines são interrompidas. Decide-se fazê-las recuar e, enquanto isso, concluir uma curta trégua, o que muito contraria Armagnac, cujo cerco a Saint-Antonin estava bem encaminhado. De qualquer forma, João II muda completamente de opinião e, em 8 de maio, decide pela convocação de *arrière-ban* para retomada da guerra. Eduardo III queixa-se ao papa, a quem envia seu confessor, o dominicano João Woodruff, e depois, o sobrinho do arcebispo da Cantuária, William de Whittleseye.

A Aquitânia está novamente agitada, com muitas famílias descontroladas e descoordenadas. Saint-Antonin é conquistada pelo conde de Armagnac em setembro, Surgères por Luís de Harcourt em novembro; Nontron, Montbrun e Comborn, em Limousin, por Arnoul de Audrehem; Uzerche por um bando de "assassinos e bandidos que atendem pelo nome de ingleses", dizem os registros locais. Em Périgueux, o conde de Périgord, que estava ao lado de João II, acerta as contas com a cidade, cuja população cai de 2.500 para 800 famílias entre 1335 e 1355. A confusão atinge o auge quando os plenipotenciários, reunidos novamente em Guines, decidem em 3 de dezembro uma nova trégua até abril de 1354.

UM NOVO INTERVENTOR: CARLOS, O MAU (1354)

É então que irrompe no conflito um novo parceiro que vai confundir ainda mais um jogo já bastante complicado: Carlos, o Mau, rei de Navarra.

O apelido não é muito simpático e provavelmente influenciou inconscientemente muitos historiadores de maneira desfavorável. Na verdade, "o Mau" não é pior do que "o Bom" quando se trata das bestas dessa idade do ferro. Além disso, ele tem boas razões para estar descontente. Sua mãe, Joana, era a única filha do rei Luís X, filho mais velho de Filipe IV, o Belo. Com a morte de Luís X, o irmão mais novo deste último, Filipe, retirou sua sobrinha Joana do trono e a "lei sálica", que proibia as mulheres de reinar e transmitir a coroa, foi inventada para essa ocasião. Sem esse golpe, Carlos teria sido rei da França, pois sua posição superava em muito os direitos de Filipe VI e Eduardo III.

Isso não é tudo. Embora as mulheres não pudessem herdar o trono da França, tal exclusão não ocorria em Navarra nem no feudo de Champagne. Joana, portanto, herda de sua mãe, Margarida de Borgonha, esposa de Luís X, o reino de Navarra e o condado de Champagne. Herança importante demais na opinião de Filipe VI, que em 1336, pelo Tratado de Villeneuve-lès-Avignon, deixa Joana apenas com Navarra e assegura para si a rica Champagne, em troca dos condados de Angoulême e Mortain, além de algumas terras em Poitou e uma anuidade. A renda no condado de Angoulême é decepcionante e Joana o troca pelos territórios da Normandia e de Île-de-France. Quando ela se casa com Filipe, conde de Evreux, seu filho Carlos herda basicamente Navarra e os domínios normandos. Ele se considera roubado: a coroa da França e o condado de Champagne poderiam ter retornado às suas mãos. Ou pelo menos o condado de Angoulême, porque sua mãe nunca recebeu todos os territórios que ela havia negociado. E agora, em outubro de 1352, João II concede o condado de Angoulême ao seu favorito, o condestável Carlos da Espanha. O rei oferece em casamento sua irmã Joana a fim de diminuir a raiva de Carlos de Navarra: o dote era de 100 mil escudos, e a promessa de pagamento, de 60 mil libras de pensões retroativas devidas à sua mãe. Nada será pago.

O rei vê nesse jovem de 20 anos um inimigo formidável. Dotado de um encanto natural que lhe atraía muitas simpatias, Carlos possui um sentido político apurado, infinitamente superior ao do grosseiro João II. Ele fala com facilidade e pode desempenhar o papel de tribuno, bem como de orador acadêmico. Tem um irmão mais novo, Filipe, uma irmã, Branca, de grande beleza, viúva de Filipe VI, uma tia, Joana de Evreux, viúva de Carlos IV, todos dedicados à sua causa. Ele é genro do rei, tem uma grande clientela e uma renda significativa. Seu reino de Navarra, pequeno em tamanho e com uma população de cerca de 200 mil habitantes, é fértil, produz cobre e chumbo, possui oficinas metalúrgicas e fornece infantaria vigorosa. Os condados de Mortain e Evreux dão-lhe uma base estratégica perto do vale do Sena. E Carlos está determinado a usar todos os seus recursos para se vingar e obter compensações à altura de suas ambições. Vantagem extra: não tem escrúpulos, mas é uma força que partilha com todos os grandes personagens, que se elevam acima da moral comum.

Desde o início de 1353, Carlos começa a reunir ao seu redor muitas pessoas descontentes. Senhores normandos, como o conde de Harcourt, amargurados pelas dificuldades financeiras da aristocracia, pela queda da renda senhorial, pelas crescentes exigências da monarquia; membros da administração e do alto cloro, que acreditam que o país é mal governado e que reformas são necessárias: o governador de Artésia e vidama[6] de Amiens, João de Picquigny; o bispo de Paris, João de Meulan, e seu sobrinho Amaury; o bispo de Beauvais, Guilherme Bertrand; e, em particular, o bispo de Laon, Roberto Le Coq, violento, intrigante e ambicioso. Vários deles fazem parte do conselho do rei, e dele se retiram voluntariamente, enquanto Carlos começa a trazer tropas de Navarra para a Normandia durante o verão de 1353. Em Mantes, Meulan e Evreux, ele tem mais de seiscentos homens no final do ano, e também vemos a chegada de líderes perturbadores, como Bascon de Mareuil e Rabigot Dury. A presença desses chefes de bando pressagia uma jogada ruim.

Ela ocorre em 8 de janeiro de 1354: Filipe de Navarra, irmão de Carlos, com alguns *routiers*, assassinam o condestável Carlos da Espanha, cuja arrogância e rapacidade Carlos, o Mau, detestava. Aliás, Filipe reivindica o crime em uma carta dirigida ao papa, à Universidade de Paris, aos príncipes e aos conselheiros do rei, declarando que agiu "pelo bem comum do reino". E imediatamente, a fim de se proteger de uma possível reação do rei da França, que poderia pressioná-lo, o rei de Navarra se dirige aos ingleses. Ele escreve para Henrique de Lancaster, pede que arqueiros ingleses sejam

---

6 O título de *vidama* era atribuído ao oficial encarregado de exercer poderes temporais (militar ou de justiça) de um senhor eclesiástico. (N. T.)

disponibilizados para ele em Calais, em Guines ou na Bretanha. Na verdade, ele procura realizar seus próprios objetivos por meio da instrumentalização de Eduardo III. Lancaster comunica essas aberturas a Eduardo e, durante as discussões com os enviados de Carlos, fala-se na possibilidade de uma campanha comum anglo-navarra partindo da Normandia. Eduardo seria coroado rei da França em Reims e daria para Carlos a Normandia, Champagne, Brie e todo o sudoeste.

No entanto, nada é concluído oficialmente; trata-se, antes, de um meio de pressão sobre João II que, de fato, muda completamente de atitude em 8 de fevereiro: um mês após o assassinato de seu condestável, ele instrui o cardeal de Bolonha a preparar um acordo com Carlos (acordo concluído em 22 de fevereiro em Mantes). Carlos não apenas é perdoado pelo assassinato do condestável, mas também recebe territórios consideráveis na Normandia, o que faz dele o senhor de quase todo o Cotentin. A reconciliação ocorre durante um encontro pessoal em Paris no dia 4 de março entre os reis da França e de Navarra.

Henrique de Lancaster se diz "estupefato" com a desenvoltura de Carlos. Porém, as consequências do Tratado de Mantes são muito positivas durante algum tempo: os partidários de Carlos retornam com força ao conselho real e, sob sua influência, as negociações de Guines são subitamente desbloqueadas: dois projetos de acordo são assinados em 6 de abril – um estabelecendo uma trégua até 1º de abril de 1355, e o outro, um tratado de paz definitiva, particularmente favorável a Eduardo III, que receberia a Aquitânia com plena soberania dentro de seus limites anteriores à guerra de Saint-Sardos, além de Poitou, Maine, Anjou e Limousin; ele cuidaria de Calais e, em troca, renunciaria à coroa da França. Esse acordo surpreendente prenuncia o Tratado de Brétigny. Sua confirmação e celebração deve ocorrer em Avignon, no outono. Para o governo inglês, trata-se de um resultado inesperado, e Eduardo envia uma grande delegação a Avignon para a cerimônia: William Bateman (bispo de Norwich), Michael Northburgh (bispo de Londres), o duque de Lancaster e o conde de Arundel.

Contudo, o caráter de João II era imprevisível: durante o verão, ele muda completamente de opinião mais uma vez. Alguns membros do conselho o convencem de que ele foi manipulado e que o assassinato de seu condestável fazia parte de um plano cuidadosamente elaborado e que envolvia membros de sua comitiva. Aliás, vários deles, sentindo-se ameaçados, fogem: Roberto de Lorris refugia-se em Avignon, acompanhado pouco depois, no final de agosto, por Guy de Boulogne. Roberto Le Coq desaparece do conselho. O próprio rei de Navarra prefere se esquivar e, no final de novembro, João II ordena o confisco de todos os seus feudos na França.

Essa reviravolta se mostra um mau presságio para a conferência de Avignon, que deve ratificar as preliminares de Guines. Lancaster chega à cidade papal com grande pompa no final de dezembro de 1354. A delegação francesa se apresenta em meados de janeiro de 1355, liderada pelo chanceler Pedro de la Forêt e pelo duque de Bourbon – estes, para grande ira dos ingleses, declaram que não há como deixar a Aquitânia para Eduardo III em total soberania, pois o rei da França não tem o direito de desmembrar seu reino. Caminha-se em direção a uma nova ruptura. Carlos, o Mau, que reside secretamente em Avignon durante a conferência, retoma o contato com Henrique de Lancaster e volta a falar de uma invasão conjunta da França. De qualquer maneira, os combates não haviam cessado. Na Bretanha, denuncia-se o acordo entre Eduardo III e Carlos de Blois, novamente em liberdade sob juramento. Os chefes de guerra ingleses instalados na península não tinham intenção de interromper suas extorsões, e o novo tenente do rei da Inglaterra, João Avenel, mostra-se totalmente incapaz de garantir o respeito à trégua. Carlos de Blois, implicado no ataque ao esconderijo de Bentley na ilha Tristan, é chamado de volta à sua prisão inglesa. As escaramuças recomeçam com toda a força. Durante uma delas, em Montmuran, perto de Bécherel e Dinan, Hugo Calveley é feito prisioneiro; um pequeno nobre da região, Bertrand du Guesclin, distingue-se pela primeira vez nesse encontro. Eduardo III substitui o insípido João Avenel por um tenente muito mais empreendedor, Tomás Holland, que contata o mercenário navarro Martin Henriquez, que trabalha para Carlos, o Mau, e vem com ele para queimar os subúrbios de Caen e Bayeux.

A atmosfera não é mais pacífica no sudoeste, onde João de Clermont, que substitui Guy de Nesle, ataca Libourne e Saint-Emilion. Em janeiro e fevereiro de 1355, João II elabora um plano ofensivo em larga escala com seu novo condestável Jacques de Bourbon, o conde de Armagnac, os marechais Arnoul de Audrehem e João de Clermont.

Na Escócia, ele encoraja os partidários de Davi II a resistir ao rei imposto por Eduardo III, Eduardo Balliol. Desde os primeiros meses de 1355, ali se faziam os preparativos para o recomeço da guerra, apesar de um acordo recente rompido por pressão do rei Davi, ainda prisioneiro: em troca de um resgate de 90 mil marcos, a serem pagos em nove anos, Davi recuperaria seu reino ao se reconhecer vassalo do rei da Inglaterra – acordo desaprovado pela maioria dos nobres escoceses, que começam a se reunir nas Lowlands,[7] enquanto William Douglas persegue as guarnições inglesas em Berwick e Roxburgh. Os barões ingleses da fronteira (os chamados guardiões das marcas, formados pelas famílias Percy, Neville, Lucy, Dacre e Clifford), que governam enormes territórios em Northumberland, Cumberland e Westmoreland, preparam-se para intervir. Davi, que havia sido levado a Newcastle em liberdade sob juramento com quitação de uma primeira parte do resgate, é trazido de volta ao sul da Inglaterra. O momento não é mais de conciliação. Em Avignon, há ruptura: o duque de Lancaster reafirma brutalmente os direitos de Eduardo III à coroa da França, e a delegação inglesa deixa a cidade dos papas em março. Inocêncio VI tenta um último acordo de paz, enviando o abade de Cluny, Androin de La Roche, a Westminster em abril para tentar convencer o rei.

1355: A CAVALGADA DO PRÍNCIPE NEGRO

Perda de tempo: a guerra é inevitável, pois os franceses não são confiáveis, declara o rei da Inglaterra, que decide lançar duas grandes operações, lideradas por seus dois grandes cabos de guerra: Lancaster na Normandia e o príncipe de Gales na Aquitânia. Na Normandia, a expedição deve acontecer concomitantemente à de Carlos de Navarra, que, de volta a Pamplona, reúne tropas sob o comando de Martin Henriquez. Ele leva consigo o camareiro do duque de Lancaster, Simon Simeon, que envia de volta ao seu mestre em maio de 1355 para lhe explicar seus planos: desembarcar em Cherbourg e ali juntar suas forças às de Henrique... a menos que o rei da França lhe apresente alguma proposta interessante. Essa reserva deve ter deixado os ingleses ressabiados. No entanto, continuam seus preparativos. Trinta e oito grandes navios e cerca de 1.200 homens estão reunidos no estuário do

---

7 Ou Terras Baixas da Escócia, a região plana ao sul do país. (N. T.)

Tâmisa com Lancaster, os condes de Northampton, de Stafford e de Marck, além do filho do rei, Lionel, de 16 anos. Para manter o destino em segredo, as saídas de navios de Londres para o continente são bloqueadas em junho e no início de julho.

João II, porém, está ciente de que algo vai acontecer na Normandia, e no final de março nomeia como seu tenente nesse setor seu filho mais velho, Carlos, delfim de Valentinois, um jovem de 17 anos sem experiência. Ele também convoca o rei de Navarra para que se justifique perante o Parlamento. O procedimento requer três convocações antes que a condenação e o confisco dos feudos possam ser proclamados. Em 15 de maio, Carlos, o Mau, não comparece à segunda convocação. No dia 17, o rei busca o estandarte ao mesmo tempo que convoca o *ban* e o *arrière-ban*. No dia 19, a irmã e a tia do rei de Navarra, Branca e Joana, vão procurá-lo e conseguem persuadi-lo: no dia 31, o rei concorda em perdoar e deixar seus bens a Carlos, contanto que ele ceda seis cidades fortificadas na Normandia como segurança. Mas, quando a notícia chega a Pamplona, Carlos já havia partido com seu pequeno exército. Ele embarca em Capbreton e chega a Cherbourg em 5 de julho. João II então envia a ele o condestável, bem como Godofredo de Charny (conde de Tancarville) e Roberto de Lorris para informá-lo de sua proposta. As discussões começam em Valognes.

Durante esse tempo, a partida de Lancaster é atrasada por um mês devido a ventos contrários. E, quando finalmente ele se prepara para a travessia, no final de agosto, fica sabendo que o rei de Navarra acaba de fazer um acordo com o rei da França. Eduardo III cancela a expedição à Normandia. Pela segunda vez, Carlos, o Mau, abandona seus compromissos. Pelo acordo de Valognes, em 10 de setembro, o rei de Navarra concorda em ir a Paris para receber seu perdão e a restituição de suas terras, além de uma indenização pelos danos sofridos. No dia 17 de setembro ele festeja com o delfim em Le Vaudreuil e, no dia 24, está no Louvre.

Eduardo III deve agora apostar tudo na outra expedição, a da Aquitânia, confiada ao seu filho mais velho, Eduardo, príncipe de Gales. Este, que ainda não é chamado de Príncipe Negro, tem 24 anos e já havia se destacado em várias campanhas desde a de Crécy. Alto, seguro de si, autoritário, duro e impaciente diante dos obstáculos, é um combatente exímio, que, além de tudo, não é desprovido de talento estratégico. Generoso, distribui de modo pródigo, ele é o tipo do grande senhor que atrai lealdade duradoura e que se tornará o herói de uma geração. Esta é a primeira vez que recebe um comando como chefe. Ele será acompanhado por guerreiros talentosos: os condes de Warwick, de Oxford e de Suffolk, *sir* Reynold Cobham e *sir* James Audley. Tropas e equipamentos são reunidos durante a primavera ao longo da costa meridional da Inglaterra, seguindo o sistema já bem estabelecido de contratos, ou *indentures*, pelos quais os empreiteiros de guerra recrutam um certo número de homens por um período determinado e um salário com parcela adiantada. Os termos de serviço são especificados (incluindo-se a distribuição de espólios) em um pergaminho, que é então cortado em dois ao longo de uma linha irregular, em formato de dentes de serra, e o empregador e o empregado ficam com uma metade cada. Os chefes quase sempre são nobres que servem com seu *"retenue"*, ou seja, um grupo de clientes pessoais aos quais o chefe se liga por laços de amizade ou por dinheiro. Essas pessoas, acostumadas a viver e lutar juntas, são movidas por um espírito de corpo (quase se pode dizer um patriotismo corporativo) que promove a coesão no combate. Os chefes recebem um bônus de recrutamento, o *"regard"*, que pode ser considerável.

Tal expedição envolve grandes somas que são obtidas principalmente por taxas alfandegárias. Os problemas financeiros de Eduardo III em suas primeiras campanhas serviram como um experimento e, sob a direção do tesoureiro e chanceler William Edington, bispo de Winchester, cria-se um sistema mais adequado. Para manter o apoio público à guerra, o financiamento das campanhas militares depende cada vez menos de impostos diretos e cada vez mais de impostos sobre a exportação de lã – esta tem as deduções facilitadas nos portos de Staple, onde os mercadores estrangeiros vão buscar lã bruta. E a década de 1350 é boa: a fazenda alfandegária rende em média 83 mil libras por ano, chegando a 113 mil libras em 1354, em comparação às 50 mil libras nos anos anteriores. A alfândega torna-se uma máquina para financiar a guerra.

Isso não impede que a expedição saia atrasada, como de costume: o Príncipe Negro – vamos dar-lhe esse apelido desde já por conveniência – zarpa de Plymouth em 9 de setembro de 1355, e não em 1º de julho, que era o plano inicial. Chegando a Bordeaux no dia 20, ele se encontra imediatamente com os chefes locais, Albret, João de Grailly e seu filho, o "Captal" de Buch. Decide-se lançar imediatamente uma cavalgada contra os territórios do conde de Armagnac, ou seja, antes do final do outono. O príncipe de Gales tem cerca de 7 mil homens: 2 mil ingleses que chegaram com ele e os gascões dos senhores leais. O objetivo declarado é a devastação: três grupos avançam em paralelo, em frente ampla, destruindo sistematicamente tudo o que encontram pelo caminho, matando homens e animais, queimando plantações e aldeias. As localidades fortemente defendidas eram contornadas para não se perder tempo com cercos. Das operações de terra arrasada da guerra, esta foi uma das mais selvagens da guerra, deixando lembranças de terror por muito tempo.

Partindo de Bordeaux em 5 de outubro, o exército sobe o rio Garona até Langon, em seguida volta-se para o sul em direção a Labastide-d'Armagnac, e depois segue entre leste-sudeste, passando por Armagnac e Astarac. Em 26 de outubro, encontra-se distante 25 quilômetros a sudoeste de Toulouse, que não pode ser atacada. Continua em direção ao Lauragais e ao colo de Naurouze.[8] No dia 3 de novembro chega a Carcassonne, onde toda a população dos arredores se refugia na cidade. A região é saqueada por três dias, depois incendiada e o exército recua para um ponto mais alto a fim de testemunhar o espetáculo. Não há tentativa de ataque contra a cidade, pois suas muralhas são formidáveis e o exército não tem nenhuma máquina de cerco. Retoma-se a marcha para o leste. Em 8 de novembro chega-se a Narbonne, onde pela primeira vez há resistência da guarnição refugiada na cidade. É hora de voltar para casa, até mesmo porque o conde de Armagnac e o condestável de Bourbon, que enfim chegam, ameaçam interromper a retirada. O caminho de volta passa por Carcassonne, depois toma-se um itinerário mais ao sul pelo condado de Foix. Em 17 de novembro, na abadia cisterciense de Boulbonne, o Príncipe Negro conhece o jovem conde de Foix, Gastão Phoebus, com exatamente a mesma idade sua – ele está encantado com os estragos cometidos nas terras de seu rival, o conde de Armagnac. Cunhado do rei de Navarra, Gastão Phoebus trabalha para se tornar independente do rei da França, aproveitando o conflito anglo-francês. Ele adota uma atitude de neutralidade benevolente

---

8 O Seuil de Naurouze é o ponto mais alto do canal de Midi, localizado entre Toulouse e Sète. (N. T.)

em relação ao homem forte do momento e, em troca, o príncipe de Gales ordena que seus territórios sejam poupados.

O retorno é mais difícil, pois há chuva e lama, além da ameaça (que nunca se concretizará) de um ataque do conde de Armagnac, com a carga de um enorme espólio em mil carroças. Enfim, no início de dezembro de 1355, chega-se a Bordeaux, após um ataque de exatamente dois meses sobre quase 400 quilômetros em cada direção. O balanço material é eloquente: 500 aldeias destruídas, os subúrbios de várias cidades comerciais incendiados, um rasto de devastação de 50 quilômetros de largura por 200 de comprimento, um número desconhecido de vítimas, províncias inteiras cuja capacidade fiscal estará prejudicada por anos e cujas receitas deverão ser utilizadas na reconstrução. O Príncipe Negro expressa sua satisfação em uma carta a seu pai: "Devastamos e destruímos essa região, o que causou grande satisfação aos súditos de Nosso Senhor, o rei". Digno cavaleiro do Apocalipse, o Príncipe Negro impressiona a opinião pública pela audácia de seu ataque. O pânico se espalha para muito além das áreas afetadas, causando a retomada emergencial dos trabalhos de fortificação, como em Millau.

Eduardo III não fica parado durante a grande cavalgada de seu filho. Ele lhe facilita a tarefa ao lançar operações de diversão que atraem as atenções para dois outros setores: nas marcas da Bretanha, pôs ao seu serviço Martin Henriquez, que se encontrava desempregado após a reconciliação entre Carlos, o Mau, e João II. Em 7 de setembro, envia-lhe 1.200 libras e o incumbe de saquear as regiões entre Cotentin e o nordeste da Bretanha. Por outro lado, Eduardo III decide vir pessoalmente para insultar o rei da França ao inaugurar oficialmente Calais como base de desembarque. Ele tem forças prontas: membros da expedição Lancaster que precisou ser cancelada. Em 28 de outubro, parte de Sandwich levando consigo outros dois filhos: João e Lionel, bem como o duque de Lancaster, os condes de Northampton e Stafford, além de William Mauny e cerca de 5 mil homens. Ele não pretende ficar lá por muito tempo. De Calais, avança para Hesdin, enquanto João II, que procura pela segunda vez no ano o seu indispensável estandarte em 9 de outubro, não se atreve a arriscar uma nova batalha – João se retira e esvazia o local. Os camponeses picardos arcam com os custos dessa tática, que salva a vida dos cavaleiros. Em 12 de novembro, o condestável de Bourbon e o marechal de Audrehem chegam a encenar a comédia usual de um desafio de duelo: eles oferecem a Eduardo um único combate com João, o que não passava de pura operação de propaganda, pois logo depois cada um inventa boas razões para se abster enquanto acusa o outro de covardia. Eduardo, satisfeito com sua excursão, volta para a Inglaterra em meados de novembro.

Uma má notícia o aguarda: enquanto ele fazia sua manobra na Picardia, os franceses faziam a deles na Escócia, onde uma força expedicionária, com Yon de Garancières e tropas escocesas favoráveis a Davi, acabava de tomar Berwick, em 6 de novembro. O incansável Eduardo decide ir para lá imediatamente. Chegando a Newcastle em 24 de dezembro, reúne tropas e retoma Berwick em 13 de janeiro, mas uma semana depois seu fantoche Eduardo Balliol, idoso e cansado, renuncia ao seu título vão de rei da Escócia. O rei da Inglaterra quer aproveitar as circunstâncias para punir os nobres escoceses que se rebelam contra sua autoridade. Em um ataque que o leva às periferias de Edimburgo no início de fevereiro, ele causa o máximo de dano possível, espelhando assim as façanhas de seu filho na Aquitânia. Em uma frente de trinta quilômetros, tudo está queimado e devastado. Estrategicamente, o resultado é nulo. O rei recua para Carlisle; a fome e o frio dizimam seu exército, perseguido por Douglas, que recupera o controle dos territórios perdidos assim que Eduardo volta para a Inglaterra em março de 1356. Em abril, o conde de Northampton conclui uma trégua com Douglas, que então vem lutar na França. A questão escocesa permanece em suspenso.

1356: OS PROBLEMAS DO REI JOÃO

O ano de 1356 é mais um período catastrófico para o rei da França, dez anos depois de Crécy. Em primeiro lugar, uma crise de confiança. Os representantes dos contribuintes não querem mais financiar campanhas inúteis ou abortadas e são muito críticos em relação à gestão dos negócios. Em dezembro de 1355, os estados gerais de Languedoïl concordam em votar uma ajudadeira de 3,3% nas transações de mercado, porém sob certas condições: o rei deve prometer não manipular mais a moeda. Nicolas Oresme, mestre no colégio de Navarra, acaba de publicar seu tratado *De Moneta*, no qual mostra os efeitos perniciosos das desvalorizações sobre "as melhores classes da comunidade", fazendo que os abastados percebam a gravidade do problema. Por outro lado, os estados exigem que a arrecadação de impostos seja organizada por comissões provinciais independentes e compostas por "homens de bem, bons e honestos, leais e acima de qualquer suspeita". Em Paris, uma comissão nacional de nove generais-superintendentes, três de cada estado, supervisionaria tudo; dois recebedores gerais alocariam as somas atribuídas a cada financiador do exército, sem intermediação dos oficiais do tesouro, que normalmente desviavam somas em benefício próprio. Os estados também planejam se reunir novamente em 1º de março de 1356 e novamente em 30 de novembro para fazer um balanço do funcionamento do sistema.

Essas decisões dão a medida do descontentamento que agita burgueses e nobres contra a negligência e a corrupção dos serviços reais. Entre os mais vindicativos, destacamos o preboste dos mercadores de Paris, Étienne Marcel. Começam a circular rumores pedindo a derrubada desse rei incapaz e sua substituição pelo delfim, sob a tutela do rei de Navarra. Um verdadeiro complô chega a ser tramado envolvendo Carlos, o Mau, o conde de Harcourt, o conde de Foix, o conde de Montfort e Roberto de Lorris: trata-se de cooptar o delfim no meio da corte, atraindo-o junto ao rei de Navarra em Mantes. Os dois Carlos eram jovens que se davam bem, e não se sabe até que ponto o delfim era um membro ativo do complô, que, em todo caso, foi descoberto no início de dezembro de 1355. Para desarmá-lo, João II toma a iniciativa de nomear seu filho duque da Normandia e pagar suas enormes dívidas, enquanto fingia aceitar as explicações constrangidas dos conspiradores.

É nesse clima deletério que se iniciam os preparativos para a campanha de 1356. Eram esperadas duas ofensivas inglesas, na Bretanha e na Aquitânia, de tal maneira que havia necessidade de dois exércitos. Na Aquitânia, o delfim é o encarregado de enfrentar o seu homólogo, o príncipe de Gales. O rei assume o comando do exército do norte e conclui um acordo com o rei de Aragão para o fornecimento de navios de guerra. Mas o dinheiro não entra. Encorajadas pela resistência dos estados de 1355, as comunidades contribuintes resistem. Em 5 de março, o populacho de Arras se revolta e massacra dezessete membros da administração municipal, que apoiavam os novos impostos. A revolta é reprimida, mas os estados, que se reúnem conforme planejado em 1º de março, decidem substituir a ajudadeira por uma talha direta sobre toda a renda, além de abolir a gabela. Dessa vez, os mais afetados são a Igreja e os nobres. Além disso, a medida é completamente irrealista: um imposto direto sobre a renda exige uma longa investigação prévia para determinar essa receita. Porém, há necessidade de dinheiro imediatamente. Os estados do Languedoc, por sua vez, reunidos no final de março em Toulouse, só concordaram em aumentar a ajudadeira de seis denários por libra com a condição de que isso seria usado apenas para a defesa local.

No final de março, o rei recebe mais notícias sobre a negociação entre Carlos, o Mau, e os ingleses, bem como sobre o complô dirigido contra sua pessoa. Ele decide se livrar logo do rei de Navarra. Este último está em Rouen, na companhia do delfim, do conde de Harcourt e dos principais nobres normandos. O delfim prepara com eles a organização da província antes de sua partida para Languedoc. Em 5 de abril, ele promovia um banquete no salão do castelo de Rouen, quando o rei João aparece com armadura e capacete na cabeça, seguido por seu irmão, o duque de Orléans, por seu filho, o conde de Anjou, e pelo marechal de Audrehem, além de vários homens armados dos arredores de Beauvais com quem ele chega às pressas. A cena é de rara violência. O rei avança sobre Carlos de Navarra, agarra-o pelo pescoço, empurra-o de seu assento e grita: "Traidor sujo! Mereces a morte". O escudeiro de Carlos saca seu punhal para defender seu mestre, mas é desarmado e preso, assim como o conde de Harcourt, o senhor de Graville e Guilherme de Mainemares. Na ausência de um carrasco profissional no local, um assassino é retirado da prisão e perdoado por se apresentar como voluntário para a execução, fora da cidade, na presença do rei. Cortar cabeças é uma arte que se aprende: o amador faz o trabalho de um açougueiro e as quatro cabeças mostram-se em triste estado quando são colocadas na ponta de uma lança no patíbulo de Bihorel. Os corpos, um pouco mais apresentáveis, são pendurados em correntes e deixados para que apodreçam. Carlos, o Mau, termina em melhor situação. Ele é enviado para Paris, preso no Louvre, depois em Châtelet, depois no Château-Gaillard e, finalmente, no castelo de Arleux, em Cambrésis.

Ao agir assim, no calor da hora, o impulsivo João II torna mais clara a situação, mas não a seu favor. Todos os clientes da família de Evreux passam para o lado dos ingleses, e é Filipe, irmão mais novo de Carlos, quem organiza a luta. Esse jovem de 22 anos é um bom soldado que atrai a lealdade por sua violência. Instala-se em Cherbourg, de onde envia Martin Henriquez e

Pedro Ramirez para recrutar soldados em Navarra, e dirige-se aos ingleses, prometendo-lhes entregar todos os lugares do rei de Navarra na Normandia se enviarem um exército. E, no dia 28 de maio, em uma proclamação que soa como um desafio, ele retira a sua homenagem ao rei da França, a quem acusa de tirania e traição. Eduardo III explora a situação: em 4 de maio, ordena que a expedição do duque de Lancaster, planejada para a Bretanha, seja redirecionada para a Normandia.

De repente, o rei da França também deve adaptar seus planos. O perigo agora está na Normandia, onde o delfim é responsável por controlar localidades navarras, começando por Evreux, onde começa um longo cerco que terminará somente no início de junho. Nesse momento, Lancaster chega e desembarca seus 1.300 homens em Saint-Vaast, aos quais se juntam os oitocentos de Roberto Knolles e cerca de trezentos vindos da Bretanha. Em 22 de junho, essa tropa marcha rumo ao leste e consegue libertar Pont-Audemer, que está sitiada há vários meses. João II vem ao seu encontro com forças claramente superiores, mas não consegue impedir a captura e pilhagem de Verneuil, após o que Lancaster regressa à sua base em Montebourg, no norte do Cotentin, em 13 de julho. Tudo o que João pode fazer é desafiá-lo formalmente para um combate individual. O rei decide então sitiar Breteuil, o único local importante que os navarros mantinham na Normandia oriental. Dedica-lhe recursos consideráveis, em homens e máquinas. Foi, diz Froissart, "o mais belo cerco, com a maior pressão de cavaleiros, escudeiros e nobres, que vimos nesse lugar desde o cerco de Aiguillon". Tudo em vão, apesar da construção de uma enorme torre móvel de madeira que avançaria contra as muralhas, mas que é incendiada. Estamos em agosto.

O rei da França também deve ficar de olho no que acontece ao mesmo tempo no sudoeste, onde o Príncipe Negro prepara algo. As marcas da Aquitânia estão em completa anarquia. Na primavera, o senhor de Mussidan lidera um ataque anglo-gascão em Quercy; a bandidagem se estende até Rouergue e Périgord. O rei hesita e muda de ideia no meio da campanha. Originalmente, o plano era enviar o delfim para a Aquitânia; mas, diante da gravidade da situação na Normandia, João II envia em seu lugar o seu terceiro filho, o conde de Poitiers, de apenas 15 anos. Este último reúne tropas em Bourges; então o rei chama-o de volta à Normandia no início de julho. Mas falta dinheiro para pagar as tropas: como era de se esperar, não há tempo de arrecadar o novo imposto direto sobre as arrecadações. No Languedoc, concorda-se em levantar ajudadeira apenas para pagar o exército no local, mas ainda não há exército, pois todas as forças estão bloqueadas na Normandia. É o caos. Na urgência e apesar das promessas feitas, recorre-se a uma nova desvalorização, que vai render uma enorme taxa de cunhagem de 54%. A decisão foi tomada no dia 3 de agosto, em plena campanha militar: "E sede diligente, porque devemos receber os rendimentos assim que os tiverdes", escreve o rei.

De fato, o tempo está se esgotando: o príncipe de Gales se encontra em Bergerac e, em 4 de agosto, inicia sua marcha para o norte, com o objetivo de alcançar o Loire e juntar-se a Lancaster, que vinha da Normandia. Esse plano, que revela uma estratégia de equipe, havia sido elaborado no inverno anterior. Em janeiro-fevereiro, o Príncipe Negro aproveita o sucesso de sua campanha de 1355 para lançar ataques em várias direções: o conde de Warwick tomou Tonneins e subiu o vale de Lot; João Chandos saqueou os arredores de Agen, havendo tomado várias cidades e destruído as pontes; os condes de Suffolk, Oxford e Salisbury subiram o vale do Dordonha; o Captal de Buch tomou Périgueux por escalada, à noite. Esses sucessos precipitaram um retorno maciço dos senhores à obediência inglesa. Assim, Gaillard de Durfort, que prestou homenagem a Eduardo III em 1345, a João II em 1352, volta para o lado de Eduardo em 1356. Os senhores de Limeuil e Caumont, além de muitos outros, fazem o mesmo.

POITIERS (19 DE SETEMBRO DE 1356)

Na primavera, o Príncipe Negro reúne cerca de 8 mil a 10 mil homens em La Réole. Todos esperam uma nova descida pelo Languedoc. Porém, em julho, ele volta a Bergerac, divide suas forças em duas, deixando 2 mil homens com o senescal para enfrentar o conde de Armagnac no sul; o restante ele leva consigo para o norte, em direção ao Loire. Sua travessia do Limousin deixa o rastro usual de devastação. João II, imobilizado no cerco de Breteuil, encontra-se espremido entre o Príncipe Negro de um lado e, de outro, o duque de Lancaster. Pois este, passando de novo pela Bretanha, prepara-se para subir o Loire a fim de juntar-se ao príncipe de Gales.

Como Breteuil não cede à força, o rei compra sua rendição e vai para Chartres onde, para ter mais mobilidade, dispensa sua infantaria (formada por homens medíocres convocados pelo *arrière-ban*) e mantém apenas a cavalaria, com a qual desce em direção ao Loire acompanhado pelos escoceses de Douglas. De Meung, ele avança em direção a Tours, cortando todas as pontes sobre o Loire. Do outro lado, o príncipe de Gales chega a Vierzon; em Romorantin, ele vence um destacamento francês liderado por Boucicaut, capturado pela terceira vez em três anos. Em seguida, ele também avança para Tours, ao longo do rio Cher, enquanto Lancaster chega da Bretanha pela região norte do Loire. Em Tours, encontra-se João de Clermont (segundo filho do rei da França, de 17 anos) com reforços. Em 11 de setembro, o Príncipe Negro, para evitar ser pego entre as forças de João II e as de Clermont, muda de rota para o sul. Chega ao rio Indre em Montbazon, e lá se encontra com dois enviados papais, os cardeais Elie de Talleyrand-Périgord e Niccolo Capocci, que querem conversar sobre paz. Contudo, nem o momento nem as pessoas são convenientes: Talleyrand é um personagem arrogante e odiado na Inglaterra, onde desfruta de muitos benefícios; Capocci carece do mais elementar tato diplomático. Eles são despachados abruptamente.

Em 13 de setembro, o Príncipe Negro chega a La Haye, no Creuse, onde permanece por três dias à espera de Lancaster, que não consegue atravessar o Loire por falta de ponte. Essa pausa permite a João II, reforçado pela chegada do delfim, ultrapassar o exército inglês pelo leste, com o objetivo de cortar a sua retirada para Bordeaux. Evidentemente, uma batalha é inevitável. Resta escolher um terreno favorável imediatamente.

Em 15 de setembro, o exército do rei João está em Chauvigny, a cerca de 35 quilômetros a leste de Poitiers, para onde então se dirige. O exército inglês gostaria de cruzar sua rota vindo do norte pela floresta. Mas, quando os ingleses chegam ao ponto de encontro, os franceses já passaram. O príncipe Eduardo, continuando pela floresta, muda de rota para o sudoeste e, em 17 de setembro, aparece em terreno aberto ao longo da estrada romana Poitiers-Limoges, surpreendendo um grande destacamento de setecentos homens de armas franceses. Após uma curta batalha, 240 franceses são mortos ou capturados, incluindo os condes de Auxerre e de Joigny e João de Châtillon. Na madrugada do dia 18, os dois exércitos se organizaram em posição de batalha. Os franceses são cerca de 11 mil em três linhas: na primeira linha, o delfim e William Douglas; na segunda linha, o duque de Orléans, irmão do rei, e, na terceira linha, o rei, com Godofredo de Charny. Todos estão a pé. Os ingleses estão 1.500 metros à frente, apoiados na retaguarda pela floresta de Nouaillé, e à esquerda pelos pântanos do rio Miosson, que impede ao inimigo qualquer movimento para tentar contorná-los. Eles somam cerca de 6 mil em disposição clássica no topo de um ligeiro declive: arqueiros nas alas, flanqueando os três corpos de homens de armas a pé: Warwick e Oxford à esquerda, Salisbury à direita, o Príncipe Negro no centro. À frente, uma barreira de espinheiros, que deixa apenas passagens estreitas e, quase por toda a parte, vinhas, que não facilitam o avanço.

A batalha de Poitiers tem um desenrolar complexo, mas a comparação das crônicas permite reconstituí-la nas suas grandes linhas. A primeira dificuldade está no início, porque, com base na experiência das batalhas anteriores, ninguém quer avançar. O face a face dura o dia 18 inteiro. Os cardeais tentam aproveitar a situação para chegar a um acordo *in extremis*. Eles vão e voltam entre as duas frentes, sem resultado. Por conseguinte, acampa-se no local, em posição de batalha. Na manhã do dia 19, a espera recomeça, e nesse jogo os ingleses arriscam ser os perdedores: esgotaram as suas reservas de alimentos. É preciso movimentar-se. O Príncipe Negro decide recuar, uma manobra muito delicada para ser realizada sob o olhar do inimigo. É a tropa de Warwick, à esquerda, que se retira primeiro, para o sul, para atravessar o Miosson por um vau. Em frente a esse grupo, o marechal de Audrehem quer aproveitar a oportunidade e toma a iniciativa de atacar Warwick com quinhentos homens de armas a cavalo. Por alguma razão desconhecida, o marechal de Clermont fez o mesmo do outro lado contra a tropa de Salisbury, que, no entanto, não se mexeu. Para atacar Warwick, os cavaleiros de Audrehem e os de Douglas que o acompanhavam deixam os arqueiros à sua direita, que não perdem tão boa oportunidade: os cavalos estavam mal protegidos nas laterais e na retaguarda: ocorre uma matança, Audrehem é preso, Douglas é ferido, os amontoados de cavalos mortos, os espinheiros e as vinhas complicam ainda mais a retirada apressada dos sobreviventes – estes são derrubados um a um pelos soldados franceses que avançam a pé. Na outra ala, o ataque do marechal de Clermont é repelido de forma semelhante; os cavaleiros não conseguem se posicionar corretamente entre os espinheiros.

A primeira linha de homens de armas a pé, a do delfim, chega então pela retaguarda; após um corpo a corpo de duas horas, ela bate em retirada; os oficiais do delfim o conduzem para fora do campo de batalha a fim de que ele não seja apanhado. O duque de Orléans, com a segunda linha, acredita que o delfim precisa ser seguido e, por esse motivo, retira-se deixando a terceira linha (a do rei) sozinha contra os ingleses, que agora estão em superioridade numérica, porque os arqueiros, cujos estoques de flechas haviam se esgotado, juntam-se, de espada na mão, aos homens de armas. Nesse momento, o Captal de Buch toma a iniciativa de virar a linha francesa para a direita com cerca de duzentos cavaleiros. James Audley faz o mesmo pelo lado esquerdo. O rei João e seus homens de armas, todos a pé, estão presos entre o corpo de batalha inglês à frente, os cavaleiros atrás e os homens de Warwick a oeste. Então ocorre a debandada. O último batalhão, ao redor do rei, é cercado. Todos querem o soberano. Mas um rei não se rende ao primeiro que chega: em primeiro lugar, é necessário declarar sua identidade e sua genealogia. Finalmente, João II devolve sua espada e uma manopla a Denis de Morbeke, um cavaleiro de Artésia (teoricamente, portanto, um de seus súditos). Ele é então levado por Warwick ao príncipe de Gales.

Mais uma vez, o balanço é impressionante. Dos 11 mil soldados do rei João, 2.500 homens de armas morreram, incluindo o duque de Bourbon, o condestável Walter de Brienne, João de Clermont e Godofredo de Charny. São contados 3 mil prisioneiros, incluindo o rei, seu filho Filipe, 14 condes, 21 barões e 1.400 cavaleiros. Entre eles, o marechal Arnoul de Audrehem, Jacques de Bourbon, João de Artésia (conde d'Eu), o arcebispo de Sens (que nada tinha a ver com a confusão) e o conde de Ventadour. O total dos resgates é estimado em 300 mil libras, sem contar, é claro, o do rei e de seu filho. O mercado está aberto: o Príncipe Negro compra um lote completo, incluindo Jacques de Bourbon (25 mil escudos), Arnoul de Audrehem (12 mil escudos), o conde d'Eu (30 mil escudos). Ele obterá enormes lucros revendendo suas grandes compras no varejo. O ardor dos combatentes pela captura de prisioneiros é compreensível: um cavaleiro rico pode fazer a fortuna daquele que o aprisiona. Mas nem sempre é fácil guardar os prisioneiros no calor da confusão. Assim, o conde de Dammartin é levado inicialmente por um escudeiro gascão, que o confia a um de seus homens – este deve protegê-lo, mas o perde de vista; ele então é capturado por um outro, a quem declara em vão que já é prisioneiro; uma perda de tempo: o segundo predador tira seu brasão, como título de propriedade, mas, por sua vez, o perde de vista, até que um terceiro o captura. Pode-se imaginar as brigas causadas por essas múltiplas capturas no final da batalha.

Do lado inglês, há apenas quarenta mortos entre os homens de armas e um número indeterminado de arqueiros e soldados de infantaria. Desequilíbrio típico dessas batalhas medievais onde a maior parte da derrota se registra no final, quando um dos dois lados desmorona, cedendo ao pânico e transformando a derrota em debandada. A batalha de Poitiers deu lugar a uma briga furiosa, que durou mais do que o habitual. A vitória do Príncipe Negro deve-se, como sempre, tanto aos erros dos seus adversários como às qualidades do vencedor. Do lado francês, iniciativas intempestivas de alguns chefes, má transmissão de instruções e sinais, má apreciação do terreno e incapacidade de modificar os planos durante a ação. Do lado inglês, o uso sempre criterioso de arqueiros, mas também melhor comando por chefes experientes e respeitados, além da disciplina mais rígida, que impediu os homens de se dispersarem cedo demais a fim de ir despojar os mortos após a primeira fase da batalha. A coesão foi assim mantida até o fim. No início de outubro, o Príncipe Negro entra triunfalmente em Bordeaux.

A FRANÇA RUMO AO CAOS
(OUTUBRO DE 1356-OUTUBRO DE 1357)

O reino da França está prestes a desmoronar. O poder se decompõe. Um rei incompetente é substituído por um delfim de 18 anos, Carlos, hesitante e influenciável. De volta a Paris em 29 de setembro, ele convoca com urgência os estados gerais para 15 de outubro. Cercado pelo duque de Orléans, pelos condes de Alençon e Saint-Pol, por De Bucy, La Forêt e pelo novo condestável Moreau de Fiennes, muda-se para o Louvre, residência mais segura que o palácio, pois os parisienses são ameaçadores. A sucessão de desastres desde 1346 é para eles a prova da incapacidade, da corrupção e até da traição dos homens no poder. A nobreza falhou em sua missão, que era derramar seu sangue pela defesa do reino: é indecente e suspeito haver 3 mil prisioneiros; essas pessoas passam o tempo se divertindo, mas não querem mais lutar.

A indignação dos parisienses é expressa pelo preboste dos mercadores, Étienne Marcel. Com quatro magistrados municipais, ele preside a hansa dos mercadores de água, que regula o comércio no Sena. Mas, na verdade, essa organização é praticamente uma municipalidade. Marcel, de família de comerciantes têxteis e cambistas, havia se casado com a filha de um rico banqueiro, o que lhe permitia tecer uma rede de clientes e alianças entre a burguesia. Brutal, impulsivo e com pouco senso político, é uma figura inquieta, um pouco como Artevelde, e sua posição faz dele o porta-voz natural dos parisienses.

Os estados de outubro de 1356 prometem ser tempestuosos. Os oitocentos delegados, reunidos no grande salão do Parlamento, ouvem o discurso do chanceler, Pedro de la Forêt, que tenta fazê-los compadecer-se dos infortúnios do reino para obter a votação de novos impostos. Ninguém mais está disposto a ouvir esse gênero de argumento. Sob a direção de alguns membros particularmente determinados – como Roberto Le Coq, Étienne Marcel e seu primo Gilles, João de Picquigny e o arcebispo de Reims, João de Craon –, os estados decidiram criar um comitê de oitenta membros, que elabora um longo relatório contendo queixas e crítica aos conselheiros do rei, ao desperdício, à corrupção e aos métodos arbitrários, além de exigir três coisas: prisão e julgamento de conselheiros incompetentes e corruptos, nomeação de uma comissão permanente pelos estados para aconselhar e controlar o governo, libertação do rei de Navarra, que para muitos parece ser o único capaz de corrigir a situação. O relatório é apresentado em 26 de outubro ao delfim, que dá sua resposta em 2 de novembro: é uma recusa, acompanhada de uma ordem de dispersão dos estados. No dia seguinte, o delfim Carlos, por prudência, se refugia no castelo de Montlhéry.

O bispo de Laon, Roberto Le Coq, reúne então os mais determinados deputados do convento franciscano, perante os quais pronuncia um discurso inflamado contra os corruptos e incapazes conselheiros, "caluniadores, bajuladores e lambedores de botas", exigindo uma reforma aprofundada de administração central e provincial, a criação de duas comissões, uma civil e outra militar, e, finalmente, sugerindo que os monarcas, apesar de tudo, não eram inamovíveis. Essas observações extremas não são aprovadas nas províncias, onde os deputados geralmente eram mal-recebidos por seus eleitores quando retornavam. Quanto ao Languedoc, que detém seus próprios estados em Toulouse, mantém sua posição habitual: não pede nenhuma reforma, mas simplesmente solicita que os impostos sejam destinados à defesa local. Apenas Paris defende os reformadores extremistas.

A ruptura entre Paris e a província se acentua em dezembro, quando, no dia 10, noticia-se que o governo acaba de decidir por uma nova desvalorização da moeda: todas as peças seriam novamente cunhadas, e, nessa ocasião, o governo aproveitaria para cobrar uma taxa de emissão de 40%, o que lhe permitiria prescindir dos estados gerais, os únicos que podiam votar um novo imposto. O delfim faz-se notar pela ausência: ele está em Metz, onde se encontra com o imperador, levando consigo uma comitiva de 2 mil homens, oferecendo festas e banquetes – o luxo era sem precedentes e mostrava-se ainda mais escandaloso diante da situação financeira desesperadora do país. Em 12 de dezembro, Étienne Marcel, à frente de uma delegação de burgueses, manifesta sua indignação perante o conde de Anjou, Luís, irmão mais novo do delfim, a quem ele representa. Ele é um adolescente de 17 anos, muito envergonhado. Três dias depois, Marcel retorna, dessa vez acompanhado por uma multidão mais barulhenta e ameaçadora. Luís suspende a medida de desvalorização monetária.

O delfim retorna a Paris em 14 de janeiro. No dia 19, na igreja de Saint-Germain-l'Auxerrois, ocorre uma reunião entre os representantes do governo e os parisienses. Étienne Marcel irrompe à frente de um grupo excitado e armado. Trabalhadores e artesãos interrompem suas atividades. É preciso ceder: no dia 20, o delfim anuncia que: convocou os estados gerais, renunciou à reforma monetária e mandou prender os conselheiros implicados pelo comitê dos oitenta. Eles, porém, fogem antes de serem presos, e, então, foi preciso se contentar com a ocupação de suas mansões.

Os novos estados gerais se reúnem em 5 de fevereiro de 1357, no convento dos franciscanos. Depois de um mês de intenso trabalho, eles produzem uma importante ordenança de reforma, texto ousado e, ao mesmo tempo, decepcionante, pois revela os limites do pensamento constitucional dos delegados. De fato, nenhuma reforma estrutural está prevista; o que há não é uma visão de conjunto, mas uma série de pequenos detalhes operacionais que deveriam tornar a máquina do governo eficiente: desde o horário de trabalho até os subsídios para cada tipo de funcionário e seu recrutamento, a forma de arrecadação de impostos sob a supervisão de comissários nomeados pelos estados, cujas receitas seriam reservadas exclusivamente para despesas militares. O trabalho do grande conselho é regulamentado nos mínimos detalhes, e o papel do chanceler é reduzido ao de secretário-chefe. O nível é rasteiro e o espírito poderia ser chamado de infantil, como quando as árvores escondem a floresta. Começa-se imediatamente a depurar a administração: os funcionários experientes são substituídos por novos titulares sem experiência, porém honestos, pelo menos no início.

Esse trabalho é aprovado pelos representantes das três ordens (incluindo os da nobreza, cujo porta-voz é João de Picquigny). Estes são muito críticos na gestão dos negócios e na condução da guerra, e tornam o governo parcialmente responsável por seus reveses financeiros e militares. Até Carlos de Blois concorda com a ordenança. Já Roberto Le Coq, em nome do clero, exige a troca de sete ministros, entre os quais o chanceler, seis oficiais do Tesouro e da Câmara de Contas, cinco juízes e oficiais do Parlamento, quatro oficiais da casa do rei e três da casa do delfim. No novo conselho do delfim Carlos encontram-se os principais líderes do movimento.

O resultado mais claro dessas convulsões é o caos. Uma monarquia em plena guerra, cujo soberano é prisioneiro, comandada por um delfim de 20 anos e seus irmãos adolescentes, à mercê de revolucionários, com uma administração sem experiência, cofres vazios, inimigos em várias províncias e bandidagem em todos os lugares. É difícil imaginar algo pior. Durante o verão de 1357, o delfim finge querer resistir: instala-se na abadia de Maubuisson, reintegra alguns funcionários demitidos e manda embora Roberto Le Coq. Mas é forçado a se submeter: a única maneira de obter a arrecadação necessária é convocar novamente os estados gerais. Ele faz isso em 15 de outubro.

O delfim não só era vigiado de perto por Étienne Marcel e seus acólitos, como também era constantemente contrariado por seu pai, que, de sua prisão, ainda afirmava governar o reino e condenava todas as medidas inspiradas pelos reformadores. Em Bordeaux, o rei pode tranquilamente nomear um governo fantasma com seus companheiros de infortúnio. O arcebispo de Sens, Guilherme de Melun, mais habilidoso no manejo do machado de batalha do que no aspersório, e que foi capturado em Poitiers, quando a lei canônica proibia formalmente os membros do clero de portar armas (e com mais forte razão, de usá-lo), exerce uma forte influência sobre João II. Este

DE CALAIS A BRÉTIGNY

parece disposto a tudo para ser libertado. Pede a mediação dos legados papais e do imperador, mas Eduardo III não pretende libertar um prisioneiro dessa importância tão cedo. Ele pretende aproveitar ao máximo sua vantagem, arrastando as coisas na questão do resgate do rei a fim de testar até onde o governo do delfim estava disposto a ir.

O delfim se escandaliza com o fato de que na França não parece haver pressa para ter o rei de volta. Nada está planejado no tocante à arrecadação de um possível resgate. A perspectiva de ter que sangrar novamente para libertar esse rei incompetente não agrada a seus súditos. Quanto a João II, ele está pronto para todos os sacrifícios. Negocia um tratado de paz e, em 23 de março de 1357, estabelece uma trégua de dois anos com os ingleses. Ao mesmo tempo, envia a Paris o arcebispo de Sens, os condes de Tancarville e d'Eu, em liberdade sob juramento, com o intuito de cancelar a convocação dos estados gerais e a proibição da cobrança do imposto pela continuidade da guerra. O único imposto válido seria um imposto para pagar seu resgate.

Essa ordem desperta indignação em Paris, onde Étienne Marcel e Roberto Le Coq forçam o delfim a desmentir as instruções de seu pai. De todo modo, no país ninguém mais obedece a ninguém. Alguns pagam, outros não. Em Languedoc, onde os estados votaram um imposto para despesas militares, o conde de Armagnac é atacado em 9 de maio no castelo Narbonnais por uma multidão furiosa. Os chefes de bando ignoram por completo a trégua. No Cotentin, Bascon de Mareuil multiplica a destruição; em julho, um bando de seiscentos ingleses, gascões e navarros, se apossa de Honfleur, que o conde de Clermont não consegue retomar. O bandido Ruffin saqueia vilarejos e mosteiros entre o Sena e o Loire.

Na Bretanha, o duque de Lancaster sitia Rennes desde outubro de 1356. Não tendo conseguido estabelecer ligação com o Príncipe Negro antes da batalha de Poitiers, utiliza as próprias forças para invadir os domínios da família Penthièvre, no nordeste do ducado. Carlos de Blois, mais uma vez libertado sob juramento para arrecadar seus 350 mil escudos de resgate, não foi autorizado a participar dos combates. Em contrapartida, Lancaster tem consigo o jovem duque João de Montfort. Mas o cerco de Rennes patina e os sitiantes sofrem perseguição de Du Guesclin. Ao longo do inverno de 1356-1357, Lancaster tenta assaltos, trincheiras e catapultas contra muralhas que, na verdade, nem eram muito impressionantes. Mas a guarnição está determinada e as ações de Du Guesclin atrapalham consideravelmente o cerco. Lancaster, porém, conduz ao mesmo tempo ataques nas províncias vizinhas de Anjou e Maine, enquanto os capitães ingleses controlam a península bretã e mantêm a população como refém por meio do sistema do *patis*.[9] Assim, o capitão de Bécherel mantém sob seu controle 160 paróquias, no nordeste da Bretanha, extorquindo delas 7.400 libras por ano para evitar que fossem saqueadas.

Na Baixa Normandia, Filipe de Evreux, irmão do rei de Navarra, é senhor de Cotentin, com exceção de Saint-Lô, e de lá seus tenentes lideram expedições rumo à Alta Normandia. Godofredo de Harcourt morre durante uma dessas expedições, em novembro de 1356. Em janeiro de 1357, um destacamento anglo-navarro chega a Chartres e avança até quinze quilômetros de Paris. Do outro lado, os contra-ataques dos tenentes do delfim terminam em fracassos sangrentos, como o de Foulques de Laval em dezembro de 1356, durante o qual Foulques é capturado e quatrocentos de seus homens são mortos no Maine. No entanto, as relações entre Filipe de Evreux e os ingleses são mantidas. Filipe presta homenagem a Eduardo III como rei da França e, em troca, é nomeado tenente do soberano na Normandia. Sem dúvida, ele esperava poder seguir sua própria política em uma região que, afinal de contas, estava sob o controle de seu irmão Carlos. Ele rapidamente percebe que, para Eduardo III, ele é apenas um emissário como os outros. O duque de Lancaster, cujos tenentes Tomás Fogg e Tomás Uvedale controlam muitos lugares na linha Mayenne-Orne, substitui as guarnições navarras por inglesas: em Domfront, Avranches e Saint-Sauveur-le-Vicomte. Filipe fica furioso e troca "palavrões" com Lancaster, que devolve os dois primeiros locais, mas permanece com o terceiro.

Quando a trégua de 23 de março de 1357 é proclamada, Lancaster recusa-se a aplicá-la: o cerco de Rennes já durava seis meses e ele não queria ser frustrado deixando escapar uma vitória certa. Pressionado por Eduardo, ele aceita um compromisso que não abala sua imagem e o enriquece ao mesmo tempo: receberá 100 mil escudos do delfim para suas "despesas" junto com

---

9 O *patis* (ou *appatis*) era o acordo estabelecido entre o chefe de bando e a população local para que não houvesse pilhagem em troca de um pagamento em dinheiro, serviços ou em produtos *in natura*. (N. T.)

DE CALAIS A BRÉTIGNY

as chaves de Rennes para fincar seu estandarte nos muros e devolver as chaves ao capitão da cidade, que prometerá respeitar os termos do próximo tratado de paz. Curiosa mistura de realismo e comédia, típica dessa era de transição entre o tempo de são Luís e o de Maquiavel.

Em 11 de abril de 1357, o rei João II deixa Bordeaux pelo mar, transferindo-se para a Inglaterra, onde se aloja no suntuoso palácio de Savoy em Londres, na margem norte do Tâmisa, recentemente construído para o duque de Lancaster com o dinheiro do resgate cobrado de seus prisioneiros franceses, o que é muito conveniente para ele. Lá o rei tem seus servos, seus secretários, pode se comunicar livremente com a França. As negociações são retomadas para definir os termos de sua libertação. Mas Eduardo III, que aposta na deterioração da situação na França, não tem pressa. Um caso semelhante, resolvido no mesmo ano, deve, no entanto, mostrar-lhe os limites desse tipo de cálculo. Em sua reserva de prisioneiros, ele tem outro rei, Davi II da Escócia, que ainda estava ali após onze anos. Eduardo resolve libertá-lo em 7 de outubro de 1357, em condições muito menos favoráveis do que se esperava inicialmente: um resgate de 100 mil marcos a serem pagos em dez anos, período durante o qual os escoceses se comprometem a não pegar em armas contra a Inglaterra. Um rei preso por muito tempo perde seu valor: seus súditos se acostumam a viver sem ele e percebem que ele não é indispensável, sem se considerar ainda que ele pode morrer no cativeiro. Como João II nunca deixou muitas saudades, Eduardo III não tem interesse em mantê-lo indefinidamente: é possível que seu destino seja o esquecimento.

Em novembro de 1357, o retorno inesperado do rei de Navarra à cena política encoraja os soberanos franceses e ingleses a buscar uma solução rápida: afinal, era possível confiar em Carlos, o Mau, para complicar um jogo já bastante complicado.

CARLOS, O MAU: O RETORNO

Carlos de Navarra era prisioneiro no castelo de Arleux, no norte. Em 9 de novembro de 1357, um comando de cerca de trinta homens, comandado pelo vidama de Amiens, João de Picquigny, todos comprometidos com a causa dos navarros, escala os muros antes do amanhecer. O rei é libertado e conduzido até Amiens, onde recruta uma escolta sólida a partir do esvaziamento das prisões. No dia 29, entra triunfalmente em Paris pela porta Saint-Denis – é recebido pelo bispo e por uma multidão entusiasmada que vê nele o salvador. No dia seguinte, faz um longo discurso no Pré-aux-Clercs, perto da abadia de Saint-Germain, declarando sua lealdade. Ao mesmo tempo, seus amigos Roberto Le Coq e Étienne Marcel defendem sua causa perante o delfim, que deve concordar em se encontrar com ele. No dia 3 de dezembro, em um conselho aterrorizado pela presença dos capangas de Étienne Marcel, o delfim Carlos cede às exigências exorbitantes do rei Carlos: restituição de todos os seus bens, indenização de 40 mil escudos pelos danos sofridos e perdão global para ele e para os quatro homens executados durante sua prisão. Seus esqueletos devem ser tirados da forca e enterrados com dignidade. E isso é apenas um aperitivo. Carlos também quer a Normandia e Champagne.

Em 13 de dezembro, ele deixa Paris para encontrar reforço militar na Normandia, pois acabara de saber que, em Londres, João II e Eduardo III haviam acabado de concluir um acordo, que prenunciava o retorno do rei da França. De fato, nesse jogo de três, cada um teme que os outros dois se unam contra ele; todas as combinações são possíveis. Até então, o rei da Inglaterra mantinha preso o rei da França, que por sua vez mantinha preso o rei de Navarra. A partir de agora, João II encontra-se numa situação de inferioridade. É urgente para ele reconquistar o seu reino, e para isso está disposto a desistir de tudo, e é exatamente isso que faz no acordo assinado com Eduardo III: este último terá um quarto da França em plena soberania, ou seja, todo o grande sudoeste, além de Calais, Montreuil e Ponthieu; o resgate é fixado na enorme cifra de 4 milhões de escudos de ouro, dos quais 600 mil devem ser pagos antes que ele possa deixar a Inglaterra; um grupo de altos nobres servirá como reféns para garantir o pagamento do restante. Quatro prisioneiros são libertados para levar a boa notícia ao delfim, mas é evidente que os estados gerais nunca aceitarão tais condições.

A partir de janeiro de 1358, a universidade, o município e o clero de Paris declaram-se contrários a esse tratado. Os estados gerais, reunidos em 11 de fevereiro, nem se dão ao trabalho de tratar disso. Eles o ignoram e exigem que o rei pare de se preocupar com os assuntos do reino enquanto for prisioneiro. Os quatro nobres enviados por João são afastados de suas funções e os estados exigem que o delfim assuma o título de regente e continue a melhoria das administrações. Carlos tenta resistir. Já em dezembro e janeiro, com a ajuda de João de Conflans (marechal de Champagne), Gérard de Thurcy (marechal da Borgonha) e Roberto de Clermont (marechal da Normandia), ele havia convocado tropas a Paris com o objetivo de se fortalecer contra o rei de Navarra. Todavia, carece de meios. Corajosamente, em 11 de janeiro, ele também tenta competir em demagogia com Étienne Marcel e Roberto Le Coq, dirigindo-se diretamente à multidão, em Les Halles, denunciando "aqueles que tomaram o governo" como responsáveis por todos os males. No dia seguinte, intervém inesperadamente em uma reunião pública realizada por Étienne Marcel. Este último, porém, não perde o domínio sobre a multidão, pois seus partidários usam o capuz vermelho e azul com a divisa "para o bem". A tensão aumenta entre ele e o delfim, que também é convocado pelos representantes do rei de Navarra a fim de que aplique os termos do acordo de 3 de dezembro.

Em 21 de fevereiro, o delfim, que não havia selado o decreto dos estados gerais, ordenou aos poucos soldados que havia reunido em Saint-Denis para que marchassem sobre Paris. Étienne Marcel reúne seus capangas em frente ao palácio de Île de la Cité. No dia seguinte, eles entram nos aposentos privados do delfim e massacram diante dele seus conselheiros Roberto de Clermont e João de Conflans; um secretário, Régnault d'Acy, tem o mesmo destino do lado de fora. Apavorado, o delfim se coloca sob a proteção de Étienne Marcel, que o obriga a usar seu capuz vermelho e azul. Em seguida, o preboste dos mercadores justifica o assassinato dos marechais em um discurso na praça da Grève, acusando-os de terem sido "falsos, maus e traidores". No dia seguinte, seu acólito Roberto de Corbie, delegado de Amiens, teve a ação aprovada pelo que restou dos estados gerais e, no dia 24, foram enviadas cartas às cidades da França para explicar os acontecimentos. O conselho do delfim é modificado, com a entrada dos partidários do preboste. O delfim passa a assumir o título de regente, colocando o nome do rei no final dos atos.

Enquanto Paris vive tais acontecimentos revolucionários, o rei de Navarra está na Normandia, onde os bandos anglo-navarros acentuam seu avanço para o leste. Controlando toda a Baixa Normandia, eles agora sobem o vale do Sena. O bando mais ativo é encabeçado por um desses chefes semi-independentes, de estatuto ambíguo, o inglês James Pipe, cavaleiro de

Staffordshire que havia participado da guerra na Escócia em Calais, Gasconha e Bretanha, e que se diz representante tanto do rei de Navarra quanto do
duque de Lancaster. Na verdade, ele trabalha principalmente para si mesmo.
Saindo de Harfleur, toma Pont-Audemer em 9 de novembro de 1357 graças
a seus mercenários alemães, que caçaram outros mercenários alemães que
defendiam a cidade. Depois, sobe o vale do Sena pela margem esquerda, contornando Paris pelo sul. Étampes foi saqueada em 16 de janeiro e Pipe instala
seu quartel-general em Épernon.

O próprio Carlos, o Mau (cujas forças aumentam com a chegada de
Martin Henriquez e seus 1.400 homens a Cherbourg) está em Rouen, onde
homenageia os ossos de seus quatro companheiros que ainda estavam pendurados na forca. Qualifica esses personagens como "mártires". Então, com
a notícia da revolução parisiense, retorna à capital em 26 de fevereiro, e faz
que lhe sejam concedidos os condados de Mâcon e Bigorre. A partir de 13 de
março, ele volta para a Normandia.

Cerca de dez dias depois, o delfim, acompanhado do duque de Orléans,
do conde de Étampes e de alguns conselheiros, também deixa a capital –
seguem para Senlis com um pretexto: os nobres de Artésia, da Picardia, de
Beauvaisis e da Alta Normandia, os quais haviam se recusado a participar
dos estados gerais, devem se reunir naquela cidade, e, depois, aos nobres
de Champagne em Provins. É que os nobres agora estão exasperados com
a revolução parisiense. As explosões demagógicas de Étienne Marcel e
Roberto Le Coq ameaçam a ordem social tradicional. Por ocasião do vácuo
de poder, um conflito de classes está prestes a emergir, não apenas entre burguesia e nobreza, mas, mais amplamente, entre as cidades e as planícies circundantes. A burguesia censura a nobreza por sua incapacidade de defender
o reino e por sua participação nos bandos de *routiers* que assolam o campo. A
nobreza responsabiliza a burguesia por suas dificuldades: os burgueses são
acusados de usurpar lugares no conselho e na administração, tirar vantagem
dos problemas da nobreza para comprar os senhorios e precipitar a ruína da
aristocracia, que se reduz a pedir empréstimos. O conflito, latente, por vezes
degenera em luta aberta, como na região de Rouen, onde ocorre uma verdadeira guerrilha entre as tropas urbanas e os castelos dos arredores.

A nobreza deixa de ser solidária ao movimento parisiense à medida
que a ele se juntam muitas cidades onde são criadas associações, ligas e

DE CALAIS A BRÉTIGNY

fraternidades que afrontam os poucos nobres urbanos e entram em contato com Étienne Marcel: é o caso de Rouen, Amiens, Châlons-sur-Marne, Beauvais, Noyon, Soissons, Laon e Reims. Ao provocar a derrocada do poder central, a Guerra dos Cem Anos abre as portas para uma verdadeira – porém ignorada – luta de classes, cujos atores acreditam estar agindo por motivos estritamente políticos. Ao deixar o delfim sair de Paris, Étienne Marcel comete um erro fatal, embora o que ele faz seja inevitável: não havia motivos para se opor ao filho do rei quando este vai ao encontro dos representantes da segunda ordem do reino a fim de apresentar os resultados dos estados de Languedoïl. Mas, uma vez o pássaro voando, os líderes do movimento parisiense estão sozinhos, sem nenhuma legitimidade.

O delfim Carlos, após uma curta estadia em Senlis, se instala em Compiègne, onde recebe enviados de seu pai, e depois parte para Provins. Em todo lugar, os administradores municipais suspeitam dele, enquanto a nobreza expressa sua confiança e seus problemas. No final de abril, ele se muda para Meaux, onde o prefeito lhe declara abertamente que, se fosse possível, teria fechado as portas da cidade para ele. Ainda assim, é nesse local que ele convoca todos os seus apoiadores com vistas a uma união. Uma multidão de nobres chega rapidamente, muitos deles são chefes de bandos que sentem o cheiro de espólios excepcionais se Paris for tomada de assalto. É o caso do Gago de Villaines, que já aterroriza a região parisiense há algum tempo e acaba de saquear Corbeil. Porém, toda boa vontade é bem-vinda. O delfim logo convoca novos estados gerais para 1º de maio em Compiègne.

No mesmo instante, a situação em Paris torna-se difícil. O abastecimento é interrompido por forças que são, no entanto, inimigas umas das outras: ao sul e ao oeste, os bandos de James Pipe cortam o tráfego em direção a Orléans e Rouen, saqueiam Arpajon e Montlhéry em 12 de março, avançam em direção a Gâtinais e arrasam Nemours por volta de 20 de abril. A leste, o delfim, em Meaux e Montereau, bloqueia a chegada de carne e grãos pelo Marne. Resta a rota do norte, pelo Oise: no final de abril, o delfim passa por Beauvaisis, reúne a nobreza de lá e a encoraja a deter os comboios que se dirigem a Paris.

Étienne Marcel entendeu: a prova de força começou e agora é sua vida que está em jogo. Ele ocupa o Louvre, apreende as armas dos depósitos reais, além do tesouro de Notre-Dame, e pede ajuda do rei de Navarra, que chega a Paris em 4 de maio. As fortificações são reparadas e a guarda é reforçada. Enquanto isso, a posição do delfim é aprovada pelos estados de Languedoïl reunidos em Compiègne no início de maio, bem no momento em que os excessos dos parisienses assustam os provincianos.

Em Londres, esses desdobramentos são acompanhados com preocupação pelos dois reis, que agora estão unidos diante da anarquia em que mergulhara o reino da França. Durante o mês de abril, afinam o seu acordo, de forma a permitir um rápido regresso de João II a sua casa. Eduardo está tão irritado quanto seu colega no tocante à reação do Parlamento inglês ao acordo. Em vez do entusiasmo esperado, ele recebe apenas indiferença. Os súditos são definitivamente muito ingratos para com seus heroicos soberanos, que se consomem e desgastam ilimitadamente para o bem de seu reino e para serem notabilizados. Na verdade, esses súditos são muito menos tolos do que os príncipes imaginam. E, em maio de 1358, eles manifestam sua exasperação numa explosão de violência: a grande Jacquerie do campo ao norte de Paris.

DA GUERRA FRANCO-INGLESA À GUERRA SOCIAL: A JACQUERIE (MAIO-AGOSTO DE 1358)

Movimento espontâneo: em 28 de maio, em Saint-Leu-d'Esserent, camponeses atacam e matam um bando de homens armados que saqueavam a região. Imediatamente, ajuntamentos se produzem nos arredores, nas castelanias de Senlis, Creil e Clermont-en-Beauvaisis. O movimento se espalha em poucos dias por todo o vale do Oise até Beauvaisis, e avança para o leste até o Marne. Essa revolta é social, e nada tem a ver com política. O inimigo é o nobre, qualquer que seja o seu lado, que ele muda com frequência. É uma explosão de ódio contra os senhores que sempre consideraram os camponeses como subumanos, mantendo-os em condições de vida animal e, por vinte anos, devastando as terras sob o pretexto da guerra entre Valois e Plantagenetas, ou de guerras privadas. Castelos e palacetes são atacados: oitenta deles são queimados apenas entre Paris e Soissons. Surge um líder: Guilherme Cale, um camponês próspero de Mello (aldeia ao sul de Clermont) que se autodenomina "capitão dos homens de Beauvaisis". A organização da sua tropa, cerca de 5 mil homens, revela a presença no seu seio de nobres menores e alguns capitães de castelanias locais – estes esperam lucrar com o movimento e dão a ele uma estrutura militar embrionária. As cidades confraternizam com os camponeses rebeldes; é claro que a entrada deles não é permitida, mas recebem suprimentos e equipamentos. Étienne Marcel, contatado, também aprova o movimento. As propriedades de ministros detestados, como os palacetes de Simão de Bucy, Pedro de Orgemont e Roberto de Lorris, construídas com o dinheiro desviado, são saqueadas e destruídas.

A revolta é reprimida em três semanas pela sagrada união dos nobres, com todos os campos combinados numa reconciliação temporária contra a ralé, antes de retomarem suas honrosas guerras entre si. O rei de Navarra é o campeão. Em 10 de junho, à frente de cerca de 1.500 homens, nobres de Beauvaisis, mercenários ingleses de Roberto Scot, ele encontra as hordas de Guilherme Cale. Este último é atraído para uma emboscada e recebe um salvo-conduto para poder negociar. Mas quem é obrigado a respeitar um salvo-conduto para um camponês? Cale é preso e decapitado. Depois disso, os nobres cavaleiros vestidos de ferro cortam em pedaços os revoltosos desarticulados. Outro grupo de camponeses, liderado por João Vaillant, entrou em Meaux com a bênção do prefeito, enquanto o delfim vai buscar reforços na Borgonha. Na outra margem do Marne, na fortaleza do Mercado, um grupo de nobres de todos os cantos protege a esposa do delfim e as damas da corte. Ali estão, lado a lado, bandidos puros, como o Gago de Villaines e o senhor de Hangest, simpatizantes de Eduardo III que acabaram de voltar de uma cruzada na Prússia, como Gastão Phoebus, gascões pró-ingleses como o Captal de Buch, além de nobres da comitiva do delfim. Esses valentes cavaleiros, em uma carga heroica, esmagam os revoltosos sob os cascos de seus cavalos. Perto de Poix, um grupo de 1.300 camponeses, pegos de surpresa, são exterminados até o último homem. Nenhum resgate pode ser obtido desses miseráveis. Perto de Plessis-de-Roye, trezentos são queimados vivos em um mosteiro. A vingança dos nobres é proporcional ao medo que sentem; as atrocidades bestiais dos revoltosos da Jacquerie são respondidas pelas refinadas atrocidades da aristocracia – alguns deles, como João de Clermont, sentem prazer sádico em torturar; um cronista relata que cortou pessoalmente os tendões das articulações de um camponês e de seu filho. Carlos de Navarra ordena a execução de quatro bodes expiatórios em cada aldeia, cujas casas são incendiadas. Em todos os lugares, há massacre e mutilação. Raras vezes se viu tamanha selvageria. No final de junho, o campo recupera a calma – a calma da morte. Os nobres podem retornar às suas nobres querelas.

A situação é a seguinte: o delfim, que agora tem um exército considerável de pelo menos 10 mil homens, cujas fileiras estão inchadas por uma hoste de nobres que sentem a necessidade de cerrar fileiras atrás do poder após o alerta da Jacquerie, se prepara para sitiar Paris, onde Étienne Marcel lidera a oposição. O rei de Navarra encontra-se numa posição ambígua: é aliado de Étienne Marcel contra o delfim, mas, ao mesmo tempo, aparece como chefe da nobreza diante da Jacquerie; a nobreza, porém, está do lado do delfim contra os parisienses.

Além disso, para defender Paris, Carlos, o Mau, reuniu um exército heteróclito recrutado entre as guarnições de semibandidos da Normandia, mercenários de todas as nacionalidades, incluindo muitos ingleses, dentre os quais os bandos de James Pipe, de James Jewel, de notórios saqueadores e do assassino fugitivo João Standon. Os parisienses recusam-se categoricamente a deixar tais energúmenos passarem para o lado de dentro dos muros. O rei de Navarra, portanto, acampa em Saint-Denis, enquanto o exército do delfim encontra-se em Carrières e Charenton, na orla da floresta de Vincennes. Em 8 de julho, os dois Carlos se encontraram em frente à porta Saint-Antoine. Carlos, o delfim, oferece a Carlos, rei de Navarra, 400 mil escudos e o perdão por suas traições em troca de sua submissão. Carlos de Navarra finalmente escolhe o lado dos parisienses que, para se beneficiar de sua proteção, devem aceitar que parte de suas tropas entre na cidade, sendo o restante mantido em Saint-Denis.

O delfim começa a distribuir seus homens. Uma ponte é lançada sobre o Sena em Carrières, permitindo a passagem para o sul. Depois de algumas saídas infrutíferas, os representantes dos parisienses chegam para negociar no meio dessa ponte; eles estão hesitantes. O delfim então tenta o que poderia ser chamado de blefe de pôquer: sabendo que os parisienses temiam que uma rendição fosse seguida de saques, ele dispersa seu exército, fornecendo argumentos aos partidários da capitulação. Ao mesmo tempo, desarma-se, mas sente-se seguro porque seus adversários estão divididos. E, de fato, a situação na cidade está se deteriorando rapidamente. Ninguém mais suporta os métodos autoritários de Étienne Marcel e os incidentes com as tropas inglesas do rei de Navarra se multiplicam. João Maillard, um tecelão, assume a liderança dos descontentes. Em 21 de julho, eles prenderam cerca de cinquenta capitães ingleses e exigem uma expedição contra seus compatriotas de Saint-Denis e Saint-Cloud. Expedição que termina muito mal: os parisienses caem numa emboscada e perdem seiscentos homens. Carlos, o Mau, acusado de tê-los traído, refugia-se em Saint-Denis e envia emissários à Normandia para recrutar reforços: Roberto Knolles, Hugo Calveley, João Fotheringhay e Estêvão Cusington partem.

Étienne Marcel está cada vez mais isolado. Sabe que seus oponentes apelaram para o delfim e que controlam as portas de Paris. Em 31 de julho, vai para a porta Saint-Denis, onde tenta entregar as chaves aos seus partidários, com o objetivo secreto de permitir a entrada do exército anglo-navarro que chegava. Ele é recebido com uma recusa. Em seguida, vai para a porta Saint-Antoine com o mesmo objetivo. Os ânimos estão exaltados e rumores de complôs circulam; na confusão, uma briga começa. Étienne Marcel tem seu crânio aberto por um golpe de espada e seus companheiros também são mortos. Por toda a cidade, os partidários do preboste são massacrados, e dois dias depois o delfim entra pela porta Saint-Antoine, sem ter que sitiar a capital. A repressão começa imediatamente, sem julgamento. Pedro Gilles, Carlos Toussac e Josseran Le Maçon são decapitados publicamente, além de vários outros, sem cerimônia. Para os eclesiásticos, que não podem ser condenados à morte, está previsto que sejam assassinados por "bandidos": é o que acontece, por exemplo, com Tomás de Ladit. Apenas Roberto Le Coq consegue escapar. Em 10 de agosto, após todos os elementos mais engajados terem sido eliminados, o delfim proclama uma generosa anistia geral. O rei de Navarra não tem mais escolha: ele se junta abertamente ao acampamento inglês e se retira para Mantes.

O DELFIM E O REI DE NAVARRA (VERÃO DE 1358-VERÃO DE 1359)

A partir daí, Carlos, o Mau, organiza metodicamente o controle de Île-de-France, usando os bandos de *routiers* internacionais que trabalham a seu serviço. Após tornar pública sua homenagem a João II em 3 de agosto, durante o verão apodera-se de cidades estrategicamente localizadas a fim de sufocar Paris bloqueando todas as vias fluviais por onde chegavam os mantimentos: Melun, no Sena, a montante, aos cuidados de Martin Henriquez; Creil, no Oise, tomada por João e Roberto de Picquigny, e colocada sob o domínio de um inglês sádico e desequilibrado, João Fotheringhay, que se pavoneia em trajes extravagantes com penas de avestruz e chapéus de pele de castor, aterrorizando a região num círculo com trinta quilômetros de diâmetro; La Ferté-sous-Jouarre, no Marne; a estas acrescentam-se Mantes, Meulan e Poissy, no Sena, a jusante, que fazem parte dos domínios do rei de Navarra. Mais de sessenta lugares em Île-de-France estão nas mãos de anglo-navarros e mercenários bretões. As campanhas resultam sistematicamente em resgate pelo sistema do *patis*. Se não pagarem, as aldeias são ameaçadas de "morte, pilhagem e incêndio", nas palavras de Martin Henriquez. Um exemplo: La Ferté-Alais, no final de setembro, teve que fornecer 500 peças de ouro, 50 barris de vinho e 50 de farinha; todas as meninas e mulheres que valiam a pena eram estupradas, casas eram queimadas e homens eram mortos. Apenas as maiores cidades, abrigadas por suas muralhas, escapavam desse tratamento.

Em Paris, o delfim, ameaçado de cerco e sem dinheiro para pagar as tropas, recorre aos serviços de João Poilevilain para proceder a novas desvalorizações. E o primeiro pagamento do resgate real, 600 mil escudos, está previsto para 1º de novembro. É óbvio que, na situação em que se encontra o reino, tal quantia jamais poderia ser arrecadada. É o que Yves Derrien, secretário de João II, anuncia a Eduardo III, ao regressar de uma missão de coleta de fundos no Languedoc. Nessas condições, o rei da Inglaterra deixa claro ao delfim que os acordos entre eles eram nulos e sem efeito, e que ele retornaria na próxima primavera com seu exército. É o que deseja o rei de Navarra, que sabe que um regresso de João II e a paz com Eduardo o colocariam numa situação delicada. Ele tem interesse no prolongamento da guerra e na agitação contínua – por conseguinte, faz o possível para atrapalhar a coleta de resgate. Eduardo, que já fora enganado duas vezes por ele, confia nele apenas parcialmente, enquanto usa seus serviços. Nesse novo retinir de armas, ninguém está disposto a ouvir os legados papais, que chegam a Paris no dia 13 de dezembro.

João II está desesperado. A não aplicação do Tratado de Windsor adia a sua libertação *sine die*. Enquanto isso, Carlos, o Mau, devasta seu reino. Durante o inverno de 1358-1359, ele decide fazer novos sacrifícios: em 24

DE CALAIS A BRÉTIGNY

de março, assina o Tratado de Londres com Eduardo, que concedeu ao rei da Inglaterra plena soberania sobre a metade ocidental da França, incluindo todas as costas, de Calais a Bayonne: Calaisis, Boulonnais, Normandia, Bretanha, Poitou, Saintonge, Aquitânia (incluindo Limousin), Quercy e Périgord, além de Maine, Anjou e Touraine. O reino da França é reduzido a uma espécie de Lotaríngia disforme, com a costa de Languedoc como sua única faixa litorânea. E o resgate permanece inalterado. Quanto ao rei de Navarra, seu destino seria resolvido por uma compensação fora da Normandia e, se não aceitasse, haveria guerra contra ele.

O marechal Arnoul d'Audrehem é imediatamente enviado a Paris com o tratado. Os estados gerais são convocados – reúnem-se em 19 de maio no Palácio Real e imediatamente rejeitam o texto. É mais uma prova da falta de discernimento de João II ter acreditado por um momento que os franceses aceitariam tão ridículo arranjo, que os deixaria sem acesso comercial ao mar apenas pela satisfação de ver o retorno de João. Em vez disso, os estados votam impostos para levantar 12 mil homens e fazer uma "boa guerra" contra o rei da Inglaterra. Esta é a resposta relatada por Arnoul d'Audrehem a Eduardo III no final de maio. Ele então prepara sua expedição.

O plano é original: desembarcar em Calais e marchar para Reims – meta da expedição. Eduardo pretende ser coroado rei da França lá? É provável, porque Reims não tem interesse estratégico. As precauções tomadas para manter os planos em segredo também sugerem as mesmas intenções: todos os franceses são expulsos da Inglaterra em 5 de julho; todos os prisioneiros removidos de Londres e redistribuídos nas Midlands e no oeste. O próprio João precisa se mudar para o castelo de Somerton; a vigilância sobre ele é duplicada, sua correspondência é lida. É bem visível que Eduardo tem algo importante a esconder. Os espiões, porém, conseguem enviar ao delfim a lista das localidades que serão atacadas.

Carlos pode, portanto, fazer certos arranjos. Já na primavera, ele havia conseguido evitar a ameaça do rei de Navarra. As posições deste último desmoronaram na Picardia e no Oise, onde as comunidades locais assumiram ou compraram Saint-Valéry, região de Mauconseil. Em junho, o delfim sitia Melun com equipamento considerável, incluindo dois grandes canhões. O rei de Navarra tenta primeiro a rota militar e, depois, a negociação, encontrando o delfim perto de Pontoise em 19 de agosto. Insatisfeito, ele anuncia, para surpresa e desconfiança geral, que está se retirando porque não quer causar a ruína do reino com a guerra civil. Tal abnegação por parte de tal homem dá origem a duas interpretações: para o ingênuo, ele foi tocado pela graça; para os realistas, é mais uma de suas manobras.

De qualquer forma, seus tenentes não recebem o Espírito Santo: eles não têm intenção de cessar suas operações. Filipe de Evreux se recusa a seguir seu irmão; os capitães dos lugares ocupados pelos navarros recusam-se a entregá-los ao delfim; Martin Henriquez se recusa a capitular em Melun; em Creil, João Fotheringhay recebe uma enorme quantia para deixar a cidade e vai se instalar a doze quilômetros dali, rio acima, em Pont-Sainte-Maxence, de onde retoma seus ataques; o Captal de Buch se estabelece em Clermont-en-Beauvaisis; na Touraine, em Anjou, os gascões Pedro Descalat e João Gros percorrem o vale do Loire. O delfim é impotente – os impostos não entram e, portanto, ele é incapaz de formar um exército substancial. Em outubro, ele volta a se fechar em Paris.

A CAVALGADA DE EDUARDO III
(OUTUBRO DE 1359-MAIO DE 1360)

Eduardo III reuniu um exército impressionante em Kent: pelo menos 10 mil homens, metade deles arqueiros, liderados por todos os seus melhores chefes de guerra: o príncipe de Gales, Lancaster, Warwick, Northampton, Stafford e Walter Mauny. Não foram economizados recursos: um equipamento completo, que ocupa um comboio de mil charretes, com forjas, fornos, moinhos, barcos de fundo chato para atravessar os rios, ferraduras, cordas, pregos, milhares de arcos sobressalentes, dezenas de milhares de flechas, 200 sapadores e carpinteiros, 300 escriturários, peixes, carne salgada, grãos, óleo e vinho. São montados 1.100 navios. O custo, enorme, é financiado por impostos alfandegários, resgates, créditos concedidos pelos capitães. Esse exército, recrutado por contrato, parece mais uma empresa privada de Eduardo Plantageneta do que um assunto nacional.

Como de costume, há atraso. A partida seria em 8 de setembro. Em meados de outubro, a expedição está nos portos, pois em Calais ainda faltam coisas a fazer: Walter Mauny recrutou mil homens de Brabante e de Hainaut, que causam estragos enquanto aguardam o início da ação. Lancaster deve chegar com uma vanguarda de 2.300 homens que ficarão ocupados devastando um pouco os arredores. Enfim, o grande desembarque acontece em 28 de outubro, no porto de Calais.

O pior para tal exército é não encontrar inimigos pela frente. Isso é exatamente o que acontece. Não se trata de uma tática deliberada do delfim: ele simplesmente não tem meios para reunir homens. E a grande lição dessa campanha é a seguinte: é mais eficaz fazer a guerra sem exército, esperando que as forças inimigas se desintegrem por conta própria. Diante dos ingleses, as populações refugiavam-se nas cidades fortificadas. Eduardo III, com sua ira guerreira, fica reduzido a um incendiário de fazendas desertas. Porém, nada disso resulta em espólios: nada de pilhagem nem resgate; frustração e descontentamento crescem entre os homens. Porque não se trata de deter-se em cercos intermináveis e caros, para os quais não havia equipamento. Além disso, as reservas de abastecimento logo se esgotam; é necessário seguir sempre em frente para encontrar comida e forragem. E, agora – é sempre a mesma história –, o inverno chega mais cedo e é mais rigoroso do que de costume, como se a natureza sempre quisesse dificultar as coisas para os invasores. Em 4 de dezembro, chega-se a Reims, meta declarada da expedição.

Os ingleses são esperados lá com diligência, porque seus planos são conhecidos. O arcebispo, João de Craon, e os burgueses, geralmente divididos, concordam em nomear como capitão um enérgico cavaleiro de Champagne, Gaucher de Châtillon, que restaura as defesas e organiza toda a população para participar da luta, incluindo os cônegos da ilustre catedral, como Guilherme de Machaut. Como anedota, nota-se a presença no exército inglês de outro poeta, Godofredo Chaucer, enquanto um terceiro, o italiano Petrarca, testemunhará, algumas semanas depois, a devastação cometida na região.

Mas agora não é hora para poesia. Eduardo III, que se instala no mosteiro de Saint-Basle, na montanha de Reims, organiza o cerco. Em Paris, o delfim, que ainda luta para conseguir dinheiro, nada pode fazer. O condestável, com algumas centenas de homens, aproxima-se até Troyes, mas não tem forças suficientes para intervir, muito embora isso não seja necessário. Após o fracasso de um primeiro assalto, os ingleses percebem que o cerco provavelmente será longo. Suas reservas se esgotam muito mais rapidamente do que as dos sitiados. Eles devem realizar incursões cada vez mais longas no campo circundante para trazer comida de volta. Depois de algumas semanas, não havia mais nada para comer: em 11 de janeiro, Eduardo III retira o cerco.

Começa então uma errância inglória, sem meta precisa, com um exército desanimado e descontente, acossado pelas guarnições das cidades que deve contornar. O campo paga o custo desse périplo; onde não há saque pelos ingleses, sofre-se com os bandos de *routiers* e bandidos que seguem o exército. A expedição segue para a Borgonha, ao sul. O rei chega a Guillon, perto de Avallon. A região já havia sido saqueada por um líder da companhia, Nicolas Tamworth. Em 10 de março, os estados provinciais, reunidos em Dijon, prometem pagar 200 mil ovelhas de ouro[10] para que todos sumissem dali. Eduardo então passa por Nivernais, depois por Gâtinais e por Beauce. Ele chega a 35 quilômetros ao sul de Paris, pela rota de Orléans, e se instala em Chanteloup.

BRÉTIGNY, 8 DE MAIO DE 1360: O DESMEMBRAMENTO DO REINO

Para Eduardo III, sitiar a capital está fora de questão. Depois de seu fracasso em Reims, seria uma loucura. Na verdade, ele realmente não sabe mais o que fazer. E, como sempre nesses casos, os enviados do papa são bem-vindos. Eles nunca estão longe; haviam seguido o exército, como de costume, e em 31 de março, em Chanteloup, os legados vieram encontrar o rei da Inglaterra. São eles: Androin de la Roche, abade de Cluny, acompanhado por Simon de Langres, geral dos dominicanos, e Hugo de Genebra, favorável à causa inglesa. As circunstâncias parecem propícias: por outro lado, há também o desejo de paz. João II envia a Paris o arcebispo de Sens, os condes de Tancarville e Dammartin, bem como Simão de Bucy, para que liderassem o conselho do delfim e promovam a conclusão de um acordo que permita seu retorno.

No entanto, as negociações são difíceis, cada partido acreditando-se ainda em condições de negociar para extrair o máximo possível de vantagens. Do lado francês, uma louca tentativa para libertar João II acaba de acontecer. Um primeiro projeto, totalmente irrealista, havia sido traçado em março de 1359 pelo rei da Dinamarca, Waldemar III, que, por 600 mil florins, propôs

---

10 O *mouton d'or*, ou *agnel d'or*, era uma moeda criada por Luís IX no século XIII. (N. T.)

desembarcar 12 mil mercenários alemães e dinamarqueses na costa oriental da Escócia. De lá, com a ajuda dos escoceses, entrar-se-ia na Inglaterra a fim de se libertar o rei da França. O mais surpreendente é que esse plano foi seriamente discutido em Paris com representantes escoceses. Uma versão mais modesta é elaborada durante o inverno de 1359-1360: enquanto Eduardo III e todas as forças inglesas estivessem atoladas na lama de Champagne, eles desembarcariam diretamente em Kent e trariam João II de volta. Supondo que este último, muito apegado ao código de honra, aceitasse participar de tal fuga, o plano tinha pouquíssimas chances de dar certo. João de Neuville, um nobre picardo, sobrinho do marechal de Audrehem, ainda assim tentou a aventura, partindo de Crotoy, no final de fevereiro. Atrasado por ventos contrários, só desembarca em 15 de março na costa de Sussex. Ele era aguardado e é repelido com pesadas perdas. O chanceler da Inglaterra, William Edington, que lidera o país na ausência de Eduardo, decide aproveitar a mobilização de forças e navios para lançar um contra-ataque no estuário do Sena no final de abril, sem resultados conclusivos.

Enquanto isso, Eduardo e o exército inglês ainda estão ao sul de Paris, em meio a negociações com legados e representantes do delfim. As coisas se arrastam; Eduardo aumenta a pressão: em 4 de abril, metade da população de Orly é massacrada na igreja; Longjumeau é incendiada; Montlhéry, saqueada; em Arpajon, novecentas pessoas são queimadas vivas na igreja; trezentos sobreviventes, que tentam escapar, são abatidos pelos arqueiros. Pausa para as festas de Páscoa. Em seguida, o movimento é retomado com pressão sobre a capital. Roberto Scot no Oise, James Audley no Marne; os subúrbios são devastados, enquanto os legados vão e vêm entre os dois campos. Tudo em vão. Faltam provisões no campo devastado e é necessário bater em retirada. Em 13 de abril, quando os ingleses se dirigem para Chartres, o tempo muda: trovões, granizo e vento gelado; é preciso abandonar centenas de carroças na lama. Insistir por mais tempo é inútil; a obstinação só vale a pena enquanto se mantém uma aparência de força. Eduardo III, que se estabelece em Sours, a 10 quilômetros de Chartres, manda dizer aos legados que ele quer retomar as negociações. Isso acontece em 1º de maio na aldeia de Brétigny, perto de Chartres.

O delfim é representado pelo chanceler João de Dormans, Simão de Bucy, João de Boucicaut e o conde de Tancarville; os representantes de Eduardo são o duque de Lancaster, os condes de Northampton, de Warwick e de Suffolk, Walter Mauny, Bartolomeu Burghersh e Reynold Cobham; há ainda três legados e um representante do rei de Navarra. Rapidamente chega-se a um acordo, selado em 8 de maio de 1360, o que reflete a evolução da situação militar. Eduardo III deve diminuir suas pretensões. O resgate de João II foi reduzido para 3 milhões de escudos de ouro, incluindo-se em tal valor os dezesseis prisioneiros mais importantes de Poitiers. Espera-se que o rei da França seja levado a Calais no início de julho; lá, nos próximos quatro meses, 600 mil escudos serão pagos; 25 reféns, escolhidos em meio à alta nobreza do reino, serão levados à Inglaterra como fiadores do pagamento do restante do resgate; a isso serão adicionados burgueses das vinte maiores cidades da França, e os dezesseis prisioneiros de Poitiers também permanecerão até o pagamento integral do resgate.

No que diz respeito aos territórios, Eduardo III se contenta com um quarto da França: Gasconha, Poitou, Saintonge, Angoumois, Périgord, Limousin, Quercy, Rouergue, Calais e seu território, Ponthieu e Montreuil, todos com plena soberania. Em troca, ele renuncia a algo que não possui: a coroa da França. Quanto à troca de renúncias, a dos territórios por João II e a da coroa por Eduardo, está previsto um processo para evitar surpresas desagradáveis. Eduardo receberá primeiro alguns lugares como garantia, a leste de Calais, bem como La Rochelle, e o rei da França terá que abrir mão de Calais antes de 29 de setembro.

O Tratado de Brétigny é concebido como um tratado de paz final e definitivo, que deverá ser ratificado solenemente em julho pelos dois reis de Calais. Ele consagra a vitória de Eduardo III que aumenta consideravelmente suas posses na França, e que não é mais vassalo de Valois, enquanto Calais lhe fornece uma jurisdição permanente. Para o reino da França, esse tratado é catastrófico: amputada em um quarto de sua área, ela perde a posição de principal potência europeia. A humilhação, menos de um século depois de são Luís, é considerável. A cavalaria francesa, sobrecarregada, está em desordem. Após vinte anos de guerra, o país encontra-se arruinado, o campo devastado e um resgate colossal deve ser pago.

Porém, o mais feliz com tal situação é o grande derrotado, João II, que vê apenas uma coisa: a sua libertação aproxima-se. Por outro lado, o delfim, mais consciente, fica muito descontente. Ele acha que faltou aguardar um pouco mais antes que o exército de Eduardo desmoronasse, e que, dessa maneira, o desastre poderia ter sido evitado. Mas é necessário submeter-se. Em 10 de maio, ele recebe o texto e o assina perante os representantes ingleses. Quanto a Eduardo, ele está apenas parcialmente satisfeito. Em 19 de maio, embarca em Honfleur para a Inglaterra, enquanto seu exército recupera Calais. Em 14 de junho, na Torre de Londres, João II promove um grande banquete com a presença de Eduardo. Diante da alegria do rei da França, poder-se-ia perguntar quem de fato era o vencedor. João, o Bom, definitivamente não está à altura da situação. Em 8 de julho, ele chega a Calais. Sua alegria é indecente para um soberano que acaba de perder um quarto de seu reino. Estava comemorando antes da hora: para ele ser solto, é preciso encontrar 600 mil escudos e, na condição do país, o que mais falta é entusiasmo por parte dos súditos para participar da arrecadação.

– 4 –

UMA GUERRA CONTAGIOSA:
A "PAZ BIZARRA" E AS GRANDES
COMPANHIAS (1360-1370)

Desde 1940, sabemos o que é uma "guerra bizarra". Em 1359, o cronista florentino Matteo Villani inventa o termo "paz bizarra", referindo-se aos acordos de Londres. A expressão é perfeitamente adequada ao período 1360-1369, que se segue ao Tratado de Brétigny. Embora os dois reinos estejam oficialmente em paz, o que há de fato são mais lutas; além disso, a guerra se propaga até a Espanha. De certa forma, a paz é pior do que a guerra. Esse paradoxo deve-se ao desenvolvimento de um novo flagelo nascido do conflito e amplificado pelo Tratado de Brétigny: as grandes companhias.

AUVÉRNIA, PROVENÇA, CHAMPAGNE: O INÍCIO DAS COMPANHIAS

O fenômeno deve-se essencialmente ao novo tipo de recrutamento dos exércitos. No exército feudal clássico, os combatentes eram convocados quando necessário, por um período determinado, e prestavam um *serviço* que, além de não ser remunerado, ainda era oneroso. Quando as operações terminavam, cada um voltava para sua casa a fim de retomar suas ocupações habituais. O serviço militar era uma espécie de imposto extraordinário *in natura*. Mas, a partir de agora, sendo a guerra endêmica, necessita-se de tropas permanentes, profissionais, cujos membros não tenham outro ofício e que vivam de soldo. Os soberanos recorrem a empreiteiros de guerra, chefes de bando, e estabelecem com eles contratos de prazo determinado, renováveis em caso de necessidade. A Guerra dos Cem Anos cria empregos, embora sejam empregos precários e, uma vez assinadas as tréguas, os mercenários são dispensados e se tornam desempregados. Essas pessoas desenraizadas não têm outra fonte de renda. Constituem grupos errantes, que vivem saqueando, matando, estuprando e destruindo por onde passam. Quem poderia detê-los? Afinal, eles são o exército. Há apenas duas soluções: mandá-los lutar em outro lugar ou, melhor ainda, fazer que lutem entre si, esperando que se exterminem. Tais soluções nunca foram fáceis. Após vinte anos de guerra, as quadrilhas de bandidos são muitas e, por volta de 1360, começam a se organizar, a se federar, formando verdadeiras associações solidárias, com sua hierarquia, seus códigos e regulamentos, sob as ordens de um líder que os conduz em busca de saque. Quase se poderia dizer que se tornaram verdadeiros estados dentro do Estado, estados nômades, passando de uma província a outra como enxames de gafanhotos. Assim são as grandes companhias.

É no dia seguinte à batalha de Poitiers que o fenômeno aparece. Removida a ameaça francesa, as autoridades inglesas podem restabelecer a ordem e dispensar os bandos de gascões que haviam sido empregados em inúmeras escaramuças em Quercy, Périgord e Rouergue. Por outro lado, o Languedoc francês organiza a sua própria defesa, num espírito de desafio às autoridades do norte. Cidades, bailiados, senescalias e bispados organizam suas milícias, mantidas por impostos locais. Por conseguinte, os bandos de mercenários não têm mais empregadores nessas regiões, e se deparam com comunidades solidamente organizadas. Eles começam a fluir de volta para o norte e para leste, em direção às montanhas da Auvérnia, que, por serem pouco protegidas e distantes dos centros de poder, constituem uma espécie de "calcanhar de aquiles" do reino da França. Os bailiados de Saint-Flour e Riom são praticamente deixados à própria sorte, e o duque de Bourbon, cujos domínios se estendem pelo norte de Cantal, não consegue se defender: o duque morre em Poitiers, seu filho tem 9 anos, seu irmão encontra-se preso. A região inclui muitas pequenas cidades vulneráveis que ainda não foram afetadas pela guerra; as florestas, os vales profundos, o relevo difícil oferecem locais propícios à construção de castelos e abrigos inexpugnáveis: condições ideais para a prática da bandidagem. Durante décadas, o maciço central será o refúgio e a terra de eleição das companhias.

Os primeiros a se estabelecer ali foram os gascões que viajaram pelos vales da Aquitânia e, em particular, os membros da prolífica família Albret: Arnaud de Albret de Cubzac e seus primos Arnaud-Amanieu de Albret e Bertucat de Albret. Eles inauguram o método favorito das companhias: tomar uma cidade e vendê-la para as autoridades legítimas, evitando-se assim o transporte do espólio, que poderia ser volumoso e heteróclito. Divide-se o dinheiro do resgate e segue-se com a tomada de outras localidades, o que obviamente não exclui o aproveitamento de meninas e mulheres locais em cada local visitado. Arnaud de Albret, por exemplo, tomou Felletin em 1356 e a revendeu por 21 mil escudos ao duque de Bourbon no outono. Desde então, os recém-chegados se dirigem para esse Eldorado: o castelhano Sandoz instala-se no castelo de Montbrun, perto de Saint-Flour, de onde ataca rumo a Cantal e Gévaudan.

Com Arnaud de Cervole, o sistema ganha novas proporções. Esse personagem pode ser considerado o verdadeiro iniciador das "grandes companhias". Ele é um cadete da Gasconha, de uma família nobre da região de Castillon. Tonsurado e destinado à Igreja como muitos cadetes, torna-se arcipreste de Vélines, na diocese de Périgueux. Todavia, o banditismo o atrai mais do que os pais-nossos. Participa de diversas ações militares do lado francês no início da década de 1350. O arcipreste tem uma especialidade: a captura de cidades e castelos por escalada. Ele rapidamente ganha reputação no mundo dos mercenários. Ferido e levado a Poitiers, casa-se com uma rica viúva dona de muitas propriedades em Berry, e se torna uma figura proeminente, sempre à beira do crime. Ao longo da sua carreira, teve um estatuto ambíguo: perigoso chefe de bando independente, mas, ao mesmo tempo, um auxiliar útil em caso de necessidade, ou seja, uma situação semelhante, do lado francês, à de Roberto Knolles, do lado inglês. Porque o arcipreste logo estará à frente de uma força heteróclita de 2 mil homens – um agregado de vários bandos de todas as origens, cada um com seu líder, desde os piores criminosos até pequenos nobres empobrecidos.

Sua primeira façanha em grande escala foi a devastação da Provença, que na época pertencia à rainha Joana de Nápoles. Rico território, por onde transitavam mercadorias de luxo e baús cheios de ducados com destino à corte papal de Avignon. As cidades eram numerosas, prósperas e fáceis de tomar, exceto as maiores, presas irresistíveis para os *routiers*. Em 13 de julho de 1357, a horda de Arnaud de Cervole atravessa o Ródano, ao norte de Valence, desce para o sul e se espalha pelo Comtat, no condado de Forcal-quier. O conde de Armagnac, que tem contas a acertar com Joana de Nápoles, chega por sua vez, vindo do sul, em direção a Saint-Gilles. Há pânico em Avignon. Inocêncio VI manda preencher as brechas das fortificações, abandonadas há 150 anos. A rainha de Nápoles compra a renúncia de Armagnac. Em março de 1358, o arcipreste se instala em Pelissanne, perto de Salon. Na companhia de Raymond des Baux e rebeldes da Provença, ele planeja tomar Marselha, mas o empreendimento é muito arriscado. Em outubro, ele aceita 20 mil florins de ouro do papa e se retira para o norte.

Isso porque há trabalho para ele e seus homens lá, em Orléans e Auxerre: seu confrade e rival inglês Roberto Knolles, com 2 mil a 3 mil cana-lhas de todas as nacionalidades, sobe o Loire saqueando os subúrbios de Orléans no início de outubro e, enfim, toma Châteauneuf-sur-Loire. Oficial-mente, ele age em nome do rei de Navarra, mas na verdade faz tudo para si mesmo. Orléans e Nivernais estão ameaçadas, sem ninguém para defen-dê-las: o duque Filipe de Orléans está ocupado em Paris com o delfim, e Nivernais faz parte das posses do conde de Flandres, Luís de Male; este tem muito trabalho no norte, e deixa o condado de Nevers aos cuidados da mãe, Margarida de Flandres. Com a ajuda do delfim, Luís de Male não tem nada melhor a fazer do que instruir Arnaud de Cervole a defender as praças de Nivernais e Berry contra Roberto Knolles por uma boa soma em dinheiro. É como invocar um demônio (ainda que seja um arcipreste) para expulsar outro demônio. A manobra não funciona. No final de outubro, Knolles deixa Châteauneuf e avança para o leste; toma o castelo de Malicorne, entre o Loire e o Yonne, onde se estabelece. Arnaud de Cervole tenta desalojá-lo e fra-cassa; depois, renuncia em circunstâncias suspeitas. Teria havido um acordo secreto entre os dois chefes de bando? Os documentos não dizem nada a esse respeito. Ainda assim, Knolles continua avançando. Em 8 de dezembro, ele toma o castelo de Regennes, ao norte de Auxerre; chega até Troyes, onde sofre uma derrota. Deixando a Borgonha, muito bem defendida, ataca Auxerre, que conquista por escalada em 10 de março de 1359.

A maneira como a cidade é saqueada é um modelo do gênero, fruto do belo trabalho de profissionais que dominam perfeitamente a sua arte. Sem matança; todos os habitantes são mantidos em suas casas, e as casas são sistematicamente visitadas e revistadas de cima a baixo. Todo o espólio, incluindo o tesouro da catedral, é empilhado em carroças. São 500 mil ovelhas de ouro, de acordo com os testemunhos da época. Em seguida, os habitantes devem resgatar suas casas sob pena de destruição: isso rende mais 50 mil ovelhas de ouro. Tudo é levado embora, até mesmo o relicário de Saint-Germain, que Knolles, dominado pelo remorso, devolverá no futuro. Logo após esse episódio, os legados papais, voltando de uma missão em Paris, passam pela região: são atacados e roubados.

Após a façanha de Auxerre, Roberto Knolles retorna com os espólios à sua base em Châteauneuf-sur-Loire a fim de se preparar para sua próxima expedição, que será um grande ataque: uma verdadeira cavalgada pelo maciço central. O empreendimento, que promete ser frutífero, atrai muitas pessoas: 4 mil patifes, a maioria bretões e ingleses, se reúnem em Châteauneuf. Multidão pitoresca, com chefes temíveis, como Hugo Calveley e João Waldboef (originário de Cheshire), além de gente extravagante, como o galês Jack Wyn, autodenominado "perseguidor do amor". Em maio de 1359, a horda parte: começam atravessando o Bourbonnais e sobem o vale Allier. A região é mal defendida: há ali algumas tropas do jovem duque de Bourbon, comandadas por Tomás de la Marche, filho adulterino de uma ex-rainha da França que havia sido repudiada: a esposa de Carlos IV. Knolles devasta os subúrbios de Saint-Pourçain, depois se estabelece próximo a Clermont, em Pont-du-Château, onde se junta ao bando de Bertucat de Albret. Mas, em meados de junho, o de Calveley se separa do grosso da tropa e, passando por Issoire e Brioude, chega a Velay (na região de Puy), que sitia. Knolles se une a esse grupo em julho. A cidade é tomada e saqueada, mas é necessário voltar rapidamente para o sul, porque Tomás de la Marche chega do norte. No Languedoc, há preocupação com a abordagem de Knolles; o senescal de Beaucaire e o visconde de Narbonne se preparam para defender o acesso ao vale baixo do Ródano. Knolles, Calveley e Albret voltam, cada um por conta própria. Enquanto isso, Waldboef e Wyn entram em Forez e saqueiam Montbrison. No outono, a cavalgada termina. Knolles, Calveley e Wyn reconquistaram respectivamente a Bretanha, Berry e Yonne. O balanço não é dos melhores, o espólio é medíocre e, do ponto de vista militar, surgem fraquezas: a companhia, numerosa demais para permanecer no local por um tempo, não pode realizar grandes cercos e, por outro lado, não é forte o suficiente para arriscar uma batalha campal contra um exército regular.

Essas mesmas limitações explicam o fracasso de outras companhias em Champagne, na primavera de 1359. Há ali outro grupo de canalhas notórios: os ingleses Roberto Scot e Rabigot Dury, bem como Frank Hennequin, de Hainaut, que operam do norte, no vale do Aisne, além do alemão Albrecht (provavelmente Albert Sterz); ao sul, o inglês Peter Audley e Eustáquio de Aubricourt, de Hainaut, sobem os vales do Sena e do Aube até Epernay. Esses chefes de bando formam associações para dividir custos e lucros. Estabelecem suas bases nos castelos que são tomados: Vailly e Roucy para os grupos do norte; Nogent, Pont e Beaufort para os do sul. Porém, a partir do mês de junho, eles são expulsos pelos tenentes reais, que conseguem mobilizar forças consideráveis na nobreza local e nas guarnições urbanas. João de Chalon, Henrique de Vaudémont e o bispo de Troyes reúnem 2 mil a 3 mil homens e, em 23 de junho, derrotam e aprisionam Eustáquio de Aubricourt em Bray--sur-Seine. Então Hennequin, sitiado em Sisonne, e Dury, em Roucy, tiveram que se render. Sem dúvida, o vigor da resistência às companhias nessa região é devido muito a um forte sentimento de pertença a uma antiga entidade política, o condado de Champagne, fator de coesão da população.

O REINADO DAS GRANDES COMPANHIAS (1360-1364)

Esses episódios são, porém, apenas as preliminares da onda das grandes companhias. O flagelo ganha novas proporções com o Tratado de Brétigny, que faz desempregados os milhares de *routiers* em todas as regiões. As primeiras dificuldades aparecem na hora de persuadir os capitães e chefes de bandos – eles que, em nome do rei da Inglaterra, ocupam regiões e castelos fora dos territórios adquiridos por Eduardo III – a desocupar os lugares. Cento e vinte locais importantes desse tipo foram identificados. Em quase todos os casos, os ocupantes se recusam a sair: João Fotheringhay permanece em Pont-Sainte--Maxence, Tomás Bagworth em La Ferté-sous-Jouarre, os homens do Captal de Buch em Clermont-en-Beauvaisis, e assim por diante. A única maneira é comprar sua partida oferecendo somas consideráveis: 24 mil florins para as guarnições de dez locais em Beauvaisis, 20 mil escudos para Honfleur, 17 mil escudos para os lugares de Tomás Bagworth; até o duque de Lancaster é pago para deixar os lugares de Maine e da Baixa Normandia: 20 mil escudos. Os estados da Normandia compram de volta dezesseis lugares por 84 mil escudos.

E, depois, o que fazer com os homens que deixam esses lugares? São apátridas, que não sabem fazer nada além de lutar. Alguns são criminosos ingleses, que não podem voltar para a Inglaterra. Outros se estabelecem, casam-se e se integram à população local. O próprio Jack Wyn, o "perseguidor do amor", torna-se uma notabilidade da Borgonha, tão bem integrado que, quando a guerra recomeçou em 1369, ele se torna um dos fiéis servidores do rei da França.

Mas são casos isolados. A grande maioria dos *routiers* busca uma nova terra de aventuras e pilhagens. Eles recuam para a Bretanha, onde a sucessão ainda está pendente. O jovem duque João de Montfort, totalmente anglicizado por sua educação, amigo do príncipe de Gales, continua a ser protegido de Eduardo III, que mantém inúmeras guarnições no ducado, vivendo do direito de *patis* nas comunidades locais. Alguns chefes fizeram fortuna lá, como *sir* Mateus Gournay, um cavaleiro de Somerset, na casa dos 50 anos, que esteve em todas as campanhas, lutou contra os árabes em Algeciras, participou de Eclusa, Crécy, Poitiers e tornou-se capitão de Brest em 1357, contratando os serviços de sua guarnição, vendendo "cartas oficiais do mar" (espécie de salvo-conduto que autorizava navios a passar por Finistère sem serem atacados), realizando ataques na Normandia e investindo judiciosamente o produto de seu espólio.

No final de 1360, encontramos nas marcas da Bretanha uma boa parte dos chefes de bandos que deixaram seus lugares da Normandia, Champagne ou Île-de-France, e que agora saqueiam as regiões fronteiriças de Anjou, Maine e Cotentin: Roberto Scot, Tomás Fogg, Hannequin Tyldesley, Roberto Knolles (que invade o Maine durante o verão) e Hugo Calveley (que derrota e captura Du Guesclin no final do ano).

Quase por toda parte, o Tratado de Brétigny produz situações caóticas, com um recrudescimento de guerras privadas devido às confusões envolvendo propriedades durante a guerra. Antigos proprietários arruinados voltam do cativeiro e encontram suas terras ocupadas por recém-chegados, com uma infinidade de cenários possíveis, insolúveis por lei, e que não deixam outra solução senão o uso da força. Um exemplo típico: Carlos de Artésia, que por seu casamento havia adquirido bens na Baixa Normandia, aos quais o rei acrescenta o condado de Longueville, confiscado do rei de Navarra. Ele é capturado em Poitiers; o conde de Alençon aproveita a oportunidade para ocupar suas terras, e João II restitui o condado de Longueville a Carlos, o Mau. Voltando do cativeiro, Carlos de Artésia entra em guerra particular contra Alençon, com mercenários gascões, bretões e ingleses; James Pipe trabalha alternadamente para um e para o outro. Para a população local, nada mudou: essa paz é uma paz estranha.

Durante o outono de 1360, milhares de *routiers* desempregados se reúnem na Auvérnia e formam uma grande companhia. Os bandos são regionais ou nacionais. Há os bretões de Maurício Trésiguidi, os alemães de Albrecht, os ingleses de João Hawkwood, William Starkey e João Verney (bandido banido da Inglaterra por seus crimes), além de muita gente da Gasconha, Navarra, Brabante, Hainaut e Castela. À frente dessas brigadas internacionais, um escocês, Walter, provavelmente *sir* Walter Leslie. Os monges destituídos convivem com os piores psicopatas, camponeses que perderam tudo, cadetes da pequena nobreza, desequilibrados e criminosos, com suas concubinas e muitas prostitutas. O todo é organizado, tem seus regulamentos e seus contratos. No final de dezembro, seu número é estimado em cerca de 15 mil. No dia 29, eles tomaram Pont-Saint-Esprit, acreditando que encontrariam muito dinheiro: a contribuição do Languedoc para o resgate do rei. O dinheiro não está lá, mas a grande companhia agora pode controlar o vale do Ródano e ameaçar a Provença.

O papa excomunga os *routiers*, o que não os impressiona. Por outro lado, eles começam a ter dificuldade em encontrar suprimentos no local, e um exército se prepara para marchar contra eles, com tropas aragonesas e o marechal Arnoul de Audrehem. Então aceitam as ofertas feitas a eles para que lutem em outro lugar, especialmente na Itália. Há uma riqueza colossal por lá, apenas esperando para ser saqueada. É o papa Inocêncio VI quem tem essa brilhante ideia. Por 100 mil florins, pagos pelo tesouro papal e por Gênova, o marquês de Montferrat levará a companhia para lutar contra os Visconti, inimigos do papa na Lombardia. Lá, o vigário-geral Gil Albornoz, um caste-lhano, comandará as operações. Os *routiers* que aceitaram o contrato, cerca de 6 mil, formaram a Companhia Blanche, liderada por Albert Serz, "Albrecht". Eles descem para a planície do Pó em maio de 1361. A Guerra dos Cem Anos transborda para além dos Alpes.

Para a Itália, trata-se de um verdadeiro cataclismo. Os cronistas apon-tam para a selvageria desses *routiers*: "Eram todos jovens, criados nas lon-gas guerras da Inglaterra e da França, ferozes, entusiasmados, formados na rotina de matar e saquear", escreve Filippo Villani. Com total insensi-bilidade, torturam, queimam, estupram e matam a serviço da Igreja. Em seu equipamento, escadas extensíveis, arcos e armaduras leves; quanto aos métodos de combate, resistência, capacidade de se deslocar à noite, de lutar no inverno e no verão. Tudo isso surpreende os transalpinos. Após dois anos, a Companhia Blanche destrói completamente as tropas de Conrad de Lan-dau, que trabalhava para os Visconti. Em seguida, fragmenta-se, passando a maior parte do verão de 1363 a serviço de Pisa. Em outubro, o comando volta para João Hawkwood, filho de um curtidor de Essex que, então com mais de 40 anos de idade, inicia uma magnífica carreira como *condottiere*, tornando--se um dos mais temidos chefes da península, cujos serviços são vendidos a preço de ouro; ele logo se casa com uma filha Visconti; em 1394, quando morre, tem direito a um funeral de Estado, e a seu retrato gigante, feito por Paolo Uccelo, nas paredes da catedral de Florença. Apoteose religiosa ambí-gua de um terrível líder mercenário.

Nem todos os *routiers* reunidos em Pont-Saint-Esprit foram para a Itália. Alguns bandos preferem a Espanha, onde Castela e Aragão se enfrentam. É o caso de Seguin de Badefol, um jovem chefe de Périgord que, aos 25 anos, tem um futuro brilhante. Mas, chegando a Roussillon, ele descobre que a guerra acabou. Volta para a região de Narbonne, onde se junta a Bérard e Bertucat de Albret. O grupo sobe em direção ao Rouergue e seus membros são pagos para evacuar cada região atravessada: 5.200 florins dos estados de Rouergue, 3 mil florins do bispo de Albi.

Estamos em terras concedidas a Eduardo III pelo Tratado de Brétigny. Não há dúvida de que as autoridades inglesas toleram a presença desses bandidos nômades. *Sir* João Chandos encarrega-se, com o senescal William Felton, de limpar a região, desde Rouergue ao Limousin, por onde circulam pessoas como João Amory e João Cresswell, com bandos anglo-bretões, e o Pequeno Meschin, um gascão ainda menos recomendável, "homem indigno, mas grande senhor de guerra", diz Matteo Villani; ele assume o lugar de Seguin de Badefol, que se retira para sua casa. A campanha liderada por Chandos coincide com aquela liderada em Languedoc por Arnoul de Audrehem para o rei da França. As companhias do maciço central são então empurradas para o norte e para o leste, caindo sobre o Mâconnais, o Lyonnais e o sul da Borgonha, que acaba de ser anexado ao domínio real com a morte do jovem duque Filipe de Rouvre. João II encarrega João de Tancarville a defender essa província contra a invasão das companhias. Ele recebe reforço dos bandos de Arnaud de Cervole. No início de abril de 1362, os 5 mil *routiers* do Pequeno Meschin, auxiliados por Amory, Cresswell, Tallebardon e Perrin Boais, são alcançados em Brignais, cerca de quinze quilômetros a sudoeste de Lyon. Em 6 de abril, atacam o exército real de surpresa e os destroem. São capturados Tancarville e Arnaud de Cervole, além de mil de seus homens; os condes de Joigny e de Forez são mortos; Jacques de Bourbon morre logo depois devido aos seus ferimentos.

A batalha de Brignais é indicativa tanto da estranha paz quanto da decadência do reino: os mercenários livres são os senhores da região. Mas eles não sabem o que fazer com sua vitória, e dispersam-se em poucos dias: a maioria volta para as montanhas da Auvérnia, onde pilham com mais vigor, ajudados pelos homens de Arnaud de Cervole, que definitivamente consideram mais vantajoso estar do lado das companhias do que do lado do rei.

As grandes companhias, portanto, continuam suas andanças devastadoras em 1363. Elas estão por toda parte. Seguin de Badefol retoma o serviço em Languedoc durante o verão. Ele aparece perto de Toulouse com um agregado de bandos: do Pequeno Meschin, de Arnaud de Solier (conhecido como "o Limousin"), de Luís Rabaud e de Menaud de Villars (conhecido como "Espiote"). Toulouse dá a eles 40 mil florins para irem para outro lugar. Eles então se estabelecem entre Carcassonne e Montpellier, em bases como Peyriac e Lignan, ao norte de Béziers. A partir dali, Bertuquin devasta os subúrbios das principais cidades. Béziers compra sua saída. Seguin de Badefol, com Bérard e Bertucat de Albret, sobem então até Gévaudan, tomam

UMA GUERRA CONTAGIOSA   165

Brioude e de lá atacam Le Puy, Saint-Flour, Clermont e La Chaise-Dieu. Os estados de Auvérnia compram sua partida por 40 mil florins, com o bônus de absolvição papal e perdão do rei, em abril de 1364.

O crime também compensa no norte. No Cotentin e nas marcas da Bretanha operam dezenas de pequenas guarnições de pilhagem. Em 1363, Du Guesclin trabalha com Filipe de Navarra para reduzi-las, mas essa tarefa precisa ser constantemente repetida. Ali, Filipe é acometido por uma constipação e morre em agosto. A leste, Henrique de Vaudémont, tenente do rei em Champagne, contrata os serviços de Arnaud de Cervole para lutar contra o conde de Bar e o duque da Lorena, mas os homens do arcipreste causam enormes estragos. Na Borgonha, Filipe de Touraine, filho do rei, limita-se a recrutar os bandos de Arnaud de Tallebard e Guiot du Pin para lutar contra outros bandos, tendo como único resultado a devastação do campo. A audácia dos *routiers* não tem mais limites: em outubro de 1363, o inglês João Jewel e Walter Strael, de Brabante, tomam o castelo de Rolleboise, na baixada de Mantes, e fazem dele um posto para ataques no Vexin e para bloquear a navegação no Sena. Outros tomam Murs, perto de Corbeil, e La Charité-sur-Loire. Diante dessa situação caótica, o poder real encontra-se totalmente impotente.

PAZ ESTRANHA E SEGUNDO FIM DE REINADO (1360-1364)

Os anos 1360-1364 são de fato ocupados, pelo governo, com as peripécias da libertação condicional de João II. O primeiro problema é encontrar 600 mil escudos para o pagamento da primeira parcela do resgate, que era a condição para o retorno do rei. Este último está pronto para tudo, o que incluía vender sua filha de 11 anos, Isabel: Galeazzo Visconti, duque de Milão, a adquire para seu filho de 8 anos, em troca, precisamente, de 600 mil escudos. Porém, no cofre instalado na abadia de Saint-Bertin, em Saint-Omer, onde o resgate seria recebido, chegam pouco mais de 100 mil escudos. O restante é fornecido por um empréstimo forçado que, nas cidades, atinge os clérigos e todos os homens de posse, com direito a métodos brutais sobre uma população debilitada.

Segundo problema: o *timing* da troca de renúncias. Elas deveriam ocorrer simultaneamente, mas a desconfiança impera: ninguém quer assinar primeiro, temendo que o outro aproveite para fugir das obrigações. Eduardo não quer renunciar à coroa da França até que João tenha abandonado seus territórios e vice-versa. Durante três meses, de 8 de julho a 9 de outubro de 1360, tudo fica parado. João se encontra em Calais, Eduardo está na ilha de Sheppey, no estuário do Tâmisa, esperando para a travessia até que os diplomatas cheguem a um acordo.

No final das contas, o procedimento adotado é tão complexo que é fácil acreditar que tenha sido calculado para dar a ambos os lados pretextos para retomarem a guerra. Esquematicamente, João II manteria Ponthieu como fiador da evacuação das guarnições inglesas do norte e do leste de Paris, bem como do médio Loire; manteria o condado de Montfort-l'Amaury, destinado a João de Montfort, protegido por Eduardo, até a evacuação das praças do sudoeste da Île-de-France; manteria Saintonge até a evacuação completa da Normandia, e Angoumois até a de Touraine. O caso dos demais territórios é regulado pela cláusula *"c'estassavoir"*: devem ser cedidos antes de 24 de junho de 1361; então, efetiva-se a troca das renúncias no convento agostiniano de Bruges em 15 de agosto de 1361 ou, o mais tardar, em 30 de novembro. Até essa data, João II continuará a ser o soberano nominal dessas províncias, mas sem nelas exercer qualquer soberania real; da mesma forma, Eduardo permanecerá pretendente ao trono da França, mas sem fazer valer essa pretensão. Quanto aos reféns, os condes de Anjou e de Poitiers, filhos do rei, o duque de Orléans, seu irmão e dois outros príncipes serão libertados mediante o pagamento da segunda parcela do resgate, quando as renúncias forem trocadas em Bruges. As demais serão liberadas gradativamente.

Temos todo o trabalho do mundo para reunir esses reféns, que não são nada cooperativos, a começar pelos filhos do rei, que devem ser convocados "com muita aspereza" para irem à Inglaterra. Além disso, algumas cidades estão tendo dificuldades: La Rochelle recusa o domínio inglês e é preciso enviar Arnoul de Audrehem para persuadi-la. Também é preciso acertar com Carlos de Navarra, que poderia muito bem atrapalhar todo o processo: João II concede-lhe o perdão e restitui-lhe as terras, em troca da sua homenagem e da retirada dos seus mercenários, na medida em que estes queiram obedecer. Mas a arrecadação dos 600 mil escudos ainda não terminou. Eduardo faz uma concessão: contenta-se no momento com 400 mil. Ele então chega a Calais em 9 de outubro. Nos dias seguintes juntam-se a ele o conde da

UMA GUERRA CONTAGIOSA

Flandres, o delfim, Carlos de Blois, os representantes do rei de Navarra e João de Montfort. João II oferece a todos um grande banquete com o dinheiro dos seus súditos e, em 24 de outubro de 1360, em sessão solene, acontecem os juramentos para respeito dos acordos, além das trocas de beijos de paz e de presentes e, no final, as despedidas.

Será apenas um *até breve*. Não seria razoável esperar um resultado pacífico porque há muitas condições que precisam ser atendidas. A transferência de soberania ocorre mais ou menos facilmente dependendo da região. Para as cidades, o procedimento é o seguinte: os comissários franceses e ingleses se apresentam no portão principal; o comissário francês lê para os representantes reunidos nas muralhas a ordem de João II para que transferissem sua fidelidade a Eduardo; os portões são abertos, as chaves são entregues aos comissários ingleses, o juramento é feito e um capitão inglês é empossado. De modo geral, as coisas vão bem em Poitou, Angoumois, Saintonge e Périgord, porém não muito em Limousin e Quercy. Os magistrados de Cahors até manifestam seu mau humor.

E então, na selva inextricável da geografia feudal, há inevitavelmente casos insolúveis. La Roche-sur-Yon, por exemplo, faz parte de Poitou, mas desde 1287 é um enclave do bailiado de Touraine: será que faz parte dos territórios cedidos? Quanto à terra cedida de Belleville, no Baixo Poitou, será que ela é limitada à pequena castelania de Belleville ou abrange o grande senhorio de Belleville? O conde de Foix se recusa a prestar homenagem a Eduardo por Béarn, que ele considera um território independente. Em novembro de 1361, o rei da Inglaterra envia dois representantes a Paris para solicitar a renúncia de João II aos territórios cedidos, mas eles não têm nenhum poder para oferecer em troca a renúncia de Eduardo à coroa. Não era isso que estava previsto.

Além disso, o rei da França não consegue juntar o dinheiro do resgate. Voltando a Paris no final de outubro de 1360, encontra um reino devastado e separado em pedaços regulados pelas companhias – ele se empenha em extrair tudo dele, até o último centavo: em 5 de dezembro, em Compiègne, toma a decisão de arrecadar várias ajudadeiras e reintroduzir a gabela em Languedoïl. Como se trata de cobrar seu resgate, ele não precisa do acordo dos estados gerais. Mas o dinheiro é insuficiente. Languedoc consegue juntar apenas um terço do previsto. Em dezembro de 1361, nada havia sido pago dos 400 mil escudos previstos para aquele ano. Os reféns ficam impacientes.

Não que sejam maltratados: têm total liberdade de movimentos, têm criados, músicos e capelães; caçam, dançam, banqueteiam, divertem-se e flertam – à sua própria custa, é claro. O duque de Bourbon gasta 100 mil libras durante seus seis anos de férias forçadas. E eis que ficam entediados: chove muito, muita gente nem fala francês, Londres é triste e insalubre; em 1361, o retorno da peste também causa a morte de um quarto dos reféns.

Em abril de 1362, o cardeal Androin de la Roche e o marechal de Boucicaut chegam a Londres para tentar encontrar um alojamento. A data de pagamento dos 600 mil escudos referente ao resgate já passou. Eles trazem 108.800 escudos, arrecadados com a raspagem de todos os fundos dos cofres; o papa dará 90 mil escudos, que não precisa nem transportar, pois o montante vem da cobrança do clero inglês, que pode transferir diretamente. Assim, são os ingleses que pagam parte do resgate do rei da França! Em troca, Boucicaut pede novos adiamentos e a renúncia de Eduardo à coroa da França. Recusa.

Em seguida, os príncipes reféns – o duque Luís de Anjou, o duque João de Berry (ex-conde de Poitiers e filho do rei), o duque de Orléans e o duque de Bourbon – tomam a iniciativa de negociar diretamente com Eduardo, sem buscar o conselho de João II. O tratado, conhecido como *Flores-de-lis*, satisfaz em todos os pontos ao rei da Inglaterra. Os reféns são transferidos para Calais. O rei da França ouve a notícia em Villeneuve-lès-Avignon em março de 1363. Aceita com relutância o tratado, mas este não seria aplicado, provavelmente por causa da oposição dos conselheiros de João II.

Irritado, o duque de Anjou, de 24 anos e com um desejo furioso de rever a jovem esposa (ele havia casado poucos dias antes de sua partida para a Inglaterra), foge em setembro. A coisa é fácil: os reféns têm o direito de deixar Calais por três dias seguidos. O pretexto, como sempre, é piedoso: trata-se de ir visitar o santuário de Nossa Senhora de Bolonha. O rei fica furioso ao saber dessa violação do código de honra cavaleiresco e convoca seu filho próximo a Saint-Quentin. Luís de Anjou se recusa a voltar para Calais. Dois meses depois, no início de dezembro, João II anunciou a sua intenção de regressar a Londres, sem dar razão. Ele quer limpar a honra da família com isso, ou simplesmente retomar as negociações com Eduardo diretamente? Ambas as hipóteses são plausíveis. Em meados de janeiro, ele volta ao palácio de Savoy em Londres.

Três meses depois, ele falece. Tinha apenas 45 anos, porém estava debilitado. Mas até mesmo os mais resistentes estavam morrendo: além do inverno muito frio e úmido, a peste assolava junto com a febre tifoide, a gripe e a varíola. O rei desaparece em 8 de abril de 1364. Eduardo lamenta sinceramente: em quatro anos de cativeiro, muitos laços foram estabelecidos, e um inimigo tão ingênuo e incompetente não pode ser facilmente substituído. Seu sucessor, o delfim, agora Carlos V, não será tão fácil de manipular. Em 22 de abril, após um grande funeral, o cadáver atravessou o canal da Mancha até Saint-Denis.

O INÍCIO DA ASSOCIAÇÃO CARLOS V – DU GUESCLIN: COCHEREL (16 DE MAIO DE 1364)

Eduardo também está envelhecendo. Desde o início de seu reinado, este é o terceiro rei da França que vê morrer. Ele tem 52 anos. As fileiras de sua geração começam a se esvaziar. O duque de Lancaster, seu melhor guerreiro, morre em 1361. A geração seguinte não inclui personalidades tão brilhantes. É claro que há o príncipe de Gales, Eduardo, de 34 anos, mas ele está ocupado na França: o rei o nomeou duque da Aquitânia em 19 de julho de 1362, e ele mora em Bordeaux. Seus irmãos mais novos estão longe de ter as mesmas competências: Lionel, duque de Clarence, morrerá em 1368; Edmundo, conde de Cambridge, 23 anos, e Tomás, conde de Buckingham, 9 anos, são muito jovens ou modestos; João de Gante, de 24 anos, que se tornou duque de Lancaster em 1361, é um espírito desorganizado. O equilíbrio financeiro é precário: a queda das exportações de lã faz as receitas alfandegárias caírem para 40 mil libras; com o retorno da paz, o Parlamento não vota mais impostos; os resgates não são inesgotáveis. Contudo, o rei gasta muito: festas, joias, construções, como as esplêndidas ampliações de Windsor, ou fortalezas que protegem a entrada do Tâmisa, como o castelo de Hadleigh, em Leigh, e o de Queensborough. A isso devem ser adicionados os custos da guarnição de Calais.

Na França, o novo soberano, Carlos V, tem 26 anos. De saúde frágil e constituição débil, incapaz de empunhar o machado ou a espada, não é um guerreiro, mas um político formidável, que aprendeu muito durante as terríveis tribulações que afetaram sua juventude. Inteligente, lúcido, culto e astuto, sabe cercar-se de auxiliares competentes. Se seu pai era "o Bom", ele será "o Sábio", o primeiro a inverter a tendência a favor da França nessa guerra interminável. Para isso, terá à disposição rendimentos mais substanciais e mais regulares do que os seus antecessores: as ajudadeiras e a gabela votadas em dezembro de 1360 destinadas ao pagamento do resgate, que também serão utilizadas para financiar obras de defesa. A isso se acrescenta, em novembro de 1363, a *fouage*, um imposto direto votado pelos estados gerais, cujo valor não precisa ser discutido pelas comunidades locais. Ele deve ser suficiente para dar conta de um exército de 6 mil homens e pode ser coletado enquanto houver necessidade. A ideia de um imposto permanente encontra-se em fase embrionária. A percepção também é melhorada. Em cada diocese, *eleitos* controlam os assessores que distribuem o fardo e os fazendeiros que arrecadam o dinheiro. Em Paris, os tesoureiros gerais supervisionam o todo. Os desvios de dinheiro são menos importantes.

Quando Carlos V inicia seu reinado, as tropas reais estão ocupadas recuperando os lugares indevidamente ocupados pelos navarros na Normandia, porque Carlos, o Mau, está em ação novamente. A recusa de João II em dar--lhe a Borgonha, que reservava para o filho Filipe, reabriu todas as causas de ressentimento. No final de 1363, Carlos decide retomar a guerra, tanto na Normandia quanto na Borgonha. Em janeiro de 1364, ele conhece o príncipe de Gales em Agen. O duque da Aquitânia adota uma atitude de neutralidade benevolente: deixará passar o exército navarro do Captal de Buch, que é seu amigo e que acaba de ficar noivo da irmã de Carlos.

Na primavera de 1364, o exército do delfim cerca o esconderijo dos *routiers* de Rolleboise. Graças a audaciosos apoios momentâneos, capturam Mantes, Vétheuil e Meulan; Vernon é entregue pela rainha viúva Joana de Navarra, irmã de Carlos, o Mau. Assim, quando o Captal de Buch chega a Evreux no final de abril, os navarros já haviam perdido o controle do vale do Sena. Ele reúne todas as tropas disponíveis que consegue encontrar entre ingleses, navarros, bretões e gascões; João Jewel e Bascon de Mareuil se juntam a ele com seus bandos. João de Grailly, o Captal, tem assim entre 1.500 e 2 mil homens. Contra ele vem o exército "francês" liderado por Bertrand Du Guesclin. O cavaleiro bretão, com pouco mais de 40 anos, é famoso no mundo dos guerreiros por suas qualidades: audácia, astúcia, rapidez de movimentos e capacidade de surpreender o inimigo durante uma infinidade de escaramuças. Tem consigo cerca de 1.200 homens, das mesmas origens que os do Captal: gascões e bretões, vindos dos bandos do senhor de Albret e do arcipreste, que assistem à luta sem tomar parte nela, porque têm parentes do outro lado!

Em 14 de maio, o Captal deixa Evreux rumo a Vernon. Ele encontra o exército de Du Guesclin no rio Eure perto da aldeia de Cocherel – estão todos a pé e dispostos em ordem de batalha. Há três grupos, três "batalhões": ao centro, o de Du Guesclin com os seus bretões; à direita, os burgúndios de Luís de Chalon; à esquerda, normandos, picardos e franceses com o conde de Auxerre. Os gascões são deixados para trás por desconfiança? Nesse caso, pode não ser a melhor escolha. Houve muita discussão sobre quem iria comandar: seria o conde de Auxerre, que é o nobre mais alto do grupo? Ele é considerado muito jovem. Du Guesclin é preferível, pois, como escreve Froissart, é escolhido como "o melhor cavaleiro do lugar, que mais lutou pessoalmente, e que também sabia melhor como tais coisas deveriam ser mantidas". O grito de guerra será, portanto: "Nossa Senhora, Guesclin!". Por trás do exército, o rio, sobre o qual havia uma pequena ponte.

Os "navarros" têm a vantagem do terreno: eles se beneficiam de uma baixa colina que domina o Eure. Três batalhões, como na dianteira: ao centro, o Captal de Buch; à esquerda, o Bascon de Mareuil; à direita João Jewel. Começa uma longa espera: os dois exércitos, face a face, encontram-se no ritual em que ninguém quer dar o primeiro passo; o Captal não quer descer de sua colina, o que o faria perder a vantagem, e Du Guesclin não quer fazer seus homens subirem, o que os colocaria em uma posição difícil. Segundo o cronista Cuvelier, primeiro biógrafo de Du Guesclin, o face a face durou dois dias. Segundo Froissart, tudo aconteceu em um dia, 16 de maio. Por volta das três horas da tarde, depois de oito horas de espera, relata o cronista, "muitos ali estavam esgotados e combalidos pelo grande calor que fazia, porque era a nona hora;[1] haviam jejuado a manhã toda, carregavam armas e o sol os castigava esquentando suas armaduras". As mulheres vão buscar água e comida. Essas *"garses"*, *"ribaudes"* e *"bachelettes"* acompanhavam todos os exércitos e prestavam vários serviços aos combatentes: eram prostitutas,

---

1 Equivalente a três horas da tarde. (N. T.)

criadas e carregadoras de cantis, que recebiam uma parte dos espólios e, por vezes, ainda participavam das batalhas atirando pedras – foi o que aconteceu em Cocherel.

Mas não é possível permanecer indefinidamente olhando um para o outro. Du Guesclin recorre, portanto, ao truque habitual: simula um início de retirada para induzir o inimigo a avançar. João de Grailly não se deixa enganar: "Não acreditem que homens tão valentes fujam assim; eles só fazem isso por astúcia e para nos atrair", como relata Froissart. Mas João Jewel não aguenta mais e puxa seus homens. Todos o seguem. Os arqueiros não podem fazer seu trabalho habitual, de tal maneira que tudo é decidido em uma grande confusão. A vitória é obtida por Eustáquio de la Houssaye com duzentos bretões que, com um movimento de contorno após um amplo desvio, chega ao flanco esquerdo dos navarros. Este é o sinal para a debandada e, como sempre, é nesta última fase que são registradas as perdas massivas e desequilibradas: 700 a 800 mortos de um lado, 30 a 40 do outro. O Captal de Buch é capturado, assim como vários chefes de bando: Lopez de Saint-Julien, Roberto Chesnel e Pedro de Aigremont. O Bascon de Mareuil é morto. João Jewel morre logo depois por conta de seus ferimentos. A notícia se espalha rapidamente: Carlos V é notificado no dia 18, em Soissons, a caminho de sua coroação em Reims. Quanto a Carlos, o Mau, um mensageiro o alcança no dia 24 em Pamplona: ele havia percorrido oitocentos quilômetros em oito dias – uma das performances mais notáveis da Idade Média.

A vitória de Cocherel foi seguida em junho-julho por várias operações de limpeza contra as guarnições navarras na Normandia: Du Guesclin toma Valognes e Barfleur, tornando-se senhor do Cotentin; o marechal da Normandia e o bailio de Bessin cuidam de Perche; Mouton de Blainville e o almirante Baudrain de la Heuse cercam Evreux; João de Boucicaut e o duque da Borgonha, Filipe, irmão do rei, retomam os lugares entre Paris e o Loire.

Carlos, o Mau, no entanto, persiste. Em agosto de 1364, envia mais dois exércitos de Navarra para o norte. De um lado, Rodrigo de Uriz e Eustáquio de Aubricourt, de Hainaut, embarcam com uma pequena expedição de 430 homens em Bayonne rumo ao Cotentin. Do outro lado, 2.800 homens, comandados por Luís de Navarra, irmão de Carlos, cruzam a Aquitânia e o maciço central, chegando em 23 de setembro a La Charité-sur-Loire, antes de marcharem rumo à Normandia, perigosamente despojada de forças francesas devido a um súbito ressurgimento da tensão na Bretanha: Du Guesclin, que estava no Cotentin, acabara de ser chamado por Carlos de Blois.

A SOLUÇÃO DO PROBLEMA BRETÃO: AURAY E GUÉRANDE (1364-1365)

Carlos de Blois reuniu todas as tropas disponíveis para ir em auxílio de Auray, sitiada desde julho por João de Montfort. Tal campanha ilustra todas as ambiguidades da situação de "paz estranha" que predomina desde Brétigny. Oficialmente, as monarquias francesa e inglesa estão em paz. Oficiosamente, a guerra continua por meio de aliados e em terrenos periféricos: a Bretanha e, logo mais, a Espanha. Os dois soberanos respeitam as formas de neutralidade: assim, Carlos V retira de Du Guesclin o título de capitão da Normandia e as respectivas receitas, para que possa agir por conta própria, e não como representante do rei; por outro lado, o príncipe de Gales finge o mesmo distanciamento em relação ao seu arauto João Chandos, que de fato lidera as forças de João de Montfort. Faz-se vista grossa para o que acontece, porém, o fato é que há cumplicidade nas iniciativas de Blois e Montfort.

Em 29 de setembro de 1364, ao amanhecer, os dois exércitos encontram-se face a face, diante de Auray. Ao lado de Carlos de Blois, 3 mil a 4 mil homens em três batalhões: Du Guesclin à direita, o conde de Auxerre à esquerda, Carlos de Blois ao centro. Todos estão a pé, em fileiras cerradas ao redor dos estandartes, erguendo lanças e espadas, "tão juntos que, se uma maça fosse lançada, cairia sobre um elmo ou sobre uma lança", diz Froissart. Três corpos do exército também na dianteira, onde encontramos todas as celebridades do momento: à esquerda, Roberto Knolles; à direita, Olivier de Clisson; ao centro João Chandos e João de Montfort; e, na retaguarda, um reserva com Hugo Calveley.

Após o período de observação, a confusão começa. Como em Cocherel, os arqueiros não têm tempo para exercer seus talentos. Tudo se resolve no corpo a corpo, entre guerreiros desenfreados, que usam principalmente o machado e a espada. O "velho" Chandos, de 50 anos, "lutou bravamente, segurando um machado cujos golpes no ar eram tão violentos que ninguém ousava se aproximar dele", diz Froissart. Clisson também "segurava um machado com o qual abria e rompia essas aglomerações, e ninguém ousou se aproximar dele"; ele quase foi morto, pois "uma machadada o feriu com um corte que derrubou a viseira de seu elmo; a ponta do machado perfurou seu olho e ali ficou cravada". O conde de Auxerre luta como um leão; um escudeiro o apunhala no elmo com um golpe de lança, que entra no olho esquerdo. Du Guesclin maneja várias armas e é melhor sair de seu caminho. Ele:

> *Estava na confusão como uma besta raivosa;*
> *Ele nunca atingiu um inglês que não perdesse a vida [...]*
> *Sua carne é úmida de sangue e suor [...]*
> *Ele ataca os ingleses com um martelo de aço.*
> *Ele os abate como um açougueiro faz*
> *Quando golpeia o maço para matar o porco,*

conta Cuvelier. Num momento em que está caído, ele é salvo da situação por Carlos de Dinan, que racha o elmo do irmão de Chandos e despedaça seu cérebro. Ao lado dele caem seus companheiros; um inglês faz "explodir o cérebro de Huon de Jugon". São indescritíveis a fúria e a violência desses raivosos que se enfrentam. Em meio à selvageria dos combatentes, a força física é comum a todos: manejar um machado, um maço ou uma espada durante horas carregando placas de metal e vestindo cota de malha requer resistência impressionante.

O que decide o destino de uma batalha como essa é a capacidade de manter a coesão do grupo. Assim que fissuras aparecem, as bandeiras se espalham, os grupos se desfazem, perdem o contato uns com os outros, desagregam-se, a debandada tem início e o massacre não tarda. É o que acontece em Auray. De um lado, o corpo do exército anglo-bretão, reforçado pela tropa de Calveley, que intervém aqui e ali segundo as necessidades, e que no final opera um movimento rotativo, permanece mais unido. De outro lado, o fenômeno da desintegração do exército franco-bretão, notavelmente analisado por Froissart:

> Rapidamente foi derrotado e, após a batalha, todos os estandartes e flâmulas do exército estavam no chão, quebrados e despedaçados, com os senhores

postos e repostos em grande desgraça; pois eles não foram ajudados nem consolados de nenhum lado, embora seu povo estivesse encarregado de defendê-los e combater por eles. Na verdade, quando um quebrantamento chega, os enfraquecidos se enfraquecem ainda mais, deixam-se abater por muito pouco e, se um cai, caem três, e se três caem, caem mais dez, e se dez caem, trinta caem; da mesma forma, quando fogem dez, cem fogem também. Assim foi a batalha de Auray. Ali clamavam aqueles senhores, bem como o povo que a eles pertencia, com seus estandartes e seus gritos; destes, alguns foram ouvidos e consolados, mas outros, que estavam muito adiante ou muito atrás de seu povo, não.

Confusão, caos, debandada e massacre. No final, restam apenas alguns grupos isolados, encurralados, em número insuficiente para lutar. Carlos de Blois, ferido, empurrado, cai no chão debaixo de chuva; um soldado agarra-lhe o elmo, retira-o e estica seu pescoço, onde enfia o punhal que se projeta quinze centímetros para fora, atrás da cabeça. Segundo Froissart, os ingleses haviam decidido na véspera não o prender. Du Guesclin acaba se rendendo a um escudeiro de Chandos. Acabou. O balanço é sempre o mesmo, terrível: de oitocentos a mil mortos do lado franco-bretão, incluindo Carlos de Blois, Carlos de Dinan, os senhores de Léon, de Prie, de Avaugour, de Lohéac, de Ancenis, de Kergorlay e de Pont; além de 1.500 prisioneiros, incluindo Du Guesclin (que rende a Chandos um resgate de 100 mil libras), os condes de Auxerre e Joigny, o visconde de Rohan, os senhores de Rochefort, Retz, Rieux e Malestroit.

A batalha de Auray marca o fim do partido de Blois na Bretanha. Joana de Penthièvre, viúva de Carlos de Blois, refugia-se em Angers. Quimper, o último lugar do partido, cai em novembro. João de Montfort oferece a Carlos V submissão e homenagem a ele como duque da Bretanha. Pragmático, o rei aceita e, no dia 12 de abril, em Guérande, os representantes dos dois partidos assinam um tratado que põe fim à guerra de sucessão da Bretanha. João IV é reconhecido como único duque; Joana mantém seus domínios no norte da península, no Penthièvre, em torno de Lamballe e Guingamp. A sucessão ao ducado será por ordem de primogenitura masculina na linhagem de Montfort. Mas, se faltar meninos no lado dos Montfort, o ducado volta para os Penthièvre. Tal regra é suficiente para alimentar disputas futuras. Mas a hora é de acomodação. Percebe-se isso durante a homenagem de João IV a Carlos V, realizada em 31 de dezembro de 1366, em Paris. Obra-prima da ambiguidade: o chanceler da Bretanha apresenta o duque ao rei e anuncia que prestará "a homenagem de seu ducado na forma e à maneira como os predecessores de um se acostumaram a fazer com os predecessores do outro", sem especificar se se trata de uma homenagem lígia ou simples. João IV dá um passo à frente, dobra o joelho, como para prestar homenagem lígia; o rei o segura, ordena que fique de pé, segura-lhe as mãos e dá o beijo na boca. É, portanto, uma homenagem simples de fato, mas sempre se poderá dizer que foi lígia na intenção. De todo modo, o duque presta uma segunda homenagem – esta, sim, lígia – pelo condado de Montfort-l'Amaury. Como é o mesmo homem que presta as duas homenagens, pode-se imaginar as possíveis argúcias em caso de conflito.

Até porque João IV também é vassalo de Eduardo III, pelo condado de Richmond, em Yorkshire. Durante seu longo reinado de 35 anos (1364-1399), ele vai realmente fazer jus ao seu apelido de "anglófilo". Criado até os 20 anos na Inglaterra, casado primeiro com uma filha de Eduardo III, Margarida, e depois com uma nora do Príncipe Negro, Joana Holland, ele deve tudo ao rei da Inglaterra, em particular seu trono e 128 mil escudos. Há oito ingleses em seu conselho, muitos outros em sua residência oficial. Muitas guarnições inglesas permanecem presentes na Bretanha: em Brest, uma delas permanecerá ali até 1397. Em suma, João IV é um vassalo de Carlos V a ser vigiado de perto.

Porém, existe um outro cujo poder de perturbação é considerável: Carlos, o Mau, que, mesmo estando em Navarra, continua a perturbar a Normandia e os Mâconnais. Na Normandia, seu irmão Luís junta-se a Eustáquio de Aubricourt, aos quais se acrescentam Valognes e Barfleur. Nos Mâconnais, Carlos de Navarra recruta os serviços de Seguin de Badefol, que se estabelece em Anse, 25 quilômetros ao norte de Lyon, de onde devasta a região. Outras companhias ainda estão em La Charité-sur-Loire, local que elas revendem em março de 1365 por 25 mil libras. Ele também aluga o senhor de Albret por 60 mil florins. Albret estava em Cocherel no lado oposto, mas precisava muito de dinheiro para pagar o resgate que devia ao conde de Foix, o que significava dizer que pensava apenas em si mesmo, e isso todos os seus confrades nobres entendiam muito bem.

Mas nada disso contribui muito para o avanço dos negócios de Carlos de Navarra, que percebeu que a única solução era negociar com Carlos V para obter os resultados mais favoráveis. Ele conhece bem o novo rei e seu caráter realista. Em maio de 1365, chega-se a um acordo: anistia para Carlos de Navarra e seus partidários, exceto Roberto Le Coq; liberação do Captal de Buch sem resgate; o rei mantém as praças normandas conquistadas e o condado de Longueville, dado a Du Guesclin; em troca, o rei de Navarra recebe Montpellier, e o papa arbitrará acerca de seus direitos sobre a Borgonha. Na verdade, ele não terá nem Montpellier nem Borgonha.

AS COMPANHIAS NA ESPANHA (1366)

Assim, na primavera de 1365, após um ano de reinado, Carlos V encerrou os conflitos internos do reino da França por meio de uma série de medidas pragmáticas. Ele também está em paz com Eduardo III. Nada disso convém às companhias, que já não têm empregadores, mas continuam a existir no país devastando regiões inteiras. É esse problema que o rei deve agora resolver. Acredita-se, durante o verão, que a solução foi encontrada: enviar todos esses bandidos para a cruzada. Espera-se que salvem suas almas e a cristandade e, ao mesmo tempo, que sejam massacrados pelos turcos. Essa brilhante ideia vem do papa (como não podia deixar de ser), que, desde 1362, é um austero monge beneditino do Languedoc, Urbano V. As companhias, que se concentram a leste do reino, atravessariam o Sacro Império para socorrer o imperador bizantino João V Paleólogo. Resta persuadir os *routiers*. Em julho, chega-se a um acordo com Seguin de Badefol: 40 mil florins e absolvição papal; outro acordo com o arcipreste Arnaud de Cervole. Mas as coisas não dão certo. O papa generosamente dá a absolvição, porém não consegue arranjar o dinheiro, e o que os *routiers* querem é apenas o dinheiro. Então Seguin de Badefol abandona o empreendimento. Ele vai a Navarra para reivindicar a Carlos, o Mau, aquilo a que tem direito. O rei dá a ele uma pera envenenada, que o faz morrer após uma semana de dores terríveis. O outro líder da cruzada, o arcipreste, não consegue nem atravessar o Reno: as cidades alemãs não desejam ver esses cruzados muito especiais e fecham suas portas. Milhares de *routiers* retornam pelo rio Saône. Propõe-se a eles que cruzem os Alpes e façam a viagem de barco partindo de Gênova e Veneza. Eles recusam.

É preciso encontrar outra coisa. Felizmente, há motivos de conflito na Península Ibérica que estão prestes a se transformar em guerras abertas, o que criaria muitas oportunidades de trabalho para os bandos de mercenários. Basta soprar as brasas. Acima de tudo, espera-se fazer renascer a guerra entre Castela e Aragão. Em Castela reina Pedro I, um soberano muito autoritário, centralizador e de grande brutalidade, o que lhe valerá o apelido nada lisonjeiro de "Cruel". Ele é meio-irmão de Afonso XI, a quem sucedeu em 1350. Seus métodos colocaram contra ele parte da nobreza. Ele tem um sobrinho, Henrique de Trastâmara, ou Transtamare, filho de Afonso XI e sua amante Leonor de Guzman. Henrique reivindica a coroa – ele então precisa fugir e sua mãe é assassinada. Dali em diante vive na França, onde leva a vida de chefe de bando no Languedoc, esperando a oportunidade de voltar a Castela para derrubar Pedro. Essa oportunidade se apresenta pela primeira vez em 1362, quando Pedro I ataca seu vizinho aragonês Pedro IV. Este havia pedido ajuda. Henrique reúne companhias com o dinheiro e a bênção do rei da França, com o objetivo de entrar em Aragão. Mas o dinheiro é insuficiente e a expedição não vai além de Pamiers; além disso, há outras ofertas de emprego no local: os condes de Foix e de Armagnac voltam à luta e precisam de tropas. O exército de Henrique está desmoronando. Alguns, como o Pequeno Meschin, irão se juntar a Gastão Phoebus, e outros, como Bérard e Bertucat de Albret, ao conde de Armagnac, que em dezembro de 1362 havia sido completamente derrotado em Launac. Henrique de Trastâmara retoma a sua vida de chefe de bando, mas ainda no acampamento do rei da França, enquanto Pedro, o Cruel, em 1362, alia-se ao campo inglês, assinando um acordo com o príncipe de Gales e o rei de Navarra.

A tensão aumenta bruscamente no início de 1365, por iniciativa do novo homem forte do reino de Aragão, Francisco de Perellos. Curioso personagem ambivalente: ele é, a uma só vez, camareiro de Carlos V e ministro-chefe de Pedro IV, partidário de uma estreita aliança entre os dois contra Castela. Seu principal parceiro é Luís de Anjou, o ex-refém recalcitrante, que guarda um rancor tenaz contra os ingleses e a quem seu irmão, o rei da França, nomeou seu tenente em Languedoc em novembro de 1364. Durante o verão de 1364-1365, Luís de Anjou e Francisco de Perellos encontram-se várias vezes em Toulouse e elaboram, em linhas gerais, o seguinte plano: uma aliança França--Aragão ao serviço da qual as grandes companhias seriam recrutadas para invadir Castela e ali substituir Pedro I por Henrique de Trastâmara. A ocasião servirá ainda para atacar pelo sul a Aquitânia do príncipe de Gales e a Navarra de Carlos, o Mau; para dar cobertura moral à operação, será atribuída a ela uma aparência de cruzada contra os muçulmanos do reino de Granada. Isso também permitirá trabalhar com o dinheiro e a bênção do papa. O plano é apresentado em maio de 1365 em Avignon, durante uma grande reunião em homenagem ao imperador. Há muito entusiasmo, pois matam-se quatro coelhos com uma única cajadada: a questão das companhias é resolvida; o rei de Castela, favorável aos ingleses, é substituído por um favorável aos franceses; os ingleses nos Pireneus são enfraquecidos; e, de modo acessório, restitui-se o vigor da ideia de cruzada. Os três principais parceiros – o papa, o rei da França e o rei de Aragão – vão dividir os custos: 100 mil florins cada um.

Resta encontrar um líder militar capaz de conduzir a operação. Carlos V propõe Du Guesclin, do qual paga o restante do resgate devido a João Chandos. Para liderar esse exército variegado de *routiers*, o bretão é o homem certo para o trabalho. Ele é respeitado por todos os chefes de bando por suas qualidades militares; as relações com ele, um pequeno nobre, são mais fáceis do que com um príncipe. Politicamente, não representa perigo: leal e fiel, será um instrumento perfeito. À sua volta reúnem-se amigos e inimigos do dia anterior, reconciliados com a perspectiva de saque. Os ingleses não são os últimos a chegar: Hugo Calveley, Mateus Gournay, Roberto Scot, Roberto Briquet e João Cresswell juntam-se a Eustáquio de Aubricourt, ao Gago de Villaines, a Arnaud de Solier e dezenas de outros. Existem também nomes mais respeitáveis, como João de Bourbon, conde da Marca, e Arnoul de Audrehem. Em novembro de 1365, todas essas pessoas importantes se reúnem em Villeneuve-lès-Avignon: 10 mil a 12 mil condenados à forca, que Urbano V observa com preocupação do outro lado do Ródano: "Aqui estão pessoas que se esforçam muito para encontrar o caminho rumo ao inferno", é o que teria dito. Ele envia um cardeal para acertar os detalhes finais com eles. O homem não está muito confiante, segundo o cronista Cuvelier: "Estou muito triste por terem me confiado tal caso, porque fui enviado para discutir com pessoas enfurecidas, que já não possuem muita consciência. Por Deus, eu preferiria estar em outro lugar!".

Arnoul de Audrehem expõe as exigências: absolvição coletiva para os 12 mil condenados à forca e 200 mil libras para os custos. O cardeal fica perplexo: não que houvesse problema quanto à absolvição, mas, para o dinheiro, ele não tem certeza de nada. Normalmente, são os penitentes que pagam pela absolvição, e estes, "devemos absolvê-los a seu pedido e, além disso, dar-lhes dinheiro: isso é contrário à razão!". Du Guesclin rebate: "Precisamos rapidamente de tudo o que o marechal acabou de pedir, pois garanto que há muitos aqui que pouco se importam com absolvições e palavras bonitas, uma vez que preferem ter dinheiro". O episódio é sem dúvida embelezado por Cuvelier, mas é certo que os "cruzados" permanecem vários dias em Villeneuve-lès-Avignon enquanto aguardam garantias a respeito de seu soldo. Depois, iniciam a marcha até chegarem a Perpignan em dezembro.

Nem todos os *routiers* partiram, mas os pequenos grupos isolados que permanecem no reino são rapidamente eliminados pelas forças reais, sem cerimônia. Por exemplo, em Hommet, no Cotentin, o capitão de Bessin recusa qualquer negociação com a guarnição navarra – os homens são mortos assim que se rendem: "Se tivéssemos agido assim no passado, a guerra teria acabado há muito tempo", ele diz, de acordo com a *Crônica normanda*. No leste, restam grupos mais importantes no vale do Saône, mas que se dispersam após o assassinato do arcipreste em 25 de maio de 1366, durante uma discussão com seus homens. As grandes companhias são agora problema dos espanhóis.

Em janeiro de 1366, a horda cruza os Pireneus e entra em Aragão. O rei Pedro IV rapidamente percebe com quem está lidando. Seus "aliados" devastam tudo em seu caminho: em Barbastro, duzentos habitantes são queimados vivos na torre de sua igreja. E então, pede-se a ele mais 20 mil florins, além dos 100 mil que já havia dado, pois a multidão de mercenários aumentara e tudo já havia sido gasto. Do ponto de vista militar, é um verdadeiro passeio: sobe-se o vale do Ebro com a travessia de um trecho de Navarra no caminho. Carlos, o Mau, prefere deixar as tropas passarem – ele chega a pagar para que acelerem o movimento. Pedro, o Cruel, está em Burgos. Abandonado por suas tropas, ele foge para o sul. Em 29 de março, Henrique de Trastâmara proclama-se rei de Castela. Como as tropas estão frustradas com os saques, são-lhes oferecidas as propriedades dos judeus e muçulmanos de Burgos. Pedro tenta reorganizar suas forças em Toledo, depois em Sevilha, mas é tudo em vão. A nobreza o abandona completamente. Ele foge para a Galícia, de onde embarca no início de julho para a Aquitânia.

Em junho de 1366, Henrique de Trastâmara é, portanto, o senhor de toda a Castela. Ele chega a Sevilha. A maioria das companhias está licenciada, com generosas recompensas retiradas do tesouro de Pedro. Henrique só mantém consigo Du Guesclin e Calveley, com um pequeno distanciamento. Os dois capitães encontraram tempo para acumular uma fortuna durante essa campanha turbulenta. Desde o início, haviam feito um acordo: três quartos dos espólios para o bretão e um quarto para o inglês, a quem Du Guesclin cederia também o que Henrique de Trastâmara lhe daria. Mas, quando se trata de discernimento para os negócios, o inglês supera o bretão. Após a guerra, um longo processo colocará os dois homens em lados opostos perante os tribunais aragoneses – Calveley reivindicará 55 mil florins e Du Guesclin não ganhará muito com essa expedição.

Pedro, o Cruel, não disse sua última palavra. A sua intenção agora é reconquistar Castela com a ajuda do príncipe de Gales, a quem vai visitar em julho de 1366, em Bayonne. Eduardo, Príncipe Negro, príncipe de Gales, duque da Aquitânia, é quase um soberano independente. Rodeado por uma suntuosa corte em Bordeaux, ele vive à maneira dos reis, com um estilo inviável para a renda do ducado, baseada em impostos sobre exportação de vinho. Tendo retornado a paz, Londres corta sua ajuda financeira a Bordeaux, e o Príncipe Negro ordena que as assembleias locais votem por encargos mais pesados. Eduardo, portanto, não possui meios para embarcar em uma aventura militar. Além disso, Pedro, o Cruel, nutre antipatia em relação a ele como um tirano assassino e amigo dos judeus.

Mas, em Londres, Eduardo III vê as coisas de maneira diferente. Castela, com suas forças navais nas mãos de um aliado do rei da França, é estrategicamente perigosa. Em maio de 1366, o rei envia a seu filho a ordem de preparar uma expedição em conjunto com o rei de Navarra. Em 23 de setembro, após várias semanas de discussão em Capbreton, o trio – Pedro, o Cruel, Carlos, o Mau, e o Príncipe Negro – chega a um acordo: Eduardo irá reunir um exército que ele mesmo conduzirá para a reconquista de Castela, a expulsão de Henrique de Trastâmara e a restauração de Pedro. Em agradecimento, receberá toda a província basca de Viscaya, que será anexada à Aquitânia. Carlos irá liberar o exército no passo dos Pireneus e, em troca, receberá não apenas duas outras províncias bascas, Guipúzcoa e Álava, que lhe darão acesso ao mar, mas também 200 mil florins. Pedro compromete-se a financiar toda a operação: no mínimo 550 mil florins, que pagará quando recuperar o seu reino, porque por enquanto só tem consigo as suas joias pessoais, que estão penhoradas.

O que menos falta são os mercenários. Eles chegam de todos os lugares, especialmente da Gasconha, mas também da Bretanha e da Inglaterra; muitos deles tinham acabado de servir nas companhias que colocaram Henrique de Trastâmara no poder. Agora trabalharão para destroná-lo: afinal, dinheiro não tem cheiro. Assim, vemos João Cresswell, Roberto Briquet e Eustáquio de Aubricourt se juntarem à Gasconha, onde encontram Bertucat de Albret, Bourc Camus e Garciot du Châtel. Hugo Calveley logo estará entre eles. As constantes mudanças de acampamento causam uma relativa confusão, alguns já não sabem de que lado estão: em agosto, Luís de Anjou encarrega Olivier de Mauny, primo de Du Guesclin, de interceptar no vale do Tarn os chefes dos bandos gascões que iriam se juntar ao exército do Príncipe Negro. Mauny tem em sua tropa duzentos gascões que participaram da "cruzada" sob as ordens de Du Guesclin, e que são chamados a lutar contra pessoas que foram seus companheiros de armas e que agora vão se juntar ao acampamento perante outros líderes que, como Cresswell, também estiveram no exército de Du Guesclin; no meio da batalha, eles refletem e dizem a si mesmos que, aqueles que têm diante de si, são finalmente de "mesma aliança e lealdade"; então trocam de lado. A anedota, relatada pela *Crônica* de Chandos, diz muito sobre a confusão vigente. Outra anedota instrutiva, na *Crônica* de Ayale, sobre as motivações desses combatentes: o Príncipe Negro, após pedir ao senhor de Albret que reduzisse seu contingente, recebeu como resposta que aquela pobre gente havia acabado de recusar uma oferta para lutar na Prússia, e que eles não poderiam ser abandonados assim. O exército do príncipe de Gales será, portanto, muito eclético. Foi completado pela chegada em janeiro de 1367 do irmão de Eduardo, João de Gante, e Roberto Knolles, com cerca de quinhentos ingleses e bretões. Todas essas pessoas, cerca de 10 mil homens, estão reunidas em Dax.

Para aumentar a confusão, é preciso acrescentar as palinódias[2] de Carlos de Navarra, que achou inteligente chegar a um acordo secreto no final de

---

2 Palinódia é o trecho de um poema no qual o(a) autor(a) nega o que havia afirmado no trecho anterior. (N. T.)

UMA GUERRA CONTAGIOSA   183

1366 com Henrique de Trastâmara: por 60 mil duplos[3] e a cidade de Logronho, ele promete bloquear as passagens dos Pireneus. O príncipe de Gales
fica sabendo disso; pede a Calveley que entre em Navarra pelo sul. Carlos
entra em pânico: manda aviso ao príncipe dizendo que o acordo com Henrique foi apenas um estratagema e que ele não fechará as passagens. E quando
a campanha começa, faz um acordo com Olivier de Mauny, que armará
uma falsa emboscada e o manterá prisioneiro até que tudo esteja resolvido.
Assim, ele estará seguro.

NÁJERA (3 DE ABRIL DE 1367) E MONTIEL (14 DE MARÇO DE 1368)

Henrique de Trastâmara reúne apressadamente um exército para
enfrentar a ameaça de invasão. Ali estão Du Guesclin, Arnoul de Audrehem,
o Pequeno Meschin, Perrin de Savoie, Arnaud de Solier e o conde de Denia,
primo do rei de Aragão. Eles estão estabelecidos em Santo Domingo de la
Calzada, a leste de Burgos. Em fevereiro de 1367, o exército do príncipe de
Gales atravessa o passo de Roncesvalles, avança sobre Pamplona, toma a rota
de Burgos até Vitória, depois, estando as passagens bloqueadas, se dirige
para o sul a fim de passar por Logronho, sempre em direção de Burgos. Henrique bloqueia seu caminho alguns quilômetros a oeste de Logronho, perto
da aldeia de Nájera. Henrique é aconselhado a evitar a batalha e deixar o exército do Príncipe Negro sofrendo com a chuva e a neve do início desse abril
frio e úmido. Mas, do ponto de vista político, isso é impossível: o país está
prestes a voltar para o lado de Pedro, e, se algo não for feito imediatamente
para impedi-lo, tudo estará perdido em breve.

O exército de Henrique está, portanto, colocado em ordem de batalha,
em frente a um pequeno riacho, o Najerilla, atravessado por uma pequena
ponte, no final da estrada de Logronho. Há três linhas: na frente estão as
melhores tropas e são elas que sofrerão o primeiro choque – os 1.500 bretões
sob as ordens de Du Guesclin, tendo ao seu lado o marechal de Audrehem, os

---

3 O duplo turnês era a moeda criada por Filipe, o Belo, equivalente a dois denários turneses;
no sistema da libra turnesa, seis duplos turneses equivaliam a um soldo turnês, e vinte
soldos turneses equivaliam a uma libra turnesa. (N. T.)

aragoneses do conde de Rocaberti, os castelhanos liderados por dom Sancho e o grão-mestre da Ordem de Santiago. Com eles, os cavaleiros da Echarpe, ordem de cavalaria fundada por Afonso XI em 1330, da qual faz parte o cronista Ayala. Essa vanguarda, com cerca de 4 mil homens, está a pé. Ela é ladeada à direita e à esquerda por cavaleiros leves, os *genetours*.

A segunda linha é formada por três grupos a cavalo: à esquerda, dom Tello e o mestre da Ordem dos Hospitalários, Juan Fernandez de Heredia; à direita, o conde de Denia, sobrinho do rei de Aragão, grão-mestre da Ordem de Calatrava, e o camareiro-mor do rei, Gomez Carillo de Quintana; ao centro, o rei Henrique, posicionado ligeiramente mais para trás. A terceira linha compreende a formidável massa de infantaria, mal treinada, mal equipada, pouco motivada e indisciplinada. Fundibulários, besteiros e *genetours* são colocados na dianteira e entre esses diferentes corpos.

A chegada dos ingleses é esperada logo à frente, pela estrada principal. No entanto, antes do amanhecer de 3 de abril, eles haviam deixado a estrada em Navarrete e contornado pelo norte uma crista de terra bastante íngreme. E eis que aparecem de surpresa à esquerda do exército castelhano, que deve no último momento girar para se reposicionar diante do inimigo, o que provoca uma certa desordem. Os ingleses também estão em três linhas. No centro da primeira, o duque de Lancaster, ladeado pelo fiel e experiente João Chandos, que o Príncipe Negro acaba de promover a cavaleiro do estandarte. Com mais de 50 anos e ainda vigoroso, Chandos estava ali para aconselhar o jovem João de Gante, de modo semelhante ao que havia feito onze anos antes ao guiar Eduardo para Poitiers. Também notamos no centro dessa primeira linha os lordes Beauchamp, Ufford, Scrope, Hastings, Ferrers e muitos outros. À direita, Estêvão Cossington, e, à esquerda, Guichard de Angle. Atrás, a segunda linha, que é bem mais longa, inclui o dobro de homens. Ao centro, o Príncipe Negro com os soldados ingleses, os gascões e os de Poitou. Pedro, o Cruel, está ao seu lado, escoltado por Mateus Gournay e Hugo Calveley. À direita, os gascões, com o Captal de Buch e o senhor de Albret; à esquerda, os ingleses, com Walter Hewett e Tomás Percy, além dos bretões de Olivier de Clisson. Entre esses corpos, grupos de arqueiros. A terceira linha é liderada pelo rei de Maiorca e pelo conde de Armagnac. Há mercenários gascões de Bertucat de Albret, os senhores de Séverac, Condom, Lannemezan e, sem dúvida, os condes de Périgord e de Comminges, além de Roberto

Knolles. Existem também várias bombardas, cujo papel exato durante a batalha é desconhecido. Quais são os números? As estimativas dos cronistas são extremamente variáveis, chegando a 40 mil do lado castelhano e 20 mil do lado inglês. Uma coisa é certa: são dois exércitos muito grandes.

A batalha de Nájera é um dos maiores embates da Guerra dos Cem Anos. Quando as duas primeiras linhas estão a duzentos metros uma da outra, os besteiros de Henrique disparam seus projéteis; os arqueiros ingleses retaliam, mais uma vez demonstrando sua superioridade: ao comando, a cada dez segundos, uma nuvem de flechas assobia e cai sobre o inimigo; rapidamente, os besteiros se dispersam. Mas o vazio que separava as formações de Lancaster e Du Guesclin é logo preenchido com o choque das duas massas de cavaleiros a pé. Du Guesclin e seus homens primeiro repelem as tropas de Chandos e Lancaster, que se reagrupam e avançam; a frente se estabiliza.

O segundo grupo a entrar em ação é o do Captal de Buch, que se aproxima dos castelhanos de dom Tello. Os *genetours* posicionados na frente deste último começam a atacar, mas os arqueiros os derrubam sem dificuldade, e o pânico imediatamente toma conta dos outros. Os sobreviventes fluem para as demais fileiras, espalhando confusão; o próprio dom Tello foge e todo o seu corpo de exército se dispersa, o que permite à cavalaria do Captal se reagrupar à esquerda das tropas de Du Guesclin, em combate corpo a corpo contra Lancaster e Chandos.

Por outro lado, as tropas de Percy, Clisson e Hewett entram em choque com as do conde de Denia e do mestre de Calatrava, que resistem mais. No centro, o Príncipe Negro, Pedro, o Cruel, e Calveley lançam-se sobre a vanguarda de Du Guesclin, somando suas forças às de Lancaster, sem conseguir fazer os bretões recuarem. A entrada em cena do rei de Maiorca com a retaguarda é decisiva: contornando a confusa aglomeração que havia se formado no centro, ele vai pela esquerda e consegue chegar até o conde de Denia – este tem o cavalo morto e é aprisionado, assim como o camareiro Gomez Carillo. A direita dos franco-castelhanos é então derrubada, assim como a esquerda, e as tropas de Du Guesclin ficam espremidas, suportando praticamente sozinhas todo o peso da batalha.

Henrique tenta várias vezes reunir seus cavaleiros e lidera várias investidas para desbloquear os bretões da vanguarda, mas sem sucesso. Então recorre à massa de sua infantaria, cujos fundibulários provocam um momento de hesitação entre os gascões. Rapidamente, porém, o Captal de Buch e o conde de Armagnac mobilizam seus arqueiros, cujas rajadas de flechas dizimam a infantaria mal protegida, que foge.

Henrique então entende que tudo está perdido. Ficar seria expor-se a cair nas mãos do meio-irmão, de quem não pode esperar nenhuma piedade. Froissart relata que, nesse momento, Pedro percorria febrilmente o campo de batalha em busca do usurpador: "Ali estava o rei dom Pedro, muito inflamado e desejando fortemente encontrar seu irmão, o bastardo Henrique. Ele dizia: *Onde está esse filho da puta que se chama rei de Castela?*". Para Henrique, a solução razoável é a fuga. Com alguns homens, ele deixa o campo de batalha e desaparece nas colinas em direção a Bobadilla.

Resta agora apenas o corpo de batalha de Du Guesclin e dom Sancho, totalmente cercado, vencido por estar em desvantagem numérica: Lancaster, Chandos, o príncipe de Gales na dianteira, o Captal de Buch à esquerda, Clisson e Hewett à direita e na retaguarda. Um a um, os cavaleiros bretões e franceses caem ou se rendem. Como em Auray, Du Guesclin é o último a se render, e é novamente para um homem com estandarte de João Chandos, *sir* Tomás Cheyney, que ele entrega sua espada. Pela quarta vez, ele é feito prisioneiro.

A parte mais sangrenta da batalha ocorre durante a perseguição aos fugitivos. Os cavaleiros ingleses e gascões perseguem os espanhóis derrotados a oeste, abatendo a infantaria no meio do caminho. Milhares de soldados em pânico chegaram assim à margem do Najerilla, transformado em torrente pelas chuvas e pelo derretimento da neve. A retirada é obstruída e muitos são massacrados ali mesmo; outros se aglomeram na única ponte da aldeia de Nájera. Na correria, centenas de homens caem na água, outros se jogam da ponte – eles morrem afogados ou pisoteados enquanto os passantes recebem uma chuva de flechas. Os grão-mestres de Calatrava e de Santiago, com várias centenas de homens, refugiam-se nas casas e ruas estreitas de Nájera, onde o massacre continua; o mestre de Calatrava está preso em um porão, o de Santiago em um beco sem saída.

Embora seja assombrosa, a desproporção das perdas é confirmada por pelo menos quinze crônicas diferentes, seja qual for o seu lado: 5 mil a 10 mil mortos de um lado, algumas centenas do outro. Ademais, há uma multidão de prisioneiros, quase 2 mil, incluindo cerca de duzentos franceses. Os mais importantes são o filho, o irmão e o sobrinho de Henrique, dois bispos, os

UMA GUERRA CONTAGIOSA 187

grão-mestres de Calatrava e de Santiago, o grão-prior dos hospitalários, o camareiro-mor do rei, os condes de Denia e de Castaneda, o marechal de Audrehem e Du Guesclin. Este último é um prisioneiro muito importante para Tomás Cheyney, que o vende ao Príncipe Negro por 1.483 libras, 6 soldos e 6 denários.

Alguns prisioneiros também são problemáticos: aqueles que já eram prisioneiros de outrora e não haviam terminado de pagar o resgate anterior. Normalmente, não tinham o direito de lutar. É o caso de Arnoul de Audrehem: o príncipe de Gales, que já o havia capturado em Poitiers onze anos antes, e que agora o recaptura de armas na mão, embora ainda não tenha quitado o primeiro resgate, acusa-o de perjúrio. Arnoul se safa declarando que dessa vez não estava lutando contra o príncipe, mas contra Pedro. O próprio Du Guesclin define seu valor de mercado em 100 mil duplos castelhanos. Ele será solto no final do ano, quando Carlos V garantir o pagamento de parte do valor. Quando o prisioneiro é mais importante do que a pessoa que o captura, isso se revela um pesadelo: o escudeiro João Kempton capturou o grão-mestre da Ordem de Calatrava, Muniz Godoy, que simplesmente se recusa a pagar. Kempton inicia um processo que durará 33 anos nos tribunais aragoneses antes de obter a satisfação. O conde de Denia foi capturado por dois escudeiros ingleses; o príncipe de Gales promete a eles uma compensação e os obriga a lhe entregar o conde. Ele espera conseguir com isso 150 mil duplos. Percebendo que não conseguirá pagar, ele revende com desconto para seu pai, Eduardo III, que transfere o valor aos dois coproprietários originais. Por trinta anos, os julgamentos serão disputados entre os dois escudeiros, os credores de Denia e a coroa. O conde havia dado como garantia seus dois filhos como reféns; um deles permanece acorrentado por um ano em uma masmorra do conde de Foix; o outro, na Inglaterra, só será libertado 23 anos depois. Há um verdadeiro tráfico de prisioneiros e resgates; são tantos que as vendas diminuem e é preciso baixar os preços. Pedro, o Cruel, não quer prisioneiros: manda degolar o camareiro de Henrique de Trastâmara e mata com as próprias mãos um engenheiro que o havia traído. O proprietário do prisioneiro reclama com o príncipe de Gales: para ele, é uma perda total. Pedro considera que os castelhanos capturados são traidores perigosos e que, portanto, devem ser executados. O tom sobe entre ele e o príncipe de Gales.

Sobretudo porque Pedro, mais uma vez rei de Castela, não cumpre as suas promessas. Ele encoraja os bascos a recusar o domínio do príncipe; quanto a dinheiro, ele não tem nenhum. Eduardo manda seu exército acampar perto de Valladolid por quatro meses para pressionar seu aliado. Mas, em julho, o calor, a disenteria e a fome obrigam os homens a partir. Nájera é para ele uma vitória de Pirro: ele perdeu em Castela um exército, uma fortuna e a saúde, tudo para reconduzir ao trono um tirano maníaco que ele detesta.

E que, além disso, não ficará no local por muito tempo. Menos de um mês depois de Nájera, Henrique de Trastâmara encontra Luís de Anjou em Villeneuve-lès-Avignon para preparar uma nova expedição. Instalado no ninho da águia de Peyrepertuse, recruta companhias, regressadas ao Languedoc, e que só pedem para recomeçar, pela terceira vez, a invadir Castela. Em Aigues-Mortes, no dia 13 de agosto, Luís e Henrique chegam a um acordo: Henrique receberá ajuda financeira e militar; além disso, Castela, uma vez recapturada, se voltará contra os ingleses e os navarros. Em 27 de setembro, Henrique cruza novamente os Pireneus; em 8 de outubro, toma Burgos; em abril de 1368, sitia Toledo. Tem consigo também anglo-gascões que começam a entender como as coisas funcionam: ajudaram-no a conquistar a coroa em 1366, fizeram-no perdê-la em 1367, agora ajudam-no a reconquistá-la em 1368. Na França, Carlos V, que prepara a retomada da guerra contra Eduardo, vê ali uma oportunidade de recuperar a aliança castelhana, tão preciosa, principalmente no mar. Um tratado é concluído em 21 de novembro de 1368: Carlos envia Du Guesclin para ajudar Henrique a completar a conquista e, em troca, Henrique promete enviar navios em 1369 para atacar as costas da Aquitânia. Du Guesclin chega com seiscentos homens em fevereiro de 1369.

Ele se junta a Henrique na frente de Toledo, ainda sitiada, e em 14 de março trava uma batalha decisiva contra Pedro, que viera em auxílio da cidade. O encontro acontece aos pés do castelo de Montiel, e Du Guesclin pode dessa vez demonstrar seu talento como estrategista. Após uma marcha noturna de aproximação, à luz de tochas, ele se lança sobre o acampamento de Pedro antes que as tropas deste estivessem prontas. Não é muito cavaleiresco, mas é eficaz. Carnificina ao amanhecer. Froissart nos descreve Du Guesclin e Henrique "matando pessoas aos montes, como se fossem animais, e foram tantos que ficaram totalmente cansados de matar, cortar e abater [...] houve mais de 24 mil mortos naquele dia". A carnificina não é menor do que numa batalha de guerra religiosa: há no exército de Pedro cavaleiros mouros, seguidores de "Maomé, o podre", segundo a expressão de Cuvelier, assim como "judeus criminosos que não valem nada". Poucos dias depois da batalha, Pedro, o Cruel, sitiado no castelo de Montiel, tem uma entrevista com Henrique de Trastâmara; eles se insultam, brigam e, durante a luta, em circunstâncias obscuras, Pedro é assassinado.

Henrique, que se tornara o incontestável rei de Castela, recompensa Du Guesclin, a quem atribui os títulos de condestável, duque de Molina e conde de Soria, com uma doação de 60 mil dobrões. O bretão obviamente quer ficar na Espanha, onde também tem uma amante, a senhora de Soria, e dois filhos. Conselheiro militar do rei de Castela, ocupa-se com a aplicação do Tratado de Toledo, assinado em 8 de junho de 1369, confirmando o envio de uma frota castelhana ao serviço do rei de França. Mas este quer, a qualquer custo, recuperar o seu chefe guerreiro, a quem reserva outras tarefas. Em junho de 1370, Du Guesclin retorna à França.

DA FALSA PAZ À VERDADEIRA GUERRA (1368-1369)

A guerra contra os ingleses recomeça. Um ligeiro retrocesso é necessário para compreender a situação. Depois de Nájera, muitas companhias de mercenários retornaram ao Languedoc. Luís de Anjou apressou-se em enviá-las para devastar a Provença, de fevereiro a maio de 1368, sob as ordens de Du Guesclin, que havia sido excomungado lá. Luís de Anjou, que estava de olho na Provença, procurou enfraquecer no local o poder de Joana de Nápoles. Mas o fluxo de companhias regressando da Espanha, provenientes do antigo exército do príncipe de Gales, não cessava de crescer. Está de volta gente como Roberto Scot, João Cresswell e Roberto Briquet, Bertucat de Albret. Há também novos, como Bernardo de la Salle, "escalador forte e sutil como um gato", diz Froissart. Verdadeiro acrobata, era o melhor quando se tratava de escalar uma muralha.

É preciso adotar novas medidas contra essas pessoas. É o que fazem os estados de Languedoïl em junho-julho de 1368: os comissários são encarregados de examinar as fortificações e ordenar reparos; o dinheiro das ajudadeiras locais também deverá financiar a manutenção das guarnições, em particular nas cidades que controlam as pontes, pois estas eram pontos de passagem obrigatória das companhias. Forças móveis foram colocadas sob o comando de Luís de Sancerre e do marechal de Boucicaut, no Loire e na Normandia. O dispositivo é bastante eficaz. Por mais alguns meses, as companhias vagam pelo reino, antes de se evaporarem gradualmente. Os bandos de Cresswell e Briquet sobem os vales dos rios Lot e Dordonha, cruzam Auvérnia, mas não podem cruzar o Loire: as pontes são vigiadas e os vaus estão bloqueados, desde a nascente até Nevers. Eles então descem pela margem esquerda, encontrando finalmente uma passagem, em Marcigny, no Charolês. Mas não se consegue muita coisa do outro lado. Atravessam a Borgonha, de sul a norte, passam por Champagne em abril de 1368, iniciam um movimento para o norte, voltam para Auxerre, dividem-se. Alguns chegam a Étampes, atingem o Loire e tomam Beaugency. Perseguidos por Luís de Sancerre, alcançam a Aquitânia e se dispersam. Outros chegam à Normandia e tomam Vire; em Anjou, eles tomam Château-Gontier. Porém, o fato de serem perseguidos tira-lhes o fôlego; Roberto Scot e Roberto Briquet são mortos em sequência. Bourc Camus é pego no Bourbonnais. Grupos isolados são exterminados. No início de 1369, as grandes companhias não passam de uma lembrança muito ruim.

Pode-se, então, recomeçar a verdadeira guerra, a guerra honrada, oficial, de nobres motivos, a "boa guerra", na qual uns matam os outros de maneira civilizada e codificada. Carlos V pensa nisso há muito tempo. Seus juristas elaboram o argumento que permitirá romper a paz de Brétigny, enquanto seus propagandistas preparam a opinião pública. É mais uma vez a Aquitânia que servirá de pretexto. Em Bordeaux, o príncipe de Gales enfrenta sérias dificuldades. Sua aventura espanhola o deixara completamente arruinado e endividado. A única solução para ele é cobrar um imposto, uma *fouage* de dez soldos da Guiena por família. Tal medida arbitrária, decidida em janeiro de 1368, encontra forte oposição por parte de alguns nobres locais, e sobretudo dos três principais: os condes de Armagnac e de Périgord, e o senhor de Albret. O conde de Armagnac, acostumado a se comportar como um senhor na região, não aceita ser reduzido a uma posição subalterna pelo imperioso Príncipe Negro. Além disso, ele também precisa de dinheiro: deve 300 mil florins de resgate ao vizinho Gastão Phoebus, que o capturara em Launac. Se as pessoas em suas propriedades tivessem que pagar impostos, ele achava que deveria ser para ele, ainda mais porque o príncipe de Gales lhe devia 200 mil florins pelos adiantamentos da última campanha. O senhor de Albret está na mesma situação: ele também havia sido capturado em Launac e devia 100 mil florins de resgate. Quanto ao conde de Périgord, o jovem Archambaud, este havia sido humilhado pelo Príncipe Negro, que o prendera durante alguns dias por ter reunido ilegalmente uma tropa numa querela privada contra o senhor de Mussidan.

Os três senhores se opõem, portanto, à *fouage*. O príncipe de Gales não está disposto a tolerar essa oposição. Seus reveses na Espanha o amarguraram, reforçaram suas tendências autoritárias e enfraqueceram seu senso político. Ele contraiu malária durante a campanha, o que o obrigou a ficar de cama com frequência. Uma provação particularmente dolorosa para um guerreiro tão enérgico, com temperamento tão ativo. Ele, que já não era uma pessoa fácil, na condição de doente torna-se execrável. Num acesso de fúria, jura que irá esmagar o conde de Armagnac e não lhe deixará nem mesmo um cercado de terra na Aquitânia.

Para os nobres gascões, a alternativa natural em caso de conflito com seu senhor inglês era recorrer ao rei da França, seu suserano, e apelar ao Parlamento de Paris. Porém, desde o Tratado de Brétigny, eles teoricamente não têm mais essa possibilidade, pois a Aquitânia foi entregue a Eduardo III com plena soberania. Restava, no entanto, uma brecha a ser explorada pelos juristas de Carlos V: a troca oficial de renúncias ainda não havia ocorrido. O que certamente havia sido concluído era que, durante o período de transição entre o tratado e a troca de renúncias, o rei da França não exerceria sua soberania sobre a Aquitânia. Mas havia um prazo para a troca de renúncias, e este já passara havia muito tempo. Disso decorria uma questão de extrema importância: um rei da França teria o direito de renunciar a uma parte de sua soberania? As universidades europeias são consultadas sobre todos esses problemas. Assim, a Guerra dos Cem Anos é também a ocasião para um exame jurídico aprofundado sobre a natureza do poder real.

Tudo isso, obviamente, serve para a fachada. Na verdade, a retomada da guerra está decidida. É só uma questão de saber como ela irá ocorrer. Em 4 de maio de 1368, Arnaud-Amanieu de Albret casa-se com a cunhada de Carlos V, Margarida de Bourbon, em Paris. Muitos nobres gascões vêm à capital para o evento. Entre eles, o conde de Armagnac, que assina secretamente um documento apelando ao rei da França "na qualidade de senhor soberano do duque e de todo o ducado da Aquitânia". Em 30 de junho, o Grande Conselho decide que o rei tem o direito de receber apelos dos senhores gascões. Carlos V conclui então com os condes de Armagnac e de Périgord, e com o senhor de Albret, um acordo secreto pelo qual se compromete a receber todos os apelos que vierem da Aquitânia, a não renunciar à sua soberania sem o acordo dos apeladores e a defendê-los militarmente se seus domínios forem atacados. De sua parte, eles prometem não resolver sua disputa com o rei da Inglaterra e seu filho sem o acordo do rei da França; prometem ainda lutar por este último na Aquitânia.

Em Bordeaux, o príncipe de Gales percebe o que está acontecendo e começa a reunir tropas em suas posses inglesas do Cheshire e do norte do País de Gales. Em setembro, oitocentos arqueiros estão prontos para serem levados à Aquitânia. Eduardo III está estranhamente passivo no tocante a esse assunto. Ele envia representantes a Paris e Bordeaux para pedir explicações – seu filho fica furioso e escandalizado ao ver que o rei hesita entre a sua palavra e a do rei da França.

Este aumenta sua pressão sobre os principais nobres e as cidades da Aquitânia, convidando-os por carta a apelar ao Parlamento. A princípio, predominam o medo e a descrença; em seguida, o seguro de proteção e os argumentos jurídicos se mostram efetivos: os apelos se multiplicam e em pouco tempo há centenas deles. Em 16 de novembro de 1368, Carlos V decide oficialmente recebê-los e convoca o príncipe de Gales perante o Parlamento de Paris para responder por sua conduta, estabelecendo 2 de maio de 1369 como data-limite. Nesse ínterim, seguindo a prática feudal, ele garante a proteção dos apelantes e envia soldados para içar o estandarte com as flores--de-lis sobre seus castelos e muralhas, enquanto Luís de Anjou reúne um exército em Languedoc.

O Príncipe Negro sufoca de raiva preso em seu leito. "Estava doente da cabeça e os membros sofriam", escreve um de seus oficiais. Ele não é mais capaz de dirigir os negócios; sua doença piora, ele está em "imensa melancolia e doença de coração", e é João Chandos quem deve tomar as rédeas. As tropas da Inglaterra não chegam. Carlos V, ao contrário, está pronto – ele se organizou há muito tempo. As fortificações foram reabilitadas; a *fouage* e a gabela permitiram um tesouro de guerra de 400 mil libras. Do ponto de vista diplomático, ele tem a aliança de Castela, e o papa Urbano V é de grande ajuda para ele, recorrendo a pretextos falaciosos a fim de não conceder dispensas para o casamento entre o conde de Cambridge, filho de Eduardo III, e Margarida, filha única de Luís de Male, herdeira de Flandres, de Artésia e de Franche-Comté na Borgonha, o que teria permitido ao rei da Inglaterra ter em suas mãos o reino da França. Alega-se a existência de uma relação distante entre os dois cônjuges; seu casamento, escreve hipocritamente o papa, seria "um perigo para suas almas, um exemplo pernicioso para os outros e um escândalo para muitos". Por outro lado, ele concede dispensas para o casamento de Margarida com o irmão de Carlos V, o duque Filipe da Borgonha, embora o parentesco entre eles fosse ainda mais próximo.

Tendo assim preparado todos os trunfos em seu jogo, Carlos V pode recomeçar a guerra. A partir de janeiro de 1369, Luís de Anjou avança em Rouergue. Najac se rende; João de Armagnac, filho mais velho do conde, toma La Roque-Valsergue. O senescal de Toulouse, Raymond de Rabastens, captura Rodez em 19 de fevereiro. O senescal inglês de Quercy é derrotado em Montaigu. Cahors abre suas portas. O arcebispo de Toulouse fez uma turnê de pregações a favor de Carlos V. Os apelos multiplicaram-se perante o Parlamento: são contados 921 em 18 de março de 1369.

Nesse meio-tempo, Carlos V envia, em janeiro, o conde de Tancarville para uma embaixada em Londres a fim de apresentar suas queixas a Eduardo III, acusando-o de apoiar Carlos de Navarra e as companhias, além de declarar que o rei da França nunca havia renunciado à sua soberania sobre a Aquitânia. No final de abril, uma tropa francesa invade Ponthieu. Tudo isso sem esperar a data fatídica de 2 de maio, quando o príncipe de Gales deveria comparecer ao Parlamento em Paris. Notando sua ausência, Carlos V declara-se forçado a voltar à guerra. Em 11 de junho, Eduardo III, em Westminster, retoma o título de rei da França. Em 19 de junho, Margarida de Flandres se casa com Filipe da Borgonha. Em 30 de novembro, o ducado da Aquitânia é oficialmente confiscado. Alguns meses depois, Du Guesclin volta da Espanha. A reconquista começa.

– 5 –

RECONQUISTA E REVOLTAS: DA RECUPERAÇÃO FRANCESA À CRISE EUROPEIA (1370-1382)

A década de 1370-1380 é a da reviravolta da conjuntura militar e política. É a vez de a Inglaterra experimentar um final infeliz para seu reinado. O fardo das conquistas torna-se pesado demais para um rei decrépito e seu filho moribundo. Carlos V, cercado por boas pessoas e bem servido por Du Guesclin, recupera em poucos anos os territórios perdidos em Brétigny. Porém, de 1377 a 1382, as turbulências sociais, políticas e religiosas que fizeram desses anos um período crucial na história europeia, abalam não apenas a França e a Inglaterra, mas também toda a cristandade. Uma renovação completa do pessoal dirigente, com a morte quase simultânea do rei da Inglaterra, do imperador, do papa, do rei da França, do príncipe de Gales e de Du Guesclin, coincide com revoltas urbanas e rurais em Flandres, Itália, Inglaterra e França, além do início de um trauma no cristianismo: o Grande Cisma. A Guerra dos Cem Anos contribuiu em grande medida para essas convulsões, que por sua vez modificam os dados do conflito, fazendo-o tomar novas dimensões.

INÍCIO DO RECUO INGLÊS

A ofensiva francesa começou em 1369, como acabamos de ver. Naquele ano, enquanto Luís de Anjou e o conde de Armagnac avançam em Rouergue e Quercy, e enquanto outro irmão do rei, João de Berry, progride em Poitou, Carlos V considera seriamente desembarcar na Inglaterra, o que mostra a que ponto o estado de espírito mudou na corte da França. Em junho e julho, grandes preparativos são feitos no Baixo Sena: no Clos des Galées[1] em Rouen, que o rei visita várias vezes, reúnem-se estoques de provisões e navios são construídos. É também em Rouen que Carlos convoca os estados gerais para o mês de agosto. Há um clima de otimismo. Porém, dois fatores o forçam a abandonar o projeto. Primeiro, a frota prometida por Henrique de Trastâmara, indispensável para a operação, não chegou. Além disso, no início de agosto, os ingleses foram os primeiros a desembarcar: João de Gante chega a Calais com algumas centenas de homens. Na comitiva de Carlos V, as opiniões se dividem: desembarcar na Inglaterra ou cuidar do duque de Lancaster? Os mais realistas preferem a segunda solução – em particular, Olivier de Clisson, que, como diz Froissart,

> muito aconselha o rei a não ir para a Inglaterra com tantos nobres de seu reino. Ele disse que eles não estavam tão habituados e acostumados a ir para a Inglaterra e guerrear por lá quanto os ingleses estavam para cruzar o mar e vir para a França. Alegou muitas razões para isso, ele, que conhecia melhor do que muitos a condição e a natureza dos ingleses, bem como o estado do país da Inglaterra.

De fato, Olivier de Clisson, educado na Inglaterra, primo de Eduardo III e João IV, lutou por muito tempo nos exércitos ingleses, tendo até mesmo perdido um olho em Auray. Suas relações com o duque da Bretanha, que lhe recusara certas propriedades, tornaram-se tensas. Além do mais, dizia-se que ele era o amante da duquesa. Carlos V conseguiu atraí-lo com promessas de terras e dinheiro. Ele é um bom recruta: esse personagem poderoso e turbulento, de 33 anos, violento, cruel e ambicioso, é um guerreiro temível. Os ingleses irão apelidá-lo de "o Açougueiro".

---

1 Trata-se de um estaleiro. (N. T.)

RECONQUISTA E REVOLTAS

Seu parecer é seguido por uma comissão dos estados encarregada de estudar o projeto de desembarque na Inglaterra, que recomenda "ir primeiro ao duque de Lancaster". Este havia começado sua cavalgada, contornando a Picardia e depois a costa da Normandia, com o objetivo de destruir os preparativos franceses. Ele alcança Harfleur, que em vão tenta conquistar, mas depois se retira com medo de ficar preso em Chef de Caux.

O ano de 1370 é muito ruim para os ingleses. Já começa mal: em 1º de janeiro, numa escaramuça perto da ponte Lussac, sobre o rio Vienne, o sexagenário e valoroso João Chandos tropeça em sua grande túnica, cai e, como também é caolho (em Nájera ele havia recebido uma adaga no olho), não vê chegar o golpe desferido pelo escudeiro Jacques de Saint-Martin, que lhe enfia a espada entre o nariz e a testa. Ele morre na noite seguinte.

A perda desse sábio e experiente líder é um duro golpe, seguido nos primeiros meses do ano por uma retomada do avanço dos franceses: o duque de Berry em Poitou, e o duque de Anjou em Périgord; o conde de Armagnac, o senescal de Toulouse, Arnaud-Amanieu de Albret e Bérard de Albret em Armagnac progridem de modo lento, porém implacável. As cidades caem uma após a outra: Agen, Villeneuve-sur-Lot, Pujols, Penne, Fumel, Puymirol, Bazas, Tarbes, Bagnères, Vic-sur-Bigorre.

Eles são reforçados em 20 de julho por Bertrand du Guesclin, que finalmente volta da Espanha e assume o comando do exército do duque de Anjou. A progressão continua: Aiguillon, na confluência dos rios Lot e Garona, é tomada sem luta. Em seguida, o exército deixa o Garona e vai diretamente para o norte, talvez com o objetivo de juntar-se com o duque de Berry. O vale de Dordonha é alcançado, seus castelos e cidades-fortes são anexadas ao lado francês: Sarlat, Domme, Beynac e Castelnau, os dois castelos inimigos, frente a frente em ambos os lados do rio desde o tempo de Ricardo Coração de Leão. Mais a jusante, a praça-forte de Lalinde também estava prestes a render-se, quando reforços de Bergerac, liderados pelo Captal de Buch – que mata o capitão do local por traição – impedem a entrada dos franceses no último momento. Du Guesclin não insiste. Seu itinerário mostra que ele estava claramente buscando consolidar a frente do avanço francês ao longo de uma linha norte-sul, em vez de avançar de uma vez por todas para oeste. É de fato uma conquista sistemática, que avança de modo lento, porém seguro, ao longo de toda a linha, garantindo a retaguarda e não deixando nenhuma praça inglesa a leste. Existe, sim, uma estratégia global na reconquista da Aquitânia.

Negligenciando Bergerac, Du Guesclin retorna novamente, portanto, para o norte, no vale do Isle. Em Périgueux, reorganiza as defesas da cidade. Perto dali, toma por assalto a abadia de Chancelade, onde os ingleses estavam entrincheirados. O que acontece é rotina: os tiros contínuos dos besteiros obrigam os defensores a se protegerem, e isso deixa o caminho livre para encher o fosso com lenha. As escadas – uma centena delas, diz Cuvelier – são então colocadas contra a muralha, e os assaltantes sobem – há painéis que os protegem das pedras, barras de ferro em brasa, cal virgem e dormentes de madeira que os sitiados arremessam. Du Guesclin foi um dos primeiros a entrar na praça, seguido de perto por Olivier de Mauny e por Jean e Alain de Beaumont.

Ele maneja sua arma favorita, o machado, com o qual esmaga num golpe a mandíbula do capitão inglês. A guarnição é massacrada. O dia termina com as barricas da abadia esvaziadas. Elas são imediatamente devolvidas aos seus pacíficos donos.

Du Guesclin então desce o vale de Isle até Montpon, que ele subjuga, e em seguida vai novamente em direção ao norte, tomando Brantôme e Saint-Yrieix. Tendo deixado o exército do duque de Anjou muito mais ao sul, ele se dirige ao do duque de Berry, que acabava de sitiar Limoges. Os emissários do rei da França tinham sob controle o bispo da cidade, João de Cros, e convencem os burgueses a se render. O duque de Berry faz sua entrada em 24 de agosto. Orgulhoso de sua façanha, o irmão do rei decide que já fez o suficiente para o ano todo e parte na mesma noite, deixando apenas cem homens para defender a cidade. Leviandade fatal: quinze dias depois, os três irmãos plantagenetas – o príncipe de Gales, o duque de Lancaster e o conde de Cambridge – estão diante de Limoges. Um mesmo sentimento de ódio os anima diante das sucessivas perdas das cidades da Aquitânia que haviam se rendido sem resistência aos pérfidos franceses.

O episódio é terrível. Em 19 de setembro, as muralhas minadas de Limoges desabam, criando uma larga brecha. Os ingleses entram por ali. O príncipe de Gales, doente e furioso, está fora de controle; ele ordena o massacre geral de civis e combatentes, indiscriminadamente, inclusive do bispo: "O príncipe olha para ele ferozmente", escreve Froissart, "e a melhor palavra que lhe diz é jurar a Deus e a são Jorge que iria cortar-lhe sua cabeça". Seu irmão Lancaster o acalma um pouco, e o bispo pode fugir antes de ser executado. Esta é a última façanha do Príncipe Negro, que também fica sabendo no mesmo ano da morte de seu filho Eduardo. Exausto, ele volta para a Inglaterra em janeiro de 1371 e morre em 8 de junho de 1376.

Limoges capturada e saqueada é um dos últimos sobressaltos dos ingleses no fim do reinado de Eduardo III. O outro é a grande cavalgada de Roberto Knolles, que parte de Calais no final de julho de 1370, com 1.600 soldados e 2.500 arqueiros. Aos 57 anos, Knolles, sempre tão alerta, brutal e ganancioso, deixa atrás de si um rastro de destruição e desolação, "sempre incendiando o país que não se entregasse para resgate". Os lucros, porém, são magros, pois ele se depara com a nova tática francesa: cidades fechadas, das quais ninguém sai. Tudo então se reduz a pisotear as colheitas na véspera da colheita e a queimar as cabanas. Passa-se diante de Arras, Roye, Noyon, Reims e Troyes, mas atacar essas ricas presas bem defendidas está fora de questão.

Knolles vem então provocar a própria capital. Aldeias periféricas, como Arcueil e Cachan, são incendiadas; em 24 de setembro, há movimentação na planície de Villejuif com homens preparando-se para a batalha. Em torno do rei, os condes de Tancarville, de Saint-Pol, o visconde de Meaux, Raul de Coucy, João de Vienne, o senescal de Hainaut e outros grandes nobres, têm dificuldade em se conter. Vemos a fumaça das aldeias queimadas; um cavaleiro inglês ainda teve a audácia de bater em uma das portas de Paris. Não consegue retornar ileso, pois é morto com um formidável golpe de machado desferido por um açougueiro local. Caído no chão, é massacrado por quatro camponeses, "que o golpearam como se batessem em uma bigorna", conta Froissart. A cena, representada no século XV numa miniatura que ilustra o manuscrito das *Crônicas*, mostra a fúria do populacho, que não compreende a passividade dos nobres, desses ilustres cavaleiros que permanecem imóveis enquanto veem o inimigo devastar o reino. As táticas de Carlos V não aumentam a popularidade dos nobres. Mas a salvação do reino tem esse preço. Segundo Froissart, Olivier de Clisson também encorajou o rei a não ceder: "Senhor, não deveis empregar o vosso povo contra esses malucos; deixai-os ir, que saiam andando; eles não podem ameaçar vossa herança, nem vos expulsar com fumaça". A tática defensiva já teria, portanto, alguns adeptos. Frustrado em suas esperanças de batalha, Roberto Knolles então se muda para o oeste, retomando seus ataques em Beauce e depois no Maine, com a intenção de conquistar a Bretanha.

DU GUESCLIN, CONDESTÁVEL DA FRANÇA (2 DE OUTUBRO DE 1370)

Enquanto saqueava os celeiros de trigo da França, Du Guesclin é chamado em Paris por Carlos V, que decide nomeá-lo condestável da França. É um verdadeiro "golpe midiático", de acordo com a expressão de Françoise Autrand. Originalmente, o condestável era apenas um oficial subalterno, sob as ordens do senescal, o *comes stabuli*, conde do estábulo, cuja principal função era cuidar dos cavalos da comitiva do rei. Esse especialista em cavalaria tornou-se gradualmente o principal conselheiro militar e tenente do rei na guerra, o chefe supremo do exército real. Sua insígnia, a espada, é a do rei, que ele usa para investi-lo. O condestável é, portanto, o braço do rei, o generalíssimo de suas forças armadas.

Até então o cargo era confiado a homens de alta linhagem e de casa ilustre. Por exemplo, os dois proprietários da família Brienne, vassalos diretos do conde de Champagne, o último dos quais, Gautier de Brienne, havia sido morto em Poitiers. Carlos da Espanha descendia dos reis de Castela. Esses personagens também podiam se tornar inquietos, ambiciosos e preocupar o próprio rei. A posição implicava perigos de verdade: os últimos três titulares foram assassinados ou morreram em ação. A nomeação de Moreau de Fiennes, em 1356, marca o início de uma evolução da função: mais do que homens de nascimento nobre, o rei escolhe bons militares, que tenham mérito e sejam devotados, enfim, personagens que já deram provas da sua lealdade.

Mas Moreau de Fiennes tem agora 64 anos. É hora de substituí-lo. Essa é a oportunidade para Carlos V operar uma grande promoção, escolhendo um homem ao mesmo tempo popular e pouco perigoso, eficiente e unificador. Popular, Du Guesclin é, de modo inquestionável, "A voz comum de todo o reino", diz Froissart, que o considera "o mais valente, o mais adequado e sábio para a tarefa, o mais feliz e afortunado em seus negócios, que nessa época se coadunavam com as armas da coroa da França". Pouco perigoso, ele também é um nobre menor sem ambição pessoal, que não incomoda nenhum dos grandes da corte. Bretão, o que também é útil: pode contribuir para ligar ao soberano uma parte da nobreza daquele feudo que estava nas mãos do anglófilo João IV. O rei tem o cuidado de fazer dessa nomeação um verdadeiro plebiscito. O condestável é eleito em 2 de outubro de 1370, por unanimidade pelo Grande Conselho de "prelados, nobres, burgueses e habitantes da cidade de Paris". Chega-se a representar a comédia da recusa por modéstia. Relata Froissart as palavras do bretão:

> Sou um homem pobre e de baixa renda. E o ofício de condestável é tão grande e tão nobre que convém primeiramente aos que podem adquirir, exercer, explorar e comandar, e mais aos grandes do que aos pequenos. Porém, meus senhores, aqui estão vossos irmãos, vossos sobrinhos e vossos primos, que se encarregarão de homens de armas em hostes e cavalgadas; como eu ousaria comandá-los?

Vamos! Vamos! Não seja modesto, você é o melhor, responde com confiança o rei:

> Senhor Bertrand, senhor Bertrand, não vos desculpeis dessa forma, porque em meu reino não tenho irmão, nem primo, nem sobrinho, nem conde, nem barão que não obedeça a vós; e se alguém fizesse o contrário, eu ficaria tão irritado que essa pessoa perceberia: se assumir o cargo com firmeza, eu vos agradecerei.

A esse respeito, diz Cristina de Pisano: "foi eleito para condestável da França o bom bretão, cavaleiresco e bravo senhor Bertrand du Clequin, e isso ocorreu na quarta-feira, no segundo dia do mês de outubro do ano de 1370".[2] É possível falar em entusiasmo. Um clérigo anônimo ainda se permite fazer uma observação pessoal à margem do registro da Câmara de Contas relatando a cerimônia: "Viva para sempre o condestável da França

---

2 Sobre essa pensadora, veja-se o verbete "Christine de Pizan", em Ana Rieger Schmidt, *Enciclopédia Mulheres na Filosofia*. Disponível em: <https://www.youtube.com/@mulheresnafilosofia>. Acesso em: 9 nov. 2023. (N. T.)

Bertrand du Guesclin, cavaleiro muito valente, muito ilustre, bravo entre todos". A operação é um sucesso, o que contribui para renovar a motivação de um certo número de cavaleiros, sobretudo da pequena nobreza, que viam em Du Guesclin a promoção de um dos seus: "Grande alegria foi experimentada entre os valentes cavaleiros, e muitos que, por falha de maus dirigentes, haviam abandonado as armas, retomaram-nas", diz Cristina de Pisano. Somente os "barretes forrados" relutam: cortesãos, financistas, secretários, legistas e togados desprezam esse bruto analfabeto, de proverbial fealdade – entre eles e Du Guesclin havia um desprezo recíproco.

Essa animosidade se materializa alguns dias depois, quando o novo condestável exige dinheiro para fazer a guerra. Segundo Cuvelier, Du Guesclin teria feito um discurso audacioso ao rei, no qual fez transparecer seu ódio aos burocratas e políticos corruptos. Que sejam obrigados a pagar pelo esforço de guerra:

> Ide e quebrai esses cofres onde há tanto dinheiro; um príncipe avarento nunca conquistará honra [...] Se não tiverdes um bom tesouro, ouro, prata e ouro puro, pedi emprestado ao vosso povo! Não há oficial que não possa pagar meio *setier*[3] de ouro fino [...] Eu destroçaria aqueles barretes forrados e logo saberia o que eles têm no cofre. De tais pessoas deveis pedir emprestado sem demora, pois muitos enriquecem sem escrúpulos.

Discurso imaginado por Cuvelier, mas que reflete a hostilidade provocada entre os cavaleiros pela burocratização da monarquia dos Valois. Desde Filipe IV, o Belo, a casta militar teve seu papel diminuído em favor dos oficiais civis, e o descontentamento aumentou. O movimento é muito claro no tempo de Carlos V, um rei não combatente, "tecnocrata" *avant la lettre*, que desconfia da guerra e de seus acasos. Ainda assim, decide-se por um empréstimo forçado: burgueses, oficiais reais, togados e todos aqueles que "tivessem algo" deveriam contribuir "para fortalecer o condestável da França com homens de armas". Assim, em Rouen, 217 burgueses enviam o adiantamento de 8.362 libras – e o fazem resmungando.

---

3 O *setier* era uma medida para secos e líquidos que variava conforme a época e o local. (N. T.)

O que ocorre é que tanto o rei quanto seu condestável estão convencidos de que a reconquista só pode acontecer com um exército regularmente pago, a fim de evitar deserções, abandonos e traições. Os ingleses são imitados com o uso do sistema de adiantamentos para o soldo. Carlos V renuncia ao tradicional exército feudal, que era muito instável e indisciplinado. Se os grandes vassalos estão sempre presentes na hoste, eles o fazem na condição de assalariados; o *arrière-ban* só é convocado excepcionalmente, como na Normandia em 1369, para enfrentar um perigo iminente. A pequena nobreza constitui um núcleo permanente de 2.500 homens de armas, ou seja, quase 10 mil homens contando os seus assistentes, regularmente passados em revista nos *"montres"*, onde os oficiais régios verificavam os equipamentos e as tropas antes da distribuição do soldo. Em caso de necessidade, o número de homens de armas da pequena nobreza podia subir até 5 mil ou 6 mil. A isso se soma um número crescente de não nobres, *coutillers*,[4] piqueiros, sargentos e valetes, alguns dos quais deslizam para as fileiras de escudeiros. Porque, nesse exército em processo de profissionalização, o valor individual é cada vez mais levado em consideração.

Para os postos de comando, todavia, o exemplo de Du Guesclin, um nobre menor que alcançara o título supremo, permanece excepcional. Os chefes continuam a ser os grandes nobres, de valor desigual, em particular os irmãos e cunhados do rei. Se o duque de Anjou tem qualidades de decisão, o duque de Berry é um capitão medíocre, mais apto para o mecenato do que para as armas. Luís de Bourbon, com 33 anos em 1370, duque e par da França, fundador da ordem de cavalaria do Escudo Dourado, é um dos melhores tenentes do rei. Carlos V confia-lhe numerosos comandos na Bretanha e no norte da França. Filipe de Borgonha, outro irmão do rei, embora tenha lutado contra os *routiers* no leste do país, é mais um político do que um soldado. Esses príncipes, se tiverem o comando nominal dos exércitos, na maioria das vezes precisarão de um profissional ao seu lado para lidarem com o aspecto técnico das campanhas.

Tirando ainda lições das derrotas do início da guerra, o rei tenta desenvolver a prática do tiro com arco e besta em todo o país. A ordenança de 3 de

---

4 O *coutillier* (ou *coustillier*) era o soldado equipado com uma *costille*, isto é, haste com lâmina na ponta semelhante a um pique. (N. T.)

abril de 1369 proíbe a prática de todos os exercícios e jogos de azar, exceto as competições de tiro. Espera-se facilitar o recrutamento de flecheiros organizando concursos com distribuição de prêmios. Tal medida só poderia dar frutos a longo prazo. No momento atual, o mestre dos besteiros, Hue de Châtillon, tem sobretudo genoveses sob seu comando. Em geral, a proporção de mercenários também tende a aumentar: genoveses liderados por Grimaldi, Spinola, Doria, catalães, castelhanos, piemonteses, toscanos, alemães, escoceses e galeses. Entre esses últimos, Owen Lawgoch, sobrinho--neto do último rei de Gwynedd, Llewelyn. Odiando os ingleses, Lawgoch, por sua vez, serve Filipe VI, João, o Bom, e Carlos V, bem como realiza algumas façanhas, como a captura de Guernsey em 1372.

O número de canhões no exército da reconquista tende a aumentar. Mas as catapultas clássicas ainda têm um futuro brilhante pela frente. Du Guesclin, ao que parece, faz pouco uso de armas de pólvora. *Perrières*, trabucos e manganelas permanecem mais eficazes. Carlos V também se preocupa com sua marinha, reduzida no início de seu reinado a, no máximo, uma dezena de navios. Vários navios estão em construção no Clos des Galées, em Rouen, mas o aluguel de barcos estrangeiros continua a ser essencial: alguns monegascos, com Grimaldi, alguns genoveses e, sobretudo, a intervenção da frota castelhana, com o almirante Ambrósio Boccanegra.

A NOVA ESTRATÉGIA. PONTVALLAIN (4 DE DEZEMBRO DE 1370)

A maior mudança está na estratégia: nada de grandes batalhas. Carlos V quer fazer a guerra assediando o inimigo, "sem lutar em campo aberto e sem desafiá-lo". Que as cavalgadas inglesas passem livremente e elas se esgotarão por si mesmas. Ele prefere a guerra de atrito em vez dos arroubos desastrosos de seu pai e de seu avô. Os recursos do reino são grandes: o inimigo vai ter bastante trabalho para se apossar deles. Organizar uma cavalgada é muito caro e o Parlamento de Londres está cada vez mais relutante em pagar. Se a cavalgada não rende espólio, resgate nem território, o reino plantageneta perderá suas forças e seu dinheiro. Se tiver que se deparar apenas com cidades fechadas e bem defendidas, não será possível conquistá-las, pois não leva consigo equipamentos pesados e tampouco pode gastar tempo em um longo cerco. Se a cavalgada não encontra nenhum exército em seu caminho, não haverá batalha nem resgate; depois de ter vagado por algumas semanas, terá somente o vazio das mãos para repartir. Carlos V aplicará essa estratégia de forma cada vez mais deliberada. São os camponeses que pagarão o preço: a frustração de saque decorrente das cavalgadas inglesas recairá sobre o campo indefeso. Carlos V sabe disso, mas esse será o preço da vitória. A nobreza contestará tal estratégia, frustrada pela falta de batalhas, honras e resgates. Embora seja pouco glorioso, o método é eficaz.

É ainda necessário que os castelos e as fortificações estejam em condições de proteger a população durante a passagem das cavalgadas. Por conseguinte, as defesas urbanas são reabilitadas, as muralhas, reparadas e vistoriadas por oficiais régios. Em muitos casos, o cercamento tornava-se inviável pela extensão dos subúrbios, o que facilitava a aproximação do inimigo e a prática da sapa:[5] as autoridades urbanas podiam optar entre arrasar os subúrbios ou envolvê-los em um novo cinturão de cerco. Os proprietários de castelos fortificados também são solicitados a colocar sua fortaleza em ordem: preencher brechas e rachaduras, limpar as muralhas das construções adjacentes, armazenar víveres e munições, obter artilharia. Pela ordenança de 19 de julho de 1367, que João Favier compara a uma verdadeira "nacionalização" dos castelos fortificados, o rei instaura um controle sobre essas construções.

Em Paris, Carlos V realiza trabalhos de defesa consideráveis. É antes de tudo um novo recinto, pois o de Filipe Augusto está há muito tempo mesclado no tecido urbano devido ao crescimento dos subúrbios. O espaço protegido é assim duplicado, num circuito de mais de 5 quilômetros. As novas fortificações tinham mais de 90 metros de espessura, e incluem, de dentro para fora, um caminho para a circulação de tropas, um volumoso baluarte de terra com um muro de pedra no topo, um fosso com água, outra barreira de terra e, possivelmente, mais um fosso. Tal dispositivo permitia eliminar qualquer risco de sapa, além de tornarem inofensivas as catapultas, cujo alcance não ultrapassava 100 metros. Havia apenas seis portões, fortemente

---

5 Sapa era o termo utilizado para designar, nas operações de cerco, qualquer trincheira cavada diante de uma fortificação. O soldado responsável por cavar a trincheira era chamado sapador. (N. T.)

defendidos por bastidas ou bastilhas. Em 22 de abril de 1370, Hugo Aubriot, preboste de Paris, coloca a primeira pedra na bastilha mais importante: a do portão Saint-Antoine, considerada "a" Bastilha.

No interior da cidade, as residências reais também são redesenhadas para aumentar suas capacidades defensivas: o Louvre, nos planos de Raymond du Temple, torna-se a magnífica fortaleza que pode ser vista nas *Ricas horas* do duque de Berry. Em 1365, o *hôtel* Saint-Pol é concluído.[6] Ademais, no lado externo, há Vincennes. Aqui, estamos no âmbito do gigantesco e do inovador, começando pela torre de menagem, construída entre 1361 e 1369: uma enorme torre retangular de 52 metros de altura, ladeada por quatro pequenos torreões; depois, de 1373 a 1377, em tempo recorde, o recinto retangular de 378 metros por 175 metros, nove torres, fossos de 12 metros de profundidade e 28 metros de largura. Por que tanto gigantismo? A ideia de Carlos V é a mesma de Luís XIV em Versalhes, de Filipe II no Escorial, e até mesmo de Pedro, o Grande, em São Petersburgo: desenvolver uma cidade real para residência da corte. Assim escreve Cristina de Pisano:

> O castelo da floresta de Vincennes é muito notável e belo, e o rei pretendia fazer dele uma cidade fechada. Ele ali estabeleceu em belos palacetes para estadia de vários senhores, cavaleiros e, entre outros, seus entes queridos. A cada um destes teria atribuído uma gratificação vitalícia, cujo valor dependia de quem era a pessoa.

Os edifícios, carregados de decoração simbólica, confirmam tal intenção. O custo é proporcional ao projeto: 1,7 milhão de libras apenas para a torre de menagem.

O novo condestável demonstra de imediato a eficácia da nova estratégia, perfeitamente adequada às suas táticas de guerrilha, com fustigação, emboscadas e surpresas. Em 2 de outubro, dia de sua nomeação como condestável, ele se encontra em Paris. No dia 24, já está em Pontorson, perto do monte

---

6 O termo *hôtel* é utilizado em língua francesa para designar um edifício da administração pública de uma cidade ou a residência citadina de um nobre. No primeiro sentido, poderíamos traduzi-lo como "paço municipal" ou "prefeitura"; porém, devido ao uso corrente da palavra original (por exemplo, o Hôtel de Ville, em Paris) optamos por manter o termo original. (N. T.)

Saint-Michel, onde estabelece um pacto de fraternidade de armas com Olivier de Clisson. Em 6 de novembro, encontra-se em Caen, onde recruta cerca de quinhentos homens. Ali ele descobre que os membros restantes da cavalgada de Roberto Knolles ainda estão espalhados pelo Maine, bastante dispersos devido a um desentendimento entre os chefes sobre a partilha do escasso espólio. Knolles quer se juntar à Bretanha; os outros capitães não concordam e todos estão de mau humor porque a campanha havia sido pouco exitosa. Os vários grupos se organizam: Knolles fica perto de Mans; Tomás Grandson, um pouco mais ao sul; Hugo Calveley, no Loire. A estratégia de Du Guesclin consiste em atacar inesperadamente esses grupos desmoralizados, cuja vigilância se tornou relaxada devido à ausência de qualquer adversário.

A campanha que se segue é uma verdadeira façanha e um dos raros exemplos de guerra-relâmpago medieval. O condestável exibe ali suas melhores qualidades como chefe de guerra: espírito de decisão, rapidez, discernimento, resistência física, coragem e astúcia. Rapidez de decisão, antes de tudo. Du Guesclin fica sabendo da situação de Knolles nos últimos dias de novembro, em Caen. Ele se encontra a 170 quilômetros de Mans, reúne suas tropas (cerca de quinhentas lanças, de acordo com Froissart) e, em 1º de dezembro, inicia sua marcha em ritmo acelerado, a tal ponto que Clisson e Audrehem ficam para trás, com um exército que se organiza em pequenos grupos por dezenas de quilômetros. Passando por Alençon, chega em 3 de dezembro a uma localidade nas proximidades de Mans, cujo nome, distorcido pelos cronistas, tem sido muito debatido pelos historiadores: Viré, ou Juillé, ou, mais provavelmente, Fillé, no Sarthe, a cerca de dez quilômetros a sudoeste de Mans. A vanguarda percorre 170 quilômetros de caminhos lamacentos em três dias (um recorde para a Idade Média) e todos ficam exaustos. Os ingleses, informados sobre a chegada de Du Guesclin, enviam-lhe um mensageiro a fim de marcar com ele um local e uma data de batalha. Todavia, os jogos cavaleirescos de outrora não fazem mais parte da vida do condestável: ele embebeda o mensageiro, obtém dele a localização exata de Tomás Grandson e, logo em seguida, ao anoitecer, parte sob uma chuva glacial de dezembro. Avançando 25 quilômetros no escuro, montando cavalos que estão exaustos após três dias de marcha, o condestável perde dois deles. Antes do amanhecer do dia 4, chega silenciosamente perto do campo inimigo. A chuva parou e o sol está prestes a aparecer: os capacetes são cobertos com tecido para evitar reflexos no metal. E então, abruptamente, "Nossa Senhora! Guesclin!"; e quatrocentas pessoas furiosas saem dos matagais e correm para o acampamento. A surpresa é absoluta, a vitória também: oitenta capitães ingleses são apanhados ao despertar, incluindo Tomás Grandson, Gilbert Giffard, Godofredo Oursellé, Guilherme de Neuville, Filipe de Courtenay e Hugo Despenser. Nos dias seguintes, Du Guesclin dispersa os outros bandos ingleses e limpa o leste de Anjou e os confins de Poitou. Em 5 de dezembro, ele está no Loir; no dia 6, em Saumur, no dia 7, em Bressuire. Ali, o velho marechal Arnoul de Audrehem é ferido ou adoece; ele morre em Saumur. Em Saint-Maur, a jusante de Saumur, Du Guesclin compra a partida de seu antigo rival Calveley e, para pagá-la, institui um pedágio na travessia do Loire em Ponts-de-Cé. As últimas guarnições inglesas deixam a região. Em 1º de janeiro de 1371, Du Guesclin está de volta a Paris.

Em exatamente um mês, o novo condestável obtém uma vitória relâmpago, dispersa os bandos ingleses e recupera o controle do Maine, de uma parte de Anjou e de Poitou, tudo isso com meios muito limitados. Com esse rápido balanço, temos uma noção de sua eficácia. Seu pequeno grupo é móvel, flexível, possui um núcleo oriundo da elite bretã, com base familiar e provinciana, além de bem coeso, e, assim, antecipa as ações dos "comandos" nos países ocupados. Golpeando de forma rápida, imprevisível e incompreensível, ele mantém o inimigo num estado de insegurança, desanima-o e consegue recuperar postos estratégicos. O rei tem motivos para ficar satisfeito com seu novo condestável.

A RECONQUISTA DE POITOU (1371-1372)

O ritmo diminui em 1371. Esse ano é marcado sobretudo por avanços diplomáticos, com a grande reconciliação entre Carlos V e Carlos de Navarra. Este último, que voltou à Normandia em 1369, obtém pela primeira vez, em março de 1370, a confirmação de seus direitos sobre Montpellier. Em seguida, tenta negociar com os bandidos estabelecidos no coração de seus domínios em Saint-Sauveur-le-Vicomte, ao sul de Cherbourg. Ali vivem milhares de homens, de todas as nacionalidades, pedindo resgate das populações da região. Como autodenominam-se "ingleses", Carlos tenta antes obter sua capitulação de Eduardo III, e somente depois volta-se para o rei da França, com quem se encontra em 25 de março em Vernon – é quando lhe presta a homenagem lígia por todas as terras que possui no reino da França. No mesmo ano, renova-se a "velha aliança" com os escoceses, tendo-se por promessa que não se aceitaria a paz sem eles.

Em 1372, as coisas se aceleraram novamente. No início do ano, uma embaixada vai ao encontro do imperador Carlos IV, em Praga, "para que nenhum alemão fosse subornar a favor do lado e do partido do rei da Inglaterra", diz Froissart. Tal partido, justamente, não perdeu tudo na Espanha. Um duplo casamento estreita os laços entre os plantagenetas e a família de Pedro, o Cruel: João de Gante, duque de Lancaster, viúvo, casa-se com Constança, filha mais velha do ex-rei de Castela, e Edmundo, conde de Cambridge, irmão de João e futuro duque de York, casa-se com a caçula, Isabel. Com isso, João de Gante, impetuoso e bagunceiro, já se vê como rei de Castela. Henrique de Trastâmara está preocupado e participa mais ativamente da guerra franco-inglesa: em 22 e 23 de junho de 1372, uma frota castelhana liderada pelo genovês Ambrósio Boccanegra destrói em La Rochelle a frota inglesa de João Hastings, conde de Pembroke, que é feito prisioneiro. Os navios ingleses, que possuíam maior calado e estavam bem próximos da costa, são surpreendidos pela maré baixa. Presos pelo fundo do casco e incapazes de manobrar, foram incendiados ou apanhados. O canhão foi utilizado pela primeira vez em uma batalha naval.

A frota inglesa trouxe reforços e dinheiro para as tropas inglesas em Poitou, que haviam sofrido uma vigorosa ofensiva de Du Guesclin e do duque de Berry, auxiliados pelo duque de Bourbon e pelo conde de Alençon, além dos viscondes de Meaux, de Rohan, de Aunoy, e dos senhores de Clisson, de Laval, de Sully e de Beaumanoir. Forças consideráveis são reunidas para uma conquista sistemática do território. João de Berry é nomeado conde de Poitou e precisa se impor em suas terras, onde os senhores haviam se reunido maciçamente ao partido inglês. Quem dirige as operações é Du Guesclin, que acaba de ser honrado por receber o segundo filho do rei, o futuro duque de Orléans, na pia batismal. A destruição da frota inglesa em La Rochelle deixa as guarnições sem esperança de reforços. O objetivo principal é Poitiers, que se isola tomando primeiro os lugares vizinhos a partir de meados de junho: Montmorillon cai primeiro, "e todos os que ali estavam morreram", diz

Froissart; Chauvigny é tomada em três dias; Lussac nem tenta resistir; Moncontour, defendida por João Cresswell e Davi Holgrave, dura apenas uma semana. Du Guesclin acerta uma conta pessoal ali, mandando enforcar Jannequin Louet, que o acusara de perjúrio. Sainte-Sévère, uma formidável fortificação mantida pelos ingleses Ricardo Holme, Ricardo Gille e Guilherme Percy, foi tomada após um ataque furioso: "Nenhum homem vivo ouviu falar de um ataque como esse", garante Cuvelier. A fúria dos combatentes aumenta com o consumo de álcool:

> Assim, nosso povo bebia bom vinho enquanto atacava,
> eles se tornavam mais valentes que leões.
> Ali começou o assalto; nenhum homem viu um maior do que esse.

Isso comove Froissart profundamente: que belo espetáculo!

> Era grande a beleza a se ver, [...] ali avançavam cavaleiros e escudeiros de todas as nações, para que sua honra aumentasse e suas tropas seguissem adiante; esses corpos realizavam maravilhas militares, pois muitos passaram por todos os fossos que estavam cheios de água, e de lá seguiam, com os escudos sobre as cabeças, até chegarem aos muros; faziam-no com habilidade, sob ataque dos que atiravam do alto, e não recuavam, mas iam todos para a frente.

Após o massacre, Du Guesclin enforcou 110 prisioneiros franceses que lutaram ao lado dos ingleses.

Isso fez os burgueses de Poitiers refletir e optar por capitular sem resistência em 7 de agosto. A partir daí, Du Guesclin avança em direção a Aunis, a fim de isolar La Rochelle. Durante a luta nesse setor, os franceses conseguem uma bela presa: João de Grailly, o Captal de Buch, a quem o rei se recusa a libertar por meio de resgate. O Captal morreria na prisão cinco anos depois. As cidades caem quase sem resistência: Soubise, Saint-Jean-d'Angély, Angoulême, Saintes, Taillebourg, Pons. Em 8 de setembro, Du Guesclin entra em La Rochelle, que abre suas portas em troca da promessa de fazer parte diretamente do domínio real e ter uma casa da moeda.

As últimas praças de Aunis cedem. Cada captura é marcada por cenas de carnificina, como nas ilustrações em que Olivier de Clisson, maníaco sanguinário, aparece matando a sangue-frio, pelo sádico prazer de matar. No castelo de Benon, ele decapita com machado os prisioneiros ingleses à medida que eles saem: "Ele chegou à porta da torre; ele esperava os ingleses. Golpeou com o machado o primeiro que saiu, partindo-lhe a cabeça de uma só vez; e derrubou o segundo, e o terceiro, e com quinze golpes de machado, cortou quinze cabeças". Tudo isso sob o olhar de alguns soldados franceses zombeteiros que comentavam e riam. Um deles disse a Clisson: "Olivier, bom amigo, acalme-se um pouco, você está se empolgando demais com essa tarefa! Por que não nomeia um lacaio ou um sargento para decapitar esses ingleses por você?". O episódio, cuja autenticidade não é contestada, é relatado pelo cronista Cuvelier, escrivão da corte, que escreve entre 1380 e 1387, na época em que Clisson havia se tornado condestável. É significativa a banalização da selvageria em meio a uma população que há quarenta anos vive em estado de guerra.

O ato final ocorre em 1º de dezembro, quando os senhores de Poitevin, que permaneceram leais a Eduardo III, fazem um juramento de fidelidade ao rei da França, na igreja dos Irmãos Menores de Loudun. Eles já haviam tentado resistir a Thouars, mas, como não receberam nenhuma ajuda da Inglaterra, julgaram que era melhor capitular. Em 11 de dezembro, Du Guesclin está de volta a Paris junto com os duques de Berry, da Borgonha e de Bourbon. O balanço de 1372 é bem positivo: reconquista de Poitou, Aunis e parte de Saintonge.

CHIZÉ, CAVALGADA DE LANCASTER E ASSUNTOS BRETÕES (1373-1375)

Em 1373, os ingleses tentam reagir recorrendo aos serviços do amigo João IV, duque da Bretanha. O ano mal havia começado para eles. Em 21 de março, Du Guesclin, de volta a Poitou, derrotou-os novamente, em Chizé, cerca de trinta quilômetros ao sul de Niort. Batalha a pé contra líderes que Du Guesclin conhecia bem: Milton, Scott, Cresswell, Holgrave, Holme e João de Evreux. Batalha feroz, com sua parcela de horrores. Na confusão, Du Guesclin se vê diante do inglês Jacounelle: "Bertrand agarrou o inglês pela viseira, ergueu-o ligeiramente e, inserindo sua adaga, atingiu-o com um golpe que atravessou seu olho; Bertrand então gritou: 'Guesclin!', e disse ao seu povo, que o cercava: 'Matem por mim este aventureiro que me entedia!'. O inglês foi logo atacado por trás e pela frente, os bretões o atingiram com grandes golpes de machado e o cortaram como se fosse carne apodrecida". A tropa inglesa é aniquilada. Dos setecentos homens de João de Evreux, metade estão mortos, os outros são presos, incluindo João de Evreux. Para não se sobrecarregar com prisioneiros inúteis, Du Guesclin manda degolar trezentos deles no local. Seis dias depois, Niort se rende, seguida por Lusignan, Mortemer e La Roche-sur-Yon. No final de abril, o condestável está de volta a Paris.

Imediatamente, o rei o envia para a Bretanha, onde 4 mil ingleses acabam de desembarcar em Saint-Malo, com o conde de Salisbury. João IV, de fato, após procrastinar, acaba tomando abertamente o partido de Eduardo III. Em 19 de julho de 1372, conclui com ele uma aliança defensiva e ofensiva, prometendo-lhe a homenagem lígia. O acordo foi seguido por um primeiro desembarque, em setembro, de quatrocentos ingleses em Saint-Mathieu, que reembarcam após uma curta incursão de Du Guesclin. Carlos V envia a seu vassalo uma carta de advertência, mas o duque agora está muito comprometido com o lado inglês. Tudo contribui para que ele vá para lá: sua educação, seus gostos, seus conselheiros, suas esposas (sucessivamente: Margarida, filha de Eduardo III, e Joana Holland, nora do Príncipe Negro), seu interesse (o condado de Richmond), a presença de muitas guarnições inglesas na Bretanha: Roberto Knolles em Derval, outros em Brest, Gâvre, Bécherel, Guémené e Guingamp.

Dessa vez, o assunto é muito sério. Carlos V, após o desembarque do conde de Salisbury, consulta o Parlamento sobre um possível confisco do ducado. A princípio, ele decide fazer uma expedição militar. No final de abril de 1373, Du Guesclin e o duque de Bourbon deixaram Angers e entram na Bretanha com forças consideráveis. A grande maioria dos nobres bretões, exasperados com a forte presença dos ingleses, recebem favoravelmente o condestável. João IV, isolado, vai de Vannes a Auray, depois a Saint-Mathieu, e foge para a Inglaterra em 28 de abril. Du Guesclin, seguido pelos senhores de Rohan, de Clisson, de Beaumanoir e de Rochefort, inicia então em uma verdadeira excursão militar. Em 20 de maio, está em Rennes; sua rota a partir de lá é difícil de ser reconstituída. As cidades rendem-se sem resistência e ele chega à entrada de Brest, onde está entrincheirado Roberto Knolles, que, seguindo a prática corrente, promete capitular se não receber ajuda antes de 6 de agosto. Isso dá a Du Guesclin tempo para completar sua turnê pela Bretanha e, até mesmo, para fazer uma pequena excursão a Jersey em 14 de julho. Tempo suficiente para saquear um pouco as ilhas anglo-normandas, onde queima, mata, pilha e pede resgate, voltando em seguida para Saint-Malo, de onde o conde de Salisbury já partiu com sua frota, com destino a Brest, chegando bem a tempo de evitar a capitulação de Knolles: 4 de agosto. Decepção de Du Guesclin ao retornar à cidade. O acordo, porém, previa que, para serem válidos, os reforços ingleses deveriam não apenas chegar em 6 de agosto, mas também ser suficientes para que os sitiantes pudessem comba-ter. Como provar que as forças de Salisbury eram suficientes para a batalha? Simplesmente lutando. Assim sendo, por intermédio dos arautos procura-se um terreno favorável. Mas Salisbury exagera: como não tem cavalos suficien-tes, quer que Du Guesclin lhe empreste alguns para a batalha! O condestá-vel, já irritado com essas convenções cavaleirescas, prefere ir embora. Tomar Brest exigiria um cerco muito longo. No caminho de volta, ele vai para o cerco de Derval, a fortaleza de Roberto Knolles, onde havia deixado tropas. O capitão inglês se recusa a cumprir outro acordo de rendição com prazo estabelecido. "Essas palavras surpreenderam muito o condestável, o senhor de Cliçon e os barões da França e da Bretanha", diz Froissart. Desgostoso com a falta de *fair play* desses ingleses, Du Guesclin parte para o Loire. O essen-cial está cumprido: João IV e seus aliados, no final de agosto, controlam ape-nas Brest, Auray, Derval e Bécherel.

Expulso pela porta, o duque volta pela janela. Em julho, desembarca em Calais na companhia do duque de Lancaster e com forças consideráveis: 3 mil homens de armas, 6 mil arqueiros, 2 mil soldados de infantaria, além de toda a logística e os melhores líderes disponíveis: Warwick, Suffolk, Percy, Ross, Latimer, Clifford, Ware e Calveley. João IV lança um desafio a Carlos V, anunciando que "iria destruir todo o seu reino com ferro e com fogo". Ele renuncia à sua homenagem:

> Faço-vos saber que me considero totalmente franco, livre e desincumbido da fé e da homenagem que prestei tanto a vós quanto à coroa da França, de toda a obediência e sujeição [...] e vos tenho e vos reputo como meu inimigo; não deveis ficar maravilhado se, em minha revanche, eu prejudicar a vós e a vossa parte.

A expedição não parece ter um objetivo específico. Trata-se de uma cavalgada para pura devastação, como as anteriores, sem roteiro previsto de antemão. Notícias serão fornecidas ao longo do caminho. Carlos V defende sua tática favorita, a da ostra: cada um permanece em sua concha e deixa a tempestade passar. Ordens relativas às colheitas e às barricadas são enviadas para cidades e castelos. Acima de tudo, nada de batalha. Instruções muito impopulares, especialmente entre os camponeses, reduzidos a assistir ao incêndio de suas aldeias enquanto os nobres se escondem. Mas estes últimos ficaram igualmente frustrados, como relata Froissart:

> Vários barões e cavaleiros do reino da França, bem como cônsules das boas cidades, murmuravam entre si e diziam publicamente: que era uma coisa inconveniente e uma grande injúria para os nobres do reino da França – cujo poder era tão renomado e onde havia tantos barões, cavaleiros e escudeiros – deixar os ingleses passarem assim à vontade e sem lutarem contra eles; por essa culpa, foram vituperados por todo o mundo.

Ciente do descontentamento causado por sua inércia, Carlos V convoca um conselho no início de setembro para discutir táticas. Du Guesclin e Clisson falam em uníssono: vigiar o progresso dos ingleses, mas atacar apenas em condições favoráveis. Em seguida, passa-se aos trabalhos práticos: duas tropas vão escoltar a cavalgada de Lancaster e João IV, com Du Guesclin e Clisson no flanco esquerdo, e o duque de Borgonha no flanco direito, a uma distância respeitável, apenas para bloquear os pontos de passagem importantes, e, assim, impor ao exército inglês a rota mais favorável aos franceses. Saindo de Calais, eles cruzam a Picardia e Champagne muito mais a leste do que o esperado: Laon, Reims, Troyes e Sens, onde Clisson interdita a estrada e obriga os ingleses a entrar em Nivernais e Bourbonnais. Nenhuma cidade importante é tomada, nenhuma batalha é travada; nada de pilhagem nem de resgate; em novembro, atingem as terras altas de Limousin, castigadas pelo vento e pela chuva; os seis meses de adiantamento do soldo se esgotam, o equipamento está perdido, os homens desertam, Lancaster e João IV brigam entre si e cada um chega separadamente a Bordeaux para o Natal – estão exaustos e humilhados. É o triunfo das táticas defensivas.

O ano de 1374 é um pouco mais confuso. A reconquista continua. Luís de Bourbon toma Tule e Brive; o duque de Berry fica com Lusignan. Nessa ocasião, ele concorda em libertar João Cresswell, que acabara de ser preso, e Tomás Percy, que havia sido feito prisioneiro em Soubise, o que desagradara a Carlos V. Du Guesclin, depois de ter se casado novamente, aos 54 anos, com uma jovem de 16, Joana de Laval, herdeira do senhorio de Tinténiac, volta a lutar na Aquitânia. Em 25 de abril, ele está em Toulouse. A campanha consiste em desbloquear Béarn e o País Basco. Saint-Sever é tomada; Lourdes é sitiada por quinze dias, e os ingleses não fizeram milagres: "Assim, a cidade de Lourdes foi atacada e saqueada, e um grande número de bons homens morreram ali e foram levados para resgate", escreve Froissart. De lá, o condestável segue para o norte. Mauléon, Condom, Dion, Sébillac e cerca de quarenta outras cidades caem. Em 21 de agosto, é a vez de La Réole.

Em outubro, o rei envia Du Guesclin primeiro para a fronteira bretã, onde Bécherel capitula, depois para o Cotentin, onde é necessário acabar com o ninho de bandidos que se formara em Saint-Sauveur-le-Vicomte. O lugar é muito forte e resiste por vários meses. Para o cerco são utilizados canhões que haviam estreado em Caen e Saint-Lô, capazes de lançar bolas de pedra de cem libras, uma das quais entra na sala do capitão do local, Tomás Chatterton, ricocheteia no muro e atravessa a plataforma. O cerco continua durante todo o inverno e, em abril de 1375, João IV e o conde de Cambridge desembarcam de novo, dessa vez em Saint-Mathieu. Eles avançam rapidamente para o leste, por Saint-Pol-de-Léon, Morlaix e Guingamp até Saint-Brieuc. Em 3 de julho, Saint-Sauveur capitula por 55 mil libras.

A TRÉGUA DE BRUGES E O DIFÍCIL FIM DO REINADO NA INGLATERRA (JUNHO DE 1375-JUNHO DE 1377)

Em ambos os lados, o fôlego está acabando. Uma nova pausa é necessária. Assim, como sempre, os legados papais serão ouvidos. Há quase cinco anos, Gregório XI tenta renovar o diálogo entre os dois reis. Sucessivamente, seus legados – João de Dormans e Simão de Langham em 1371, Guilherme de Lestrange e Guilherme de Beaufort em 1372 – realizam conferências que, para os delegados ingleses e franceses, não passam de comédias das quais participam para manter as aparências. Eles só começam a receber atenção com o aparecimento do cansaço, no final de 1373, quando Lancaster finalmente chega a Bordeaux após sua desastrosa cavalgada. Ele concorda em estabelecer com Du Guesclin uma trégua local na Gasconha. Carlos V, porém, a rejeita. Somente em março de 1375, depois de mais um ano de guerra sem resultados decisivos, é que os trabalhos foram iniciados com seriedade.

A conferência é realizada em Bruges, geograficamente equidistante de Paris e Londres, onde há lugares apropriados para acomodar todas as delegações. Estamos na Flandres, com Luís de Male, sogro de Filipe, o Audaz, irmão de Carlos V e também duque da Borgonha. Os legados são Guilherme de Lestrange, de Limousin, bispo de Carpentras, e Pileo de Prata, italiano, arcebispo de Ravena. Eduardo III é representado por seu filho João de Gante, duque de Lancaster. Do lado francês, nenhum nome ilustre, mas bons juristas e diplomatas: Bureau de la Rivière, primeiro camareiro, Arnaud de Corbie, primeiro presidente do Parlamento; também há militares, como Hue de Châtillon, grão-mestre dos besteiros.

As negociações dizem respeito sobretudo ao destino de Guiena, em grande parte reconquistada por Carlos V, e elas emperram na questão central da soberania. Esse ponto dará lugar a uma grande apresentação de João Le Fèvre, abade de Saint-Vaast d'Arras. Como explica esse beneditino, o rei da França não pode ceder sua soberania sobre nenhum território do reino. Não é o proprietário, mas apenas o gerente e, portanto, não pode se desfazer das terras. Ele, aliás, jurou durante sua consagração: "O rei, em sua novidade e consagração, jura na presença de seu povo não alienar os direitos da coroa. E os maiores e principais direitos da coroa são sua jurisdição, sua homenagem e sua soberania". A essa razão, extraída do direito canônico, o abade acrescenta argumentos históricos e práticos: se o rei cede a soberania sobre um território, os outros vassalos serão tentados a fazer o mesmo, e assim, o reino estará ameaçado de fragmentação.

O raciocínio é certamente capcioso e elaborado para a ocasião. Porém, ele é tão útil à monarquia francesa que a ideia da inalienabilidade da soberania se tornará um ponto intangível da função monárquica. Portanto, pelas discussões que suscitou, a Guerra dos Cem Anos contribuiu para aprofundar a noção de poder real, ou melhor, para construir essa noção de acordo com as necessidades do momento: depois da exclusão das mulheres, eis agora a soberania inalienável.

Essa nova lei fundamental, cuja existência em Brétigny era ainda desconhecida quinze anos antes, mas que agora aparece como num passe de mágica, permite recusar a Eduardo III qualquer cessão de território em plena soberania. Pretende-se deixar para ele um pedaço da Aquitânia sob a condição de prestar homenagem ao rei de França. Para os ingleses, isso é inaceitável. E os juristas franceses parecem não notar que, ao insistir na questão da soberania inalienável, estão radicalizando o conflito: doravante, resta ao rei da Inglaterra apenas uma solução: tornar-se o efetivo rei da França. Se o rei atual precisa se refugiar no argumento da inalienabilidade a fim de não abdicar de uma parte do reino, então será necessário que abdique de tudo.

As negociações também são complicadas pelos dois reis, que querem incluir seus aliados em um eventual tratado: Henrique de Trastâmara e João IV. Nessas condições, é preciso se contentar com a assinatura de uma trégua, em 27 de junho de 1375. Prevista inicialmente para durar um ano, a trégua se prolonga até julho de 1377. Ela é bem-vinda principalmente na Inglaterra, onde o governo encontra-se em plena crise. O velho rei, Eduardo III, tem agora 63 anos. Sua saúde, física e mental, declina rapidamente. Ainda em 1372, ele tenta vestir a armadura, pela última vez, após o desastre de La Rochelle: embarca em Sandwich, mas não consegue sair do porto devido aos ventos contrários. Desde então, as suas atividades se reduzem a cuidar mais de sua jovem e bonita amante, Alice Perrers, do que dos assuntos políticos. No início de junho de 1376, seu filho mais velho e potencial sucessor, o Príncipe Negro, morre. O herdeiro agora é um menino de 11 anos, Ricardo, filho do príncipe de Gales. Aproxima-se um delicado período de menoridade.

Porém, o governo é impopular. O novo homem forte é João de Gante, que, todavia, preocupa-se mais com suas ambições castelhanas. Sua cavalgada fracassada de 1373 revela sua incapacidade. A condução da guerra é muito criticada, assim como a trégua em Bruges. Os gastos extravagantes da delegação inglesa são malvistos e a opinião pública acha que a trégua serve apenas para beneficiar Carlos V, pois permite a este reconstruir suas forças a fim de expulsar completamente os ingleses da França. Nessa atmosfera de contestação, decide-se não convocar um Parlamento em 1374 e 1375. Mas as necessidades financeiras tornam a convocação obrigatória em abril de 1376, em Westminster. Como esperado, a sessão é muito agitada. Trata-se daquilo que hoje conhecemos como o Bom Parlamento.

Os deputados apresentam 146 petições; criticam o desperdício de dinheiro dos impostos, a condução da guerra, exigem a destituição de Alice, a quem acusam de onerar o tesouro com gastos entre 2 mil a 3 mil libras por ano, recusam-se a votar sobre o décimo e décimo quinto exigidos pelo governo, concedem apenas um imposto de três meses sobre as exportações de lã, além de iniciarem o primeiro processo de *impeachment* na história da Inglaterra, contra o camareiro lorde Latimer, acusado de enriquecer pessoalmente e ser responsável pela perda de Bécherel e Saint-Sauveur.

O Parlamento é dissolvido em julho de 1376. João de Gante, que vê nessas decisões uma ameaça à monarquia, compromete-se a anulá-las. Latimer retoma suas funções, a bela Alice retorna à corte, o ex-camareiro William de Wykeham, bispo de Winchester, que havia se mostrado favorável ao Parlamento, é exilado a trinta quilômetros da corte e seus bens são confiscados. Em Londres, onde os ânimos encontram-se exaltados devido a uma reforma da constituição da cidade, há motim no início de 1377. O ódio se concentra na pessoa do duque de Lancaster, cujo palácio, o Savoy, é sitiado, com a destruição de suas armas. João de Gante precisa fugir para Kennington. Todos o detestam e rumores circulam a seu respeito: ele seria filho de um açougueiro de Gante; teria supostamente assassinado a irmã de sua primeira esposa para herdar seus bens; conspiraria com o papa para declarar ilegítimo seu sobrinho Ricardo a fim de tornar-se rei; enfim, viveria em pecado com sua amante, Catarina Swynford. O motim é rapidamente reprimido, mas, quando Eduardo III morre, em 21 de junho de 1377, a situação permanece crítica.

A avaliação desse longo reinado de meio século mostra contrastes. Inegavelmente, o soberano eleva o prestígio da monarquia na Inglaterra, pois ele é a perfeita encarnação dos ideais da classe dirigente de nobres. Rei guerreiro e cortês, expressa as aspirações da aristocracia extravagante no chamado outono da Idade Média. A esse respeito, ainda que anedótica, a criação de uma ordem de cavalaria cujo emblema é uma roupa íntima feminina representa um verdadeiro golpe de gênio: a jarreteira[7] simboliza

---

7 Equivalente às atuais ligas com tira elástica para prender a meia à perna. (N. T.)

o sexo e a honra guerreira que se coadunam no ideal cortês – e maldito seja quem pensar mal disso! Corajoso e bom tático no campo de batalha, o rei é coroado com suas vitórias, porém, tais sucessos espetaculares mascaram a mediocridade de sua estratégia e de sua diplomacia. Sua popularidade se deve à autoimagem construída, o que se verifica nas boas relações com os seus parlamentos. Após alguns erros juvenis, acertou ao cercar-se de uma equipe competente, constituída principalmente por clérigos. Os bispos têm duas grandes vantagens para os reis: em geral, são cultos e custam menos que os ministros leigos, além de terem o seu palácio episcopal e os rendimentos da sua diocese. Seus tesoureiros, por exemplo, foram sucessivamente William Edington, bispo de Winchester (1345-1356), João Sheppey, bispo de Rochester (1356-1360), João Barnet, bispo de Bath e Wells (1363-1369), e Tomás Brantingham, bispo de Exeter (1369-1371). A mesma predominância clerical se constata na chancelaria e no corpo diplomático. Entre os ministros mais notáveis, João Stratford, de 1330 a 1343, arcebispo da Cantuária em 1333, e William Edington – este, de origem modesta, é educado em Oxford e trabalha sucessivamente como tesoureiro (1345-1356) e chanceler (1356-1363), tendo recusado o arcebispado da Cantuária; sua habilidade financeira é responsável pelo sucesso de Eduardo. Mais controverso é William de Wykeham, também de origem humilde, bispo de Winchester de 1367 a 1404, guardião do selo privado de 1363 a 1367, chanceler de 1367 a 1371 e de 1389 a 1391.

Bem assessorado por essa equipe competente em Westminster, Eduardo também se beneficia da assistência de um grupo excepcional de chefes de guerra. Nesse domínio, o balanço é incerto. A glória de Eclusa, Crécy e Poitiers mascara a escassez de resultados concretos. Brétigny é apenas uma isca, já que as renúncias não foram efetivadas. Quanto à reivindicação da coroa da França, trata-se mais de uma moeda de troca nas negociações do que de uma exigência séria, pelo menos naquele momento.

O exército inglês é, sem dúvida, o mais eficaz da época, e tal mérito se deve em parte ao rei, embora as dificuldades financeiras tenham limitado seriamente as capacidades de recrutamento. Além disso, há um grande contraste entre o brilho das vitórias e a incapacidade de valer-se delas. Tanto em Poitiers quanto em Crécy, o exército inglês aniquila o inimigo e foge logo em seguida, deixando que o lucro venha basicamente dos resgates. Da mesma forma, Eclusa, que poderia ter sido uma Trafalgar, não tem desdobramentos. Eduardo não percebe a importância do controle permanente dos mares, pois a posse de Calais dava a ele a ilusão de que uma marinha poderosa era dispensável.

O resultado mais duradouro – talvez o mais positivo – do reinado de Eduardo III encontra-se nas mentalidades coletivas, com o nascimento do orgulho nacional dos ingleses. No início do seu reinado, escreve o cronista João Le Bel, "não se tinha uma ideia muito elevada dos ingleses"; mas, agora, "eles são os melhores e os mais ousados guerreiros conhecidos". No reinado desse "famoso e afortunado guerreiro", "o reino da Inglaterra foi nobremente elevado, honrado e enriquecido a um grau jamais conhecido sob qualquer outro rei", diz uma crônica inglesa. Para João Chandos, o Príncipe Negro, "príncipe mais valente do mundo conhecido desde Júlio César ou Arthur", tornou o nome da Inglaterra conhecido até mesmo nos "países pagãos e bárbaros". Para todo o povo, esse período é a revelação da grandeza nacional, pois todos se sentem associados às vitórias, camponeses, burgueses, médios proprietários (*yeomen*), bem como grandes nobres, sobretudo em razão da importância dos arqueiros, que vinham de todas as categorias sociais. Ao contrário da França, onde a guerra permanece um assunto exclusivo dos nobres, aqui os sucessos do rei são os de sua nação. O patriotismo e a consciência nacional alimentam-se largamente de uma francofobia cada vez mais virulenta. É a partir de Eduardo III, filho de uma francesa, que a França se torna um inimigo nacional. E um inimigo desprezível. As vitórias de Eduardo produziram certa arrogância, um sentimento de invencibilidade, que Olivier de Clisson, segundo Froissart, assim observou: "os ingleses possuem uma ideia tão alta de si mesmos e acumulam tantos dias de glória a ponto de acharem que não podem perder".

Como muitos grandes soberanos, Eduardo III viveu alguns anos além do que precisaria. Completamente senil, ele assiste impotente à degradação do poder real, à crescente divisão entre os membros de sua família e à perda de conquistas no continente. A perspectiva de uma menoridade, com um menino de 12 anos cuja personalidade era perturbadora, orientado por um tio impopular e medíocre, não é tranquilizadora. A organização da regência não é tarefa fácil devido à desconfiança dos parceiros. Cria-se um conselho de nove membros, que terá toda a autoridade em nome do rei. Os conselheiros serão renovados ao fim de um ano, e os três tios do rei, que não fazem parte desse conselho, velarão para que não cometam malversação.

ÚLTIMOS SUCESSOS DE CARLOS V E DU GUESCLIN (1377-1380)

Com esse governo precário, a guerra recomeça no final de junho de 1377, quando a trégua expira. São os franceses que relançam a ofensiva. Eduardo III morre apenas uma semana antes de uma frota francesa, liderada pelo almirante João de Vienne, aparecer no litoral de Rye[8] para saquear a cidade e depois seguir para o oeste: Portsmouth, Dartmouth e Plymouth são atacadas uma a uma. Carlos V decide afirmar a supremacia francesa no mar e, em maio, passa duas semanas inspecionando o Clos des Galées, onde são construídas novas naus: há 35 delas em 1377, às quais se juntam algumas galeras castelhanas e portuguesas. Quanto a João de Vienne, trata-se de um burgúndio, cuja vocação marítima surge durante uma expedição ao Oriente.

Em agosto, uma ousada tentativa de recapturar Calais. João de Vienne bloqueia o porto pelo mar, enquanto Filipe da Borgonha ataca por terra. Porém, o mau tempo dispersa a frota e a operação precisa ser abandonada. Os sucessos são mais claros na Aquitânia, onde o duque de Anjou e Du Guesclin retomam o avanço. Em 2 de setembro, o condestável toma Bergerac com a ajuda de uma potente catapulta que havia sido trazida de La Réole. Depois é a vez de Sainte-Bazeille, Saint-Macaire e Duras. O ano termina com um banquete oferecido em Toulouse pelo duque de Anjou.

Para Carlos V, 1378 é um grande ano, e, para a cristandade, um ano dramático. A Guerra dos Cem Anos adquire novas proporções. Na segunda-feira, 4 de janeiro, o imperador Carlos IV entra em Paris. Visita de Estado solene, por assim dizer, embora todos sejam parentes: o imperador é irmão de Bona de Luxemburgo, esposa de João, o Bom. Ele é, portanto, tio de Carlos V. Tem 62 anos, sofre de gota e não chegará ao final do ano. Mas faz a longa e árdua viagem vindo de Praga porque tem assuntos importantes a discutir com o sobrinho, relativos à Polônia e à Hungria. De sua parte, Carlos V

---

8 Rye é uma cidade localizada no sudeste da Inglaterra (East Sussex), próxima ao canal da Mancha, que fazia parte da confederação dos Cinco Portos. (N. T.)

tem muito a esperar dessa visita: concluir os casamentos de suas filhas Catarina e Maria, assim como de seu segundo filho, Luís, além de estreitar os laços com o imperador para pressionar o rei da Inglaterra. A visita aumenta o prestígio do rei da França, que se empenha, durante toda a estada do imperador, para que o protocolo lhe garantisse perfeita igualdade com o visitante. Trata-se de mostrar que "o rei da França é imperador em seu reino". A magnificência da recepção também deve impressionar todos os espectadores e dar uma ideia do poder e riqueza da França.

Em 5 de janeiro, os dois soberanos passam bastante tempo juntos em seu encontro. Carlos V obtém de Carlos IV um favor para o futuro Carlos VI, ou seja, o filho mais velho do rei. Este leva o título de "delfim de Viennois", que vem do nome do delfinado adquirido pelo rei da França em 1349. O delfinado não faz parte do reino da França, é uma terra do Império. O imperador aceita nomear o delfim, de 10 anos, como vigário imperial nessa província, ou seja, delega-lhe toda a soberania imperial sobre o território.

Carlos V também quer persuadir o imperador e seus conselheiros acerca do legítimo direito de sua guerra com o rei da Inglaterra, Ricardo II. Para isso, faz os escrivães da chancelaria reunirem 158 documentos – tratados de aliança, cartas, ordenanças –, todos incluídos em uma grande obra intitulada *Coletânea das alianças*. E, durante três dias inteiros, o conflito franco-inglês esteve no centro das discussões, conforme relatam as *Grandes crônicas da França*. Em 7 de janeiro, no Louvre, Carlos V explica seu "legítimo direito", o "grande erro" dos ingleses e os esforços que fez para chegar a um "legítimo tratado de paz". Na verdade, trata-se daquilo que será repetido na sessão solene do dia seguinte em Parlamento, na presença do imperador e dos seus conselheiros, quando o rei fará um longo discurso em francês, recapitulando a história do conflito e as provas em apoio a seu argumento: as atas passam de mão em mão, com tradução "em francês e latim, para que todos possam compreendê-las melhor". Conclui pedindo a seus anfitriões para que reconheçam "seu direito contra as palavras mentirosas dos ingleses". Em seguida, o imperador apresenta uma tradução resumida das palavras do rei dirigida a seus compatriotas alemães, que nada compreendem; o imperador também expressa seu apoio a Carlos V, afirmando que suas ofertas de paz eram muito generosas. No dia 9, no Louvre, Carlos IV proclama a aliança entre sua família, os Luxemburgo, e a de Carlos V, os Valois, "para apoiar e proteger seus bens e sua honra, além daqueles de seu reino, de seus filhos e de seus irmãos".

Para o rei de França, o maior efeito dessa visita foi o de ter afirmado o seu prestígio aos olhos da Europa e, sobretudo, da Inglaterra. Pode-se dizer que a Guerra dos Cem Anos ajudou a esclarecer a natureza das relações diplomáticas entre a França e o Império, para iniciar uma política oriental dos Valois, que logo se concretizaria com o casamento entre Carlos VI e Isabel da Baviera. Todos os detalhes, tão cuidadosamente calculados, desde a cor do cavalo do imperador até a posição das assinaturas – na mesma linha e no pé de página dos documentos oficiais –, pretendem evidenciar a estrita igualdade dos dois soberanos.

A visita do imperador aumenta a confiança do rei da França, que, na primavera, encontra a oportunidade de afastar definitivamente a ameaça do rei de Navarra. Este último encontra-se em luta com os castelhanos, que sitiam Pamplona com a bênção do rei da França. Naturalmente, o rei de Navarra se volta para a Inglaterra, para a qual cede Cherbourg em troca da ajuda de quinhentos homens. No início de 1378, envia seu filho mais velho, outro Carlos, de 17 anos, para negociar com o rei da França. Mas os espiões do duque de Anjou, que acompanhavam de perto as intrigas do rei de Navarra (porque o irmão do rei cobiçava Montpellier para ele), souberam que, na suíte do infante Carlos, o camareiro Jacques de Rue guardava em um cofre documentos muito comprometedores sobre as negociações Navarra-Inglaterra. Em 25 de março, os partidários do rei prendem Jacques de Rue perto de Nemours. Os documentos apreendidos revelam tudo sobre os projetos de Carlos, o Mau: a transmissão de Cherbourg para os ingleses, a defesa das fortalezas normandas, um projeto de casamento entre Ricardo II e uma infanta navarra. Interrogado cuidadosamente de acordo com os métodos da época, Jacques de Rue chega a confessar um plano para envenenar o rei.

Isso é suficiente para justificar amplamente a tomada das terras normandas de Carlos, o Mau. Du Guesclin e o duque de Bourbon cuidam disso. Quase não há resistência. Em 20 de abril, Bernay se rende. Pedro du Tertre, secretário do rei de Navarra, é preso ali. No mesmo dia, Montpellier é tomada pelo senescal de Toulouse. Em junho, Jacques de Rue e Pedro du Tertre são julgados pelo Parlamento. O processo é bastante "midiático", com a finalidade de tornar públicas a traição e o crime de lesa-majestade do rei de

Navarra. Em 16 de junho, os dois homens são condenados à morte, decapitados, cortados em oito pedaços para decorar os portões de Paris. Encerra-se assim a ameaça ao reino representada por Carlos, o Mau. Ele morre em 1387, em Navarra. Resta a questão de Cherbourg. Sem perder tempo, os ingleses ali se instalam com o conde de Arundel. Além disso, quando Du Guesclin chega em novembro às portas da cidade, não há muito a ser feito. "Cherbourg é um dos castelos [mais] fortes do mundo", diz Froissart, e o condestável não tem recursos militares suficientes. Ele se retira em dezembro e responsabiliza os financiadores reais por seu fracasso, em particular João Mercier, um daqueles "gorros forrados" que ele odeia. De acordo com a *Crônica dos primeiros Valois*, ele o chama de "*gars* odioso, traidor e ladrão do rei, e diz que, por sua culpa, o cerco havia sido quebrado". Lembremos que, à época, "*gars*" significa um criado de baixo escalão – uma injúria contundente e comparável a "*garce*".[9] Ao saber disso, Mercier fica aborrecido. O tom também sobe no conselho do rei, entre os financistas e os príncipes, sobretudo Luís de Anjou, partidário de uma política mais ambiciosa, que correspondia igualmente aos seus objetivos pessoais.

Ainda assim, além de Cherbourg, a Normandia está agora inteiramente sob controle real. Carlos V compromete-se então da mesma forma a liquidar o problema bretão. O duque João IV ainda está na Inglaterra; os ingleses controlam várias praças bretãs e, de tempos em tempos, desembarcam forças expedicionárias que representam uma ameaça a oeste do reino. O caso mais recente era um desembarque em Saint-Malo, que Du Guesclin conseguiu conter. Para pôr cobro a essa situação, Carlos V lança, no verão de 1378, o procedimento que conduziria à ocupação do ducado. O duque é convocado para comparecer perante o Parlamento antes de 9 de dezembro. Como era previsto, ele não vem. Inicia-se então, nesse mesmo dia, seu processo em sessão de julgamento na presença do rei, do delfim e dos pares, senhores e prelados. O promotor expõe as queixas: danos e excessos contra os barões da Bretanha; promessas quebradas de enviar os ingleses de volta; guerra contra o reino na companhia do duque de Lancaster; ataque a Saint-Malo; entrega para os ingleses dos castelos de Hennebont e Brest. Há, portanto, crime de lesa-majestade, felonia e

---

9 A tradução literal de *gars* seria "rapaz", "moço", "jovem" etc. Quanto à palavra *garce*, o equivalente em língua portuguesa é "puta". (N. T.)

perjúrio, o que justifica a apreensão de todos os feudos do duque no reino. O procurador da condessa de Penthièvre, viúva de Carlos de Blois, tenta se valer do caso para exigir a devolução da Bretanha à família Blois. Em vão. Em 18 de dezembro, o Parlamento emitiu o decreto solene de confisco.

Resta aplicá-lo. Uma comissão de quatro membros – o duque Luís de Bourbon, o marechal Luís de Sancerre, o almirante João de Vienne, o camareiro Bureau de la Rivière – se responsabiliza pelo estudo dos termos. Mas o caso acaba sendo mais delicado do que esperado. Com efeito, contra todas as expectativas, a nobreza bretã, embora até então fosse hostil a João IV, opôs-se à ocupação francesa. Os nobres percebem que, se passassem para a autoridade direta do rei da França, isso implicaria o fim da relativa independência de que desfrutava, a qual dizia respeito à possibilidade de nadar entre duas águas, mudando de lado de acordo com as circunstâncias, além do fim de alguns de seus direitos e privilégios. Para preservá-los, a nobreza decide defender os direitos ducais. Em 25 de abril de 1379, 73 grandes nobres da parte oriental do ducado formam uma associação para organizar a resistência. João de Beaumanoir é enviado à Inglaterra para pedir a volta de João IV. E ele o faz em 3 de agosto, com quatrocentos soldados ingleses comandados por Roberto Knolles e Hugo Calveley. A expedição desembarca em Dinard, sob o olhar de Du Guesclin, que não se mexe. No tribunal, os "gorros forrados" não deixam de denunciar sua atitude suspeita. Bureau de la Rivière o acusa de ser "do bando do duque da Bretanha".

Na verdade, o condestável está hesitante. Em abril, o rei convoca-o juntamente com outros três militares bretões ao seu serviço – Olivier de Clisson, o visconde de Rohan e o senhor de Laval – a fim de lhes perguntar se estavam dispostos a colaborar com os comissários para a ocupação das cidades e dos castelos da Bretanha. Diante da resposta positiva, o condestável atua, de maio a julho, na região de Pontorson. Agora, durante todo o mês de agosto, está em Saint-Malo na expectativa, enquanto João IV entra em Dinan. Em Paris, o duque de Anjou, a quem o rei chamara de Languedoc para cuidar do caso bretão, atesta a favor de seu amigo condestável, que lhe agradece em carta de 10 de agosto. No dia 19, em outra missiva, ele declara que havia negociado com seu velho conhecido Calveley: "Falei com o senhor Hue de Calveley à beira d'água, onde ele conversou comigo, e nada me disse que eu não diria a vós, e pareceu-me que tem boa vontade de ouvir para negociar".

De fato, os nobres bretões parecem buscar o apaziguamento. A partir de 14 de outubro, é estabelecida uma trégua marcada por uma situação ambígua na qual, por vários meses, os combatentes se observam sem lutar. Du Guesclin permanece no setor de Saint-Malo. Em março de 1380, João IV alia-se a Ricardo II, porém a nobreza bretã não o segue. Os nobres escrevem ao rei pedindo a este: "perdoai ao Monseigneur, o duque, a nós e a todo o país da Bretanha pelo descontentamento que causamos a vós". Finalmente, um segundo Tratado de Guérande será assinado em 4 de abril de 1381, mediante o qual João IV obtém seu perdão em troca de prestar uma nova homenagem – dessa vez, homenagem lígia –, do pagamento de 200 mil libras e da destituição de seus conselheiros e soldados ingleses. Ele perde em ambas as frentes, porque, por causa de sua mudança de lado, o rei da Inglaterra confisca dele o condado de Richmond.

Nessa época, além disso, morrem Carlos V e Du Guesclin. Em maio de 1380, o rei envia o condestável para lutar em Languedoc, que estava novamente em tumulto. A região há muito sofre com as devastações das companhias, e está agora sob o controle de Luís de Anjou, tenente geral do rei, que ali se comporta como se estivesse em um país conquistado, impondo impostos esmagadores sem levar em conta o esgotamento da população. Na primavera de 1378, decide-se pela cobrança de um imposto de doze libras por família, uma taxa enorme. Surgem motins contra os oficiais do duque, mas também contra a burguesia urbana, que monopolizava a bancada dos cônsules, acusada de distribuir os cargos de modo injusto. Em Puy, Alès, Clermont-l'Hérault e Nîmes, ocorrem graves distúrbios. Em Montpellier, os comissários ducais são massacrados: oitenta mortos. Luís de Anjou quer partir para a repressão. Seu irmão, o rei, prefere um apaziguamento: no final das contas, todos se satisfazem com a proposta de uma multa e uma mudança no método de nomeação dos cônsules. Em seguida, no final de 1379, o rei convoca o duque de Anjou a fim de enviá-lo para a Bretanha, e, para seu lugar, manda Du Guesclin da Bretanha para Languedoc, em maio de 1380, com o título de capitão-general.

Isso corresponde aos desejos da delegação do Languedoc, que viera a Paris para exigir a destituição de Luís de Anjou e a nomeação de um bom capitão para restaurar a ordem. Pois, além do imposto, havia outro problema: os "Tuchins", bandos de criminosos, muitas vezes liderados por nobres menores, que se escondiam no *"tuche"*, isto é, na floresta e nos matagais, bem como em esconderijos fortificados na Auvérnia, Velay, Cévennes e Gévaudan, de onde aterrorizam a população. A missão de Du Guesclin, que levava consigo seiscentos homens de armas, era limpar a região. Em 27 de junho, ele toma Chaliers, no Truyère, depois sitia Châteauneuf-de-Randon, nas terras altas de Lozère, onde estava refugiado o líder do bando de Bearn, Pedro de Galard. Ali, em 13 de julho de 1380, vítima de febre tifoide ou disenteria, ou ainda vítima de congestão, morre o condestável, com cerca de 60 anos.

A perda é grave para o rei, que também está em péssimo estado, com crises de gota cada vez mais frequentes. Naquele verão de 1380, entretanto, dez anos após o recomeço da guerra, o balanço é muito positivo. Os ingleses, preocupados com problemas internos, só têm controle de algumas cabeças de ponte na França: Calais, Cherbourg, Brest, um pequeno território em torno de Bordeaux, estendendo-se de Blaye em Gironda até Castillon na Dordonha, Rions no Garona, Buch no litoral, além de Bayonne, Dax e Saint--Sever-sur-l'Adour. A questão do rei de Navarra está resolvida; a da Bretanha tem a solução encaminhada; Languedoc se acalma. O rei também acaba de resolver o problema das terras do conde de Saint-Pol, Waleran de Luxemburgo, que, prisioneiro na Inglaterra, havia prometido dar todas as suas fortalezas aos plantagenetas para se casar com Mahaut Holland, meia-irmã de Ricardo II. Carlos V toma essas terras, perto de Flandres e Calais, e as transmite a João de Luxemburgo-Ligny, irmão do conde de Saint-Pol.

O CISMA E A GUERRA DOS CEM ANOS

No entanto, um acontecimento externo ao conflito franco-inglês já contribui para reanimá-lo e dar-lhe novas dimensões, tanto em intensidade quanto em extensão. Desde 1376, o papa Gregório XI está de volta a Roma, para grande alívio dos espirituais e místicos da época que, como Catarina de Siena, há muito protestam contra o "cativeiro da Babilônia". Para a França e para Avignon, aquilo representa uma perda: ter o papa à mão, para não se dizer debaixo dos pés, era diplomaticamente muito útil num momento em que a voz da Santa Sé ainda tem um certo eco. Além disso, para os negócios – do comércio de luxo ao bordel –, a presença de centenas de eclesiásticos em Avignon era providencial. Mas Gregório XI havia cedido ao chamado da Cidade Eterna, o que não o impede de morrer, em 13 de março de 1378. E eis a surpresa: os cardeais elegem o arcebispo de Bari, o italiano Bartolomeo Prignano, que se torna Urbano VI. Eles logo se arrependerão. O eleito é de fato um "puro", um espiritual, um entusiasta, cujo caráter terrível torna-se ainda pior devido a uma úlcera no estômago. "Ele começou a brincar de Cristo expulsando os mercadores do templo. Os cardeais se fizeram ouvir, censurando com veemência seu luxo e seu absenteísmo", escreve Francis Rapp. Cansados de ter que aturar esse fanático rabugento, os cardeais se retiram para Fondi, orientam Urbano a renunciar e, diante da recusa deste, elegem outro papa, Roberto de Genebra, Clemente VII. Este último, após ter tentado em vão expulsar seu rival com recursos militares, acaba se estabelecendo em Avignon, em 20 de junho de 1379. Trata-se, portanto, do cisma no mais alto nível, o Grande Cisma.

A Igreja se divide em dois campos que se excomungam mutuamente. Em breve haverá dois bispos nas dioceses, dois padres nas paróquias, dois abades nos mosteiros, cada lado prometendo o inferno aos fiéis do lado oposto. Até mesmo os santos estão divididos: as duas Catarinas, de Siena e da Suécia, a favor de Urbano, enquanto Vicente Ferrier e Pedro de Luxemburgo optam por Clemente. E, é claro, os soberanos tomam partido. Carlos V deixa-se convencer com facilidade a apoiar Clemente VII: em 13 de novembro de 1379, uma ordenança real prescreve que os súditos obedeçam ao papa de Avignon. A escolha do rei da Inglaterra é óbvia: será Urbano VI. Os outros se posicionam de acordo com critérios políticos: Escócia e Castela são clementistas, Flandres, Escandinávia, Polônia e o imperador são urbanistas. O imperador é, desde a morte de Carlos IV no final de 1378, seu filho Venceslau. Aliás, por influência de Urbano, a irmã de Venceslau, Ana de Luxemburgo, se casará com Ricardo II. Todos os efeitos da visita de Carlos IV a Paris foram perdidos.

O Grande Cisma tem repercussões fundamentais na Guerra dos Cem Anos. Por um lado, o papado, que até então era a única autoridade que contribuía para a paz, agora pressionará pela guerra, uma vez que cada lado tem seu papa. A eficácia dos legados é certamente bem limitada, como vimos, mas, de agora em diante, não haverá mais nenhuma voz para se pronunciar contra a guerra. Cada um dos papas espera a vitória militar de seu campeão. Por outro lado, a guerra, até então feudal e vagamente nacional, torna-se uma espécie de guerra santa, sendo o campo oposto identificado pela figura do antipapa, ou até mesmo do Anticristo, onipresente no pensamento da época. Não hesitaremos mais em chamar as campanhas militares de "cruzadas", nem mesmo aquelas de pura devastação. Isso adiciona um elemento de ferocidade ao conflito, embora os níveis de selvageria implantados até agora pareçam de difícil superação. Finalmente, por seu lado, a guerra se reflete nas mentalidades religiosas, acentuando o "nacionalismo" religioso: o espírito gaulês e o espírito anglicano encontram-se em estágio embrionário. A luta contra o antipapa desenvolve sentimentos hostis em relação ao próprio papado. O clero francês e o clero inglês tendem a se unir em torno do rei para melhor fazerem oposição às demandas do papa, especialmente as de natureza fiscal, a despeito de quem fosse ele.

Uma primeira ilustração da mistura entre o político e o religioso favorecida pelo Cisma é imediatamente fornecida pelo caso de Nápoles. A rainha Joana de Nápoles, não tendo herdeiro, adota o duque Luís de Anjou em junho de 1380, com a condição de que expulsasse o outro pretendente, Carlos de Durazzo. Como é necessário passar por Roma, e como Joana de Nápoles é inimiga de Urbano VI, Clemente VII aceita financiar a operação, batizada de cruzada. Esta será um completo fracasso e Luís encontrará a morte em 1384.

DE CARLOS V A CARLOS VI (1380)

Em 16 de setembro de 1380, Carlos V falece de ataque cardíaco no palacete de Beauté, perto de Vincennes. Sua morte é uma surpresa porque, apesar de uma saúde bastante frágil e da gota, nada sugeria tal desfecho para um homem de 42 anos. De qualquer forma, a morte o poupa de conhecer a decadência da velhice. Ao contrário de Eduardo III, ele parte no auge de seu reinado e deixa uma imagem muito lisonjeira. Froissart e Cristina de Pisano lembram que, por seus métodos sábios, ele reconquistou o que seus predecessores haviam perdido no campo de batalha. "Era rudemente sábio e sutil, tendo demonstrado isso em vida. Pois, totalmente discreto, em seu quarto ou nas suas distrações, reconquistou o que seus antecessores tinham perdido nos campos, com a cabeça armada e a espada na mão. Por isso, deve ele ser muito louvado", escreve Froissart. Cristina de Pisano concorda:

Esse rei, por seu bom senso, sua magnanimidade, sua força, sua clemência e sua liberalidade, aliviou seu país de seus inimigos impedindo que estes fizessem cavalgadas por lá. E ele, sem sair de seus palácios e assentos reais, reconquistou, reconstruiu e aumentou seu reino, que outrora havia sido desolado, abandonado e depredado por seus predecessores armados e muito cavaleirescos.

"Portanto, ele deve permanecer perpetuamente com o nome de Carlos, o Sábio", afirma ainda Cristina. Tal reputação foi construída desde muito cedo, com base em uma mistura de verdade e propaganda. Esse rei, cuja biblioteca continha mais de mil volumes, sob a supervisão de um "guardião da biblioteca do rei", impressionou a imaginação dos contemporâneos pela grande diferença em relação a seus predecessores. Para ele, a ciência, o estudo e a diplomacia prevalecem sobre a força puramente militar. Ele é um pouco forçado a isso devido à sua fraqueza física, mas aqueles ao seu redor logo perceberam que isso poderia ajudar a construir um tipo ideal de monarquia: o rei sábio, ao mesmo tempo santo e erudito. Escritos como o *Sonho do pomar*,[10] concluído por volta de 1378 e diretamente inspirado por Carlos V, constroem a imagem do rei que se apaga atrás das instituições e de seus oficiais. O autor, Evrard de Trémaugon, imagina um diálogo no qual, ao longo de todos os acontecimentos do reinado, e em particular a guerra com a Inglaterra, passa em revista os argumentos que fazem do rei um personagem fora da norma, o "rei muito cristão", baseado no direito cristão e no direito romano. "Quem duvidará que o poderoso rei da França é ordenado e estabelecido por Deus?", ele escreve. A auriflama, a flor-de-lis, a ampola sagrada e as relíquias da Sainte-Chapelle, além de todo o simbolismo religioso, criam um quadro de sacralidade. A própria consagração com a unção e cura dos doentes de escrófula, cujo significado é explicado, a pedido do rei, pelo carmelita João Golein no *Tratado da consagração*, comprova a origem divina dessa monarquia. Assim, escreve Evrard, "o reino da França é um reino verdadeiro, natural, sem violência, sem força, sem tirania e estabelecido pela vontade de Deus".

---

10 O *Somnium Viridarii/Le Songe du vergier* é um texto fundamental da Baixa Idade Média. Trata-se de um texto satírico no qual um clérigo e um cavaleiro dialogam sobre o direito público e a relação entre o poder civil e o poder eclesiástico. Editado em formato bilíngue latim-francês, foi escrito entre 1376 e 1378 e não há certeza quanto ao autor, embora Minois mencione Evrart de Trémaugon, cf. Cap.11. (N. T.)

Essa exaltação do rei divinamente ordenado em um reino desejado por Deus deve-se, em grande medida, à pressão da guerra. Essas noções são desenvolvidas pela primeira vez para combater as reivindicações do rei da Inglaterra. Erige-se a imagem de uma formidável monarquia de direito divino, inviolável e sagrada. Filipe de Mézières, no *Sonho do velho peregrino*, Cristina de Pisano, no *Livro dos fatos e bons costumes do sábio rei Carlos V*, prolongam e amplificam tal reflexão.

É também a partir da atualidade da guerra que conselheiros como Nicolas Oresme desenvolvem a ciência política, uma reflexão aprofundada sobre o poder, com base na *Política* e na *Ética* de Aristóteles, que o rei havia mandado traduzir por considerá-las "muito necessárias". Trata-se de outro aspecto do reinado, também consequência indireta da Guerra dos Cem Anos. Carlos V tem um verdadeiro projeto de tradução de obras úteis e práticas. É possível até mesmo falar de uma verdadeira promoção da língua francesa ligada ao desejo de se criar uma identidade nacional: Pedro de Orgemont recebe a ordem de continuar em francês as *Grandes crônicas da França*, que reconstituem a epopeia nacional; as ordenanças, as cartas e os mandamentos, tudo passa a ser redigido em francês; as negociações com os ingleses são conduzidas em francês; a correspondência com o imperador se realiza em francês. Há uma política deliberada aqui. O caso de Nicolas Oresme é revelador: doutor em teologia, professor na Sorbonne, ele ensina, escreve, prega e lê em latim, assim como todos os seus colegas. Porém, a partir do instante em que ingressa no serviço de Carlos V, passa a se exprimir apenas em francês.

Pode-se assim dizer que, de certa forma, a identidade nacional francesa começa a aparecer de cima para baixo, entre os letrados, durante o reinado de Carlos V, enquanto a identidade nacional inglesa, sob Eduardo III, como vimos, aparece de baixo para cima, mediante a união do povo em torno de vitórias militares. Base intelectual de um lado, base prática do outro; reflexão por um lado, ação por outro. Esse contraste não pode ser levado longe demais, mas é inegável que os gênios nacionais da França e da Inglaterra têm suas raízes nos confrontos do século XIV.

Os conselheiros de Carlos V contribuíram muito para que a reputação do reinado fosse de sabedoria. O primeiro deles é Guilherme de Melun, arcebispo de Sens aposentado em 1375; alguns grandes senhores, como o conde Luís de Étampes e o arcebispo de Reims, João de Craon, além de João, conde de Sarrebruck; e, sobretudo, a equipe unida de personagens competentes e com origens mais modestas, que mais tarde seriam chamados de *"marmousets"*:[11] o beneditino João de la Grange, os irmãos João e Bureau de la Rivière, os irmãos João e Guilherme de Dormans (estes nem mesmo eram de origem nobre), um cavaleiro extravagante, grande viajante e erudito, Filipe de Mézières, o jurista Pedro de Orgemont, Filipe de Savoisy, João de Dainville e Enguerrand de Coucy. Entre esses personagens, adeptos da sabedoria prudente e parcimoniosa, e os irmãos do rei, partidários de grandeza audaciosa e extravagante, as relações eram tensas. A morte do rei sinaliza a retirada do primeiro grupo e o ressurgimento devastador do segundo.

De fato, o novo rei, Carlos VI, tem 12 anos. Seu pai havia planejado que, durante o período de menoridade, seus antigos e experientes conselheiros manteriam a realidade do poder sob a regência de seu irmão, o duque de Anjou. Na verdade, assim que o rei morreu, os duques de Anjou, de Berry e da Borgonha, juntos com seu cunhado, o duque de Bourbon, tomaram o governo, dispersaram e prenderam os *marmousets* e lançaram empreendimentos pessoais que dispersaram as forças do reino. Luís de Anjou, regente, começa uma guerra na Itália para conquista do reino de Nápoles. O duque João de Berry nomeia a si próprio tenente do rei em Languedoc, o que provoca uma nova onda de revoltas por lá: a memória do período sombrio sob o comando de Luís de Anjou ainda era viva, e o duque de Berry tinha a reputação de ser tão voraz e severo quanto seu irmão. Há rebelião em Béziers, e depois em outras cidades; o movimento assume a aparência de um conflito social, o populacho das cidades se revolta contra a burguesia, acusada de multiplicar os impostos em benefício próprio. O duque de Berry chega, reprime os rebeldes e aumenta os impostos. Uma calma precária é restaurada, mas a situação permanece explosiva.

Anjou na Itália, Berry em Languedoc, Bourbon em posição de inferioridade (ele era apenas o tio materno do rei). Em Paris permanece o verdadeiro mestre: Filipe, duque da Borgonha. Ele é o novo homem forte. Recebe a Borgonha como apanágio em 1363, para ele e seus descendentes. Em 1369, casa-se com Margarida de Flandres, única herdeira do conde Luís de Male,

---

11 A palavra *marmouset* pode designar tanto uma estatueta grotesca quanto um tipo de macaco conhecido popularmente como sagui. (N. T.)

falecido em 1384, e de sua avó, a condessa de Artésia e Franche-Comté. Borgonha, Franche-Comté, Flandres e Artésia: o poder da Borgonha está em formação, e Filipe, que será apelidado de "o Audaz", lidera uma política pessoal hábil. "Ele enxergava de longe", diz Froissart. É ele quem arranjará o casamento de seu sobrinho Carlos VI com Isabel da Baviera, em 1385, a fim de se unir aos Wittelsbach, que reinam em Hainaut e na Baviera.

A partir de 1380, a luta contra a Inglaterra passa, desse modo, para o segundo plano. As atenções do governo francês se dispersaram em setores auxiliares: Nápoles, Languedoc, o Império e Flandres, enquanto em Londres as pessoas se preocupam com um grande movimento social. No início da década de 1380, há uma estranha semelhança na situação dos dois reinos. Dos dois lados do canal da Mancha há um rei menor: Ricardo II, com 13 anos, e Carlos VI, com 12 anos. Em ambos os casos, três tios monopolizam o poder: Lancaster, Cambridge e Gloucester de um lado; Anjou, Berry e Borgonha do outro; tanto em Londres quanto em Paris, um dos tios é o verdadeiro mestre e usa o poder real para servir a seus interesses pessoais: Lancaster visa Castela, Borgonha visa Brabante; por fim, os dois reinos enfrentam graves revoltas de caráter social: os Trabalhadores de Wat Tyler na Inglaterra, os Maillotins na França. Nesse contexto, as preocupações das duas monarquias desviavam-nas da longa guerra que as opunha uma à outra.

AS DESORDENS DAS DUAS MENORIDADES (1380-1382)

Do lado francês, em Flandres, as desordens se iniciam com o ressurgimento de um nome célebre, Artevelde. Filipe van Artevelde, filho de Jacques, se aproveita da agitação ocorrida em 1379 a partir de uma disputa entre Bruges e Gante sobre um canal que o povo de Bruges queria construir para captar parte do tráfego de Antuérpia. Os habitantes de Gante, que se sentiram penalizados, transformaram o conflito entre as cidades em conflito social: não se trata de Bruges contra Gante, mas dos artesãos de Bruges e Gante contra a burguesia e o poder dos duques. A história se repete. Nomeado "capitão da Comuna", defensor da democracia direta, Artevelde reúne a maioria dos trabalhadores nas cidades flamengas. No outono de 1382, o conde Luís de Male e seu pai precisam buscar refúgio e ajuda na corte da França.

Tudo parece se juntar. Precisamente nesse momento, os tios do rei estão prestes a reprimir as revoltas antifiscais em Paris e Rouen. Isso porque, desde a morte de Carlos V, surgem tumultos em muitas cidades. Acredita-se que o motivo é a abolição de todos os impostos, pois, antes de morrer, o rei, tomado por um remorso de consciência, havia abolido as *fouages*. Além disso, após o retorno das taxas de ajudadeira, ocorrem tumultos em 17 de janeiro de 1382, principalmente em Rouen: era o movimento da "Harelle". Em Paris, o preboste Hugo Aubriot é incapaz de conter um protesto que rapidamente se desdobra: os manifestantes começam a atacar judeus, cujos *hôtels* são incendiados – a nobreza é cúmplice disso, pois está satisfeita ao ver desaparecerem os cobradores de suas dívidas. A pilhagem se expande e os marginais se juntam a ela. A recusa em pagar o imposto estende-se a Amiens, Orléans e Lyon. Há ainda o risco de conluio com as cidades flamengas: ouve-se o grito "Viva Gante, nossa mãe!". Os burgueses, que inicialmente não se mostram descontentes com uma revolta antifiscal, começaram a se assustar e acabam se aliando às forças da realeza. O movimento antifiscal está na iminência de se tornar um conflito de classes: os revoltosos atacam proprietários, mercadores, comerciantes, cambistas e advogados; eles procuram armas e, no prédio da administração pública, encontram milhares de marretas[12] de chumbo, que estavam guardadas para o caso de um ataque das companhias à cidade. Com as marretas em mãos, os "*maillotins*", ou "*maillets*", libertam os prisioneiros. Num primeiro momento, o governo ensaia um apaziguamento: em 13 de março de 1382, é proclamada uma anistia geral e tudo se resolve com o enforcamento de uma dúzia de pobres-diabos. Com a calma restaurada em Paris, define-se o destino de Rouen: cabeças caem, um imposto muito pesado atinge a cidade, os privilégios dos mercadores são revogados e os sinos do campanário são baixados.

Filipe da Borgonha está ansioso para reprimir as cidades de Flandres, porque já se considera o senhor do condado. Além disso, quando seu sogro Luís de Male vem pedir ajuda, eles obviamente entram em acordo. Organizam uma expedição militar com presença do rei, que procurará a auriflama a partir de 18 de agosto de 1382. E, por precaução, tal expedição recebe o nome de cruzada: afinal, os flamengos são partidários de Urbano VI. Artevelde

---

12 No original: *maillets*. (N. T.)

pede ajuda a Ricardo II, que tem seus próprios problemas e, por isso, limita--se a responder com promessas. Assiste-se assim a um novo episódio do confronto entre a infantaria flamenga e a cavalaria francesa. É no dia 27 de novembro, em Roosebeke, que o choque acontece. As tropas de Gante atacam a pé, mas são cercadas pelos cavaleiros, que realizam um terrível massacre. Soldados de infantaria não se tornam prisioneiros – por conseguinte, os cavaleiros avançam derrubando a todos, e são seguidos pela infantaria francesa, que finaliza o ataque esfaqueando os feridos. Não há sepultura para os rebeldes: milhares de corpos são deixados para cães e corvos; a pedido do conde, o cadáver de Artevelde é enforcado a fim de apodrecer à vista de todos. As outras cidades da Flandres se entregam; Kortrijk é incendiada; Bruges paga multa, rejeita a aliança inglesa e reconhece Clemente VII como legítimo papa.

E agora é a vez de Paris. A capital pode ter acreditado por um instante que a tempestade havia passado. Afinal, houve uma anistia geral. Carlos VI e seus tios lembrarão aos parisienses que um rei não é obrigado a respeitar sua palavra diante de rebeldes, especialmente rebeldes oriundos do povo mais simples, como os *maillotins*. Em janeiro de 1383, o exército está de volta de Flandres. Carlos VI, vestindo armadura, entra na cidade pela porta Saint--Denis, cujas estruturas haviam sido derrubadas. Os soldados são aquartelados em todos os pontos estratégicos, as correntes são retiradas das ruas e a punição começa. Durante um mês e meio, dezenas de pessoas foram presas, enforcadas e decapitadas sem julgamento acusadas de serem líderes dos rebeldes ou simplesmente por denúncia de que não concordavam com o imposto. Durante todo o tempo, o exército tem plena licença para se comportar como em uma cidade conquistada, saqueando, espancando e estuprando. Carlos VI, um adolescente de 14 anos, inaugura seu reinado com uma das repressões mais sangrentas que Paris já conheceu.

É óbvio que os auxílios foram restabelecidos a partir de 1º de fevereiro. Seguem-se uma multa e confiscos. Por fim, a administração dos comerciantes é abolida e, em 27 de janeiro, passa a fazer parte da administração de Paris. Em Paris não há mais municipalidade além do *hôtel de ville*, de tal maneira que os ofícios não podem mais se reunir. Rouen tem o mesmo destino.

Enquanto Carlos VI restabelece assim a autoridade real na França, o outro adolescente, seu confrade Ricardo II, também enfrenta movimentos sociais e, em atitude análoga, os reprime. O governo tem total responsabilidade na revolta, pois em 1380, pela terceira vez em quatro anos, decide cobrar um imposto particularmente pesado e injusto, a *poll tax*. Trata-se de uma captação, um imposto fixo de um xelim por habitante com mais de 15 anos, a despeito de qual seja seu nível de riqueza. Certamente, os ricos são incentivados a ajudar os pobres de sua comunidade, mas nada os obriga a isso. Ademais, a coleta é realizada de forma brutal, o que provoca as primeiras revoltas contra os coletores em Essex e em Kent a partir de maio de 1381. À frente dos rebeldes de Kent surge desde o início a personalidade de Wat Tyler – este, embora tenha origem pouco conhecida, demonstra ser provido de cultura e inteligência política. Os rebeldes tomam Rochester e a Cantuária, onde libertam um padre vagabundo, exaltado e herético, João Ball, que prega o famoso sermão "Quando Adão arava e Eva fiava, quem então era o nobre?". Ele se torna o profeta da trupe e dá a essa revolta antifiscal um tom de guerra social. Em 13 de junho, os rebeldes chegam às terras de Blackheath, ao sul de Londres, enquanto os de Essex chegam pelo norte. Eles enviam uma petição ao rei reivindicando a cabeça do duque de Lancaster e as dos principais conselheiros. Atravessando a ponte de Londres, os rebeldes se espalham pela cidade, saqueando e incendiando o palácio de Savoy e a suntuosa residência de João de Gante. Por alguma razão desconhecida, entram na Torre sem que os guardas de lá os impeçam. Levam dali três conselheiros e o médico do duque de Lancaster, a quem decapitam em Tower Hill. Em 15 de junho, ocorre uma reunião fora da cidade, em Smithfield, entre Ricardo II, cercado apenas por uma pequena escolta, e Wat Tyler, diante de uma multidão de rebeldes. Tyler apresenta uma lista de demandas que incluem não apenas a abolição do estatuto de vilão e de sentenças de condenados, mas também a supressão de senhorios e bispados, além do confisco de bens do clero e sua distribuição aos leigos. Tais demandas tinham inspiração no utopismo anticlerical de João Ball. O rei, com apenas 14 anos, demonstra ter sangue-frio naquelas circunstâncias. Ele promete conceder tudo. Tyler desconfia, pois sabe o quanto vale a palavra de um rei para um rebelde; desejando uma carta assinada e selada, dirige-se insolentemente ao soberano. O clima esquenta. É quando o prefeito de Londres perde a paciência com Tyler e o derruba do cavalo. Tyler é então morto por um escudeiro imediatamente. Os rebeldes ficam furiosos e se preparam para atacar, quando Ricardo chega até eles e grita: "Senhores, quereis matar vosso rei? Sou vosso capitão, segui-me". Desconcertados, eles obedecem. A multidão segue o rei, e este conduz todos para o norte. Enquanto isso, o prefeito, William Walworth, reúne mercenários em Londres. Os rebeldes são cercados e o rei, então, ordena que voltem para casa, o que eles fazem.

A revolta, entretanto, se espalha para muitos condados no sudeste, com chefes locais como Godofredo Litster em Norfolk e Jack Straw em Hertfordshire. Os principais ataques são contra propriedades eclesiásticas. Em poucos dias, os movimentos são reprimidos, e, logo em seguida, começam as punições. É desnecessário dizer que nenhuma das promessas feitas serão mantidas: "Vilões sois e vilões continuareis a ser", Ricardo responde a uma delegação de Essex que pedia a ratificação dos compromissos. Os juízes percorrem os condados sentenciando enforcamentos e decapitações. João Ball é executado em Saint-Albans. A cabeça de Wat Tyler adorna a ponte de Londres. No final de agosto, a ordem reina no reino.

Essa revolta, conhecida na história como "revolta dos camponeses", é uma explosão de ódio em que se misturam várias motivações. Elas são listadas por *sir* Ricardo Waldegrave, cavaleiro de Suffolk e membro do Parlamento em 1381: os desperdícios da corte, a carga tributária, a fraqueza do poder executivo e o descontentamento causado pelas derrotas na França. A isso convém acrescentarmos os sermões comunistas do baixo clero pronunciados por João Ball e seus imitadores. De um ponto de vista global, o elemento unificador é a indignação diante da incompetência demonstrada pelo governo na condução da guerra. As oscilações da Guerra dos Cem Anos favorecem a eclosão de movimentos sociais tanto na França quanto na Inglaterra. Os reveses exacerbam o descontentamento e servem como um indicador de injustiças sociais e insuficiências políticas.

Na Inglaterra, a revolta dos camponeses também traz sérias consequências para a monarquia. Ricardo II sai mais forte da crise e esse sucesso sobe à sua cabeça. Seu temperamento muito autoritário leva-o a observar no povo a força do sentimento monárquico, e disso ele chega a conclusões sobre o caráter sagrado da função régia. Trata-se do início de uma deriva megalomaníaca que o fará perder gradualmente o contato com a realidade, conduzindo-o à catástrofe. Em janeiro de 1382, ele se casa com Ana da Boêmia, um casamento que acentua ainda mais a semelhança com seu primo da França, este também marido de uma princesa da Europa central, Isabel da Baviera. Os principais conselheiros de Ricardo II nessa época são Ricardo, conde de Arundel, e *sir* Miguel de La Pole, que busca desenvolver no rei as qualidades guerreiras do pai e do avô. Porém, como diz o cronista Walsingham, sua comitiva imediata é formada mais de "cavaleiros de Vênus do que de Belona".[13] Efeminado, o rei é, a uma só vez, caprichoso, obstinado, colérico, esbanjador e tirânico; ele insulta grosseiramente seus conselheiros, ameaça com espada na mão o arcebispo da Cantuária, tem prazer em humilhar aqueles ao seu redor. Seus gastos imprudentes aprofundam a dívida: ele penhora a coroa por um empréstimo de 2 mil libras da cidade de Londres; faz o mesmo com outras joias ao emprestar 2.779 libras de Roberto Knolles, e, nesse caso, demite o chanceler Ricardo Scrope quando este tenta comentar algo sobre tal comportamento. O soberano não suporta nenhuma crítica.

Desse modo, os dois reinos passam por sérias dificuldades internas no início da década de 1380. Estão no poder dois adolescentes temperamentais (pleonasmo?), à sombra de tios gananciosos que usam a monarquia para suas necessidades pessoais. Revoltas estouraram: Harelle de Rouen, Maillotins de Paris, Tuchins de Languedoc, camponeses ingleses, tecelões flamengos. A agitação se espalha para outros países. Em Florença, tem-se desde 1378 a revolta dos Ciompi, que opõe proletários e mercadores, mas também guelfos e gibelinos, tecelões e tintureiros. Brunswick, Lübeck e Gdansk também são afetadas. Uma onda revolucionária varre a Europa entre 1378 e 1382. O Cisma e as consequências da peste negra somam-se à guerra endêmica e perturbam as pessoas. Tais revoltas, no entanto, não estão relacionadas, pois os contextos locais são muito diferentes. Apesar de tudo, não é exagero falar de uma crise europeia. A simultaneidade impressiona: de Londres a Florença, e de Rouen a Lübeck, mas também no campo. Surgem líderes semelhantes a Artevelde, Alberti, Tyler e Straw – estes não são oriundos das camadas mais pobres e elaboram esquemas de reformas sociais. A Guerra dos Cem Anos não é a causa direta desses movimentos, mas contribui para a eclosão deles: ela é catalisadora de problemas socioeconômicos pelo fato de agravar dificuldades da vida das populações, sem mencionar as

---

13 Na mitologia romana, Vênus e Belona são as deusas do amor e da guerra, respectivamente. (N. T.)

devastações, as violências de todo tipo e a tributação cada vez mais opressiva. Se os conflitos contribuem para o fomento de uma crise europeia, esta, por sua vez, contribui para a manutenção dos conflitos e para a alteração da natureza deles. Originalmente feudal, o problema está prestes a se tornar nacional e social. De 1382 a 1415, durante o que pode ser considerado um longo e turbulento entretempo de três décadas, a Guerra dos Cem Anos sofre uma mutação. Do lado inglês, o aspecto da guerra nacional é reforçado, enquanto, do lado francês, a guerra civil prevalece sobre a guerra estrangeira, que se torna de alguma forma um adendo.

– 6 –

MUTAÇÕES DE CONFLITO:
DA GUERRA FEUDAL À GUERRA CIVIL (1382-1415)

Na passagem do século XIV para o XV, a Guerra dos Cem Anos sofre uma verdadeira mutação. Tanto na França quanto na Inglaterra, os conflitos internos têm precedência sobre a guerra externa. As questões estrangeiras diminuem de intensidade, as tréguas se multiplicam e as duas dinastias chegam a estabelecer alianças matrimoniais. Tudo parece se encaminhar, até 1399 sob Ricardo II, rumo a uma paz global. Na verdade, trata-se apenas de uma pausa, pois, do lado francês, os conflitos internos entre armagnacs e burgúndios, a partir de 1400, fazem as duas facções buscar a aliança inglesa para enfraquecer sua rival. Como resultado disso, a nova dinastia inglesa dos Lancaster encontra-se na posição de árbitro entre o duque de Orléans e o da Borgonha, o que permite a ela usar um contra o outro e retomar a ideia de conquista.

OS PROBLEMAS INGLESES: RICARDO II E A APROXIMAÇÃO COM A FRANÇA (1382-1399)

Em 1383, os ingleses tomam a iniciativa de uma dupla ofensiva militar-religiosa. Por um lado, João de Gante, duque de Lancaster, deseja liderar uma expedição a Castela para ali realizar suas ambições reais. Conta para isso com a ajuda do rei de Portugal e forma uma coalizão Portugal-Aragão-Inglaterra. Seu irmão Edmundo, conde de Cambridge, já está lá com uma pequena tropa. Faltava ainda obter o dinheiro: o duque então pede ao Parlamento um empréstimo de 60 mil libras, argumentando que isso também colocaria fim à ameaça das frotas castelhanas nas costas inglesas. E, para garantir a promessa, obtém de Urbano VI o título de "cruzada" para a expedição: João I, rei de Castela, é de fato um clementista. O Parlamento é reticente: o custo parece alto demais e a saída do homem forte do país nesse período de instabilidade, logo após a revolta dos camponeses, não parece desejável.

Ademais, há outra expedição sendo preparada sem nenhuma ligação com a anterior, exceto pelo fato de também receber o título de "cruzada": o fogoso e confuso bispo de Norwich, Henrique Despenser, faz campanha por um desembarque em Flandres, onde há outro clementista: o duque Luís de Male. O Parlamento é muito mais favorável a esse empreendimento, que, sob o pretexto religioso, permitiria recuperar o controle de uma região vital para os interesses comerciais ingleses: exportação de lã, rede bancária de Bruges, proteção dos acessos orientais a Calais. Depois de Roosebeke, a presença do exército francês em Flandres de fato causava preocupação para a etapa de Calais – tanto que, em certo momento, chegou-se a cogitar sua transferência para Middelburgh. Em 23 de fevereiro de 1383, o Parlamento aprova a expedição. Ela será liderada pelo próprio bispo de Norwich, ladeado por experientes chefes de guerra, como Hugo Calveley e William Elmham. O papa Urbano VI dá sua bênção e convoca os ingleses a apoiarem financeiramente o empreendimento por meio de doações reembolsáveis no outro mundo na forma de remissão total das penas do Purgatório. Eis o entusiasmo testemunhado pelos cronistas ingleses. Knighton, por exemplo, descreve os sermões exaltados dos clérigos, os quais afirmavam que os anjos desceriam diretamente do céu para buscar não apenas as almas do Purgatório que fizessem doações, mas até mesmo as de seus familiares. As mulheres são as mais entusiasmadas: colares, anéis e braceletes se amontoam nos cofres da cruzada – elas oferecem "o tesouro secreto do reino que está nas mãos das mulheres", apesar dos protestos de João Wyclif.

A expedição está pronta em abril de 1383. No dia 17, Henrique Despenser segura a cruz. Em 16 de maio, desembarca em Calais e, sem esperar que todas as suas forças estejam disponíveis, avança rumo a Gravelines atacando e saqueando, continua em Dunquerque, Nieuport e Diksmuide, até entrar em Gante no dia 20. Em 8 de junho, ele sitia Ypres. O conde de Flandres indigna-se com tal agressão e apela ao rei da França. Seu genro, o duque da Borgonha, ativa os preparativos, pois não quer ver sua futura herança devastada. O exército real é convocado para estar em Arras em 15 de agosto, com vistas a uma contracruzada clementista. O bispo de Norwich então se preocupa; seu exército carece de máquinas de cerco; sua tropa é indisciplinada e mais interessada em saquear do que em lutar. Ele abandona o cerco de Ypres, recua para Bergues e Bourbourg, depois para Calais, e volta para a Inglaterra em setembro. A sua aventura é um lamentável, ridículo e dispendioso fracasso, pelo qual foi chamado a prestar contas: instaura-se um processo de *impeachment* para ele e os principais capitães, todos acusados de terem se vendido aos franceses. O bispo perde suas temporalidades, que lhe serão restituídas dois anos depois.

O fracasso da cruzada em Flandres também resultou no cancelamento da cruzada em Castela. O rei Fernando de Portugal, cansado de esperar pelos reforços ingleses, reconcilia-se secretamente com o rei João de Castela. Ele morre em outubro de 1383 e a revolução dinástica que se seguiu traz Portugal de volta ao campo dos urbanistas. Porém, já era tarde demais para empreender outra grande expedição. Frustrado em suas ambições meridionais, o duque de Lancaster, cujas relações com o rei estavam se deteriorando, teve que esperar até o final do verão de 1385 para concretizar seus planos. Aliás, é nesse momento que novas perspectivas se abrem com a brilhante vitória portuguesa de Aljubarotta sobre os castelhanos, que contou com ajuda de alguns voluntários ingleses. A opinião pública e o Parlamento tornam-se favoráveis a uma intervenção, para cuja preparação são recuperadas as antigas bulas de indulgências de Urbano VI. Em 8 de março de 1386, Ricardo II reconhece seu tio João de Gante como rei de Castela, com a condição de que ele a conquiste. Em 9 de julho, Lancaster parte de Plymouth com 7 mil homens.

Sua campanha espanhola não traz resultados decisivos e, em novembro de 1387, ele se retira para a Gasconha, após ter concluído acordos privados: sua filha mais velha, Filipa, casa-se com o rei de Portugal, e a mais nova, Catalina, casa-se com o herdeiro de Castela; ele próprio recebe uma indenização de 100 mil libras e uma pensão anual de 6 mil libras em troca de sua renúncia a Castela e à causa urbanista na Espanha. Urbano VI, furioso, revoga então as suas indulgências, e presume-se que os anjos então tiveram que transferir as almas dos doadores, mudando-as do Paraíso para o Purgatório. O duque de Lancaster permanece em Bordeaux até novembro de 1389, quando seu sobrinho Ricardo II o chama de volta, pois precisa de sua ajuda devido aos graves problemas que o afligem.

Enquanto Lancaster lutava por castelos na Espanha sob o sol de Castela, o rei combatia efetivamente nas brumas da Escócia. Já em 1384, ele havia liderado ali uma expedição em grande escala, devido a um desembarque francês liderado pelo almirante João de Vienne. O rei havia levado forças consideráveis, incluindo os melhores chefes militares, dentre os quais, Lancaster. Essa foi uma oportunidade para Ricardo exibir publicamente a incapacidade e inconstância de Lancaster. O jovem soberano de 18 anos havia marchado para Edimburgo a fim de conferir títulos pomposos a dois de seus tios, Cambridge e Buckingham, que se tornaram duques de York e Gloucester, enquanto Miguel de La Pole recebia o título de conde de Suffolk. O inimigo estava em Carlisle. Depois de quinze dias, Ricardo perde a paciência, culpa Lancaster pelo fracasso e volta para Londres. Quatro anos depois, é muito pior: em 5 de agosto de 1388, o conde de Douglas inflige uma humilhante derrota aos ingleses em Otterburn, na fronteira entre Newcastle e Jedburgh; um dos barões mais poderosos das marcas, Henrique Percy, é feito prisioneiro. Do ponto de vista militar, a situação dos ingleses é crítica. O melhor a ser feito consiste em resignar-se e pedir trégua à França. Em 1394, chega-se a um acordo para cessar os combates durante quatro anos. A impopularidade de Ricardo II está no auge. Seus fracassos recorrentes comprovam sua incompetência. Foi nesse contexto que, em novembro de 1389, ele chama Lancaster como um eventual salvador.

A degradação do prestígio pessoal do soberano exprime-se na atitude cada vez mais hostil do Parlamento, que impõe capitulações humilhantes à coroa. Primeiro foi o Wonderful Parliament (Parlamento Maravilhoso) de outubro de 1386. Reunido em meio a um clima de tensão pela ameaça de um iminente desembarque francês, o encontro rapidamente degenera em um confronto entre o rei e os deputados. Estes últimos procuravam bodes expiatórios, e, quando a coroa pede-lhes que votem uma taxa de quatro quinze avos para formar um exército, eles responderam que não fariam nada até que o chanceler, Miguel de La Pole, e o tesoureiro, João Fordham, fossem destituídos de seus postos. O rei responde que não mudará a pedido do Parlamento um único ajudante de cozinha sequer. O clima esquenta. A oposição é liderada pelo duque de Gloucester, Tomás, tio do rei, e por Tomás Arundel, bispo de Ely – ambos odeiam a comitiva real. Eles primeiro lembram que o soberano deveria estar presente nas sessões do Parlamento (ele havia se retirado para seu palácio em Eltham). Então, Ricardo responde que, se ele for vítima de uma conspiração, apelará ao rei da França, seu parente. Gloucester responde que, se o rei da França desembarcar na Inglaterra, não será para ajudar Ricardo, mas para esmagá-lo, e em um discurso ousado declara que, "por estatuto antigo e precedente recente", podem ser substituídos os reis que governam mal e que seguem os próprios caprichos mais do que os conselhos de seu povo.

Tal lembrete do destino de Eduardo II assusta Ricardo, mas o torna ciente da ameaça, bem quando ele pensava em pedir a canonização de seu bisavô. Ele capitula, retorna ao Parlamento, destitui o chanceler e o tesoureiro, os quais são substituídos pelos bispos de Ely e de Hereford.

Ricardo planeja sua vingança. Após eliminado o perigo de um desembarque francês graças a uma vitória naval dos condes de Arundel e de Nottingham sobre uma frota combinada de franceses e espanhóis em Margate, o rei deixa Londres em 9 de fevereiro de 1387 para uma longa peregrinação de dez meses pelo reino. O rei pretende formar um exército privado recrutando *routiers*, especialmente nos condados ocidentais conservadores. Seus conselheiros próximos começam a sugerir o assassinato de Gloucester. Tais acontecimentos já caracterizam uma pré-guerra civil, e é assim que a de 1642 surgirá. Ricardo não tem mais senso de realidade. Ao retornar a Londres em 10 de novembro, a boa acolhida da população o faz acreditar que era forte o suficiente para esmagar a oposição. É necessário trazê-lo de volta à realidade. Já em 14 de novembro, Gloucester, Arundel e Warwick exigem que cinco dos amigos mais próximos do rei sejam presos. Ricardo os deixa fugir. Os opositores se sentem enganados; alguns começam a considerar a deposição do rei, que se refugia na Torre, onde uma delegação de grandes nobres, escoltada por quinhentos soldados, chega para repreendê-lo com severidade: ele havia violado seus votos de coroação e conspirado contra seus súditos; mas seu filho agora tinha idade suficiente para reinar. Ricardo II, *stupefactus*, diz o cronista Higden, promete não fazer isso de novo.

A lição não acabou. Em 3 de fevereiro de 1388, o Parlamento se reúne, julga e manda executar os conselheiros próximos do rei, ganhando por isso o apelido de Merciless Parliament (Parlamento sem Piedade). Ricardo parece se submeter, porém é evidente que ele não percebe o quão precária é sua situação. Sua passividade para com a França e falta de ardor guerreiro fazem que ele seja considerado um sucessor indigno do pai e do avô. Sua política de trégua desagrada os condados do oeste e do noroeste, como Cheshire, onde o exército havia se tornado o grande provedor de empregos. No verão de 1393, Cheshire, que havia fornecido milhares de arqueiros e heróis nacionais como Roberto Knolles e Hugo Calveley, se revolta.

Em 1394, Ricardo restaura um pouco seu brasão quando vai salvar alguma aparência de ordem na Irlanda, enquanto o duque de Lancaster volta para a Gasconha até o final de 1395. Todavia, em 1396, o rei faz o reino ficar novamente contra ele ao se casar com Isabel, a filha de Carlos VI, então com 7 anos. Tal casamento traz lembranças desagradáveis: Eduardo II também havia se casado com uma Isabel, princesa francesa, filha de Filipe IV, o Belo, com o resultado que conhecemos. Esse casamento também significa o fim do que teria sido a Guerra dos Sessenta Anos, pois o contrato matrimonial é acompanhado por uma trégua de 28 anos, ou seja, a paz final. Adeus resgates, saques, aventuras, empregos lucrativos e empréstimos usurários à coroa! No entanto, nada está resolvido: Ricardo ainda se autointitula rei da França e mantém Calais, enquanto Carlos VI conserva os territórios conquistados por seu pai. Os ingleses veem isso como o vergonhoso abandono das gloriosas conquistas de Eduardo III e do Príncipe Negro: uma traição! Ademais, a primeira versão do tratado incluía uma cláusula com implicações sinistras, pela qual o rei da França se comprometeria a auxiliar Ricardo "contra todos os tipos de pessoas que lhe devem obediência, bem como a ajudá-lo e a apoiá-lo em qualquer assunto e com todo o poder necessário". Será que Ricardo pretendia esmagar a oposição com a ajuda dos franceses? Acrescentemos que o rei da Inglaterra havia se comprometido a enviar tropas em apoio às reivindicações do duque de Orléans em Milão contra Giangaleazzo Visconti, enquanto os franceses nada fazem em troca para sustentar sua extravagante ambição de ser eleito rei dos romanos e tornar-se imperador. Para a maioria dos ingleses, o casamento e o tratado não passam de negócios de otários, uma vergonhosa capitulação perante as exigências francesas.

ASCENSÃO DOS LANCASTER (1399)

Ricardo agora se considera forte o suficiente para se livrar de seus inimigos. Em 1397, ele ordena a prisão de Warwick, Arundel e Gloucester, armando verdadeiras emboscadas para eles. O primeiro é banido para a ilha de Man e os outros dois são decapitados. Em seguida, os espólios são distribuídos entre seus favoritos: Henrique Bolingbroke, filho de João de Gante, torna-se duque de Hereford; Tomás Mowbray torna-se duque de Norfolk; João Holland, meio-irmão do rei, torna-se duque de Exeter; Tomás Holland, seu sobrinho, torna-se duque de Surrey; Eduardo de Rutland torna-se duque de Aumale; outros recebem marquesados e condados.

No entanto, quem reina é a desconfiança. O duque de Norfolk compartilha com o duque de Hereford sua suspeita de que o rei deseja eliminá-los. Hereford repete isso para seu pai, João de Gante, que o aconselha a revelar tudo a Ricardo. Este último, sem esperar qualquer investigação, expulsa em 1398 o duque de Norfolk para sempre e o duque de Hereford por dez anos. Ele aplica pesadas multas a todos aqueles que, aos seus olhos, são suspeitos de participar da oposição. Perdendo cada vez mais o contato com a realidade, o rei acha que pode tudo. Condena postumamente Roberto Plessington, barão do Tesouro, que certa vez havia defendido os oponentes; da mesma forma, Henrique Bowet, arquidiácono de Lincoln que havia defendido Hereford. Ninguém mais se sente a salvo das punições arbitrárias do rei megalomaníaco.

No início de 1399, Ricardo II perde completamente o senso de proporção. Em 3 de fevereiro, morre João de Gante, seu tio, duque de Lancaster, enquanto seu filho Henrique Bolingbroke, duque de Hereford, estava exilado na França por dez anos. O rei transforma a sentença em exílio perpétuo, confisca toda a herança de Lancaster e a distribui para seus fiéis. Em seguida, parte para a Irlanda, deixando Edmundo de York como guardião do reino.

Essa partida desperta rumores mais absurdos: que o soberano teria partido para recrutar tropas ou que estaria se preparando para assassinar muitos nobres. Henrique Bolingbroke, que agora assume o título de Lancaster, aproveita a oportunidade. No final de junho, desembarca em Yorkshire. Os grandes senhores do norte se juntam a ele: o conde de Northumberland, seu filho Henrique Hotspur, o conde de Westmorland. Os conjurados marcham rumo ao sul. York se refugia em Gloucestershire, no castelo de Berkeley, onde é feito prisioneiro. Ricardo II, que se apressa em retornar da Irlanda, tranca-se no poderoso castelo de Conway, no norte do País de Gales, mas em pouco tempo é capturado. Ele é forçado por Lancaster a convocar um Parlamento e, em seguida, é trazido de volta a Londres e trancado na Torre.

Começa então, pela segunda vez em setenta anos, o procedimento de deposição. Destronar legalmente o rei torna-se um ritual na Inglaterra tão bem regulamentado quanto o da coroação, e que será usado várias vezes no século seguinte durante a Guerra das Duas Rosas. Trata-se de apresentar a deposição tanto como um ato voluntário por parte do rei quanto como uma sanção infligida pelo povo por causa de seu mau governo. A propaganda lancasteriana dá crédito a essa versão oficial: Ricardo II expressaria seu desejo de abdicar e transmitir a coroa a Henrique de Lancaster, primeiro em Conway e depois na Torre, *in sua libertate existens* e "aparentando estar satisfeito". Em seguida, esse pedido é apresentado a uma assembleia de representantes do país, um Parlamento, que o próprio rei terá acabado de convocar (pois é o único capaz de fazê-lo), mas que não irá sediar *in forma parliamenti*. Tal assembleia representa os estados do reino. O ato de renúncia é lido para ela, em latim e em inglês, e ela o aprova. Em seguida, a operação é repetida diante de uma multidão de londrinos reunidos em Westminster, que representam a *vox populi*. Há ainda uma lista de 33 artigos enumerando as faltas do rei, seus *crimina et defectus*, justificando a razão de se tirar a coroa dele. Após ser aprovada pelas duas assembleias, Henrique de Lancaster reivindicará a coroa para si, "pelo direito que a graça de Deus me concedeu e pela ajuda de meus parentes e amigos para recuperá-la", na condição de descendente direto de Henrique III. Lembremos que Henrique de Lancaster é filho de João de Gante, ele próprio o filho mais novo de Eduardo III. É, portanto, primo direto de Ricardo II. Tanto os estados quanto o povo aceitam seu pedido e, assim, ele é proclamado rei, Henrique IV. O início de seu reinado está marcado para 30 de setembro de 1399.

MUTAÇÕES DE CONFLITO 249

A destituição de Ricardo II vai mais longe do que a de Eduardo II. Neste último caso, tratava-se de substituir o pai pelo filho; agora, um primo por outro primo. É uma verdadeira mudança de dinastia: os Lancaster substituem os Plantageneta. Quanto ao soberano deposto, os lordes o condenam à prisão perpétua num local secreto em 23 de outubro. Ele é enviado para o castelo de Pontefract, em Yorkshire, e colocado sob a custódia de Roberto Waterton e Tomás Swynford. Em janeiro de 1400, ele morre, aos 33 anos, nas condições mais misteriosas: sem testemunhas, sem relato oficial, sem causa da morte, sem vestígios, nem mesmo uma data precisa. Não há dúvida de que se trata de assassinato. Se um rei deposto permanece vivo, isso é sempre uma ameaça. Mas um rei deposto morto pode se tornar um fantasma extremamente perturbador. Embora o cadáver tenha ficado exposto por dois dias na catedral de São Paulo, começaram a circular na Inglaterra falsos Ricardos a partir de 1401, especialmente nos círculos franciscanos, onde o Plantageneta era popular. A propaganda de Henrique IV, que estabelece que Ricardo abdicou voluntariamente, é ineficaz, como mostra o interrogatório do franciscano Ricardo Frisby, mestre em teologia, pelo próprio rei:

> *Henrique*: Você disse que o rei Ricardo está vivo?
> *Frisby*: Não digo que ele esteja vivo, mas que, se estiver, ele é o verdadeiro rei da Inglaterra.
> *Henrique*: Ele abdicou.
> *Frisby*: Sim, abdicou, porém, na prisão e sob ameaça, ou seja, não é uma abdicação válida.
> *Henrique*: Ele abdicou voluntariamente.
> *Frisby*: Ele nunca teria abdicado se estivesse livre. E uma abdicação na prisão não é uma abdicação livre.

Vários complôs contra Henrique IV são armados pelos franciscanos em torno dos pseudo-Ricardos. O mais sério é o do convento de Leicester em 1402, rapidamente reprimido, e após o qual o capítulo provincial dos franciscanos ameaça com prisão perpétua os irmãos menores que falarem contra o rei. No entanto, outros complôs serão organizados.

Transfigurado pelo gênio de Shakespeare, Ricardo II torna-se uma imagem romântica, a do rei sofredor. A verdade literária deve dar lugar à verdade histórica: Ricardo II é vítima de sua própria conduta, de desrespeito ao equilíbrio constitucional inglês vigente desde o início do século XIII. Não tendo aprendido a lição dos reveses de João Sem Terra e da reviravolta de Eduardo II, ele governa a Inglaterra como um déspota, sem respeito pela lei comum e pelas liberdades adquiridas da aristocracia. Prisões arbitrárias, confiscos injustificados, extorsões, desterros, manipulações do Parlamento, violações contínuas do juramento da consagração, tudo numa escala tal que até mesmo seus poucos apoiadores questionam sua saúde mental. Para os contemporâneos, essa conduta tem nome: tirania. Como Nicolas Oresme havia escrito um pouco antes:

> Sempre que a realeza se aproxima da tirania, ela se aproxima de seu fim, pois é quando está madura para divisão, para a mudança de dinastia ou para a destruição total, especialmente em um clima temperado, onde os homens são habitualmente, moralmente e naturalmente livres.

Para o historiador inglês May McKisack, "Ricardo II tornou-se perigoso, talvez perigosamente louco".

A FRANÇA PARALISADA POR CONFLITOS INTERNOS E PELA LOUCURA DO REI (1382-1399)

Por ironia da história, na mesma época outro louco governava a França: Carlos VI. Essa estranha coincidência evidentemente não deixou de ter consequências no desenrolar da guerra, contribuindo para seus desdobramentos erráticos no final do século XIV. Ambos os reinos estão mais preocupados com seus problemas internos do que com a guerra estrangeira. Acabamos de ver que Ricardo II tentou usar a França a serviço de suas ideias despóticas. Na França, as facções tentam usar a Inglaterra a serviço de suas ambições. A guerra franco-inglesa torna-se um apêndice dos conflitos internos. Vejamos o que acontece na França no período de 1383-1400.

Aqui, são as rivalidades entre os tios do rei, com suas ambições francesas e italianas, os conflitos entre a grande aristocracia e os *marmousets*, e as convulsões de uma feudalidade agitada que contrariam o esforço de guerra contra a Inglaterra. Mais do que um adversário, a Inglaterra surge como um potencial parceiro no jogo de facções. O novo homem forte do reino é, sem dúvida, Filipe, o Audaz: além de ser tio do rei e duque da Borgonha, Filipe ainda se torna conde de Flandres em janeiro de 1384 com a morte de seu sogro Luís de Male. Tem como maior preocupação o estabelecimento de sua autoridade no território de Flandres, onde Gante continua a se opor ao poder do conde com a ajuda dos ingleses. Em 1385, tropas de Gante atacam Bruges e ocupam o porto secundário de Damme. Filipe, que coloca a França a serviço de suas necessidades pessoais, induz os conselheiros do rei a decidirem pela ação militar – para isso, utiliza as tropas que começaram a ser reunidas em Eclusa para um desembarque na Inglaterra: desvio da guerra estrangeira para a guerra interna. Em 28 de agosto de 1385, Damme é capturada e a Flandres marítima é saqueada – logo depois, as negociações acontecem em Tournai. Em 18 de dezembro, chega-se a um acordo: Gante se submete e, em troca, recebe liberdade de comércio e liberdade de apoiar qualquer papa que fosse escolhido.

Tranquilizado nesse lado, Filipe avança seus peões para o leste, na direção do Império, mediante uma política matrimonial muito hábil: casamento de sua filha, Margarida de Borgonha, com Guilherme de Ostrevent, conde de Hainaut e da Holanda, neto de imperador Luís da Baviera, da família Wittelsbach; casamento de seu filho João, o futuro duque da Borgonha João Sem Medo, com Margarida da Baviera, irmã do conde Guilherme de Ostrevent; casamento do rei Carlos VI com Isabel da Baviera, outra Wittelsbach, irmã do duque Luís da Baviera, bisneta do imperador Luís da Baviera. Filipe, o Audaz, prepara-se assim não apenas para alianças preciosas, mas também para ter direitos sobre Hainaut e a Holanda. Além disso, pressiona seu sobrinho Carlos VI a apoiar sua tia Joana de Brabante contra o duque de Guelders.

A guerra contra a Inglaterra não é mais uma prioridade. O que resta a ganhar? Calais, Cherbourg, Brest, Bordeaux, Bayonne? Embora não sejam insignificantes, nenhuma dessas cidades é vital. Porém, enquanto a ameaça inglesa ainda paira sobre Flandres, Filipe ordena um plano de desembarque em 1386 para o qual tropas, máquinas e equipamentos foram montados em Eclusa, incluindo um acampamento de cabanas de madeira que poderiam ser montadas e desmontadas em poucas horas. Esses preparativos parecem sérios e o *kit* pré-fabricado impressiona os espiões ingleses. Quando tudo está pronto, o rei chega a Eclusa; ele deveria conduzir a operação pessoalmente, mas também foi combinado que todos os tios deveriam estar lá. No entanto, o duque de Berry, tenente do rei em Languedoc, ainda está no sul. Ele está chegando, porém desloca-se o mais lentamente possível. Isso é proposital, certamente, porque ele não quer participar de uma campanha militar que só aumentaria a glória de seu irmão na Borgonha. Quando finalmente chega a Eclusa, já é 14 de outubro. A estação está muito avançada para se arriscar na aventura. A operação é cancelada com a promessa de que seria realizada na primavera de 1387.

Todavia, após a sabotagem de Berry em 1386, agora é o duque da Bretanha quem está colocando tudo a perder. O anglófilo João IV não demonstra muito entusiasmo em atacar seus amigos britânicos. Além disso, o plano prevê que, além da frota reunida em Eclusa, outra sairá da Bretanha, mais precisamente de Tréguier, tendo à frente o homem que João IV mais odeia no mundo: seu compatriota Olivier de Clisson, que sucedeu Du Guesclin como condestável da França. Ele convida este último para Vannes e oferece-lhe um grande banquete, ao final do qual o coloca na prisão, hesitando entre enforcá-lo ou queimá-lo vivo. No final das contas, considera mais lucrativo cobrar um resgate. Clisson deve ceder todas as suas fortalezas bretãs e pagar 100 mil libras. Furioso, o condestável grita por vingança, porém esse caso cancela novamente a expedição contra a Inglaterra em 1387. O encontro será em 1388.

No entanto, Olivier de Clisson quer que antes lhe seja feita justiça – ele ameaça abandonar o posto de condestável se João IV não for castigado. Será então que as tropas devem ser desviadas para a Bretanha? Os duques da Borgonha e de Berry se opõem a isso. Há negociação e discussão. Por fim, João IV acaba vindo a Paris para devolver o resgate de Clisson, e assim se chega ao mês de agosto. Tarde demais para um desembarque. Esse tempo perdido é extremamente custoso. Financiar frotas e exércitos que nunca partem torna-se insuportável e impopular. Não resta nada melhor a fazer além de assinar uma trégua, o que acontece no final do verão de 1388.

O rei Carlos VI tem 20 anos e começa a ficar impaciente com a tutela de seus tios. A conduta e as rivalidades deles só resultam em uma política externa incoerente. O soberano é especialmente impulsionado a emancipar-se por seu irmão mais novo, Luís de Touraine, que logo mais será duque

MUTAÇÕES DE CONFLITO

de Orléans; este, aos 16 anos, é um adolescente inquieto, transbordante de ambição e totalmente desprovido de escrúpulos. Se seu irmão mais velho se tornar o verdadeiro senhor do reino, ele poderá usar o poder real para levar a cabo sua política pessoal. A tomada do poder ocorre no final de outubro de 1388, durante um concílio realizado em Reims. O cardeal de Laon, Pedro Aycelin de Montaigu, declara que o rei é sábio e velho o suficiente para governar sozinho. Carlos VI agradece aos tios pelos serviços prestados e decide fazer o conselho se lembrar dos homens que cercavam seu pai: João le Mercier, João de Montagu, Bureau de la Rivière e outros. Relativamente mais velhos e de origem burguesa, são desprezados pelos duques. O termo *"marmousets"* atribuído a eles nos livros de história é, no entanto, apenas uma invenção de Michelet, que o encontra no meio de uma frase de Froissart. Significa, no século XIV, certa espécie de macaco, ou estátuas grotescas supostamente representativas de ídolos muçulmanos, ou ainda, os favoritos do príncipe. Em todos os casos, refere-se a personagens influentes, porém ridículos e feios. Isso provoca uma nova divisão no governo, com os duques nutrindo um ódio perene por esses velhos de origem inferior.

O retorno desses personagens experientes poderia ter endireitado a liderança política, devolvendo-lhe unidade e coerência, especialmente perante a Inglaterra. De fato, é sobretudo para a Itália que os olhos se voltam – os olhos de Luís de Touraine em particular: em agosto de 1389, ele se casa com Valentina Visconti, filha de João Galéas, e assim torna-se senhor do condado de Asti. Dessa forma, por meio dos sogros, vê-se mergulhado no inextricável labirinto das combinações italianas, que lhe abrem perspectivas nebulosas: o domínio de Gênova, onde a aristocracia busca a aliança francesa contra o governo popular inaugurado em 1339 por Simão Boccanegra; e a criação de um "reino de Adria", retirado dos estados do papa de Roma. Luís torna-se, portanto, o campeão intransigente do papa de Avignon, Clemente VII, enquanto seu tio Filipe da Borgonha é favorável ao "caminho da cessão", que pede a renúncia de ambos os papas para que possam ser substituídos por um único. Finalmente, há outro príncipe francês diretamente envolvido: o jovem Luís II de Anjou, que carrega o título vazio de "rei de Jerusalém e da Sicília". Filho do duque Luís I de Anjou, morto em 1384 quando tenta conquistar o reino de Nápoles, é primo de Carlos VI e Luís de Touraine, e também defende a causa de Clemente VII.

Sinal do novo interesse pelos assuntos meridionais, Carlos VI viaja para Languedoc durante o inverno de 1389-1390. Luís de Touraine o acompanha e aproveita para mostrar seu apoio ao papa de Avignon. Seu tio Berry é destituído de seu cargo de tenente em Languedoc. Tudo se arranja de modo favorável a Luís. Em outubro de 1389, Urbano VI morre. Em 2 de novembro, os cardeais elegem como sucessor o napolitano Pedro Tomacelli, que se torna Bonifácio IX. O Cisma continua. Para encerrar o assunto, Carlos VI e seu irmão planejam liderar uma expedição militar a Roma no início de 1391 a fim de impor Clemente VII ali. Desistem no último momento por medo de um ataque inglês durante a ausência do rei.

O ano de 1392 é catastrófico. Em junho, o condestável Olivier de Clisson é agredido à noite em Paris, na saída do *hôtel* Saint-Pol, por um grupo liderado por Pedro de Craon, leal ao duque da Bretanha, que ainda tentava se livrar de seu velho inimigo. Clisson escapa da morte escondendo-se dentro do forno de um padeiro. Ele não quer ser enrolado na farinha, e após o episódio consegue organizar uma expedição punitiva contra João IV, partindo para a Bretanha em agosto. Ao cruzar a floresta de Mans, o rei fica impressionado ao ver, pela primeira vez, um fanático – este corre em sua direção gritando que foi traído. Depois, enquanto avançam a pé, todos meio sonolento devido ao calor escaldante, um soldado da escolta deixa sua lança cair sobre o capacete do rei. Este se assusta, empunha a espada e ataca sua comitiva. Ele está louco.

Ninguém enlouquece por ser acordado de repente. O rei tinha um espírito frágil e já havia dado sinais de perturbação – sofrera uma crise alguns meses antes. Mas dessa vez é muito mais sério. Obviamente, a expedição é cancelada. Embora Carlos se recupere após alguns dias, permanece cansado e, em pouco tempo, as recaídas confirmam que ele agora é incapaz de cumprir suas funções regularmente. Contudo, ele tem 24 anos: há risco de um longo vácuo de poder! Os tios imediatamente aproveitam a oportunidade: Filipe da Borgonha e João de Berry, em solidariedade, eliminam os *marmousets*, que são destituídos pela segunda vez, alguns dos quais após um período na prisão.

Doravante, com o rei afastado, duas facções disputam o poder: Berry e Borgonha de um lado, e do outro, Luís de Touraine, que naquele ano se tornaria duque de Orléans. O jovem príncipe tem agora 20 anos. Ele é duque de

Orléans, duque de Touraine, conde de Angoulême, de Périgord, de Dreux, de Blois, de Soissons, de Porcien, tem ambições italianas e alemãs, governa o condado de Asti, e em breve assumirá o controle de Savona. Está rodeado por uma corte jovem, faustosa, turbulenta, extravagante, perdulária, ruidosa, que vive em contínuas festas que às vezes terminam mal: o "baile dos ardentes", onde cinco convidados disfarçados de selvagens são queimados vivos, acontece em janeiro de 1393. Tudo isso é muito malvisto, pois, não bastasse o duque andar rodeado de poetas que competem com versos corteses nos galanteios do amor, ele ainda frequenta mágicos e alquimistas com atividades sulfurosas, entre os quais um italiano da comitiva de sua esposa. Além disso, quando abraça a cunhada, a jovem e bonita Isabel da Baviera, a rainha, ele exagera no aperto. Essa morena ardente tem 22 anos; seu marido é louco e seu cunhado sedutor adora fazê-la dançar. A partir daí, é possível imaginar muita coisa, e é o que fazem os contemporâneos. Luís de Orléans tem péssima reputação e é muito impopular.

Seu tio, Filipe da Borgonha, se aproveita disso. Ele é o verdadeiro senhor. Luís, primeiro príncipe de sangue, pode até ser regente, mas é mantido à parte; fica simplesmente se divertindo. Filipe tem 50 anos, possui imensos territórios e a estatura de um estadista experiente. Seu irmão, João de Berry, não está à altura para ofuscá-lo. Filipe, portanto, impõe suas opiniões, em particular, sobre as relações com a Inglaterra, da qual ele quer se aproximar. Senhor de Flandres, tem todo o interesse em manter boas relações com os fornecedores de lã. E, como Ricardo II tinha outras preocupações, não foi difícil chegar a um acordo para o estabelecimento de tréguas: em Leulinghen em 1393, em Boulogne em 1394, em Paris em 1395. O coroamento dessa política de reaproximação foi o encontro em Ardres dos dois reis loucos – se aceitarmos a tese da monomania megalomaníaca de Ricardo – em 27 de outubro de 1396. Filipe apresenta ao rei da Inglaterra a jovem Isabel, de 7 anos, filha de Carlos VI, e a oferece em casamento. A princesinha, sacrificada como tantas outras às exigências da diplomacia, terá um destino trágico. Viúva aos 13 anos, casa-se novamente com um garoto de 14 anos, Carlos de Orléans, filho de Luís. Isabel morrerá aos 20 anos, em 1409.

As boas relações continuam com a Inglaterra até a deposição de Ricardo II: em 1397, os ingleses vendem Brest ao duque da Bretanha; em 1399, cedem Cherbourg ao rei de Navarra, Carlos, o Nobre, filho de Carlos, o Mau. Mais tarde, ele trocará todas as suas posses normandas com o rei da França pelo ducado de Nemours. A contenda franco-britânica está prestes a ser liquidada.

ENTRE GUERRA E PAZ:
AS DIFICULDADES DE HENRIQUE IV (1400-1409)

Tudo é posto em questão pela mudança de dinastia na Inglaterra e pelo agravamento da tensão Borgonha-Orléans na França. O novo rei da Inglaterra, Henrique IV, durante seu exílio na França, havia estabelecido laços com o duque de Orléans. O duque da Borgonha, que tinha boas relações com Ricardo II, não vê com bons olhos a ascensão do recém-chegado. No entanto, Henrique IV não conseguiu retomar as hostilidades contra a França. Apesar das precauções tomadas para que o rei Ricardo fosse derrubado dentro da máxima legalidade, a posição de Lancaster era muito frágil e, pelo menos até 1406, teve que enfrentar revoltas contínuas, que os franceses não deixaram de explorar.

A partir de 1400, os preparativos militares agitam o norte da França. O conde de Saint-Pol monta uma frota em Harfleur; as fortificações em Abbeville e no estuário do Soma são ativadas; o duque de Bourbon viaja para Agen com o objetivo de despertar sentimentos anti-ingleses na população de Bordeaux. O pretexto para tais gestos é o destino da muito jovem Isabel, viúva de Ricardo II e filha de Carlos VI. O governo francês pede a Henrique IV que devolva a menina e, principalmente, o dote de 200 mil libras. Em 1º de abril de 1401, as discussões ocorrem em Leulinghen, entre Bolonha e Calais. Os ingleses também têm exigências: o resgate do rei João ainda não foi pago. Quanto a Isabel, não há problema: Carlos VI recupera a filha em 31 de julho. A suntuosa escolta que o acompanha custa, aliás, 8.242 libras e 10 pence ao tesouro inglês. Para o dote, nada está decidido.

E, como se trata de casamentos, Henrique IV compromete-se, já em 1400, a criar alianças matrimoniais na Europa para tecer laços de solidariedade que reforcem a legitimidade de sua ainda frágil dinastia: casamento de sua filha Branca com Luís, conde palatino do Reno e duque da Baviera, e de sua outra filha, Filipa, com Érico, rei da Dinamarca e da Noruega. Quanto ao próprio rei, ele tem 33 anos em 1400 e era viúvo desde 1394. Sua primeira esposa, Maria Bohun, deu-lhe quatro filhos. Ele obviamente pensa em se casar novamente. Contudo, a esperança de desposar uma princesa Valois se desvanece após o episódio de Isabel. Por fim, o soberano se casará em fevereiro de 1403 com Joana Holland, viúva do duque da Bretanha João IV, falecido em 1399. A dama não é tão jovem. Ela é enteada do Príncipe Negro, ou seja, filha do primeiro casamento da esposa do príncipe de Gales. Mas Henrique IV já está amplamente provido de herdeiros. Pretende-se sobretudo confirmar os vínculos com a Bretanha, bem como pôr fim aos ataques dos corsários bretões nas costas inglesas. Desse ponto de vista, os resultados são decepcionantes. Os navios ingleses que traziam vinho de Bordeaux são regularmente atacados pelos bretões, o que provoca ataques de retaliação. Além disso, o casamento com a viúva de um vassalo abertamente pró-inglês e indiretamente responsável pela loucura do rei poderia ser visto na França como uma verdadeira provocação. Atos de hostilidade se multiplicam entre os dois reinos nos primeiros anos do século. O conde de Saint-Pol, que havia se casado com a irmã de Ricardo II, frustrado com o dote de sua esposa, pressiona pela guerra. Muitos incidentes também ocorrem no passo do Calais com navios flamengos. Filipe está fortemente ressentido contra o Lancaster, que havia assassinado seu amigo Ricardo.

Oficialmente, a trégua de 1396 ainda está em vigor. Na verdade, a mudança dinástica de 1399 leva a um questionamento implícito dos acordos, a uma situação mal definida que não era paz nem guerra, com os franceses explorando os problemas de Lancaster em operações periféricas. Afinal, problemas não faltam para Henrique IV. Principalmente ao norte e a oeste. Já em agosto de 1400, ele viaja para a Escócia a fim de obrigar o rei Roberto III a prestar-lhe homenagem. O fracasso é total: ninguém aparece em Edimburgo para a cerimônia e o rei volta de mãos vazias, enquanto os ataques escoceses recomeçam na fronteira. Pior ainda: os grandes barões ingleses das marcas escocesas estão agitados, acreditando que haviam sido mal recompensados por seu apoio a Henrique em 1399. Em 1403, eles estavam em revolta aberta, liderados pelo filho do conde de Northumberland, Henrique Percy, um jovem impetuoso apelidado de Hotspur, "esporão quente". Em julho, o rei o enfrenta numa batalha feroz em Shrewsbury. Hotspur é morto junto com o conde de Stafford e *sir* Walter Blount; 3.200 mortos e 3 mil prisioneiros, incluindo os condes de Douglas e de Worcester; uma onda de execuções irrompe: as cabeças de Tomás Percy, *sir* Ricardo Venables e Ricardo de Vernon adornam a ponte de Londres. O conde de Northumberland se submete.

Ao mesmo tempo, um antigo vulcão há muito extinto volta à atividade: o País de Gales. Em novembro de 1400, um chefe local, Owain Glyn Dwr, senhor de Glyndyfrdwy, mais conhecido, é claro, pelo nome anglicizado de Owen Glendower, revolta-se por causa de uma obscura disputa com um membro do conselho de Henrique IV, Reginaldo Grey de Ruthin, senhor de Dyffryn Clwyd. Owen arrasta consigo seu filho mais velho, seu irmão Gryfyn e seu cunhado Filipe Hanmer. Ele se faz coroar príncipe de Gales em 18 de setembro, e todo o noroeste do País de Gales fica indignado. O movimento é inicialmente contido por uma vitória inglesa perto de Welshpool. Henrique IV percorre a região em outubro de 1400, confisca os bens dos rebeldes; Owen é declarado fora-da-lei. Ele então trabalha para ampliar o movimento, entrando em contato com os chefes irlandeses e o rei da Escócia: um apelo à solidariedade entre os celtas, o que deixa a guerra com um aspecto de conflito étnico. Celtas contra anglo-normandos: é como se estivéssemos no tempo do rei Artur, nome que, aliás, não deixa de ser evocado.

Owen vai além: entra em contato com o governo de Carlos VI, que envia navios para atacar a costa galesa. Os alvos são os formidáveis castelos costeiros edificados por Eduardo I no final do século XIII com a finalidade de controlar a região, e que agora recuperam toda a sua utilidade estratégica: Aberystwyth, Harlech, Criccieth, Beaumaris, Caernarvon, Conway, Flint, Rhuddlan. Em novembro de 1403, a frota francesa de João da Espanha ataca Caernarvon; na primeira metade de 1404, Harlech e Aberystwyth são conquistadas. Em 14 de julho de 1404, um tratado formal de aliança é assinado em Paris entre o rei da França e o príncipe de Gales Owen Glendower, contra Henrique de Lancaster. Ataques são realizados nas costas de Devon. No verão de 1405, uma expedição francesa desembarca em Milford Haven, ao sul do País de Gales, toma Haverfordwest e Carmarthen, enquanto Glendower captura Cardigan. Uma força franco-galesa avança para o leste, penetra ligeiramente na Inglaterra, até perto de Worcester, antes de se retirar com a chegada de Henrique IV.

Este último deve reprimir uma revolta nos condados do norte, liderada pelo arcebispo de York, Ricardo Scrope, e, logo em seguida, uma nova revolta do conde de Northumberland. O rei deve invadir mais uma vez as

MUTAÇÕES DE CONFLITO

terras do conde. Northumberland, declarado traidor, refugia-se na Escócia, depois, no início de 1406, no País de Gales, onde se junta a Glendower. Sem se dar por vencido, corre para a França, onde solicita a assistência do duque de Orléans. Este último, porém, está paralisado devido à sua rivalidade com o duque da Borgonha. Northumberland volta para a Escócia em 1407 e, em 19 de fevereiro de 1408, é derrotado e morto na batalha de Bramham Moor, perto de Tadcaster.

Para Glendower, a perda desse aliado é fatal. Ele agora está na defensiva, enfrentando um adversário formidável: seu homólogo, o príncipe de Gales oficial, Henrique, filho mais velho de Henrique IV e futuro Henrique V da Inglaterra. Com 20 anos, o jovem já exibe as qualidades guerreiras que o tornarão o vencedor de Azincourt e o conquistador do norte da França. Ele retoma Aberystwyth em setembro de 1408. O imponente castelo de Harlech é cercado por outra estrela em ascensão do exército inglês, João Talbot, e é conquistado em março de 1409. A guerra do País de Gales revela uma nova geração de combatentes ingleses que em breve renovaria as façanhas de Eduardo III. Quanto a Owen Glendower, ele se inscreve nas lendas e no folclore ao desaparecer nas brumas das montanhas galesas. Ninguém saberá o que aconteceu com ele, e essa é o melhor maneira de se tornar um mito.

As relações entre a Inglaterra e a França são muito ambíguas durante esse período. Oficialmente, há trégua. Mas, na realidade, as escaramuças continuam a acontecer. Os franceses exploram as dificuldades de Lancaster: ataques no canal da Mancha, nas costas meridionais da Inglaterra, no País de Gales, mas também na Aquitânia. Em agosto de 1401, Henrique IV nomeia o conde de Rutland seu tenente em Bordeaux, enquanto Gaillard de Durfort é o senescal. Eles são confrontados com os ataques simultâneos de Carlos de Albret no norte, pelo Saintonge, do conde de Armagnac em Agenais, e do conde de Clermont na Dordonha, a partir de 1403. Em 30 de junho de 1406, o arcebispo de Bordeaux, Uguccione, escreveu a Henrique: "Estamos em perigo de perdição". O duque de Orléans sitia Bourg e envia um ultimato a Libourne e Saint-Emilion. A situação é complexa e confusa. Assim, Bergerac, embora sob domínio francês, envia uma petição a Londres pedindo a proteção de Henrique; um quarto de Libourne é tomado pelos franceses, o que não impede a cidade de ajudar Fronsac. Como era habitual, os pedidos de ajuda a Londres são ignorados. Somente em 1409 o prefeito de Bordeaux, Tomás Swinburn, providencia mil libras para o soldo da guarnição. No entanto, os laços entre a Aquitânia e a Inglaterra permanecem muito fortes: em meio aos negociantes de Londres, Southampton e Bristol, é claro, mas também em muitas famílias aristocráticas, que possuem terras na Gasconha; muitos soldados se casam por ali e adquirem propriedades. Assim, o porta-voz da Câmara dos Comuns, John Tiptoft, torna-se por seu casamento um grande senhor dos Landes, e Henrique lhe confere bens no Garona.

Henrique IV não busca o confronto – muito pelo contrário. Não tendo conseguido se casar com uma princesa Valois, ele procura uma para seu filho. A partir de 1406, iniciam-se as negociações para um casamento entre o príncipe Henrique e uma filha de Carlos VI. O rei da Inglaterra, apesar de todos os embates recentes, faz questão de transformar a frágil trégua em uma paz estável. Entre todos os seus problemas está a falta de dinheiro. Ele não consegue nem pagar o dote de sua filha Branca. Apesar de ter aumentado a taxa de ajudadeira feudal "para casamento de filha", ainda haverá uma dívida de 5 mil nobres (moeda de ouro inglesa) 31 anos após a morte de Branca.

Desde o início do reinado, é notório que a renda do rei é insuficiente. Enquanto no tempo de Ricardo II ela estava um pouco abaixo de 120 mil libras por ano, Henrique recebe apenas 90 mil libras, e as despesas regulares giram em torno de 140 mil libras. Os parlamentos aumentavam as demandas antes de votarem os impostos: eles querem que suas petições sejam atendidas primeiro; o Parlamento de 1406 quer receber a lista completa dos conselheiros, pois assim saberá quem é responsável por cada coisa, tornando possível o acerto de contas em caso de desperdício. O rei é levado desse modo a aumentar o montante emprestado por particulares, por membros de suas repartições, como Henrique Somer, por capitalistas londrinos, como João Hende, Ricardo Whittington e Tomás Knolles, e por bispos, como Henrique Beaufort. Mas o rei é um mau devedor. Seus credores precisam aguardar muito tempo sem terem nem mesmo certeza de que conseguirão recuperar seu capital. Recebem uma nota promissória, com a qual se dirigem a determinado coletor de algum imposto, direto ou indireto. Muitas vezes, a receita já está comprometida e não há mais dinheiro disponível; ou o coletor mudou, o que anula a nota promissória. Esses métodos são obviamente muito impopulares.

MUTAÇÕES DE CONFLITO 261

Um dos maiores itens de despesa é a guarnição de Calais: oitocentos homens contratados em tempo de paz com um custo total de 17 mil libras. Normalmente, esse valor era retirado diretamente da receita das taxas aduaneiras sobre as exportações de lã. Porém, devido à insuficiência de arrecadação, esse valor deixou de ser arrecadado em pouco tempo. O governo precisava de todos os impostos. Em abril de 1407, o prefeito de Londres, Ricardo Whittington, e alguns comerciantes de Staple formam um consórcio, que consegue emprestar 12 mil libras reembolsáveis com futuras receitas alfandegárias. Comprometer-se com receitas futuras significa fugir perpetuamente dos problemas. Nessas condições, está fora de questão buscar o confronto com a França.

Henrique busca, portanto, a acomodação. Seu posicionamento relativo ao Cisma é revelador a esse respeito, pois não hesita em apoiar os esforços da França em favor da renúncia dos dois papas. Clemente VII, o papa de Avignon, morre em 1394. Seu sucessor, o espanhol Pedro de Luna, Bento XIII, rapidamente se mostra insuportável, com atitude intransigente e exigências financeiras ao clero. Em 1395, a Universidade de Paris e a Assembleia do Clero da França manifestam-se favoráveis à cessão, à renúncia dos dois papas e à eleição de um único papa. Bento XIII recusa categoricamente. Por conseguinte, chega a ser cogitada a solução radical da "subtração da obediência": o clero do reino da França deixaria de obedecer ao papa de Avignon a fim de forçá-lo a renunciar. Em 22 de maio de 1398, por 247 votos contra 20 a favor de uma etapa final e 16 a favor de um concílio, o clero da França adota a subtração da obediência. Etapa importante em direção ao galicanismo: assim, ao se colocar atrás do rei, o clero francês (galicano) afirma a sua independência. Os arcebispos agora assumem a administração das dioceses. A Igreja da França não obedece mais ao papa. Porém ela conserva, é claro, sua estrutura hierárquica e seus dogmas.

A medida, todavia, fracassa. No campo de Avignon, apenas Castela segue a França, e, no reino, as divisões políticas enfraquecem a resistência. Bento XIII refugia-se na Provença, acolhido pelo conde Luís II de Anjou – eles se unem. O duque de Orléans também o apoia, pois os duques da Borgonha e de Berry foram os principais arquitetos da subtração. Os estados da Bretanha declaram que não foram consultados; os mestres em teologia de Toulouse se posicionam contra a subtração. De todo modo, tal manifestação é inútil se no outro campo não houver uma atitude equivalente. Agora, os teólogos de Roma declaram que todos devem se unir a Bonifácio IX. Diante dessa cacofonia, em 28 de maio de 1403, a França restaura sua obediência a Bento XIII. Este último, que nada esqueceu e nada aprendeu, recomeça suas exações fiscais, anula todas as nomeações feitas pelos arcebispos durante a subtração e doa 50 mil libras ao duque de Orléans para agradecer-lhe pelo apoio. Os bispos nomeados durante a subtração recusam-se a ceder seus lugares aos candidatos do papa, que é cada vez mais impopular. Tal impopularidade atinge Luís de Orléans.

Uma nova esperança surge em 14 de outubro de 1404, quando morre o papa de Roma. Os cardeais se apressam em lhe dar um sucessor: Inocêncio VII. É nesse momento que Henrique IV, por sua vez, se pronuncia a favor da cessão. Em outubro de 1406, ele envia a Roma uma delegação liderada por Henrique Chichele, chanceler de Salisbury, e *sir* João Cheyne. Eles chegam tarde demais. No dia 6 de novembro, falece Inocêncio VII, e, no dia 30, o veneziano Ângelo Corres é eleito: Gregório XII. Tudo precisa ser refeito. Todavia, é evidente que o clero francês e o inglês compartilhavam as mesmas disposições em favor da cessão, o que se confirma quando, em 1409, cardeais dissidentes convocam um concílio em Pisa para resolver o Cisma: os representantes ingleses, que passaram antes por Paris, são calorosamente recebidos pelo chanceler da universidade, João Gerson, que lhes dirige um discurso de felicitações, *Proposicio facta coram Anglicis*, regozijando-se pelo fato de os dois países falarem numa mesma voz acerca do assunto. Sabe-se, entretanto, que o Concílio de Pisa resultará no agravamento da situação por conta da eleição de um terceiro papa, Alexandre V. O caso torna-se grotesco. Agora há um papa em Avignon, um em Roma e um em Bolonha, este último apoiado pela França e pela Inglaterra, o que sinaliza bem uma mudança na Guerra dos Cem Anos. Doravante, trata-se de uma divisão interna aos reinos, e não mais do conflito entre os dois soberanos. Henrique IV se aproxima da França para lutar contra uma parte de seus súditos: grandes senhores do norte, adversários de sua dinastia, bem como contra o movimento herético dos lolardos, discípulos de João Wyclif, pregadores populares que atacam as riquezas da Igreja. Oxford é seu principal centro, e o arcebispo da Cantuária, Tomás Arundel, trava uma luta impiedosa contra eles.

ARMAGNACS E BURGÚNDIOS: GÊNESE DA RUPTURA (1404-1409)

Do lado francês, uma divisão ainda mais grave, que resultará diretamente na guerra civil, aproxima-se: o confronto entre os duques da Borgonha e de Orléans. Para eles, o inglês é um auxiliar particularmente apreciado. Filipe da Borgonha conduz uma política hábil em favor de reformas políticas e religiosas, o que o torna popular. Luís de Orléans, ao contrário, afunda cada vez mais na impopularidade, especialmente em Paris, onde seu servidor, o preboste Guilherme de Tignonville, atuava de modo brutal. Luís e Filipe seguem políticas opostas em todas as áreas: no Império, o primeiro apoia os Luxemburgo, e o segundo, o rei dos romanos Roberto da Baviera; na Itália, o primeiro apoia o sogro Giangaleazzo Visconti, e o segundo, Florença; na Renânia e nos Países Baixos, Luís é aliado de todos os inimigos de Filipe; ele provoca de bom grado os ingleses, enquanto Filipe prefere a paz, necessária para a prosperidade de suas cidades flamengas que trabalham com lã inglesa. Enfim, no Grande Cisma, é claro que os dois homens têm pontos de vista opostos.

Em 27 de abril de 1404, Filipe morre em meio a uma epidemia de gripe. Seus bens são então compartilhados entre os filhos João Sem Medo, o mais velho, Antônio e Filipe. João Sem Medo, o novo duque da Borgonha, obviamente fica com a maior parte: Borgonha, Flandres, Artésia, terras de Aalst, de Dendermonde e de Mechelen, além do senhorio de Salins. Com 33 anos, goza de uma imagem positiva baseada essencialmente em sua participação na cruzada de 1396, quando é feito prisioneiro em Nicópolis e onera o pai com 200 mil ducados de resgate, ou setecentos quilos de ouro. "Ele é um príncipe de grande bondade e verdadeira retidão de espírito: além de ser justo, sábio, caridoso e gentil, sua conduta é irrepreensível", escreve Cristina de Pisano. O retrato é lisonjeiro. Não é menos verdade que João aparenta ser um guerreiro glorioso diante do duque de Orléans, que só pensa em desfrutar da vida.

Este último se aproveita da situação. Ele é, de fato, o novo senhor. Enquanto o rei passa por uma de suas crises até 18 de maio de 1404, o duque de Orléans cuida do conselho e se apossa de novas terras, os senhorios de Montargis, Courtenay, Crécy-en-Brie e Châtillon-sur-Marne; seu condado de Soissons e sua baronia de Coucy são estabelecidos como pagadores; ele casa seu filho Carlos com Isabel, viúva de Ricardo II; atribui a si mesmo doações e pensões: 400 mil libras para 1404 e 1405 retiradas de receitas reais, ao mesmo tempo que reduz as quantias destinadas ao duque da Borgonha: 37 mil libras em 1406.

João Sem Medo percebe que a segurança de seus estados díspares depende do controle do governo real em Paris, onde Carlos VI, sofrendo com crises cada vez mais longas e frequentes, não passa de uma marionete manipulada por Luís e Isabel. Um confronto direto entre Borgonha e Orléans começa a surgir. Em agosto de 1405, uma guerra civil está prestes a acontecer pela primeira vez. Convocado para o conselho, João Sem Medo chega à frente de um exército em Paris. Trata-se de demonstrar força a fim de submeter ao rei um programa de reformas, obter a convocação dos estados gerais e, possivelmente, tornar-se senhor da família real. João Sem Medo sabe que pode contar com o apoio dos parisienses, entre os quais suas ideias de reforma são populares. Ele quer a volta dos bons costumes e dos velhos tempos em que o rei vivia tão somente com os recursos do próprio domínio.

Isabel e Luís de Orléans fogem para Melun e organizam a fuga dos filhos do rei. Estes são alcançados por João em Juvisy e retornam a Paris. João se instala no *hôtel* de Artésia e imediatamente explora o evento, escrevendo "a todas as boas cidades do reino da França, aos prelados e aos nobres", explicando o que acaba de acontecer e lançando o convite para que os delegados sejam enviados a Paris a fim de discutir as reformas. Tal apelo ao "povo" é bastante revolucionário, e contrasta com a atitude muito mais aristocrática do duque de Orléans, que por sua vez envia uma altiva carta de protesto ao Parlamento, acusando o seu rival de lesa-majestade. De alguma maneira, a reconciliação ocorre em 10 de outubro.

A tensão aumenta em 1406. Luís de Orléans não parece estar ciente de sua impopularidade. Sua atitude provocativa para com os ingleses aumenta o risco de guerra. Sua arrogância e vida dissoluta lhe rendem muitas animosidades, embora ele não se conduzisse pior do que a da maioria dos príncipes da época. Em 1403, sua amante, Marieta de Enghien, dá à luz João, o futuro Dunois, "bastardo de Orléans". Luís teve muitas outras aventuras e seus partidários Gontier Col e João de Montreuil o elogiam pela grande liberdade moral, inspirada no *Romance da rosa*. Os rumores sobre seu relacionamento com a rainha Isabel se intensificam – as festas e despesas desta

MUTAÇÕES DE CONFLITO   265

são criticadas e o casal é acusado de esbanjar o dinheiro dos impostos. João Jouvenel escreve:

> Naquela época falávamos alto da rainha e do senhor de Orléans; dizia-se que os cortes eram feitos por eles e que as taxas de ajudadeira continuavam sendo cobradas [...] sem que nada fosse [...] usado em benefício dos negócios públicos; por isso eles foram amaldiçoados bastante ruidosamente nas ruas.

João Sem Medo decide acabar com essa história. Em 23 de novembro de 1407, Luís de Orléans, no final da noite, deixa o *hôtel* Barbette, residência de Isabel, na margem direita, um pouco ao norte do *hôtel de ville*. É noite escura e ele está acompanhado apenas por dois escudeiros, quatro ou cinco servos a pé que carregam tochas. Na rua Vieille-du-Temple, dezoito espadachins aparecem gritando: "Morte! Morte!". Os assassinos são profissionais e tudo acontece muito rápido. Luís tem a mão cortada pelo golpe de um machado, é derrubado e um cutelo de assédio (lâmina de um só fio) divide seu crânio até a mandíbula; o cérebro se espalha pela rua. Num piscar de olhos, todos se dispersam.

A notícia semeia pânico em Paris. Isabel entra em pânico e se refugia no *hôtel* Saint-Pol, perto do rei, que acaba de sair de uma crise; homens de armas vêm e vão em todas as direções. Os príncipes se reúnem com o duque de Anjou. No dia seguinte, a questão é esclarecida: todos os vestígios conduziam ao *hôtel* de Artésia, residência do duque da Borgonha, e este, aliás, em pleno conselho, admite perante os duques de Berry e de Anjou que, "pela introdução do diabo, ele tinha cometido esse crime por meio de Raoulet de Auquetonville e seus cúmplices". Depois, sem pedir descanso, declara "que iria mijar", diz a crônica, e foge desenfreadamente para Lille.

Luís de Orléans não faz muita falta. Em Paris, as pessoas estão muito satisfeitas. No tribunal, tudo é feito com cautela e João Sem Medo desenvolve uma campanha de propaganda para justificar sua ação. De Arras, em fevereiro de 1408, envia a "todos os reis, duques, condes e outros príncipes, prelados e barões e todos os outros, clérigos e leigos" um manifesto declarando que agiu por amor ao rei. Em 28 de fevereiro, ele retorna a Paris com oitocentos soldados, monta uma barricada no *hôtel* de Artésia e convoca todos para uma grande sessão solene em 8 de março no *hôtel* Saint-Pol para que se ouça o mestre João Petit, professor de teologia, justificar durante quatro horas o assassinato do duque de Orléans. O discurso se tornará um texto de referência: trata-se da primeira apologia oficial de tiranicídio. Se Luís de Orléans pode ser chamado de tirano, é pelo fato de ser culpado de lesa-majestade e alta traição: maquinou a morte do rei por envenenamento, tentou fazer com que sua posteridade fosse deserdada pelo papa, manteve exércitos que oprimiam o povo, fez aliança com os inimigos do rei. Ele, portanto, cometeu os quatro graus do crime de lesa-majestade: contra a pessoa do príncipe, sua esposa, seus filhos e contra o bem da coisa pública. O duque é "traiçoeiro para com seu rei e senhor soberano e para com a coisa pública do reino".

Pois o tirano não é apenas aquele que usurpa o poder soberano; quem procura manipular o poder também é. E o tirano merece a morte. Cabe ao legítimo soberano condená-lo, mas, se for impedido de fazê-lo por qualquer motivo, qualquer súdito deve tomar a iniciativa de matar o tirano. A expressão não deixa margem para dúvidas:

> É lícito a cada súdito, sem qualquer mandamento ou ordem, de acordo com as leis da moral, natural e divina, matar ou mandar matar um traidor desleal e tirano; e não somente é lícito, mas também honrado e meritório, e mais ainda quando é de tão grande poder que a justiça não pode ser feita simplesmente pelo soberano.

O rei deveria, portanto, perdoar o duque da Borgonha e até recompensá-lo, porque ele agiu pelo bem da coisa pública. No dia seguinte, 9 de março, uma carta de Carlos VI assegurava a João Sem Medo que a morte do duque de Orléans em nada afetaria suas boas relações.

A viúva de Luís, Valentina Visconti, reivindica justiça em vão. No dia 11 de setembro, o partido de Orléans organiza uma nova sessão solene no Louvre, onde é ouvido Tomás du Bourg, abade de Cérisy, que também faz uma arenga de quatro horas demolindo os argumentos de João Petit e condenando o crime de João Sem Medo. Ele enfatiza a definição clássica do tirano e, portanto, não tem dificuldade em mostrar que o duque de Orléans não se enquadra nessa categoria. Ele tampouco teria cometido crime de lesa-majestade. O duque da Borgonha não tinha o direito de matá-lo; trata-se de um "homicídio cruel".

MUTAÇÕES DE CONFLITO 267

Essas belas palavras seriam mais convincentes se fossem apoiadas pela força armada. Porém, no momento, a força está do lado de João, que acaba de ganhar seu título de "Sem Medo" ao reprimir uma revolta em Liège esmagando o exército em Othée.[1] O partido de Orléans está completamente desorientado e sem líder. Valentina Visconti morre em dezembro de 1408, e a pesada herança cai sobre os ombros de dois adolescentes. O novo duque de Orléans, Carlos, tem 14 anos na época do assassinato de seu pai. Em 1409, ele perde sua primeira esposa, Isabel. Casa-se novamente com Bona, filha do conde Bernardo de Armagnac. E é este último que doravante será a personalidade dominante da facção de Orléans. Recrutando suas forças em meio aos mercenários gascões, os "armagnacs", apoiados pelo condestável Carlos de Albret, opõe-se aos "burgúndios", senhores de Paris que retiram seus recursos dos domínios de João Sem Medo. A luta que se inicia não é desprovida de pano de fundo geográfico, sul contra norte, divisão que se concretizará no tempo do rei de Bourges.

Cada uma das duas facções tenta controlar a família real: o rei, um instrumento útil para legitimar decisões, a rainha Isabel, e o delfim, que no momento é Luís, de 12 anos. Isabel, de início assustada com o assassinato de Luís de Orléans, refugia-se com sua família em Melun e, depois, em Tours. Ela rapidamente entende que a solução depende de uma conversa com o novo senhor, João Sem Medo. No início de 1409, após negociações em Chartres, chega-se a um acordo e todos regressam a Paris, onde o duque da Borgonha já se encontra investido de seus poderes: assina um pacto com Isabel e obtém a custódia do delfim. Ele fortalece sua popularidade ao criar em 20 de outubro uma "comissão de reforma", que deve colocar ordem na administração financeira, destituir os oficiais que cometeram peculato e fazê-los devolver tudo o que ganharam. O preboste de Paris, Pedro de Essarts, encarrega-se de montar a comissão.

AS DUAS FACÇÕES E A AJUDA INGLESA (1410-1412)

Esta notícia coloca Henrique IV em uma posição de árbitro, muito vantajosa se ele souber explorá-la. O que não é evidente. Vimos as dificuldades

---

1 Othée (ou Elch, em neerlandês) é uma comuna na província de Liège. (N. T.)

que ele próprio enfrenta. Além disso, desde 1405 ele é mais ou menos neurastênico. Saúde debilitada, doenças frequentes, cansaço com as tarefas do governo: são limitações sérias à sua capacidade de intervenção. Armagnacs e burgúndios, no entanto, rivalizam em zelo para obter sua ajuda.

O primeiro a fazer uma oferta séria é João Sem Medo, em julho de 1411. Naquele momento, de fato, estoura a guerra aberta contra os armagnacs. Carlos de Orléans envia-lhe um desafio, apoiado pelos duques de Berry e de Bourbon. Uma reunião ocorre em Arras entre os delegados da Borgonha e uma importante embaixada inglesa composta por Tomás, conde de Arundel, Francis Court, Hugo Mortimer, João Catterick e o bispo Henrique Chichele. O duque da Borgonha oferece aos ingleses quatro cidades flamengas, Gravelines, Dunquerque, Diksmuide e Eclusa, além de se dispor a ajudá-los na reconquista da Normandia; ele também entrega de bom grado sua filha Ana em casamento com o príncipe de Gales. Os ingleses também perguntam se ele estaria disposto a ajudá-los a retomar a Aquitânia, sem obter resposta. A oferta, porém, parece-lhes suficiente para enviar em outubro 800 homens de armas e 2 mil arqueiros sob as ordens do conde de Arundel. A ajuda é bem-vinda, porque Carlos de Orléans tenta um ataque a Paris, tornando-se senhor de Saint-Cloud e de Saint-Denis. Os anglo-burgúndios desbloqueiam a capital e tomam Étampes e Dourdan; em seguida, os ingleses, mal recebidos pelos parisienses, voltam para Calais. João Sem Medo pede que uma força maior seja enviada no ano seguinte.

No entanto, durante o inverno, ele é pego de surpresa pelos armagnacs, que se superam: Berry, Bourbon, Armagnac, Orléans. Albret envia uma embaixada a Londres de 1º de fevereiro a 4 de março para fazer uma oferta atraente: a proposta consiste em ajudar Henrique IV a recuperar a Aquitânia em sua maior extensão. Para isso, os senhores do partido armagnac colocam à sua disposição todos os castelos, palacetes e tesouros, além de tudo o que têm em termos de filhas, filhos, sobrinhos e sobrinhas para casamento com ingleses. Eles prestarão homenagem ao rei da Inglaterra por todas as senhorias que possuem na Aquitânia e darão a ele vinte cidades, incluindo Bazas, Sainte-Foy, Saint-Macaire e La Réole; o duque de Berry prestará homenagem a Henrique IV por Poitou e, com sua morte, essa província passará para o rei da Inglaterra. A mesma promessa de Carlos de Orléans para Périgueux. Como garantia, os ingleses vão ocupar Poitiers, Niort, Angoulême,

Lusignan e Châteauneuf. De alguma forma, armagnacs e burgúndios estão prontos para despedaçar o reino da França ao rivalizarem entre si – e isso para grande satisfação dos ingleses, que estão dispostos a ajudar a facção que oferecer mais vantagens. No momento, são os armagnacs: eles prometem mil homens de armas e 3 mil arqueiros, e Henrique IV se compromete a protegê-los contra João Sem Medo, a não negociar com ele sem o consentimento dos armagnacs e a compensar os danos cometidos pelos burgúndios. Mas, pela situação de suas finanças, a pergunta que se coloca é: onde ele conseguirá o dinheiro?

Tal acordo, concluído pela primeira vez em Bourges entre os líderes armagnacs e ratificado em Westminster, logo foi descoberto por Carlos VI e pelo duque da Borgonha, em 6 de abril de 1412, após uma indiscrição de um secretário do duque de Berry. Isso só reforça a propaganda de João Sem Medo, que assume o papel de virtuoso defensor do reino, proclamando sua indignação com a mão no coração. A auriflama será rapidamente buscada em Saint-Denis e Bourges será cercada, e para lá serão levados até mesmo o rei e o delfim. No entanto, Carlos de Orléans e o duque de Berry, sabendo do efeito desastroso causado pela publicidade do acordo com os ingleses, negociam com João Sem Medo. Uma grande reunião familiar acontece em Auxerre, com comoventes demonstrações de amizade entre armagnacs e burgúndios, culminando num grande tratado de reconciliação em 22 de agosto. Os ingleses não são mais necessários.

Tarde demais. Estes últimos são insensíveis à concórdia dos franceses e, uma vez aberta a porta, não esperam para entrar, pois levam a sério o acordo assinado: em meados de agosto, um considerável exército desembarca em Saint-Vaast-la-Hougue, liderado pelo duque de Clarence – este é acompanhado pelo duque de York e pelos condes de Oxford, de Ormonde e de Salisbury, além de Tomás Beaufort e *sir* João Cornwall. Esses homens, cujo número estava entre 4 mil e 5 mil, haviam sido contratados por cinco meses com um soldo fixado em dois xelins por dia para os cavaleiros, um xelim e seis pence para os escudeiros, nove pence para os arqueiros e, nos termos do contrato, a conta seria paga pelos franceses. A cavalgada começa pela Baixa Normandia, com os estragos habituais. Os cronistas notam uma novidade: todas as macieiras são cortadas sistematicamente. Na sequência, são devastadas Anjou, Touraine e Sologne. Clarence está agora no coração do ducado de Orléans, e o duque deve comprar sua partida com urgência, por 210 mil coroas e sete reféns, incluindo seu irmão mais novo, o conde de Angoulême. Cada capitão inglês tem suas exigências: *sir* John Cornwall exige 21.375 coroas, que receberá quase inteiramente; o duque de York pede 36.170, das quais receberá 5.430 com uma grande cruz em ouro maciço estimada em 40 mil coroas; Clarence recebe um precioso crucifixo com quatro grandes diamantes nas feridas dos pés e das mãos de Jesus, além de um grande rubi na ferida lateral. Tudo vem do tesouro de Orléans.

Isso basta para reavivar o apetite dos ingleses. Clarence junta-se a Bordeaux, mas sua expedição revela a debilidade dos franceses; a facilidade do avanço das tropas e a enormidade dos ganhos fazem renascer o interesse pela guerra na França. Do lado francês, é possível novamente medir a eficácia do exército inglês, que, dependendo das necessidades, pode ser útil ou temível, embora a reconciliação de Auxerre não passe, obviamente, de algo muito provisório. A partir de 1413 recomeçam os confrontos, o que só pode dar ideias aos ingleses.

Porque, dessa vez, o reino realmente mergulha na guerra civil. O duque da Borgonha fortalece sua posição. Suas alianças familiares, bem como seus estados populosos e prósperos, fazem dele o personagem mais poderoso do reino. O delfim Luís é seu genro, marido de sua filha Margarida; Michèle, irmã do delfim, é sua nora, casada com seu filho mais velho, Filipe. Guilherme da Baviera, Amadeu de Saboia, o conde de Clèves, o duque de Lorraine, o conde de Namur e o conde de Saint-Pol são todos parentes ou aliados. Em Paris, comerciantes de madeira, vinho e sal, muitas vezes da Borgonha, eram extremamente favorecidos pela corte do duque. Graças ao duque, os comerciantes abastecem os *hôtels* dos príncipes, enriquecem e começam a penetrar no mundo da administração e das finanças. São firmes defensores do duque, enquanto os ourives e os artesãos de moeda apoiam os armagnacs. No Parlamento e entre os oficiais reais, uma grande clientela da Borgonha também se desenvolveu. Por fim, do ponto de vista territorial, o domínio do duque sobre Flandres, Artésia e suas cidades industriais, bem como sobre a Borgonha, Franche-Comté e suas rotas comerciais, garantiu uma base econômica sem equivalente nos outros grandes feudos.

Além disso, o duque da Borgonha tem um programa político simples e atraente – ou seja, um programa popular: o Estado monárquico, que se tornou muito poderoso e muito exigente, deve ser reformado e voltar aos bons velhos tempos em que o rei vivia em seu domínio, onde as franquias urbanas eram respeitadas, onde os grandes vassalos eram os conselheiros naturais da monarquia. A propaganda da Borgonha denunciava a pletora de oficiais reais e sua corrupção, as desordens e iniquidades da justiça, o desperdício dos rendimentos dos impostos, que, além disso, devem ser suprimidos: ao prometer pôr fim a todas as taxas de ajudadeira real, João Sem Medo inevitavelmente garante sua imensa popularidade. Ele contrata publicitários e manda divulgar por escrito suas boas ideias; informa as cidades acerca de seus projetos enviando-lhes cartas circulares que bajulavam a burguesia. O duque João se apresenta como o restaurador das "liberdades", das franquias e dos costumes, e os parisienses são os primeiros beneficiários de suas reformas. Embora muitos privilégios da cidade tenham sido perdidos no final do século XIV, em 1411, graças a João, recupera-se a autonomia militar e, em 1412, seus magistrados locais e a jurisdição dos prebostes dos mercadores.

Diante desse quadro, o partido de Orléans parece muito fraco. Porque Carlos de Orléans, de 18 anos, não tem uma personalidade suficientemente forte. Seus irmãos Filipe e João ainda são adolescentes. Se seu sogro, Bernardo de Armagnac, chega a representá-los, isso se deve à presença maciça de companhias mercenárias oriundas de diversos segmentos sociais: pequenos nobres, bastardos, camponeses sem terra e bandidos formavam as tropas indisciplinadas e devastadoras do partido de Orléans, cuja denominação exclusiva armagnac não será consagrada antes de 1415, quando o conde se tornará condestável. No entanto, ele nunca terá o prestígio de um grande príncipe.

No mesmo grupo, está o duque de Berry, tio do rei. Porém, aos 72 anos, ele não tem mais a energia necessária em circunstâncias tão trágicas. Há também o duque de Bourbon, mas seu pai havia falecido em 1410 e o novo titular, João, de 28 anos, é um adepto da política do vaivém entre Berry, seu padrasto, com quem disputa a Auvérnia, e Borgonha, que lhe contesta o Beaujolais. Em 1410, junta-se ao partido dos príncipes; João Sem Medo retira dele o cargo de grande camareiro da França, depois ocupa seu condado de Clermont-en-Beauvaisis por meio do exército real. Em 1412, aproxima-se do duque da Borgonha, pelo casamento do seu filho mais velho, Carlos de Bourbon, com Agnes da Borgonha, filha de João Sem Medo. O duque de Anjou,

Luís II, está continuamente ausente, muito ocupado perseguindo suas quimeras napolitanas. É a sua esposa, Iolanda de Aragão, que representa os interesses angevinos na corte, com grande habilidade, aliás. Essa mulher notável, dotada de um senso político excepcional, faz muito bom uso de seus filhos: Luís, futuro duque de Anjou, René, futuro duque de Bar e de Lorraine, Maria, futura rainha de França.

Finalmente, na lista dos grandes feudais, não podemos esquecer o duque da Bretanha, João V, cuja posição é flutuante. Primeiro colocado sob a tutela do duque da Borgonha, passa para o lado de Isabel da Baviera, que havia pedido sua ajuda antes de se reconciliar com João Sem Medo, e, por fim, muda para o partido dos príncipes. O casamento de uma filha de João Sem Medo com Olivier de Penthièvre, inimigo pessoal de João V, de quem contesta a coroa ducal, faz do duque da Borgonha um inimigo direto. No entanto, eles estabelecem um acordo em 1412. Com a Inglaterra, ele era igualmente cambiante, porque devia considerar que o rei inglês era de fato seu suserano para o condado de Richmond e, por esse motivo, tinha um bom meio de pressão. Em 1409, presta homenagem a Henrique IV, o que lhe vale as recriminações de sua esposa, filha de Carlos VI, seu suserano francês, e as ameaças de João Sem Medo, que propôs ao rei atacar a Bretanha. Chega-se a um acordo, mas ninguém pode realmente contar com João V, cujo irmão mais novo, Artur, tem o título de conde de Richemont. O duque da Bretanha não pode se permitir romper com o rei da França nem com o da Inglaterra. Boas relações marítimas com a Grã-Bretanha também são necessárias para o comércio da península. Na França, os mercenários bretões são numerosos nos exércitos de ambos os lados e sua reputação é formidável. Finalmente, há muitos bretões na comitiva real, como Tanguy du Chastel – estes não formam um partido organizado, mas ocupam cargos importantes e podem contribuir para a orientação da política monárquica.

O partido armagnac, portanto, não tem um chefe confiável: essa é uma de suas principais fraquezas. Muito velhos, ou muito jovens, ou muito modestos, ou muito imprevisíveis, os líderes da coalizão formam um conjunto heterogêneo e cacofônico. Quanto à base, ela é formada por territórios díspares. Será que existe ao menos um programa comum no âmbito das lideranças? Aparentemente, sim. Diante da ideia retrógrada de uma monarquia feudal defendida por João Sem Medo, os príncipes da coalizão defendem a

MUTAÇÕES DE CONFLITO

ideia de um Estado forte, centralizado, baseado em uma burocracia eficiente e em um sistema tributário funcional. Mas esse programa, por mais moderno que seja, tem dois grandes inconvenientes: primeiro, seria realmente crível que príncipes e grandes feudais, cada um tendo como principal preocupação fortalecer o próprio principado e o próprio feudo, possam se tornar defensores de uma monarquia forte e centralizada? Por outro lado, esse programa, ao contrário do duque da Borgonha, é muito impopular: o ódio ao imposto e aos seus cobradores é um reflexo social de todos os tempos. A máquina estatal e seus oficiais tendenciosos e corruptos são alvos óbvios. Acrescente-se a isso a ferocidade dos mercenários armagnacs e bretões que perambulam por Paris e cujas façanhas são amplificadas pelos boatos, e temos aí a explicação para a hostilidade que os parisienses demonstram em relação aos "enfaixados".[2]

O EPISÓDIO CABOCHIANO (1413)

O confronto entre as duas facções começa com a reunião, em 30 de janeiro de 1413, no *hôtel* Saint-Pol, dos estados gerais de Languedoïl, tendo-se por objetivo votar um imposto para cumprir as promessas feitas a Clarendon. Os ingleses estão em Bordeaux esperando apenas um pretexto para retomar as devastações. A resposta é clara: não queremos impostos, e sim reformas. O delegado de Paris é um monge de Saint-Denis, Bento Gentien, mestre em teologia. Diante de uma grande e excitada multidão nos jardins do *hôtel* Saint-Pol, ele denuncia os confrontos entre os príncipes; por atribuir tais confrontos ao assassinato do duque de Orléans e ao desperdício do dinheiro do rei, exige a suspensão das pensões pagas aos príncipes pelo rei, cujo principal beneficiário é o duque da Borgonha.

Não era isso que a multidão esperava. Gentien expressa de fato os desejos da burguesia comercial e dos financistas do partido armagnac. No dia 13 de fevereiro, em grande assembleia – estavam presentes o rei, o delfim, João Sem Medo, seu irmão e seu filho mais velho, os duques da Lorena e da Baviera (este último irmão da rainha) –, o carmelita Estáquio

---

2 No original, *bandés*, ou seja, portadores da faixa que era o símbolo de distinção dos armagnacs. (N. T.)

de Pavilly expressa o ponto de vista burgúndio: a causa dos problemas é Armagnac, é preciso reformar o Parlamento e a Câmara de Contas, reduzir o número de funcionários, fazê-los prestar contas como no caso do preboste dos comerciantes e do preboste de Paris, abolir as pensões pagas como adicionais aos salários; e, para tudo isso, seguir o exemplo do glorioso duque da Borgonha.

As coisas, porém, não dão certo: Carlos VI tem uma nova crise e é o delfim Luís quem preside o conselho. Aos 16 anos, ele já tem uma visão própria das coisas. Culto, amante dos livros e das artes mais do que das armas, do jogo e das mulheres mais do que da religião, ele goza de má reputação: era repreendido por seus gastos, seus hábitos luxuosos e suas infidelidades conjugais, o que agrava a situação, porque sua esposa é Margarida da Borgonha, filha de João Sem Medo. Aconselhado pelos príncipes, o delfim destitui seu chanceler da Borgonha, João de Nesle, e o substitui por um Armagnac, João de Vailly, e em 27 de abril coloca Pedro de Essarts de volta no cargo de preboste de Paris.

Os borgonheses então resolvem o problema com as próprias mãos. Para pressionar o delfim, convocam uma grande manifestação popular "espontânea" no mesmo dia na praça da Grève, em frente ao *hôtel de ville*. As tropas são formadas em sua maioria por açougueiros liderados por Simão Caboche, um esfolador, cuja função específica é abrir as cabeças dos animais. Homens sanguinários e com fama de violentos, os açougueiros constituem na verdade um dos ofícios mais bem organizados de Paris. Detêm o monopólio do comércio de gado e da venda de carne, além de fazerem parte da burguesia local. Em geral abastados, eram credores do rei e solidários com a corporação dos mercadores de vinho, unânimes em seu apoio ao duque da Borgonha. Rivalizam com a hansa dos mercadores de água, que se ocupa do comércio de tecidos preciosos, ouro, prata, produtos raros, e que estão ligados ao partido Armagnac. Mais ricos, os mercadores de água também fornecem executivos administrativos, enquanto esse tipo de carreira é fechado para açougueiros. Em contrapartida, estes últimos, com seus criados e companheiros, possuem uma tropa de capangas hábeis no manejo da faca. Eles são muito gratos a João Sem Medo por ter restaurado as instituições municipais parisienses e por ter permitido que os açougueiros se tornassem magistrados locais. Na milícia burguesa, ocupam um lugar importante.

MUTAÇÕES DE CONFLITO 275

Ao deixá-los contra o delfim, os burgúndios assumem o risco de serem rapidamente subjugados. Em 28 de abril, os manifestantes exigem a cabeça de Pedro de Essarts e depois arrombam as portas do *hôtel* Saint-Pol, obrigando o delfim a entregar cinquenta pessoas de sua comitiva. Os cabochianos são os senhores de Paris. Em maio, cercam o *hôtel* Saint-Pol várias vezes. Capturam Luís da Baviera, irmão da rainha, e massacram prisioneiros. Nos dias 26 e 27 de maio, em um tribunal, Carlos VI proclamaria a ordenança cabochiana, um grande texto de reforma correspondente ao programa da Borgonha, que uma comissão de doze membros havia elaborado nos três meses anteriores. Encontram-se ali críticas aos gastos excessivos da corte, ao nepotismo e à corrupção dos oficiais. Os 258 artigos se perdem em pormenores infinitos, como o salário do guarda de relógio de Vincennes, porém nenhuma grande medida concreta é decidida: é preciso reduzir o número de oficiais (estes terão de se contentar com seus patrimônios) e escolher homens sábios. A ordenança é mais um texto de reflexões morais, voltado para um passado mítico onde tudo era melhor porque os líderes eram mais honestos. A utopia cabochiana tenta se opor ao curso da história; ela se inscreve na série de manifestações que, no final do século XIV e início do século XV, exprimem a indignação popular contra a crescente eficácia da máquina estatal, com a sua pressão fiscal, a multiplicação dos cargos, o rápido enriquecimento dos chefes da administração e o esplendor ostentatório dos funcionários, tudo isso em meio a um cenário de crise econômica, social e política. O Estado monárquico se desenvolve, a miséria aumenta e as desigualdades se agravam – estas se tornam mais visíveis e, portanto, mais chocantes. Nessa cadeia de fatos, os manifestantes de 1413 estabelecem um elo de causa e efeito.

Contudo, a maioria dos parisienses logo se cansa das desordens e da violência diária. Os príncipes reúnem tropas na Normandia e, em 28 de julho, estabelecem um acordo em Pontoise com os representantes do rei. João Sem Medo nada pode fazer além de anuir. No dia 4 de agosto, delegações dos órgãos parisienses – universidade, Parlamento, capítulo,[3] Câmara de Contas – vão até o *hôtel* Saint-Pol para comunicar a Carlos VI, de volta à sanidade mental, que aprovavam o acordo de Pontoise. Assim como os representantes da

---

3 Capítulo é uma assembleia de autoridades da Igreja católica com objetivo determinado. (N. T.)

burguesia, eles exigem a paz e a libertação dos prisioneiros. Então o delfim aparece de armadura, pede a eles que mantenham a paciência e dirige-se ao Louvre e ao palácio real, onde liberta Luís da Baviera e os outros prisioneiros. Os cabochianos, que estão reunidos na praça da Grève, veem-se isolados, ficam com medo e dispersam-se.

O herói do dia é o delfim, que faz um discurso no *hôtel de ville*. A derrota dos cabochianos é também o triunfo dos príncipes e do partido armagnac, que nomeia seus membros para todos os postos-chave. O duque da Borgonha perdeu o jogo. Ele então tenta um novo plano: sequestrar o rei, que teve uma recaída em sua loucura. Em 27 de agosto, sob o pretexto de levá-lo para passear na floresta de Vincennes, ele organiza a fuga. Mas os burgueses de Paris desconfiam e Luís da Baviera, guarda do portão Saint-Antoine, manda prender os fugitivos. O rei é trazido de volta a Paris e João Sem Medo foge para Flandres. Quatro dias depois, os príncipes entram triunfantes em Paris: o duque de Orléans, seu irmão Filipe, o duque de Bourbon e o conde de Alençon são recebidos pelo duque de Berry, o chanceler e o preboste da cidade. Eles vão ao palácio real,[4] onde Carlos VI, Isabel e o delfim os esperam. No dia seguinte, juram respeitar o acordo de Pontoise.

HENRIQUE V, ÁRBITRO DAS FACÇÕES FRANCESAS (1413-1415)

Com os armagnacs dominando Paris, a repressão recai sobre os cabochianos: há uma série de execuções sumárias. O duque da Borgonha volta-se então mais uma vez para a Inglaterra, onde reina um novo soberano que demonstra boa disposição para ouvi-lo. De fato, Henrique IV morre em 20 de março de 1413 e seu filho, o príncipe de Gales Henrique, torna-se Henrique V. Ele está intimamente persuadido de que o rei da França, "contra Deus e contra toda a justiça", retém ilegalmente o que pertence à Inglaterra e decide resolver a questão.

Aquele que se tornaria o flagelo dos franceses é um príncipe de 26 anos em ascensão. As façanhas de seu curto reinado dariam inevitavelmente origem a uma lenda, mais uma vez consagrada pelo gênio de Shakespeare, a

---

4 Trata-se do *palais de la Justice*, antigo *palais de la Cité*, que era a residência do rei Luís IX. (N. T.)

saber, a de um jovem que revela brutalmente ao mundo suas habilidades depois de tê-las escondido durante uma juventude dissipada. É preciso abandonar esse esquema romântico da revelação súbita do herói para se considerar uma imagem mais autêntica, que nos é dada por crônicas que merecem mais crédito, como a *Gesta Henrici Quinti*, escrita por um clérigo da capela real. Ali se verifica que a característica preponderante desse rei guerreiro é sobretudo a piedade, podendo-se até mesmo falar em fanatismo religioso. Tudo o que faz, ele realiza de modo implacável, porque tem a convicção de estar agindo em nome de Deus. As primeiras medidas do reinado são também o reforço das medidas contra os lolardos pelo Parlamento de Leicester em abril de 1414.

Esse flagelo de Deus está absolutamente convencido disso: o Deus dos exércitos apoia os Lancaster. Segundo a *Gesta*, ele está determinado a realizar "aquelas coisas que contribuem para a honra de Deus, para a expansão da Igreja, para a libertação de seu país e para a tranquilidade dos reinos, especialmente dos dois reinos da Inglaterra e França, para que sejam mais coerentes e unidos". Defensor da ortodoxia, amante da teologia, grande frequentador de santuários e lugares de peregrinação, ele nunca deixa de consultar as autoridades religiosas antes de iniciar seus grandes empreendimentos, e sua propaganda tem o cuidado especial de provar que sua guerra é justa. É impossível saber o quanto de verdadeira piedade e o quanto de cálculo político há nessa atitude, mas a aparente convicção de ser o combatente de Deus o inspira a uma conduta implacável e, até mesmo, feroz. Ele trava suas guerras com espírito de cruzada. O grande objetivo de sua vida é a reconquista de Jerusalém. Nada é mais perigoso do que esse tipo de homem dotado de capacidade intelectual e militar na medida de suas altas convicções. Henrique V é um grande guerreiro, treinado nas lutas conduzidas no norte por seu pai, no País de Gales. Como político, seus talentos são mais limitados e seus objetivos, irrealistas. Finalmente, como escreve o historiador britânico E. F. Jacob, "em última análise, ele era um aventureiro, não um estadista: o risco que ele correu com a criação de uma dupla monarquia era muito grande, dependia de muitos fatores e não entendeu a natureza da França". Henrique V carece de realismo, e esse tipo de homem é uma calamidade, porque a força de suas convicções e o poder de seus meios de ação o levam a esmagar cegamente todos os obstáculos na tentativa de alcançar quimeras.

Eis o homem com quem João Sem Medo inicia negociações de forma imprudente em junho de 1413. Uma delegação da Borgonha chega a Douvres e mantém contatos preliminares na Cantuária por uma semana. No final de julho, uma embaixada inglesa composta por Henrique Chichele, bispo de Saint David's, Ricardo Beauchamp, conde de Warwick, William Lord Zouche, tenente de Calais, e Henrique Lord Scrope de Masham, desembarca em Calais para discutir "certos artigos e assuntos secretos". Fala-se de um eventual casamento entre Henrique V e uma filha de João Sem Medo, com a possível cessão de Cherbourg, Le Crotoy e Caen. Os encontros acontecem com o duque da Borgonha em pessoa no dia 15 de setembro em Bruges e no dia 19 de outubro em Lille. Porém, ao mesmo tempo, os embaixadores ingleses discutem com os representantes armagnacs em Leulinghen. Henrique V sonda ambos os lados para ver o que ele pode conseguir com isso. A questão dinástica é novamente considerada com cada um apresentando documentos que comprovam seu direito.

Em 8 de outubro de 1413, o arcebispo de Bourges, Guilherme Boisratier, e o condestável Carlos de Albret são enviados a Londres – ali se decide que a trégua será estendida por um ano a partir de 2 de fevereiro de 1414. No final de fevereiro, outra embaixada inglesa chega a Paris, dessa vez para discutir um possível casamento entre Henrique V e Catarina, filha de Carlos VI. A jovem tem 13 anos, mas o duque de York, que a viu, faz um relato entusiasmado sobre sua beleza ao rei. O Lancaster se deixa seduzir, mas não perde de vista seus objetivos políticos, em particular, a obtenção da coroa da França. É para discutir esse assunto a fundo que ele envia uma embaixada solene a Paris em 11 de julho, com o conde de Salisbury, dois bispos e um especialista em direito, Henrique Ware.

Após esplêndidas festas oferecidas pelo duque de Berry, os trabalhos começam. Os ingleses colocam a questão do resgate não pago de João, o Bom, como aperitivo. E então se chega ao prato principal: o bispo de Norwich, Ricardo Courtenay, pede em nome de seu rei a mão de Catarina e a coroa da França. Os franceses chamam isso de "demanda incivil", ou seja, insultuosa e exorbitante. Os ingleses declaram-se dispostos a fazer concessões: contentam-se com a soberania total da Normandia, de Touraine, Maine, Anjou, Flandres e Bretanha, bem como de toda a Aquitânia, incluindo Poitou, Angoumois, Périgord, Quercy, Rouergue e Agenais; incluindo-se ainda, é claro, todo o resgate não pago de João, o Bom; 2 milhões de coroas pelo dote de Catarina; e, finalmente, metade da Provença. Este último pedido baseia-se no fato de Tomás e Henrique, filho de Edmundo Crouchback, parentes do rei, alegarem ter direitos sobre aquela província remontando ao século XIII – Edmundo Crouchback era sobrinho de Leonor da Provença, esposa de Henrique III e filha do conde da Provença Raimundo Bérenger.

Tais exigências, por parte de um rei cuja dinastia ainda é frágil e que na França só tem Calais e Bordeaux, são um tanto quanto desconcertantes e sugerem que só foram apresentadas para obter um pretexto para o recomeço da guerra. O mais surpreendente é que os franceses se dão ao trabalho de discuti-los, sem dúvida para ganhar tempo: quanto à Provença, vejam com Anjou; quanto ao dote, é possível ir até 600 mil coroas; quanto ao resgate, esperemos até que o rei se torne novamente o verdadeiro senhor de todo o reino; quanto aos territórios, estamos dispostos a ceder a Aquitânia de Charente aos Pireneus. Que isso é muito generoso, não há dúvida; mas terá sido sincero?

Ao mesmo tempo, Henrique V lida com João Sem Medo, cujos enviados estão em Londres. A seu lado, também está Catarina, uma linda adolescente quase púbere, filha do duque da Borgonha, que se casaria com o rei. João Sem Medo compromete-se a apoiar a conquista da França pelo rei da Inglaterra e a reconhecê-lo como seu soberano; Henrique V compromete-se a enviar-lhe quinhentos homens de armas e duzentos arqueiros para a conquista das possessões de Orléans e Bourbon.

De todo modo, o Lancaster está determinado a ir para a guerra desde o início. Toda essa agitação diplomática visa apenas dar-lhe tempo para completar seus preparativos. Desde o início do verão de 1414, homens, equipamentos e mantimentos convergem para Southampton. Empréstimos engordam um tesouro de guerra: 2 mil libras de Ricardo Whittington em julho de 1413, mil libras de João Hende, 2 mil libras dos cidadãos de Londres, 1.300 libras do bispo Beaufort. Em maio de 1414, o Grande Conselho se pronuncia a favor da proclamação dos direitos do rei à coroa da França, responsabilizando antecipadamente os franceses pelo eventual rompimento das negociações. Em novembro, o Parlamento vota um décimo e um décimo quinto, ambos em dobro. O chanceler, Edmundo Beaufort, bispo de Winchester, meio-irmão de Henrique IV e, portanto, tio de Henrique V, declara que o rei está determinado a recuperar sua herança e a fazer valer seus direitos – ele convida seus súditos a lutar pela justiça, até mesmo com o sacrifício de suas vidas.

A causa é ouvida. Mesmo assim, o porta-voz da Câmara dos Comuns, em novembro de 1414, pede ao rei que tente um último movimento diplomático. Em 12 de março de 1415, uma nova delegação é enviada a Paris, apenas para ganhar mais algumas semanas. Seus líderes são os bispos Langley e Courtenay, o conde de Dorset, os nobres *sir* William Bourchier e *sir* João Phelip, bem como o jurista Ricardo Holme. Do lado francês, encontram-se Boisratier, o bispo de Noyon, Pierre Fresnel, o conde d'Eu e Guilherme Martel, senhor de Bacqueville. No centro das negociações, o casamento. Os ingleses têm um novo argumento, pouco diplomático, mas muito ortodoxo: santa Brígida acaba de ter uma revelação segundo a qual um casamento entre as casas da França e da Inglaterra colocaria fim ao conflito. Assim, Deus se convida a negociações, mas não especifica o valor do dote, o que dá margem a barganhas acirradas. Começa-se alto: os ingleses exigem no início 2 milhões de coroas; não mais de 600 mil, respondem os franceses; nova oferta inglesa: um milhão, com acréscimo do enxoval; 800 mil, mais vestidos e joias, dizem os franceses. Batalha absolutamente inútil sobre vestuário e bijuteria. No final de março, os ingleses declararam que seu senhor havia "oferecido ceder a seus adversários grande parte do que lhe pertencia por direito", e que, apesar disso, os franceses não estavam dispostos a dar nada em troca, "nenhum feito a reportar de sua embaixada".

A sorte está lançada. No entanto, uma delegação francesa deve vir no início do verão para tentar chegar a um acordo *in extremis*. Ela desembarca em 17 de junho de 1415 em Douvres. Henrique V nem mesmo espera por ela – está a caminho de Southampton. De 2 a 6 de julho, tenta-se manter a negociação fingida. Quanto ao dote, chega-se a 850 mil coroas, mas isso é para lidar com outra questão: quando a princesa será trazida? No que diz respeito aos territórios, há sempre incerteza. De qualquer forma, Henrique tem pressa, seus navios o esperam, ele declara que está determinado a tomar a coroa da França por bem ou por mal. Ao que o arcebispo de Bourges responde que ele não tem direito sequer à coroa da Inglaterra, usurpada por seu pai. Depois disso, resta-lhe apenas partir, e bem rápido.

Henrique tem Deus como testemunha de que é forçado a ir para a guerra por conta da obstinação dos franceses. Em uma carta, declara que tem o

MUTAÇÕES DE CONFLITO

dever moral, em consciência, de conquistar o trono da França, pois não pode renunciar a este e deserdar seus sucessores. E o seu capelão, o autor da *Gesta*, lamenta a "rigidez quase inflexível dos franceses". Em 6 de julho, o rei deixa Winchester e vai para Southampton. No convento de Titchfield, manda fazer cópias do acordo secreto que havia estabelecido com os armagnacs em 1412, que lhe prometeram a Aquitânia em troca de ajuda inglesa, e as envia ao Concílio de Constança para que sejam distribuídas entre os bispos, dando-lhes o máximo de publicidade possível. O concílio acaba de se reunir para tentar mais uma vez encontrar uma solução para o Cisma. A Europa inteira está de olhos e ouvidos voltados para a assembleia. Isso poderia ser comparado, hoje, a um ato diplomático secreto divulgado para as Nações Unidas. O suficiente para desacreditar completamente os príncipes franceses aos olhos da população.

Após esse belo trabalho de propaganda, um último incidente atrasa a partida: a descoberta de uma conspiração, na qual estavam envolvidos os condes de Cambridge e de Marck, para assassinar o rei e seus irmãos. Chega a hora de prender os culpados; os menos titulados são esquartejados, enforcados e decapitados. A expedição pode finalmente deixar o porto de Portsmouth e Southampton, em 11 de agosto de 1415. Negligenciando Calais, Henrique V se dirige, como seu bisavô Eduardo III havia feito 69 anos antes, à Normandia. A história se repete. A guerra, que já dura quase oitenta anos, recomeça com toda a força.

– 7 –

A VITÓRIA INCOMPLETA DOS LANCASTER: *AZINCOURT, TROYES E O ESFACELAMENTO DA FRANÇA (1415-1423)*

Desde 1380, a guerra não avança. As operações tornam-se esporádicas, as articulações se diversificam, as tréguas prevalecem sobre os combates. Mas, a partir do verão de 1415, tudo se acelera. Em cinco anos, o reino da França desmorona por estar minado com a guerra civil e atordoado pelo desastre de Azincourt. Em cinco anos, Henrique V alcança o objetivo que Eduardo III não conseguira em um quarto de século: o Tratado de Troyes consagra o triunfo da dinastia Lancaster sobre a dos Valois, com a união das duas coroas. Uma vitória de Pirro, no entanto: a França rapidamente prova ser uma peça grande demais para ser digerida por uma monarquia inglesa tão limitada em recursos. O vencido esgotará o vencedor. Desfecho inevitável, sobretudo a partir do momento em que surge no país uma resistência que, com certo anacronismo, pode ser qualificada como nacional. Durante alguns anos, porém, os contemporâneos acreditam que a união dos dois reinos seria possível.

AZINCOURT (25 DE OUTUBRO DE 1415)

Qual era o verdadeiro propósito de Henrique ao se aproximar da costa francesa em 14 de agosto de 1415, na margem norte do estuário do Sena, em Chef-de-Caux? Isso permanece um mistério. Talvez ele mesmo não soubesse. Henrique certamente tinha um exército considerável: cerca de 10 mil homens, incluindo 2 mil homens de armas e 6 mil arqueiros, além de infantaria e tropas especializadas, o que exigia 1.500 navios de todos os tamanhos para o transporte. Mas seria possível invadir a França com 10 mil homens? Sobretudo começando-se em meados de agosto. E por que chegar pela Normandia quando Calais foi mantida com grandes gastos por setenta anos a fim de servir como porta de entrada para o reino da França? Estaria o rei vindo apenas para uma cavalgada, um passeio de devastação? Nesse caso, para onde ele irá? Calais ou Bordeaux? Quer subir o vale do Sena e atingir o coração, Paris? Ora, ele sabe muito bem que não pode tomar Paris em algumas semanas e com tão poucos homens. E então?

Sem dúvida, ele espera muito das divisões dos franceses. Mas, na verdade, o exército deles não está pronto, muito embora esse desembarque seja aguardado há meses. Além disso, ao chegar pela Normandia, Henrique deseja mostrar que se sente em casa. Calais é a porta de entrada para o invasor. O Sena é a via real do soberano legítimo, e é assim que ele se apresenta. Henrique imediatamente manda ler uma proclamação pela qual devolve aos normandos os privilégios concedidos. Portanto, espera por uma união massiva. Sem dúvida, não tem um plano preconcebido: será criado de acordo com os acontecimentos.

Primeiro, é necessário assegurar um porto mediante o qual seja possível manter comunicação com a Inglaterra. Numa época em que Le Havre não existia, Harfleur é o lugar perfeito. A cidade é pequena, mas as defesas são eficazes: um bastião avançado na costa oeste, um fosso, uma muralha com torres angulares e três portões com ponte levadiça. Do lado interno, quatrocentos homens de armas liderados por Raul de Gaucourt, um bom capitão. Será preciso um cerco ordenado, com trincheiras, trabalhos de sapa e bloqueio do porto pela marinha inglesa. A cidade é copiosamente bombardeada, mas os ataques são repelidos. E então, com o calor do final do verão nos pântanos do estuário, a disenteria ajuda a abater os sitiantes. As perdas são consideráveis, até mesmo para os chefes: os condes de Suffolk e de Arundel, além do bispo Courtenay, morrem durante o mês de setembro. Isso chega a ser irritante: faz um mês que a grande expedição se encontra bloqueada a dez quilômetros de seu ponto de desembarque em frente a uma cidade de 3 mil habitantes. Nesse ritmo, a conquista da França não teria começado bem. Em 18 de setembro, após um bombardeio de várias horas, um novo ataque é repelido. É necessário juntar forças. Raul de Gaucourt sabe que, no momento, o resultado é incontestável. Ele se compromete a devolver a cidade se nenhuma ajuda chegar antes do dia 22. E é isso que acontece. No entanto, as forças francesas não estão longe: o condestável Carlos de Albret encontra-se logo à frente, em Honfleur; o marechal Boucicaut está em Caudebec e o delfim, em Rouen. Entretanto, ninguém se move. Harfleur se rende.

Henrique V quer fazer desse sucesso pouco glorioso uma nova Calais. Em 23 de setembro, após ter feito suas devoções com os pés descalços na igreja Saint-Martin, ele ordena um recenseamento completo dos habitantes e seus bens. Os burgueses mais ricos seriam enviados para a Inglaterra e oferecidos em resgate; os outros eram pura e simplesmente expulsos; seus alojamentos e móveis foram oferecidos gratuitamente aos ingleses dispostos a se instalar em Harfleur; libertam-se sessenta cavaleiros capturados e duzentos nobres sob condições: o rei, que não quer se sobrecarregar com prisioneiros, pede que cheguem a Calais antes de 11 de novembro, e ali será estabelecido o resgate deles. Isso indica que, a partir desse momento, Henrique V pretende se mudar para o norte. É início de outubro; e é tarde demais para uma campanha séria.

Ele parte em 8 de outubro com um exército reduzido a cerca de 6 mil ou 7 mil homens levemente equipados, passando por Fécamp, Arques e Eu em direção ao estuário do Soma, com o objetivo de cruzar o rio pelo mesmo vau de Eduardo III em 1346: Blanquetaque. Entretanto, a situação torna-se alarmante. Henrique é seguido, a uma distância considerável, por uma força francesa; o vau não pode ser cruzado, pois na margem oposta outro destacamento faz seu bloqueio. É necessário subir o vale do Soma em busca de uma passagem, que finalmente é encontrada em Béthancourt e Voyennes. A travessia ocorre em 20 de outubro. Agora uma batalha é inevitável e, o que é pior, em condições extremamente desfavoráveis.

Contudo, a organização do exército francês é difícil. Orléans e Armagnac não querem a presença de João Sem Medo, pois temem que ele seja um traidor. Ao mesmo tempo, o duque da Borgonha não envia tropas e proíbe seu filho e a nobreza da Picardia de se juntar ao exército real. O duque da Bretanha tampouco estará presente. João V, ainda hesitante entre os dois reis, caminha com prudente lentidão a fim de chegar atrasado à batalha. Ademais, os príncipes não entram em acordo sobre as táticas a adotar. O duque de Berry, de 75 anos, não esqueceu a batalha de Poitiers; como os capitães mais experientes, Albret e Boucicaut, ele prefere "deixar passar" os ingleses, dando prioridade à retomada de Harfleur. Em contrapartida, os jovens (Carlos de Orléans tem 24 anos, João de Alençon tem 30 e João de Bourbon, 33) sonham em partir para a luta. João de Berry consegue apenas manter o rei e o delfim em Rouen, onde se realiza o conselho de guerra, e está "muito zangado por eles terem aceitado a batalha", de acordo com o arauto de Berry, que diz ainda: "duvidava muito da batalha, pois estivera na de Poitiers, onde seu pai, o rei João, fora feito prisioneiro; ele dizia que era melhor perder somente a batalha em vez de perder o rei e a batalha".

Apesar de tudo, consegue-se reunir um exército de cerca de 20 mil homens, pois o entusiasmo é grande. O escudeiro João Le Fèvre de Saint-Rémy conta que, "por todos os lados, as pessoas choravam, como se estivessem indo para uma justa ou um torneio". De Rouen, um destacamento seguiu de perto a marcha de Henrique V, enquanto o grosso das tropas se dirigia para o Soma. Depois da travessia dos ingleses, arautos são enviados até eles para avisá-los de que a batalha será travada antes de Calais. Resta encontrar o terreno mais favorável. Para isso, Henrique força a marcha com o exército francês ainda à direita. Finalmente, em 24 de outubro, os ingleses descobrem que seu adversário havia decidido bloquear o caminho, posicionando-se entre as aldeias de Azincourt e Tramecourt. É ali que a luta deverá acontecer.

A escolha do terreno pelos chefes franceses é absurda. Três vezes mais numerosos que os ingleses, eles se amontoam em um local que os priva da vantagem numérica: um espaço aberto de um quilômetro de largura entre dois bosques. Ali se apresentam 20 mil homens, divididos em três pelotões de cavaleiros a pé: na linha de frente, os nobres mais importantes, que acreditam ter o direito de lutar primeiro; na retaguarda, agrupados em vinte ou trinta fileiras, os combatentes menos prestigiosos, porém muito mais experientes; enfim, na reserva, algumas centenas de escudeiros que jamais terão a possibilidade de intervir. Nas alas: a cavalaria, cujo papel é dispersar os arqueiros ingleses no início da batalha. Como não há lugar para todos, os atiradores são deliberadamente descartados, como observa o cronista João Le Fèvre de Saint-Rémy: "Havia muitos arqueiros e besteiros, mas era impossível deixá-los atirar; e a causa era o lugar, tão estreito que não sobrava espaço para os homens de armas". É claro que, do ponto de vista estritamente numérico, considerando que a proporção era de três contra um, isso seria suficiente para esmagar os ingleses. Todavia, não era possível saber nem ao menos quem estava no comando. Havia uma espécie de coletivo, com os duques de Orléans, de Alençon, de Bourbon, o condestável de Albret e o marechal Boucicaut. A formação de batalha começa a ser organizada na noite do dia 24, e, durante a noite inteira, os soldados permanecem com o equipamento de combate sob uma chuva torrencial que transforma os campos num atoleiro. No raiar do dia, a situação não é a melhor.

Henrique V, à frente, organiza suas escassas tropas da maneira tradicional. Nenhuma inovação tática: uma fina cortina de homens de armas no centro; nas alas, sempre um pouco deslocadas para a frente, os arqueiros com suas estacas, que afundavam facilmente na lama. A formação cônica permite que eles se movam rapidamente. Na retaguarda, as bagagens. Todos estão cansados das marchas anteriores; as rações de comida eram escassas e os soldados pedem que a luta comece no dia 25 devido à falta de suprimentos. O rei, ainda convencido de ter Deus ao seu lado, parece confiante. Pelo menos é o que afirmam os cronistas ingleses após a batalha. Quanto a Shakespeare, temos dele um magnífico monólogo sobre as responsabilidades do cargo real enquanto caminha incógnito nos acampamentos...

Na manhã de 25 de outubro, todos se levantam cedo. As necessidades de cada um são feitas no próprio local, o que nem sempre é cômodo quando se veste uma armadura. Em seguida, tem início o ritual face a face, ao alcance da voz, durante três horas. Por volta das 10 da manhã, Henrique V ordena que seus arqueiros avancem. Os cavaleiros franceses os atacam; a lama atrapalha o avanço de pesadas montarias encouraçadas; chuva de flechas; as primeiras fileiras caem e formam uma muralha de cavalos e homens que atravanca a marcha das fileiras seguintes; no centro, o primeiro corpo de batalha, o dos grandes senhores franceses, avança para o combate corpo a corpo; a linha inglesa se dobra diante do inimigo em maioria, mas os arqueiros rapidamente envolvem os homens de armas nas alas, atiram pelos flancos e por trás, abatendo centenas de combatentes com faca e machado; os grandes senhores, cercados, se rendem e são retirados. De repente, gritos vêm de trás das linhas inglesas: são saqueadores franceses que se lançam sobre as bagagens. Henrique V acredita tratar-se de reforço dos franceses: Borgonha ou Bretanha; ele então ordena a execução imediata de todos os prisioneiros a fim de que não peguem em armas novamente. A obediência se realiza com má vontade: resgates lucrativos são desperdiçados! O restante do exército francês nem sequer tem a possibilidade de intervir. Todos os chefes das primeiras fileiras caíram e os demais fugiram. Foi mais ou menos assim o desenrolar da batalha de Azincourt: uma hora de combate e três horas de caça aos fugitivos colocaram a França à mercê do rei da Inglaterra.

O final da tarde é a hora dos necrófagos: soldados e camponeses dos arredores percorrem a vala comum, acabando com aqueles que não estão completamente mortos e despojando-os de "seus lenços, tecidos, bragas, calças e todas as outras roupas", como diz Monstrelet, deixando-os "todos nus como estavam quando saíram do ventre da mãe". O custo humano é terrível para os franceses: provavelmente mais de 1.500 cavaleiros e 5 mil homens de armas mortos, incluindo os duques de Alençon, de Bar e de Brabante, além dos condes de Nevers, de Vaudémont, de Marle, de Blamont, de Roucy, de Dammartin, de Vaucourt e de Fauquemberg, e ainda, o condestável de Albret e o almirante Jacques de Chatillon. Henrique V atribui todo o mérito pelo massacre ao próprio Deus: "Não fomos nós que cometemos essa matança, ela foi feita por Deus todo-poderoso, como acreditamos, por causa dos pecados dos franceses", como atesta Monstrelet. De todo modo, ainda havia prisioneiros, porque o rei teve o cuidado de poupar os seus, e estes lhe renderão bons resgates: os duques de Orléans e de Bourbon, o marechal Boucicaut, Artur de Richemont, irmão do duque da Bretanha, Carlos de Artésia, conde d'Eu, e os condes de Vendôme e de Harcourt. Alguns destes não verão a liberdade novamente: Carlos de Orléans ficará preso durante 25 anos, o que o deixará com tempo livre para escrever poesia. A aristocracia francesa é decapitada e o pagamento de resgates arruinará muitas famílias. Do lado inglês, foram perdidos algo em torno de trezentos homens de armas, cerca de vinte cavaleiros e dois grandes senhores: o duque de York e o conde de Suffolk.

A aldeia de Azincourt – ou *Agincourt*, como os ingleses a chamam – torna-se repentinamente célebre, bem no dia de são Crispim e são Crispiniano.

UM INTERLÚDIO DIPLOMÁTICO (1416)

E agora? Para Henrique V, trata-se de aproveitar ao máximo a vitória. No momento, porém, com um exército exausto, a campanha termina. Em 16 de novembro, ele embarca em Calais. O Parlamento vota entusiasticamente um novo décimo e décimo-quinto, e atribui ao soberano a receita vitalícia de certas taxas alfandegárias sobre a exportação de lã e couro, bem como sobre a importação de vinho. Um novo desembarque na França é inevitável, pois a conquista agora parece factível. Mas não será em 1416. Esse ano é dedicado sobretudo ao fortalecimento da posição diplomática: extensão das tréguas com Flandres, entrevista em outubro com João Sem Medo, que reconhece os direitos de Lancaster ao trono da França e se compromete a apoiá-lo quando chegar a hora e, especialmente, a uma visita do imperador Sigismundo.

Este último chega a Douvres em 1º de maio. Vem de Paris, onde teve longas conversas com os conselheiros do rei. Seu principal objetivo é pôr fim ao Cisma, atuando no Concílio de Constança. Ele considera que para isso é indispensável reconciliar a França e a Inglaterra, para que seus enviados falem com uma só voz no concílio. Em Paris, ele se vê diante de conselheiros divididos. O rei continua louco como sempre; o delfim Luís acaba de morrer, em 18 de dezembro de 1415, e agora é seu irmão João, duque de Touraine, de 18 anos, que ostenta o título. O duque de Berry quer a paz; Bernardo de Armagnac, que acaba de ser nomeado condestável, quer a guerra. Ele parte para reconquistar Harfleur, que recebeu reforços ingleses em janeiro. Em março, Armagnac, com 6 mil gascões, relata êxito em Valmont contra uma expedição inglesa que vasculhava o interior da Normandia tendo por objetivo trazer provisões de volta a Harfleur. Isso o convence de que a situação pode ser corrigida e ele organiza o bloqueio do porto normando com uma frota franco-genovesa. Não obtendo nada em Paris, Sigismundo vai negociar em Londres, onde é muito bem recebido. Logo mais, ele será acompanhado pelo conde de Hainaut, Guilherme, cunhado de João Sem Medo e cunhado do delfim, e, em seguida, por uma embaixada francesa liderada pelo arcebispo de Reims. É, portanto, uma verdadeira conferência geral, da qual participam os prisioneiros de Azincourt, que ocorre em Westminster a partir de maio de 1416.

Ali se fala de paz – mas, com que grau de sinceridade, isso é difícil de saber. Para Henrique, o essencial para o momento é aliviar Harfleur, sua única conquista. Ele então propõe uma trégua, planejando, diz ele, contentar-se com um retorno ao Tratado de Brétigny. O Parlamento discorda. É preciso aproveitar Azincourt. No entanto, decide-se enviar uma embaixada a Paris para estabelecer uma trégua de três anos. Armagnac prolonga as discussões na esperança de que Harfleur caia antes que um acordo seja firmado. Ao mesmo tempo, navios franceses chegam a Portsmouth e à ilha de Wight. Estamos no final de julho. Os ingleses não tiveram problemas para convencer Sigismundo a respeito da duplicidade dos franceses e, em 15 de agosto, o imperador e o rei da Inglaterra assinam o tratado da Cantuária. É um acordo de ajuda mútua e aliança, pelo qual os dois soberanos se comprometem a apoiar um ao outro a fim de fazerem valer os seus direitos. Sigismundo aceitará as eventuais conquistas de Henrique em seu reino da França, e Henrique reconhecerá qualquer recuperação por Sigismundo de suas posses; cada um está de acordo em garantir os direitos do outro em qualquer tratado futuro com um terceiro; um não dará asilo aos traidores e rebeldes do outro; os comerciantes ingleses e alemães terão livre acesso aos territórios dos dois soberanos.

Esse acordo isola ainda mais o governo armagnac de Paris, cujas esperanças de recuperar Harfleur desmoronam no próprio dia da assinatura: na baía do Sena, o duque de Bedford derrota a frota anglo-genovesa e a cidade é reabastecida. Em 5 de setembro, Henrique V retorna a Calais para novas negociações com o imperador e com uma delegação francesa liderada por Gontier Col, arcebispo de Reims. O encontro resulta apenas na conclusão de uma trégua curta, de 9 de outubro de 1416 a 2 de fevereiro de 1417, que permitiu a Henrique V concluir os preparativos para sua campanha de primavera. Porque nunca teve intenção de fazer as pazes. Ele quer colher os frutos de Azincourt. No início de outubro, encontra o duque da Borgonha, que lhe promete sua ajuda assim que reconquistar uma "parte significativa" do reino da França.

O tratado da Cantuária tem consequências no Concílio de Constança, onde o clima esquenta entre os representantes dos franceses e os dos ingleses. O cardeal Pedro de Ailly se opõe a que os ingleses sejam considerados nas votações como nação, como as nações espanhola, italiana e francesa. Os prelados alemães, por outro lado, ficam do lado dos ingleses. As nações latinas também se opõem a que as reformas propostas por Sigismundo sejam adotadas antes da escolha de um novo papa.

CONQUISTA DA NORMANDIA E ASSASSINATO DE JOÃO SEM MEDO (1417-1419)

Todos esperam a retomada das operações militares no início de 1417. De fato, Henrique impulsiona seus preparativos durante o inverno. O décimo e o décimo-quinto concedidos pelo Parlamento em novembro de 1416, somados aos décimos votados pelas convocações (ou seja, as assembleias eclesiásticas) de York e Cantuária, lhe permitem arrecadar 136 mil libras, o suficiente para equipar um sólido exército de 12 mil a 15 mil homens, com equipamento de cerco. Afinal, dessa vez não se trata de uma cavalgada, mas de um empreendimento de conquista sistemática. Em 29 de junho de 1417, a frota franco-genovesa é aniquilada pelo conde de Huntingdon no largo de La Hougue, um cabo destinado a ver muitos desastres navais franceses. O canal da Mancha encontra-se, portanto, livre e Henrique V embarca em 23 de julho. Ele desembarca novamente na Normandia, na foz do Touques, no setor de Deauville e Trouville. O primeiro grande objetivo é Caen, sitiada por máquinas poderosas, tomada em 8 de setembro e saqueada sistematicamente, enquanto Gloucester se apodera de Bayeux e Clarence, de Lisieux. A partir daí, deixando João Talbot a oeste no enquadramento a fim de impedir qualquer ataque do Cotentin, e o conde de Warwick em frente a Falaise, o rei se dirige, em outubro, para Alençon, que é rapidamente tomada. Dessa vez, tanto a duquesa de Anjou, Iolanda, quanto o duque da Bretanha estão aflitos. Ambos preferem concluir uma trégua com Henrique, que deve durar de novembro de 1417 a setembro de 1418. Caem sucessivamente: Bellême, Argentan e, em fevereiro de 1418, Falaise e Evreux. A Baixa Normandia, exceto Cherbourg, foi conquistada em seis meses. Como se tratava de estabelecer ali o domínio inglês de modo permanente, exações e requisições tiveram que ser limitadas. Parte dos suprimentos vem da Inglaterra. Henrique não pode se permitir espoliar seus próprios súditos normandos.

O duque da Borgonha, por sua vez, não perde tempo em 1417. Seu objetivo é retomar Paris, onde a dominação de Bernardo de Armagnac era cada vez mais insuportável para a população vigiada, espionada e forçada a pagar impostos e empréstimos. O condestável controla o rei e seu eventual sucessor, Carlos de Ponthieu, de 14 anos. O fato é que a mortalidade era alta entre os delfins no início do século XV: depois de Luís, João morre em 5 de abril, e a linhagem está em perigo: Carlos é o último filho vivo dos doze de Carlos VI e Isabel. Esta, aliás, está em Tours. João Sem Medo vai buscá-la e os dois se estabelecem em Troyes. Dessa maneira, cada um tem seu peão: Armagnac tem o rei e Borgonha tem a rainha. Para vencer o jogo, João Sem Medo se esforça para isolar Paris. Desce o vale do Oise em setembro de 1417 e toma Beaumont-sur-Oise, graças à traição do senhor de L'Isle-Adam;[1] segue então para o vale do Sena, ocupando Pontoise e, depois, Meulan e Mantes; continua seu trajeto e, na primavera de 1418, toma Vernon, Chartres, Louviers e Evreux. Surgem riscos de atrito entre ingleses e burgúndios, cujas conquistas estavam perigosamente próximas. Nos primeiros meses de 1418, Henrique completa a ocupação da Baixa Normandia: o duque de Gloucester toma Vire, Carentan e Valognes; o conde de Huntingdon toma Coutances em 16 de março; Avranches, Pontorson e Saint-James-de-Beuvron caem ao mesmo tempo; Domfront está cercada e cai em julho. Finalmente, Cherbourg cai no final de agosto. Senhor absoluto de Cotentin e da Normandia, de Couesnon ao estuário do Sena, Henrique V concentra todos os seus esforços a partir de julho em Rouen, após a conquista de Pont-de-l'Arche. Nesse momento, suas relações com o duque da Borgonha são extremamente tensas.

João Sem Medo tornou-se mais uma vez, de fato, o senhor da situação no lado francês ao tomar Paris de surpresa na noite de 28 para 29 de maio de 1418. A cidade estava cansada do terror dos armagnacs; a atividade econômica entrara em colapso, a moeda perdera todo o valor. Um grupo de burgueses chega a um acordo com Villiers de L'Isle-Adam para abrir a porta Saint-Germain. As tropas da Borgonha irrompem do oeste, enquanto o delfim Carlos escapa por pouco pelo leste graças a Tanguy du Chastel, indo se estabelecer em Bourges. Pilhagens e massacres começam. Em meados de

---

1 João de Villiers de L'Isle-Adam (1384-1437), senhor de L'Isle-Adam e marechal da França, além de governador militar de Paris e de Bruges. (N. T.)

junho, com o boato de um contra-ataque dos armagnacs, uma multidão corre para as prisões e centenas de prisioneiros são assassinados, incluindo o condestável Bernardo de Armagnac, o chanceler Henrique de Marle, seu irmão, o bispo de Coutances João de Marle e o primeiro presidente Roberto Mauger. Em Châtelet, os prisioneiros são obrigados a sair pela fumaça; os que saltam das janelas são empalados nas lanças dos soldados. Cadáveres são mutilados e mulheres grávidas, estripadas. A capital vive uma orgia de horrores, o início de uma longa série relatada pelo famoso *Diário de um burguês de Paris*. Marginais, mendigos, salteadores juntam-se aos açougueiros e aos soldados numa explosão de violência sem precedentes. O carrasco Capeluche, um verdadeiro psicopata, distingue-se pela sua loucura furiosa, com predileção pela matança de mulheres.

Em 14 de julho, João Sem Medo, que havia permanecido em Troyes até então, entra na capital acompanhado pela rainha Isabel. Ele interrompe a matança. Capeluche, que se demasiadamente familiarizado com ele, é decapitado por um carrasco improvisado a quem ele mesmo dá conselhos profissionais sobre o procedimento. Contudo, embora a ordem tivesse sido de alguma forma restaurada, a população começa a ser dizimada pela varíola. Como sempre, a epidemia é muito mais mortal do que os piores massacres. Somente no Hôtel-Dieu são registradas 5.311 mortes; pelo menos 20 mil mortes para toda a cidade, três vezes mais vítimas do que em Azincourt. Paris está entrando no período mais sombrio de sua história, tanto devido à amplitude dos eventos quanto pela duração e pela diversidade dos desastres que a atingem. Os negócios cessam: mercadores e banqueiros são mortos ou fogem, começando pelos estrangeiros.

Ao mesmo tempo, algumas dezenas de quilômetros rio abaixo, Rouen também passa por um inferno. Os ingleses iniciam o cerco em 30 de julho. Um trabalho considerável é realizado para isolar completamente a cidade: fossos, aterros, paliçadas. Rouen é a segunda maior cidade da França, com talvez 50 mil habitantes. A guarnição é importante e liderada por borgonheses, o que ilustra a ambiguidade da relação entre Henrique V e João Sem Medo, que em novembro fingirá ir socorrer a capital normanda avançando até Pontoise. O verão e o outono de 1418 passam. Em dezembro, o povo de Rouen come o último rato. O capitão Guy Le Boutellier expulsa as bocas inúteis: milhares de mulheres, crianças e velhos encontram-se na terra de ninguém entre as muralhas e as paliçadas inglesas. Henrique V se recusa a recolhê-los; eles são deixados nos fossos para que morram de fome e frio. O cerco já dura seis meses; em Rouen, fala-se em tentar uma saída geral suicida após incendiar a cidade. O boato preocupa Henrique V, que não está interessado em recuperar um amontoado de ruínas. Incentivado pelo arcebispo da Cantuária, Henrique Chichele, ele negocia a rendição: o povo de Rouen pagaria 300 mil coroas, faria um juramento de lealdade ao rei da Inglaterra e a guarnição seria feita prisioneira. Em 19 de janeiro de 1419, a cidade se rende.

A situação é então a seguinte: diante dos ingleses, senhores da Normandia, o reino de França tem dois governos: um em Paris, com o duque de Borgonha que dirige o rei e a rainha e que controla territórios sem fronteiras muito claras em Île-de-France, ao norte e a leste; o outro, em Bourges, com o delfim Carlos, que agora parece ser o verdadeiro chefe dos armagnacs e que conta com Berry, Touraine, Anjou, Poitou e Bourbonnais, além de algumas posições-chave em Île-de-France. Entre os três parceiros travam-se negociações complexas nas quais cada um procura jogar da melhor forma, com cada um enganando os demais. O objetivo do jogo é que cada jogador faça os outros dois rivalizarem entre si, de tal maneira a ajudar um deles a destruir o outro. Os três, Henrique, João e Carlos, possuem cartas, porém, no início de 1419, os trunfos estão com Henrique. Ele é, portanto, abordado pelos outros dois durante negociações confusas.

Durante o cerco de Rouen, os representantes de Henrique encontram pela primeira vez os do delfim, em Alençon. A questão ainda é a da extensão dos territórios reivindicados pelo rei da Inglaterra em troca de uma possível renúncia à coroa da França. Esse primeiro contato não resulta em nada e os ingleses recebem os negociadores burgúndios. Henrique V quer a Normandia (que ele já controla), toda a Aquitânia dentro dos limites estabelecidos em Brétigny, Ponthieu, a filha do rei e um dote de um milhão de coroas de ouro. Note-se uma inovação importante no procedimento dessas discussões: pela primeira vez, os ingleses se recusam a usar o francês como língua diplomática. Henrique V declara que não o entende mais do que os membros de seu conselho e exige o uso do latim para a transcrição dos atos, com cada um se expressando oralmente em sua língua nacional. É mais um passo em direção à tomada de consciência das identidades francesa e inglesa.

No início da primavera de 1419, um novo contato foi planejado entre os ingleses e os armagnacs: Henrique V e o delfim marcam um encontro para 26 de março entre Evreux e Dreux. Porém, temendo uma armadilha, Carlos não aparece. Henrique então se volta para o duque da Borgonha. Outro encontro é marcado, primeiro para 30 de março e depois para 30 de maio. Dessa vez há mais seriedade. É celebrada uma trégua na preparação da conferência, que ocorre em Meulan, num espaço cuidadosamente preparado: cada um traz 1.500 soldados, estacionados em dois recintos com paliçadas, a meio caminho entre os líderes das duas partes. João Sem Medo leva Carlos VI, Isabel e a pequena Catarina para que o rei da Inglaterra pudesse finalmente ver sua futura esposa potencial. Henrique V é escoltado pelos duques de Clarence, de Exeter e de Gloucester, pelo arcebispo Chichele e pelo bispo Beaufort. Durante mais de um mês e meio são discutidos os mesmos problemas: além da Normandia e da Aquitânia, Henrique V terá Maine, Anjou, Touraine, Bretanha e Flandres? Qual será o dote de Catarina? Os ingleses querem um milhão de coroas; os franceses oferecem 800 mil, e, desse montante, 600 mil seria deduzido para o dote de Isabel, viúva de Ricardo II, que ainda não havia sido devolvido. Restariam 200 mil. Os ingleses consideram a proposta inaceitável.

No exato momento em que discutiam em Meulan com Henrique V, os burgúndios negociavam a alguns quilômetros dali, em Pontoise, com os armagnacs. Os contatos já haviam sido feitos no ano anterior, por meio do cardeal Orsini, agente do novo papa Martinho V, único soberano pontífice de uma Igreja finalmente reunificada pelo Concílio de Constança. De ambos os lados, sente-se a necessidade de união contra o ogro inglês, que poderia muito bem engolir a todos. A posição do delfim se fortalece. Ele recebe tropas escocesas por meio de La Rochelle; os armagnacs acabam de tomar Beaumont-sur-Oise e Bonneval, e na Picardia dois de seus capitães se destacam: Estêvão de Vignolles, apelidado de "La Hire",[2] e João de Xaintrailles, chamado Poton, de apenas 19 anos e com a perspectiva de um futuro brilhante como chefe de bando. Em suma, o delfim, ele próprio com apenas 16 anos, representa agora uma força confiável. João Sem Medo, após

---

2 Embora não haja uma explicação definitiva para tal apelido, é plausível admitir que a palavra tenha origem em *ire*, significando "ira" tanto em latim quanto no francês antigo, em alusão ao caráter colérico dessa pessoa. (N. T.)

o rompimento das negociações com os ingleses, vai ao seu encontro nos dias 9 e 10 de julho em Pouilly, entre Corbeil e Melun. Após terem esclarecido suas posições num clima tempestuoso, os dois parceiros chegam a um acordo para resistir às "condenáveis agressões dos ingleses", como lemos nas *Memórias* de Saint-Rémy. A promessa é que ambos vão se empenhar "doravante pela boa união, cada um segundo o seu estado, em todos os grandes negócios deste reino, sem querer empreender ou ter inveja um do outro". O acordo é jurado da forma mais solene: sobre os Evangelhos e as relíquias de Vera Cruz na presença do legado papal.

Diante da aparente reconciliação de seus adversários, Henrique V decide então agir sozinho. Em 31 de julho, toma Pontoise, evacuada com uma celeridade cuja suspeita recai sobre Villiers de L'Isle-Adam; o duque de Clarence aparece diante das muralhas de Paris. João Sem Medo, que havia retornado a Troyes com o rei e a rainha, concorda em encontrar o delfim novamente. O encontro é marcado para 10 de setembro em Montereau. Para que a confiança reine, prepara-se cuidadosamente o local de encontro a fim de se evitar surpresas desagradáveis: a conversa acontecerá no meio da ponte sobre o Yonne. Para lá chegar é preciso atravessar uma paliçada, uma chicana e um postigo. Cada um pode ser acompanhado por dez homens. Na verdade, trata-se de uma emboscada, preparada pelo delfim e seus conselheiros. Os dez homens armados que o cercam são todos inimigos mortais do duque da Borgonha. Este percebe que se trata de uma armadilha, mas já não pode mais recuar. Tenta-se acalmá-lo. Quando ele chega à ponte, o postigo atrás dele é fechado para isolá-lo. Há duas versões para o que acontece depois: a dos burgúndios, segundo a qual o duque é deliberadamente agredido, golpeado com um machado e trespassado por vários golpes de espada; e a da propaganda dos armagnacs, segundo a qual uma altercação teve início e o duque é golpeado quando desembainhava a espada. De todo modo, não há dúvida: é um assassinato premeditado sob responsabilidade de Tanguy du Chastel.

As consequências são imediatas: todos os burgúndios e seus partidários se alinham atrás do rei da Inglaterra. João Sem Medo era popular, especialmente em Paris, onde a população proclama seu apoio ao novo duque da Borgonha, Filipe, que logo seria apelidado de "o Bom", um jovem de 23 anos, casado com Michele, a irmã do delfim. Ele jura vingar o pai e imediatamente entra em contato com os ingleses.

O TRATADO DE TROYES (21 DE MAIO DE 1420)

Mais do que nunca, Henrique V é o senhor da vez – ele consegue ditar seus termos. Recebe os enviados de Filipe em Mantes, em 26 de outubro, e expõe suas exigências: casar-se com Catarina e tornar-se herdeiro do reino da França. Carlos VI, com 51 anos, encontra-se em péssimo estado, totalmente incapaz de reinar. Ele manterá a coroa até sua morte e, durante esse período, Henrique V será o regente e, com a morte de Valois, tornar-se-á oficialmente Henrique II, rei da França. Filipe tem quinze dias para aceitar e, se concordar, Henrique o ajudará a vingar seu pai; se discordar, enfrentará uma guerra impiedosa.

Filipe na verdade não tem escolha, mas não cede de bom grado. Entregar a França aos ingleses e deserdar o delfim, o herdeiro legítimo, é algo muito sério. No final de outubro, em Arras, pede aos juristas que apresentem os argumentos a favor e contra a aliança inglesa. O principal argumento contrário é que o duque, na condição de primeiro vassalo e homem lígio do rei da França, não pode consentir que a coroa seja transferida para o inimigo de seu suserano – isso seria um crime de lesa-majestade e qualquer outro vassalo teria direito de matar Filipe. Além disso, o duque é decano dos pares da França e deve reunir todos os pares antes de tomar tal decisão. Os argumentos a favor da aceitação são acima de tudo práticos: Henrique V é o mais forte e conseguirá o que quer de qualquer maneira – se for obrigado a fazê-lo pela guerra, causará infortúnio e destruição desnecessários. Enquanto vassalo de Carlos VI, Filipe deve lealdade apenas a Carlos VI e, como Henrique V promete respeitar Carlos VI e deixar a coroa para ele até sua morte, não haveria traição de dever feudal. Por outro lado, se o delfim se tornar rei, Filipe verá seu pior inimigo, o assassino de seu pai, tornar-se suserano, o que será "a evidente destruição do Senhor ter que ver seu inimigo mortal como senhor". A conclusão é muito prosaica e muito prática: "Entre dois males, deve-se escolher o mal menor". Henrique V é "o mal menor".

O duque da Borgonha dá, portanto, seu consentimento ao rei da Inglaterra. Ao mesmo tempo ele informa a rainha, que está em Troyes. Ela deve concordar em deserdar seu filho. O próprio rei vai assinar qualquer coisa (já que ele não tem mais razão). Embora Isabel estivesse relutante, ela acabará cedendo à pressão dos acontecimentos e dos conselheiros da Borgonha que a cercam. A viúva de João Sem Medo é sua compatriota, Margarida da Baviera, que lhe promete ajuda financeira. O pretexto oficial será o assassinato de Montereau, aquele "crime horrendo", que tornaria o delfim indigno de reinar. Brincadeira gentil numa época em que é possível ver outras semelhantes. Se o assassinato impedisse o reinado, todos os soberanos da época teriam que abdicar. O boato da bastardia do delfim, que justificaria a fórmula "o chamado delfim", utilizada no Tratado de Troyes, fez correr muita tinta. Que Carlos seja filho do duque de Orléans, isso não é impossível, mas que a rainha reconheça seu adultério em um tratado diplomático oficial, isso seria absolutamente ridículo. A fórmula "o chamado delfim" significa simplesmente que Carlos, por causa de seu crime, tanto perdeu a soberania do delfinado quanto não pode mais ostentar esse título. Isabel da Baviera, por sua vez, então desiste.

Encaminha-se, portanto, rumo ao desenlace. Em 24 de dezembro de 1419, em Rouen, uma aliança é estabelecida entre Filipe e Henrique, e uma trégua entre Henrique e Carlos VI. O rei da Inglaterra se compromete a caçar os assassinos de João Sem Medo e a casar um de seus irmãos com uma das irmãs do duque da Borgonha. Ao mesmo tempo, avança seus peões em direção a Paris: Gisors cai em 23 de setembro; Meulan, Montjoie e Saint-Germain no final de outubro; Château-Gaillard em 8 de dezembro; o conde de Huntingdon e João Cornwall avançam no Soissonnais junto com os burgúndios João de Luxemburgo e Heitor de Saveuse. Tal concerto não deixa de ter notas falsas: os ingleses arrogantes e os burgúndios sensíveis quase chegam a dar as mãos uns para os outros (eufemismo barato, pois sabe-se que esses companheiros empunham machados e maças).

Em 23 de março de 1420, Filipe, o Bom, chega a Troyes onde, em uma série de conferências com Isabel da Baviera, elabora os detalhes do tratado definitivo. Henrique V aparece ali em 20 de maio; ele faz uma entrada ostentatória e sua arrogância deixa seus novos aliados desconfortáveis. O cronista Monstrelet relata o aborrecimento geral: "Por ele [Henrique] e por seus príncipes ingleses houve hoje grande pompa, [...] como se, no momento, ele fosse o rei do mundo inteiro". De todo modo, ele é o vencedor e, em 21 de maio de 1420, o Tratado de Troyes é selado e solenemente jurado na catedral.

Trata-se do auge de oitenta anos de guerra; é a consagração das ambições do rei da Inglaterra. Carlos VI declara que lhe dá sua filha e o reconhece como seu filho e herdeiro: "A coroa e o reino da França [...] permanecem e estarão perpetuamente com nosso filho, o rei Henrique e seus herdeiros". Carlos VI, no entanto, continuará a ser o rei até sua morte, embora diga

> porque na maioria das vezes estamos presos e impedidos, de tal forma que não podemos, em nossa pessoa, ouvir ou atender as necessidades de nosso reino, a faculdade e o exercício de governar e ordenar os negócios públicos do reino estarão e permanecerão, durante a nossa vida, com nosso filho, o rei Henrique.

Este último, que será, portanto, regente, deverá deixar Carlos VI na França e cercá-lo apenas com franceses. Ele terá que respeitar os "direitos, costumes, privilégios, [...] liberdades e franquias" das cidades, do clero, da nobreza e das comunidades de habitantes, além de manter a autoridade do Parlamento. Os franceses farão um juramento de obediência e lealdade a ele. Com a morte de Carlos VI, a união dos dois reinos será pessoal: Henrique V e seus descendentes serão "rei e senhor soberano de ambos os reinos", mas a França e a Inglaterra manterão seus "direitos, liberdades ou costumes, usos e leis".

Quanto ao delfim, ele é pura e simplesmente descartado em razão do crime de Montereau:

> Considerando os horríveis e enormes crimes e delitos perpetrados no reino da França por Carlos, o chamado delfim de Viennois, é certo que, de forma alguma, negociaremos a paz com o chamado Carlos, nem nós, nem nosso filho, o rei Henrique, nem tampouco nosso querido filho Filipe, duque da Borgonha [...] exceto com o conselho e assentimento de todos e cada um de nós três e dos três estados dos dois reinos.

Despojado de seus direitos hereditários e de seus senhorios, o "chamado delfim" deverá ser expulso militarmente por Henrique V, que se compromete a fazer guerra contra aqueles que são "desobedientes a nós e rebeldes, participando [...] vulgarmente chamados de delfim e Armagnac". No fim, o rei da Inglaterra mantém a Normandia como apanágio.

O Tratado de Troyes não parece ter incomodado os franceses em demasia. O que prevalece é a indiferença: quer o rei se chame Henrique ou Carlos, quer seja Lancaster ou Valois, nada disso faz diferença para a condição dos súditos – a eles não se pede opinião. Em Paris, há até mesmo satisfação quando se manifesta ódio aos armagnacs. Não se trata de entusiasmo, mas, certamente, isso é melhor do que a continuação da guerra. O *Burguês de Paris* expressa a opinião mais difundida quando escreve que era preferível "a negociação com o rei da Inglaterra, que era o velho inimigo da França, do que a crueldade dos armagnacs, apesar de tudo". Como o tratado garante a posição dos oficiais, do Parlamento e da Universidade, a adesão a ele não se mostra tão difícil. Apenas alguns intelectuais, especialmente juristas, expressam reservas. Assim, João de Terrevermeille compõe em 1420 um tratado favorável ao delfim. No exterior, o imperador e o rei de Aragão aprovam o Tratado de Troyes, enquanto Escócia, Castela, Savoia e o papa se manifestam contrários.

UMA IMPLEMENTAÇÃO DIFÍCIL (1420-1422)

Resta aplicá-lo. No tocante ao casamento, este se realiza a partir de 2 de junho, em Troyes. Henrique V torna-se, assim, cunhado do delfim. Mais problemática é a conquista dos territórios mantidos pelos armagnacs. Afinal, o delfim controla de fato a maior parte do reino, desde o sul da Normandia até os Pireneus e o Mediterrâneo, bem como vários lugares ao redor de Paris. Instalado em Bourges, dispõe de importantes recursos financeiros e militares. Henrique V não perde tempo e começa a tomar providências, explorando a dinâmica do tratado. Dois dias depois de seu casamento, em 4 de junho, ele leva sua jovem esposa para o cerco de Montereau em viagem de núpcias. A cidade cai em 1º de julho. O corpo de João Sem Medo é encontrado e enviado para Dijon. Sens também é tomada. Em seguida, Melun é sitiada com meios consideráveis: o duque de Bedford, irmão do rei, leva oitocentos homens de armas e 2 mil arqueiros; Luís, conde palatino do Reno, setecentos homens de armas; há ainda uma artilharia de calibre maior do que se conhecia até então. Apesar disso, a cidade resiste por quatro meses. Henrique V enfrenta muita dificuldade para ser aceito por alguns de seus súditos. Sua atitude incrivelmente arrogante não facilita o contato. Até mesmo os aliados de Henrique têm razões para o desprezo: Villiers de L'Isle-Adam, ao cumprimentá-lo certa vez, foi rechaçado por Henrique pela postura e por ter ousado encará-lo. Quanto às pessoas mais humildes, ele não demonstra consideração alguma pelos sofrimentos delas. Aos camponeses da região de Meaux que se queixavam das devastações cometidas pelos soldados, Henrique responde "que a guerra sem fogo não valia mais do que a salsicha sem mostarda", segundo Jouvenel des Ursins. É como se incêndios e saques colocassem um pouco de sal no cotidiano militar.

Melun capitula em 17 de novembro. Os poucos mercenários escoceses da guarnição são enforcados. Depois disso, o rei da Inglaterra junta-se a Carlos VI em Corbeil para preparar a entrada solene em Paris, que ocorre em 1º de dezembro, na companhia do duque da Borgonha e de Luís da Baviera, eleitor palatino. No dia seguinte, chegam as mulheres: Isabel da Baviera, Catarina, Margarida Holland (esposa do duque de Clarence, irmão de Henrique V). Os parisienses aplaudem todos esses ingleses e alemães que talvez tragam a paz.

Por enquanto, trata-se de acertar algumas formalidades. No dia 6, acontece no *hôtel* Saint-Pol uma pequena assembleia dos três estados, batizada na ocasião de "estados gerais", na qual o chanceler João Le Clerc lê o Tratado de Troyes. Carlos VI assevera "que este tratado foi obra de sua própria iniciativa, que ele o havia jurado sobre os santos evangelhos, convencido de que era agradável a Deus, útil ao bem público e vantajoso para seus súditos". Os estados juram então o respeito ao tratado e a lealdade aos dois reis. Em seguida, Henrique V expõe que precisa de dinheiro para continuar a guerra contra o delfim: consegue dessa maneira um empréstimo forçado dos parisienses. Quando os representantes do clero e da universidade protestam, são ameaçados de prisão.

Em 23 de dezembro, procede-se ao julgamento dos assassinos de João Sem Medo, incluindo Tanguy du Chastel, Guilherme Bouteiller, João Louvet e o senhor de Barbazan. Acusados de serem culpados de traição, eles são excluídos de todos os cargos, suas propriedades são confiscadas e seus vassalos são liberados de qualquer juramento de lealdade. Uma sentença muito teórica pelo fato de estarem em Bourges. A destituição oficial do delfim ocorre ao mesmo tempo, e este, convocado a comparecer à mesa de mármore do Palácio em 3 de janeiro de 1421, tem até o dia 6 para se render. Como o delfim não aparece, ele e seus cúmplices foram banidos e expulsos do reino da França, sob pena capital, e julgados indignos de sucessão em todos os senhorios atuais ou futuros, e até mesmo da sucessão e expectativa que ele tinha quanto à coroa da França que, por direito natural, ele deveria herdar após a morte do rei Carlos, seu pai.

Tendo resolvido esses detalhes, Henrique e Catarina vão para a Normandia. Essa província, conquistada pelas armas, é particularmente cara para o rei, que lhe confere um estatuto especial. Embora respeite a divisão administrativa em oito bailiados – Cotentin, Caen, Alençon, Evreux, Rouen, Caux, Gisors, Mantes –, todos os bailios são ingleses, cabendo aos franceses somente a administração subordinada. Para a chefia do conjunto, o rei nomeia o bispo de Rochester, João Kemp, como chanceler da Normandia e, como senescal, Ricardo Wydeville, que será responsável por toda a administração, com exceção das finanças, centralizada em Caen nas mãos do tesoureiro geral, William Alington. A arrecadação e o uso dos impostos são supervisionados pela câmara de contas, onde há franceses e ingleses. Por outro lado, quase todas as guarnições são compostas por soldados ingleses: um total considerável de 4.700 homens, incluindo 1.100 no vale do Sena e 1.600 na fronteira sul, de Avranches a Verneuil. A isto acrescentam-se cerca de 2 mil homens que devem ser fornecidos pelos senhores que prestaram homenagem ao rei: normandos, mas também ingleses que receberam feudos confiscados. Vários ingleses também se estabelecem em Harfleur, Honfleur e Caen.

A administração e as forças de ocupação são muito caras e a Normandia é considerada suficiente para suas necessidades. Os impostos serão, portanto, particularmente pesados. Os estados, reunidos em Rouen em janeiro de 1421, votam uma ajudadeira de 400 mil libras tornesas, das quais apenas 270 mil libras seriam coletadas. O clero, sujeito a um imposto de dois décimos, será particularmente relutante no pagamento. Os nobres estão isentos. O imposto torna-se ainda mais pesado porque, em abril de 1421, uma reforma monetária reduz o valor da moeda local: o grosso, ou real, moeda de prata que circulava com valor de um soldo e oito denários torneses, passou a ser aceito por somente cinco denários.[3]

---

3 1 libra tornesa = 20 soldos = 240 denários. (N. T.)

Depois de alguns dias em Rouen, Henrique V volta para Calais, passando por Amiens e Thérouanne, e em 1º de fevereiro de 1421, chega a Douvres. Alguns dias mais tarde, ele está em Londres, onde Catarina é coroada. O soberano esteve ausente da Inglaterra por três anos e meio, o que imediatamente levanta o problema da monarquia dual. Os ingleses temem que, no futuro, seu rei permaneça mais em Paris do que em Londres, e que seu governo esteja mais de acordo com as necessidades de reino continental, que é bem maior e mais populoso. Teme-se que, no final, o grande vencido absorva o pequeno vencedor e que a Inglaterra se torne uma simples dependência da França, consequência paradoxal da conquista. É por isso que o Parlamento, reunido em 12 de maio de 1421, emite três pedidos: que o rei nunca governe a Inglaterra enquanto rei da França; que ele retorne à Inglaterra para cada sessão parlamentar; que toda petição do Parlamento seja examinada e satisfeita na Inglaterra, sem ter que ser enviada para a França. Henrique V não pode aceitar esse terceiro ponto, ciente de que sua presença no continente muitas vezes será necessária, pelo menos até que a conquista seja completa. Ele começa a perceber os problemas colocados por uma monarquia dual.

E, precisamente quando faz uma grande viagem ao seu reino inglês, durante a qual visita os santuários nacionais, em Bridlington, Beverley, Walsingham e as principais cidades, até Bristol e York, os mensageiros juntam-se a ele no final de março trazendo péssimas notícias: seu irmão, o duque de Clarence, que ele deixou na França com a missão de conquistar Anjou, foi espancado e morto em 22 de março, na batalha de Baugé. Líderes militares pedem urgência em seu retorno. Faz apenas dois meses que ele voltou para a Inglaterra.

É preciso preparar uma nova expedição e, para isso, necessita-se de dinheiro. O orçamento provisório apresentado ao rei em 6 de maio relatava 55.743 libras de receita para 52.235 libras de despesa. O excedente de cerca de 3.500 libras não será suficiente nem para pagar uma pequena parte das despesas extraordinárias, incluindo as novas fortificações de Portsmouth, os soldos das guarnições de Calais, as necessidades do guarda-roupa etc. Pedir ao Parlamento um imposto quando ele já está relutante em registrar o Tratado de Troyes seria muito impopular. Resta apenas a solução do empréstimo. Mais uma vez, é o tio Beaufort, bispo de Winchester, quem adianta a maior quantia: 17.666 libras. A rainha Catarina empresta 1.333 libras a seu marido; Ricardo Whittington empresta 666 libras, o mesmo valor que o bispo de Bath e Wells. A cidade de Londres empresta 2 mil libras. Nove mil libras são fornecidas por 501 burgueses e nobres. O sucesso desses empréstimos atesta, se não a popularidade do rei, pelo menos a eficácia de seus métodos de persuasão. Ele consegue, assim, reunir um exército considerável, 4 mil homens de armas e 24 mil arqueiros, dizem os cronistas – números sem dúvida exagerados. Sua intenção é travar batalha diretamente com o delfim, cuja resistência o irrita profundamente, "porque o desagradou tanto e tão fortemente que ele veio contestar a herança que o rei dos francos lhe havia dado solenemente em virtude do casamento e parte conquistada", escreve o cronista Chastellain. Esse inconveniente deve ser eliminado para sempre. Em 11 de junho de 1421, Henrique V desembarca, dessa vez em Calais, e, passando por Montreuil e Beauvais, chega a Mantes em poucos dias.

O próprio delfim Carlos sitia Chartres. Desde o início do ano de 1421, sua situação melhora. Em janeiro, ele recebe o reforço de 5 mil escoceses, que desembarcam em La Rochelle, com João, conde de Buchan, João Stewart de Darnley e o quinquagenário Arquibaldo Douglas, um veterano das guerras contra os ingleses, caolho e com cicatrizes. É junto a esses turbulentos aliados que os armagnacs, liderados pelo condestável de La Fayette, vão ao encontro do duque de Clarence, que acaba de sitiar Angers. Informado sobre a aproximação destes, o irmão do rei recua para Baugé, onde é surpreendido e assassinado em 22 de março. Há outras vítimas notáveis: os condes de Kent e de Tancarville, além de lorde Roos, marechal da Inglaterra. Os condes de Huntingdon e de Somerset são feitos prisioneiros. O delfim, encantado com essa surpresa divina, reúne então um "exército muito grande e poderoso", diz Chastellain, e parte para o cerco de Chartres. Ali fica sabendo da chegada de Henrique V, no final de junho. Prudente, ele se retira para o Loire.

O rei da Inglaterra, impedido de atravessar o rio, sobe pela margem direita até Orléans, que contorna em 18 de setembro, passando por Nemours, e, no dia 22, toma Villeneuve-le-Roi, no Yonne. Em seguida, decide reduzir as últimas fortalezas dos armagnacs ao norte do Loire, começando por Meaux, cujo cerco havia começado no outono de 1421. Em 6 de dezembro, o rei da Inglaterra é confortado em sua convicção de conduzir o bom combate: a rainha Catarina dá à luz um filho, batizado de Henrique: é a garantia da continuidade dinástica franco-inglesa, mas, para o delfim, que ainda não é casado, trata-se de um duro golpe adicional. Porque, ao norte, o duque da Borgonha está prestes a desalojar as últimas guarnições dos armagnacs. Em 30 de agosto, ele vence em Mons-en-Vimeu, onde Raul de Gaucourt, Poton de Xaintrailles e Luís de Gamaches são feitos prisioneiros.

No entanto, o cerco de Meaux se revela mais difícil que o esperado. A cidade resiste por cinco meses, obrigando Henrique V a passar o inverno em um acampamento insalubre que, em pouco tempo, é devastado pela disenteria. Ele próprio contrai a doença e, quando Meaux finalmente capitula, em 2 de maio de 1422, vinga-se mandando executar o capitão, o bastardo de Vaurus, e alguns outros, cujas cabeças ele envia a Paris como enfeite de praças. Tratamento dissuasivo: vários lugares então capitulam, incluindo Compiègne. O rei, cansado, volta a Paris, onde assiste com a rainha Catarina à representação do *Mistério da paixão de são Jorge*, e, no dia 11 de junho, leva Carlos VI, Isabel e Catarina a Senlis, onde o ar era mais respirável.

A MORTE DOS REIS E DA FRANÇA INGLESA (1422-1423)

Isso porque o verão é escaldante naquele ano, o que não impede o delfim de fazer campanha no Loire. Ele toma La Charité e depois cerca Cosne. Filipe, o Bom, se prepara para ajudar a cidade e pede a Henrique que faça o mesmo. Estamos no final de julho. O rei da Inglaterra está a caminho, mas não vai além de Melun. Exausto, ele é levado de volta em uma liteira para o castelo de Vincennes, onde morre em 31 de agosto. A causa exata do óbito é desconhecida. Para o povo trata-se de um castigo divino. Pelos massacres? Não: pelo saque do oratório de Saint-Fiacre perto de Meaux, como relata o cronista Tomás Basin. O corpo é repatriado para a Inglaterra e enterrado em Westminster.

Situação inédita e imprevista, para não se dizer imprevisível. O Tratado de Troyes previa que Henrique V se tornasse rei da França após a morte de Carlos VI, mas ninguém poderia adivinhar que esse atleta de 34 anos morresse antes do velho e doente rei louco de 54 anos. O herdeiro da coroa inglesa é um bebê de 9 meses, Henrique VI. Anuncia-se uma regência muito longa, complicada pelo fato de se tratar de dois reinos ao mesmo tempo. Mais uma vez, é a hora de os tios entrarem em cena. Henrique V, na época de sua morte, tinha dois irmãos. O mais velho é João, duque de Bedford, 33 anos; o outro é Humphrey, duque de Gloucester, 31 anos. Em seu testamento, datado de 10 de junho de 1421, complementado por arranjos feitos em seu leito de morte, o rei havia repartido os deveres: Bedford governaria a Normandia até a morte de Carlos VI e, depois, seria regente do reino da França em nome de seu sobrinho Henrique VI. Gloucester seria regente do reino da Inglaterra, aguardando a maioridade do sobrinho.

Tais disposições são mais ou menos aplicadas. Na França, o duque da Borgonha poderia ter reivindicado direitos à regência. Porém, ele desaparece, talvez devido às pressões inglesas. Em 21 de outubro de 1422, quando Carlos VI também morre, o arauto Berry proclama Henrique VI rei da França, e o duque de Bedford assume o cargo de regente. Experiente e determinado, ele é o homem da situação. Trata-se de um bom político, que consegue equilibrar o uso da força e da sedução a fim de criar um partido inglês na França. Alto e com feições duras, ele impressiona por inspirar medo e respeito. É um calculista a uma só vez frio, flexível e autoritário, que está bem ciente das dificuldades da situação e, por certo, é mais capaz do que Henrique V de lidar com ela. Culto e grande amante das obras de arte, presenteia-se com as coleções reais francesas: as tapeçarias de Carlos VI, os restos da biblioteca de Carlos V e os vitrais do castelo de Coucy são enviados para a Inglaterra. Uma dupla tarefa se apresenta a ele: administrar e conquistar, porque mais da metade da França ainda escapa aos ingleses, e, em Bourges, o delfim Carlos proclama a si mesmo rei da França, em 30 de outubro de 1422: Carlos VII.

Gloucester, irmão de Bedford, está, portanto, no comando da Inglaterra. Esquentado e fantasioso, não tem as qualidades do mais velho. Também se desconfia de seus desvios e, para seu grande aborrecimento, ele não obtém o título de regente, mas simplesmente o de "protetor, defensor e principal conselheiro", e cada vez que seu irmão mais velho Bedford retornar à Inglaterra, será ele quem exercerá essa função. Além disso, Gloucester deve levar em conta a presença de várias figuras poderosas cujas visões políticas são opostas às dele. Henrique Beaufort, seu tio, bispo de Winchester, um quinquagenário rico, capaz e experiente; Henrique Chichele, sexagenário, arcebispo da Cantuária; o chanceler Tomás Langley, 63 anos, bispo de Durham; Tomás Beaufort, irmão do bispo, duque de Exeter e tio de Henrique V. O impetuoso

Gloucester suporta com impaciência a tutela desses velhos, e no conselho as rivalidades são intensas. Especialmente com Henrique Beaufort, que se torna chanceler em 1424 e encabeça uma política pacífica nos antípodas dos nefastos empreendimentos de Gloucester. Beaufort é apoiado no conselho por seu irmão, o duque de Exeter, seus cunhados, os duques de Westmorland e de Northumberland, o conde de Warwick, lorde Cromwell, *sir* Walter Hungerford e *sir* Walter Beauchamp. Nada disso facilita a tarefa de Bedford, que, além dos problemas franceses, ainda deve retornar periodicamente à Inglaterra para arbitrar as desavenças entre seu irmão e seu tio.

O que é a França inglesa por volta de 1422? Paris e a região parisiense, Normandia, o país de Chartrain, Brie, Champagne, o norte do Maine, Calais, Ponthieu e, no sudoeste, uma Aquitânia com contornos mais indefinidos do que nunca. Esses territórios encontram-se em um triste estado, devastados ao longo de dez anos pelo recomeço da guerra. Tomás Basin, bispo de Lisieux, é uma boa testemunha ocular. Ele escreve:

> Nós mesmos vimos as vastas planícies de Champagne, de Beauce, de Brie, de Gâtinais, do país de Chartres, do país de Dreux, do Maine e de Perche, de Vexin, tanto dos franceses quanto dos normandos, de Beauvaisis, do país de Caux, do Sena até Amiens e Abbeville, do país de Senlis, de Soissonnais e de Valois até Laon, e para além do costado de Hainaut, tudo absolutamente deserto, inculto, abandonado, vazio de habitantes, coberto de relva e silvas, ou então, na maioria das regiões que produzem as árvores mais robustas, estas crescem em florestas densas. [...] Tudo o que naquela época se podia cultivar por essas bandas era apenas nas proximidades e no interior das cidades, praças ou castelos, perto o suficiente para que, do alto da torre ou da guarita, o olho do vigia percebesse os bandidos que se aproximavam. Então, ao som de sinos ou trombetas ou qualquer outro instrumento, ele dava a todos os que trabalhavam nos campos ou nas vinhas o sinal para irem até o ponto fortificado.

A insegurança é endêmica. Assaltos e incursões de armagnacs se combinam para semear o terror no campo e até próximo aos muros de Paris. Bedford não tem meios para manter a ordem. As tropas de ocupação estão em número irrisório: 160 homens em Cherbourg, 75 em Rouen, 12 em Evreux. Em Paris, é com 8 homens de armas e 17 arqueiros, e cerca de 35 soldados contando os valetes, que João Fastolf, governador da bastida[4] Saint-Antoine, a Bastilha, deve controlar um aglomerado de mais de 100 mil habitantes. Seu sucessor, Thomas More, terá entre 40 e 50 homens.

Bedford, no entanto, dispõe de líderes experientes para as operações militares, os quais demonstram competência nesse tipo muito particular de guerra, feita de *coups de main*,[5] escaramuças, cercos, perseguições e operações de curto prazo, ou seja, guerra de exaustão sem batalhas decisivas. Mestre nessa arte é o conde de Salisbury, Tomás Montagu, considerado "o mais arguto, perito e afortunado de todos os capitães da Inglaterra", diz um cronista. Cavaleiro da Jarreteira, participou em Azincourt, nos cercos de Harfleur, Caen e Rouen. Tenente-geral do rei na Normandia em 1419, então governador de Champagne e Brie, tornou-se notável como chefe que preparava cuidadosamente suas batalhas. Em 31 de julho de 1423, ele deu uma boa ilustração de seus talentos esmagando em Cravant, quinze quilômetros a sudeste de Auxerre, um exército formado por escoceses, aragoneses, lombardos e franceses liderados por João Stuart de Darnley e pelo conde de Vendôme. Salisbury deu instruções estritas, escolheu cuidadosamente seu terreno e cruzou o Yonne por um vau, permanecendo separado das tropas francesas num local onde os inimigos tinham a guarnição de Cravant atrás deles.[6] É uma derrota dos franceses com pelo menos 3 mil mortos, além de muitos prisioneiros; Darnley foge com um olho a menos e o caminho para a Borgonha é interrompido para os armagnacs.

Além de Salisbury, dois chefes ingleses conquistam prestígio nas últimas décadas da Guerra dos Cem Anos: João Fastolf e João Talbot. Fastolf, nascido em 1378 numa nobre família de Norfolk, faz sua estreia militar na Irlanda em 1405-1406, seguindo Tomás de Lancaster, duque de Clarence. Em 1413, ele já é capitão de Veires, na Gasconha. Em 1415, jura lealdade a

---

4 Ver a nota sobre a tradução de *bastide*, Cap.3. (N. T.)

5 Um *coup de main*, ou "mão amiga", é uma tática de guerrilha que consiste em surpreender o inimigo atacando-o num ponto específico; por ser uma operação que não recorre à artilharia, a mobilização é rápida, porém, os resultados se limitam ao ponto atacado. (N. T.)

6 Minois descreve aqui a estratégia de Tomás Montagu: deslocar sua tropa para o mesmo lado do rio Yonne onde o exército inimigo se encontrava, de tal maneira a espremer seus adversários contra os soldados da cidade de Cravant, com quem os ingleses haviam se aliado. (N. T.)

A VITÓRIA INCOMPLETA DOS LANCASTER 309

Henrique V com dez homens de armas e trinta arqueiros. Nomeado capitão de Harfleur, destaca-se em Azincourt e nos cercos de Rouen e Caen. Em 1417, torna-se governador de Condé-sur-Noireau; conquista o castelo de Bec-Crespin em 1418 e, em 1420, torna-se governador da bastida Saint-Antoine em Paris. Em 1422, é grão-mestre da casa do duque de Bedford, e, em 1423, tenente do rei na Normandia, onde participou no cerco de Meulan. Luta durante quarenta anos na França e cria a imagem de um dos melhores profissionais de seu tempo. Além disso, é um teórico da tática militar e, por diversas vezes, relata ao governo como conduzir a guerra.

João Talbot é dez anos mais novo; ele e Fastolf são rivais. Nascido por volta de 1388, é o segundo filho de Ricardo Talbot, quarto barão Talbot, do castelo de Goodrich. Participou ainda bem jovem de batalhas no País de Gales pelos Lancaster, como a captura do castelo de Harlech em 1409. A partir de 1414, aos 26 anos, é tenente do rei na Irlanda, onde teve desavenças com o duque de Ormond. Foi em 1419 que começou a participar da guerra na França, onde se destacou até sua morte, 34 anos depois, na batalha de Castillon. Acima de tudo ele é um bom condutor de homens, a despeito de ser severo, ganancioso e, às vezes, cruel. Suas qualidades como tático são muito controversas. Para Basin, ele era impetuoso e arrojado, quando na verdade recusou a luta muitas vezes. Lutou apenas duas batalhas de verdade, aliás, duas derrotas: Patay e Castillon. Mas seu histórico é medido no âmbito da guerra de exaustão, que ele travava incansavelmente – é onde constrói uma reputação temível: o nome de Talbot inspira medo entre os franceses e, por si só, vale um corpo de exército. As mães recorriam a esse nome para assustar crianças pequenas.

Bedford deve não apenas lutar contra o delfim, mas também administrar os territórios que controla sem parecer estar operando uma ocupação. Henrique VI é rei da França, e não um conquistador vitorioso que impõe sua lei: tal é a ficção que o regente deve difundir, o que exige muita habilidade de seu governo. Primeira regra: respeitar as instituições locais e o pessoal autóctone: pela ordenança de 5 de dezembro de 1422, Bedford mantém todos os oficiais franceses em seus cargos; para preboste de Paris, ele nomeia Simon Morhier, originário de Chartres, e, para chanceler, Luís de Luxemburgo, bispo de Thérouanne; no conselho de regência, há apenas dois ingleses entre dezesseis membros.

Bedford dedica especial atenção ao exercício da justiça, uma área muito sensível porque dela depende a aceitação da monarquia inglesa pela opinião pública. Anunciando sua intenção de lutar contra as "extorsões, enganos e mentiras" da administração de Châtelet, manda redigir uma notável ordenança com 185 artigos que regulamentam os salários dos oficiais e punem inúmeros abusos, desde a corrupção até os maus-tratos infligidos aos presos. As relações com o Parlamento são mais difíceis. A maioria dos conselheiros é formada por criaturas do duque da Borgonha e inveja a independência da corte. Os conflitos são frequentes quando Bedford deseja que o conselho julgue casos geralmente reservados para o Parlamento, como em 1424 e 1425. Além disso, ele mesmo escolhe novos conselheiros em caso de vacância, em vez de observar a regra da eleição. No entanto, o presidente do Parlamento, Filipe de Morvilliers, colabora ativamente.

O mesmo rigor na administração financeira. Bedford manda cunhar moedas de ouro e prata de boa qualidade, com a imagem de Henrique VI, em todas as casas da moeda da França anglo-burgúndia, ao mesmo tempo que denuncia as moedas ruins de Carlos VII. Os impostos são regularmente votados pelos estados provinciais, a arrecadação é rigorosamente controlada e as despesas rigorosamente partilhadas. Mas, como sempre, a receita é insuficiente. Na visão do governo de Henrique VI em Londres, a França deve pagar por sua manutenção: o contribuinte inglês não teria obrigação de financiar os territórios conquistados. O problema é que a conquista não está terminada e é preciso, portanto, manter as tropas; porém, o campo francês está em uma situação em que a arrecadação é baixa. Bedford chega a cobrar impostos do clero. Martinho V concede-lhe a percepção dos décimos.

O regente escolhe cuidadosamente os bispos, que são engrenagens muito úteis no controle da opinião pública, e ao mesmo tempo deve lidar com as suscetibilidades galicanas: o clero é muito severo quanto à questão de sua independência. Em 1423, o concílio da província de Reims acusa Bedford de nomear bispos apenas com base em sua lealdade política. É o caso de Luís de Luxemburgo, bispo de Thérouanne, que é transferido para a arquidiocese de Reims, e de Pedro Cauchon, devotado à causa dos burgúndios, que é colocado em Beauvais. A partir de 1422, todos os beneficiários da França são obrigados a observar o Tratado de Troyes por juramento. Para conquistar a boa vontade do papa, Bedford manda aplicar a concordata preparada em 1418 no Concílio de Constança.

A margem de manobra do regente é estreita: conquistar sem devastar, ocupar sem oprimir, conquistar o coração dos franceses para convencê-los da legitimidade de Henrique, eis o difícil exercício que deve realizar. Na Normandia, ele ameniza o regime imposto pelo irmão: reduz o resgate dos habitantes de Rouen, restitui as chaves da cidade, confirma as franquias de Caen, abandona a política de colonização e de transferência de terras, que alimentava as tropas errantes de senhores que se tornaram bandidos após serem espoliados. A população é grata a ele, de acordo com o depoimento de Tomás Basin. Em Paris, Bedford exige juramento de fidelidade de toda a população. "Alguns o fizeram de bom coração, outros com muito má vontade", escreve o *Burguês de Paris*. O regente desconfia dos parisienses; seus espiões encontram-se em atividade; os viajantes vindos da zona "livre", da França de Bourges, assim como seus anfitriões, são presos. Tramas dos armagnacs são descobertas. De modo geral, porém, Paris aceita a tutela inglesa, com a condição de que a aliança fosse mantida com o duque da Borgonha.

BEDFORD, FILIPE, O BOM, E JOÃO V

Bedford sabe disso: a colaboração de Filipe, o Bom, é essencial para os ingleses, não tanto no nível militar quanto no dos sentimentos. O coração dos parisienses é burgúndio. Em grande parte, porque o coração depende da carteira. De fato, 95% das trocas comerciais de Paris se realiza com o norte e o leste, por meio do Oise, do Marne, do Sena e do Yonne, rios que vêm dos territórios da Borgonha. O tráfico de têxteis, madeira, trigo, peixe, vinho e sal sustenta uma multidão de barqueiros, medidores, fiscais e pregoeiros, além de mercadores e negociantes. A nova situação é aceitável desde que ela funcione mais ou menos bem. Uma chance para o regente: na década de 1420 há apenas uma pequena recuperação econômica. Modesta, certamente, mas promissora – na verdade, falsamente promissora: as receitas da ponte de Neuilly, por exemplo, são arrendadas a 36 libras em 1425, 48 libras em 1426, 66 libras em 1427, 80 libras em 1428; a feira Lendit reabre em 1426. Então, por que não um rei Lancaster? E por que não uma França cortada em duas? Os patriotas belicistas são vistos pelos círculos econômicos como aventureiros perigosos, que colocam em risco a recuperação dos negócios.

Ademais, há todos aqueles que se comprometeram com os anglo-burgúndios para além de qualquer remissão. Para estes, o rei de Bourges deve permanecer em Bourges. Sua vitória significaria para eles derrota.

Ainda assim, é necessário que Bedford garanta a segurança das áreas que deveria controlar. Isso está longe de ser o caso. As incursões dos armagnacs são frequentes. Em 1423, eles conseguem se estabelecer por algumas semanas na ponte de Meulan, de onde negociam o resgate da região, até Mantes. Ninhos de bandidos semeiam o terror nos entornos da capital. Em Orsay, por exemplo, ou em Ivry-la-Chaussée, onde o *Burguês de Paris* fala de

> uma grande companhia de ladrões que se chamavam armagnacs, um bando que nada deixava escapar, a menos que fosse muito quente ou muito pesado; seus membros, o que é pior, matavam, incendiavam, violentavam mulheres e meninas, enforcavam homens; quando o resgate que queriam não era pago, nem mesmo as mercadorias saíam ilesas disso tudo.

Para estreitar a aliança com o duque da Borgonha, Bedford se casa com sua irmã, Ana. O contrato é assinado em 12 de dezembro de 1422 e finalizado em abril de 1423, na ocasião de uma importante conferência que também possibilitou a criação de vínculos com o duque da Bretanha, o que era importante para a Normandia. Bedford, Filipe, o Bom, e João V se encontram em Amiens, onde assinam um tratado de aliança "para o bem do rei, nosso senhor, e de seus reinos da França e da Inglaterra, nossas terras, países e súditos". Eles se comprometem a permanecer por toda a vida "em verdadeira fraternidade, bom amor e união", a se amarem "como irmãos, parentes e bons amigos", a se ajudarem militarmente com pelo menos quinhentos homens cada. O objetivo declarado é restabelecer a paz e acabar com os infortúnios do reino:

> Com todas as nossas forças e pelos melhores meios e maneiras que pudermos aconselhar, empenhar-nos-emos para elevar os pobres deste reino, que têm muito com o que sofrer e que muito sofrem com a pobreza, bem como para acabar com as guerras internas deste reino e colocá-lo em paz e tranquilidade, a fim de que, neste reino em questão, Deus seja servido e honrado, de tal maneira que ali o comércio e o trabalho possam ter curso.

Esse tratado é concluído em "consideração de amizades e proximidade de linhagem". De fato, foi durante tal conferência em Amiens que Bedford se casou com Ana, e que um contrato de casamento foi planejado entre Artur de Richemont, irmão do duque da Bretanha João V, e Margarida de Borgonha, outra irmã de Filipe, o Bom, viúva desde 1415 do delfim Luís da Guiena, o falecido irmão de Carlos VII. O contrato prevê que, se Filipe morrer sem deixar herdeiro, a Borgonha passará para Margarida e, portanto, para Artur; mas, havendo herdeiros, eles pagarão a Richemont 100 mil escudos. O casamento será efetivamente celebrado em 10 de outubro de 1423, em Dijon. Assim, os três, Bedford, Filipe, o Bom, e Artur de Richemont, tornam-se cunhados.

As relações entre o regente, a Bretanha e a Borgonha são, no entanto, bastante ambíguas. Do lado bretão, se Artur é cunhado de Bedford, seu irmão, o duque João V, é cunhado do rei Carlos VII, com cuja irmã, Joana da França, ele se casou. Sua grande preocupação diplomática é manter a Bretanha em posição de neutralidade entre os dois reis. Exercício difícil, que confere à sua política um ritmo bastante caótico, com alterações frequentes e desconcertantes. Ele voluntariamente deixa seus irmãos se colocarem a serviço de Carlos VII: Ricardo receberá o condado de Étampes por isso, enquanto Artur se tornará condestável; ele também permite que os bandos de mercenários bretões se envolvam no serviço uns dos outros. Porém, ele mesmo passa a vida assinando tréguas a fim de se proteger dos corsários ingleses e também das tropas dos armagnacs. Em 1421, reconcilia-se com o delfim e, em 8 de maio de 1422, assina um tratado de aliança e amizade com Carlos VII; em 8 de outubro, ele se volta para o lado inglês e ratifica o Tratado de Troyes; em abril de 1423, é a vez do tratado de aliança e amizade com Bedford; no mesmo ano, porém, permite que os habitantes de Saint-Malo expulsem os ingleses que sitiavam o monte Saint-Michel; em 1424, aceita que seu irmão Artur de Richemont receba a espada do condestável. Os estados da Bretanha são bastante favoráveis à causa de Carlos VII, que controla as províncias vizinhas de Maine, Anjou e Poitou, onde os senhores bretões têm muitas posses.

O duque da Borgonha é para Bedford um aliado mais seguro, do qual Ana é a fiadora. O regente ama sinceramente a irmã de Filipe e a levava consigo para todo lado – exemplo excepcional de amor conjugal no meio principesco. Porém, se Bedford tivesse que lidar com o próprio duque por causa da ameaça representada por Carlos VII, mandá-lo-ia de volta às fileiras dos vassalos de Henrique VI. O duque Filipe, por sua vez, pensa sobretudo em aproveitar a luta franco-inglesa para obter o máximo de independência possível e aumentar suas posses. No entanto, no norte, suas ambições se deparam com as posições inglesas nos arredores de Calais. Os duques da Borgonha pretendem controlar Hainaut, a Holanda e Brabante. Em 1420, Filipe, o Bom, toma partido no condado de Namur quando adianta ao conde João III a enorme soma de 132 mil escudos de ouro. Em troca, o condado deve retornar a ele após a morte do conde, que não tem herdeiro. Isso acontecerá em 1429.

Mais grave é o caso de Hainaut. Em 1417, morre Guilherme da Baviera, conde de Hainaut, Holanda e Zelândia. Sua única filha e herdeira, Jaqueline da Baviera, tem 16 anos. Seu tio João Sem Medo então se apressa em casá-la com o duque de Brabante, João IV, filho de Antônio da Borgonha. Fisicamente fraco, constata-se que esse João IV não é capaz de procriar, o que prepara uma futura reunião de Hainaut ao estado da Borgonha. A nobreza de Hainaut teme ficar sob o domínio da poderosa e rival vizinha Flandres, e por isso pressiona Jaqueline a buscar apoio na Inglaterra, porque ela não se entendia com o marido. Em 1421, ela foge para Londres, onde o duque de Gloucester, irmão de Bedford, a corteja e a ajuda a obter do antipapa Bento XIII a anulação de seu casamento – eles então se casam em março de 1423. O duque de Gloucester assume o título de conde de Hainaut, da Holanda e de Zelândia; além disso, anuncia sua intenção de liderar uma expedição ao continente para garantir a posse dos bens de sua esposa.

A situação é muito embaraçosa para Bedford, tomado entre as ambições imprudentes de seu irmão Humphrey e a cólera de seu cunhado Filipe, furioso ao ver seus planos de dominar a Holanda frustrados pelos ingleses. A princípio, o regente deixa passar: de certa forma, não fica triste ao ver o irmão se colocar em uma situação difícil, e para mostrar a Filipe, o Bom, que ele deve contar com os ingleses. Mas o clima esquenta de modo alarmante. Em outubro de 1424, Gloucester desembarca em Calais com um exército, cruza a Artésia e entra em Hainaut. Filipe se prepara para enfrentá-lo. Para Bedford, o gracejo já durou o suficiente e agora há risco de o duque da Borgonha passar para o lado de Carlos VII. Poton de Xaintrailles e outros chefes de bando armagnacs imediatamente se juntam ao exército de Filipe. O regente ordena então ao irmão que interrompa a ofensiva, e o duque de Gloucester,

A VITÓRIA INCOMPLETA DOS LANCASTER

já cansado de Jaqueline, volta para a Inglaterra com uma dama de sua comitiva, Eleanor Cobham. O papa rompe o casamento de Jaqueline novamente, e Humphrey de Gloucester se casa com Eleanor.

Esse caso ilustra a fragilidade da aliança anglo-burgúndia que ainda experimentaria outras reviravoltas. Em 1425, Gloucester enviará um exército para ajudar sua ex-esposa contra Filipe; em 1427, com a morte de João IV de Brabante, Jaqueline pedirá ajuda a Humphrey mais uma vez, e o regente terá que proibir seu irmão de intervir; em 1428, Jaqueline reconhecerá o duque da Borgonha como seu herdeiro e, em 1432, Hainaut, Holanda e Zelândia irão ampliar as posses de Filipe, o Bom, ao que se somará Brabante, adquirida em 1430. O poder do duque da Borgonha tornar-se-á temível, até mesmo para seus amigos ingleses.

O REINO DE BOURGES

Ao sul, está o verdadeiro inimigo, aquele que se diz rei da França, mas é apelidado de "rei de Bourges", Carlos VII. Personagem de fato curioso esse jovem de 20 anos, introvertido, reservado, solitário, hesitante, preocupado, corroído por dúvidas e fobias. Crescera no meio de intrigas e assassinatos, perto de um pai louco e de uma mãe de má reputação. Rumores de sua ilegitimidade o atormentam. Desconfiado, não gosta de grandes assembleias e odeia as grandes cidades, principalmente Paris, onde viveu com medo na época dos cabochianos. Isso lhe convém: a "capital" está nas mãos dos ingleses, mas, mesmo quando a recuperar, jamais irá residir ali. Na verdade, não tem residência fixa; se sua administração é em Bourges e Poitiers, onde cria em 1418 um Parlamento e uma câmara de contas, ele próprio vagueia de castelo em castelo, em Loches, Chinon, Amboise, Montils, Maillé, Le Rivau, Razilly e, sobretudo, Mehun-sur-Yèvre. Tem fobia de pontes (lembrança de Montereau?), salas com piso de madeira (lembrança do acidente de 11 de outubro de 1422, quando o piso desabou sob seus pés no bispado de La Rochelle?) e grandes reuniões. É afável, polido, culto, lúcido e não lhe falta coragem, porém prefere a diplomacia à guerra.

Ele é o senhor de todo o sul da França: Touraine, Berry, Poitou, Aunis, Saintonge, Limousin, Auvérnia, Agenais, Quercy, Rouergue, Dauphiné,

Languedoc. Entretanto, com exceção do Ródano, as fronteiras do reino são muito imprecisas. Nenhuma linha de demarcação clara, mas apenas zonas intermediárias nas quais os lugares e castelos são mantidos pelos ingleses e pelos "franceses", ou melhor, escoceses, espanhóis, bretões e outros gascões empregados como mercenários por Carlos VII. Com o intuito de defender sua parte do reino, o rei possui "uma grande hoste formada por pessoas próximas e estrangeiras, porque em sua hoste havia franceses, lombardos, aragoneses, escoceses e espanhóis", escreve Saint-Rémy. No cerco de Orléans, por exemplo, estão dez capitães escoceses, cinco espanhóis e um italiano. As tropas são comandadas por temíveis chefes de bando e assaltantes de ocasião, como o castelhano Rodrigue de Villandrando e o escocês Arquibaldo Douglas, além de Roberto de Baudricourt, Raul de Gaucourt, Poton de Xaintrailles e Estêvão de Vignolles, apelidado La Hire, manco após uma chaminé cair sobre sua perna. Entre os mais populares, Artur de Richemont e Dunois, bastardo de Orléans, meio-irmão do duque Carlos de Orléans. Para Carlos VII não faltam tropas nem chefes competentes, especialistas em guerra de escaramuças e *coups de main*, com os quais obtém algum sucesso: por exemplo, em La Gravelle, nas fronteiras da Bretanha e do Maine, em setembro de 1423. É ali que o conde de Aumale, auxiliado pelo duque João II de Alençon e André de Laval, venceu William de La Pole, conde de Suffolk, que voltava tranquilamente de uma expedição de pilhagem em Segré, levando consigo 1.200 bois e vacas para abastecer as tropas inglesas. Estamos naquela zona intermediária onde ingleses e franceses multiplicam os *coups de main*, tomam e retomam castelos e pequenas cidades, e onde se equilibram entre êxitos e fracassos: em 1423, a vitória de La Gravelle é compensada pela derrota de Cravant, encontros anedóticos sem influência no curso da guerra.

Nesse setor, ao norte de Anjou, Carlos VII, que é casado com Maria de Anjou, conta com o eficiente apoio de sua sogra, Iolanda, duquesa de Anjou e condessa da Provença. Na comitiva do rei de Bourges, o clã angevino é particularmente importante, sendo Iolanda a inspiração para as linhas mestras da política dos inícios do reinado. O rei, que ainda carece de autoridade e confiança, encontra nela uma orientadora extremamente preciosa, ainda mais porque, na época, sua comitiva é bem pouco recomendável. Carlos, facilmente influenciável, tem ao seu redor aventureiros de todos os tipos, parasitas sem escrúpulo, cortesãos de belas palavras sedentos de qualquer lucro pessoal, e, além disso, encontra-se sob o encanto de alguns favoritos que exploram a situação: João Louvet, um especialista em expedientes financeiros e grande prevaricador, Pedro Frotier, ex-lacaio de caça e arrogante causador de intrigas, o médico Cadart, o bailio Guilherme de Avaugour, o bispo de Laon Guilherme de Champeaux, o soldado bretão Tanguy du Chastel e, sobretudo, o perigoso trio Giac, La Trémoille e Richemont. Pedro de Giac, senhor de Châteaugay, perto de Riom, é mestre das finanças desde 1424 e, em 1425, torna-se chefe do conselho. Bonito, valente e esperto, tem uma reputação sulfurosa: assassinou sua esposa em condições horríveis para se casar com uma viúva rica, além de ter vendido sua mão direita a Satanás. Convém lembrar que estamos na época de Gilles de Rais.[7] Carlos VII é fascinado por Giac e também por Georges de La Trémoille, habitante de Poitou que, com 40 anos incompletos, tem um passado fortemente carregado de roubos, traições e libertinagens, com cúmplices por todos os lados e pronto a servir a todos de acordo com seus interesses. Quanto a Artur de Richemont, que se tornará seu inimigo mortal, trata-se sobretudo de um guerreiro. Esse irmão do duque da Bretanha, cunhado do duque da Borgonha e de Bedford, como vimos, foi ferido no rosto e feito prisioneiro em Azincourt. Depois lutou no exército inglês, e acabou passando para o lado do delfim graças à intervenção de Iolanda de Anjou. Carlos VII não gosta das maneiras rudes desse homem cheio de cicatrizes, pequeno, atarracado e feio, apelidado de Beiçudo, embora aprecie suas qualidades militares, a ponto de torná-lo seu condestável em 1425. Sua personalidade e aparência física não são muito diferentes daquelas de seu compatriota e predecessor Du Guesclin.

Foi com essa duvidosa comitiva, semelhante a gângsters, que Carlos VII governou na década de 1420. Os conselheiros "naturais", membros da alta aristocracia, haviam sido dizimados em Azincourt. Muitos ainda se encontravam presos na Inglaterra, incapazes de pagar os enormes resgates exigidos: o duque de Orléans, o conde de Angoulême, o conde de Vendôme, o duque de Bourbon. A esposa deste último está prestes a arruinar completamente a família para levantar os 254 mil escudos; porém, vítima de escroques

---

7 Gilles de Rais (1405-1440), senhor da Bretanha, Anjou e Poitou, lutou no exército real ao lado de Joana d'Arc. Apesar dos títulos de nobreza, era um assassino de crianças e, após confessar seus crimes, foi condenado à forca. (N. T.)

italianos, ela não chegará a libertar o marido. Outros morrem, como o conde de Nevers. Os que restam estão no campo inimigo, como Filipe, o Bom, além daqueles que praticam uma política de gangorra, o que torna sua lealdade muito aleatória.

Embora Carlos VII não seja carente de trunfos, ele não consegue explorá-los imediatamente. Suas condições financeiras são muito superiores às do duque de Bedford, por exemplo. Aumentar os impostos é mais fácil no sul da França do que na região de Paris, onde a guerra é endêmica. Basta lembrar que, em 1425, o rei arrecada 550 mil libras nos países de língua d'oïl e 250 mil nos países de língua d'oc; Haut-Limousin, por si só, paga 13 mil libras, e o porto de La Rochelle, 14 mil. É verdade que parte disso desaparece nos bolsos de Louvet e de alguns outros, e outra parte é desperdiçada pelo próprio rei. Mas, de todo modo, dinheiro não falta ao rei de Bourges.

Além disso, seus funcionários são pagos normalmente. Os conselheiros do Parlamento de Poitiers não precisam entrar em greve para receber seus salários, ao contrário de seus confrades de Paris. A máquina administrativa funciona muito bem. A chancelaria, chefiada pelo bispo de Clermont, Martin Gouge, jurista experiente, ex-tesoureiro do duque de Berry e, mais tarde, general responsável pelas ajudadeiras de Carlos VI, além de conselheiro do delfim Luís e chanceler de Berry, envia regularmente cartas reais. Em Bourges, a câmara de contas e a câmara de moedas também realizam trabalhos essenciais: as manipulações monetárias fazem parte do arsenal da luta contra os anglo-burgúndios: descrédito das moedas do adversário, fabricação de moedas com pouco metal para tirar de circulação as de boa qualidade, ganhos na cunhagem realizada nas casas de moeda: tudo serve para desestabilizar a economia do inimigo, apesar do risco de desagradar a burguesia comercial. Em Poitiers, o Parlamento, liderado habilmente por João Jouvenel, garante um mínimo de justiça.

RUMO À GUERRA PATRIÓTICA?

E, então, Carlos VII tem outro trunfo, do qual ainda não tem conhecimento: o início de uma tomada de consciência da necessária união do povo da França. A acumulação de infortúnios, o espetáculo de ruínas e desastres geram a ideia de uma solidariedade no âmbito popular, e tal evolução das mentalidades irá operar a favor do rei de Bourges. Falar de sentimento nacional ou patriótico seria um exagero. Apesar de tudo, os sinais anunciam a passagem progressiva da guerra dinástica para a guerra patriótica. O inimigo agora não é mais Henrique VI, e sim os ingleses.

Isso porque, na origem do patriotismo, está sempre a xenofobia. Um povo toma consciência de sua identidade ao opor-se a outro. Na década de 1420, é cada vez mais forte a impressão de que os ingleses são os responsáveis pelos infortúnios do reino. As palavras do *Burguês de Paris* são reveladoras a esse respeito. Ele nunca perde uma oportunidade de expressar sua hostilidade e observar as reações anti-inglesas na capital: "Naquela época, nada se fazia a não ser a favor dos ingleses e nenhum dos senhores da França interferia no governo do reino". Na Normandia, uma guerrilha anti-inglesa se desenvolve no campo. Alguns deixam sua província, como Colin Bousquet, para "esquivar-se à sujeição dos ingleses". Os nobres, como Roberto de Carrouges em 1424, formam tropas de partidários que assediam as guarnições e os novos proprietários ingleses. Em Reims, Guilherme Prieuse, superior da Ordem do Carmo, declara que, "uma vez que o inglês não é rei da França, não será jamais". Em Abbeville, escreve Chastellain, os habitantes "eram muito a favor do jovem duque [Filipe, o Bom] e de seu partido, e não queriam saber de inglês". Em 1417, os cônsules de Toulouse decidem expulsar os ingleses e, em 1420, os mercadores de Agen, que vinham comprar vinagre, tiveram que prometer não o revender aos ingleses: "Temíamos que eles quisessem levar o dito vinagre para a terra dos ingleses".

Tal hostilidade latente acompanha o progresso das línguas nacionais. No início do século XV, as línguas faladas eram de uma variedade extraordinária: línguas d'oc e línguas d'oïl, idiomas bretões, gascões, bascos, flamengos, provençais e romanos, sem contar uma infinidade de variedades de entonações em escala microrregional. Porém, o dialeto francês, falado em Île-de--France, assume uma importância crescente, enquanto na Inglaterra, com prevalência do dialeto londrino, os reis Lancaster passam a redigir os atos oficiais em inglês, e não mais em francês como acontecia até então. Tradutores acompanham os exércitos e, nos relatórios correntes, o obstáculo da língua torna-se mais flagrante. O estrangeiro é, antes de tudo, aquele que não pode ser compreendido, e em Paris as magras tropas inglesas se destacam por isso.

Um país, um povo, uma língua: a ideia de uma identidade natural, que começa a aparecer, é utilizada para negar o governo "de ingleses estrangeiros cuja língua não se conhece". Esse sentimento opera contra Bedford e a favor de Carlos VII. No âmbito das mentalidades coletivas, há ali um elemento essencial para explicar o seu sucesso final. Em 1420, um pequeno tratado anônimo, a *Resposta de um bom e leal francês ao povo da França de todos os estados*, explica que o Tratado de Troyes não é válido porque Carlos VI, quando o assinou, estava nas mãos dos "antigos inimigos mortais", os ingleses. Além disso, ele estava doente. Portanto, esse tratado "deve ser impugnado [combatido] e impedido por todo bom cristão". Os bons franceses devem apoiar Carlos VII.

No mesmo ano de 1420, o normando Roberto Blondel, na *Reclamação dos bons franceses*, justifica o assassinato de João Sem Medo porque este teria entregado Carlos VI e o reino aos ingleses. Ele exorta os "bons franceses" a "defender seu país" contra o rei inglês, "mortal e antigo inimigo do reino". Eles deveriam ajudar Carlos a "defender o país da França" e lembrar que "não se deve ter medo de morrer lutando por seu país" e que "aqueles que morrem por seu país são julgados para que vivam no Paraíso". Ele se dirige ao delfim, pedindo-lhe que lute pelo seu país: "Ao defender assim o teu país, serás rei na bela França", e chama de "defensores do país francês" os cavaleiros.

As obras exaltando a beleza, a grandeza e a missão desse "país francês" se multiplicam no início do século. Alguns comparam os franceses ao povo eleito e a França a uma espécie de terra santa. Ainda em 1420, o jurista João de Terrevermeille apresenta a teoria do corpo místico do reino, do qual o rei é a cabeça. Cristina de Pisano, em sua *Epístola da prisão da vida humana*, faz da guerra contra os ingleses uma espécie de guerra santa. Ela escreve que os mortos de Azincourt estão

> com os mártires eleitos por Deus para a justa batalha defensiva, que obedecem até a morte para defender a justiça e o direito da coroa francesa, bem como seu soberano senhor; destes e de seus semelhantes, diz o Evangelho: bem-aventurados aqueles que sofrem pela justiça.

O *Religioso de Saint-Denis*[8] afirma que "lutar pela pátria é um direito natural, que é imutável". Já no Sonho do pomar[9] lê-se que a França deveria ser chamada de "Terra Santa", pois Deus "mostrou a ela uma aparência de amor maior" do que a qualquer outro país, e Estêvão de Conty, em seu *Brevis Tractatus*, escreve: "É preciso saber que, entre todos os reis cristãos, o rei da França é considerado o maior, o mais poderoso, o mais nobre, o mais santo e o mais razoável". Em 1417, o cardeal Pedro de Ailly, em pleno Concílio de Constança, estigmatiza "os invasores que vêm perturbar sua honra e sua glória, sua prosperidade e sua paz". João de Montreuil, em seu *Tratado contra os ingleses*, refuta as pretensões dos Lancaster à coroa da França. João Gerson elabora a tese segundo a qual o país deve obedecer ao seu soberano "natural" – ou seja, hereditário – "na reta sucessão" e rejeitar um soberano "estrangeiro ou novo". Para João Jouvenel des Ursins, colaborar com Lancaster é um ato contra a natureza: a existência do canal da Mancha indica que Deus quis a separação entre a França e a Inglaterra. Para Alain Chartier, "o príncipe legítimo e senhor natural" da França é Carlos.

Este se beneficia, pois, de um enorme capital de simpatia, que ainda só se expressa de forma dispersa. A propaganda, contudo, irá explorar isso e orquestrar pela voz dos oficiais, escrivães e cronistas pagos durante a reconquista. Um texto célebre de 1422 é como o manifesto dos "patriotas": o *Quadrilogue invectif* de Alain Chartier. O autor é um normando de Bayeux, que estudou na Universidade de Paris e se tornou secretário do delfim. O *Quadrilogue* utiliza a forma muito popular na época da conversa alegórica: os três estados da nação – clero, nobreza e "povo" – discutem entre si acerca da lamentável situação em que se encontra a França, que lhes responde e mostra a cada qual sua parcela de responsabilidade, suas covardias, suas discórdias, seus egoísmos. É, portanto, um quadro da situação, uma análise das causas e um apelo à reparação.

O "estado lamentável do alto senhorio e da gloriosa casa da França" deve-se principalmente às nossas dissensões internas. Deus nos castiga porque abandonamos "o amor natural do país". A França acusa os cavaleiros

---

8 Trata-se do texto anônimo *Crônica do religioso de Saint-Denis sobre o reinado de Carlos VI* de 1380 a 1422, ou, em latim: *Historia Karoli Sexti Francorum regis.* (N. T.)
9 *Somnium Viridarii/Songe du Vergier.* (N. T.)

de pensarem apenas em enriquecer, o clero de levar uma vida confortável e o povo de não querer mais obedecer e pagar impostos. Os franceses perderam o gosto pelo esforço, "amoleceram-se", deixaram de trabalhar, adormeceram no "temível e perigoso costume da volúpia e das facilidades, [...] de pompas e de deleites". A França acusa seus filhos de terem perdido o senso do trabalho, da família e da pátria, o que explica a derrota e a ocupação por parte do inimigo. Espantoso prenúncio do desastre de 1940 e das explicações de Vichy!

Todavia, sempre há um salvador. Aqui, é Carlos VII, cuja atividade Alain Chartier elogia, falando de "nosso príncipe que há quatro anos não cessa de viajar sem resguardar-se em paradas de repouso", e deposita nele todas as esperanças de recuperação da França. Na década de 1420, porém, o jovem rei de Bourges parece incapaz de reagir. Assaltado por suas dúvidas e prejudicado pelas intrigas dos que o cercam, ele está prestes a renunciar. Ainda serão necessários trinta anos de guerra para que o rei de Bourges se torne verdadeiramente o rei da França.

– 8 –

O EQUILÍBRIO:
A GUERRA DE EXAUSTÃO DE 1424 A 1444

A prova de força implicada no Tratado de Troyes dá lugar a uma interminável guerra de exaustão entre os dois campos: o de Henrique VI e o de Carlos VII. O primeiro tem o norte da França, o segundo domina o sul. No nordeste, Filipe, o Bom, faz as vezes de árbitro – porém, um árbitro muito tendencioso, que pode fazer pender a balança. Antes do Tratado de Arras, em 1435, ele estava do lado inglês, embora não sem reservas. Agora, reconciliado com Carlos VII, ele se retira do conflito, e esse fator decisivo dará novo impulso a uma guerra que vinha se arrastando.

De fato, entre 1420 e 1435, o confronto se dissolve numa multiplicidade de encontros isolados, sem estratégia global, nos quais as duas partes registram êxitos e fracassos pontuais e nunca decisivos. O conflito é caótico e a banalização do estado de guerra leva não apenas à insegurança generalizada, mas também ao movimento anárquico das tropas mercenárias que assolam o país. Os bandidos, agora chamados de esfoladores, trazem de volta os piores momentos da época das grandes companhias.

O CONFLITO FICA ESTAGNADO (1424-1428)

A incapacidade de Bedford e Carlos VII de vencer rapidamente deve-se em grande parte às dificuldades que enfrentam em seu próprio campo, o que paralisa as ações militares de modo abrangente. No entanto, 1424 promete ser um ano decisivo. Bedford reúne 10 mil homens e dirige pessoalmente as operações nos confins da Normandia e do Maine, enquanto Carlos VII, de seu lado, envia um exército considerável para atacar as cidades do sudeste da Normandia. Verneuil é rapidamente capturada graças a uma encenação: milhares de soldados escoceses do exército francês aparecem nas muralhas em fila, amarrados, cobertos de sangue e lamentando-se em inglês, de maneira a induzir os defensores a acreditar que o exército de Bedford estava enfraquecido. Apesar do terrível sotaque escocês, a armadilha funciona e os ingleses são derrotados. Estamos em meados de agosto.

Bedford não está longe: ele faz suas devoções em Evreux. Ao saber da queda de Verneuil, avança com 8 mil homens e, em 17 de agosto, obtém uma vitória retumbante, da mesma magnitude de Azincourt. O desdobramento dessa batalha de Verneuil é bem conhecido: elas foram relatadas com detalhes por nada menos que dezenove cronistas, e seus testemunhos concordam. Do lado francês, o duque de Alençon, o conde de Aumale, o visconde de Narbonne e o marechal de La Fayette preferiam evitar o confronto. Contudo, seus aliados escoceses, Buchan, Douglas e seu filho, que tinham cerca de 4 mil a 5 mil homens, querem muito lutar. De acordo com Tomás Basin,

> se a luta foi tão feroz e cruel, a causa foi o orgulho e a presunção dos escoceses. Antes do início da batalha, o duque de Bedford fez que os capitães escoceses fossem questionados por um arauto sobre quais condições de guerra eles desejavam observar naquele dia. E estes, confiando de modo muito arrogante e imprudente em sua força e no número de homens, teriam respondido, diz-se, que naquele dia eles não fariam prisioneiros ingleses, e que eles mesmos não seriam, vivos, prisioneiros dos ingleses.

As posições são, portanto, ocupadas. Do lado inglês, o dispositivo clássico: homens de armas a pé e dispostos em dois corpos principais; Bedford comanda pela direita e Salisbury pela esquerda; em ambas as alas, os arqueiros, cada um carregando uma estaca com pontas nas duas extremidades. As bagagens são deixadas atrás, na entrada da floresta, guardada por 2 mil arqueiros. Para evitar que a tropa retroceda, Bedford manda amarrar todos os cavalos em grupos de quatro fileiras e posiciona a paliçada viva atrás de seu exército. Do lado francês, também há soldados a pé, com os escoceses diante de Salisbury e os demais diante de Bedford. Porém, nas duas alas há corpos de cavaleiros italianos, especialmente protegidos, cuja tarefa seria dispersar os arqueiros das duas alas inglesas.

Os dois exércitos se encaram durante várias horas. Então, por volta de 4 horas após o meio-dia, é dada a ordem de avanço aos gritos de "são Jorge, Bedford!" de um lado e "são Dionísio, Montjoie!"[1] do outro. Os arqueiros ingleses, que chegam a 250 metros do inimigo, param para fincar as estacas. E é quando os cavaleiros italianos avançam atropelando os arqueiros, porque estes ainda não estavam preparados, a fim de chegar até as bagagens, que começam a saquear sem demonstrar nenhuma preocupação com a batalha. O restante do exército francês fica "muito espantado" com a deserção, mas ainda esperava que os italianos voltassem atacando os ingleses pela retaguarda. Os ingleses reorganizam as fileiras; muitos simplesmente se afastam para deixar passar os cavaleiros lombardos, e outros, que haviam sido atropelados, se levantam. A luta corpo a corpo contra os escoceses e os franceses é furiosa. Todos os chefes participam da batalha. Bedford, em particular, se destaca, como relata Pedro de Fénin: ele se conduz "muito bravamente em pessoa, lutando com um machado de modo tão impetuoso que ganhou a reputação [a honra] de lutar por todos os outros".

No flanco esquerdo dos franceses, a cavalaria de La Hire, que também havia atacado os guardas de bagagem, se dispersa. Os arqueiros ingleses da retaguarda chegam então por conta própria em auxílio a Salisbury; eles atacam o flanco direito dos escoceses, e por trás destes logo aparece Bedford, que acaba de atropelar os franceses. Após duas horas de embate, o resultado é um massacre, o que está em conformidade às instruções iniciais: nada de piedade! O exército francês é aniquilado. Sobram apenas duzentos

---

1 O nome Montjoie se refere ao estandarte da abadia de Saint-Denis (que supostamente seria o estandarte de Carlos Magno), e seu uso no grito de guerra dos franceses remonta ao reinado de Luís VI, no século XII. (N. T.)

prisioneiros, incluindo o duque de Alençon, encontrado sob uma pilha de cadáveres após a batalha – ele se rende a João Fastolf.

As perdas são enormes: Bedford contabiliza 7.262 mortos entre os franco--escoceses, incluindo os condes de Aumale e de Ventadour, o visconde de Narbonne. Os escoceses são exterminados. Porém, do lado inglês, as perdas também são pesadas: mais de mil mortos, o que impede Bedford de aproveitar seu sucesso. Ele volta a Paris. Carlos VII, informado sobre o desastre em Bourges, aparentemente não demonstra reação, pelo que um escrito anônimo de 1425 o repreende: "Na batalha ocorrida, onde o rei perdeu seu povo de seu sangue, barões, cavaleiros e escudeiros, além de outros, ele deveria ter mostrado sinais de tristeza e realizado o funeral solenemente".

Em 1425 e 1426, as manobras são mais diplomáticas do que militares, e as intrigas correm soltas de ambos os lados. Bedford deve retornar à Inglaterra, para arbitrar o conflito entre seu irmão Gloucester e seu tio Beaufort, em meados de abril de 1425. Em seguida, deve acalmar a raiva do duque da Borgonha, causada pela expedição de Gloucester a Hainaut. Em dezembro, é obrigado a voltar novamente para a Inglaterra, onde permanece por dezesseis meses, até 17 de março de 1427. Beaufort parte para Roma, de onde voltou em 1428 com o título de cardeal.

Tudo isso convém a Carlos VII, que em 1425 alcança o sucesso diplomático graças a Iolanda de Anjou. Esta, que teme a ameaça inglesa sobre o seu ducado, consegue persuadir os duques da Borgonha e da Bretanha a aproximarem-se do rei. O duque da Borgonha, insatisfeito com os ingleses, assina uma trégua de quatro anos. Concorda em casar sua irmã Agnes com o conde de Clermont, um dos chefes do partido do rei, e ele próprio, tornando-se viúvo, desposa Bona de Artésia, que é meia-irmã de Carlos de Bourbon. Iolanda de Anjou, uma formidável intermediadora e casamenteira, também consegue casar seu filho Luís III de Anjou com Isabela, filha do duque da Bretanha. Assim se tece uma rede de alianças matrimoniais que aperta as fileiras em torno do rei.

Todavia, o maior sucesso de Iolanda foi ter feito Carlos VII aceitar a escolha de Artur de Richemont como condestável. Ela reuniu os dois homens em sua casa em Angers e, em 7 de março de 1425, na pradaria de Chinon, Artur recebe a espada de condestável. Seu irmão, o duque João V, concorda e se liga ao campo francês. Iolanda recebe pagamento por seus serviços em forma de baronatos e castelanias, para si e para seus filhos.

O EQUILÍBRIO

Todas essas reconciliações poderiam ter beneficiado Carlos VII. Porém, nada muda. Na corte de Bourges, a anarquia está no auge. Intrigas e conspirações fazem da comitiva real nessa época um inimaginável ninho de cobras. A chegada de Richemont é muito malvista pelos conselheiros, em especial pelos antigos chefes armagnacs envolvidos no assassinato de João Sem Medo. De fato, os duques da Bretanha e da Borgonha aceitam se unir somente após a expulsão desses personagens e justamente Richemont aparece como o conciliador. Assim, o presidente Louvet, que se sente ameaçado, leva consigo o rei e reúne uma tropa para marchar contra Richemont. Iolanda é que resolve a crise novamente. Ela persuade as cidades de Touraine a não receber Louvet e acaba convencendo o rei a se livrar de seus armagnacs: Tanguy du Chastel é enviado a Beaucaire como senescal, João Louvet vai para Dauphiné e o médico Cadart é exilado com uma indenização de 25 mil escudos; quanto ao conde de Foix, João I, este retorna à sua distante Guiena, onde recebe o condado de Bigorre, o viscondado de Lautrec e uma renda de 24 mil libras. O local está livre para o domínio do primeiro camareiro, Pedro de Giac.

Calma precária. O novo homem forte é Georges de La Trémoille, que cerca o rei com suas criaturas: o duque João de Alençon; o bastardo de Orléans, Dunois, inteligente e culto, foi criado com o soberano e ambos têm a mesma idade; Regnault de Chartres, um personagem sinistro, absolutamente desprovido de escrúpulos, a quem o rei nomeia arcebispo de Reims, título muito teórico, já que Reims fica em território inglês. Essa equipe tem todo o interesse em manter o *status quo*: a anarquia reinante permite que esses homens se envolvam em todo tipo de tráfico, desviem riquezas consideráveis, controlem a mente de um soberano que parece completamente dominado pela situação e que se refugia em seus castelos com suas amantes. Para os homens no poder, é importante evitar a vitória de qualquer um dos lados; a guerra precisa ser prolongada, jamais com operações decisivas, pois ela é fonte de todos os lucros e estes são agora indispensáveis. Tais homens mantêm relações em dois ou três lados: o irmão de Georges, João de La Trémoille, é o primeiro *maître d'hôtel*[2] de Filipe, o Bom, em cuja comitiva ele constitui uma vasta clientela. A continuação do conflito deve muito à ação desses pescadores em águas turbulentas.

---

2 O *maître d'hôtel* era uma espécie de mordomo do rei, ou governante do *hôtel*. (N. T.)

Porém, na corte de Bourges, La Trémoille tinha um adversário formidável: Richemont, contra quem trava uma verdadeira guerra privada a partir do inverno de 1427-1428. Os dois homens empregam mercenários estrangeiros que devastam Poitou. Assim, enquanto os ingleses ameaçam invadir o reino de Bourges, o condestável e o camareiro ocupam-se com a sua própria guerra, sob o olhar aparentemente indiferente do rei: "Nunca vi ninguém perder o seu reino com tanta alegria", teria dito La Hire. Carlos VII está sob a influência de La Trémoille. Ele não gosta de seu condestável e o proíbe de frequentar a corte.

Nessas condições, não causa surpresa que os ingleses obtivessem novos êxitos e que continuassem o seu avanço de 1426 a 1428. Seus ataques acontecem sempre no setor meridional da Normandia. O conde de Salisbury captura Mans e mais 36 cidades e castelos no Maine; o conde de Warwick avança para os portões de Rennes e, em março de 1426, Richemont sofre uma derrota humilhante em Saint-James-de-Beuvron. Em maio de 1427, Bedford retorna da Inglaterra com reforços consideráveis, o que ajudará Warwick a capturar Pontorson. O monte Saint-Michel está cercado. A Bretanha é diretamente ameaçada e o duque João V, que está muito desapontado com a aliança francesa, dá nova virada: em julho, volta a aderir ao Tratado de Troyes. Esta é a terceira vez que ele muda de lado. No leste, as coisas não estão melhores. Suffolk e Salisbury cercam Montargis, que é resgatada por La Hire e Dunois em setembro de 1427.

O avanço inglês é mais forte no norte, no Maine e em Orléans, enquanto o sul está entregue aos abusos dos agentes do rei. O conde de Foix, João I de Grailly, é nomeado tenente-geral do Languedoc, com o poder de "fazer o que bem entender para o bem destas terras" – fórmula infeliz, que o conde interpreta como a liberdade de fazer o que quisesse: fica com uma parte dos impostos, expulsa o bispo de Béziers e ocupa o *hôtel* episcopal, cunha moedas ruins, deixa os *routiers* exigirem resgate pela região. Outro raptor aterroriza por aquelas bandas: Guilherme de Champeaux, bispo de Laon, conselheiro geral de finanças em Languedoc, que cobra impostos como bem entende para suas próprias necessidades. Nem mesmo em Bourges há freios para a corrupção e o peculato. A casa da moeda da cidade é controlada por um jovem empreendedor, Jacques Cœur, que emite moedas com uma taxa de metais preciosos inferior àquela prevista e embolsa a diferença.

O EQUILÍBRIO

A miséria está em toda parte. Mercenários e bandidos vagam pelas províncias; em Poitou, os camponeses correm para as cidades, especialmente em Poitiers, a fim de escapar das tropas descontroladas de La Trémoille e Richemont, que continuam sua guerra privada. A peste reaparece; a relva volta a crescer; apagam-se os limites dos campos, como assinalam os arquivos judiciários de Poitou, que em 1428 falam de domínios "há muito tempo vagos e em ruínas, tanto por ocasião das guerras, mortandades e outras pestilências ocorridas no país como de outra forma, a ponto de não mais conhecer seus limites ou distâncias". Não há muita diferença nas regiões ocupadas pelos ingleses. Tomás Basin pinta um quadro apocalíptico da situação:

Os soldados de ambas as partes, que faziam incursões constantes nas terras uns dos outros, levavam os camponeses como prisioneiros para castelos e fortalezas, fechando-os em prisões imundas ou masmorras, martirizando-os de todas as maneiras, tentavam obrigá-los a pagar os pesados resgates que lhes fixavam. [...] Havia também muitos homens desesperados e perdidos que, por covardia, ou por ódio aos ingleses, ou por desejo de se apoderar do bem alheio, ou porque, conscientes de seus crimes, queriam escapar do alcance das leis, tendo deixado seus campos e suas casas, na verdade não habitavam as praças ou castelos dos franceses e não lutavam em suas fileiras, mas, à maneira de feras e lobos, viviam nas florestas mais densas e inacessíveis. Dali, atormentados e enraivecidos pela fome, saíam quase sempre à noite, aproveitando a escuridão. Às vezes, mas mais raramente, durante o dia, invadiam as casas dos camponeses e se apoderavam dos bens destes, que, levados como reféns para tocas escondidas na floresta, sofriam todos os tipos de maus-tratos e privações, e ainda eram obrigados a pagar, com dia e lugar marcados, grandes somas de dinheiro para resgate e libertação, bem como outros objetos que os soldados consideravam indispensáveis para seu uso. Em caso de descumprimento, os camponeses tomados como reféns sofriam o tratamento mais desumano, ou, então, esses mesmos camponeses, se os saqueadores conseguissem recapturá-los, eram massacrados, ou, então, suas casas eram iluminadas misteriosamente durante a noite com fogo. Esses homens capazes de tudo, comumente chamados de bandidos, causavam assombro na Normandia, bem como nas províncias vizinhas e nas terras ocupadas pelos ingleses, subjugando os habitantes e devastando os campos.

Na região parisiense, o jornal do *Burguês de Paris* relata os infortúnios da época: "Todos os dias assassinos e ladrões correm soltos por Paris, como sempre saqueando e roubando"; inverno particularmente rigoroso, geada e chuva até maio, vindimas catastróficas e epidemias. Tudo isso prejudica o ocupante, acusado de desperdiçar o dinheiro dos impostos em banquetes; Bedford é repreendido por viver em inação e indolência, por amar demais sua esposa e se ocupar mais com ela do que com a guerra. "Ele descansava nas cidades da França à vontade, ele e sua esposa que o seguia aonde quer que fosse", escreveu o *Burguês* em 1428, dando a entender que seu ardor amoroso era exercido em detrimento do ardor guerreiro. Pois o ódio contra aquele que ainda é "o chamado delfim" permanece mais forte do que o contra os ingleses, e descobre-se que Bedford e Borgonha não lutam seriamente contra ele.

Bedford faz o que pode. Contudo, a desfaçatez do irmão, a desordem que reina na Normandia, o mau humor dos parisienses, as dificuldades financeiras e as hesitações do duque da Borgonha limitam sua ação. O clero tampouco tem pressa: o regente, para agradar ao papa, restabelece em 1426 as expectativas, reservas e anatas,[3] que favoreciam as nomeações papais e as contribuições de Roma em relação aos benefícios franceses. O papa, em troca, adota uma atitude benevolente e nomeia Beaufort como cardeal. No entanto, os próprios bispos franceses estão insatisfeitos e manifestam seu mau humor durante uma reunião em Paris, em 1429, para adotar reformas disciplinares no clero.

A OFENSIVA INGLESA DE 1428: ORLÉANS

Bedford não consegue nem ao menos impor sua estratégia ao conselho regencial. Em 1428, quando o conde de Salisbury desembarca em Calais com reforços significativos em homens e equipamentos, é tomada a decisão de se lançar uma grande ofensiva para atravessar o Loire e penetrar no coração do reino de Bourges. O regente teria preferido que o avanço fosse feito via Angers, o que lhe permitiria ocupar o Maine e Anjou, que ele havia atribuído

---

3 A anata era o imposto pago ao clero por qualquer benefício em valor proporcional ao rendimento do pagante. (N. T.)

para si mesmo antecipadamente. O conselho, porém, toma outra decisão: o avanço ocorrerá por Orléans, que é mais central, e tal trajeto permitiria uma chegada mais rápida a Bourges. O código da cavalaria certamente – ainda que de modo tácito – proibia o ataque às posses de um prisioneiro de guerra, e o duque de Orléans ainda se encontra na Inglaterra desde Azincourt. Entretanto, prevalecem os imperativos estratégicos.

Salisbury é, portanto, encarregado da operação. Ele é, sem dúvida, o mais capaz de realizá-la, pois "tomou castelos e cidades sem dificuldade porque era um grande especialista em armas", escreve o *Burguês de Paris*. Começa garantindo o controle sistemático das praças vizinhas. Em agosto e setembro de 1428, ocupa Chartres, Nogent-le-Roi, Beaugency, Marchenoir, Cléry, Janville, Rochefort-en-Yvelines e, em 7 de outubro, começa a trabalhar no cerco de Orléans.

A cidade é bem grande: provavelmente possui mais de 20 mil habitantes. Localizada na margem direita do Loire, é bem defendida por um cinturão de muralhas ladeadas por torres; cinco portões fortificados com ponte levadiça; algumas defesas exteriores com parapeito de terra e paliçadas. Na margem esquerda havia surgido um subúrbio cuja comunicação com a cidade se realizava por uma ponte de dezenove arcos. No extremo sul dessa ponte, para proteger a entrada, uma obra fortificada composta por duas torres: as Tourelles, ou Tournelles. A guarnição é liderada pelo bastardo de Orléans e inclui cerca de duzentos soldados. São 71 canhões e bombardas de todos os calibres, tudo fabricado em cobre, incluindo um grande canhão chamado Rifflard, que lança bolas de pedra de 120 libras. Durante o cerco, será fabricado um canhão de grande porte, extraordinário para a época, com alcance de 1.500 metros.

Quando Tomás Montagu, conde de Salisbury, chega à frente da cidade, o principal problema aparece de imediato: a tropa é insuficiente para a cobertura completa, uma vez que o perímetro é muito grande. Os inimigos jamais seriam totalmente impedidos de entrar e sair, o que tornaria o resultado do cerco problemático se o objetivo fosse reduzir a cidade à fome. Os ingleses constroem na margem direita uma série de bastidas fortificadas: Saint-Laurent, La Croix-Buisée, Londres, Paris, Rouen, Saint-Loup. E, para impedir o abastecimento da margem esquerda, Salisbury decide tomar, desde o início, as Tourelles na entrada da ponte, o que é feito após combates furiosos. Em 24 de outubro, durante uma inspeção da obra, ele é mortalmente atingido por uma bala, disparada ao acaso por um dos grandes canhões, um *veuglaire*,[4] instalado na torre de La Croiche-de-Meffray, do outro lado do Loire, a cerca de quinhentos metros de distância, o que revela a eficácia desses dispositivos.

Para os ingleses, é um duro golpe. Bedford, instalado em Chartres para coordenar as operações, substitui Salisbury pelo conde de Suffolk, auxiliado pelos lordes Scales e Talbot. Seguem-se então os preparativos para um longo cerco. Talbot chega no dia 1º de dezembro com um reforço de trezentos homens e bombardas, que causam grandes estragos na cidade.

Do lado francês, a importância desse cerco é perceptível. A queda de Orléans, para Carlos VII, "seria a destruição total de suas marcas, de seu país e dele também", escreve Monstrelet. É preciso, pois, reunir tropas e dinheiro para apoiar a cidade. Em 1º de outubro, os estados gerais, reunidos em Chinon, votam um imposto excepcional de 400 mil libras "para resistir aos ingleses, que então controlavam o rio Loire, e para socorrer a cidade de Orléans". O rei da Escócia, contatado, envia mil homens com seu condestável, João Stuart. Uma aliança foi concluída durante o verão com ele: Jaime I oferece sua filha, Margarida Stuart, em casamento ao delfim Luís, um meninão de 5 anos, o futuro Luís XI.

Rompendo com sua apatia habitual, Carlos VII passa a se interessar pessoalmente pelo cerco. Envia reforços, soldados de artilharia, além de seu médico pessoal, João de Jondoigne. Dunois, bastardo de Orléans, que parece entrar e sair da cidade à vontade de tão incompleto que está o cerco, vem relatar-lhe a situação. A defesa é enérgica. Em 2 de janeiro de 1429, um ataque inglês à porta Renard é repelido. A artilharia desempenha papel importante em ambos os lados. Em 11 de janeiro, mestre João, um soldado de colubrina,[5] consegue destruir o telhado da bastida inglesa das Tourelles. Pedro Bessonneau, mestre geral e inspetor da artilharia do rei, participa das operações.

O problema dos abastecimentos é essencial, tanto para os sitiantes como para os sitiados. Em fevereiro, trezentas carroças carregadas de arenque são enviadas de Paris para as tropas inglesas, escoltadas por João Fastolf.

---

4 Ou *vogelaer*, em neerlandês: era um tipo de canhão, com cano longo e fino, menos potente que as bombardas. (N. T.)

5 No original, *couleuvrinier*, ou seja, o soldado que operava o canhão de longo alcance denominado *couleuvrine*, que é o ancestral do mosquete. (N. T.)

O EQUILÍBRIO

No dia 12, um destacamento francês é enviado para capturá-lo, e, durante a operação, João Stuart e seu irmão Guilherme são mortos, assim como Guilherme de Albret e João Chabot – a "batalha dos arenques" é um fiasco total. Os peixes de Fastolf chegam em segurança.

Do lado francês, recorre-se a todos os capitães disponíveis para que assediem os sitiantes. Além de Dunois, há Poton de Xaintrailles, La Hire, Raul de Gaucourt e João de Bueil, que tem 23 anos e inicia uma longa carreira militar, sobre a qual escreverá em *Jouvencel*.[6] Há ainda dois outros jovens promissores: os irmãos Chabannes. O mais velho, Jacques, chefe de bando que se tornou camareiro de Carlos VII em 1425, é um formidável escalador de muralhas, e seu irmão, Antônio, se tornaria conde de Dammartin.

Em abril de 1429, um comboio de mantimentos é organizado em Blois para subir o Loire a fim de abastecer os sitiados. Ele é escoltado por La Hire, Ambrósio de Loré, Luís de Granville, almirante da França, Gilles de Rais, e uma jovem recém-chegada de Lorena, Joana d'Arc, a qual se torna objeto de questionamento por parte de Dunois e dos habitantes de Orléans. O bastardo de Orléans procura se informar a respeito da donzela enviando ao rei o *sire* de Villars e Jamet du Tillet. Eles voltam com a seguinte notícia: Joana vem do país de Bar, nos arredores de Vaucouleurs; ela se apresenta como inspirada por são Miguel, santa Catarina e santa Margarida, que são particularmente venerados nessa região; estes lhe confiaram a missão de ir ao encontro do "delfim" Carlos, para persuadi-lo a ser coroado em Reims após libertar Orléans. No dia 4 de março, ela chega a Chinon, onde estava Carlos VII, e este, extremamente desconfiado, só a recebe no dia 6. Não que isso fosse surpreendente, pois, afinal, os iluminados corriam soltos pelas ruas nessa época de tensões exacerbadas. Infelizmente, o que se passou na entrevista foi distorcido pela lenda hagiográfica da propaganda real e, posteriormente, veiculada pela do patriotismo republicano, além de ser orquestrada pela Igreja católica com tal constância que, na prática, a lenda acabou adquirindo estatuto de verdade histórica. O único fato comprovado, principalmente por Raul de Gaucourt, era a sobriedade de espírito que demonstrava embora fosse

---

6 *Le Jouvencel* (c.1466), de João de Bueil, é um romance mais ou menos autobiográfico (trata-se de um *roman à clef*, no qual fatos históricos são abordados mediante personagens fictícias) sobre o cerco de Orléans.

uma pastora: a grande segurança apresentada pela menina abalou um pouco o rei. Este se deixa persuadir pelo duque de Alençon, jovem bastante exaltado, que alguns dias depois chegaria a Chinon e, imediatamente convencido da missão divina de Joana, manda examiná-la em Poitiers. Exames ginecológicos e teológicos (pois ambos estavam ligados): comprovou-se que a jovem era virgem, condição indispensável como garantia de virtude e consagração a Deus, e também que não havia se relacionado com o demônio. Os doutores em teologia passaram então a verificar o caráter ortodoxo de suas crenças. Exame conclusivo, ao final do qual o advogado parlamentar João Barbin concluiu: "Dada a necessidade em que se encontravam o rei e o reino, pois o rei e os habitantes que lhe eram fiéis estavam nesse momento desesperados e não tinham esperança de auxílio a menos que esta viesse de Deus, rei podia ser auxiliado por ela". A mesma conclusão do dominicano Seguin: "Informamos tudo isso ao conselho do rei e nossa opinião era que, devido à necessidade premente e ao perigo em que se encontrava a cidade de Orléans, o rei poderia valer-se dela e mandá-la para Orléans".

Traduzamos: na atual situação, o risco de enviá-la para Orléans não é grande coisa. Carlos VII pensa assim. O soberano, introvertido, hesitante e amante de belas mulheres, não tem nenhuma afinidade com essa menina com jeito de menino, que dá tapas nos ombros dos soldados e que exibe uma segurança insolente. Em nenhum momento o rei demonstra o menor sinal de simpatia por Joana: o comportamento dela o incomoda, pois os temperamentos são completamente opostos entre si. La Trémoille e Regnault de Chartres ficam igualmente chocados com sua autoconfiança – a autoconfiança daqueles que se acreditam inspirados e que, portanto, pensam que isso lhes dá o direito de desprezar as opiniões contrárias.

Iolanda de Anjou financiará a pequena expedição. Carlos VII envia até ela o duque de Alençon, que organiza o comboio para Blois; Joana chega ali depois de arranjar para si, em Tours, uma armadura e um estandarte. No final de abril, tem início a marcha para Orléans; a chegada será no dia 29, após um longo desvio para cruzar o Loire a montante. Os capitães são reticentes à tática rudimentar preconizada por Joana: lançar-se diretamente sobre o inimigo e derrotá-lo com a ajuda de Deus. Dunois prefere esperar a chegada de reforços, e com eles tomará a bastida Saint-Loup, a leste da cidade, em 4 de maio. No dia 6 acontece uma tentativa: o Loire é atravessado a montante de Orléans, e

O EQUILÍBRIO

as Tourelles são tomadas, no final da ponte, na margem sul, em 7 de maio.
No dia 8, realizam-se os preparativos para uma batalha campal sob as muralhas da cidade, e é quando os ingleses decidem levantar o cerco.

A CONSAGRAÇÃO DE CARLOS VII (1429)

A rapidez do evento impressiona as pessoas e dá ao fato aparência de
milagre. Joana nada faz além de assistir aos combates. A presença dela talvez tenha estimulado os soldados, embora a partida dos ingleses obviamente
nada tenha de miraculoso. Estes estão há sete meses cercando Orléans e,
durante esse período, já sofreram duas derrotas. O bom senso os faz entender: é inútil persistir. Há consternação em Paris, o *Burguês* manifesta perplexi-
dade – é difícil acreditar na história da "virgem armada". Os capitães ingleses
estão furiosos. Talbot critica a covardia dos homens que haviam se impressionado com essa "puta das vacas". Bedford é mais polido, mas escreve a
Henrique VI que "o motivo do desastre reside, em minha opinião, em grande
parte, nas ideias malucas e no medo irracional inspirado em vossa gente por
uma discípula e enviada do diabo, chamada de Donzela, que utilizou falsos
encantamentos e feitiçaria".

A notícia se espalha rapidamente pela correspondência das grandes
casas comerciais e dos bancos. Na Itália e na Alemanha, comenta-se o acontecimento. Surge o mito: o nascimento de Joana foi cercado de fenômenos
maravilhosos; ela nunca perdeu uma única ovelha; ela consegue permanecer
armada seis dias e seis noites... O mais sóbrio ainda é Carlos VII: em carta
circular que envia às cidades do reino para anunciar a libertação de Orléans,
apenas menciona a presença de Joana no meio de uma frase em tom bastante anedótico: "A Donzela [...] sempre esteve pessoalmente na execução
de todas essas coisas".

Em Londres, há comoção. A derrota em Orléans é entendida como uma
afronta à nação: Joana d'Arc contribuiu para o desenvolvimento do patriotismo tanto de ingleses quanto de franceses. Bedford pede reforços. Exatamente nesse momento, o cardeal Beaufort estava reunindo tropas em Kent
para liderar uma cruzada contra os hussitas, a pedido do papa. Não era hora
de enviar soldados para a Europa central. A expedição é cancelada. Bedford

também pede que Henrique VI seja consagrado a fim de aumentar sua legitimidade. Em novembro de 1429, isso acontece em Westminster: Henrique é rei da Inglaterra; porém, ele também teria que ser consagrado rei da França.

No curto prazo, é preciso primeiro restaurar a situação militar, pois ela vai de mal a pior. Logo após a investida em Orléans, os franceses tomam Jargeau em 12 de junho; o conde de Suffolk é feito prisioneiro; em seguida, Beaugency cai. E, em 18 de junho, o desastre. Embora comandado por seus melhores capitães – Talbot, Fastolf, Scales –, o exército inglês é completamente derrotado entre Orléans e Chartres, em Patay, pelos franceses liderados por Richemont (que finalmente é autorizado a retornar), La Hire, Xaintrailles, Gaucourt, Dunois, Alençon, La Fayette e o conde de Laval, além de Gilles de Rais, que faz muitos chefes. Batalha extremamente confusa, na qual um mal-entendido entre Talbot e Fastolf causa pânico e, por fim, a derrota. Os ingleses deixam 2 mil mortos e 200 prisioneiros, incluindo Talbot e Scales. João Talbot, absolutamente furioso, acusa Fastolf de ser o responsável pela debandada e de ter fugido como um fraco. A rivalidade entre os dois homens já é antiga. Fastolf, que havia capturado o duque de Alençon em Verneuil, reclama que não havia recebido toda sua parte no resgate. Em 1426, ele recebe a Ordem da Jarreteira após seus sucessos no Maine, mas Talbot o substitui como governador de Anjou e do Maine. Sua vitória na batalha dos arenques despertara o ciúme de Talbot, que agora se vinga acusando-o de covardia. Acusação retomada por Monstrelet e que parece estar na origem da caricatura totalmente injusta que Shakespeare fará da personagem, sob o nome de Falstaff, em *Henrique IV*.

Os franceses têm então duas opções: a reconquista da Normandia, opção estratégica defendida por La Trémoille e Regnault de Chartres, e a consagração de Carlos VII em Reims, opção simbólica defendida energicamente por Joana d'Arc, que prevalece. Problema: Reims está em território inimigo, será preciso abrir caminho com golpes de espada. A empresa é arriscada e o rei não está muito animado. Apesar de tudo, ele reúne um exército em Gien e inicia a marcha em 29 de junho. Convém aproveitar a desordem dos ingleses. Há obstáculos na estrada e serão necessários dezessete dias para percorrer os 250 quilômetros de Gien até Reims. O território é burgúndio e as guarnições das cidades pelo caminho estão bastante acanhadas, porque a atitude de Filipe, o Bom, é hesitante. Em Auxerre, são necessários três dias de

O EQUILÍBRIO

negociação antes que os burgueses finalmente concordem em fornecer víveres ao exército. Troyes é um obstáculo mais temível. Local da assinatura do tratado que está na origem de todos os problemas, a cidade encontra-se bem defendida – por uma guarnição de seiscentos ingleses e burgúndios – e prepara-se para um cerco. Porém, a guerra de Troyes não acontecerá: o bispo e os burgueses, impressionados com os preparativos dos franceses, cedem. A marcha continua. Châlons-sur-Marne abre suas portas em 12 de julho, e, no dia 16, chega-se a Reims, cujo capitão, o senhor de Châtillon, não se considera capaz de resistir. Carlos entra em Reims na noite de sábado, 16 de julho. Sua consagração acontece na manhã do dia seguinte, na catedral.

Isso significa que a consagração é realizada rapidamente. Não convém permanecer em território hostil. É preciso reunir às pressas toda a parafernália simbólica necessária para a cerimônia, as *regalia*: cetro, mão da justiça,[7] auriflama e coroa. Como todos esses objetos estão em Saint-Denis, nas mãos dos ingleses, faz-se uso de cópias. Por outro lado, resta o santo crisma,[8] na ampola sagrada trazida por um anjo para o batismo de Clóvis e que, desde então, permanece por milagre em um nível constante. Estamos no reino das maravilhas. Joana d'Arc está nas nuvens.

Que esta é uma consagração às escondidas, isso é óbvio. Ademais, não há personagens proeminentes: a rainha, o condestável, o primeiro par do reino (o duque da Borgonha), o duque da Bretanha (outro par leigo) e o bispo de Beauvais (um par eclesiástico). Não há registro da cerimônia quando, normalmente, os cronistas são prolixos acerca da pompa do ritual. Espera-se, no entanto, que o efeito seja o mesmo. Porque a consagração deveria conferir ao rei um prestígio simbólico essencial à sua autoridade, conferir-lhe uma legitimidade de origem divina. O primeiro soberano a ser ungido e consagrado foi Luís, o Piedoso, filho de Carlos Magno, em 816, e desde Henrique I, em 1026, apenas um rei não foi consagrado em Reims: Luís VI. A consagração faz do rei um personagem excepcional, participante da natureza divina, e esse aspecto foi consideravelmente reforçado desde meados do século XIV. Durante o reinado de Carlos V, avô de Carlos VII, o carmelita João Golein,

---

7 A *main de justice* era um cetro que simbolizava a autoridade judiciária, tendo na extremidade uma mão esculpida com os dedos polegar, indicador e médio estendidos. (N. T.)

8 O *saint chrême* é um óleo perfumado utilizado em liturgias para unção. (N. T.)

em seu *Tratado da consagração*, compara esta última à entrada na religião e ao batismo: dá um novo estatuto ao personagem e apaga todos os seus pecados.

A consagração de 1429, realizada em condições particularmente difíceis, acentua o elemento sobrenatural aos olhos dos contemporâneos. A intervenção divina, para muitos, parece manifesta: o rei havia forçado milagrosamente a sua passagem por território hostil até Reims, guiado pela Donzela, cuja fama atinge o apogeu. Em muitos lugares, Joana começa a ser homenageada como santa; objetos e pessoas doentes são levados a ela para receberem seu toque; ela chega a ser convidada em Lagny para ressuscitar uma criança; são feitas estatuetas dela; há canções sobre ela; acredita-se que ela é capaz de causar tempestades; na Alemanha e na Itália, comenta-se sobre seu caso. Alguns dirigentes a procuram: Bona Visconti lhe pede ajuda para recuperar o ducado de Milão. Os próprios intelectuais são conquistados pelo entusiasmo: João Gerson, refugiado em Lyon, escreve em junho (pouco antes de sua morte, em 12 de julho) uma defesa da Donzela. Cristina de Pisano celebra a consagração com 448 versos sobre o evento, que ela também atribui à intervenção divina.

DE UMA CONSAGRAÇÃO A OUTRA (1429-1431)

E a consagração cria uma dinâmica que Joana d'Arc gostaria de aproveitar. Soissonnais, Valois, Picardia, os países de Senlis e Beauvais são cidades que enviam mensageiros espontaneamente a fim de entregar suas chaves ao soberano. O próprio duque da Borgonha parece hesitar. De todo modo, ele é cortejado por ambos os lados. La Trémoille estava negociando desde 30 de junho e, em 16 de agosto, Regnault de Chartres chega a Arras e faz algumas ofertas interessantes. Bedford, por sua vez, convida o duque para passar alguns dias em Paris, de 10 a 15 de julho, dá festas em sua homenagem e o cobre de presentes. Mais tarde, ele lhe envia Hugo de Lannoy. Filipe está mais do que nunca na posição de árbitro.

Bedford agora espera um ataque a Paris, cujas defesas ele reforça. Finalmente, em 25 de julho, chegam os soldados que seu tio Henrique Beaufort havia equipado para a cruzada hussita e, em vez de continuar esperando por Carlos VII, vai encontrá-lo em 4 de agosto. No dia 14, os dois exércitos encontram-se face a face perto de Senlis. Durante todo o dia 15 de agosto, eles se observam, imóveis, sob um sol escaldante e em meio a uma nuvem de poeira que atrapalhava a visão: "havia tanto pó que não reconhecíamos nem franceses nem ingleses", diz Percival de Cagny. Até o final, ninguém se atreveu a começar a luta. O rei retomou sua curiosa jornada, o que atestava sua hesitação. Em 18 de agosto, ele entra em Compiègne; em 7 de setembro, encontra-se em Saint-Denis. Ele não tem intenção de sitiar seriamente Paris, onde as fortificações de Carlos V, defendidas por 2 mil soldados anglo-burgúndios, representavam um obstáculo formidável. Para testar as defesas, ele deixa os entusiastas – o duque de Alençon, Raul de Gaucourt, Gilles de Rais e Joana d'Arc – tentarem um assalto no dia 8 contra a porta Saint-Honoré. Joana d'Arc é a curiosidade do dia, "criatura em forma de mulher, que se chamava a Donzela", escreve o *Burguês*. Copiosamente tratada como "*paillarde*", "*ribaude*" e "puta do delfim", ela é ferida por uma flecha de besta na perna.[9]

O ataque é repelido, a magia é quebrada. Em 13 de setembro, o rei ordena a partida. Ele volta para seus castelos de Berry. O que fazer com Joana d'Arc agora? Ela não demonstra intenção de voltar para cuidar de suas ovelhas e começa a irritar seriamente a comitiva real. Arranjam para ela um pequeno trabalho para o inverno: a cinquenta quilômetros de Bourges, há um chefe de bando que trabalha para os anglo-burgúndios, Perrinet Gressart. Como ela deseja muito lutar, deixam-na ir para expulsar Gressart. O fracasso é completo, o que serve de motivo para sorrisos de escárnio. No final de dezembro, Carlos VII enobrece a Donzela e toda a sua família, pelos "louváveis, graciosos e úteis serviços de todo tipo já prestados pela chamada Joana, a Donzela". Em abril de 1430, ele a envia com algumas tropas para Île-de-France a fim de ajudar a guarnição de Compiègne, ameaçada pelos burgúndios.

A situação é realmente confusa. No final de agosto de 1429, o rei e o duque da Borgonha estabelecem uma trégua que terminaria em 1º de janeiro de 1430. Esse acordo previa a organização de uma conferência de paz e Carlos VII havia prometido oralmente restituir Compiègne, Creil, Pont-Sainte-Maxence e Senlis. Porém, os habitantes recusam a transferência.

---

9 O termo "*paillard*" designava um valete de escudeiro. Quanto a "*ribaude*", era o tratamento dado às mulheres de má fama. (N. T.)

Acreditando-se enganado, Filipe rejeita a conferência e decide retomar as cidades à força. O rei acusa o duque de duplicidade e, então, envia soldados contra os burgúndios. Joana d'Arc chega a Compiègne em 13 de maio. No dia 23, ela realiza uma saída e não consegue entrar de volta, pois o capitão da cidade, Guilherme de Flavy, manda fechar a porta por temer que os burgúndios, que seguiam os franceses bem de perto, entrassem juntos com estes. Cercada e sem cavalo, Joana se rende ao bastardo de Wandonne, um homem de João de Luxemburgo, bispo de Thérouanne e um dos principais tenentes do duque da Borgonha.

Fala-se em traição, o que é bastante provável. Numerosas crônicas confirmam isso, a começar pela *Crônica da Donzela*: "Ninguém quer dizer que alguém dos franceses foi a causa do impedimento para que ela não pudesse escapar; o que é fácil de acreditar"; para a *Crônica de Heintich Token*, Joana é vítima do ciúme "dos capitães que mal conseguiam suportar uma jovem liderando-os". Para a *Crônica de Flandres*, teria havido uma verdadeira conspiração: "Desde então vários disseram e afirmaram que os capitães da França, invejosos com a preferência de alguns do conselho do rei por Filipe da Borgonha, bem como o senhor João de Luxemburgo, decidiram que a referida Donzela fosse morta na fogueira".

Esses "alguns do conselho do rei" poderiam ser La Trémoille, cujos planos tortuosos foram frustrados pelas vitórias da Donzela, e Regnault de Chartres, arcebispo de Reims, que por acaso estava em Compiègne em maio de 1430, onde reencontra seu antigo pupilo Guilherme de Flavy. Joana certamente incomoda muitas pessoas de ambos os lados e sua captura alivia muitos dos partidários de Carlos VII. Escrevendo ao povo diocesano de Reims, o arcebispo não disfarça sua satisfação. Joana era muito segura de si, ou, como ele diz, ela "não queria seguir conselhos, mas fazia tudo que lhe aprazia".

Joana está nas mãos de João de Luxemburgo. Os ingleses pressionam para tê-la, porém, não se trata de uma questão de resgate. Não se resgata um símbolo. A ideia é julgá-la por heresia, a fim de inverter os papéis: mostrar que sua "missão divina" é na verdade apenas uma missão diabólica e, portanto, que Deus está realmente do lado dos ingleses. De ambos os lados, não há nada além de propaganda. No início de dezembro, Joana é vendida aos ingleses por 10 mil libras. Bedford decide que o processo acontecerá em Rouen, sob a presidência de Pedro Cauchon, bispo de Beauvais, já que

O EQUILÍBRIO

a captura havia acontecido em sua diocese. Joana é condenada em maio de 1431 como "herege, reincidente, idólatra" e queimada em Rouen em 30 de maio. A propaganda inglesa dá o máximo de publicidade ao acontecimento através de pregadores, e Henrique VI pede ao duque da Borgonha que a sentença seja divulgada em todos os lugares, para que "daqui em diante estejamos mais seguros e mais bem informados para não acreditar em erros similares, como aqueles que prevaleceram por ocasião da chamada Donzela". Na Inglaterra, o episódio contribui para o desenvolvimento da xenofobia. A tensão aumenta contra os súditos franceses do rei. Em Londres, os bairros de má reputação ao sul do Tâmisa têm fama de serem frequentados por espiões e criminosos picardos, flamengos, gascões e franceses. A comitiva francesa da rainha-mãe Catarina de Valois é muito malvista e os burgúndios dificilmente são mais estimados: os súditos de Filipe, o Bom, em Flandres são rivais. A tomada de consciência da identidade insular é construída em oposição ao continente, e a xenofobia irrompe em um tratado como o *Libelle de Englysche Polycye*, de 1436.[10]

Com a eliminação da incômoda Joana d'Arc, é possível retomar a guerra nas bases habituais. Na verdade, a guerra não cessa durante o cativeiro e o julgamento da Donzela. Os anos de 1430 e 1431 são particularmente confusos. O duque de Bedford enfrenta múltiplas dificuldades além de Joana d'Arc. A Normandia continua a ser foco de agitação permanente, o que imobiliza muitas tropas. Calais é motivo de preocupação, pois consome muito dinheiro e, periodicamente, as tropas, mal pagas, apreendem para si carregamentos de lã. A Aquitânia, um pouco esquecida desde que os combates passaram a se concentrar no norte do Loire, está à mercê de um ataque francês, pois o senescal João Rascliffe tem apenas 200 ou 300 homens em fortificações caindo aos pedaços. É necessário vigiar a Escócia, de onde o rei Jaime continua a enviar ajuda a Carlos VII. Ademais, na própria Inglaterra, Gloucester permanece em turbulência – em 1428, tumultos eclodem em Kent

---

10 O *Libelo da administração pública inglesa* é um poema no qual o autor anônimo busca conciliar, do ponto de vista dos ingleses, o mercantilismo ligado ao comércio da lã e o sentimento nacionalista exacerbado no âmbito das relações internacionais. O termo *"polycye"* não deve ser confundido com política nem com polícia nos sentidos atuais, pois ele diz respeito à ideia de administração pública, que, no século XVIII, encontrará sua expressão emblemática: "economia política". (N. T.)

devido a abusos cometidos por tropas mal pagas que aguardavam transferência para a França.

Para fortalecer a posição dos ingleses, abalados com o caso de Orléans e a consagração em Reims, Bedford considera essencial que Henrique VI também seja consagrado na França: aos olhos da opinião pública, um rei consagrado recebe a auréola do apoio divino. Henrique VI está com 8 anos – é um menino crescido. Por conseguinte, a jornada está decidida e organizada em grande escala: a majestade e o poder de seu rei inglês devem ser exibidos diante dos súditos franceses. Trezentas pessoas acompanharão o soberano, incluindo 8 duques e condes – Norfolk, York, Devon, Arundel, Warwick, Stafford, Huntingdon, Ormond –, além de uma dúzia de outros lordes, 5 cirurgiões, 137 valetes e 182 serviçais diversos. A viagem custará 22 mil libras.

Em 21 de abril de 1430, Henrique VI faz a travessia de Douvres rumo a Calais, onde as defesas e medidas de segurança haviam sido reforçadas. No entanto, é preciso esperar várias semanas antes de poder continuar a viagem, devido à presença de destacamentos franceses no norte do vale do Sena. Somente na última semana de julho é que o rei chega a Rouen, onde irá permanecer por dezesseis meses, enquanto aguarda condições favoráveis para a cerimônia de consagração em Paris.

Isso porque a situação é – mais uma vez – confusa. Em outubro de 1430, o cerco de Compiègne é retirado; La Hire chega a fazer incursões na Normandia; o duque da Borgonha está em dificuldade: Liège se rebela, o duque Frederico da Áustria, futuro imperador Frederico III, assina um acordo com Carlos VII; um exército da Borgonha é completamente derrotado por Raul de Gaucourt no Dauphiné, e as tropas francesas atravessam o Charolês e o Mâconnais. Filipe, o Bom, decepcionado com a aliança inglesa, escreve em 4 de novembro uma carta de reprovação a Henrique VI e recusa a Jarreteira oferecida a ele por Bedford. O papa o encoraja a se reconciliar com Carlos VII.

Porém, nem tudo vai bem no acampamento deste último. A guerra privada entre Richemont e La Trémoille recomeça. Outros conflitos locais devastam Auvérnia e Gévaudan. Os condes de Armagnac e de Foix brigam novamente, assim como os duques de Alençon e da Bretanha. Em 1431, o campo de Carlos VII registra grandes reveses. Em julho, La Hire, Xaintrailles e o marechal de Boussac reúnem tropas entre Beauvais e Senlis com o objetivo de marchar sobre Rouen. Eles levam a nova maravilha, um jovem pastor

O EQUILÍBRIO   343

de Gévaudan, que também se diz inspirado e que, além disso, tem os estigmas.[11] Segundo Regnault de Chartres, "ele não dizia nem mais nem menos do que dizia Joana", e, pelo menos, era obediente. Se o encanto da Donzela funcionou em Orléans, por que não tentar o encanto do noviço em Rouen? Contudo, dessa vez, com Talbot livre, Warwick e Suffolk não se deixam surpreender. Após a dispersão do exército francês, o pastor é capturado, exibido em Paris e afogado no Sena; por fim, Xaintrailles é capturado. A essa "derrota do pastor", como foi apelidada, segue-se outro revés em outubro, a captura de Louviers pelos ingleses, após um cerco de vários meses. A cidade foi defendida por Estêvão de Vignolles (La Hire), que, embora realize façanhas, também acaba como prisioneiro. Trata-se de uma promoção, pois agora ele é um chefe "ilustre entre os chefes de guerra franceses", diz Tomás Basin, um capitão temido por seu caráter violento, "o pior e mais tirânico e menos lamentável de todos os capitães de todos os armagnacs, recebendo por sua maldade o apelido La Hire", que significaria "a cólera divina" (a ira de Deus), escreve o *Burguês de Paris*. O rei obterá rapidamente sua libertação pagando parte de seu resgate. Quanto a Xaintrailles, este é levado para a Inglaterra em 1432 e, depois, a partir de 1435, estará presente em todas as campanhas da guerra.

Há outro fracasso no campo de Carlos VII em 1431: em 2 de julho, René de Anjou, filho de Iolanda, é derrotado e capturado em Bulgnéville, na Lorena, pelos anglo-burgúndios. René havia herdado o condado de Bar em 1430 e o ducado da Lorena em 1431 devido à morte de seu sogro, o duque Carlos II. Filipe, o Bom, cobiça a Lorena, cujo território divide suas posses em duas partes, entre o grupo Borgonha e Franche-Comté ao sul, e o grupo Flandres-Artésia-Hainaut-Hollande ao norte. Por esse motivo, Filipe apoia o rival de René: Antônio da Lorena, duque de Vaudémont e sobrinho de Carlos II. A captura de René em Bulgnéville foi um grande sucesso para o duque da Borgonha. René permanecerá em cativeiro por seis anos, terá que pagar um enorme resgate de 400 mil escudos e dar sua filha em casamento ao conde de Vaudémont.

---

11 Na mística cristã, há a crença de que certas feridas que aparecem no corpo do devoto católico são *estigmas*, ou seja, sinais que supostamente teriam ligação com as chagas do Cristo crucificado. (N. T.)

Tais eventos melhoram a situação militar dos ingleses. Bedford pode, enfim, arriscar trazer Henrique VI a Paris para a coroação, no final de novembro de 1431. Anteriormente, era necessário proteger o vale do Sena a partir de Rouen. Os reforços chegam durante o verão para expandir as guarnições. O rei faz sua entrada solene na capital pela porta Saint-Denis no primeiro domingo do Advento. Ele, que agora tem 10 anos, não consegue despertar o entusiasmo popular: é um menino apagado, tímido, sem vivacidade e extremamente piedoso, que passa a maior parte do tempo na capela e odeia exercícios militares. Desde muito cedo, é visto como pouco inteligente e, mais tarde, afundará na loucura antes de terminar miseravelmente como prisioneiro na Torre de Londres durante a guerra das Rosas. O historiador britânico R. A. Griffith, que dedicou uma biografia brilhante desse rei, demonstra de maneira decisiva que a reputação de Henrique VI como um rei fanático e simplório foi elaborada em grande medida pela propaganda Tudor após sua morte – reputação esta que o gênio shakespeariano teria cristalizado. Nada mais resta a esse menino delicado de ombros muito frágeis a não ser assumir a dupla herança da monarquia franco-inglesa legada por seu terrível pai Henrique V.

A consagração é tão malfeita quanto a de seu rival Carlos VII. Primeiro, é preciso renunciar à cidade tradicional, Reims, que era muito exposta. Além disso, os parisienses estão desapontados. Bedford, no entanto, faz o seu melhor: cortejo suntuoso, espetáculos de rua e banquete; porém nada disso tem resultado. Lamenta-se a ausência de pares do reino – faltam onze de um total de doze; os ingleses monopolizam a cena: é o cardeal-bispo de Winchester, Henrique Beaufort, quem oficia, e a catedral de Notre-Dame, nesse 16 de dezembro de 1431, está repleta de grandes senhores do outro lado do canal da Mancha. O *Burguês de Paris* expressa sua amargura ao ver "todos esses ingleses", cuja língua é incompreensível: "Não os ouvimos e eles não nos ouvem". Ademais, diz ele, a festa é mesquinha: qualquer burguês faria melhor no casamento da própria filha. No banquete, cozinha inglesa: carne bovina cozida três dias antes e mais ou menos reaquecida; nada de distribuição para os pobres, nada de perdão aos prisioneiros. Tinha-se realmente a impressão, diz o *Burguês*, de que os ingleses queriam livrar-se dessa corveia o mais rápido possível: "Os ingleses trabalhavam obrigados e pouco se importavam com a própria honra, contanto que fossem libertados; de fato, ninguém nunca os elogiou".

O EQUILÍBRIO

Henrique VI não fica muito tempo em Paris. Em 26 de dezembro, ele deixa a capital e segue para Rouen, e depois, para Calais. Em 29 de janeiro de 1432, finalmente está em Douvres, *back home, at last!* Nunca mais colocará os pés novamente em seu reino da França.

O CONFLITO PERDE FÔLEGO (1432-1435)

E a guerra continua, cada vez mais desarticulada. Em 1432, uma audaciosa operação de comando organizada por um *cordelier*[12] e um bearnês especialista em escalada, Pedro de Biou, quase resultou na captura de Rouen em fevereiro. Em abril, Dunois toma Chartres graças a um ardil clássico: soldados disfarçados de mercadores conseguem bloquear a ponte levadiça derrubando ali sua carroça. Em agosto, Bedford é forçado a levantar o cerco de Lagny. Em 1433, Sillé-le-Guillaume é capturada pelos ingleses. Em 1434, lorde Scales cerca o monte Saint-Michel, mas o ataque é repelido e duas de suas bombardas ainda hoje adornam a entrada do rochedo. Em março, Talbot toma Creil. Os franceses e os ingleses cavam valas em Beauvaisis, Vermandois e a Picardia. Nada disso melhora a situação e somente contribui para esgotar os três campos concorrentes.

Bedford é quem mais sofre com as provações. Sobrecarregado de trabalho, ele desaba em Lagny e precisa se retirar na Normandia. O ano de 1432 é tenebroso para ele; o banditismo aumenta em torno de Paris, onde os ladrões, diz o *Burguês*, "ficam tão enfurecidos que nunca os pagãos nem os lobos enraivecidos fizeram pior aos cristãos e às pessoas de bem". Em 14 de novembro, o regente perde sua esposa, Ana de Borgonha, que tinha 28 anos. Ela havia conseguido conquistar a simpatia dos parisienses e sua morte quebrou o vínculo principal entre seu irmão, Filipe, o Bom, e Bedford. O ano seguinte não é melhor para Bedford: conspirações anti--inglesas em Paris, revoltas na Normandia, motim em Calais. O duque vai para lá em abril e a repressão é severa: quatro execuções e dez banimentos. Ele aproveita a viagem para se casar com uma jovem de 17 anos, Jacquette

---

12 Os *cordeliers* são monges franciscanos cuja ordem na França remonta ao século XIII; o nome da ordem vem das cordas amarradas (*cordes liés*) utilizadas sobre o manto dos monges. (N. T.)

de Luxemburgo, em Thérouanne. O duque da Borgonha fica chocado: Bedford não apenas é viúvo há apenas cinco meses de sua irmã Ana, como ainda a nova esposa é sobrinha de Luís de Luxemburgo, cujas relações com Filipe eram ruins; além disso, o pai de Jacquette é o conde de Saint-Pol, vassalo da Borgonha; Bedford deveria ter pedido permissão a este último, o que ele não fez. E então o relacionamento com seu irmão Gloucester torna-se tenso novamente. Este último faz críticas à gestão dos assuntos franceses e acusa Bedford de negligenciar Calais. Bedford é forçado a ir para a Inglaterra a fim de se justificar.

Ele é atormentado por preocupações financeiras. Em 1433, os gastos de manutenção, guarnições e fortificações em Calais totalizam 11.930 libras para 2.866 libras de receita; a Gasconha sozinha engole 4.138 libras; no total, as despesas chegam a 80.700 libras para 64.800 libras de receita. Os custos da consagração foram cobertos apenas por empréstimos. Em 1432, o Parlamento votou somente metade dos impostos solicitados; em 1433, os próprios empréstimos se tornam onerosos.

Em 1434, a situação sai do controle na Normandia. Para combater a bandidagem endêmica, surge a "brilhante" ideia de armar os camponeses e treiná-los para a autodefesa. Na região de Saint-Pierre-sur-Dives, um incidente anuncia o caos vindouro. Milhares de camponeses se reúnem para lutar contra os saques das guarnições inglesas. Eles são despedaçados por cerca de 300 cavaleiros: 1.300 mortos. Para acalmar o ódio dos habitantes, Bedford manda decapitar alguns chefes. Mas tem absoluta necessidade de dinheiro: em setembro, exigiu dos estados da Normandia o voto de uma ajudadeira exorbitante de 244 mil libras. Isso causa revolta. Em pleno inverno, na neve, milhares de camponeses convergem para Caen. Sem líderes nem táticas, eles estão fadados ao massacre. É Tomás Basin, bispo de Lisieux, quem narra os acontecimentos:

> Como estavam ali já havia alguns dias, o frio, a fome e a falta de roupa os dominaram; muitos deles foram mortos e cortados em pedaços por uma pequena tropa de ingleses, de modo que tiveram que partir à noite e se espalhar em todas as direções. A maioria deles, temendo voltar para casa por medo dos ingleses, perderam-se em meio às florestas.

O EQUILÍBRIO   347

Num contexto tão difícil, Bedford chega a pensar em negociação. Uma tentativa ocorre em 1432, em Cambrai, sob os auspícios do cardeal Nicolau Albergati, enviado pelo papa. Uma nova tentativa ocorre em Corbeil, em 1433, e depois outra em 1434, porém nada de acordo. Em 1435, o regente aceita enviar uma grande delegação ao grande congresso que aconteceria no mês de agosto em Arras. Haveria de fato uma chance para se alcançar a paz geral, pois os parceiros e adversários estavam igualmente exaustos.

Filipe, o Bom, por sua vez, deseja fortemente sair desse conflito ruinoso. Ele tem outras preocupações: a agitação em Liège e em Namur, além das atitudes ameaçadoras de Frederico do Tirol, duque da Áustria, e do imperador Sigismundo, que acha que ele "voa alto demais". Assim, em janeiro de 1435, Filipe encontra em Nevers os enviados de Carlos VII: Richemont, La Fayette e Regnault de Chartres. Entre essas pessoas, que antes se diziam inimigos mortais, a atmosfera é amigável, os abraços são calorosos e os sorrisos são largos. Isso, segundo um cronista, leva alguns a dizerem: "Ele era louco, aquele que na guerra lutou, e foi morto por eles". Todos concordam em se reunir numa conferência de paz, na qual serão feitas "ofertas razoáveis" aos ingleses. Isso ocorrerá em Arras, em agosto.

Que Bedford e Filipe da Borgonha estejam prontos para negociar, isso é conveniente para Carlos VII, que vê a possibilidade de separar seus dois adversários. Em 1432, o duque da Bretanha vira a casaca mais uma vez, passando de volta para o lado dos franceses, permitindo assim que Richemont volte a ser favorecido. Em várias ocasiões, o condestável eliminou à força os favoritos do rei: o assassinato de Pedro de Giac em 1427, depois o de Camus de Beaulieu, no mesmo ano. Agora ele pode se livrar de La Trémoille, cuja prisão havia sido ordenada na noite de 3 de junho de 1433, em Chinon, a poucos passos da câmara do rei. Trata-se de um verdadeiro atentado, durante o qual o obeso George recebe um golpe de punhal, mas escapa porque a lâmina não é longa o suficiente para atravessar a proteção natural da camada de gordura do corpo. La Trémoille sofre apenas um ferimento superficial e é exilado em seu castelo em Sully.

A nova equipe dirigente tem duas cabeças: Richemont e Carlos de Anjou. Carlos é um jovem de 18 anos, terceiro filho de Iolanda. Inteligente e amável, ele também compartilha os prazeres e as amantes do rei, sob a supervisão de sua mãe, que continua criando seus filhos. O filho mais velho,

Luís III de Anjou, morre em 14 de novembro de 1434 e todos os seus títulos são herdados pelo seu irmão mais novo, René, que agora é: duque de Anjou, duque de Maine, duque de Lorraine, duque de Bar, conde da Provença, rei de Nápoles e da Sicília. Contudo, René está preso desde a batalha de Bulgnéville. Iolanda administra seus interesses e, de certa forma, governa a França: sua filha Maria é esposa do rei e mãe do delfim, seu filho Carlos é o favorito do rei, cujas amantes também são suas criaturas. O clã angevino domina a corte: jovens como Pedro de Brézé, João de Bueil e Bertrand de Beauvau, cujo papel crescia, são leais a ela. Quanto ao resto, há alguns sobreviventes da era anterior, como Regnault de Chartres, chanceler, e Roberto Le Maçon, além de novos talentos como Estêvão Chevalier, Guilherme Cousinot, os irmãos Bureau e Prigent de Coëtivy.

O rei agora está bem assessorado. Aos poucos, ele se torna "o bem servido", antes de se tornar "o vitorioso". Seu reino é gradualmente colocado em ordem. Na primavera de 1434, ele viaja pela região sul. Em Viena, preside os estados de Languedoc, que votam para ele uma ajudadeira extraordinária de 170 mil ovelhas de ouro. Ali, o rei recebe embaixadores do imperador, do marquês de Ferrara, e também do Concílio da Basileia. Isso porque a situação no seio da Igreja está se deteriorando novamente. Depois do Cisma, vem a crise conciliar. Em 1431, o novo papa, Eugênio IV, convoca um concílio na Basileia, cuja direção rapidamente lhe escapa. Os prelados reformadores pretendem impor mudanças na disciplina do clero, bem como na liderança da Igreja. O papa dissolve o concílio, que se recusa a obedecer. Carlos VII, em 1432, reúne seus bispos em Bourges e estes aprovam o concílio. Carlos ameaça depor o papa. O espectro do Cisma está de volta. E eis que, em Viena, os delegados da Basileia, o cardeal Luís Aleman, conhecido como cardeal de Arles, e o cardeal de Chipre, Hugo de Lusignan, pedem ao rei que intervenha em favor do concílio. O rei tenta ganhar tempo. Todos percebem a necessidade de uma grande reunião internacional para resolver os conflitos que dilaceram a cristandade, e, em particular, a interminável guerra franco-britânica. O encontro é marcado para julho de 1435 em Arras.

O EQUILÍBRIO

O CONGRESSO E O TRATADO DE ARRAS
(JULHO-SETEMBRO DE 1435)

O Congresso de Arras é um dos maiores encontros internacionais da Idade Média. Nos registros conhecidos, nunca se viu nada parecido. Os problemas de alojamento e segurança implicados no evento fazem a felicidade e a fortuna dos comerciantes e das prostitutas da cidade. Isso porque as discussões vão durar mais de um mês. É claro que o congresso traz entretenimento: festas, banquetes, danças e justas se sucedem para o deleite dos correspondentes que fazem relatos das festividades.

Os ingleses são os primeiros a chegar. A delegação é impressionante e inclui o cardeal Beaufort, bispo de Winchester, tio-avô do rei, o arcebispo da Cantuária, os bispos de Norwich e Saint David's, os condes de Suffolk e de Huntingdon, além do guardião do selo privado. Em 23 de julho, chegam os burgúndios, liderados pelo duque Filipe em pessoa. Cortejo não menos impressionante, contando com o duque de Gueldres e 200 cavalos, o duque de Clèves e 24 cavalos, o conde de Étampes e 40 cavalos, o conde de Nassau e 86 cavalos, além de vários duques, condes, senhores da Holanda, de Flandres e de Brabante, com centenas de camareiros, mordomos, escudeiros e outros criados: 2 mil pessoas ao todo, estima Velo de Ouro, o arauto.[13]

A delegação francesa chega em 31 de julho: o duque de Bourbon e o marechal de La Fayette, com 25 cavaleiros, 30 gentis-homens e 200 cavalos; o condestável de Richemont, "muito bem acompanhado por seus cavaleiros e escudeiros, que eram cerca de quarenta". Carlos VII também está representado pelo arcebispo Regnault de Reims, com 55 cavalos, o conde de Vendôme, com 60 cavalos, e muitos outros; ao todo, cerca de mil homens a cavalo.

Em 3 de agosto, chega a duquesa da Borgonha, "e, antes dela, gente de Brabante, de Hainaut, dos Países Baixos, de Flandres, da Artésia, da Picardia, da Borgonha, de Namur e muitas outras pessoas, senhores e príncipes [...]". Nesse meio-tempo, chegam representantes dos reis da Polônia, de Castela, de Aragão, de Navarra, de Portugal, do Chipre, da Dinamarca, da Sicília, do

---

13 O Velo de ouro (*Toison d'or*) era a ordem de cavalaria fundada em 1430 na ocasião do casamento entre Filipe, o Bom, e Isabel de Portugal. O mesmo nome, "Velo de Ouro", identificava o arauto qualificado na ordem como "rei de armas" (*roi d'armes*). (N. T.)

imperador, do duque da Bretanha, de Iolanda de Anjou, da Universidade de Paris, do Parlamento e de muitas cidades. O Concílio da Basileia é representado pelo cardeal do Chipre, que chega em 8 de julho com 150 pessoas, entre as quais muitos bispos de toda a Europa, o abade de Vézelay e seus auditores, "um mestre em teologia, seu confessor, seis capelães, dezesseis senhores, todos os do seu *hôtel*". Aquele que irá presidir as negociações entra em Arras no dia 13 de julho: Nicolau Albergati, cardeal da Santa Cruz, legado do papa Eugênio IV. Ele tem como secretário um futuro papa, Enea Silvio Piccolomini, além de uma importante comitiva.

As coisas sérias começam em 5 de agosto com as negociações franco-inglesas. As duas delegações estão em salas separadas e o legado vai de uma à outra como mensageiro. Desde o início, as posições pareciam inconciliáveis. Os ingleses primeiro formulam suas propostas: Henrique VI seria reconhecido como rei da França; Carlos, o "delfim", teria posse de todos os territórios que efetivamente controlava (correspondendo aproximadamente à região sul do Loire), pelos quais homenagearia o rei da França e da Inglaterra; ele também deveria indenizar as cidades e fortalezas injustamente conquistadas em tempos recentes; uma de suas filhas se casaria com Henrique VI, e uma trégua de trinta a quarenta anos seria estabelecida. Proposta acolhida com gargalhadas e exclamações de escândalo por parte dos franceses. Para eles, nem se discute a renúncia de Carlos VII ao título de rei da França. A situação militar na prática não pode mais justificar tais pretensões por parte dos ingleses.

O que eles propõem? Que Henrique VI renuncie ao título de rei da França; ele ficaria com a Guiena e a Normandia, até mesmo com o condado de Alençon e o monte Saint-Michel, pelos quais prestaria homenagem a Carlos VII; o princípio do casamento é aceito, mas é preciso que haja uma paz de fato, e não apenas uma trégua. "Ridículo e risível", declaram os ingleses. Para o lorde Hungerford, trata-se de "escárnios e zombarias", como uma maçã oferecida a uma criança. O legado pode até dizer que as ofertas são "grandes, notáveis e razoáveis", e que Carlos VII lhes cedia "a melhor e mais saudável terça parte do reino da França", porém, os ingleses não se deixam convencer. Beaufort e Kemp, o arcebispo da Cantuária, têm ilusões sobre as reais capacidades de seu exército. Os tempos de Crécy, Poitiers e Azincourt acabaram, sem que as pessoas percebessem isso. De modo geral, a delegação inglesa se comporta de maneira arrogante.

O EQUILÍBRIO   351

Em 1º de setembro, Filipe, o Bom, oferece um grande banquete em homenagem ao cardeal Beaufort e, no final, chama-o de lado tentando persuadi-lo a aceitar as propostas dos franceses. O cardeal perde a paciência, grita, gesticula, fica ensopado pelo suor; aos 63 anos, está à beira de um ataque cardíaco, e mesmo assim demonstra imensa obstinação. Finalmente, em 6 de setembro, os ingleses partem furiosos com a alegação oficial de que estariam levando as propostas dos franceses para Henrique VI; porém, na realidade, aquilo era para eles o término das negociações. Tal fracasso abala o duque de Bedford que, durante todo esse período, estava doente em Rouen. Ele morre em 14 de setembro.

A porta está aberta para negociações entre burgúndios e franceses. Já há vários dias elas acontecem discretamente. Aparentemente, o duque da Borgonha tinha escrúpulos de consciência: ele precisava vingar o assassinato de seu pai e havia jurado respeitar o Tratado de Troyes. Ao trair sua palavra, não estaria ele arriscando sua salvação eterna? Ora, dizer isso seria esquecer que os teólogos são capazes de realizar milagres. Os melhores casuístas franceses e italianos são consultados e eles não têm dificuldade em provar que o dever de Filipe é perdoar a ofensa e denunciar o Tratado de Troyes. Os bispos o obrigam a socorrer as pessoas que trabalham pela paz. Os legados do papa e do concílio o libertam de seu juramento. Os juristas mostram a ele que o Tratado de Troyes é nulo porque havia sido assinado por um rei louco e aprovado por estados que representavam apenas parte do reino.

Os conselheiros do duque também o empurram na direção de uma reconciliação com Carlos VII. Eles estão ainda mais convencidos de que o rei da França soube empregar argumentos irrefutáveis contra eles: 10 mil *saluts* de ouro[14] para Nicolau Rolin, o mesmo montante para Antônio de Croy, 8 mil para Pedro de Bauffremont, senhor de Charny, para Filipe de Ternant, para João de Hornes, 10 mil a serem divididos entre João de Croy, irmão de Antônio, João de Brimeu, Guy Guilbaut e Jacques de Crèvecœur. A diplomacia de Carlos VII não economizou nos meios. Assim contemplados, os conselheiros da Borgonha mostram-se zelosos defensores da paz.

---

14 O *salut d'or* era uma moeda com a efígie de Henrique VI equivalente a 22 soldos e 6 denários turneses. (N. T.)

Daí em diante, tudo ocorre muito rapidamente. O tratado é solenemente proclamado em 21 de setembro. Carlos VII paga um alto preço: deve condenar o assassinato de Montereau, do qual ele só é perdoado sob alegação de ser jovem na época. E, ainda, deve perseguir e banir todos os participantes do assassinato e confiscará seus bens; deve instaurar na igreja colegiada de Montereau uma missa diária de réquiem, em regime de perpetuidade, pela salvação da alma de João Sem Medo; financiar a criação de um convento cartuxo perto da cidade; instaurar outra missa de réquiem entre os cartuxos de Champmol em Dijon; compensar todos aqueles que sofreram danos durante o atentado; doar 50 mil escudos de ouro para compensar a perda das relíquias após o assassinato. Além disso, "na ponte de Montereau, no local onde ocorreu o referido caso infeliz, será feita, edificada e bem montada, a ser preservada para sempre, uma bela cruz à custa do rei". Ele concederá um perdão geral para todos os atos cometidos durante a guerra civil, exceto para os assassinos de João Sem Medo.

Ele cederá ao duque da Borgonha os condados de Mâcon e Auxerre, o senhorio de Bar-sur-Seine, as castelanias de Roye, Péronne e Montdidier, o condado de Bolonha. Estarão empenhadas ao duque as cidades de Soma, Saint-Quentin, Corbie, Amiens e Abbeville, além do condado de Ponthieu, Doullens, Saint-Riquier, Crèvecœur, Arleux e Mortagne; ele poderá resgatar essas cidades por 400 mil escudos, e, até que isso seja feito, "serão para o chamado meu senhor da Borgonha os frutos de todas as referidas cidades, vilas, fortalezas e senhorios, tanto domínios quanto ajudas ou qualquer outra coisa, sem deduzir ou abater nada do principal". A título pessoal, Filipe, o Bom, está isento de qualquer homenagem ou serviço ao rei por suas posses no reino. Ao longo da vida de Filipe, o Bom, seus vassalos não serão obrigados a servir ao rei na guerra, enquanto o rei se compromete a socorrer o duque da Borgonha se ele for atacado pelos ingleses. O rei não estabelecerá nenhuma aliança com os ingleses sem o consentimento do duque e renunciará a qualquer aliança com o imperador ou "qualquer outro príncipe ou senhor" que seja dirigida contra o duque da Borgonha. Em troca, Carlos VII obtém apenas uma coisa, a saber, o reconhecimento de seu título de rei da França, o que é importante o suficiente para justificar todos esses sacrifícios.

Em seguida, procede-se à humilhante cerimônia durante a qual João Tudert, deão de Paris e conselheiro de Carlos VII, ajoelhado aos pés de Filipe,

O EQUILÍBRIO

o Bom, recita em nome do rei a fórmula das reparações honrosas previstas no tratado. O duque então promete que esquecerá todos os rancores e jura sob a cruz que não mais se lembrará da morte de seu pai, e, ainda, que viverá em boas relações com o rei.

Do lado francês, alguns criticam o tratado, achando-o muito duro. O próprio rei hesita. Tomás Basin fala de "remorso e tristeza". Ele reflete por quatro meses antes de ratificá-lo em 10 de dezembro de 1435. No entanto, do ponto de vista global, o tratado é um sucesso, como os eventos subsequentes comprovariam. O Tratado de Arras permitiu que Carlos VII concentrasse todas as suas forças contra os ingleses e isso, sem dúvida, encurtou a Guerra dos Cem Anos. Permitiu ainda reunir as populações do norte da França, em particular a de Paris, que sempre foi favorável aos burgúndios. Diante da ajuda concreta de Filipe, o Bom, aquilo que o rei oferecia não passava de promessas, e sabemos o quanto vale a promessa de um rei. Além disso, quando os conselheiros das duas partes vão prestar juramento de respeitar o tratado, João de Lannoy declara cinicamente, erguendo a mão direita sobre o Evangelho: "Eis a mão que fez juramento de paz cinco vezes, das quais o juramento não foi observado em nenhuma". Muitas das cláusulas do Tratado de Arras nunca serão executadas, o que será motivo de grandes querelas entre o rei e o duque. Porém, Carlos VII imediatamente começa a colher os frutos do acordo. A partir de 1435, os ingleses estão sozinhos, na defensiva, e continuam a perder terreno. Serão ainda necessários dezoito anos antes da conclusão. E já se passaram 98 anos desde que o caso começou.

CAPTURA DE PARIS (1436); OS INGLESES NA DEFENSIVA (1436-1439)

Obstinados em exigências irrealistas, os ingleses, que já tinham dificuldade em defender o que ocupavam, condenam-se a uma corrida desenfreada pela conquista impossível do reino da França. Ao desejar tudo ganhar, tudo perderão. Eles vivem das memórias de vitórias passadas e recusam-se a ver que o tempo de sua superioridade militar acabou. A tática evoluiu; os arqueiros são menos eficazes e a artilharia é mais temível. O sábio Bedford está morto. Foi substituído em 1º de maio de 1436 por um inexperiente jovem de

25 anos, o duque Ricardo de York, com o título de "tenente-geral e governador", menos prestigioso que o de regente, que foi abolido.

Seu amigo Filipe da Borgonha agora é seu inimigo. A partir de 1436, ele tenta tomar Calais. A expedição, mal preparada, é um fracasso. Mas os alertas se multiplicam: os corsários bretões atacam constantemente as costas meridionais da Inglaterra, onde se espalha a psicose de um desembarque. A situação na Aquitânia é alarmante, os condes de Foix e de Armagnac declaram-se a favor de Carlos VII. Acima de tudo, há grande temor pela Normandia, para onde reforços consideráveis são enviados: 1.770 homens em dezembro de 1435 com Henrique Norbury, depois outros 800 na primavera de 1436, seguidos por 2 mil com o conde de Mortain, 5 mil com o duque de York e os condes de Salisbury e de Suffolk. Tudo isso com resultados medíocres: Dieppe e Harfleur são conquistados em 1435; Talbot retoma Pontoise em 1437 e Tancarville em 1438. Regiões inteiras se revoltam, o país de Caux em 1435, o Val-de-Vire no início de 1436, e a repressão implacável apenas reforça o ódio aos ingleses. Tomás Basin fala dos "ingleses celerados", que "passam pelos antiquíssimos e quase naturais inimigos deste país e de seus habitantes", cometendo "rapinas e massacres, a fim de satisfazer o seu ódio".

Em Londres, o governo é impotente. O agente prussiano Hans Winter relata que Henrique VI atingiu a maioridade, porém é "muito jovem, inexperiente e desconfiado como um cartuxo". Gloucester e Beaufort ainda controlam Henrique, mantendo-o na devoção religiosa a fim de se manterem no poder. Para liderar a França, o jovem duque de York é substituído em maio de 1436 pelo venerável Ricardo Beauchamp, conde de Warwick, que reluta muito em assumir essa tarefa ingrata e ruinosa: ele ainda espera receber 12.606 libras pelo período, dez anos antes, em que foi guardião do Calais.

Do lado de Carlos VII, ao contrário, prevalece o otimismo. Em janeiro de 1436, os estados de Poitiers votaram uma ajudadeira de 120 mil libras para os próximos quatro anos, e isso permite o planejamento de uma grande operação: a recuperação de Paris. A preparação é psicológica e militar. Em 28 de fevereiro, o rei garante aos parisienses a anistia e ainda promete que não haverá saques. A população, sobrecarregada com as dificuldades de vida causadas pela ocupação, está pronta para se levantar. Os negócios colapsam, a liberdade de ir e vir é restringida, os preços disparam sob o efeito do bloqueio. A administração é odiada – ela está nas mãos de quatro bispos: Luís de

O EQUILÍBRIO

Luxemburgo, bispo de Thérouanne, Pedro Cauchon, que se tornou bispo de Lisieux, Pasquier de Vaux, bispo de Meaux, Jacques du Châtelier, bispo de Paris. Eles exigem um novo juramento de fidelidade em fevereiro, o que não impede que novos complôs sejam armados, principalmente em torno do mestre de contas Miguel de Laillier.

Do ponto de vista militar, a operação é organizada pelo condestável de Richemont. Junto com Dunois e Villiers de L'Isle-Adam, ele começa apertando o laço em torno da capital: Meulan é tomada em setembro de 1435, e Pontoise, em fevereiro de 1436; o bloqueio se completa com Vincennes, Corbeil, Brie-Comte-Robert, Saint-Germain-en-Laye, Melun e Lagny. O cerco está organizado. A guarnição inglesa consiste em apenas quatrocentos homens. Em 13 de abril de 1436, o ataque é realizado com a colaboração dos burgueses, que provocam um motim no norte a fim de atrair a maioria dos soldados ingleses, enquanto no sul o ataque ocorre na porta Saint-Jacques. O deslocamento das tropas de uma porta a outra é difícil devido à falta de alamedas interiores seguindo o traçado do cinturão. É necessário voltar pelo labirinto das ruelas no centro, que são facilmente bloqueadas por correntes e carroças. Os poucos combatentes na porta Saint-Jacques são rapidamente capturados. Os ingleses recuam para a Bastilha. A cidade está tomada. Richemont tranquiliza a população, confirma a anistia real e proíbe a pilhagem. A guarnição é autorizada a se mudar para Rouen em 17 de abril, e Laillier é nomeado preboste dos mercadores.

O negócio é bem conduzido e a transição ocorre de modo tranquilo. É claro que algumas cabeças – as de colaboradores excessivamente comprometidos – precisam ser cortadas; alguns burgueses anglófilos notáveis são expulsos, mas já em dezembro "foram perdoados muito gentilmente, sem censura e sem prejuízo, nem a eles nem a seus bens", diz o *Burguês*. Opera-se a fusão do Parlamento com o de Poitiers, e a Câmara de Contas com a de Bourges: a unidade administrativa é restaurada, sem problemas e sem caça às bruxas.

Carlos VII, entretanto, se recusa a retornar a Paris. Seu rancor contra a capital, de onde guarda péssimas lembranças, é tenaz. Ele fica no Loire. Tal atitude é considerada um insulto pelo *Burguês*, que em setembro escreve: "Naquele tempo não havia notícias do rei, quer estivesse em Roma ou em Jerusalém". De fato, ele parte para Languedoc a fim de presidir os estados da Baixa Auvérnia, em Clermont, antes de ir para Lyon; depois, desce para

Dauphiné e, via Uzès e Nîmes, vai presidir os estados de Languedoc em Montpellier em fevereiro de 1437. Em seguida sobe em etapas, via Pézenas, Millau, Rodez, Saint-Flour, Clermont e Roanne. Em julho de 1437, ele retorna para sua verdadeira capital, Bourges.

Essa longa jornada para o sul atesta a autoconfiança que Carlos VII agora exibe. Uma confiança que talvez seja prematura, pois a guerra está longe de terminar e os problemas que aparecem são internos ao próprio campo francês. De todo modo, a progressão do poder régio começa a preocupar vários grandes senhores, que tinham aproveitado a situação anárquica do período anterior para desenvolver a sua liberdade de manobra navegando em meio aos três grupos. Também se consideram mal recompensados pelos serviços prestados e pelos sacrifícios feitos na luta contra os ingleses. É o caso de Carlos de Bourbon, que se orgulha de ter protegido os domínios do rei de Bourges; outros descontentes são: o duque de Alençon, arruinado pelo pagamento de um resgate de 200 mil escudos; o bastardo de Orléans, que acha que o rei nada faz para libertar seu meio-irmão; René de Anjou, finalmente libertado das (douradas) prisões da Borgonha, e que se ressente de Carlos VII por não tê-lo ajudado; o conde de Armagnac e o duque da Bretanha, que não têm interesse em ver o rei poderoso demais. Todos esses descontentes se aproveitam da ausência do soberano durante a sua turnê pelo Languedoc e tentam criar problemas em Touraine, recorrendo aos serviços do mercenário Rodrigue de Villandrando. Quando chega de volta, o rei não tem dificuldade em restabelecer sua autoridade diante daquilo que ainda era apenas uma manifestação de mau humor. Dessa vez ele escapou.

Tendo se tornado combativo com êxito, Carlos VII encarrega-se pessoalmente das operações militares para resgate dos vales do Sena, do Marne e do Yonne. Château-Landon, Nemours e Charny são tomadas em agosto de 1437. Em setembro, ele sitia Montereau e cobra 36 mil libras dos parisienses pelos custos da operação. A cidade é tomada em 10 de outubro e ele foi um dos primeiros a aparecer nas muralhas, com a espada na mão. Dentre os defensores, os franceses vão para a forca enquanto os ingleses recebem permissão para retornar a Rouen, descendo o Sena. Os parisienses ficam furiosos com essa clemência porque, diz o *Burguês*, esses ingleses "eram trezentos, todos assassinos e ladrões", e até mesmo insultá-los enquanto atravessavam de barco a capital era proibido: "as pessoas de Paris estavam muito descontentes".

O EQUILÍBRIO   357

Em 12 de novembro de 1437, um ano e meio após a retomada da cidade, Carlos VII finalmente entra em Paris, porém faz isso mais como um conquistador do que como soberano pacífico: ele veste armadura completa, é seguido por 2 mil soldados e não perde muito tempo por ali – volta a Bourges em menos de três semanas. Os parisienses ficam amargurados, pois sua visita "nada de bom fez à cidade de Paris naquele momento, e pareceu que ele veio apenas para ver a cidade, mas a verdade era que a captura de Montereau e sua vinda custaram mais de 60 mil francos à cidade de Paris", observa o *Burguês*. E, em 1438, o *Burguês* lamenta ainda que, decididamente, as coisas não estão melhores do que no tempo da tutela inglesa: impostos pesados, insegurança endêmica, bandidos de Chevreuse chegando até a porta Saint-Jacques, fome em janeiro, tempestade em abril, peste bubônica em outubro, invasão de besouros e toupeiras, sem contar o retorno dos lobos, que devoraram catorze pessoas entre Montmartre e a porta Saint-Antoine.

A rotina das calamidades, portanto, não cessou. E, no âmbito militar, o jogo dos ganhos e das perdas das cidades também recomeça. Os ingleses retomam Pontoise em fevereiro de 1437. Em 1438, Rodrigue de Villandrando, agora a serviço de Carlos VII, opera na Guiena, toma Fumel, Issigeac e Lauzun, cruza o Garona em Tonneins, toma Blanquefort e chega a Bordeaux pelo norte, enquanto Poton de Xaintrailles, Albret e o bastardo de Bourbon vêm do sul. Apenas a falta de artilharia os impede de atacar a cidade. Eles decidem passar o inverno no local e o rei manda os estados de Languedoc votarem um imposto para pagar seus soldados, de maneira a evitar que eles cometam muitos danos: "Sem ter arrecadado rapidamente a soma, não seria possível que nossos queridos primos Rodrigue e Poton permanecessem e se mantivessem nos referidos países devido ao alto custo dos víveres e de outras necessidades que eles têm", diz o rei. A ideia de um exército permanente associado a um imposto está ganhando terreno.

Na primavera de 1439, Villandrando retoma suas operações de saque nas regiões de Albi, Toulouse, Carcassonne e, finalmente, em Gévaudan. Em todos os lugares, eles só vão embora após o pagamento de indenizações: 2 mil escudos para Toulouse e o mesmo valor para os estados de Gévaudan, e, depois, ele lutará a serviço do rei de Castela. Quanto a Poton, este vai para a Normandia tomando Louviers e Conches na companhia de Brézé, enquanto os ingleses tomam Lillebonne e Harfleur. Richemont fica com Meaux.

OS ESFOLADORES E A PRAGUERIE (1439-1440)

Isso ainda pode durar muito ainda. E para piorar essa guerra endêmica que novamente se arrasta, um novo flagelo surge: os esfoladores.[15] A bem da verdade, a novidade é bastante relativa, pois trata-se de um fenômeno observado diversas vezes ao longo dos cem anos passados: soldados mercenários desempregados que se transformam em bandidos, vivem na região com apoio de uma turba de pequenos nobres e camponeses arruinados, todos estes exemplificando a seguinte máxima: a melhor forma de deixar de ser vítima é tornar-se carrasco. O fenômeno se amplia a partir do Tratado de Arras, que, embora não tenha garantido a paz geral, contribuiu, no entanto, para uma certa desmobilização das tropas. Eis aí um dos paradoxos dessa guerra: os tratados de paz acabam por ser tão catastróficos quanto os períodos de combate. Já havíamos notado isso após Brétigny no tocante às grandes companhias.

O fenômeno não escapou aos cronistas. O *Burguês de Paris* menciona "um número tão grande a ponto de se dizer: a maior quantidade de ladrões que havia no mundo, os chamados esfoladores". Tomás Basin dá uma explicação do termo que, no entanto, já é bastante autoexplicativo:

> Havia de fato bandos de homens armados em número indeterminado e sem soldo, que vagavam de um lado para o outro no reino; o horror dos crimes e das crueldades que cometiam sem a menor piedade prejudicando as pessoas de sua própria região e território fez que fossem chamados de açougueiros ou, como se diz vulgarmente, esfoladores.

Olivier de La Marche é mais preciso e analisa as causas do flagelo:

> Em toda parte no reino de França havia muitas praças e fortalezas cujos guardas viviam de rapina e pilhagem; no interior do reino e em regiões vizinhas, reunia-se todo tipo de gente das companhias (eram chamados esfoladores) que

---

15 No original, *écorcheurs*, em alusão ao açougueiro que arrancava a pele dos animais abatidos. Não devem ser confundidos com os *routiers*, que eram mercenários em tempo integral, enquanto os *écorcheurs* faziam da atividade mercenária apenas um trabalho temporário nos períodos de trégua. (N. T.)

O EQUILÍBRIO

cavalgavam e iam de região em região, e de marca em marca, buscando provisões e aventuras para viver e ganhar, [...] e os principais eram capitães: o bastardo de Bourbon, Brussac, Godofredo de Saint-Belin, Lestrac, o bastardo de Armignac, Rodrigue de Villandrando, Pedro Regnaut, Regnaut Guillaume e Antônio de Chabannes, conde de Dammartin; e, embora Poton de Saintrailles e La Hire fossem dois dos principais e mais renomados capitães do partido francês, eles, no entanto, cometiam pilhagem e estavam entre os esfoladores; [...] na verdade, os chamados esfoladores causaram muitos males e agravos ao pobre povo da França, bem como aos mercadores [...]

Quem me perguntaria como pode ser que assim, depois da paz feita em Arras, jurada e prometida pelo rei da França tão solenemente que aqui está escrita e ao alcance das mãos, seus capitães, servos e homens de armas pilham, [...] a isso eu respondo, e é verdade, que o rei e o reino de França estavam nessa época abarrotados de homens de armas, incontáveis e de várias regiões e localidades, que haviam bem servido; e eles precisavam, por dever, fazer manutenção, pagamento ou recompensa. Isso o rei não poderia fornecer, referente a assuntos passados, conduzidos e sustentados.

Trata-se, portanto, do excesso de tropas surgidas com o Tratado de Arras. Os mercenários formam bandos, liderados por chefes bem conhecidos, que da noite para o dia podem se transformar em bandidos. Aos nomes fornecidos por Olivier de La Marche devem ser acrescentados João de Grailly, conde de Foix, Guilherme de Flavy, o *sire* de Pons, João de Salazar, o inglês Matthew Gough, Perrinet Gressart, Pierre-Raymond de Fauga e um espanhol de primeira classe, João de Surienne, conhecido como "o Aragonês", que, embora trabalhasse para Suffolk desde 1436, era muito bem capaz de prestar serviços para ambos os lados ao mesmo tempo, recebendo, por exemplo, 3 mil libras dos ingleses para entregar Montargis, e 12 mil *royaux* de ouro[16] dos franceses para devolvê-lo a Carlos VII. Antônio de Chabannes, por sua vez, vasculha Cambrésis, Hainaut, Ponthieu e, depois, Charolês com seus esfoladores em 1438, antes de ser admitido no serviço do conde

---

16 O *royal d'or* era uma moeda criada em 1358 por João, o Bom, para substituir o *mouton* ou *agnel*. Era equivalente a 25 soldos turneses. (N. T.)

de Vaudémont, e, mais tarde, contratado pelo bispo de Estrasburgo; o rei o emprega novamente a partir de 1441.

Somente a Bretanha parece ter escapado do flagelo, enquanto Poitou está "quase desabitada" e Angoumois, está "deserta, por assim dizer". Champagne é devastada, a população de Provins reduzida à metade, o bispo de Sens destroçado, Limousin assolada, Limoges quase deserta; dois terços das igrejas de Quercy são saqueadas; na Borgonha, o que os esfoladores não levam é capturado pelos "raspadores".[17] Em Beauvaisis, trezentos camponeses são queimados vivos em uma igreja. Forez, Velay, Auvérnia e Lyonnais revivem as cenas horrendas do tempo das companhias. Textos oficiais, crônicas, cartas de remissão se juntam para dar uma imagem apocalíptica do reino da França no final da década de 1430. Os clérigos lançam um grito de alarme. Em 1439, João Jouvenel des Ursins, bispo de Beauvais, em uma ousada *Epístola ao rei*, interpela o soberano:

> Para isso, portanto, posso dizer que devei despertar, porque não aguentamos mais [...] Por Deus, senhor, perdoai-me, pois na verdade posso dizer que cometes um grande erro aí [...] As pessoas estão desesperadas e enfurecidas, e apenas murmuram e amaldiçoam a vós e àqueles que lhe dizem respeito.

De acordo com Tomás Basin, Carlos VII, "em absoluto ócio e no luxo, deixava o reino ser dilacerado e devastado tanto por inimigos quanto por seus próprios súditos, sem demonstrar, por assim dizer, nenhuma preocupação com sua salvação, segurança e defesa".

O rei percebe a gravidade do problema? O fato é que, até 1439, as medidas são inadequadas. A solução clássica seria empregar os esfoladores em outro lugar para serem massacrados. É o caso de 6 mil deles, colocados à disposição do bispo de Estrasburgo para sua guerra contra os príncipes alemães; outros são enviados ao cerco de Avranches sem artilharia; Richemont emprega um certo número deles, mas está sobrecarregado, "porque o povo do senhor de Bourbon, que estava na floresta de Vincennes e em Corbeil, fazia tanto mal quanto os ingleses; e houve saques gerais em Champagne, Brie e Beauce".

---

17 No original, *retondeurs*. (N. T.)

O EQUILÍBRIO

A raiz do problema é a organização do exército, que precisa de uma reforma completa. Foram os estados da língua d'oïl que, reunidos em Orléans em outubro de 1439, enfrentam a questão de frente e propõem medidas que são formalizadas na ordenança de 2 de novembro. O princípio é o seguinte: é vedado à nobreza organizar tropas e arrecadar impostos, sob pena de confisco de bens e perda do título de nobreza. Somente o rei pode organizar companhias de homens de armas, cujos capitães por ele nomeados serão colocados em guarda nas praças de fronteira; para mantê-los, ele cobrará um imposto permanente. Tal ordenança, em grande parte inspirada na de 1374, não passará, no entanto, de letra morta, além de suscitar violenta oposição da grande nobreza, porque colide frontalmente com as concepções militares feudais, que faziam dos vassalos os quadros naturais do exército com os seus contingentes locais. Tal reforma os colocaria completamente à mercê do rei. A ordenança de 1439, que vem juntar-se ao já mencionado rol de queixas da nobreza, é de fato uma das causas da praga de 1440.

Essa revolta nobiliária concomitante à guerra poderia ter sérias consequências. Pois os grandes vassalos controlam o delfim Luís, um adolescente de 16 anos, impaciente para reinar, convencendo-o facilmente de que ele seria um rei melhor do que seu pai. A ideia é colocar este último sob tutela, fazer do delfim o regente e usá-lo para restaurar as boas e velhas práticas feudais. Os líderes do movimento são os duques de Bourbon e de Alençon, o conde de Vendôme, Dunois, Georges de La Trémoille, que sonha em retomar seu lugar, e alguns chefes de bando que estão preocupados com a nova ordenança.

Tal fronda nobiliária é batizada Praguerie devido à semelhança com eventos ocorridos há pouco na Boêmia, onde o rei Sigismundo foi subjugado pela feudalidade. A Praguerie entrará em colapso muito rapidamente. O rei apela às boas cidades do reino, que têm tudo a perder com o regresso dos grandes nobres ao poder; ele reúne um exército, marcha sobre Niort, onde estão entrincheirados os conspiradores, que ficam surpresos com o vigor dessa reação. Dunois desiste e é perdoado. Alençon e Bourbon recuam para Auvérnia com o delfim. Em julho, as negociações acontecem em Montferrand. Por fim, os duques se rendem e, no dia 19, Carlos VII e o delfim travam uma discussão tempestuosa em Cusset. O rei se mostra clemente. Todos são anistiados. Os nobres obviamente não são mais capazes de se opor ao rei enquanto os maiores vassalos ficam de fora da briga. No entanto, a Borgonha e a Bretanha permanecem neutras. Dois anos depois, uma nova tentativa não terá mais sucesso.

O RECUO DOS INGLESES (1440-1443)

Os ingleses não conseguem tirar proveito dos problemas de Carlos VII. De fato, percebendo aos poucos a nova relação de forças, procuram renovar as negociações que haviam interrompido desastrosamente em Arras. E, para isso, tentam agora usar o intermediário do seu mais antigo e mais ilustre prisioneiro: o duque de Orléans. Libertar o príncipe-poeta para ele intervir no conselho do rei em favor de um tratado de paz, tal é a esperança cultivada em Londres, onde se superestima a influência do duque: ausente da cena francesa por 25 anos, idoso, amargurado e rabugento, Orléans tem mais competência para escrever versos de rondó[18] do que para influenciar a vida política. Além disso, Carlos VII não tem pressa em vê-lo retornar; após um quarto de século, nada fez a respeito.

Reuniões preparatórias são organizadas para fixar as condições da libertação, como em Oye, perto de Calais, no final de junho de 1439, entre franceses, ingleses, bretões e burgúndios. Os ingleses estão divididos. Sempre disposto à guerra, o duque de Gloucester, apoiado pelos lordes Bourchier, Popham, Stafford e o conde de Oxford, opõe-se à libertação. O cardeal Beaufort, apoiado pelo arcebispo da Cantuária, Kemp, os bispos de Norwich e de Saint David são favoráveis à paz. O rei também, cuja consciência é corroída pelo remorso e pela culpa. No início de 1440, ele manda o conselho redigir uma declaração a favor da libertação do duque, afirmando que Carlos VII "não estava realmente disposto a concluir um tratado da referida paz sem a participação do referido duque". O texto leva em conta "a inverossimilhança da conquista da França por meio da guerra"; esse reino é "tão amplo, tão grande e tão poderoso" que não se pode esperar vencê-lo; por fim, declara

---

18 O rondó é um dos tipos de poema em forma fixa da Idade Média. A estrutura consiste em três estrofes, com duas quadras seguidas de uma quintilha, num total de treze versos. (N. T.)

O EQUILÍBRIO 363

que as populações estão reduzidas "a tal extremo e a tal miséria" que não podem suportar a continuidade da guerra.

Um acordo foi então concluído em 2 de julho de 1440: o resgate de 40 mil nobres seria pago pela libertação do duque, e outro pagamento de 80 mil nobres seria feito em seis meses. Se o duque conseguir fazer as pazes entre os dois reis dentro desse prazo, o resgate será cancelado. Caso contrário, ou se os 80 mil nobres não forem pagos a tempo, o duque de Orléans voltará para tornar-se prisioneiro. A duquesa da Borgonha então organiza a arrecadação dos fundos destinados ao resgate. A maioria dos príncipes contribui, com a notável exceção de Carlos VII, que, no entanto, ratifica o acordo em 16 de agosto.

Em 28 de outubro, o duque de Orléans se despede de Henrique VI em Westminster, enquanto Gloucester, ostensivamente, sai do salão em protesto. Em 5 de novembro, o duque encontra-se em Calais, e então ele vai até seus libertadores da Borgonha, que lhe dão calorosas boas-vindas: Filipe, o Bom, faz dele um cavaleiro do Tosão de Ouro e oferece em casamento a esse homem cansado, de 46 anos, sua sobrinha Maria de Clèves, 14 anos. Que jeito de terminar! O casamento é celebrado em 26 de novembro.

A curto prazo, as esperanças inglesas são frustradas. O duque não promove nenhum avanço pela causa da paz. Carlos VII acolhe friamente o primo, e em 1441 continua a reconquista do reino. De janeiro a abril, Richemont faz campanha em Champagne "para deter os saques que ali ocorriam e impor ordem sobre os homens de armas", diz o cronista Guilherme Gruel. De junho a setembro, o rei empreende na região de Paris uma brilhante campanha, durante a qual retoma Creil e Pontoise, apesar dos esforços de Talbot e Ricardo de York, que é novamente nomeado "tenente e governador geral da guerra" na França. Após desembarcar em Harfleur, em junho, com 5 mil homens e bons líderes (como o conde de Oxford, o conde d'Eu e Ricardo Woodville), York não consegue impedir que Carlos VII, Richemont e Poton recapturem Pontoise em 19 de setembro, com artilharia considerável. O rei está no centro da briga, e a tomada da cidade é seguida de um massacre: "Todos os ingleses que foram encontrados com armas na mão [...] pelas armas foram derrubados, e eram em número de setecentos ou oitocentos", escreve Tomás Basin. Evreux cai ao mesmo tempo. A região de Paris está livre.

Em 1442, Carlos VII redobra sua atividade. Na primavera, limpa Poitou e Saintonge dos chefes de bando que ainda atacavam a serviço de La Trémoille. Depois, a partir de maio, passa para a Aquitânia, onde realiza uma notável demonstração de força: reúne um exército considerável em Limoges, com Richemont, dois marechais, o conde do Maine, o conde d'Eu, o delfim, João Bureau e uma poderosa artilharia. Em 8 de junho, entra em Toulouse, onde convoca seus vassalos do sul, depois se dirige para o Mont-de-Marsan e a pequena cidade de Tartas, no Adour, a nordeste de Dax, que dependia de Carlos II de Albret e que os ingleses haviam tomado em 1441, lançando um curioso desafio: será organizada uma batalha antes de 24 de junho de 1442 a fim de se saber quem terá Tartas e suserania sobre Albret. Eis a razão da chegada de Carlos VII. Como os ingleses não aparecem, ele toma posse de Tartas, embora não tenha feito tal viagem para se contentar com um vilarejo. Na segunda metade de 1442, vários grupos franceses tomam Agen, Dax, Condom, Marmande, Tonneins, Millau e Royan. A corda aperta em Bordeaux, onde o arcebispo, Pey Berland, decide ir a Londres pedir ajuda de emergência. Alguns soldados estão reunidos em Bristol sob a direção de Filipe Chatwynd, mas eles só chegarão em fevereiro de 1443. Bordeaux, entretanto, não será capturada. Carlos VII não tinha material suficiente para tentar um grande cerco antes do inverno e, enquanto a região da Gironda[19] não pudesse ser bloqueada, a cidade poderia resistir indefinidamente. Em 23 de dezembro, o rei, deixando Prigent de Coëtivy em La Réole, retira-se para Languedoc.

Em Londres, no final de 1442, os ânimos estão em seu nível mais baixo. Prevê-se a queda de Bordeaux para 1443; a região de Paris acaba de ser perdida; na Normandia, Gallardon e Graville caíram; Le Crotoy está sob ameaça. O conselho de 6 de fevereiro de 1443 é dividido por brigas pessoais; há hesitação no tocante à estratégia a ser adotada. Finalmente, é tomada a decisão de confiar ao duque de Somerset a direção de uma grande expedição à França. Para isso, é-lhe conferido o título de "tenente e capitão-geral da Aquitânia e da França", com seiscentos marcos de pensão e livre escolha das fontes de rendimentos com que serão auferidos, bem como o título de conde de

---

19 Minois se refere à região que será criada em 1790, a Gironda, um departamento francês próximo a Bordeaux. (N. T.)

O EQUILÍBRIO

Kendall e os ducados de Anjou e Maine, cabendo a ele conquistá-los. Essas honras e esse estatuto irritam o duque de York, que é tenente na Normandia e se considera subordinado a Somerset. Tenta-se tranquilizar York, explican-do-se a ele que o exército de Somerset constituirá um escudo para a Nor-mandia e que a autoridade de Somerset diz respeito a todos os territórios que não estão atualmente sob controle inglês. No entanto, a desconfiança é grande entre os dois chefes, cada um com ciúmes dos reforços e das somas recebidas pelo outro.

Quanto à expedição de Somerset, seu objetivo é muito mal definido. Ele deve salvar a Aquitânia. Mas, ao mesmo tempo, deve buscar a batalha com o próprio Carlos VII; no entanto, este último, em 1443, sobe em direção ao norte. Além disso, Somerset está tentado a tomar seus ducados de Maine e Anjou. De qualquer forma, o ponto de desembarque escolhido é Cherbourg, o que, para desbravar a Aquitânia, pode parecer surpreendente. Ele terá muito tempo para dispersar suas forças no caminho.

Consideremos também que o homem não está à altura da tarefa que lhe foi confiada. Ele é um incapaz, cheio de si, porém sem nenhum senso de organização, "homem cheio de orgulho e presunção, mas na realidade vai-doso e incapaz [...] desprezando todos os conselhos, confiando apenas em si mesmo e acomodando-se em sua prudência", diz Basin. Seus preparativos se arrastam: ele nunca está presente quando isso é necessário e sua comitiva é corrupta e ineficaz. O conselho teve que chamar sua atenção várias vezes, mostrando-lhe que seus atrasos custavam ao governo quinhentas libras por dia. Finalmente, ele desembarca perto de Cherbourg com seus 5 mil homens. Devasta a região, saqueia os campos de Anjou e não encontra nada melhor a fazer do que entrar na Bretanha, sem nenhum argumento justificável, tomando a pequena cidade de La Guerche e exigindo 20 mil *saluts* para resti-tuí-la. O resultado é a irritação do duque Francisco I, que havia sucedido seu pai João V, morto em 1442, com o risco de fazer surgir um inimigo suple-mentar para Henrique VI. Somerset é advertido e, depois de mais algumas andanças no Bessin, ele retorna à Inglaterra. Pelo desperdício dos preciosos recursos que lhe foram confiados, ele quase não sobrevive à vergonha desse lamentável fracasso, como relata Tomás Basin: "Ele acaba se sentindo muito pesaroso; sua petulância e seu orgulho não suportam essas críticas e esses comentários picantes; logo adoece e morre", talvez por suicídio.

Carlos VII é quem mais se beneficia com os erros de seus inimigos. Ele prossegue, em 1443, no ímpeto de seus sucessos. Depois de passar o Natal de 1442 em Montauban e após ficar em Toulouse, volta para Touraine via Tulle. Na primavera, nomeia o delfim como governador das regiões entre o Sena e o Soma, encarregando-o de levantar o cerco de Dieppe, que Talbot lidera há vários meses. Para isso, acrescenta o experiente Dunois. Luís vai para Paris em julho; ali impõe uma nova talha e repreende o Parlamento, que protestava contra um presente dado pelo rei ao conde do Maine. No dia 24 de julho, encontra-se em Compiègne; no dia 5 de agosto, em Amiens; e, no dia 14, aparece em Dieppe. Talbot não insiste e retira o cerco. Luís se junta ao rei em Saumur em outubro.

Naquele mesmo momento, Carlos VII tem uma nova missão para ele, no outro extremo da França (dar ocupação ao filho é a melhor maneira de impedi-lo de fazer coisas estúpidas). Dessa vez, trata-se de castigar o conde de Armagnac, João IV, que acaba de se apossar de Comminges (e se recusa a reconhecer-se como vassalo do rei e a pagar o imposto) e cujos bandos de esfoladores, liderados por João de Lescun (o bastardo de Armagnac) e João de Salazar, cometem danos até a Auvérnia. O Parlamento condena João IV e o rei envia seu filho para aplicar a decisão em dezembro de 1443. Chegando a L'Isle-Jourdain, onde o conde de Armagnac se encontra, Luís manda prendê-lo, assim como seu filho mais novo e suas filhas, e, por fim, toma posse de suas terras. Quanto aos chefes dos bandos, Salazar é comprado por 5 mil escudos, e João de Lescun, que sabia com quem estava negociando, tornou--se um de seus cúmplices mais fiéis. A inquietação aumenta no local e Carlos VII considera mais prudente lembrá-lo de sua descendência ambiciosa. Quanto a João IV, seus domínios ser-lhe-ão devolvidos em 1445, quando ele confessar seus crimes e prometer ser um súdito leal. Apesar de tudo, guarnições serão deixadas em seus domínios.

A TRÉGUA DE TOURS (1444)

No início de 1444, a situação dos ingleses torna-se alarmante. A negociação é urgente. O clã de Beaufort, favorável à paz, prevalece gradualmente sobre o de Gloucester. O cardeal se retira cada vez mais da vida política, porém seus partidários dominam o conselho, com Tomás Brown, bispo de Norwich, Edmundo Beaufort, marquês de Dorset, e lorde Dudley. A figura dominante agora é William de La Pole, conde de Suffolk, que participara de várias campanhas na França tornando-se um firme defensor da paz. Em 1º de fevereiro de 1444, o conselho o encarrega de liderar uma embaixada na França com o objetivo de chegar a um acordo.

Duas questões intimamente relacionadas estão no centro dos debates: as condições da paz e o casamento do rei. Até que ponto pode-se fazer concessões territoriais? O que é possível ceder sem perder a identidade? Selar a paz com um casamento real é uma ideia sedutora. Henrique VI tem agora 22 anos: é a hora exata de encontrar uma esposa para ele. Carlos VII ainda tem duas filhas para casar: Joana e Madalena. Mas o rei da França se recusa a ceder a essa manobra, que serviria apenas para reforçar as pretensões dos Lancaster sobre a coroa. Os precedentes eram realmente infelizes: Isabel, filha de Filipe IV, casada com Eduardo II, havia sido o pretexto de Eduardo III para reivindicar o trono da França; os casamentos das filhas de Carlos VI com dois reis da Inglaterra não foram mais felizes: Isabel, esposa de Ricardo II, viu o marido destronado; Catarina, esposa de Henrique V, simbolizava a união das duas coroas. Tornou-se até, diz Tomás Basin,

> um provérbio usual na França, em linguagem comum, que as meninas da França quase sempre encontraram na Inglaterra tristes núpcias e casamentos infelizes. Tais uniões causaram grandes infortúnios no reino da França, já que, sob pretexto delas, os reis da Inglaterra alegaram ter direitos para governar o reino da França, assunto este que ainda está em disputa com os franceses.

Outra princesa poderia entrar nesse jogo. Seu nome parece ter sido sugerido pelo duque da Bretanha: Margarida de Anjou, filha do rei René e, portanto, sobrinha do rei da França, "uma menina muito bela de corpo e rosto", diz Basin. Ela tem 15 anos, idade ideal para a longa carreira de procriadora que a espera. A família Anjou, onipotente na corte, mostra-se obviamente muito favorável a esse partido, que viria a coroar a obra da avó de Margarida, Iolanda. Esta havia morrido em 14 de novembro de 1442, aos 62 anos, em Saumur.

O conde de Suffolk é, portanto, enviado à França para negociar os termos da paz e do casamento. A delegação chefiada por ele é composta por diplomatas experientes: Adão Moleyns, decano de Salisbury, guardião do selo privado e um dos mais ferrenhos defensores da política do cardeal Beaufort; *sir* Robert Roos, que tinha a total confiança do rei; Ricardo Andrew, secretário do soberano; João Wenlock, um bom conhecedor dos assuntos franceses. Em 8 de abril ocorre uma reunião preliminar em Vendôme, depois Suffolk passa por Blois a convite do duque de Orléans, e por fim, chega a Tours, em 16 de abril. Ali ele encontra René, bem como os duques da Bretanha e de Alençon. No dia seguinte, em Montils-les-Tours, ele conversa com Carlos VII, que acaba de se recuperar de uma doença grave. Os burgúndios chegam em 3 de maio e, pouco depois, Margarida de Anjou é apresentada aos embaixadores ingleses.

As negociações podem começar. Muito rapidamente, ficou claro que nenhum acordo substantivo era possível. A questão da coroa da França nem sequer é abordada. Em cartas especificando a missão de Suffolk, Henrique VI refere-se a Carlos VII como "altíssimo e excelente príncipe, seu querido tio da França", o que de todo modo é melhor do que a expressão "delfim, seu adversário da França", usada até então, porém sem se comprometer com nada. Em questões territoriais, as diferenças giram em torno da ideia de soberania: Carlos VII está disposto a ceder Guiena, Quercy, Calais e Guines a Henrique VI, mas com a condição de que o rei da Inglaterra lhe preste homenagem por essas terras; os ingleses, por sua vez, reivindicam a Guiena e a Normandia com soberania plena, sem homenagem. Nessas condições, está fora de questão concluir a paz; entretanto, como ambos os lados estão sem fôlego e ainda é preciso refazer as forças e esperar vencer militarmente, chega-se a um acordo, em 20 de maio, sobre o princípio de uma trégua de longa duração.

No dia 22, é decidido o casamento entre Henrique VI e Margarida de Anjou; celebra-se o noivado no dia 24, na catedral de Tours, durante uma grande cerimônia presidida pelo legado papal, Piero da Monte, bispo de Brescia. Suffolk representa ali seu rei e estão presentes Carlos VII, a rainha Maria de Anjou, o rei René, o delfim Luís e sua esposa Margarida da Escócia, além dos duques da Bretanha e de Alençon. Finalmente, em 28 de maio, é assinado e selado o texto daquilo que será chamado a Trégua de Tours, que prevê o cessar das lutas por 22 meses, até 1º de abril de 1446.

O resultado pode parecer bastante modesto: alguns meses de pausa numa guerra que já tem mais de um século. Na verdade, a Trégua de Tours

O EQUILÍBRIO   369

revela o desejo de ambos os lados de terminar tudo. Planejada para 22 meses, ela vai durar de fato cinco anos, o que traduz a aspiração geral pela paz.

No entanto, o entusiasmo não é geral nem duradouro. Primeiro, na Inglaterra, onde a população foi apenas indiretamente afetada pela guerra, o casamento do rei com Margarida de Anjou não goza de muita popularidade. A esposa não traz muita coisa na cesta.[20] Um dote de 20 mil francos é pouco para uma rainha da Inglaterra; quanto às possíveis heranças, estas não passam de quimeras: os títulos altissonantes de seu pai sobre Nápoles, Sicília, Jerusalém, Maiorca e Minorca não têm mais realidade do que o título de rei da França ostentado por Henrique VI. As únicas posses tangíveis são Maine e Anjou. No entanto, rumores circularam a partir de 1445 de que Henrique VI abandonaria seus direitos a esses ducados.

A recepção dada a Margarida na Inglaterra é, portanto, pouco entusiasmada. No entanto, nada é negligenciado para a solenidade. No verão de 1444, uma nova missão é confiada a Suffolk: retornar à França para procurar a filha de René de Anjou e trazê-la de volta à Inglaterra. Sua escolta é ainda mais imponente do que da primeira vez, pois inclui o conde de Shrewsbury, lorde Greystoke, lorde Clifford, *sir* James Ormond e *sir* Hugo Cokesay. Há também damas que cercarão a rainha: Beatriz, *lady* Talbot, que esteve a serviço de Catarina de Valois, Jacquette de Luxemburgo, duquesa de Bedford, as condessas de Shrewsbury e Salisbury, *lady* Scales, *lady* Grey, a marquesa de Suffolk e, finalmente, Walter Lyhert, bispo de Norwich. O custo de uma embaixada tão suntuosa é estimado em 3 mil libras, o que se mostrará insuficiente devido aos atrasos acumulados.

É realmente necessário ir a Nancy, onde Carlos VII reside durante o inverno de 1444-1445. Lá, os ingleses precisam esperar até fevereiro de 1445 pela chegada de Margarida, quando, enfim, o casamento é celebrado em Nancy. Suffolk representa o rei durante todo o tempo e, em 2 de março, a embaixada inglesa parte, levando a jovem Margarida em lágrimas para seu marido e seu reino. Uma dispensa papal é facilmente obtida para realizar o casamento real durante a Quaresma, e a cerimônia ocorre em 22 de abril na abadia de Titchfield em New Forest. O oficiante é o bispo de Salisbury,

---

20 Referência à *corbeille de mariage*: cesta da noiva contendo os presentes enviados pelo noivo. (N. T.)

William Aiscough, confessor e conselheiro do rei. Para a jovem rainha de 15 anos e meio, um longo e agitado reinado tem início. Recebida com desconfiança, ela rapidamente se torna impopular. No entanto, não perde tempo para se integrar à corte inglesa, trazendo consigo pouquíssimos franceses. Mesmo assim, é logo acusada de ser agente de Carlos VII. Além disso – eis o pior de tudo –, ela falha durante oito anos e meio na principal missão de uma rainha, que é produzir herdeiros. Que a responsabilidade recaia sobre o rei, isso é quase certo, porém, aos olhos dos contemporâneos, a culpa só pode ser da mulher. Henrique VI, cheio de devoção, rei-monge, educado em meio a uma tropa de capelães que lhe incutiram o horror ao sexo, não parece ter tido relações íntimas regulares e frequentes com a jovem esposa. Em 1447, circularam na corte rumores de que o confessor do rei, o bispo Aiscough, estava desviando o soberano de praticar "seu esporte" com Margarida. Esse espírito frágil, que enlouquecerá em 1453, é a exceção nos círculos principescos e aristocráticos da época, onde reina uma extraordinária liberdade sexual. Príncipes e reis tinham seus bastardos aos montes – os de Filipe, o Bom, são incontáveis. E Carlos VII não é o último a procriar a torto e a direito, além de seus doze filhos legítimos. O fato é que, para os ingleses, Margarida de Anjou é uma rainha má, fruto de um mau acordo, a saber, a Trégua de Tours.

Na França, o povo é unânime ao se regozijar com essa trégua. Contudo, na nobreza e na corte, as opiniões se dividem. Para alguns, essa pausa é benéfica, pois ela permitirá que as forças do reino sejam reconstituídas tendo-se em vista uma reconquista completa. Para os outros, ao contrário, elas representam um erro devido à brandura do rei, uma vez que este poderia ter aproveitado a fraqueza dos ingleses para tomar a Normandia e a Guiena. A trégua permitirá que os ingleses se recuperem. A sequência de eventos dá razão aos primeiros. A França carece de vitalidade. De todo modo, a Trégua de Tours é exitosa para Carlos VII, que agora tem condições de recusar categoricamente não apenas a coroa, mas até mesmo a menor parcela do reino em soberania plena. Os ingleses buscavam a paz e uma filha do rei. Ele lhes concede uma trégua e uma filha do duque de Anjou; eles queriam duas províncias, ele não lhes dá nada. O ano de 1444 consagra a reversão da hierarquia de forças: o Valois agora pode ditar seus termos. E essa trégua também lhe permitirá continuar a obra de reorganização administrativa, militar, financeira e religiosa do reino.

– 9 –

O FIM DE UMA GUERRA SEM FIM:
DA TRÉGUA DE TOURS À BATALHA DE CASTILLON (1444-1453)

De 1444 a 1449, as operações militares entre a França e a Inglaterra praticamente cessam. Aos olhos de hoje, esses cinco anos aparecem como uma pausa durante a qual os dois adversários tratam de seus ferimentos e recuperam suas forças antes da luta final. Mas, na verdade, o recesso beneficia sobretudo a França, onde Carlos VII, agora em plena posse dos seus meios, reorganiza o exército, os impostos e a Igreja, o que lhe permite enfrentar a última fase do conflito com um reino que, embora não seja próspero, é ao menos determinado e dotado de uma força militar sem precedentes. A Inglaterra, ao contrário, encontra-se, durante a trégua, imersa em conflitos pessoais e de facções, os quais anunciam a Guerra das Duas Rosas. No entanto, é ela quem rompe o acordo, por uma provocação deliberada, seguida de duas campanhas-relâmpago que resultam na perda da Normandia e da Guiena.

A RECREAÇÃO DE NANCY E CHÂLONS (1444-1445)

Carlos VII mal havia assinado a Trégua de Tours e já lança uma operação militar a leste, na Lorena e na Suíça, em julho de 1444. O *Burguês de Paris* manifesta a surpresa e a desaprovação de boa parte da opinião pública: o que o rei quer fazer nesse setor, enquanto a ameaça inglesa está sempre presente?

> Naquele ano, o rei foi para Lorena e o delfim, seu filho, para a Alemanha, a fim de guerrearem contra aqueles que nada fizeram; e levaram consigo aquela gente má mencionada, responsável por fazer tanto mal e destruir de tal maneira o povo, a ponto de deixarem o rei e todos os seus governadores pressionados, pois, onde quer que estivessem, nada de bom poderia fazer; mas o rei deixara seu reino, que estava repleto de ingleses, os quais ocupavam e fortificavam seus castelos; ele e seu filho foram para terras estranhas onde não tinham que estar, e foram gastar e atacar aquela gente com as finanças de seu reino.

Em sua crítica, o *Burguês* reconhece que isso livra o país de certa quantidade de esfoladores. Porém, a menos que este não fosse o pretexto, o verdadeiro motivo é outro. Carlos VII recebeu um duplo pedido de ajuda: do imperador Frederico III, lutando contra os confederados suíços, e de René de Anjou, que quer punir a cidade de Metz, culpada por exigir dele o dinheiro que ele devia à cidade. Embora tudo isso ocorresse fora do reino da França, para o rei seria, como escreve em 11 de setembro, uma boa oportunidade de

> remediar várias usurpações e tentativas feitas sobre os direitos de nosso reino e da coroa da França em várias regiões, senhorios, cidades e vilas, deste lado do rio Reno, que por sua antiguidade afirmam ser e pertencer aos nossos predecessores, reis da França, e aqui eles retornam e se reduzem ao nosso senhorio e boa obediência.

É provável que Carlos VII tivesse intenções expansionistas secretas em relação aos bispados de Metz, Toul e Verdun, pois, estando por lá, ele poderia usar a força a fim de criar direitos. Era também uma boa oportunidade para se opor à expansão da Borgonha mediante a demonstração de força nesses territórios cobiçados. E, finalmente, era mais uma oportunidade de arrastar os esfoladores pelos territórios da vizinhança, como o rei declara sem rodeios em carta de 9 de janeiro de 1445: trata-se, diz ele, de "encontrar uma maneira de esvaziar e tirar de nosso reino os homens de guerra que ali viviam nos campos".

Em julho de 1444, duas expedições são organizadas simultaneamente. O delfim lidera um exército no Alto Reno contra os suíços, enquanto o rei lidera outro na Lorena contra Metz. O delfim Luís começa derrotando os suíços em Pratteln, depois, em outubro, se envolve com eles e, ao longo de todo o inverno, confina seus esfoladores na Alsácia, que se transforma num verdadeiro inferno. Durante esse tempo, o rei solta seus homens nos campos de Metz, que se rende e declara que René nada mais deve pelo empréstimo. Porém, os maiores lucros vão para Carlos VII, que obriga Toul e Verdun, bem como algumas outras cidades, a se colocarem sob sua proteção. Tratados são assinados com príncipes alemães, preocupados com as ambições da Borgonha: o eleitor palatino,[1] os arcebispos de Trier e de Colônia, o eleitor e duque da Saxônia, o duque de Juliers, o conde de Blanckenheim. O rei afirma assim as suas ambições na terra do império e indiretamente cria dificuldades para Filipe, o Bom, que, com seu apetite insaciável por território, acaba de invadir Luxemburgo, o que se torna motivo de preocupação. O confronto França-Borgonha encontra-se em germe e está reservado para a geração seguinte.

Durante um ano, de agosto de 1444 a agosto de 1445, Carlos VII encontra-se no leste, primeiro em Nancy, até o final de abril de 1445, e depois em Châlons. Essa longa estadia, pontuada por festas e recepções, é como uma recreação. O rei se diverte, recebe convidados, festeja, dança, assiste à justa e até colhe flores: "depois da ceia, os reis da França e da Sicília vão brincar nos campos e nos prados sobre a grama verde, colhendo ervas e flores, entretendo-se com vários lemas graciosos", relata a *Crônica de Jacques de Lalain*. Sim, o rei está apaixonado. É claro que não pela rainha, a enfadonha Maria de Anjou, mas por uma esplêndida jovem de 20 anos, que fazia parte do séquito da rainha da Sicília, Agnès Sorel. Desde 1443, esta é a amante titular, uma

---

1 O título de "eleitor" ou "príncipe-eleitor" vigente no Sacro Império Romano-Germânico remonta ao século XIII: ele era atribuído aos membros do colégio eleitoral do império para a escolha de reis. (N. T.)

novidade promissora na monarquia. A rainha Maria, "feia a ponto de assustar os ingleses", escreve um cronista, continua a produzir herdeiros, porém a verdadeira soberana agora é a bela Agnès, Dama da Beleza (o rei deu a ela o palacete de Beauté-sur-Marne).

Não se trata de uma mera anedota. Agnès Sorel, de fato, é inteligente, culta e favorece a carreira de alguns personagens que desempenham um papel importante junto ao rei: Pedro de Brézé, ministro principal de 1444, Jamet du Tillet, João de Maupas, Beauvau de Précigny, Guilherme de Estouteville, Estêvão Chevalier, que se tornou controlador geral das finanças em 1445, tesoureiro da França em 1452, Guilherme Gouffier, Guilherme Cousinot, Simão de Varye e os irmãos Bureau. Estes, filhos de um burguês de Paris, desempenham um papel decisivo na vitória final. O mais velho, João, é jurista por formação e torna-se engenheiro militar por acidente – ele é mestre de artilharia desde 1439. Graças à sua habilidade em balística, esse técnico e organizador faz da artilharia de Carlos VII a mais eficiente da Europa. O mais novo, Gaspard, cuida da fundição de canhões. Mas a estrela do clã Sorel é Jacques Cœur, filho de um peleteiro de Bourges, empreendedor e homem de negócios dotado de uma insaciável ambição – ele fascinava os contemporâneos com sua incomparável perspicácia nos negócios. Começa a sua ascensão ao criar uma companhia que fornece ao rei e à corte produtos de luxo em troca de privilégios diversos: exonerações, salvo-condutos, patentes, perdão de dívidas, fontes de lucros futuros. Ele então funda uma companhia comercial com sede em Montpellier, onde comercializa com o Oriente, tornando-se mestre da casa da moeda de Paris em 1436, tesoureiro do *hôtel* do rei em 1438, comissário real dos estados de Languedoc em 1441, explorador das minas de prata de Lyonnais em 1444. Seus negócios foram extraordinariamente diversificados, e ele também lucra com a guerra: negociante de armas, é dono de arsenais em Tours e em Bourges; compra e vende prisioneiros por resgate. Possui barcos próprios com tripulações baratas: em 1443, o rei o autoriza a alistar à força as "pessoas ociosas, vagabundos e outros vadios". À frente de uma fortuna colossal, acumula propriedades fundiárias, senhorios, palacetes e castelos, além de mandar construir um verdadeiro palácio em Bourges e financiar as últimas campanhas militares do rei. Casa sua filha com o visconde de Bourges; seu filho torna-se arcebispo da mesma cidade aos 22 anos, com dispensa pontifícia, pois é muito bem-visto pelo papa, que lhe concede permissão para negociar com os muçulmanos. O rei também o emprega em missões diplomáticas: Gênova em 1445 e Roma em 1448. Enobrecido em 1441, ele personifica a famosa ilustração de sua célebre divisa: "Ao coração valoroso nada é impossível". Ao coração valoroso e sem escrúpulos, deve-se acrescentar, porque é bem possível imaginar que tal ascensão não poderia acontecer sem que algumas liberdades relativas à moral tradicional fossem adotadas. Todavia, Jacques Cœur não é pior do que os outros financistas. Ele desperta muita inveja, mas não tem nada a temer enquanto sua apoiadora Agnès Sorel estiver viva.

Se o rei pôde ser apelidado de "Carlos, o Bem Servido", isso se deve, em parte, à Dama da Beleza, que o cerca de personagens capazes, competentes e eficientes. Agnès, em contrapartida, tem um inimigo mortal: o delfim, que não suporta ver-se eclipsado na mente do rei pela donzela. Luís e Carlos já haviam entrado em conflito durante a Praguerie, mas acabaram mais ou menos reconciliados após o episódio. Em 1446, Luís tenta assassinar Pedro de Brézé, que era o homem de Agnès depois do rei. O complô é descoberto e, durante a violenta altercação que ocorre na corte, o delfim ameaça fisicamente a amante do rei. Em 1º de janeiro de 1447, o delfim parte para sempre, batendo a porta e ameaçando-a verbalmente: "Por esta cabeça que não tem *chaperon*,[2] vou me vingar daqueles que me expulsaram de minha casa". Ruptura dramática entre o pai e o filho, que nunca mais se veriam. Luís se instala em seu delfinado, onde multiplicará as intrigas com os inimigos do rei.

Voltemos a Nancy e Châlons em 1444 e 1445. Carlos VII permanece por ali, recebendo numerosas embaixadas que atestam o prestígio adquirido pelo rei da França graças aos seus recentes sucessos. Em dezembro de 1444 é a vez da grande embaixada do duque de Suffolk, que vai buscar a já mencionada Margarida; em fevereiro, o arcebispo de Trier e o conde de Blanckenheim estabelecem aliança perpétua. No dia 23 do mesmo mês, é assinado um tratado com Frederico, eleitor da Saxônia, e com Guilherme, duque da Saxônia. Em março acontecem as negociações com o duque de Juliers. Em maio, os enviados do duque de York vão discutir o casamento de seu filho Eduardo com

---

2 O *chaperon* era um misto de capuz e turbante popular no vestuário masculino a partir do final do século XIII – prometer algo *sans chaperon* na cabeça alude a um juramento formal. (N. T.)

uma filha do rei. Nesse momento, Carlos VII se instala em Sarry com Agnès Sorel, a poucos quilômetros de Châlons. "Dia após dia chegavam ali embaixadores e pessoas de várias regiões que tinham grandes negócios com ele", escreve o cronista Mathieu de Escouchy. A embaixada mais espetacular é a da duquesa da Borgonha, Isabel de Portugal, a quem Filipe, o Bom, encarrega de apresentar para Carlos VII a lista de queixas acumuladas desde o Tratado de Arras: dez anos após a assinatura, de fato, os culpados do assassinato de João Sem Medo não foram julgados, as instituições de piedade previstas em reparação não foram executadas, a indenização prevista para compensar o duque pelas perdas sofridas em Montereau não foi paga, os oficiais reais atravancam incessantemente os direitos do duque no condado de Mâcon, no condado de Auxerre, no senhorio de Bar-sur-Aube e no condado da Borgonha; e, ainda, as tropas reais teriam cometido danos em terras ducais, enquanto outras teriam ocupado indevidamente certos lugares em Luxemburgo. Assim, a alegada capitulação de Arras não teria passado de um fingimento. Para escapar da maior parte de suas obrigações, o rei joga não apenas com o emaranhado de direitos e soberanias, mas também com a ambiguidade dos termos. Entretanto, ele não pode arriscar ver o duque retomar a guerra. É preciso, então, que ele faça novas promessas.

No outro extremo do reino, o outro grande vassalo, o novo duque da Bretanha, Francisco I, é totalmente conquistado para o lado dos franceses. Marido da irmã do rei da Escócia, Isabel, e sobrinho do condestável de Richemont, sua relação com os ingleses não é muito boa, e a aventura de Somerset, em 1443, quando La Guerche é tomada, contribuiu para a piora da situação. Por outro lado, o jovem irmão do duque, Gilles da Bretanha, era amigo próximo de Henrique VI. Instalado no castelo du Guildo, perto de Saint-Cast, mantém a corte aberta para seus amigos ingleses da Normandia, que vão vê-lo de barco. O rei se queixa perante o duque, que manda prender Gilles no castelo de La Hardouinaie, no centro da Bretanha, onde será assassinado em 25 de abril de 1450.

O rei está, portanto, tranquilo a leste e a oeste. No sul, o problema a partir de 1447 é o delfim. Em Grenoble, Luís tece conspirações, faz circular boatos, compra servos do rei, levanta suspeitas e lança acusações, tudo isso para desestabilizar o pai. Em 1451, tendo ficado viúvo, chega a casar-se novamente com a pequena Carlota de Saboia, e, isso, sem pedir a opinião do rei.

Ela tem apenas 11 anos, mas é filha do duque da Saboia, o vizinho do delfinado, e neta do antipapa Félix V. Isso deixa Carlos VII furioso.

Tais preocupações familiares, no entanto, são para o futuro. Em 1444-1445, enquanto descansava em Nancy e Sarry, o rei pode comemorar os resultados obtidos. Mas é claro que nem todos estão satisfeitos. Em Paris, o *Burguês* não perdoa: em 1444 lê-se que o rei não faz nada. O que ele espera para retomar a Normandia? Ele se diverte, flertando com sua beleza; a corte dança e festeja, os nobres abandonam os treinamentos e perdem suas virtudes guerreiras; os impostos para a retomada da Normandia são esmagadores, e ninguém se move. "Em suma, todos os senhores da França se tornaram mulheres, pois eles só eram ousados com os pobres trabalhadores e com os pobres mercadores, os quais não portavam armas."

Mesma constatação em 1445: o rei devasta a Lorena com seus 20 mil bandidos; não se preocupa mais conosco, exceto para cobrar impostos: "Ninguém veio a Paris, nem o rei nem os senhores da França, e todo o tempo pagávamos pesadas talhas, sem que nenhum bem comum fosse produzido; enquanto isso, os ingleses se fortaleciam e abasteciam suas fortalezas continuamente, sem trégua nem paz, e o rei nunca se importou com as coisas que ocorriam, exceto com as cavalgadas de uma região a outra, sempre bem acompanhado por 20 mil ladrões, ou até mais, que destruíam todo o território". Tropas de *caïmans*[3] ainda aterrorizam a região parisiense, sequestrando e mutilando crianças para torná-las mendigos: "Nessa época, havia caïmans, ladrões e assassinos, que torturavam e roubavam crianças, arrancando os olhos de algumas, cortando as pernas de outras, ou os pés, e tantos outros e muitos males desse tipo".

REFORMAS MILITARES E FISCAIS NA FRANÇA

Tudo está, portanto, longe de ser perfeito no reino da França. No entanto, a restauração da ordem continua em marcha e ela favorece o poder real. É assim que Carlos VII se beneficia com a profunda crise que mais uma vez abala a Igreja. Em 1432, o Concílio da Basileia, que demonstrava

---

3 Os *caïmans* (literalmente "crocodilos") eram bandidos de estrada na França. (N. T.)

insubmissão no conflito com o papa Eugênio IV, é dissolvido por este último, que começa a tomar medidas para melhorar a disciplina eclesiástica. Em 1438, o papa convoca outro concílio, em Florença. O rei navega habilmente entre essas autoridades rivais e, tendo reunido uma assembleia do clero francês em Bourges, em 1º de maio de 1438, ele impõe a adoção de uma série de reformas sugeridas pelo Concílio da Basileia. Isso fez do próprio rei, em detrimento do papa, o verdadeiro senhor das nomeações eclesiásticas no reino. Trata-se da Sanção Pragmática, que será uma arma de dissuasão contra Roma: se a Santa Sé for complacente, o papa poderá recorrer às reservas e aos perdões esperados; caso contrário, ameaça-se aplicar a Sanção. A Igreja galicana é submissa ao rei.

A situação de Eugênio IV fica ainda mais enfraquecida quando, em 1439 na Basileia, é eleito um antipapa, Amadeu VIII, duque de Saboia, que se tornou Félix V. Estamos, portanto, diante de dois papas e dois concílios. A crise dura dez anos, cada lado tentando demonstrar amabilidade ao rei para obter seu apoio. Eis aí outra forma encontrada por Carlos VII para aumentar a autonomia da Igreja da França, antes de aparecer em 1449 como o principal artífice da unidade reconquistada graças à sua pressão amiga.

A lealdade do clero é para o rei um trunfo importante na Guerra dos Cem Anos. Intervindo de modo incessante nas nomeações episcopais, Carlos VII garante o apoio indefectível dos bispos, dos quais os mais capazes e os mais intrigantes ocupavam cargos políticos fundamentais. Recrutados unicamente com base na utilidade e na lealdade política que demonstravam, são personagens poderosos que multiplicam os abusos no campo religioso, pois a piedade era a menor de suas preocupações. Exemplos deploráveis aos olhos dos fiéis, eles provocam uma crescente exigência de reforma no seio da Igreja. Entretanto, para o rei, são auxiliares preciosos. Um exemplo excepcional é o da família Jouvenel des Ursins, que fornece bispos, chanceleres, presidentes de Parlamento e bailios. O pai, João Jouvenel, morre quando era presidente do Parlamento de Poitiers, em 1431. De seus dezesseis filhos, o segundo, João, nascido em 1388, doutor em direito civil e direito canônico, faz carreira eclesiástica e diplomática: será advogado do rei no Parlamento de Poitiers em 1429, capelão do rei, arcipreste de Carmaing, deão de Avranches, bispo de Beauvais, onde sucederá a Pedro Cauchon em 1432, bispo de Laon em 1444, arcebispo de Reims, onde será o sucessor de seu irmão Jacques em

1449. Além de ser um hábil negociador – e por isso é empregado em muitas missões –, é também um autor com algum reconhecimento: deve-se a ele um tratado em 1452 para a assembleia do clero de Bourges e uma *História de Carlos VI*. Seu irmão Jacques, nascido em 1410, advogado do rei no Parlamento em 1436, cônego da Sainte-Chapelle de Bourges, arcediago da diocese de Paris em 1441, presidente da Câmara de Contas em 1443, será nomeado arcebispo de Reims aos 34 anos, em 1444. Empregado em muitas missões no exterior, desempenhará um papel importante na renúncia do antipapa Félix V; será recompensado por Nicolau V, que lhe concederá o patriarcado de Antioquia em 1449. Outro irmão, Guilherme, receberá o título de chanceler em 1445. Miguel será nomeado bailio de Troyes.

Favorecido por um clero devotado e tendo silenciado a oposição feudal, Carlos VII realiza durante o período de trégua a indispensável reforma do exército, o que vai lhe permitir enfrentar as últimas campanhas com um formidável aparato militar. Em 1444 e 1445, procede a uma vasta consulta aos chefes do exército, Richemont, Dunois, Carlos de Anjou, aos condes de Clermont, de Foix, de Tancarville e de Saint-Pol, bem como a vários capitães de companhias de esfoladores. O resultado é a ordenança de 26 de maio de 1445, que cria quinze companhias ditas "de ordenança", pelo fato de terem sido ordenadas pelo rei. Cada uma consiste em cem unidades, denominadas lanças, de seis cavaleiros cada: um homem de armas, um cuteleiro, um pajem, dois arqueiros e um criado de guerra. Cada companhia fica aquartelada em uma cidade específica e os soldados moram em alojamentos. O soldo, pago inicialmente *in natura*, será aumentado depois para trinta libras por mês e por lança. A disciplina deve ser rigorosamente assegurada e a qualidade das tropas e dos equipamentos será verificada regularmente durante os turnos de serviço. Os homens de armas devem usar armadura completa e, os demais, pelo menos um jaquetão de couro.

Isso deve garantir um bom exército permanente de 9 mil a 10 mil homens – número que poderia ser aumentado com arrecadações extras em casos de necessidade. Resta saber quem serão os eleitos. Todos os capitães que quiserem ser alistados deverão apresentar-se com os seus homens perante o condestável, que escolherá os melhores. Olivier de La Marche observa que isso teve o efeito de fazer disparar o preço dos cavalos de combate, cada um querendo se mostrar melhor que os outros. É necessário manter quinze chefes de companhias. Aí se encontram os nomes conhecidos dos veteranos das guerras da primeira parte do reinado: Roberto Flocques, Poton de Xaintrailles e Raul de Gaucourt, que tem mais de 70 anos e, mesmo assim, participará ativamente da conquista da Normandia, onde será nomeado capitão de Rouen e de Gisors, além de ser grão-mestre de *hôtel* na França[4] em 1453. Antônio de Chabannes também obtém uma companhia. Ele fez parte da expedição de Metz e da outra, contra os suíços. Estará presente nas campanhas da Normandia e da Guiena, e se tornará senescal de Carcassonne e de Béziers, além de tenente-geral das marcas de Lyonnais. Seu irmão Jacques será tenente na companhia de ordenança do duque de Bourbon; ele estará em todas as campanhas da Normandia e Guiena e será grão-mestre da França em 1451, antes de morrer de peste em 1454.

Os outros líderes são Olivier de Coëtivy, Carlos de Culant, Joaquim Rouault, Pedro de Brézé, o *sire* de Albret, Tristan L'Hermite, e também alguns estrangeiros: os escoceses Roberto Pettylow, Roberto Cunningham, o espanhol Martin García e o italiano Bonifácio de Valpergue. Estes são os felizardos eleitos. Aqueles que não foram selecionados são convidados a voltar para suas terras e encontrar um emprego pacífico por lá. E o milagre é que eles obedecem. Tal submissão é a melhor prova da restauração da autoridade real. Todos os temores indicavam um movimento de revolta por parte desses mercenários dispensados. Se isso não aconteceu, é porque os eleitos estavam agora dispostos a defender sua posição privilegiada com o uso das armas.

A criação das companhias de grande ordenança é completada em 1449 pela das companhias de "pequena ordenança" ou "pequenas pagas" ou "*morte-paie*", constituídas por soldados de infantaria, com menor remuneração e que asseguravam a guarnição dos lugares: entre 3 mil e 4 mil homens no total. Tentou-se até mesmo estabelecer uma espécie de exército de reserva, composto por plebeus, estabelecendo-se, pela ordenança de 28 de abril de 1448, o corpo de franco-arqueiros. Cada grupo de cinquenta famílias é responsável por fornecer um homem robusto e saudável, que deverá possuir equipamentos leves para a prática de tiro com arco todos os domingos e feriados. Ele é isento de impostos e deve se apresentar ao exército quando for

---

4 Referência ao título de *Grand maître de France*, atribuído ao mordomo principal da residência (o *hôtel*) do monarca. Antes de 1413, o título era *Souverain maître d'hôtel du Roi*. (N. T.)

convocado. Oficialmente há 8 mil arqueiros treinados. Na realidade, são em sua maioria 8 mil sujeitos de todos os tamanhos, incluindo velhos, enfermos e barrigudos, que se reúnem aos domingos para beber, rir e, incidentalmente, dar um ou dois tiros (com o arco). Os voluntários parecem ter sido numerosos, atraídos pela isenção de impostos. Os mais interessados são, portanto, os mais ricos, que subornam os recrutadores para serem escolhidos. Pouco motivados, não desejam morrer pelo rei nem pelo reino. O patriotismo não lhes tira o fôlego, como declara o burguês citado por Charles Petit-Dutaillis: "se o reino da França tiver que ser perdido por tão pouco, então não vale a pena lutar". Pode-se imaginar a qualidade de luta desse tipo de Falstaff shakespeariano. A instituição entrará em declínio rapidamente, antes de ser oficialmente abolida em 1480.

Se o corpo de franco-arqueiros foi um fracasso, o balanço geral das reformas militares de 1445-1449 mostrava-se, no entanto, muito positivo, o que permitiu a Carlos VII reconquistar a Normandia e a Guiena em quatro anos. Dispondo de um corpo permanente de 10 mil a 12 mil cavaleiros, de 3 mil a 4 mil soldados de infantaria, complementado ocasionalmente por mercenários e recrutas feudais (que não foram rejeitados), Carlos VII também tinha a melhor artilharia da Europa, "o maior número de grandes bombardas, grandes canhões, *veuglaires*, serpentinas, *crapaudeaux*[5] [...] do que então a memória do homem possa ter visto da parte de rei cristão", diz Du Clercq. Os irmãos Bureau recorrem a todas as competências, como o judeu alemão que conhece "certas coisas sutis" nesse domínio ou o genovês Luís Giribault, inventor de uma carroça "para conduzir a artilharia".

Mas a reforma tem um custo. Exorbitante. Tomás Basin reconhece a eficácia do novo sistema, porém reprova-o por dois motivos: o exército permanente é um instrumento de tirania e sua manutenção é um fardo esmagador para o povo, que "foi lançado num abismo de servidão de tributos e extorsões, sob o pretexto da necessidade de se manter tal exército de aluguel, a ponto de todos os habitantes serem proclamados publicamente como sujeitos à talha segundo a vontade do rei".

---

5 O *veuglaire* e a serpentina eram tipos de canhão; o *crapaudeau* (literalmente "sapo d'água") era algo similar aos atuais morteiros. (N. T.)

O problema, aliás, diz respeito à talha – é o caso de dizê-lo. Nenhuma decisão criou o imposto permanente: esse princípio entra em prática sub-repticiamente no final da década de 1430, e a necessidade de manter um exército permanente apenas o tornou mais inevitável. O imposto régio direto por excelência é a talha, taxa reputada de excepcional, que o rei só pode cobrar durante um ano e depois de obtido o acordo da assembleia dos estados gerais ou dos estados provinciais. Em 1436, os estados gerais de língua d'oïl, reunidos em Poitiers, votam uma "ajudadeira para a condução da guerra", ou seja, de fato uma talha, seguindo o processo usual. Todavia, em 1437 e 1438, em razão dos acontecimentos, os estados não se reuniram e o governo se permitiu supor que o imposto havia sido tacitamente renovado. Dali em diante, o conselho se encarregará de decidir a cada ano o valor da talha. Já em 1442, Carlos VII declara, com humor involuntário, que isso aliviaria o povo, pois este não teria mais que pagar aos estados as despesas de manutenção dos deputados.

Com a criação das companhias de ordenança, surge em 1446 a "talha dos guerreiros" para manutenção destes. Quando a guerra termina, a "ajudadeira para a condução da guerra" desaparece, mas a "talha dos guerreiros" é mantida e torna-se comum chamá-la simplesmente de "talha do rei". Ela é cobrada todos os anos para todos os tipos de propósitos. O imposto direto permanente torna-se um fato.

Ao mesmo tempo, o mesmo princípio se aplica aos impostos indiretos, as ajudadeiras. Os estados de língua d'oïl de 1435 haviam proposto sua vigência por quatro anos, apesar da oposição dos deputados de Tours. Os estados de Poitiers em 1436 confirmam o princípio, e entende-se que esse imposto deve ser provisório. Em todas as épocas, sabemos bem o que significa provisório no campo dos tributos. Suprimir as ajudadeiras nunca mais será objeto de discussão. No entanto, o sul do reino goza de maior autonomia fiscal até o final do reinado.

Os impostos não apenas se tornam permanentes, mas também são cobrados com mais eficiência. Várias ordenanças buscam colocar ordem no domínio fiscal, e, por trás dessas medidas de gestão, percebe-se a influência direta de Jacques Cœur, que atua como ministro das Finanças oficioso. Aqui, novamente, a década de 1440 é crucial. Já em 1439, uma ordenança lembra que somente o rei tinha o direito de cobrar impostos; os senhores que retiverem parte das taxas reais ou que acrescentarem uma taxa adicional à talha terão seus bens confiscados. Decisão reiterada em 1442, quando mais uma vez se lembra que o imposto régio deve ser elevado em toda a parte. Em 1443, uma ordenança de 25 de setembro fixa as regras da contabilidade pública: a obrigação dos registros e dos relatórios detalhados, além da obrigação dos oficiais de prestar contas pelo uso das quantias que lhes foram atribuídas; o síndico geral deverá manter um registro mencionando todas as movimentações dos fundos. O Tribunal de Contas é declarado soberano, escapando à influência do Parlamento, o que o torna muito mais independente. Isso também vale para o Tribunal das Ajudadeiras.

Outras medidas são voltadas à reconstituição do domínio régio, vítima de usurpações, dilapidações, má gestão, desvios e alienações durante as desordens do período anterior. A partir de 1443-1444, os oficiais do rei passam a rastrear os proprietários de antigos domínios, que devem apresentar seus títulos. O reino está dividido em quatro regiões denominadas "encargos", para a gestão do domínio, e "generalidades", para a gestão das finanças extraordinárias: Languedoc, Languedoïl, país d'Outre-Seine-et-Yonne a partir de 1436 e Normandia a partir de 1450. Em cada encargo, os coletores de impostos ordinários cuidam das receitas do Estado, centralizadas pelo "tesoureiro da França". Em Paris, o "cambista do Tesouro" supervisiona o orçamento do domínio. Para os impostos extraordinários, como a talha, existe em cada generalidade – uma circunscrição administrativa, sobretudo fiscal – um "general das finanças", assistido por um "coletor geral". A generalidade é dividida em "eleições", havendo em cada uma delas: dois eleitos, um escrivão, um procurador régio, um ou dois coletores. As contestações relativas a impostos extraordinários são julgadas pelo tribunal dos eleitos e, em recurso, pelo Tribunal de Ajudadeiras; aquelas que dizem respeito ao domínio dependem da Câmara de Contas. Boa parte da arrecadação dos impostos é utilizada na hora, para necessidades locais, limitando assim o transporte de fundos, que era sempre arriscado.

O sistema provavelmente não é perfeito. Os desvios acontecem em todos os níveis, a começar pelo topo, onde Jacques Cœur tende a confundir os cofres da realeza e o cofrinho pessoal; de todo modo, a melhoria é inegável quando a situação é comparada ao período anterior. As principais vítimas, além dos contribuintes de base, são os grandes nobres, forçados a abandonar as múltiplas usurpações de domínios e taxas que a anarquia dos anos 1420-1435 havia possibilitado. No final do reinado, Carlos VII dispunha de recursos financeiros sem equivalente na Europa, com uma renda anual de 1.800.000 libras.

Assim, quando a guerra recomeça em 1449-1450, Carlos VII tem o reino unificado, o exército reorganizado e poderosamente equipado, além dos cofres cheios. Estava assim em uma posição de força sem precedentes desde o início do conflito. A Inglaterra, ao contrário, encontra-se em plena crise. Seu colapso nas últimas campanhas era inevitável.

DESORDENS E FRAQUEZAS DA INGLATERRA

A partir da assinatura da trégua de Tours, de fato, o governo de Henrique VI enfrenta todos os tipos de dificuldades. A fraqueza do soberano dá azo às lutas de facção pelo controle do poder. O conde de Suffolk é o novo homem forte. Sua rivalidade com o duque de Gloucester, tio do rei, ocupa os anos 1443-1447. Gloucester se opõe à trégua; fiel às suas posições belicistas, prefere que as pazes sejam desfeitas. Suffolk insidiosamente convence o rei de que seu tio está tentando destroná-lo. Já em 1441, a esposa de Gloucester, Eleanor Cobham, havia sido julgada por praticar magia contra a vida do rei. A partir de 1446, Gloucester deixa de comparecer ao conselho. Preso por traição, morre em 23 de fevereiro de 1447, em circunstâncias suspeitas.

O conde de Suffolk passa a se comportar como senhor absoluto, "levando franceses e ingleses com as duas mãos, como um casal", diz Chastellain. Verdadeiro vice-rei, ele assume uma cascata de títulos e poderes: camareiro da Inglaterra, capitão de Calais, guardião dos Cinco Portos, condestável do castelo de Douvres, intendente do ducado de Lancaster, *chief justice* de Chester, de Flint e do norte do país de Gales, intendente de todas as minas da Inglaterra. Ele se faz proclamar duque em 1448. Seus capangas cruzam o país, multiplicando as extorsões, das quais até *sir* João Fastolf, veterano da Guerra dos Cem Anos que havia se retirado para suas terras em East Anglia, se queixa.

Entretanto, um rival logo aparece: Ricardo, duque de York. Primo do rei, ele é filho do conde de Cambridge, um irmão de Henrique V que este

O FIM DE UMA GUERRA SEM FIM

mandara decapitar devido à participação num complô. Ricardo, no entanto, havia herdado nada menos que o condado de Cambridge, bem como as imensas posses de seu tio materno Edmundo Mortimer, nas marcas galesas. Ele também é conde de Ulster e, em 1430, torna-se condestável da Inglaterra. O governo de Henrique VI tenta confinar Ricardo atribuindo-lhe funções militares, nomeando-o tenente-geral na França em 1436 e em 1440. Ele retorna à Inglaterra em 1445. Para Suffolk, o homem é perigoso. Ele é afastado novamente, sendo nomeado tenente na Irlanda em 1447.

O poder excessivo que Suffolk atribuiu a si mesmo atrai ódio e ciúme. Contra ele são feitas acusações diversas, de suborno até traição. É em particular acusado de ser cúmplice do rei da França, de ter restituído Maine e Anjou a ele, de ter enfraquecido a Normandia e a Guiena, de ter pressionado Carlos VII a retomar a guerra e de ter arquitetado uma invasão da Inglaterra. Para salvar sua vida, o rei o bane por cinco anos, em 1450. Ele embarca em 30 de abril, mas seu navio é interceptado, talvez por um corsário que queria ganhar com seu resgate. Diante da resistência, ele é decapitado e seu corpo é jogado na praia de Douvres.

Eis o sinal para novas violências. Em 29 de junho de 1450, o bispo de Salisbury, amigo de Suffolk, é assassinado. Ao mesmo tempo, o condado de Kent se rebela sob a liderança de Jack Cade. Depois de derrotar um exército real em Sevenoaks, os rebeldes entram em Londres, onde decapitam o tesoureiro, lorde Saye, e o xerife de Kent, William Crowmer, cujas cabeças vão decorar a ponte. É um movimento contra os maus conselheiros, acusados tanto de oprimir o povo com impostos quanto de administrar a guerra de forma incompetente, esbanjando as gloriosas conquistas de Henrique V, como a Normandia. Eles reivindicam reformas e algumas cabeças, além da volta do duque de York, em quem confiam. A revolta é consequência direta das desordens da guerra, e o chefe, Jack Cade, é um soldado que, após voltar do continente, nota em sua terra a mediocridade dos capitães, sobretudo os de Somerset. O movimento é, como de costume, rapidamente esmagado, e Jack Cade é assassinado. Porém, ele sinaliza o descontentamento na atual fase do conflito.

O duque de York, que foi chamado por muitos, volta da Irlanda em agosto de 1450 e marcha sobre Londres à frente de 4 mil homens. Para se opor a ele, o governo chama da França Edmundo Beaufort, duque de Somerset, nomeado condestável da Inglaterra. Somerset é neto de João de Gante, duque de Lancaster: York contra Lancaster, as bases da Guerra das Duas Rosas, se estabelecem. Por enquanto, York se apresenta simplesmente como um reformador. Numa entrevista com o rei em setembro, ele jura lealdade a Henrique VI e pede reformas. O Parlamento reivindica a remoção de alguns conselheiros, incluindo Somerset. A rainha, Margarida de Anjou, toma o partido deste último. Em 1452, chega-se próximo ao confronto e, em agosto de 1453, o rei enlouquece, poucos dias após o desastre militar de Castillon, que marca o fim da Guerra dos Cem Anos. A Inglaterra está pronta para a guerra civil.

A dificuldade financeira agrava a situação. As dívidas acumuladas durante a guerra sobrecarregam o orçamento além do suportável. Em 1443, o chanceler do Tesouro, lorde Cromwell, se demite do cargo. Ele terá quatro sucessores incompetentes de 1443 a 1452. Enviar a menor embaixada para a França coloca problemas de financiamento insolúveis. A multiplicação de isenções fiscais sobre as exportações, que eram utilizadas como forma de ressarcimento dos credores, baixou as receitas alfandegárias: a queda foi de 17% entre as décadas de 1420 e 1440. Os parlamentos relutam cada vez mais em votar impostos, enquanto as defesas de Calais, da Normandia e da Guiena são progressivamente abandonadas, com guarnições esqueléticas e fortificações pouco conservadas. Com uma renda anual média de 25 mil libras no período de 1445-1453, o orçamento inglês não era mais capaz de sustentar as ambições no continente. Os empréstimos acumulam-se à taxa de 7.500 libras por ano durante esse mesmo período, incluindo 3.200 libras subscritas pelos mercadores de Calais e 2.700 libras pelos de Londres. Em 1444, há dificuldade para cobrir as despesas da coroação da rainha Margarida.

A situação diplomática e militar se deteriora. A Escócia continua a ser uma ameaça e se une aos oponentes da Inglaterra por casamentos principescos: em 1442, Isabel, filha de Jaime II, casa-se com o duque da Bretanha; sua irmã Eleanor casa-se com Sigismundo da Áustria em 1448 e, em 1449, o próprio Jaime II casa-se com Maria de Gueldres, sobrinha-neta do duque da Borgonha. No sul, ataques franco-bretões nas costas causam temor. Em 1449, o Parlamento vota 2.333 libras para fortalecer as defesas contra a Escócia: 2 mil para a proteção marítima no canal da Mancha e 2.433 para a de Calais. Na Normandia, a deterioração continua. Falta de dinheiro, falta de tropas e, também, falta de capitães valorosos. Os veteranos desaparecem aos poucos.

Talbot completa 60 anos em 1448. *Sir* João Fastolf, após apresentar em 1435 um relatório sobre a condução de operações e servir na Normandia de 1436 a 1440, aposenta-se em 1441, aos 63 anos. Ele levará a vida de um grande proprietário de terras em East Anglia, até os 82 anos.

As guarnições inglesas da Normandia, mal pagas, mantêm-se extorquindo a região, às vezes sob disfarces que não enganam ninguém: são os "rostos falsos" de que falam João Chartier e Jacques Du Clercq. Isso degenera rapidamente, como conta Tomás Basin: "Pouco a pouco, os ingleses deixaram de fazer boa justiça e de pagar o soldo a suas tropas; eles adquiriram o hábito, primeiramente nos países que estavam sujeitos a eles, de saquear e, sob disfarces, extorquir com regularidade os usuários das vias públicas".

TRÉGUAS E NEGOCIAÇÕES (1444-1449)

Cercado de inúmeros problemas por todos os lados, o governo inglês busca transformar a Trégua de Tours em paz definitiva. Porém, como é incapaz de se resolver quanto às concessões dolorosas necessárias, todas as tentativas falham. Os líderes do conselho ainda se apegam à ilusão de uma possível reviravolta; ninguém se resigna à ideia de declínio.

A Trégua de Tours expiraria em 1º de abril de 1446. As discussões, após o casamento de Henrique VI e Margarida, permitem a prorrogação do prazo. Em 14 de julho de 1446, chega a Londres uma delegação francesa muito importante, liderada por Luís de Bourbon, conde de Vendôme, e Jacques Jouvenel des Ursins, arcebispo de Reims. Carlos VII envia seus melhores conselheiros: Bertrand de Beauvau, senhor de Précigny, que também é homem de confiança de René de Anjou; Guilherme Cousinot, senhor de Montreuil e camareiro do rei; Estêvão Chevalier, seu secretário; há ainda Guy, conde de Laval, e representantes dos duques da Bretanha e de Alençon. A recepção é cordial e o tom, descontraído. No dia 15, Henrique VI recebe a delegação com indisfarçável alegria.

As coisas sérias começam no dia 19. Os ingleses propõem abandonar implicitamente qualquer pretensão ao trono da França em troca da soberania plena sobre a Normandia, além de uma Gasconha ampliada. Os franceses recusam, pois estão perfeitamente conscientes da superioridade militar de seu senhor. Bertrand de Beauvau propõe então que seja organizada uma reunião de cúpula entre Henrique VI e Carlos VII. Henrique aceita a proposta. Enquanto isso, tudo o que se pode decidir concretamente é que a trégua seja estendida até 11 de novembro de 1446.

Uma delegação inglesa segue então para a França. Em seguida, uma delegação francesa, liderada por Guilherme Cousinot, retorna a Londres em novembro. A trégua é estendida até 1º de abril de 1447. Os preparativos para um encontro direto entre os dois reis, que seria realizado em Mans, são levados às últimas consequências. Em fevereiro de 1447, Dunois encontra-se em Londres para discutir o assunto. Carlos VII é a favor disso. Em 25 de fevereiro, em Tours, ele declara que irá a Paris ou a Chartres antes de novembro para se encontrar com Henrique. Contudo, na Inglaterra, o financiamento da viagem real é questionado; depois, sobrevém a crise a propósito de Mans, o que põe tudo em questão.

Em 1445, Carlos VII deixa-se persuadir por seu cunhado René de Anjou para que ofereça a Henrique VI o seguinte negócio: Henrique devolveria a seu sogro René o Maine e sua capital, Le Mans, em troca de uma aliança com o referido René e uma trégua de vinte anos com a França. Em novembro de 1445, Guilherme Cousinot e João Havart apresentam o plano a Henrique VI, enquanto Margarida de Anjou, solicitada pelo rei, intervém no mesmo sentido para convencer seu marido. O doce Henrique cede em 22 de dezembro. A restituição do Maine deve ser realizada até 30 de abril de 1446. O compromisso é formalizado numa carta a Carlos VII.

Todavia, Henrique VI não pode se dar ao luxo de respeitá-lo. Sua decisão é muito impopular na Inglaterra, onde a população acha que ele está vendendo conquistas que haviam custado muito caro apenas para agradar sua esposa, a francesa Margarida. No local, os capitães ingleses não desejam deixar uma região onde lhes foram atribuídos bens: terras, senhorios, rendimentos diversos. Eles reivindicam compensações. O marquês de Dorset, que estava à frente de Anjou e do Maine desde 1442, demonstra a maior má vontade quando Matthew Gough e Fulk Eyton, comissionados pelo rei para receber cidades e castelos a fim de devolvê-los aos franceses, se apresentam. Em 1º de maio, um dia após o prazo, a evacuação ainda não começou. E, na Inglaterra, o duque de Gloucester se opõe com todas as suas forças à retirada, que ele considera uma capitulação covarde.

A paciência de Carlos VII é notável. Em 17 de outubro, em Bourges, ele encarrega Guilherme Cousinot e João Havart para que estabeleçam as indenizações dos ingleses que serão expulsos do Maine. No final de dezembro, envia uma nova delegação, com o bastardo de Orléans, Pedro de Brézé e Guilherme Cousinot, que havia conhecido Matthew Gough em Rouen. Ele novamente especifica os termos da troca: uma trégua de vinte anos com René, a extensão da trégua entre os reis da França e da Inglaterra por um ano. Um novo prazo é fixado: 15 de janeiro de 1448.

Em vão. O dia 15 de janeiro passa e a guarnição inglesa ainda está em Mans. Carlos VII perde a paciência. Ele não apenas envia Raul Regnault a Londres com uma carta manifestando sua exasperação com os "subterfúgios, pretextos e dissimulações" dos ingleses, mas também reúne um exército na fronteira do Maine, determinado a usar a força. Pânico dos ingleses: o chanceler da Normandia, Tomás Hoo, escreve a Brézé para assegurar-lhe que o cumprimento seria imediato. Ele declara que uma nova embaixada inglesa está chegando. Tarde demais. Dunois se apresenta perante Le Mans com 7 mil homens, os irmãos Bureau mobilizam sua artilharia e Carlos se instala em Lavardin para acompanhar o cerco. O efeito é imediato. A evacuação de Le Mans ocorre em poucos dias. A trégua ainda se mantém, porém, está fragilizada. Não se trata mais de um encontro entre os dois reis. Carlos VII ordena que João Jouvenel des Ursins escreva um *Tratado compendioso da querela da França contra os ingleses*, no qual ele demonstraria que o rei da Inglaterra não tinha nenhum direito à coroa da França, ao passo que, inversamente, o rei da França teria direito sobre a coroa da Inglaterra. Roberto Blondel, por sua vez, compõe um tratado latino no mesmo espírito, *Direitos da coroa da França*. O rei prepara sua propaganda.

Os incidentes aumentam a tensão. Até porque o duque de Somerset, tenente-geral na França desde 1447, menospreza a precariedade de sua situação diante do novo poder do exército francês e adota uma atitude provocativa. Em 1448, as tropas inglesas que acabam de evacuar o Maine instalam-se na fronteira da Normandia e da Bretanha, em Pontorson, Mortain e Saint-James-de-Beuvron, como forma de pressionar o duque da Bretanha Francisco I, que é extremamente francófilo. Carlos VII envia um protesto a Somerset; o duque responde com uma carta "em estilo ofensivo à honra do rei", escreve o cronista Mathieu de Escouchy. O ex-capitão do Mans, Osbert Mundford, agora tesoureiro da Normandia, está colocando lenha na fogueira.

E eis que, na noite de 23 para 24 de março de 1449, a provocação ultrapassa os limites: Francisco de Surienne, o Aragonês, toma de surpresa a cidade de Fougères, na Bretanha, com um grupo de especialistas em escalada. A cidade é deixada à pilhagem, com "sacrilégios, incêndios, assassinatos, estupros e outras violências contra mulheres, prisões, resgates, saques e roubos de nossos súditos, além de muitos outros males execráveis que em guerra aberta podiam ser cometidos perpetrados pelos ingleses", escreve o duque da Bretanha em uma carta a Carlos VII. Surienne e seus homens se instalam na cidade. O rei recebe a notícia quando estava a caminho de Bourges. Ele se detém em Chinon a fim de deliberar com seu conselho sobre a atitude a adotar.

O problema todo é saber se a operação é uma iniciativa pessoal de Surienne, uma operação de roubo por parte de um chefe de bando isolado, ou se ele agiu em colaboração e sob comando das autoridades inglesas em Londres e Rouen. O duque de Somerset, em carta a Carlos VII, declara que não tem nada a ver com o caso e condena a ação de Surienne, porém, explica que nada fará para obrigá-lo a devolver a cidade.

De fato, é certo que a tomada de Fougères é uma operação decidida e planejada de longa data no âmbito da cúpula do governo inglês, sem o conhecimento de Henrique VI. Vários documentos confirmam isso de maneira irrefutável: os resultados de uma investigação realizada em Rouen no final de 1449 por Guilherme Jouvenel des Ursins e as confissões do próprio Surienne. Na verdade, esse chefe de bando, que não é uma pessoa qualquer, jamais teria embarcado em tal aventura sem que lhe tivessem ordenado.

A resposta francesa é rápida: em 16 de maio, João de Brézé e Roberto Flocques capturam Pont-de-l'Arche, primeiro; em seguida, são tomadas Conches, Gerberoy e Cognac. Começa então um frenético balé diplomático entre Carlos VII e Somerset, que está em Rouen. Parece que a retomada da guerra está decidida. O rei tem o pretexto que tanto esperava. O duque da Borgonha, consultado, declara-se a favor do rei e deixa seus nobres livres para ingressarem no exército real. Uma campanha de propaganda é lançada: o rei distribui o tratado de João Jouvenel sobre seus direitos; ele envia às cidades e aos príncipes um manifesto para justificar sua ação. Segundo Mathieu de Escouchy, tem lugar no país um verdadeiro debate sobre a responsabilidade pela retomada da guerra:

O FIM DE UMA GUERRA SEM FIM

Em muitos lugares, tanto no reino de França como nos países vizinhos, iniciou-se a discussão sobre como quebrar a trégua em questão. Alguns, conforme seu prazer e particular afeição, diziam o que lhes parecia bom, atribuindo e dando o referido encargo aos franceses. Outros havia que discordavam de tal opinião e diziam: os ingleses começaram a guerra e era devido a eles que a ruptura da referida trégua teria advindo.

Até meados de maio, o duque de Somerset não parece estar ciente dos riscos que corria. Ele persiste numa atitude arrogante, até o momento em que a captura de Pont-de-l'Arche o faz entender que o tempo de parolagem acabou. Por fim, é tomado pelo pânico:

> Por pouco a tristeza não o fez perder completamente a cabeça. Ainda era bem cedo, cerca de sete horas antes do meio-dia. Como um louco, ele correu pelo castelo para acordar os que ainda estavam na cama, chamando cada um pelo nome. Ao mesmo tempo, dava ordens para que os soldados ingleses se reunissem na cidade em vários locais, que se armassem e que equipassem o porto, onde dispunham de um certo número de barcos, esperando ainda poder organizar meios de resistência suficientes para repelir o inimigo da praça e da cidadela.

É tarde demais. Em 17 de julho, Carlos VII convoca seu conselho no castelo de Roches-Tranchelion, perto de Chinon. Por unanimidade, é decidida a retomada da guerra. As companhias de ordenança são convocadas. Dunois é nomeado "tenente-geral das marcas além dos rios Soma e Oise até o mar", e Richemont é encarregado da fronteira bretã. As operações começam imediatamente.

A RECONQUISTA DA NORMANDIA (1449-1450)

O sucesso é esmagador. Um verdadeiro maremoto avança sobre a Normandia. A penetração simultânea de vários exércitos e seus movimentos coordenados levanta a questão: será que eles obedecem a uma estratégia global? Não sobram nem vestígios do que existia. O que se constata é que os lugares caem como fruta madura, na maioria das vezes sem a menor resistência. As guarnições inglesas, poucas em número, completamente desmoralizadas, confrontadas com a hostilidade da população local, impressionadas com a quantidade e a organização das tropas – e, em particular, com o poder de artilharia dos irmãos Bureau –, preferem se render. A capital, Rouen, rapidamente se encontra isolada.

O essencial acontece em três meses. Carlos VII dirige pessoalmente as operações. Em 6 de agosto, deixa Amboise; de 12 a 18, passa por Vendôme, e, depois, Chartres, reunindo seu exército. Verneuil cai no dia 23. Em Rouen, Talbot reúne 1.500 cavaleiros e vai ao encontro dos franceses, porém, nos arredores de Harcourt, percebe que estava diante de forças claramente superiores, e acaba preferindo se retirar. Os franceses o seguem. Não haverá, portanto, batalha campal. A campanha agora se resume a uma cascata de capitulações de tantas cidades que a cronologia é incerta. Dunois, deixando Verneuil, toma Evreux, Bernay, Lisieux e Argentan. O conde de Saint-Pol, vindo da Picardia, fica com Neufchâtel e Gournay. O duque de Alençon conquista Alençon. Ao longo do vale do Sena, outro grupo captura Mantes, Vernon, Château-Gaillard e Gisors; o rei se instala em Louviers para dirigir as operações. Ao mesmo tempo, o duque Francisco I, após deixar Dinan, invade o Cotentin. Deixando seu irmão Pedro cercar Fougères, ele submete Coutances, Granville, Saint-Lô, Carentan, Valognes, Thorigny e Hambye. A guarnição de Dieppe toma Fécamp.

Na maioria dos casos, a rendição é alcançada sem luta. Apenas dois lugares resistem mais de um dia: o castelo de Harcourt é defendido por João Worcester por oito dias, e Touques resiste três dias com Eduardo Bromfield. Às vezes, o capitão local escolhe a traição: foi assim com o galês João Eduardo em La Roche-Guyon. Em Coutances, o chefe do lugar decide se render após ver de relance o impressionante exército do duque da Bretanha: 6 mil homens liderados pelo condestável de Richemont, o marechal de Lohéac, o almirante Prigent de Coëtivy, o conde de Laval, os senhores de Estouteville, de Retz, de Derval, de Malestroit, de La Hunaudaye e de Coëtquen. Outras vezes, como em Argentan, é a população da cidade que permite a entrada dos sitiantes sem resistência da guarnição. Frequentemente, os comandantes dos lugares se rendem a fim de preservar ou recuperar os bens que possuem na França. É o caso, por exemplo, em Gisors: trata-se de um verdadeiro fiasco, com pouquíssimas lutas de verdade. Até mesmo o espetacular

Château-Gaillard, um dos símbolos da conquista inglesa da Normandia, cai sem maiores dificuldades.

Em seu quartel-general em Louviers, Carlos VII está acompanhado por rei René, Carlos de Anjou, marechal de La Fayette, os condes de Dammartin e de Tancarville, além do senhor de Culant. Uma das razões de seu rápido sucesso, segundo Tomás Basin, é a moderação demonstrada: nada de saques; os capitães são autorizados a conservar seus bens; os soldados ingleses devem simplesmente deixar as cidades e voltar para Rouen; nada de execuções:

> Algo aumentava ainda mais o desejo deles: que quase todos haviam ouvido em todos os lugares que o rei da França assegurou a seus súditos boa justiça e liberdade, além de ter tomado medidas muito severas para impedir que suas tropas saqueassem e maltratassem os habitantes das províncias.

No início de outubro, Rouen está completamente isolada. Os reforços solicitados por Somerset não chegam. Carlos VII, em Louviers, prepara o assalto à capital normanda. Ele reúne todas as suas forças e, em 9 de outubro, escoltado não apenas pelo rei René, mas também pelo conde do Maine, por Dunois e pelos marechais La Fayette e de Jalognes, apresenta-se perante a cidade. As defesas são sólidas. A guarnição, reforçada por tropas das cidades perdidas, tem entre 2 mil e 3 mil homens, com líderes formidáveis, incluindo o impiedoso Talbot.

Os burgueses são extremamente favoráveis aos franceses e planejam ajudar a entrada destes. Eles fazem contato com os líderes do exército sitiante e combinam um plano: os franceses atacarão pelo norte a fim de atrair os ingleses e, durante esse tempo, os habitantes, em outro setor, sinalizarão com um pano de cortina o livre acesso, por onde os soldados poderão subir a escada e abrir um portão. O plano fracassa. Talbot desconfia e chega com soldados pelas costas dos conspiradores que estavam ajudando os franceses a escalar as muralhas. Alguns são mortos, outros são empurrados do topo das torres e caem nas valas. Os que ficam apenas feridos são liquidados pelos soldados que realizam uma operação de saída. O exército francês deve se retirar. É o retorno a Pont-de-l'Arche. Estamos em 16 de outubro.

Começam então as negociações a três em Port-Saint-Ouen, entre os representantes dos ingleses, os da burguesia (liderados pelo arcebispo Raul

Roussel) e os do rei da França: Dunois e o chanceler Jouvenel des Ursins. Chega-se rapidamente a um acordo com os burgueses, que concordam em entregar a cidade ao rei. Em contrapartida, a conversa não é possível com os ingleses, que recusam a capitulação apesar das promessas de deixar-lhes a vida e os bens. No dia 19, um tumulto estoura na cidade; barricadas são erguidas; os ingleses, acotovelados, refugiam-se nas fortificações: o palácio, a jusante da cidade, às margens do Sena; o castelo, ao longo do cinturão norte; a barbacã, na margem esquerda. Durante esse tempo, as tropas francesas conquistam o subúrbio e o mosteiro de Santa Catarina, na colina que domina a cidade a sudeste. O rei se instala por lá. Os burgueses abrem as portas, mas, como já é noite, Carlos VII, que não queria saques, deixa entrar na cidade apenas 400 a 500 homens, com Brézé, Basin e o *sire* de Torcy.

Somerset e Talbot estão bloqueados nas fortificações. A cidade está perdida. Dessa vez é necessário negociar seriamente. De fato, bombardas são instaladas e o castelo começa a ser atingido. Somerset deve aceitar condições humilhantes: ele está autorizado a deixar Rouen com sua família e seus bens, mas deve ceder Caudebec, Tancarville, Montivilliers, Harfleur, Honfleur e Arques. Ele deve, no período de um ano, pagar um resgate de 50 mil escudos e, como garantia do cumprimento dessas cláusulas, os reféns de alto escalão permanecerão nas mãos do rei da França: lorde Talbot, o filho do conde de Ormond e o filho do primeiro casamento da duquesa de Somerset. Em 29 de outubro de 1449, os ingleses deixam Rouen e recuam para Caen. Alguns dias depois, em 4 de novembro, Surienne capitula em Fougères diante do exército de Francisco I. A primeira fase da conquista acabou. O triunfo é completo e o rei o celebra em estilo romano, com uma entrada solene na capital normanda, em 10 de novembro de 1449.

Os capitães de Harfleur e de Honfleur não se rendem, o que torna necessário que essas cidades sejam cercadas. A tomada de Harfleur ocorre em dezembro, em condições muito difíceis: o frio é intenso, os rios estão congelados, a terra está coberta de neve. O rei mora num abrigo cavado no chão. Trincheiras são cavadas a duras penas ao redor da cidade e são as bombardas que fazem a maior parte do trabalho. Harfleur se entrega em 1º de janeiro de 1450. Para Honfleur, será preciso esperar até 18 de fevereiro.

Após o cerco de Harfleur, Carlos VII assume seus aposentos de inverno na abadia de Jumièges, no início de janeiro de 1450. É lá que Agnès Sorel, por um motivo desconhecido, se junta a ele. Ela está grávida de oito meses. No início de fevereiro, ela dá à luz uma filha, falecendo um pouco depois, no dia 9. Exames recentes de fragmentos de ossos revelaram envenenamento por mercúrio, porém ninguém sabe se a causa foi acidental ou criminosa.

A campanha recomeça em março de 1450. De fato, no dia 15, desembarcaram em Cherbourg reforços ingleses comandados por Tomás Kyriel: 4 mil a 5 mil homens. A reunião destes havia sido difícil devido às dificuldades financeiras. O objetivo é reforçar Somerset em Caen e, se possível, salvar a Baixa Normandia. Ao longo do caminho, Kyriel captura Valognes. Então deve atravessar a área pantanosa que separa o Cotentin de Bessin, na direção de Bayeux. Em 14 de abril, chega à aldeia de Formigny, onde encontra o conde de Clermont, que era acompanhado por Jacques de Chabannes, Jacques da Alemanha, o senescal de Poitou, o caçula de Albret, Odet d'Aydie, Prigent de Coëtivy, Pedro de Brézé e Pedro Flakes.

Clermont enfrenta um dilema: ele tem apenas cerca de 3 mil homens contra os 5 mil ou 6 mil de Kyriel. Será que vale a pena arriscar a batalha sozinho ou é melhor esperar a chegada de Richemont, que está em Saint-Lô, para onde foi enviado urgentemente um mensageiro? No primeiro caso, corre-se o risco de ser sobrepujado pelo maior número; no segundo, arrisca-se permitir a passagem de Kyriel para Bayeux e Caen, o que fortaleceria Somerset, pois ninguém sabe quando Richemont chegará. No final das contas, parece que é sob a pressão de suas próprias tropas, que querem brigar, que ele opta pela batalha.

Em 15 de abril de 1450, Tomás Kyriel toma as providências táticas usuais após notar que o exército do conde de Clermont buscava o combate. Fiel ao processo que teve tanto sucesso em Crécy, Poitiers e Azincourt, ele manda cavar fossos e plantar estacas, atrás das quais os arqueiros se entrincheiram. Seu exército é apoiado por bosques e pomares densamente plantados com macieiras, o que torna impossível um ataque reverso. Sua cavalaria é comandada pelo formidável Matthew Gough. De sua parte, Clermont procrastina: ele tenta ganhar tempo, na esperança de que Richemont, que agora está em Trévières (a alguns quilômetros ao sul), tenha tempo para chegar a Formigny. Ao longo da manhã, os dois exércitos se observam. Então, por volta do meio-dia, Clermont prepara sua artilharia, ou seja, os pequenos canhões, chamados colubrinas ou serpentinas, que estavam sob as ordens do genovês Giribault. Crécy já é coisa do passado: em vez do ataque frontal de uma cavalaria sem disciplina, cujos homens são derrubados pelas flechas dos arqueiros e empalados nas estacas, Kyriel recebe uma chuva de pequenas bolas de canhão que dizima seus arqueiros. Ele então envia cerca de 600 cavaleiros para atacar as colubrinas francesas. Tudo se torna confuso e os relatos dos cronistas divergem. Para Basin, a cavalaria francesa repele o ataque inglês; para Escouchy, o embate é indefinido. E é quando novas tropas apareceram ao sul, em uma colina perto de um moinho. Kyriel pensa por um momento que é Somerset. Trata-se de Richemont, com 300 lanceiros e 800 arqueiros. Os ingleses voltam para a aldeia de Formigny e ladeiam o rio, porém são massacrados.

O balanço é eloquente: do lado inglês, 3.500 mortos segundo Basin; 3.774 segundo Escouchy e Du Clercq; 6 mil segundo Gruel – os dois primeiros números são os mais prováveis. A carnificina se explica em parte pela intervenção dos camponeses no final da batalha, que massacraram impiedosamente os cavaleiros no chão. Kyriel é feito prisioneiro com cerca de mil dos seus homens, incluindo líderes renomados, como Henrique Norbury, William Herbert e Elis Longworth. De acordo com Basin, tal abundância de prisioneiros deprime os preços, porque, "levados para as cidades e praças francesas, eram vendidos a baixo preço, como escravos vis".

Depois de Formigny, a queda da Normandia é inevitável. No final de abril, Vire é tomada. Mais tarde, em 16 de maio, Bayeux (onde Gough estava refugiado) é submetida a intenso bombardeio. Os novecentos ingleses da cidade são autorizados a se retirar para Cherbourg com mulheres e crianças. Nessa época, o duque da Bretanha toma Avranches e, em seguida, o rochedo de Tombelaine, próximo ao monte Saint-Michel. Richemont apreende Briquebec, Valognes e Saint-Sauveur-le-Vicomte. Carlos VII reúne todas as suas forças no início de junho perante Caen. Todos estão aqui; ao menos nove companhias de ordenança, franco-arqueiros e um parque de artilharia como nunca se tinha visto até então. Testemunha ocular, Tomás Basin escreve: "Foi uma coisa maravilhosa e horrível ver bombardas e lançadoras de pedras gigantes, além de outras bombardas que, embora fossem menores, eram em quantidade enorme e formavam um cinturão quase ininterrupto". Ele também menciona 24 bombardas gigantes, "em cujas bocas um homem poderia facilmente sentar-se com a cabeça erguida." Embora todas estivessem posicionadas e dispostas a lançar balas de canhão, bastou um tiro para semear o terror entre os sitiados. Essas máquinas tinham um poder destrutivo fenomenal: um único disparo era suficiente para destruir uma torre e várias casas.

O duque de Somerset tem cerca de 3 mil homens para defender a cidade, pois todas as guarnições das praças tomadas encontravam-se ali. O castelo é formidável, mas o cinturão de muros da cidade não resistirá por muito tempo contra os monstros de Carlos VII, e não há nenhuma esperança de reforços. É só uma questão de tempo. Assim, após cerca de três semanas de bombardeio e trabalho de sapa, chega-se a um acordo em 24 de junho. Somerset capitula. Ele está autorizado a partir com sua família e todos os ingleses, cerca de 4 mil pessoas. Certo número de ingleses, que haviam se casado novamente na França, "ao lembrarem que já haviam contraído matrimônio na Inglaterra, abandonaram suas segundas esposas", diz Basin. Em 6 de julho, Carlos VII faz sua entrada solene em Caen num longo cortejo que replica a entrada em Rouen. As ruas estão enfeitadas e o entusiasmo é protocolar.

A obra está quase finalizada. Porém, os cofres estão vazios. Foi nessa época que Jacques Cœur oferece generosamente 40 mil escudos, o que permite o pagamento das tropas para os últimos cercos: Falaise, Domfront e Cherbourg. O cerco de Falaise começa em 6 de julho. Carlos VII assiste pessoalmente, com toda a comitiva que já o rodeava em Caen. Esse fim de campanha parece uma demonstração de força. Talbot, que comanda a guarnição, não insiste: no dia 21 de julho, ele decide negociar e entregar a cidade caso nenhum socorro chegue antes da mesma noite, o que é altamente improvável. Ele então capitula com seus 1.500 homens, que puderam partir. O próprio Talbot sai em peregrinação a Roma! Poton de Xaintrailles é nomeado capitão da cidade. Em 24 de julho, o castelo de Domfront é tomado.

O último ato é representado em Cherbourg, sitiada por Richemont e pelos irmãos Bureau. Os cronistas relatam uma façanha técnica: as bombardas, posicionadas na praia, são cobertas duas vezes ao dia por peles que as protegem da água do mar. A cidade "foi fortemente atingida por canhões e bombardas de modo tão eficiente quanto nenhum homem tinha visto". O capitão do local, Tomás Gruel, não insiste: capitula em 12 de agosto de 1450, um ano após o início da campanha, quando os franceses tomaram Pont-Audemer.

A rapidez da conquista da Normandia impressionou os contemporâneos, que viram nela um verdadeiro milagre. Jacques Du Clercq: "Nunca vimos um país tão grande ser conquistado em tão pouco tempo, e com tão poucas mortes do povo e de soldados, e com tão poucos danos"; "o que pode parecer graça divina ali pretendida por Deus". João Chartier: "Nunca um país tão grande foi conquistado em tão pouco tempo, com perdas tão baixas". O próprio rei, em carta de 31 de agosto, fala de uma "tarefa divina e milagrosa".

O verdadeiro milagre é o poder da artilharia. Não havia cidade nem castelo que pudesse pretender resistir por mais de um mês às bombardas do rei, capazes de derrubar qualquer muralha. O cronista Jacques Du Clercq fica impressionado com

> o número imenso de grandes bombardas, grandes canhões, *veuglaires*, serpentinas, *crapeaudeaux*, colubrinas e *ribaudequins* que nenhum homem lembrava de ter visto no tempo dos reis cristãos, tudo bem provido de pólvora, mantas e todas as outras coisas necessárias para aproximação e tomada de cidades e castelos, além de uma enorme quantidade de carroças para transportar o equipamento e trabalhadores para manuseá-los. Para liderar e conduzir a artilharia, foram encarregados o senhor João Bureau e seu irmão, que cumpriram seu dever muito bem e administraram tudo de modo grandioso. A bem da verdade, durante essa conquista da Normandia, as cidades e os castelos foram tomados, em sua maioria, por assalto e pela força das armas.

Ademais, o sistema de companhias de ordenança funcionou perfeitamente, sobretudo graças ao pagamento regular das tropas, o que permitiu a manutenção não apenas de um corpo efetivo de soldados estável e importante durante um ano, mas também de conseguir o apoio da população ao proibir os saques. Diante de ingleses desmoralizados, cujas táticas não evoluíram desde Crécy, o poderio militar de Carlos VII parecia irresistível.

Para comemorar o acontecimento, o rei decide fazer em 12 de agosto, data da captura de Cherbourg, uma festa nacional que a cada ano será marcada por cerimônias de ação de graças comemorativas da vitória. Eis uma grande novidade, que revela a vontade de se criar uma memória coletiva nacional e real. Essa espécie de 11 de novembro medieval é um passo importante na ascensão do espírito patriótico.[6]

---

6 Data comemorativa que nos remete a 11 de novembro de 1918, quando Aliados e Alemanha assinaram o Armistício de Compiègne para que os conflitos da Primeira Guerra Mundial fossem encerrados. (N. T.)

A PRIMEIRA CONQUISTA DA AQUITÂNIA (1451)

Na Inglaterra, a preocupação é intensa. Os repatriados, militares e civis, espalharam "por toda parte um falatório não apenas sobre o poder do rei da França e de seu exército, mas também sobre sua sabedoria, prudência, habilidade e grandeza de alma", escreve Tomás Basin. O pânico se difunde nos círculos comerciais: a próxima parada pode muito bem ser Calais. Muitos repatriam seus bens para a Inglaterra. As forças se reúnem em Sandwich e Douvres em 1451 para defender o posto avançado no continente, sob a liderança de um líder experiente: Gervásio Clifton. Os lordes Beauchamp e Sudeley, companheiros do rei, anunciam sua intenção de lutar por Calais. Há rumores de que o próprio Henrique VI tem em vista o deslocamento. Alguns temem um desembarque de Carlos VII na Inglaterra. Contatos são feitos com o duque da Borgonha para garantir ao menos sua neutralidade.

Entretanto, o rei da França tem outros planos. Ele quer aproveitar a confusão dos ingleses e explorar o entusiasmo dos franceses para reconquistar imediatamente a Guiena. Deixando seiscentos lanceiros na Normandia, onde são nomeados Richemont como governador e Pedro de Brézé como grande senescal, o rei regressa a Tours em 2 de setembro e transfere parte das tropas para a região de Bordeaux, sob a direção do conde de Penthièvre, do conde de Foix e de Arnaud-Amanieu de Albret, senhor de Orval. As praças começam a cair: Cognac, Saint-Mégrin, Mauléon, Guiche, Bergerac, Jonzac, Bazas. Uma força de Bordeaux é derrotada em Blanquefort em 1º de novembro.

No entanto, não há muito tempo para que tudo possa ser terminado antes do inverno. Especialmente porque a resistência provavelmente será muito mais feroz por ali do que na Normandia. Os ingleses controlam uma região que se estende a oeste de uma linha que começa no norte de Blaye, na margem direita do rio Gironda, atravessa o rio Dordonha a jusante de Bergerac, o rio Garona a jusante de Agen e se aproxima do País Basco ao sul de Bayonne. Nesses territórios, é muito boa a adaptação sob tutela inglesa. O senhor está longe e seus representantes são discretos: alguns oficiais e algumas guarnições escassas. As exigências fiscais são muito moderadas, pois Londres teve que fazer concessões para garantir a fidelidade dos habitantes. São os estados da Guiena, ou os de Bordeaux, de Bazadais e de Landes, que votam os impostos. Aqui não houve transferência de terras, de senhorios. Os únicos ingleses que vemos, além da administração, são mercadores. O senescal da Guiena é, desde 1442, *sir* William Bonville, um homem competente e moderado.

Do ponto de vista econômico, a Aquitânia está intimamente ligada à Inglaterra, que dela compra a maior parte de seus vinhos. Privilégios foram concedidos aos viticultores e aos mercadores de Bordeaux, que têm todo o interesse em permanecer sob o domínio inglês. O clero também tem uma atitude leal a Henrique VI, começando pelo arcebispo de Bordeaux, Pey Berland. Desde 1441, a capital conta com uma universidade, o que permite aos estudantes evitar ir a Toulouse ou Paris. Em geral, a população está satisfeita com a sua sorte, e sabe que perderia muito ao passar para a tutela francesa: perda de facilidades comerciais, impostos muito mais pesados, administração muito mais rigorosa e pouco respeitosa no tocante às liberdades locais. Ela está, portanto, pouco disposta a ajudar os exércitos de Carlos VII.

Este último está perfeitamente ciente disso. Por isso mesmo, quer agir com prudência, recomendando às suas tropas que respeitem estritamente os bens e as pessoas. Isso é o mínimo esperado de alguém que se apresenta como um libertador. O método é testado na Normandia. Regulamentos muito precisos, elaborados sob a orientação do próprio rei, são publicados onde quer que o exército francês esteja presente. Eles estipulam que todas as cidades e os materiais que forem requisitados serão rigorosamente pagos: 5 soldos por ovelha, 10 soldos por um bezerro, 20 soldos por um porco, 30 soldos por uma novilha, e assim por diante.

A campanha começa na primavera de 1451. Enquanto o rei permanece em Tours com sua nova amante, Antonieta de Maignelais, Dunois e o conde de Clermont descem pelo Gironda com 7 mil homens e as terríveis bombardas de João Bureau. Ao mesmo tempo, uma frota, comandada por João Le Bourchier, general da França, entra no estuário do Gironda a fim de bloquear Bordeaux do lado do mar. O povo de Bordeaux tem poucas esperanças de receber ajuda, pois a Inglaterra está em pleno caos: Jack Cade ocupa Londres e York retorna da Irlanda, mais ameaçador do que nunca. Não há tempo para se pensar na Aquitânia. Um exército é, no entanto, laboriosamente reunido nos portos do sul sob as ordens de lorde Rivers, porém, passados meses de espera pelo pagamento dos soldos, ele é dissolvido. Que Bordeaux se vire!

O avanço dos franceses é inexorável. Dunois chega do nordeste e, em maio, toma Montguyon. Então cerca Blaye e Bourg, que controlam Bordeaux impedindo a aproximação pela margem direita do Gironda. Os bordaleses enviam alguns navios para abastecer os dois lugares, porém estes são facilmente desviados pela frota de João Le Bourchier, que completa o bloqueio do lado do mar. Os bombardeios e o esgotamento dos víveres logo persuadem a guarnição de Blaye a capitular. Depois é a vez de Bourg, que se rende em 29 de maio. Segue-se a captura sistemática de todas as cidades do vale de Dordonha: Castillon, Saint-Emilion, Libourne, Fronsac.

Jacques de Chabannes entra então em Entre-Deux-Mers. Já se vislumbra Bordeaux. Enquanto isso, mais ao sul, Carlos, *sire* de Albret, captura Dax, Duras e Rions: a pressão aumenta. Em Bordeaux, todos estão cientes da situação. Os pedidos de socorro ao rei da Inglaterra ficam sem resposta. Sustentar um cerco seria catastrófico para os negócios, sem contar as mortes, a destruição e o risco de pilhagem. É, portanto, melhor discutir, especialmente porque os franceses fazem ofertas generosas. João Bureau, que Carlos VII já havia designado como futuro prefeito da cidade, recebe um salvo-conduto e vai negociar com o arcebispo Pey Berland e o povo dos três estados da cidade.

Em 12 de junho, chega-se a um acordo, muito vantajoso para Bordeaux: "O país", escreve Basin, "havia sido isento de talhas e cobranças, de gabelas e de todos os outros impostos e arrecadações com os quais o reino da França foi maravilhosamente sobrecarregado. Os habitantes receberam, portanto, a promessa solene de que gozariam das mesmas imunidades sob o domínio francês". Eles não terão que servir nos exércitos do rei; os gascões manterão todas as suas liberdades; aqueles que não desejam viver sob o domínio francês têm seis meses para emigrar, levando consigo seus bens; uma corte soberana será criada em Bordeaux para impedir que os processos sejam levados ao Parlamento de Paris.

A rendição da cidade é então organizada de modo formal a fim de respeitar as obrigações para com o rei da Inglaterra. Fixa-se um dia de batalha: 14 de junho. Se nenhum exército inglês aparecer naquele dia, as autoridades da cidade observarão isso e se renderão. Um arauto subirá as muralhas ao pôr do sol e gritará: "Ajuda daqueles da Inglaterra para os de Bordeaux!". Se ninguém vier, isso será um sinal de que Henrique VI não cumpre seu dever de proteção. Obviamente, há poucas chances de que o grito seja ouvido em

Londres e, mesmo que fosse, seriam necessários meses para o improvável envio de reforços. Curioso episódio que evidencia o vestígio das convenções da guerra feudal.

Tudo corre como previsto e, em 30 de junho, Dunois entra em Bordeaux com todo o exército francês, exceto os franco-arqueiros, cujos excessos os habitantes locais temem. Todos os chefes estão ali: Armagnac, Vendôme, Nevers, Angoulême. Falta apenas o rei, que achou melhor não fazer o deslocamento. No entanto, a pedido de Dunois, o rei desce até Taillebourg, entre Saintes e Saint-Jean-d'Angély, para visitar Olivier de Coëtivy, filho do almirante Prigent de Coëtivy, morto no cerco de Cherbourg.

A conquista de Bordeaux é um acontecimento significativo: a cidade é inglesa há trezentos anos! E cai em poucos dias, contra todas as apostas. O exército de Carlos VII parece capaz de tudo. E as finanças seguem. Jacques Cœur mais uma vez adianta grandes somas: 70.680 libras turnesas. Ao longo do mês de julho de 1451, o rei, que permanece em Taillebourg, manda presentes ao seu tesoureiro – e este escreve à esposa no dia 30: "Estou tão bem com o rei como jamais estive". No dia seguinte, ele está na prisão.

Durante algumas semanas, o soberano investiga discretamente as atividades de Jacques Cœur, cuja posição estava fragilizada desde a morte de Agnès Sorel. Na corte, o intrigante Guilherme Gouffier espalha rumores hostis denunciando o peculato do tesoureiro e até mesmo uma inverossímil tentativa de envenenar Agnès Sorel. Após uma longa investigação, o julgamento acontecerá em 1453 e terminará com uma sentença de confisco de bens, além da prisão até o pagamento de uma multa altíssima de 400 mil escudos. Depois de uma fuga rocambolesca, Jacques Cœur terminará sua vida na cruzada em novembro de 1456.

A prisão do tesoureiro, no final de julho de 1451 em Taillebourg, arrefece um pouco a atmosfera eufórica decorrente da queda de Bordeaux. A campanha, no entanto, continua, pois ainda resta Bayonne. Dunois chega por lá em 7 de agosto. A cidade está protegida. As autoridades, "vendo que não eram fortes o suficiente para resistir ao poder do rei Carlos", negociam. Rapidamente chega-se a um tratado no qual se prevê que a guarnição inglesa poderá partir, bem como os habitantes do local, que preferirão ir para a Inglaterra: eles têm seis meses para fazer as malas. A cidade pagará uma multa de 40 mil escudos por não ter se rendido logo após a primeira advertência,

O FIM DE UMA GUERRA SEM FIM

tornando assim necessário o dispendioso envio do exército real para essa região tão remota do reino. Toda a artilharia é recuperada pelo rei da França, que decidirá de acordo com sua boa vontade acerca dos privilégios e franquias da cidade.

Em 20 de agosto de 1451, os franceses entram na cidade. É o fim da Aquitânia inglesa. Isso sem dúvida mereceria um milagre. Então, Deus, que desde Joana d'Arc era manifestamente francês, concede um prodígio: no céu surge uma cruz branca, emblema do partido de Carlos VII, e a cruz se transforma em coroa e, por fim, em flor-de-lis. O próprio Dunois fica impressionado com essa fantasmagoria atmosférica, da qual envia um relato bastante oficial ao rei.

O céu, assim, parecia abençoar a reconquista. Carlos VII, encantado, recebe a notícia em Taillebourg e, de súbito, devolve como presente 20 mil escudos dos 40 mil previstos pelo tratado de capitulação de Bayonne. Ele nomeia as novas autoridades responsáveis pela administração da Aquitânia: o conde de Clermont como governador, Olivier de Coëtivy como senescal, João Bureau como prefeito de Bordeaux, João du Puy-du-Fou como vice-prefeito, João de La Fain como preboste real, Joaquim Rouault como condestável.

Apenas Calais permanece nas mãos dos ingleses. Por que não aproveitar uma situação tão favorável para retomar essa cidade? O sucesso parecia garantido. É verdade que é final de agosto e que, estando a maior parte do exército em Bayonne, o deslocamento deste para Calais levaria semanas. Porém, isso não seria impossível. Eduardo III havia demorado um ano para tomar a cidade; Carlos VII tem muito tempo. Então, por que não tentar terminar o trabalho?

FILIPE, O BOM, E O DELFIM LUÍS

Porque, no futuro imediato, outros problemas prendem sua atenção. Em primeiro lugar, o duque de Borgonha recorda os bons tempos, pedindo-lhe que não se intrometa nos assuntos das cidades da Flandres, as quais mais uma vez o preocupam. Em julho de 1451, em carta ao rei, Filipe, o Bom, queixa-se da cidade de Gante, com a qual tem uma disputa. Em dezembro, o povo de Gante pede ajuda ao rei. Em janeiro de 1452, os embaixadores do duque da Borgonha orientam o rei a não intervir. Em fevereiro, o povo de Gante, em carta a Carlos VII, descrito como "excelente e poderoso príncipe, seu muito querido *sire* e soberano senhor", mostra-lhe os efeitos do mau governo de Filipe e pede-lhe que intervenha.

Para Carlos, trata-se de um albinágio,[7] uma oportunidade maravilhosa de se intrometer nos negócios do duque e aborrecê-lo. Desde o Tratado de Arras, Filipe sofre pressão do rei, pois este sabe que o duque não tem condições de desencadear um conflito armado contra ele. Na verdade, o rei da França começa a reverter, ponto por ponto, as concessões que teve de fazer em Arras. As cláusulas de reparação moral pelo assassinato de João Sem Medo nunca foram aplicadas, os assassinos nunca foram presos, as instituições de piedade nunca foram construídas. O rei tenta, por todos os meios, recuperar as cidades do Soma, justificando-se com antigas cartas sem valor. Ele pretende aumentar os impostos reais ali, a fim de se opor aos impostos ducais. Na própria Borgonha, os oficiais reais provocavam constantemente o duque, afirmando que ele não tinha o direito de cunhar moedas em Dijon, nem de estabelecer pedágios, nem de conceder cartas de remissão e enobrecimento; reclamam impostos nas regiões vizinhas ao domínio real; lá eles arranjam homens de armas para as companhias de ordenança e reforçam os apelos da Borgonha perante o Parlamento de Paris. O rei repreende o duque por manter relações com os ingleses, por manter uma correspondência amigável com o delfim, com os duques de Bourbon, de Orléans e da Bretanha, por tentar atraí-los com o Tosão de Ouro. Tudo isso, certamente, irrita muito o duque da Borgonha. Tal exasperação se transforma em verdadeiro ódio quando Carlos VII se intromete no problema flamengo.

Em 1451, Gante é o centro dos negócios. A cidade se beneficia da atenção ducal sob Filipe, o Audaz, e João Sem Medo – por desfrutar de privilégios legais e fiscais, torna-se a mais poderosa e independente de Flandres. O próprio Filipe, o Bom, cuidava dela; ele frequentemente residia em Gante e havia realizado ali, em 1445, o sétimo capítulo do Tosão de Ouro. Porém, em 1447, precisando de dinheiro, planeja estabelecer um imposto sobre o sal

---

7 No original, *aubaine*. O *droit d'aubaine* era um direito feudal que autorizava o senhor a recolher os bens de um *aubaine*, ou seja, um estrangeiro, falecido no feudo. Do ponto de vista jurídico, o *aubaine* se distinguia do habitante do reino, o *régnicole*. (N. T.)

em Flandres, semelhante à gabela francesa, o que as autoridades de Gante recusam categoricamente. O duque considera isso uma afronta pessoal e, nos anos seguintes, tenta, sem sucesso, outra manobra: eleger apoiadores de sua política para o conselho municipal. Em dezembro de 1451, o caso degenera em conflito aberto: os artesãos se rebelam, executam os apoiadores do duque e enviam pedidos de ajuda a Bruges, a Liège e ao rei da França. Filipe tenta um bloqueio da cidade e, em 31 de março de 1452, publica um manifesto condenando os atos revolucionários do povo de Gante. Em seguida, passa à ação: o povo de Gante havia ocupado o castelo do conde de Gavre, no rio Escalda, sitiando Oudenaarde. O duque contra-ataca. Em 16 de junho, seu exército derrota uma tropa de Gante em Rupelmonde, mas seu bastardo Corneille é morto. É quando chega a embaixada de Carlos VII.

Para este último, a oportunidade é boa para aproveitar as dificuldades de Filipe. É o povo de Gante que lhe pede para intervir: afinal, ele é o suserano do conde de Flandres. Portanto, encarrega João Dauvet (seu procurador-geral), Luís de Beaumont e Guy Bernard (arquidiácono de Tours e mestre de pedidos) de irem ao encontro do duque. E, habilmente, acrescenta o conde de Saint-Pol ao grupo. Porém, este é um dos chefes do exército ducal – deve, portanto, abandonar o duque a fim de juntar-se à embaixada. As instruções dadas aos embaixadores são de 5 de junho de 1452. Elas se referem a dois pontos: reconciliar o duque e o povo de Gante; aproveitar a oportunidade para recuperar as cidades do Soma. Em 11 de junho, o conde de Saint-Pol junta-se à comitiva do rei em Saint-Amand. No dia 16, estão em Bruxelas e, no dia 20, encontram Filipe, o Bom, em seu acampamento em Waesmunster. Ele os recebe "com grande reverência e grande alegria" e "os escuta benignamente", diz Mathieu de Escouchy. Na verdade, fica furioso ao ver o rei da França se intrometendo em seus negócios.

O duque se justifica; acusa o povo de Gante de "grandes erros, abusos, extorsões e escárnios". Eram súditos rebeldes e ponto final. "Diante dessa resposta ouvida pelos ditos embaixadores, estes não ousaram falar novamente contra a vontade do duque." No entanto, anunciam sua intenção de encontrar o povo de Gante, o que deixa o duque profundamente descontente. Após ser decidida uma trégua de três dias, lá estão eles em Gante, exceto o conde de Saint-Pol, cuja posição é ambígua, já que "todos os dias fazia guerra contra eles". Os habitantes locais os recebem "com grande alegria", oferecem presentes e lhes apresentam sua versão do caso, acusando o duque de "não querer escutá-los nem conversar com eles sobre suas franquias e privilégios". Segundo Du Clercq, os embaixadores "percebem o grande orgulho que havia em Gante" e retornam para ver o duque.

Seguem-se as conversas que, em 21 de julho, culminam na assinatura de uma trégua de seis semanas. Durante todo o verão, negocia-se. Os embaixadores de Carlos VII aproveitam para abordar, em 21 de agosto, a questão das cidades do Soma. Filipe, o Bom, descarta com desdém qualquer ideia de restituição dizendo "que as causas da cessão das cidades do Soma eram bem conhecidas, porém ele não queria dizê-las pela honra do rei". Alusão hostil ao antigo caso de Montereau. Finalmente, o caso de Gante é resolvido pelas armas: a guerra se estende do outono de 1452 até a primavera de 1453. No início do verão, o exército ducal alcança importantes sucessos. Em 5 de julho, no cerco de Poeke, o famoso campeão de justas, Jacques de Lalain, é morto por um tiro de canhão. No dia 23 ocorre a batalha decisiva, sob as muralhas de Gavre. É um desastre para o povo de Gante, que tem que aceitar condições muito duras: multa de 350 mil cavaleiros ou 1,2 tonelada de ouro, restrição dos poderes da administração municipal, volta dos patrícios que apoiam a política ducal aos cargos de chefia da cidade, além de medidas simbólicas humilhantes, como o fechamento todas as quintas-feiras dos portões da cidade pelos quais a milícia costumava sair para combater o exército da Borgonha. Essas condições são lidas durante uma cerimônia de reparação honrosa pelo chanceler Rolin.

Ao longo de todo o processo, não se cogitou que Carlos VII tentasse alguma coisa contra Calais numa zona ultrassensível, sob risco de empurrar Filipe de volta aos braços dos ingleses, que apenas o esperavam. Além do mais, há outro problema: o delfim, que faz alianças contrárias aos interesses franceses na Itália. Tomás Basin assim descreve a deterioração da relação entre pai e filho:

> Luís era, por natureza, movido por más intenções para com seu pai e, na verdade, para com todos; ele não conseguia esconder isso. Ocupava-se continuamente e de todas as maneiras possíveis em debochar e atrair para seu delfinado os soldados mercenários e capitães de seu pai. Com as suas promessas e intrigas, conquistou muitos que eram ávidos por novidades e, por isso mesmo,

bem inconstantes. Ao fazê-lo, não ignora que desagradava muito a seu pai e suscitava suspeitas conflituosas; porém não temia dessa forma faltar ao respeito que o direito natural, divino e humano, prescreve em relação a nossos parentes.

O rei estava bem ciente disso e não ignorava para onde as coisas iriam, se pudessem seguir seu curso. Além disso, antes de permitir a escalada do mal, ele pensou em tomar suas precauções para si e para seu reino. Teria exilado de bom grado o filho, sem hesitar, se conseguisse reunir os meios à altura de sua vontade e de seu desejo, pois não se esquece de como outrora esse filho desnaturado, apenas um adolescente, tentara expulsá-lo do reino. Tornando-se prudente por conta dessas memórias, procurou enfrentar a tempestade ameaçadora. Muitos se queixaram com ele sobre o filho, contando todas as suas vilanias, todas as negações de justiça que cometia diariamente.

Em 7 de março de 1451, o delfim casa-se por procuração com Carlota de Saboia, contra o conselho de seu pai. No dia 13, assina um tratado com Amadeu de Saboia pelo qual este se comprometia a fazer guerra ao rei no caso de oposição ao casamento: "Se o rei estiver descontente com as ditas núpcias e se não quiser fazer nenhum dano ao meu senhor o delfim, eu ajudarei este com todas as minhas forças, assim que ele quiser me comandar".

A partir daí, vem uma guerra não declarada entre pai e filho, com troca de correspondência agridoce onde, por trás das fórmulas de polidez, apontam ameaças e recriminações. Em 1452, o rei põe fim à pensão que pagava ao filho e, em agosto, lidera uma expedição armada ao sul. O pretexto é que o duque de Saboia "não tinha feito alianças com nenhum senhor, o que o deixava muito descontente". Será que o verdadeiro propósito era vir recuperar o filho? Seja como for, o duque de Saboia fica com medo e acaba se submetendo. Ele vai ao encontro do rei em Cleppé, na região de Montbrison. O delfim não ousa se apresentar pessoalmente, mas apenas troca cartas e embaixadas com o pai, nas quais são recapituladas as recriminações mútuas.

Foi durante essa estada em Cleppé que o rei é informado a respeito do regresso dos ingleses à Guiena, o que lhe vale uma carta sarcástica e de rara impertinência enviada por Luís: Então, parece que os aborrecimentos recomeçam... Disseram-me que os ingleses estão voltando. Queres que eu vá te dar uma mão? Tal é o teor da missiva, à qual Carlos VII, fora de si, faz Gabriel de Bernes responder que "caso não o visse obedecendo, num futuro próximo, voltaria para lá tão poderoso a fim de remediar tais empreendimentos tolos". Tradução: Tu não perdes por esperar; vou me livrar dos ingleses e já volto.

A SEGUNDA CONQUISTA DA AQUITÂNIA (1453)

De fato, tudo precisa ser refeito na Guiena e o único que pode assumir essa responsabilidade é o próprio Carlos VII. A submissão dos gascões só foi obtida pela promessa de isenção de impostos reais e deveres militares. No entanto, os ingleses mal haviam se retirado quando a nova administração francesa chega para assolar o país como um bando de animais predadores. Se, por um lado, a tutela inglesa era remota, flexível, pouco exigente, confiando a maioria dos postos aos nativos, por outro, os oficiais do rei da França se mostram presentes, exigentes e arrogantes. O senescal Olivier de Coëtivy traz consigo um grupo de bretões que se comportam como se estivessem em um país conquistado (o que certamente é o caso), a despeito das concessões estabelecidas, porém não respeitadas. O Parlamento de Bordeaux é criado como prometido, mas os cargos de conselheiros são confiados aos franceses. E, acima de tudo, começam a ser exigidas taxas, o que violava as promessas feitas.

De acordo com Tomás Basin, os responsáveis por esses abusos são os coletores das finanças de Carlos VII. Eles não aceitam que um país tão rico em vinhedos seja isento de impostos, haja vista a necessidade de se manter guarnições para defendê-lo contra um possível retorno dos ingleses. Os gascões devem pagar por sua defesa: isso é justo. Dessa forma, no entanto, os habitantes locais se sentem enganados. Talhas e ajudadeiras começam a ser cobradas, apesar das promessas feitas. "Das promessas e liberdades convencionadas, eles tinham, na verdade, cartas seladas com o grande selo real." Em julho de 1452, são enviados representantes ao rei em Bourges a fim de reivindicar respeito às promessas feitas. Carlos VII se recusa a ouvi-los: "Não obstante, o rei, persuadido pelos coletores de finanças, bem como por seus capitães, não se deu ao trabalho de ouvir suas súplicas. Decidiu impor-lhes, para a defesa do país, tropas, tributos e taxas. E, ao encerrar assim o assunto, mandou-os para casa".

Grave erro. Quando

os enviados voltaram para seus compatriotas e relataram o que haviam feito, bem como a recusa do rei em ouvir seus pedidos, foi maravilhoso ver com que mau humor todos os habitantes reagiram às notícias. Eles concluíram que acabariam por ser submetidos à mesma servidão que as pessoas das outras províncias do reino da França.

As atenções então se voltam para Henrique VI. Na verdade, as relações nunca cessaram entre a Guiena e a Inglaterra desde a captura de Bordeaux no ano anterior. Por isso mesmo, um importante *lobby* de Bordeaux, liderado por Pierre Tastar, deão de Saint-Seurin, se estabelece em Londres. O governo inglês, como se ainda fosse senhor da Guiena, distribui terras, rendas e benefícios a vários gascões estabelecidos na Inglaterra, o que servirá como forte motivação dos ingleses para a reconquista. Em Bordeaux, Guilherme Bec, que havia sido juiz geral de apelações da corte da Gasconha, recebe a promessa de recuperar seu título. O Captal de Buch, por sua vez, receberá a cidade e o castelo de Bazas; os habitantes de La Réole estarão isentos do imposto sobre o vinho. O governo de Henrique VI promete tudo o que era desejado, e o faz a fim de reunir o maior número possível de pessoas.

Uma delegação de Bordeaux, chefiada pelo *sire* de Lesparre, vai a Londres. Decide-se pelo envio de um exército. As tropas já haviam sido reunidas em junho, como se verifica nos tratados de *indenture*[8] celebrados com sir Eduardo Hull, antigo condestável de Bordeaux, e Gervásio Clifton, tesoureiro de Calais: 2 mil homens estavam prontos. O objetivo inicial parece ter sido a Normandia, ou a proteção das costas do canal da Mancha, e é sobretudo nesse setor que os franceses esperam um ataque. No entanto, a intervenção dos gascões desvia a expedição para o sul. Em 25 de setembro, o velho Talbot, conde de Shrewsbury, é nomeado tenente-geral na Gasconha. Mesmo que não seja octogenário, como muitas vezes se diz, Talbot tem pelo menos 65 anos. Esse veterano da Guerra dos Cem Anos é um símbolo e tanto. Em

---

8 A *indenture* era um tipo de contrato bilateral escrito num pergaminho que era cortado em duas partes, com a linha de corte em formato de dente de serra; cada contratante ficava com um pedaço do pergaminho. (N. T.)

primeiro lugar, o fato de ter sido escolhido para liderar a expedição mostra que os quadros do exército inglês não foram renovados: tal exército vive de sua reputação, já bastante manchada em Formigny, de tal maneira que a morte de Talbot será a morte das ambições continentais do rei da Inglaterra.

O velho chefe deixa a ilha em outubro de 1452, à frente de uma frota transportando 5 mil homens. Ele também leva consigo um corpo de gascões anglófilos, que João Chartier qualifica como Judas. O exército desembarca no Médoc e avança em direção a Bordeaux sem encontrar oposição. A cidade é tomada sem violência em 23 de outubro. A guarnição, limitada a setenta homens, é neutralizada durante a noite; os burgueses abrem uma porta aos ingleses; o senescal Olivier de Coëtivy, traído por Arnaud Bec, é enviado para a Inglaterra, onde permaneceu até o final de 1454. Várias cidades vizinhas também abrem as portas e o conde de Clermont, cujas forças eram bem insuficientes, precisou recuar às pressas.

A notícia é um verdadeiro choque para Carlos VII. Como qualquer má notícia, ela chega na hora errada, bem no meio da rixa entre o rei e seu filho. E então, apenas um ano após o triunfo de 1451, que poderia fazer crer que a questão inglesa estava resolvida, esse revés é particularmente contundente. Tudo precisa ser refeito. Essa guerra é interminável, nunca terá fim. Será necessário aumentar tropas e impostos novamente. De todo modo, o que causava mais preocupação e tormento era a facilidade com que os ingleses haviam reconquistado Bordeaux: bastou que eles se apresentassem! O rei fica escandalizado com o que considera uma traição dos gascões, que haviam jurado lealdade no ano anterior. Provavelmente ele também se culpa por não ter ouvido as queixas deles em julho. Sabe que é, em parte, responsável por esse desastre, o que só aumenta sua raiva contra Bordeaux: ao castigá-los, ele também sufoca sua má consciência, ou pelo menos a consciência de ter cometido um erro. Sua reação é brutal, à altura do choque. Não é mais uma questão de indulgência. Ele imediatamente convoca seu conselho, cuja opinião é unânime: é preciso reagir imediatamente e com vigor.

No entanto, a estação está muito avançada – já é início de novembro e, para o momento, convém contentar-se com o envio de cerca de seiscentos lanceiros e arqueiros ao conde de Clermont para reforçar a proteção das praças que não caíram nas mãos dos ingleses. É necessário que resistam durante o inverno; a campanha de reconquista será lançada na primavera seguinte.

Também foram enviados reforços para Richemont e Dunois na Normandia, pois temia-se outro desembarque inglês naquele setor.

A retomada de Bordeaux de fato reanimou a esperança na Inglaterra, onde as atividades giram em torno do envio de reforços pedidos por Talbot. São feitos empréstimos, com uma renovação da febre patriótica, o que torna possível a reunião de 2.400 homens, confiados ao visconde Lisle, filho de Talbot, que vem juntar-se ao pai no início de 1453. Talbot organiza a defesa da região, mas seus métodos brutais desagradam a mais de um: solicita navios, arrecada impostos e cria responsabilidades para os habitantes, enquanto suas tropas, pouco disciplinadas, cometem danos em igrejas e aldeias. De todo modo, o inverno de 1452-1453 permite que ele se fortaleça, enquanto 2.200 homens adicionais se preparam na Inglaterra. Eles não estarão prontos a tempo.

A campanha de 1453 foi, sem dúvida, a mais enérgica de todas as que Carlos VII empreendeu. O rei, que comemora seu quinquagésimo aniversário em fevereiro, mostra uma determinação inabalável. Em caráter excepcional, convoca até o *ban* e o *arrière-ban*, além dos arqueiros e das companhias de ordenança, bem como a artilharia de João Bureau. Em junho, o exército começa a marchar e o rei se instala em Saint-Jean-d'Angély para liderar a campanha. Suas forças são divididas em quatro grupos. E, ao contrário da campanha de 1451, a instrução dessa vez é mostrar-se implacável. Vemos sua aplicação desde o início de junho, quando Jacques de Chabannes se apodera de Chalais, em Charente. Entre os prisioneiros, os ingleses se tornam objeto de resgate e todos os combatentes gascões são decapitados.

Decide-se cercar Castillon, cuja captura tornaria possível controlar o vale inferior do Dordonha. Em 14 de julho de 1453, as forças francesas se estabelecem em frente à cidade, totalizando cerca de 4 mil homens. Ali está o senhor de Lohéac, com Jacques de Chabannes, João de Bueil e alguns outros chefes, como Joaquim Rohaut, senhor de Gamaches, líder dos arqueiros francos. Há ainda um grande contingente bretão com cerca de 1.500 homens liderados pelo conde de Étampes, Francisco da Bretanha, primo de primeiro grau do duque Pedro II. Os indispensáveis irmãos Bureau estão lá com seus canhões. Para proteger seu parque de artilharia, de cerca de trezentas peças, João Bureau construiu ainda um vasto acampamento entrincheirado, de 600 metros por 300, com fosso e taludes reforçados com troncos de árvores. As bocas dos canhões são encomendadas por Luís Giribault. A maioria das tropas francesas está protegida nesse cinturão, enquanto os oitocentos arqueiros de Gamaches encontram-se protegidos em uma abadia que domina a cidade de Castillon.

Talbot fica em Bordeaux, distante cerca de 50 quilômetros dali. Ao saber da chegada dos franceses, parte com forças consideráveis, estimadas em cerca de 8 mil homens. Sua tropa marcha a duras penas, chegando diante de Castillon em 17 de julho, três dias depois dos franceses. É por isso que ele só leva consigo a cavalaria: a infantaria e a artilharia ficam bem mais atrás. Nessa circunstância, o velho age com ímpeto, e até mesmo temeridade, acreditando que seu nome por si só afugentaria os inimigos, diz Basin: "Pelo terror inspirado por seu nome, que tanto sucesso lhe trouxera em muitas batalhas, ele contava com a covardia do inimigo mais do que com sua própria força". O primeiro choque parece dar-lhe razão: dispersa os arqueiros da abadia e instala-se no local, chegando a se dar ao luxo de celebrar uma missa e distribuir vinho aos seus homens.

A batalha de Castillon, assim iniciada na manhã de 17 de julho de 1453, é um caso estranho. A conduta de Talbot se assemelha muito a um suicídio. Tomás Evringham, um de seus capitães, tenta fazê-lo ouvir a razão: aconselha-o a esperar a chegada da infantaria e da artilharia, tentando convencê-lo de que seria loucura atacar a céu aberto o campo fortificado protegido por colubrinas. Será que Talbot, cujo temperamento já era naturalmente impetuoso, teria bebido muito vinho de Bordeaux na abadia? Seu comportamento causa estranhamento. Tal estado de excitação era incomum naquele homem que, como diz Escouchy, "era cheio de discernimento natural" e que, alguns dias antes, havia respondido "friamente" àqueles que o instavam a ir para Castillon, preferindo esperar que os franceses se aproximassem mais de Bordeaux. Tal cautela causara alvoroço: o velho leão estaria com medo? Isso "foi relatado ao dito senhor Talbot, mas este se preocupava apenas consigo mesmo". E eis que, de repente, ele imediatamente reúne seus homens e sai correndo. Provavelmente, sua temeridade em Castillon é devida muito ao seu desejo de provar que ainda fazia jus à sua reputação.

De que outra forma explicar tal imprudência por parte de um homem tão experiente? O abuso do álcool não deve ser excluído, porque, diz Escouchy, na abadia foram encontrados "cinco ou seis tonéis de vinho, que foram imediatamente colocados nas pias [batismais] à disposição de todos e não duraram muito tempo". Esses dois fatores combinados explicam o motivo pelo qual ele aceitou, sem nenhuma verificação, o relato de um soldado que, ao ver uma nuvem de poeira, afirmou que os franceses tentavam fugir de seu acampamento entrincheirado. Na verdade, eles estavam simplesmente abrigando os cavalos. Entretanto, Talbot, que se preparava para acompanhar a missa, aparece do lado de fora da abadia e declara: "Se eu não enfrentar a companhia dos franceses que se encontram na praça diante de mim, nunca mais rezarei a missa".

Ele se lança ao ataque sem consciência do que fazia, sem armas, tendo como proteção uma simples brigantina coberta com veludo vermelho. Para montar um assalto ao campo francês, ele faz toda a sua cavalaria marchar a pé. Somente ele permanece a cavalo, oferecendo-se como alvo. João Chartier o descreve para nós "montado em uma pequena carruagem da qual não desceu para não andar a pé, pois era um homem muito idoso, já velho e cansado". Espetáculo grandioso e ridículo o desse velho desarmado sobre seu cavalinho, se precipitando à frente de seus homens, que gritavam "Talbot! Talbot! São Jorge!" contra as posições francesas. Porém, diante desse dom Quixote inglês, o que havia eram as armas de João Bureau, e não moinhos. Massacre. Talbot parece buscar a morte. Assalto incompreensível. Os ingleses, a pé, avançam sem proteção sobre o campo francês, como se o mero nome de Talbot os tornasse invulneráveis e, apesar das perdas infligidas pela artilharia, chegam ao aterro. Durante uma hora, trava-se uma furiosa luta de corpo a corpo ao som de abomináveis batidas metálicas e explosões. "Aconteceu, então, e ouviu-se no referido acampamento uma batalha terrível, ao som das espadas, das colubrinas e dos *ribaudequins*, e isso foi algo maravilhoso de se ouvir; e os ingleses estavam de tal maneira necessitados, que foram finalmente forçados a fugir", diz João Chartier.

Para Talbot, é o fim. Ele termina caído no chão, debaixo de seu cavalo, que havia sido abatido com um tiro de colubrina. Já ferido nas pernas, Talbot é massacrado de modo selvagem por arqueiros, que cortam sua garganta e o golpeiam; um deles faz a espada entrar pelo ânus e sair pela garganta: "um arqueiro enfia a espada pelo traseiro, de modo a fazê-la sair pela garganta". O cadáver está irreconhecível, a tal ponto que, no dia seguinte, foi necessário chamar um arauto para identificá-lo, "porque estava muito desfigurado pelos cortes em seu rosto, e estava lá desde sua morte durante toda a noite e no dia seguinte até esta hora, pelo que foi grandemente desfigurado". Rosto cortado em dois e cabeça esmagada: quando o esqueleto foi exumado em 1884, verificou-se um buraco de sete centímetros por dois na caixa craniana. Só pode ser reconhecido por um detalhe dos dentes que um arauto identificou: faltava-lhe um molar.

Assim como Formigny, Castillon é uma verdadeira hecatombe para os ingleses: 4 mil mortos, incluindo vários afogados no rio Dordonha durante o pânico que se seguiu à batalha. Alguns são perseguidos e mortos até Saint-Emilion; cerca de mil se refugiam em Castillon; há apenas duzentos prisioneiros. Entre os mortos, o filho de Talbot e trinta cavaleiros. No dia seguinte, Castillon capitula.

A reconquista sistemática de Guiena segue adiante: Saint-Emilion e Libourne capitulam. Os condes de Clermont, de Foix e de Albret, bem como Poton de Xaintrailles, tornam-se senhores do Médoc. Blanquefort, Saint-Macaire e Langon são retomadas sucessivamente. Navios bretões, espanhóis e franceses controlam a Gironda. O rei, que deixa Angoulême em 17 de julho na companhia dos condes de Maine, de Nevers e de Vendôme, chega a Libourne, toma Fronsac, participa do ataque a Cadillac. A cidade é tomada, porém o castelo vai resistir até outubro.

Carlos VII reuniu todas as suas forças no final de julho para efetuar o cerco a Bordeaux. Ele estabelece seu quartel-general no castelo de Montferrant e bloqueia toda a cidade, incluindo o litoral. João Bureau dispõe sua artilharia e mostra-se seguro de seus feitos – de acordo com Escouchy, ele declara ao rei:

> Sire, [...] prometo a vós, pela minha vida, que em breve devolverei a cidade para vós completamente destruída e estilhaçada por vossas máquinas de assalto, de tal forma que aqueles que estiverem dentro não saberão onde ficar, e estarão submetidos a vossa mercê e vontade.

Completamente isolada, Bordeaux tem bem poucas chances de escapar. É certo que as fortificações não são desprezíveis, com três cinturões e cerca de vinte grandes torres. Os habitantes mais comprometidos com os ingleses estão determinados a resistir. Contudo, o senescal da Guiena para Henrique VI, Roger de Camoys, sabe que há pouca esperança de ver chegarem reforços.

O desastre de Castillon desencorajara o governo inglês e este renuncia logo após enviar sir William Bonville, que havia começado a preparar uma nova expedição.

O povo de Bordeaux só pode contar com suas próprias forças. No final de setembro, a situação alimentar torna-se preocupante. É preciso se resignar à negociação. Uma grande delegação formada por uma centena de notáveis vai se encontrar com o rei em Montferrant, oferecendo-se para capitular sob a condição de que haveria garantia para suas vidas e seus bens. Carlos VII se mostra intratável – ele não consegue perdoar a mudança de lado de Bordeaux. Sua resposta, relatada por Escouchy, é brutal: "Pelo pedido que me apresentam, nada farei, pois há grandes faltas que de antemão pesam sobre vós. E é minha intenção, com a ajuda de nosso criador, tomar posse da cidade, de todos os que nela estão e de seus bens, ao meu bel-prazer e vontade".

O cerco continua. Carlos VII recebe o reforço de quinze navios holandeses enviados por Filipe, o Bom, e a situação de Bordeaux se degrada rapidamente. Roger de Camoys faz outras tentativas: um encontro em Lormont envolvendo cerca de vinte representantes da cidade e do rei, e, no sábado seguinte, uma nova reunião. Nada funciona. A cada vez, os bordaleses fazem concessões adicionais. Eles agora propõem 100 mil escudos e a entrega de vinte funcionários, à escolha do rei. Em 9 de outubro, Camoys volta para encontrar o rei em Montferrant apresentando as mesmas propostas. Carlos pede que Camoys se retire por um instante a fim de consultar os conselheiros. A opinião destes é que o rei deve aceitar, porque a situação já não é tão favorável: uma epidemia se alastra no exército e há risco de que a conquista vá por água abaixo.

O acordo é, portanto, concluído, e as condições colocadas por escrito no mesmo dia. No dia 12, os bordaleses entregam doze reféns como garantia, seis ingleses e seis gascões. Alguns detalhes atrasam ainda mais a rendição, até que, finalmente, em 19 de outubro de 1453, a cidade é aberta e os comissionados de Carlos VII colocam seus estandartes sobre os portões. As condições são rigorosas: a população local faz um juramento de lealdade e se compromete a pagar 100 mil escudos; vinte burgueses, entre os mais comprometidos, incluindo os senhores de Duras e Lesparre, são banidos do reino; todos os ingleses devem partir imediatamente; os jurados da cidade passarão a ser agentes do rei; por fim, João Bureau mais uma vez se torna o prefeito. Em pouco tempo, o arcebispo Pey Berland será deposto. Fala-se até em demolir as muralhas. Tomás Basin diz:

> Muitos o aconselham a lançar o terror sobre outros lugares. Mas o rei, inclinando-se para uma solução de maior clemência, não concorda com tal opinião. De todo modo, para frear a inconstância de Bordeaux, ele decide que duas cidadelas seriam construídas e fortificadas no interior da cidade, à custa dos habitantes. Dessa maneira, se houvesse habitantes mal-intencionados que poderiam chamar ou acolher o inimigo, estes teriam nessas cidadelas um jugo do qual não podiam soltar o pescoço como queriam.

Trata-se do Forte du Hâ e do castelo Trompette.

Como sinal de desprezo, o rei se recusa a entrar na cidade. Quanto à Guiena, ela perde todas as vantagens que lhe haviam sido concedidas em 1451: o Parlamento é abolido, os poderes do senescal são reduzidos, os estados não podem mais ser reunidos e, é claro, o país está sujeito a todos os impostos reais sem qualquer restrição. Diversos mercadores ingleses são vigiados de perto. Muitos mercadores de Bordeaux escolhem, então, o exílio na Inglaterra e, durante vários anos, o comércio em Bordeaux fica reduzido a quase nada. A passagem à tutela francesa resulta num desastre econômico para a região, o que alimenta uma nostalgia anglófila manifestada na organização de vários complôs, como os de Pedro de Lesparre em 1454 e em 1456. Em 1457, os conselheiros do rei declaram que os gascões são "todos inclinados ao partido da Inglaterra" e que a administração do país custa 300 mil libras a mais do que as receitas. Após a tomada de Bordeaux, Carlos VII regressa a Tours em novembro de 1453.

A Guerra dos Cem Anos acabou, mas ninguém sabe disso. Ou melhor: ninguém sabe ainda que ela aconteceu. Ela será construída pelos historiadores, que estabelecem seu início em 1337, com o confisco da Aquitânia. Serão necessários 116 anos para que tal confisco seja efetivo. Tudo começa em Bordeaux e tudo termina em Bordeaux. Mas será que acabou mesmo? Nenhum tratado é assinado e escaramuças ainda acontecerão, como a pilhagem da ilha de Ré e do porto de Sandwich em 1457. Calais ainda está nas mãos dos ingleses. Não seria melhor estabelecer que a guerra de fato só terminará com a "paz" de Picquigny, quando Luís XI e Eduardo IV a concluem em 29 de agosto de 1475? Ou até mesmo com a captura de Calais pelo duque de Guise em 1558? Ou – por que não? – com o Tratado de Amiens de 1801, quando o rei da Inglaterra enfim renuncia ao título de rei da França? Afinal, a guerra só existe na cabeça das pessoas, na cabeça de algumas pessoas. A cada incidente envolvendo o orgulho nacional, de Churchill sugerindo uma cidadania franco-inglesa comum, em 1940, até os comentários incendiários da imprensa popular britânica (e às vezes a imprensa francesa), alguém poderia pensar assim. Joana d'Arc e a Guerra dos Cem Anos ainda fazem parte da memória coletiva com alguns outros resquícios de memórias históricas que escapam ao naufrágio da cultura nacional.

Embora França e Inglaterra tenham se enfrentado em muitas guerras até 1815, é certo que a natureza desses conflitos é bem diferente. De 1337 a 1453, o que está em jogo é a integridade do território francês: poderia o rei da Inglaterra possuir com soberania plena um pedaço, ou até mesmo a totalidade, do território francês? É isso que, em última análise, está no centro desse conflito interminável e é isso que constitui sua unidade. Em 1453, é dada a resposta. É certo que resta Calais, assim como hoje resta Gibraltar; todavia, é lícito considerar isso uma anomalia anacrônica. Mesmo que nenhum tratado tenha sido assinado, a Guerra dos Cem Anos termina exatamente em 1453.

Não é uma questão de vencedor ou perdedor; trata-se, isto sim, de afirmar a seguinte resposta: o rei da Inglaterra não possui nenhum direito sobre o território francês. As armas decidiram isso; a propaganda faz dessa afirmação um dogma. De todo modo, para além dessa observação, é claro que 116 anos de guerra perturbaram profundamente a vida na Europa ocidental em termos políticos, econômicos, sociais e, até mesmo, culturais. A Guerra dos Cem Anos ajudou na transição da cristandade medieval para a Europa das nações. É esse balanço que devemos agora esboçar.

– 10 –

A GUERRA DOS CEM ANOS:
FATOR DE MUDANÇAS ECONÔMICAS E SOCIAIS

Mais de um século de guerra endêmica entre os dois reinos mais poderosos da Europa. Apesar de ter havido tréguas e apesar de nem todas as regiões terem sido afetadas no mesmo grau, trata-se de um acontecimento grandioso que necessariamente afetou todas as áreas da vida da época. Porque o século XX não inventou a "guerra total". A Guerra dos Cem Anos foi uma guerra total: devido à sua duração, isso não poderia ser diferente. Não é possível viver um século em estado de guerra sem que isso repercuta na vida cotidiana, econômica e social, nas estruturas políticas, nas questões militares, é claro, mas também nas mentalidades coletivas e nas crenças. A cultura e a civilização europeias em sua totalidade são afetadas. Do ponto de vista global, a Europa de 1337 ainda é a cristandade feudal; a Europa de 1453 já é a Europa das nações.

Todo o problema consiste em saber qual foi a parte específica da Guerra dos Cem Anos nessa mutação. Qual teria sido o seu papel? Um simples acelerador da história, que apenas acentuou tendências e desenvolvimentos já em marcha no início dos anos 1300? Ou um gatilho, uma causa direta das mudanças? Terá sido apenas um acidente de percurso numa longa evolução, ou será que ela constitui, por si só, uma fase determinante de longa duração, individualizada e condutora das mudanças? Em outras palavras: ela é a causa ou a consequência do apagamento da civilização medieval?

Aqui entramos no terreno das interpretações. Embora as opiniões dos historiadores estejam divididas, há a tendência, que perdura por mais de meio século, de se minimizar o papel da guerra em favor de movimentos de longa duração. A guerra seria apenas um dos aspectos da recessão socioeconômica em grande escala que afetou a Europa ocidental de 1300-1310 até 1440-1450. No entanto, sem negarmos os demais fatores em jogo, parece-nos que o seu papel foi mais importante: a uma só vez causa e consequência, ela multiplicou os efeitos – negativos, mas às vezes positivos – da grande crise dos séculos XIV e XV.

DEMOGRAFIA: PERDAS HUMANAS E MIGRAÇÕES

Esse é o caso, sobretudo, no âmbito da demografia. Uma coisa é indiscutível: o declínio da população, tanto na França quanto na Inglaterra. Se, por um lado, os números absolutos são necessariamente imprecisos em razão das fontes (especialmente as fontes fiscais), por outro, não há dúvida nenhuma quanto à evolução. Para a França, a queda seria de cerca de 42%: 17 milhões por volta de 1330, 10 milhões por volta de 1450. Todas as regiões são afetadas: na Borgonha, estudos pontuais abrangendo várias aldeias indicam uma queda de 50% da população na primeira metade do século XV. Na região de Paris, no decanato de Montmorency, no arquidiaconato de Josas, em Beauvaisis, e no bailiado de Senlis, a queda é de 66%. Na Normandia, as descrições apocalípticas de Tomás Basin são confirmadas pelos historiadores: Guy Bois se refere ao "modelo de Hiroshima" para essa província, que perdera três quartos de sua população sob os efeitos combinados da guerra, das pilhagens e da peste. Emmanuel Le Roy Ladurie evoca o "apocalipse final de 1438-1439". Em Bordeaux, segundo o mesmo autor, "é possível, de acordo com pesquisas recentes, que a população tenha diminuído dois terços". Na Artésia, a queda é de 42,4%; em Hainaut, passa-se de 31 mil para 21 mil famílias; em Brabante, de 92 mil para 75 mil. A população bretã diminui em um quarto. Para a França como um todo, "pode-se dizer, sem grande risco de erro, que entre mil a 3 mil aldeias foram varridas do mapa para sempre", escreve o mesmo autor. Os terrenos baldios aparecem em todo lugar: estima-se que as áreas cultivadas tenham passado de 9 milhões para 5 milhões de hectares entre 1330 e 1430. A floresta recupera seu domínio, aliás, oferecendo complementos alimentares aos sobreviventes: caça furtiva, frutas, mel e bolota, além de madeira abundante e, eventualmente, refúgio. O menores números são atingidos por volta de 1430-1450. Em seguida, assiste-se a uma recuperação, que coincide com o fim da guerra. Os senhores concedem vantagens aos camponeses a fim de que estes se instalem nas terras; a infraestrutura, que compreende pontes, canais e moinhos, é restaurada.

Na Inglaterra, a queda é exatamente da mesma magnitude: 40%. De acordo com as estimativas de J.-C. Russell, ter-se-ia passado de 3.750.000 habitantes em 1348 para 2.100.000 em 1430. E, também nesse caso, todas as regiões são consideradas: os mais afetados são Yorkshire, Lincolnshire e Midlands. Muitas aldeias estão completamente abandonadas: 58 só no condado de Warwickshire, por exemplo. O fenômeno das *lost villages* [aldeias perdidas] afeta todo o país, mas as cidades são igualmente afetadas: York passa de 11 mil para 8 mil habitantes; Coventry, de 10 mil para 6.600.

Obviamente, a guerra não é a causa direta desse declínio, que começou muito antes do início das hostilidades. Ele diz respeito a toda a Europa, incluindo regiões muito distantes das zonas de combate: na Dinamarca e na Noruega, por exemplo, os verões insalubres, frios e úmidos já causam uma perda de população a partir da primeira metade do século XIV, e, para a Europa como um todo, a população teria caído de 73,5 milhões de habitantes em 1340 para 50 milhões em 1450, ou seja, uma queda de 32%. A população normanda cai 10% entre 1310 e 1332, antes do início da guerra. Além disso, o fato de a população inglesa diminuir tanto quanto a da França é suficiente para indicar que não se trata de efeito da guerra, que mal atinge o território insular, exceto a Escócia. No entanto, em Essex, por exemplo, há duas vezes mais habitantes em 1370 do que em 1300.

As principais razões para o declínio são, em primeiro lugar, o fato de que, por volta de 1300, a Europa, após um século e meio de crescimento, atinge os limites da superpopulação. O equilíbrio entre população e produção de alimentos é rompido; além da escassez de alimentos, aparece também a fome, sendo a de 1315-1316 o primeiro alerta sério; os preços dos cereais aumentam em dez vezes; as taxas de mortalidade disparam. A deterioração das condições climáticas, com primaveras frias e chuvosas, contribui para a redução das safras. E, sobre as populações subnutridas, vem a peste negra a partir de 1348; com suas recorrências em 1361-1362, 1369, 1375, 1379-1383, 1400-1401, 1420, 1433-1434, 1438-1439, ela se mostra a mais mortífera dentre os cavaleiros do Apocalipse. Os números urbanos mais conhecidos são tragicamente claros: Paris passa de 213 mil habitantes para 100 mil; Toulouse, de 45 mil para 19 mil; Barcelona, de 50 mil para 38 mil; Florença, de 110 mil para 37 mil.

Isso significa que a guerra não matou? É evidente que não. Porém, o número de vítimas diretas dos combates é muito baixo quando comparado ao das vítimas da peste e da fome. Os exércitos têm efetivos muito pequenos, e, embora as batalhas terminassem em verdadeiros massacres nas fileiras da infantaria do exército derrotado, é possível estimar que, nos cerca de vinte grandes confrontos do período em questão, o número total de mortos situa-se entre 50 mil e 100 mil, o que é proporcionalmente baixo. A isso, é claro, devem ser adicionadas as baixas militares da guerra de cerco, que provavelmente irão dobrar esse total. Mas, em todo caso, Philippe Contamine calcula que o número de soldados em relação ao total de homens adultos não deve ultrapassar 1%. O número de mortes de militares em combate deve, portanto, ser pouco relevante.

O número de vítimas civis é completamente desconhecido. É razoável supor que ele supera o dos militares devido à natureza dessa guerra, que prenuncia as guerrilhas modernas. Sabe-se que, nas guerrilhas, 90% das vítimas são civis – sem defesa, constituem presas fáceis das companhias de mercenários, *caïmans*, esfoladores, raspadores e bandidos de toda espécie, que vagam livremente pela França durante cem anos.

A guerra, porém, matou sobretudo de modo indireto na medida em que desorganizou a vida econômica, destruiu colheitas e casas, engendrou o massacre do gado e reduziu os camponeses à fuga, à mendicância, à escassez de recursos, à fome. Nas palavras de João Gower, a guerra privou a agricultura de mão de obra na Inglaterra: "Todos vão trabalhar com as armas." Tomás Basin descreveu várias vezes a devastação causada por soldados na

A GUERRA DOS CEM ANOS

Normandia. Em Navarra, setor periférico, Maurice Berthe estudou os efeitos diretos e indiretos da passagem de tropas.[1] Em 1378, o pequeno reino é invadido pelos castelhanos. Documentos fiscais mostram a extensão dos danos, vale por vale. Villatuerta perde 22 das 72 famílias que ali viviam; a destruição das colheitas priva os camponeses de reservas para a semeadura subsequente, o gado desaparece e a tributação real contribui para o desastre, resultando em um êxodo em massa. Em 1429, nova passagem das tropas castelhanas. No vale do Araquil, mais de 400 camponeses são mortos; o restante foge, as aldeias são incendiadas e, após a guerra, a peste reaparece: 300 mortos no vale de Allin, 800 no vale de Larraum. Em muitos lugares, mais da metade da população desaparece. No vale de Araquil, a peste mata dois terços dos sobreviventes da guerra. Finalmente, a fome chega e os campos não podem mais ser semeados: o punhado de miseráveis sobreviventes é dizimado. Constata-se claramente nesse caso a coordenação dos cavaleiros do Apocalipse. Fenômenos semelhantes se repetiram em diversas regiões francesas e pode-se afirmar que a guerra quase sempre abriu caminho para o contágio e a fome.

O campo se esvazia até mesmo na Inglaterra, onde a guerra não assola diretamente. Aqui, outro fenômeno entra em jogo: ovelhas expulsam as pessoas. Os senhores alargam seus domínios: aproveitam-se do declínio demográfico e da partida de alguns outros senhores para a guerra; então, compram terras, cercam-nas e transformam-nas em pasto para ovelhas, pois a lã é mais rentável do que as colheitas, além de não exigir mão de obra. Aqui, novamente, o movimento é acelerado pela guerra. É verdade que a guerra também contribuiu para melhoria do cotidiano das famílias rurais através das pilhagens realizadas pelos arqueiros. Um cronista inglês escreve, por volta de 1350: "ela era uma mulher de nada, e nada possuía além de alguns despojos de Caen, de Calais e de outras cidades além do mar, na forma de roupas, peles, cintos e utensílios. Por toda a Inglaterra, em cada casa, era possível ver toalhas de mesa, joias, vasos de mirra ou prata, linho ou tecidos finos". Não é assim na França, é claro.

Outro efeito demográfico da guerra: migrações e mistura de populações. A migração para as cidades aparece, antes de tudo, como um movimento

---

1 Ver, na Bibliografia selecionada, o item "Aspectos econômicos e sociais". (N. T.)

de refugiados que buscam relativa segurança diante de tropas que se aproximam. Esse é especialmente o caso em regiões menos povoadas, onde os lugares protegidos são mais raros. Guy Fourquin destaca esse fenômeno na região de Paris, que recebe quase todos os habitantes de Brie e Hurepoix. O mesmo fenômeno se verifica na Auvérnia, em Gévaudan e em algumas regiões da Aquitânia, o que contribui para a constante renovação das populações urbanas.

Isso porque, embora as migrações sejam às vezes temporárias, quase sempre elas se tornam definitivas. As razões são múltiplas, mas todas têm relação com a guerra. Os deslocamentos mais massivos são obviamente os que dizem respeito às populações expulsas pela pobreza e pelas devastações. Os normandos, por exemplo, fogem dos ingleses e dos bandidos e vão se estabelecer na Bretanha ou no sul; com a reconquista francesa, muitos partem também para a Inglaterra por medo de represálias após colaborarem durante toda uma geração. Alguns conseguem pensões ou cartas de naturalização do governo de Henrique VI. Na outra direção, vemos muitos ingleses se estabelecerem na França: arqueiros e nobres da guarda no sudoeste, na Bretanha e em Paris casam-se e se estabelecem por lá. Alguns são até bígamos, pois deixam a esposa na Inglaterra. Da mesma forma, Eduardo III e Henrique V, os reis conquistadores, organizam a colonização de Calais e de Harfleur ao distribuir aos voluntários ingleses os bens confiscados dos franceses. Os exércitos recorrem às tropas estrangeiras, algumas das quais se estabelecem em países conquistados: italianos, escoceses, espanhóis, alemães. Tal mistura de populações causada pela guerra desenvolve a xenofobia. Os recém-chegados geralmente se instalam à força e são considerados invasores. Eles, portanto, não são bem-vindos. Até então, a hostilidade contra estrangeiros era dirigida principalmente a mercadores e banqueiros italianos, acusados de explorar o país anfitrião. Com a guerra, a multiplicação de grupos estrangeiros, em condições difíceis, aumenta consideravelmente as reações xenófobas. É no século XIV que estereótipos depreciativos sobre os defeitos dos estrangeiros se espalham nas mentalidades populares: bretões ladrões, flamengos brigões, lombardos covardes, ingleses bêbados e assim por diante. Com o início da recuperação econômica por volta de 1440, surge outra causa de miscigenação: os senhores, para repovoar seus domínios, chamam colonos das regiões vizinhas, e assim, assiste-se ao estabelecimento de correntes migratórias de Limousin, Auvérnia, Rouergue, Bretanha e leste dos Pireneus rumo a Bordeaux, a Quercy e à região de Paris.

Por outro lado, a guerra desacelera de modo extremo, se é que não interrompe, os deslocamentos dos estudantes. Paris, principal centro universitário da Europa, é particularmente afetada. À medida que as viagens se tornam perigosas, os estudantes estrangeiros não chegam ali; ademais, a colaboração da Universidade na ocupação inglesa e seu papel na condenação de Joana d'Arc valem-lhe medidas vexatórias que enfraquecem sua influência: em 1437, o rei retira seu privilégio fiscal, e depois, em 1445, seu privilégio judicial, além de apoiar a reforma de seus estatutos em 1452. Oxford se beneficia enormemente do declínio de Paris: em 1369, os estudantes franceses são expulsos. O esvaziamento de Paris ocorre na proporção direta da multiplicação de novas universidades durante a guerra. O caráter internacional do ensino superior cai por terra com o recrutamento que se torna cada vez mais nacional: de Perpignan (1350) a Colônia (1388), passando por Praga (1347), Leipzig (1409), Heidelberg (1385), Barcelona (1450), Saint Andrews (1413), Glasgow (1450) e uma dezena de outras. Na própria França, a divisão do território explica a criação de novas universidades que almejam o desvio da clientela estudantil: a Guerra dos Cem Anos é a causa direta da fundação da Universidade de Poitiers em 1431 (equivalente à de Paris para o reino de Bourges), além daquelas de Caen, em 1432, e de Bordeaux, em 1441, nas regiões dominadas pelos ingleses.

INSEGURANÇA E MILITARIZAÇÃO DO ESPAÇO

Ao mesmo tempo que prejudica a circulação dos estudantes, a guerra lança nas estradas quantidades cada vez maiores de mendigos, vagabundos, desclassificados e bandidos. A população errante aumenta em proporções preocupantes. A insegurança é fomentada por grupos nômades formados por mercenários desempregados e camponeses expulsos pela miséria e pela destruição de suas aldeias, mas também por jovens nobres em busca de fortuna e aventura. Por volta de 1350, o franconiano Conrad de Megenberg assim escreve em seu *Œconomica*:

Há jovens cavaleiros que têm vergonha de morar com pai e mãe, tão pobres são eles [...] Nesse caso, o jovem cavaleiro irá atrás daquilo que é mais vantajoso, como fazem os nobres da Alemanha que se tornam mercenários daqueles que lutam na Lombardia. E o jovem não deve relutar em deixar sua pátria tão cedo, pois os pássaros nobres ganham maturidade voando para fora do ninho de seus pais.

Essas tropas incontroláveis que vivem do roubo constituem o principal flagelo do campo. As autoridades são totalmente impotentes diante desse fenômeno. Tentativas de desviar as companhias e os esfoladores para países vizinhos resultam apenas em sucesso limitado e temporário. É por isso que a ideia de Jacques Cœur, aprovada por Carlos VII, de recrutar à força esses errantes, a fim de completar as tripulações de seus barcos e eliminar "pessoas ociosas, vagabundos e outros *caïmans*", é considerada uma medida de salubridade pública. Na Inglaterra, o problema não é tão grave, mas a guerra ainda causa desordem em muitas regiões. Os condados do sul sofrem assédio frequente por parte de grupos de soldados que esperam, às vezes por meses, o embarque para a França. Dificuldades financeiras são a causa desses atrasos e as tropas não remuneradas percorrem o campo, onde causam sérios danos. No interior, são muitos os foras-da-lei, jovens nobres e camponeses, que tumultuam a vida local. Eles são ainda mais perigosos porque são treinados no uso de armamentos. Os estatutos de Northampton, em 1328, e de Westminster, em 1331, tornam obrigatório a todos os homens entre 15 e 60 anos que possuam armamento básico e que saibam utilizá-lo: arco, flechas e faca; ao que se acrescenta, para os nobres, elmo, cota de malha e espada. A obrigatoriedade do treinamento com arco e flecha faz a prática se tornar um esporte nacional. Os registros do Parlamento estão repletos de denúncias de comunidades rurais contra "companhias, conspiradores, confederados" que vagam pelo campo e vivem de pilhagem. Isso às vezes assume proporções de uma verdadeira rebelião, como em Cheshire (1353) e Oxfordshire (1355), além de Kent e Essex (1381). A militarização da sociedade coloca sérios problemas de ordem pública. Uma solução é recrutar esses marginais para o exército, especialmente contra os escoceses: dizia-se que a vitória em Halidon Hill em 1333 se devia a assassinos, ladrões e caçadores furtivos. Entre os recrutas que serviram na Escócia em 1334-1335, havia duzentos portadores de perdão do rei por crimes.

A insegurança permanente, tanto durante a guerra como durante as tréguas, explica a militarização da paisagem, cujos traços subsistirão por muito tempo. Um verdadeiro *boom* de fortificações se espalha pela França nos anos 1350-1360: moinhos, palacetes, igrejas, fazendas e granjas, sempre com fossos ao redor do terreno e equipados com cadafalsos e até mesmo ameias;[2] e nesses locais armazena-se munição. Cada comunidade quer ter um lugar de defesa. As torres das igrejas são particularmente adaptadas para tais necessidades. O cronista João de Venette descreve essas obras de autodefesa na região de Paris. Em 1371, os comissários encarregados de inspecionar as defesas do bailiado de Caen contam ali 111 lugares fortificados de todos os tipos; em 1367, a oeste de Gâtinais, entre os rios Loing, Sena e Essonne, num território de 30 quilômetros por 20, há 6 castelos, 12 fortes, 5 torres, 5 fazendas, 28 igrejas e uma ponte fortificada, sem contar as cidades e aldeias cercadas por muros. Essas fortificações em geral são bem pouco eficazes. Com exceção dos castelos, as mais seguras são as abadias, que na maioria das vezes possuem um recinto e espaços onde os camponeses podem se refugiar. As maiores tornaram-se verdadeiras fortalezas: em 1356, na abadia de Bec, na Normandia, foram demolidos o claustro, o dormitório e os edifícios anexos a fim de se aproveitar as pedras na construção de paredes com ameias, rodeadas de fossos; além disso, são contratados serviços de mercenários para garantir a defesa.

No entanto, a proliferação de obras defensivas traz mais inconvenientes do que vantagens. Os defensores são espalhados em uma miríade de lugares indefensáveis que podem ser facilmente capturados e utilizados pelos bandidos. As autoridades urbanas deploram especialmente tal proliferação, que as priva de um grande número de homens em sua própria defesa. As autoridades régias recordam ainda que somente o rei pode conceder o direito de fortificação. Uma ordenança de 1358 nomeia comissários responsáveis pela vistoria das fortificações e pela demolição daquelas que são inúteis ou muito fracas. A decisão é, ao que parece, mal aplicada.

---

2 O cadafalso (*hourd*) era uma estrutura de madeira semelhante a uma varanda instalada no topo da torre ou da muralha. As ameias (*créneaux*) eram os parapeitos construídos no topo das torres em forma de dentes de engrenagem, ou seja, com intervalo entre uma ameia e outra – os arqueiros se posicionavam no intervalo entre duas ameias para atirar. (N. T.)

As obras de fortificação constituem a prioridade e o principal setor de gastos das cidades. O trabalho é imenso: quando a guerra estoura após o longo período de paz, as muralhas da maioria das cidades são abandonadas. Quase todos os muros datam dos séculos XI e XII, quando não são do período galo-romano. Alguns servem como pedreiras; há casas encostadas neles; as valas estão cheias de lixo; os subúrbios tornam inutilizável a área interna do cinturão. A restauração é feita nos casos mais urgentes. Por vezes, tudo está por fazer: nenhuma cidade de Forez encontra-se fortificada em meados do século XIV. Entre 1360 e 1370, oito delas erguem muralhas, e, depois, mais quatro no início do século XV. No final da Guerra dos Cem Anos, raras são, na França, as localidades sem muralhas e com mais de 2 mil habitantes. Contam-se, por exemplo, 21 cidades fortificadas no bispado de Liège, 12 no Lyonnais, 11 no Bourbonnais, 11 no Beaujolais.

Os custos são exorbitantes: 22 mil florins para Dijon, 67 mil libras em Cahors, 112 mil florins em Avignon, 150 mil libras em Reims. As obras de construção e manutenção pesam muito nos orçamentos urbanos: 40% a 50% das despesas em Rennes a partir de 1419, 60% a 80% em Tarascon no final do século XIV, 60% em Tours, 14% a 45% em Saint-Flour, o que induz ao crescimento da pressão fiscal e atrapalha gravemente a vida econômica, pois os recursos são provenientes sobretudo dos direitos de concessão. O preço das mercadorias aumenta de modo demasiado, o que põe em risco a produção local, reduz o padrão de vida e aumenta o descontentamento. E mais ainda porque isso é acompanhado por medidas draconianas, como a destruição de subúrbios inteiros para liberação de espaço destinado à defesa. Por exemplo, em 1359, o bailiado de Sens decide colocar a cidade em posição defensiva, e, para tanto, manda destruir, fora das muralhas, dois mosteiros, duas igrejas, um hospital,[3] um convento franciscano, uma estalagem para peregrinos, dois conjuntos de moinhos de água e diversas casas. Em 1352, a pequena cidade de Martel (2.500 habitantes), no Quercy, requisita pessoas para trabalhar nas valas, destrói as casas que dificultavam o trânsito ao longo das muralhas,

---

3 Nesse momento da história, os hospitais eram instituições de caridade que pertenciam ao patrimônio da Igreja: seus prédios serviam como local de acolhimento dos pobres e eram neles que a virtude da hospitalidade era exercida. A mesma explicação se aplica às hospedarias (*hospices*). O hospital como instituição médica aparece somente no século XVII. (N. T.)

elimina os subúrbios e exige juramento de lealdade dos moradores, além de prender os estrangeiros.

Esses trabalhos consistem essencialmente em preencher as brechas, levantar cortinas de muralhas com instalação de ameias sobre os muros (havia 1.202 ameias em Saint-Omer em 1338 e 1.757 em Montpellier em 1411) e, para as cidades mais importantes, construir torres de flanco: havia mais de cinquenta delas em Narbonne, Reims, Chalon e Troyes. As portas são especialmente reforçadas e algumas são emparedadas. No caso de cidades pequenas e médias, raramente era possível contar com soldados profissionais – sempre caros e encrenqueiros – para a defesa dessas fortificações. Só restava, portanto, a auto-organização: todos os contribuintes deveriam participar e eles se dividiam por áreas geográficas. Compelidos ao serviço de guarda, os burgueses mais seguros e ricos foram designados para os portões, enquanto os demais vigiavam as muralhas. Todos eram obrigados a possuir equipamento mínimo. Para uma cidade média como Rodez, a guarda era assegurada por equipes de cinquenta homens (cerca de um a cada 50 metros) que se revezavam. Em Lyon, a equipe é de duzentas pessoas. Esse plantão é bastante penoso, pois o serviço se sobrepõe à jornada de trabalho. É compreensível que várias cidades tenham sido tomadas porque os guardas dormiam. Ao mesmo tempo, tal serviço ajuda a fortalecer os sentimentos comunitários.

Até o início do século XV, as defesas urbanas assim reabilitadas mostram-se bem eficazes. Exércitos eram mantidos sob controle durante meses por aldeias insignificantes, como Bécherel em 1363. Isso porque os sitiantes não possuíam equipamento adequado. Máquinas de arremesso eram imprecisas, o trabalho dos sapadores implicava muito risco e era facilmente detectável, os assaltos com escada custavam muitas vidas. Os meios mais eficazes são a astúcia e a traição. Foram precisos onze meses e um exército considerável para Eduardo III tomar Calais em 1347. Com exceção desse caso, todos os cercos maiores falharam: Bordeaux (1339), Tournai (1340), Melun (1359), Reims (1360), Rennes (1367). É possível considerar que as grandes cidades são quase invulneráveis – daí o porquê de elas serem escrupulosamente evitadas pelas cavalgadas inglesas. Para além da eficácia das muralhas, o perímetro sobre o qual se deve investir é demasiado grande para o número de soldados da época, de tal maneira que não era possível um bloqueio completo. Ademais, a necessidade de manter um exército de milhares de homens num mesmo local resulta rapidamente em problemas de abastecimento insolúveis. Tal dificuldade será superada pela artilharia a partir dos anos 1420-1430. Logo mais, nenhuma parede será capaz de resistir aos tiros dos canhões. É certo que as cidades também irão adquirir essas máquinas, porém somente as maiores poderão tê-las em número suficiente: o equipamento é caro e requer a presença de profissionais.

A militarização das cidades a partir de meados do século XIV traz outra consequência: a ruptura com as regiões circundantes. Libertadas de seus subúrbios e entrincheiradas atrás de altas muralhas que materializam tal separação, as cidades tornam-se ilhas de segurança feitas para proteção e, ao mesmo tempo, para dominação. Elas possuem em sua "alçada" um trecho de planície onde os habitantes prestam serviços e pagam impostos em troca de abrigo em caso de ataque. A alçada de Châteaudun, por exemplo, se estende por cerca de 15 quilômetros ao redor dos muros; Troyes exerce seu domínio sobre cerca de 40 aldeias; Châlons-sur-Marne, sobre 45. Essa complementaridade, no entanto, é percebida como uma oposição: as relações são tensas. Os moradores da cidade desconfiam dos forasteiros e a entrada destes é condicionada a uma seleção cuidadosa. Os moradores da cidade exercem domínio econômico sobre os camponeses e estes, por sua vez, invejam os moradores da cidade. As miniaturas do século XV ilustram muito bem, de forma esquemática, o brutal contraste entre a cidade, opulenta e repleta de campanários no interior do cinturão de muralhas, e, do lado de fora, o campo deserto.

As cidades inglesas encontram-se, obviamente, menos ameaçadas. Há certo número de cidades abertas (e não são poucas) sem fortificações, o que seria impensável na França: Salisbury, Derby, Reading e Bedford, ou seja, cidades do centro, longe das áreas de risco, a saber, o litoral e as marcas escocesas. Cerca de cem cidades são fortificadas com financiamento proveniente de um imposto especial, a taxa de muramento, que precisava ser renovada anualmente pelo Conselho Real. Com a guerra, as cobranças de taxas de muramento se elevam na segunda metade do século XIV, e o rei muitas vezes as concede por dez anos, o que não deixa de ser sinal de preocupação. Entre 1310 e 1400, oito cidades recolhem essa taxa por mais de cinquenta anos: Douvres, Yarmouth, York, Newcastle, Shrewsbury, Ludlow, Hereford e Bristol. Outras cidades, como Rye, Southampton, Londres, Carmarthen,

Worcester, Bridgnorth, Stamford, Hull e Hartlepool, o fazem durante um período que varia de vinte a cinquenta anos. Todas são cidades costeiras ou de marcas. De todo modo, a preocupação com as defesas urbanas é menos perceptível na Inglaterra do que na França.

DESORGANIZAÇÃO DA REDE URBANA FRANCESA

Esse contraste, que se explica pelo fato de a Guerra dos Cem Anos ter ocorrido essencialmente na França, encontra-se na evolução urbana global. A guerra bloqueou o desenvolvimento urbano francês e estimulou o da Inglaterra.

Alguns números eloquentes no caso da França: em 1440, Périgueux perde 68% de seus habitantes em relação a 1330; Arles, 58% em comparação com 1319; Rodez, 63% desde 1328; Rouen e Montpellier diminuem em dois terços; Paris, Toulouse, Reims, Lyon caem à metade. Entre 1377 e 1473, 30% das sepulturas cavadas para os pobres no hospital Saint-Julien, em Cambrai, datam de 1432 a 1440. Embora a peste obviamente tenha desempenhado um papel importante nesse declínio, pode-se considerar que as consequências da guerra também foram catastróficas – lembremos que centenas de cidades sofreram um cerco, muitas delas até mais de um. O ritual é bem conhecido: rendição com pagamento de multa altíssima (como ocorria sobretudo na época das companhias), ou resistência, ao que se seguiam saques, ofertas de resgate dos principais burgueses e, às vezes, deportações. Em todos os casos, a vida ficava desorganizada por meses, até anos, o que abre portas para empobrecimento, desemprego, fome e epidemias. O aumento da carga tributária para fins de recuperação é outro incentivo para as debandadas. Os subúrbios, é claro, são as regiões mais afetadas: quando não são totalmente evacuados para facilitar a defesa, são devastados pelos atacantes. Os registros fiscais são inequívocos: em Saint-Flour, 45% dos contribuintes habitam nos subúrbios em 1345, e apenas 8% em 1364, após a passagem das companhias; em Rodez, as proporções despencam de 34% para 17% entre 1355 e 1397; em Chalon-sur-Saône, o declínio dos subúrbios é duas vezes mais rápido que o da cidade. Em geral, os vestígios da destruição levam décadas até serem completamente apagados: em Amiens, em 1410, ainda se viam ruínas causadas pela passagem dos navarros em 1358.

A guerra perturbou profundamente a rede urbana. Todas as cidades encolheram, algumas mais do que outras, e somente umas poucas experimentaram um novo dinamismo. Do ponto de vista global, o declínio urbano é mais acentuado na ampla faixa norte-sul que atravessa o centro da França, da Picardia ao Languedoc, passando por Île-de-France, Normandia, Champagne, Borgonha, Bourbonnais, Auvérnia, Limousin, Gévaudan, Margeride, Quercy e Agenais: uma espécie de vazio vertical, sistematicamente saqueado pelas repetidas passagens de tropas, fossem elas oficiais ou de bandidos. Algumas regiões nunca se recuperarão. Nesse setor, abandonado pelos mercadores, as rotas comerciais desaparecem junto com os mercados; várias localidades, que até o século XIII tinham aparência de vilas de tamanho médio, tornam-se aldeias, ou até mesmo povoados insignificantes, e ainda hoje é surpreendente encontrar nessas localidades vestígios de fortificações e ricas casas de pedra que testemunham um passado próspero – por exemplo, no vale do Lot, um corredor de comércio muito frequentado por *routiers* vindos de todos os lugares. Nessas regiões, o enfraquecimento do tecido urbano causado pela Guerra dos Cem Anos durou vários séculos.

Em contrapartida, o desvio das rotas comerciais beneficia as cidades das regiões periféricas. Na Bretanha, por exemplo, após o difícil período da Guerra de Sucessão, a política de mudança e de neutralidade dos duques permite que o desenvolvimento dos portos seja estimulado: Nantes, Vannes, Quimper, Morlaix e Guérande alargam os seus cinturões a fim de englobarem novos subúrbios. A Alsácia e o vale do Reno tornam-se o novo eixo de comunicação entre Flandres e Itália. As cidades se desenvolvem e o surgimento da imprensa, que coincide com o fim da Guerra dos Cem Anos, é como o símbolo dessa ascensão.

Outras localidades também se beneficiam com os problemas dessa época, como as capitais principescas, tanto as permanentes quanto as temporárias: as dos duques de Berry, de Bourbon, de Anjou, da Bretanha e, principalmente, da Borgonha. A presença do duque garante que ali estejam centenas de oficiais, dignitários, grandes nobres e magistrados, todos amantes de produtos de luxo, enquanto os guardas, criados e mordomos mantêm a procura de produtos do dia a dia. A corte de Berry tem pelo menos 400 pessoas com alto poder aquisitivo; a da Bretanha, 500; a da Borgonha, 1.200. Além disso, esses grandes senhores criam universidades e parlamentos que

A GUERRA DOS CEM ANOS

atraem estudantes e litigantes. Dijon, Bruxelas, Vannes, Rennes e Nantes aproveitam tais circunstâncias. Com o reinado de Carlos VII, Bourges, Poitiers e Tours experimentam uma ascensão espetacular. Bourges assiste ao desenvolvimento do comércio de luxo com a instalação da corte de Berry e, depois, com as atividades de Jacques Cœur. Tours era a sede de um bailiado régio, uma casa da moeda e um arcebispado, mas as frequentes estadas do rei em Montils trazem à cidade uma clientela muito perdulária, que manda construir ricas mansões. Em 1448, Jacques Cœur estabelece por ali seus armazéns, o que estimula a fixação de cambistas, ourives e armeiros. A população chega a 15 mil habitantes no final do reinado.

Em Poitiers, a instalação temporária do Parlamento no palácio e, em seguida, da Corte de Ajudadeiras, o fomento dos estados de Poitou por sete vezes e cinco vezes dos estados gerais de língua d'oïl, além da criação da Universidade em 1431-1432, atraem para a cidade uma multidão de notáveis, o que provoca uma elevação nos aluguéis. A partir de 1425, Carlos VII precisa intervir para limitar esses aumentos.

A guerra não modificou apenas a rede urbana: ela também transformou as atividades da cidade francesa, seja com um declínio generalizado da função comercial, que se torna muito incerta devido à insegurança, seja com a espetacular progressão no mundo dos cargos oficiais graças ao desenvolvimento das administrações, as quais oferecem empregos com menor remuneração, porém mais seguros. Isso se reflete em um aumento nas categorias médias. Assim, em Agde, em 1453, o maior contribuinte era dezoito vezes mais rico que o menor; em 1320, a diferença era de 1 para 152. Em Lyon, em 1446, os contribuintes "médios" representam 31% da força de trabalho. A desaceleração do comércio durante a guerra penaliza os mercadores; as desvalorizações da moeda atingem duramente os rentistas. Até mesmo para os maiores mercadores, o volume de negócios é bastante modesto.

Jacques Cœur é um caso único na França do século XV. No tempo de Carlos VII, e especialmente a partir de 1440, a burguesia dá preferência a empregos mais seguros, como os cargos oficiais. O desenvolvimento das administrações e a redescoberta da estabilidade fazem desses empregos refúgios lucrativos, compensando assim a instabilidade do comércio. Os salários são modestos, mas o ofício traz muitas oportunidades adicionais, por meio de práticas como presentes e propinas de todos os tipos. Os meios para tanto são relativamente fáceis, pois a venalidade ainda não havia se instalado. Os burgueses, portanto, encorajavam seus filhos ao estudo do direito, e foram muitos os casos de passagem dos negócios para a judicatura: esse é o caso da família provençal de Guiran la Brillane, com Guilherme Guiran, que era um mercador de especiarias em Aix no início do século, e seu irmão mais velho, que se tornou presidente do Parlamento de Aix. O padrão de vida dos magistrados é confortável: em 1426, tanto em Beauvais como em Reims, os advogados estão entre os mais ricos da cidade; em Lyon, em 1446, a fortuna dos juristas é três vezes maior que a média municipal, e eles detêm 20% do capital urbano. Compram propriedades no campo e obtêm cartas de enobrecimento, ou então, inventam genealogias falsas.

A ascensão de uma nova categoria de "arrivistas" também desperta o rancor de conservadores, como Tomás Basin, que desaprova a ganância deles: "Quase todos os titulares de cargos oficiais se enriqueceram em todo o reino, e infelizmente eles gozam de total liberdade para saquear os pobres súditos e cometer extorsões".

Outra consequência direta da guerra: a constante renovação da população urbana, fator de instabilidade e conflitos. Em 1376, três quintos dos habitantes de Avignon não são naturais dessa cidade; em Crest, em 1448, 30% dos líderes de comunidades estão lá há menos de cinco anos; em Périgueux, 65,8% dos nomes de família, nos séculos XIV e XV, apresentam duração inferior a 20 anos; em Chalon-sur-Saône, em 1381, três quartos dos líderes de comunidade têm nomes conhecidos há menos de 20 anos; em Castres, em 1370-1380, a taxa de renovação em 10 anos é de 49,1%. O movimento é incessante: camponeses chegam após serem expulsos de suas aldeias pela guerra, assim como aprendizes, trabalhadores e artesãos em busca de trabalho, sem contar os habitantes que fogem dos impostos que não conseguem pagar. Os recém-chegados são úteis, porque há falta de mão de obra, porém, ao mesmo tempo, são vistos como perigosos, o que acentua o comunitarismo étnico: isso acaba fazendo que se agrupem em bairros para se ajudarem mutuamente – é o caso dos bretões de Paris e de Toulouse, dos saboianos da rua Neuve em Lyon, dos normandos do distrito de Toussaint em Rennes –, ao mesmo tempo que fomentam a cultura de gueto e os preconceitos xenófobos. Muitas vezes, os particularismos também dizem respeito às profissões: marinheiros da Bretanha, barqueiros de Lyon, forneiros

A GUERRA DOS CEM ANOS

de Bressans, açougueiros da Auvérnia. A concorrência entre o núcleo dos autóctones e os imigrantes é intensa. Desconfiança, acusações e ameaças de expulsão aumentam muito em épocas de tensão.

A perturbação da vida urbana cresce na mesma proporção do número de desenraizados, errantes, vagabundos e mendigos que a guerra produz. Estes afluem às cidades, instalam-se nas ruínas e criam um clima de insegurança agravado por rumores. O *Diário de um burguês de Paris* está repleto de histórias de horror cometidas por tais marginais. Bandos de *caïmans*, *coquillards* e *crocheteurs*[4] criam a ideia de uma conspiração de bandidos e malfeitores que formariam uma verdadeira organização antissocial. O medo leva as autoridades à adoção de medidas coercitivas: vigilância, fechamento de portas, despejos, prisões, proibição de abrigar vagabundos por mais de uma noite e um dia.

A insegurança engendrada pela guerra só aumenta o nervosismo natural dos moradores urbanos ainda pouco "urbanizados". A precariedade, a promiscuidade, a brutalidade e a penúria deixam os nervos à flor da pele, de tal maneira que as brigas eram acontecimentos banais. Na pequena cidade de Foix, em 1401, 43 investigações judiciais envolvendo golpes e ferimentos foram abertas num período de nove meses: as desavenças eram resolvidas recorrendo-se a martelos, facas e picaretas. Em Paris, alguns dos processos na jurisdição do Templo são causados por *"chauds mêlées"*.[5] Tais agressões são realizadas por moradores comuns da cidade. Esse clima de violência cotidiana é agravado pela guerra. Todos estão armados; o serviço de guarda nas muralhas transforma os burgueses em soldados da fortuna.

Isso cria um clima favorável às sedições. Rumores de traição, impostos e ameaças diversas são suficientes para inflamar os ânimos. A intervenção de um representante da autoridade – ou melhor, de um demagogo – tem o efeito de óleo que, jogado na fogueira, a faz explodir. *Maillotins*, cabochianos, partidários de Capeluche, armagnacs e burgúndios estão à solta.

Não se pode negar que a Guerra dos Cem Anos contribuiu para o aumento das desordens urbanas. Por outro lado, ela também favoreceu o

---

4 Designações de criminosos da época que aludiam a algum traço de seu comportamento. Por exemplo, os *coquillards* eram mendigos que fingiam ser peregrinos de Santiago, pois andavam com a concha de vieira (*coquille Saint-Jacques*). (N. T.)

5 O *chaud mêlée* se refere a uma situação em que o crime é cometido, por assim dizer, no calor da hora, isto é, sem planejamento, como se o agressor agisse por impulso. (N. T.)

desenvolvimento das instituições municipais, que evoluem mais em vinte anos do que nos dois séculos precedentes. As necessidades de defesa obrigam os habitantes a criar comissões de eleitos, a nomear responsáveis, síndicos, comissionados para as fortificações, a arrecadar taxas, subsídios e ajudadeiras que, embora fossem impopulares, tornavam possível a conscientização no tocante a uma certa solidariedade, o que também se verifica no número de irmandades de ajuda mútua, que se multiplicam. Os municípios enfrentam essas novas responsabilidades e melhoram sua organização. Isso, aliás, era até mesmo incentivado pelos reis. Tradicionalmente, os soberanos capetianos dependiam do apoio das "boas cidades", e, por isso, concediam cartas de franquia às municipalidades a fim de enfraquecer os poderes dos vassalos. Durante a guerra, eles cuidam das relações públicas com os corpos urbanos de maneira a assegurar a lealdade destes. Cartas circulares são enviadas às administrações municipais tanto para explicar as decisões tomadas quanto para confirmar as liberdades concedidas. Todavia, os benefícios se limitam aos mercadores mais ricos e a certos ofícios, o que contribui para acirrar os conflitos sociais.

DECLÍNIO DE PARIS, ASCENSÃO DE LONDRES

A guerra também teve consequências importantes no tocante ao destino de Paris. Até o final do século XIV, apesar da estagnação demográfica causada pela peste, a capital mantém-se como um opulento local de negócios, com uma robusta colônia de banqueiros italianos que forneciam apoio à corte e aos príncipes. O dinheiro flui para a capital; todos os grandes vassalos têm *hôtels* ali e neles residem com regularidade; são extremamente perdulários, assim como a corte, o bispo, os colégios e os mosteiros, que tiram sua renda das terras vizinhas; há ainda a renda do comércio, das feiras de Lendit. Além disso, constrói-se muito na cidade: Louvre, *hôtel* Saint-Pol, *hôtel* Neuf, Tournelles, *hôtel* de Bourgogne, *hôtel* de Nesle, bastida Saint-Antoine.

O colapso vem em seguida. Massacres entre armagnacs e burgúndios, ocupação inglesa, devastação dos subúrbios por bandidos, bloqueio do comércio por tropas adversárias. O calvário da capital na primeira metade do século XV preenche as páginas do *Diário de um burguês de Paris*. A reconquista de Carlos VII não é sinal de recuperação: o rei odeia essa cidade e não mora nela. A guerra continua e o comércio cambaleia. A clientela rica desaparece e os italianos vão embora. Quando começa a recuperação, por volta de 1440, as atividades se transformaram. As transações financeiras são rudimentares. Dali em diante, a indústria do luxo passa a ser menos importante do que a de Tours ou de Bourges: das 51 forjas de ourives da Grand-Pont, 32 encontram-se vazias em 1440. Por outro lado, o aumento do número de notáveis, advogados e conselheiros favorece merceeiros, encadernadores e desenhistas. Se tomarmos novamente a Grand-Pont como referência, é possível verificar os números crescentes entre 1425 e 1460: o número de merceeiros aumenta de 0 para 3; compositores de centúrias,[6] de 1 para 3; fabricantes de pentes litúrgicos, de 1 para 5; chapeleiros, de 1 para 7; escritores, de 1 para 6; encadernadores, de 2 para 3; desenhistas de iluminuras, de 1 para 5. Isso sem contar os cambistas, que se encontram no topo da escada da riqueza.

Embora Paris continue a ser um centro comercial, esse comércio está nas mãos de não parisienses. Quem o controla são pessoas da Normandia, da Picardia e de Arras. A retomada das feiras de Lendit mostra também uma redução do raio de atração: vocacionada para ser exclusiva dos países do norte, no final do século XIV o escopo da feira é internacional. Um século depois, os únicos "estrangeiros" que a frequentam são pessoas de Tournai e dois comerciantes de Mons, enquanto há 11 de Beauvais, 15 de Troyes, 47 de Rouen e 130 de Paris. Torna-se uma feira regional da bacia parisiense. É revelador que Jacques Cœur tenha entrepostos em Tours, Bourges, Lyon e Montpellier, mas não em Paris, e que em 1447 revenda a casa de câmbio, que havia comprado em 1441 na Grand-Pont, sem nunca a ter aberto.

Os cambistas agora dominam a vida parisiense. Em 1423, quando 502 parisienses são obrigados a pagar um empréstimo, 43 eram cambistas, o que representa 17% do valor total emprestado. Muitas vezes também são eles que mantêm o nível de receitas. Porque, especialmente a partir de 1440, os cambistas, como outros mercadores, tornam-se grandes compradores de cargos administrativos. Paris, entre 1440 e 1460, transforma-se numa cidade de postos oficiais: eles compunham pelo menos três quartos da administração municipal, o que difere da antiga proporção de um quinto. Em 1444, Pedro

---

6 A centúria, neste contexto, é uma obra histórica dividida por séculos. (N. T.)

des Landes, o último cambista a exercer a função de preboste dos mercadores, é substituído por João Baillet, conselheiro do Parlamento. Os mesmos nomes de família aparecem, porém agora são conselheiros no Tribunal das Ajudadeiras, no Tribunal de Contas e no Parlamento: Le Breton, Doriac, Thumery, Gensien, Lailliers, Des Landes. A guerra faz de Paris uma cidade administrativa. Os postos são seguros e estáveis, além de garantirem prestígio, oportunidades e possibilidades de enobrecimento – por isso, atraem cada vez mais pessoas. Todos esses togados começam a comprar terras nas redondezas, como mostram os estudos de Guy Fourquin.

Paris não é mais residência real, mas continua a ser capital administrativa e o principal centro de consumo do reino. A alta aristocracia e a hierarquia clerical abandonam a cidade; os *hôtels* mudam de mãos: o do conde de Sancerre, sede dos agostinianos, passa para o conselheiro do Parlamento João Le Viste. Os duques de Orléans e da Borgonha mantêm os seus, mas não ficam mais neles; os *hôtels* do duque da Bretanha e do arcebispo de Rouen tornam-se ruínas. São mantidos apenas os dos arcebispos de Reims e de Sens, o do bispo de Laon, e os dos abades de Cluny e de Fécamp. O recomeço da construção é tímido. Verificam-se mais consertos e restauros do que novas obras. Paris, em meados do século XV, ainda está convalescente.

A população, por volta de 1450, gira em torno de 100 mil habitantes no máximo, duas vezes e meia menos do que no início da guerra. Casas abandonadas, ruínas, terrenos baldios e vegetação selvagem reaparecendo: o espetáculo é desolador. Uma população muito miscigenada, vinda de todas as regiões da França, com número significativo de bretões e normandos. O grande estudo de Bronislaw Geremek mostra a importância dos marginalizados. Os mendigos pululam e se reagrupam, assediam o burguês e não recuam diante de nada até que este se apiede deles.

O tráfico e a mutilação de crianças para esse fim são revelados pelo famoso caso de 1448-1449, de que fala o *Burguês*, e que é confirmado pelos atos do Parlamento. Crianças são sequestradas nas proximidades, seus olhos são furados, uma perna ou um braço é cortado, e, assim, tornam-se mendigos convincentes. As autoridades endurecem a legislação. Uma ordenança de 1422 instrui os sargentos a prender qualquer vagabundo armado que não tenha senhor. Propõe-se contratar comissários em cada bairro. Os ladrões serão punidos, assim como aqueles que quiserem lhes dar asilo, "os ditos ladrões e aquele ou aquela que os recebe serão queimados vivos". Mendigos e errantes de corpo saudável serão postos para trabalhar. As punições devem ser ostentatórias, a fim de impressionar a multidão: fogueira, forca, chicote, ferro em brasa, mutilação, água fervente, afogamento. A presença de tal mundo perigoso preocupa os líderes. João Sem Medo tivera dificuldade em reprimir o movimento de Capeluche, cujos partidários foram afogados, decapitados, esquartejados e enforcados.

Outro ambiente turbulento: o dos estudantes. De 1444 a 1453, eles estão soltos, maltratam os burgueses, provocam os homens do preboste. Carlos VII tem más relações com a Universidade, que havia tomado o partido dos burgúndios. Em 1446, ele atribui ao Parlamento a competência sobre todas as causas relativas a tal corpo turbulento, que assim perde a sua independência, e, em 1452, o legado papal, cardeal de Estouteville, impõe uma reforma destinada a pôr termo a um certo número de abusos: os doutores deixariam de obrigar os bacharéis a oferecer-lhes uma refeição após a defesa; mestres de artes turbulentos e sediciosos não seriam mais recrutados; os bacharéis vestiriam roupas decentes; as assembleias seriam pacíficas, com cada um falando em sua hora. Disposições bastante improváveis. É provável que a guerra não tenha sido a única responsável por tais distúrbios. Mas ela contribuiu fortemente para desorganizar a vida parisiense, arruinar sua economia, enfraquecer seu prestígio intelectual e acentuar seu papel administrativo.

Londres, pelo contrário, beneficia-se enormemente com a Guerra dos Cem Anos, o que reforça seu papel de capital política e faz dela o principal centro econômico do país. Por ali, não há grandes tumultos urbanos. Em 116 anos, os movimentos de Wat Tyler e Jack Cade só afetaram diretamente a cidade por cerca de oito dias, com 70 anos de intervalo entre um movimento e outro. A função política se fortalece e os reis residem por mais tempo na cidade devido à proximidade com o continente. O bairro governamental de Westminster, que ainda se encontra separado da cidade por campos, está se desenvolvendo; os serviços da Chancelaria e do Tesouro ocupam um número crescente de funcionários lá, e as frequentes reuniões do Parlamento atraem regularmente uma clientela privilegiada. Ricardo II manda embelezar o palácio, dando-lhe uma magnífica estrutura de telhado em carvalho irlandês. O serviço de guarda-roupa real se instala perto do castelo de

Baynard, no rio Fleet, e, a leste da cidade, a Torre torna-se um enorme edifício administrativo multifuncional. Seu aspecto atual – com o cinturão duplo ao redor da Torre Branca de Guilherme, o Conquistador – remonta ao início da guerra. É, a uma só vez, prisão de luxo frequentada por grande parte da nobreza francesa, oficina de cunhagem de moedas, residência real, centro administrativo e arsenal, onde se armazenam arcos, flechas, espadas, lanças, máquinas de guerra, canhões, armaduras e, também, é onde se fabrica a pólvora a partir de 1346.

A cidade de Londres é a principal beneficiária do afluxo de espólios e resgates durante a maior parte da guerra, o que permite a construção de alguns *hôtels* abastados, dos quais a obra-prima é o palácio Savoy, do duque de Lancaster. O comércio londrino também é abençoado pela presença de prisioneiros ilustres, cercados por comitivas numerosas e perdulárias. As necessidades financeiras da monarquia atraem muitos banqueiros. No final do século XIV, a cidade concentra um terço das exportações de lã do país, e o artesanato têxtil encontra-se em pleno desenvolvimento, assim como as indústrias de luxo. Os ofícios, solidamente estruturados em guildas, controlam os administradores que reinam na cidade. O próprio rei é dependente desse poder. Londres, com 35 mil habitantes por volta de 1400, é ainda apenas um terço de Paris em termos de população, mas a Guerra dos Cem Anos claramente estimulou seu desenvolvimento. Os imigrantes chegam de todos os condados. A burguesia multiplica as compras de terras em Kent, Surrey e Essex.

As outras cidades inglesas ficam definitivamente para trás. Em 1377, segundo o historiador e demógrafo J.-C. Russell, York tem 10.872 habitantes, Bristol 9.518, Plymouth 7.256 e Coventry tem 7.226. As cidades inglesas não passaram por ameaças nem devastações como as cidades francesas, exceto no extremo norte, perto da fronteira escocesa. As despesas de fortificação são bem menos pesadas. Apenas os portos da costa sul são devastados durante os ataques navais dos franceses. A maioria das cidades cresce lenta e regularmente, incluindo o desenvolvimento da indústria têxtil no século XV, que começa a fazer a fortuna tanto da Ânglia Ocidental como da Oriental.

O declínio das exportações de lã e o aumento das exportações de tecidos são as principais mudanças na economia inglesa da primeira metade do século XV. Quanto à lã, a exportação de 19.359 sacas anuais em 1392-1395 cai para 13.625 em média entre 1410 e 1415, e para 7.654 sacas entre 1446 e 1448, enquanto o comércio das peças de pano passa de 20 mil para 56 mil unidades. Essa nova atividade fez enriquecer os aventureiros mercantes dos portos do leste e do sul, que travaram uma verdadeira guerra econômica contra seus rivais da hansa germânica. Colônias de mercadores italianos também são estabelecidas em Londres, Southampton, Plymouth e Bristol. A manufatura de tecidos desenvolve-se com espírito capitalista: os mercadores-fabricantes da cidade distribuem a matéria-prima e o trabalho aos artesãos das aldeias vizinhas, que assim complementam sua renda agrícola. Se é inegável que há êxodo rural devido ao alargamento da criação de ovinos, isso ocorre em benefício dos grandes burgos, o que contribui para o adensamento da malha urbana.

O papel da Guerra dos Cem Anos nessa evolução não é quantificável, mas é inegável. Ao perturbar as exportações de lã crua, ameaçada pelos corsários, pelos impostos, pelas tribulações dos portos de Staple, ao reduzir a procura das cidades têxteis de Flandres, afetadas pelos repetidos conflitos com os duques, a guerra contribui fortemente para a ascensão das fábricas locais de tecidos, e, assim, para o desenvolvimento do espírito capitalista e da configuração urbana. O contraste duradouro entre uma França massivamente rural e uma Inglaterra mais urbanizada começa a tomar forma já no século XV, e a Guerra dos Cem Anos está na origem desse traço da Europa moderna.

A GUERRA COMO MATRIZ DE POLÍTICAS ECONÔMICAS: PRIVATIZAÇÕES, ESTATIZAÇÃO E DIRIGISMO

A guerra também revela ou desencadeia os primeiros sinais da oposição fundamental entre, de um lado, uma França em que a terra continua a ser a principal fonte de riqueza, e, de outro, uma Inglaterra na qual o dinheiro vai gradualmente substituindo os bens fundiários como base do poder econômico e político. O exército está na origem da ascensão da iniciativa privada na Inglaterra. Desde o início do conflito, perante uma monarquia francesa que insiste em recorrer ao *ban* e ao *arrière-ban*, o rei inglês mobiliza preferencialmente os banqueiros italianos, cujos créditos lhe permitem recrutar tropas mediante contratos de tipo comercial. Os nobres mantêm uma "retenção", de algumas dezenas ou algumas centenas de soldados, cujos serviços alugam ao soberano por meio de contrato de *"indenture"*, por tempo e quantia determinados. Na verdade, o exército inglês é formado por uma mão de obra profissional empregada por empreiteiros de guerra em conformidade às leis do mercado. Trata-se de corpos privados, empresas privadas, que, do ponto de vista militar, apresentam vantagens (como apontamos), em particular o corporativismo, favorecido pelo hábito de lutar juntos, enquanto o exército feudal reúne apenas ocasionalmente homens que não se conhecem.

Para financiar essa tropa, o rei de Inglaterra recorre a operações financeiras por vezes arriscadas e já com espírito capitalista. Como ele não poderia cobrar impostos tão livremente quanto o rei da França para uma causa tão relevante, decide fazer um empréstimo com alta chance de dar calote – isso leva à falência de vários bancos italianos, como o da família Peruzzi, a quem devia 77 mil libras em 1343, e o da família Bardi, com uma dívida de 103 mil libras em 1346. Mais tarde, ele recorre a consórcios de mercadores ingleses, como aquele criado em 1343 por William de La Pole envolvendo 33 sócios: estes forneciam 10 mil marcos por ano e mil marcos a cada quatro semanas em troca de um monopólio de exportação de lã, o que lhes permitia controlar o preço. Em maio de 1346, a companhia liderada por Walter Chiriton e Tomás Swanland promete ao rei 50 mil libras por ano durante dois anos, com um adiantamento imediato de 4 mil libras, em troca do balcão alfandegário nesse período. Sabendo que a receita da alfândega era, em média, de 60 mil libras, a companhia poderia esperar um lucro de 20 mil libras.

Da mesma forma, na França, as deficiências do sistema fiscal tornam-se notáveis a partir de meados do século XIV: os soberanos são obrigados a recorrer aos adiantamentos privados, porém os maus resultados das companhias de aventuras a partir de 1360 colocam em dúvida tal tipo de recrutamento, e os esforços do governo vão no sentido de um maior controle do Estado sobre o exército. A criação das companhias de ordenança por Carlos VII é o ápice desse movimento. No final da Guerra dos Cem Anos, pode-se dizer que a França tem um exército "nacional" no sentido de que todas as forças armadas dependem do Estado, mesmo que incluam muitos estrangeiros, enquanto a Inglaterra usa exércitos privados sob contrato.

O mesmo contraste entre a atitude dos Plantagenetas-Lancaster e a dos Valois no tocante ao desenvolvimento econômico. A Guerra dos Cem Anos acontece em meio a uma grande depressão econômica europeia que remonta ao início do século XIV – todos os índices confirmam esse fato. As estatísticas inglesas (as mais numerosas e menos equívocas) não deixam dúvida quanto a isso. Assim, nos domínios do bispado de Winchester, os índices de preços dos cereais vão do nível 100, referente ao período 1300-1319, para o nível 79 em 1340-1359, 65 em 1380-1399, 64 em 1420-1439, e 53 em 1440-1459, o que causa grande dificuldade para proprietários e senhores. E mais ainda porque, ao mesmo tempo, a escassez de mão de obra decorrente da devastação causada pela peste faz subir os salários; nas mesmas contas de Winchester, sempre partindo do nível 100 em 1300-1319, chega-se a 117, 151, 130 e 125, respectivamente.

Embora tal situação não seja uma consequência direta da guerra, ela obriga os governos a intervir, sobretudo para apoiar os produtores, que constituem as forças vivas do país no conflito. Tanto na França quanto na Inglaterra, as ordenanças tentam limitar o aumento dos salários. No caso dos ingleses, por exemplo, com os Estatutos dos Trabalhadores de 1349 e 1351, que castigam "a malícia dos criados que, depois da pestilência, eram caros e não queriam servir sem cauções exageradas", com a fixação de um valor máximo para os salários de cada ofício. São medidas pouco eficazes e muito impopulares, pois os preços dos produtos artesanais não param de subir.

Antes de tudo, porém, é preciso notar que o crescente controle do Estado sobre a economia com o objetivo de protegê-la é resultado de uma combinação entre a depressão econômica e o estado de guerra. A Guerra dos Cem Anos compreende um período de forte avanço do nacionalismo econômico. Prisões, vigilância e expulsões de mercadores estrangeiros atestam o aumento da xenofobia, que discutiremos mais adiante.

Os círculos comerciais exigem a proteção do Estado contra a concorrência estrangeira. Em 1436, o anônimo *Libelle do inglês Polycye* é um verdadeiro manifesto do nacionalismo econômico – ali se manifesta o clamor pelo retorno à política "forte" dos reis que haviam defendido a potência marítima da Inglaterra. É necessário apreender as cargas de lã e os tecidos espanhóis que chegam de Flandres, controlar os navios flamengos que fazem comércio com a Bretanha e com La Rochelle, punir os corsários bretões, proibir as importações de artigos de luxo italianos, pois os mercadores da península, com o dinheiro que assim extraem dos ingleses, fazem-lhes empréstimos a juros usurários, "e assim se permitem, podeis acreditar,/ limpar o nariz com nossas próprias mangas".

Já em 1381, uma ordenança que pode ser considerada o primeiro ato de navegação, tenta impor o monopólio da bandeira marítima da Inglaterra (que não existe) nos portos da ilha. Decisão utópica, é claro, pois, naquele momento, a marinha inglesa era insuficiente para prescindir dos navios espanhóis, italianos, flamengos e hanseáticos; porém, ao mesmo tempo, é uma decisão que revela o estado de espírito dos mercadores. Em 1449, alguns reivindicam a destruição dos navios bretões e normandos, "para que a Inglaterra pudesse dominar os mares".

Se na Inglaterra o intervencionismo do Estado em essência diz respeito ao grande comércio com o aumento das taxas alfandegárias e a fiscalização dos mercadores estrangeiros, na França o controle da economia vai muito mais longe. A regulamentação dos ofícios e a fixação de preços e salários tornam-se mais rígidas e, mais do que isso, o Estado faz as vezes de aprendiz de feiticeiro ao empregar a manipulação monetária como arma política. Primeiro, no século XIV, com o intuito de aumentar as arrecadações da monarquia e assim contribuir para o recrutamento de exércitos, e depois, durante a ocupação inglesa, para expulsar a boa moeda do adversário mediante a circulação de dinheiro ruim, ou seja, moedas desvalorizadas. Apesar de alguns reforços, o movimento geral de longo prazo é uma diminuição na quantidade de metais preciosos (principalmente prata) nas moedas. A referência, a "boa moeda de são Luís", torna-se uma espécie de mito nostálgico da idade de ouro. A libra turnesa passa de 8,40 gramas no final do século XIII para 4,63 gramas no final do século XIV. As grandes mudanças datam especialmente de antes de 1364 – elas provocam, por volta de 1360, a redação da famosa obra de Nicolau Oresme, *De Moneta*, na qual o professor demonstra o caráter imoral e os efeitos nefastos de tais manipulações:

> Em primeiro lugar, é detestável demais e vergonhoso ao extremo que um príncipe cometa uma fraude ao falsificar a moeda, chamando de ouro o que não é ouro e de libra o que não é libra [...] Além do mais, cabe a ele condenar os fabricantes de dinheiro falso. E como pode ele ousar ser culpado daquilo que deveria ser punido com a mais vergonhosa das mortes? Isso para não lembrarmos que é um grande escândalo, algo degradante para um príncipe, que a moeda de seu

reino nunca permaneça a mesma, mas varie de um dia para o outro e, às vezes, num mesmo dia valha mais em um lugar do que em outro. Outrossim, muitas vezes durante essas mutações ignora-se, a longo prazo, o valor desta ou daquela peça em particular, tornando-se assim necessário regatear, comprar ou vender a moeda, ou, ainda, discutir o seu preço, o que é contra a sua natureza [...].

Embora no período de 1364 a 1414, durante os reinados de Carlos V e Carlos VI, a boa moeda volte a circular, com Carlos VII as autoridades de Bourges se entregam a uma verdadeira guerra monetária: 41 mudanças entre 1422 e 1438. Finalmente, a reconquista do reino é acompanhada por uma tentativa de retorno a uma boa moeda. As mudanças incessantes provocam a indignação do *Burguês de Paris*.

Como o território havia sido devastado pela guerra, Carlos VII, nas décadas de 1440 e 1450, adota medidas no campo econômico para remediar a situação. A Guerra dos Cem Anos está na origem de uma consciência da possibilidade de intervenção estatal visando à prosperidade do reino. A ideia de intervencionismo econômico nasce nessa época. Mas isso significa que o rei tem uma política econômica? Charles Petit-Dutaillis escreve:

> O que parece mais claro é que ele quer monitorar as corporações e ganhar algum dinheiro com elas. O prestígio da coroa tornou-se tal que, de todos os lados, os ofícios juramentados lhe pedem a confirmação de seus estatutos, tanto antigos quanto novos. O rei só os confirma com a condição de encontrar neles certas cláusulas que reforcem a sua autoridade e enriqueçam o Tesouro: uma parte das multas deve ir para ele, os senhores devem prestar juramento ao rei, perante o tribunal do bailio ou do preboste, as assembleias de corporações e confrarias só podem ser realizadas na presença de um sargento régio.

É inegável que o rei está perseguindo um objetivo fiscal acima de tudo: aumentar os seus rendimentos para financiar sua política. Contudo, por isso mesmo, ele percebe a solidariedade efetiva entre a prosperidade de seus súditos e a sua. Franceses prósperos certamente pagarão mais impostos – é preciso, portanto, adotar medidas que promovam o retorno à prosperidade. É óbvio que o rei não ignora as dificuldades econômicas do reino. Para ele, não se trata de uma questão de liberalismo, evidentemente. Até mesmo Jacques

Cœur, que certamente orienta a ação do rei nessa área, pensa que o Estado deve governar e regular a economia de modo favorável aos seus negócios.

Para repovoar o campo, Carlos VII adotou medidas por vezes contraditórias. Em 1447, autoriza os senhores a concederem novos arrendamentos às terras abandonadas, garantindo os direitos dos novos ocupantes contra eventual regresso dos antigos ou seus descendentes: após quatro "gritos públicos" quinzenais, em missa solene, se ninguém se apresentar, o novo arrendatário terá a sua situação assegurada. No entanto, uma ordenança de 28 de outubro de 1450 promete aos súditos restituir seus bens perdidos durante a guerra, e, em 1451, o rei abole a talha por oito anos no caso dos súditos que haviam emigrado para países onde o imposto real não era cobrado, sob a condição de retornarem à sua antiga terra. Se os seus títulos tiverem sido destruídos, será feita uma investigação com recurso a testemunhas. Os conflitos entre antigos e novos inquilinos são previsíveis.

Também são tomadas medidas para repovoar as cidades e revitalizar sua economia. Carlos VII afirma que não quer deixar as principais cidades do reino "escassamente povoadas". Para Paris, que ele detestava embora fosse uma fonte de riqueza, decide em 1444 abolir os pedágios estabelecidos durante a guerra no Sena e em seus afluentes. No mesmo ano, restabelece as feiras Lendit com isenção de impostos. Isenta de todos os impostos por três anos os normandos que viessem morar na "capital". Por fim – medida espetacular –, ele autoriza a falência de mercadores parisienses que haviam se endividado durante a guerra; cancela as anuidades das bancas do mercado, esperando que isso volte a atrair mercadores. Em outros lugares, ele ajuda financeiramente certas cidades, como Narbonne, onde as pontes sobre o Aude precisavam ser reparadas.

Se há uma área em que a atitude voluntarista do rei é muito clara, esta é a da criação de feiras, como se bastasse multiplicá-las para atrair comércio. O caso de Lyon é muito esclarecedor, tanto a respeito do voluntarismo quanto sobre os limites dessa política. Lyon, entroncamento excepcional, permanece constantemente fiel ao rei durante todas as lutas do reinado. Como recompensa, o delfim criou ali duas feiras livres em 1420 e, após tornar-se rei, uma terceira em 1444. Tratava-se de conter o crescimento das feiras de Genebra, desviando o tráfego entre o Mediterrâneo e o norte da Europa. Para isso, são feitas disposições excepcionais: livre circulação de moedas francesas e estrangeiras nessas feiras, isenção da *rève*, que era o imposto sobre as transações. Em 1445, chega a ser decretada a proibição das vendas em Genebra para mercadorias que não tivessem sido oferecidas primeiro em Lyon. É um fracasso. Os mercadores trazem para Lyon quantidades de mercadorias muito maiores do que as necessidades e vendem o excedente em Genebra e, como todas essas mercadorias supostamente teriam sido compradas em Lyon, elas escapam da tributação. Carlos VII é obrigado a modificar sua ordenança: tudo o que sair de Lyon sem ter sido objeto de transação deverá pagar a *rève*. No final do reinado, as feiras de Lyon ainda vegetavam.

Outro fracasso é a ordenança de 1445, que restabelece as seis feiras de Champagne com a confirmação de antigos privilégios e criação de novos. Contudo, é tarde demais. As famosas feiras de Troyes, Bar, Lagny e Provins, arruinadas pela Guerra dos Cem Anos, não vão se recuperar. Surgem novos circuitos de desvio, passando, de um lado, por Saint-Gothard e Brenner, e, por outro, pelo mar.

O governo tem pouco controle sobre o grande comércio e os sucessos de Jacques Cœur nessa área não bastam para mascarar a realidade: o comércio internacional está nas mãos dos italianos e de seus parceiros flamengos. As medidas de Carlos VII para atrair mercadorias para os portos franceses tiveram pouco efeito. Essas medidas são, aliás, desastradas e têm um efeito bastante dissuasivo: para favorecer La Rochelle, decreta-se que esse porto terá o monopólio exclusivo das especiarias e drogas; para favorecer Aigues-Mortes, que o rei considera o porto "mais belo, lucrativo e mais seguro" do reino, ele impõe em 1445 uma taxa de 10% sobre especiarias e drogas que entrassem na França por outro porto. São medidas pontuais, contraditórias e ineficazes, pois dificilmente há recursos para que sejam aplicadas.

A GUERRA, FATOR DE TRIBUTAÇÃO PERMANENTE E AGITAÇÃO SOCIAL

Uma das consequências mais importantes da duração do conflito é o agravamento da pressão fiscal, em particular no campo. A carga tributária, a uma só vez mais pesada e mais desigual, torna-se fonte de descontentamento e, em seguida, de revolta.

O peso dos impostos é evidente. É verdade que as taxas são sempre muito pesadas; porém, quando elas afetam populações que já são vítimas de guerras, escassez de alimentos e epidemias, ao mesmo tempo que são mal utilizadas, tornam-se intoleráveis – a Jacquerie, como em 1358, é inevitável. Para piorar a má aceitação dos impostos, sabe-se que o dinheiro é entregue a financiadores que não apenas têm pressa de recuperar seu investimento e obter lucros, como ainda empregam métodos brutais de cobrança. Além disso, a avaliação da riqueza real dos contribuintes é obviamente muito aproximada e, por conseguinte, fonte de contestações.

O sistema tributário francês é particularmente complexo e desigual, mesmo após o estabelecimento do imposto permanente sob Carlos VII. A Guerra dos Cem Anos está diretamente implicada na origem dessa inovação. A desigualdade da pressão fiscal se verifica tanto do ponto de vista social (os nobres são isentos) quanto geográfico. Tomemos o sistema tal qual aparece na última fase da guerra, a partir dos anos 1430-1440. A talha, cujo valor é decidido anualmente pelo conselho, e às vezes aumentado durante o ano por uma "subida", representa a maior parcela. No Languedoc e em parte da Guiena, a talha é "real", ou seja, ela pesa sobre as terras comunais, tanto no caso de proprietários nobres quanto de plebeus. No Languedoïl, a talha é "pessoal", cobrada apenas dos plebeus, a despeito de qual seja a natureza de suas terras. As ajudadeiras – imposto indireto de um soldo por libra que incide sobre a compra e a venda de qualquer bem – são muitas vezes difíceis de serem cobradas. Em 1443, elas são substituídas no Languedoc pelo "equivalente", que tem valor previamente fixado e incide apenas sobre carnes e peixes. A gabela sobre o sal é o imposto que mais evidencia a desigualdade, com uma taxa bem pequena em certas províncias, como Poitou e Saintonge, e alta demais em outras, como no Languedoc. A administração desse imposto é terceirizada e rende grandes somas; Jacques Cœur se interessa muito por ele.

Em suma, o sistema tributário permanece complexo e desigual. Carlos VII, no entanto, obriga o clero a contribuir várias vezes: imposto sobre a Universidade de Paris em 1437 destinado ao cerco de Montereau, depois em 1441 para o de Pontoise. No inverno de 1443-1444, um imposto é cobrado dos clérigos de Languedoc sob alegação de justiça social, explicam as cartas de 26 de fevereiro de 1444: "Com razão e com total equidade, pois os referidos denários são arrecadados para uso efetivo na coisa pública, e é razoável que todos, em geral e em particular, contribuam". Argumento retomado na ordenança de 19 de junho de 1445, na qual se explica que os clérigos devem participar financeiramente na "defesa do reino", sob pena de serem presos e terem seus bens temporais apreendidos.

Como na maioria das vezes são os eclesiásticos que redigem os grandes tratados teóricos sobre a monarquia ideal e os deveres morais do poder, eles não deixam de criticar com virulência nesse ponto o governo de Carlos VII, e assim contribuem para criar sua reputação de arbitrariedade. Para eles, a função tradicional do clero é rezar; é a sua forma – barata e de eficácia questionável – de contribuir para a defesa do reino. Pedir mais dinheiro aos clérigos é visto como abuso de poder e a resistência deles é muito intensa quando se trata de fazê-los contribuir com a talha para guerreiros. O *Diário do burguês de Paris*, cujo autor é sem dúvida um cônego da catedral, está cheio de denúncias que criminalizam os tributos reais. Para Tomás Basin e muitos pregadores, Carlos VII esmaga seu povo com impostos, sobretudo com sua escandalosa inovação da taxa regular. Em 1452, João Jouvenel des Ursins lembra ao rei que o costume antigo era consultar os estados antes de cobrar impostos e que, com o novo sistema, os franceses haviam se tornado "servos talháveis à vontade". Alguns sermões apresentam a morte do rei como punição divina por esfolar seu povo. Todos pensam que, com o fim da guerra, os impostos passariam a ser injustificáveis. Voltados para um passado idealizado, tais sermões retratam o estado monárquico como um predador insaciável.

É difícil avaliar a magnitude exata da pressão fiscal no tempo de Carlos VII. Pierre Chaunu tentou fazê-lo no contexto da *Histoire économique et sociale de la France*, de Fernand Braudel e Elisabeth Labrousse. Segundo ele, a arrecadação anual até cerca de 1430 seria em torno de 50 a 55 toneladas de prata fina por ano, representando um milhão de libras para os estados de língua d'oïl, e 150 mil libras para os de língua d'oc. No final do reinado, os números teriam subido para 75 toneladas e 1,8 milhão para todo o reino. Como este era muito maior em 1460 do que em 1430, com a recuperação dos territórios aos ingleses, pode-se pensar que a pressão fiscal se manteve mais ou menos constante. Na verdade, diz Chaunu, provavelmente aumentou, porque as regiões recuperadas estão arruinadas, e ali se aplica um nível de tributação alinhado com o de 1430, que já era excepcionalmente alto.

E há enormes disparidades regionais. A Normandia está particularmente sob pressão, contribuindo com até um quinto do imposto nacional. Carlos VII herdou o eficiente sistema tributário inglês nessa província. Já duramente atingida pela guerra, a Normandia pagou caro por sua ligação com o reino da França. Compreendemos os receios que os gascões poderiam alimentar quando confrontados por sua vez com a reconquista. De fato, o sul é relativamente poupado. Pierre Chaunu escreve:

> Languedoc sempre se beneficiou de um abrigo fiscal, consequência da distância, e de uma tributação baseada nos cadastros, talvez; consequência de uma menor densidade populacional e de um certo arcaísmo tecnológico na agricultura – arcaísmo este notório a partir do século XIII. De 1420 a 1430, foram as províncias do oïl, reduzidas apenas ao Loire Central, que forneceram a maior parte do esforço da reconquista. Temos a sensação de que o sul é uma França de reserva, por detrás do biombo do Maciço Central.

Até 1450, Languedoc contribuiu com 170 mil libras, depois sua participação cai gradualmente para 114 mil libras:

> As razões para tal evolução divergente da linha média do reino nos faltam. Necessidade tática, recompensa por lealdade preciosa em dias ruins, deixando de lado uma espécie de França-bis...? Mas uma observação é inevitável. Com uma população igual, Languedoc contribui com cerca de um terço da Normandia...

Entre os dois, em uma situação média, estariam Île-de-France, Orléanais, o Baixo Loire. Compreendem-se melhor as recriminações de Tomás Basin, bispo normando. Uma coisa é certa: ao final da Guerra dos Cem Anos, é melhor morar em Montpellier do que em Rouen.

Tanto a pressão fiscal quanto as novidades nesse campo causam muitos problemas, especialmente quando combinadas com derrotas militares, que dão ao contribuinte a impressão de que os impostos são mal utilizados e que os beneficiários não fazem o seu trabalho. No limite, aceita-se pagar, mas com a condição de que os nobres efetivamente garantam a segurança e proteção do reino. Assim, as exigências fiscais de Carlos V não causam sedição, enquanto os impostos após a derrota de Poitiers insuflam a *jacquerie*.

Na Inglaterra, a agitação social e as grandes revoltas, como as de 1381 e 1451, são de natureza diferente. Aqui, não são camponeses famintos e desesperados que se levantam, como os Jacques da França. No mais das vezes, eram camponeses moderadamente abastados, da categoria conhecida como *yeomen*, que trabalhavam nas reservas senhoriais, ou que possuíam uma pequena propriedade que já lhes permitia produzir um certo excedente comercializável. Com a escassez de mão de obra após a peste negra de 1348-1349, eles veem a possibilidade de melhorar sua condição. Os senhores, desesperados para manter seus camponeses e atrair novos, concedem vantagens, reduzem exigências e aumentam as remunerações. A parte média e abastada do campesinato vê que a libertação da condição camponesa está ao seu alcance. Nada é pior do que criar uma esperança e, logo em seguida, frustrá-la. No entanto, é o que acontece com a aprovação do Estatuto dos Trabalhadores em 1349 e 1351, depois o *poll tax* de 1380. O Parlamento, composto principalmente por grandes proprietários de terras, vota petições destinadas a bloquear as reivindicações camponesas: proibição de deixar a senhoria, estabelecimento de salários máximos, recusa em suprimir a servidão. Aqui, por exemplo, está o texto de uma petição adotada em 1377, na qual os senhores se queixam dos vilões:

> afirmam a eles que estão isentos e inteiramente exonerados de todos os tipos de servidão exigíveis de suas pessoas a partir de seus mandatos, e não irão tolerar sofrer mais nenhuma apreensão ou outra medida jurídica; contudo, além de ameaçarem os agentes dos senhores com a própria vida e a de seus membros, ainda se reúnem em grandes tropas e concordam por confederação semelhante que cada um auxiliará os demais a fim de resistir a seus senhores.

Tais demandas caracterizam uma classe camponesa relativamente consciente e abastada, que se considera na alvorada de sua libertação. A efervescência se mantém e recebe uma espécie de armadura teológico-política com os sermões de João Ball. A revolta de 1381 não é uma revolta causada pela fome, mas um movimento de classe.

No entanto, os infortúnios da guerra desempenham um papel nisso. Estamos em um período nefasto para as armas inglesas: todas as conquistas acabaram de ser perdidas e a guerra causa não somente prejuízo, mas também humilhação. Não nos esqueçamos de que esses *yeomen* que se levantam são precisamente os homens que constituem os grandes batalhões de arqueiros do exército inglês. Todas as grandes revoltas, tanto na França quanto na Inglaterra, coincidem com fases de derrota militar. Mas não é por acaso: a guerra tem consequências diretas no estado de espírito das pessoas, e isso é um sinal do início da conscientização a respeito da solidariedade e do orgulho nacionais. Essa tomada de consciência cresce com o tempo: uma clara manifestação disso é a revolta de Jack Cade em 1450.

Esse movimento é o levante mais político e mais estruturado do período. É uma consequência direta da guerra. Ele irrompe em Kent, um condado afetado por conflitos há mais de um século. As tropas passam por lá com mais frequência do que em outros lugares por causa dos muitos pontos de embarque na costa de Pas-de-Calais. A população está sujeita às extorsões e exigências desses soldados, que, às vezes, esperam meses pelo pagamento antes de embarcar. A queda nas exportações de lã de Sandwich e Rye é outra causa de descontentamento. E então, na primavera de 1450, ocorre um afluxo de normandos expulsos pela reconquista francesa: civis comprometidos com os ingleses, militares desanimados, pessoas humilhadas que se sentem traídas e que relatam a vergonhosa capitulação de Somerset, o poder do exército francês. Segundo alguns relatos, o líder da revolta, Jack Cade, cujas origens são desconhecidas, teria lutado na França. Os negociadores reais que tiveram contato com ele descrevem um homem corajoso, inteligente e que se expressa bem. Nota-se que possui certa educação e o programa que elabora com os seus auxiliares testemunha uma reflexão política nada desprezível. Tanto assim que o prestigioso veterano João Fastolf, que na época desfruta de uma tranquila aposentadoria na Ânglia Oriental, envia um de seus criados, John Payn, para obter os artigos das reivindicações dos rebeldes.

Estes lidam com as extorsões das autoridades reais em Kent, em particular com a brutalidade e a arbitrariedade do xerife. Enunciam as demandas da classe dos pequenos e médios proprietários (eis o aspecto social), embora o lado político não seja menos importante: uma administração corrupta e conselheiros reais que traíram os interesses nacionais e provocaram a catástrofe na França. As duas principais vítimas, mais ou menos entregues pelo rei e pelos londrinos aos rebeldes, são lorde Saye, conselheiro, e seu genro

William Crowmer, xerife de Kent. Suas cabeças, carregadas em Londres na ponta de lanças, são manipuladas como marionetes se beijando, antes de irem enfeitar a ponte.

O curso da revolta é muito confuso: o rei hesita e, após ser derrotado em Blackheath, prefere se retirar para Kenilworth em Midlands; os próprios londrinos estão divididos, deixam os rebeldes entrar e depois os expulsam; uma guarnição da Torre, parcialmente composta por soldados que regressam da Normandia, abre as portas a Cade. Este, como Wat Tyler setenta anos antes, deixa o sucesso subir-lhe à cabeça. Ele vagueia por um tempo com seu espólio; sua cabeça é posta a prêmio em 10 de julho. Capturado com violência pelo novo xerife de Kent, acaba morrendo devido aos ferimentos. Seu corpo é decapitado e depois desmembrado, assim como os de seus tenentes, e os pedaços são enviados para todo o reino. A repressão se espalha por Kent e Sussex, liderada por tribunais itinerantes. Decapitações e enforcamentos correspondem à medida do medo gerado pela revolta: "Os habitantes de Kent chamam isso de colheita das cabeças", diz a *Crônica de Gregório*.

A GUERRA E A CRISE DO SENHORIO

A categoria social mais diretamente afetada pela guerra é a nobreza, já que, na divisão teórica de tarefas prevista na Idade Média, a guerra é domínio reservado aos nobres. Um século de conflitos quase ininterruptos não poderia deixar intocado o mundo senhorial, sujeito ao serviço militar. Deixando para o capítulo seguinte as considerações técnicas sobre a arte da guerra, passemos agora à evolução socioeconômica dessa nobreza.

A característica principal é a crise do senhorio e, portanto, das rendas dos nobres. O fato é incontestável – apesar de afetar principalmente a pequena e média nobreza, todos os senhorios são prejudicados. Na França, as arrecadações em dinheiro da abadia de Saint-Denis caem de 30 mil libras parisienses por volta de 1340 para menos de 15 mil libras por volta de 1404, o que, considerado o declínio do poder de compra da libra, representa uma queda de cerca de dois terços. A situação é pior no que diz respeito aos rendimentos em espécie: no caso da mesma abadia, a renda da terra em grãos perdeu, por volta de 1430, quase 90% do seu nível anterior à guerra. Os monges são obrigados a conceder "moderações" de censo[7] para reter os camponeses. Em Tonnerrois, a renda das terras de Joana de Chalon cai do índice 100 em 1343 para 35 em 1405, e 23 em 1421. Em poder de compra real, Joana é detentora de 15% a 20% da renda de seus avós. Em Île-de-France, os novos contratos de acentuação reduzem consideravelmente as exigências dos senhores. Na Normandia, em Neubourg, três prebostes do baronato não trazem mais nada em 1444-1445; o preço do acre de terra na jurisdição de Neuville-du-Bosc cai de 15 libras em 1400 para 8 libras em 1445. Os direitos de passagem na floresta de Neubourg renderam aos senhores apenas 3 libras e 11 sóis em 1445, em comparação às 23 libras em 1398: restam 430 porcos lá onde havia 2 mil.

No sudoeste, onde o senhorio resiste melhor, os senhores são, no entanto, obrigados a conceder reduções de direitos. Muitos deles, vivendo nos "castelos da miséria", estão em condições extremas: Bertrand, senhor de Preignan, pede aos cônsules de Auch o título de burguês a fim de poder buscar lenha no carvoeiro municipal para se aquecer. Os caprichos da guerra e os gastos com armamentos aumentam a angústia. Em 1460, o senescal de Saintonge assim descreve a desolação dos castelos e palacetes:

> Podemos ver que, deste lado do [...] rio de Charante, todos os lugares nobres e grandes aldeias estiveram e estão desertos, como terrenos baldios e ruínas; e onde se encontram belos solares, há em certos domínios e herdades grandes arbustos, enquanto outros estão desertos.

Com o declínio das arrecadações senhoriais, além de custos de guerra, resgates e manutenção de castelos, os senhores são pegos entre a queda livre da receita e o aumento vertiginoso das despesas. Desse ponto de vista, comportam-se muitas vezes de forma aberrante: as despesas domésticas continuam a crescer, pois são elas que garantem um estilo de vida de luxo ostentoso (as extravagâncias de vestuário e alimentação atingem seu pico e desafiam a razão). A razão burguesa significa: esses nobres empobrecidos jogam pela janela o dinheiro que não têm; eles se endividam para comprar

---

7 O censo era uma taxa ligada à terra que o proprietário eminente cobrava do proprietário imediato. (N. T.)

A GUERRA DOS CEM ANOS 455

tecidos de luxo, sapatos com *poulaine* e *hennins* estonteantes.[8] Quanto mais sua posição é ameaçada, mais espetacularmente eles afirmam sua presença.

São irresponsáveis? Alguns deles certamente são. A maioria, no entanto, está bem ciente da situação: "Não podemos viver do vento e nossa renda não é suficiente para cobrir as despesas da guerra", diz Alain Chartier a um cavaleiro. Então, tenta-se melhorar a gestão das terras, porém a resistência camponesa é intensa. Tenta-se ainda o reagrupamento: o fenômeno da família extensa diz respeito tanto aos arrendatários quanto aos senhores, especialmente no sul. Pensa-se até mesmo no trabalho: os ofícios atraem aqueles que possuem um mínimo de formação jurídica; para os demais, há trabalhos manuais, como mestres de forja e mestres de vidro. Pode-se ainda arranjar um casamento com uma rica herdeira burguesa, mendigar pensões ou, para os mais dinâmicos, tornar-se um bandido: são inúmeros os nobres menores desclassificados nas tropas de esfoladores. Bronislaw Geremek relata o caso de um jovem sobrevivente de Azincourt, Colin de Sales, escudeiro de 18 anos que se tornou um ladrão comum nas ruelas de Paris. Os mais aptos para o esporte sempre podem tentar a carreira profissional da justa, como o famoso Jacques de Lalain, que, segundo escreve Charles Petit-Dutaillis, era uma espécie de "dom Quixote", e faleceu aos 32 anos.

A nobreza está desorientada. À degradação do seu poder de compra e ao deslocamento de propriedades e famílias, acrescenta-se a perda do poder político em benefício de uma monarquia invasora cada vez mais controlada pelos burgueses. Aqueles que ousam resistir são rapidamente neutralizados, como no caso da Praguerie de 1440, que ilustra a fragilidade de um grupo social que busca seu lugar no mundo que emerge das catástrofes do período 1340-1440.

Ainda que a Guerra dos Cem Anos não tenha sido a causa imediata do declínio dos rendimentos senhoriais, ela contribuiu fortemente para isso. Em primeiro lugar, pela devastação causada ao gado, ao material agrícola e às construções. No arrendamento da fazenda concedido a Tremblay pela abadia de Saint-Denis em fevereiro de 1452, por exemplo, especifica-se que

---

8 Os *chausses à la poulaine* eram os caríssimos sapatos com pontas longas, também conhecidos como *crakows* devido à origem polonesa; os *hennins* eram os chapéus em forma de cone e com véu utilizados pelas mulheres da alta nobreza. (N. T.)

as reduções concedidas se devem à destruição "pela fortuna da guerra". Por outro lado, o equipamento bélico dos senhores é extremamente oneroso e, para a França, os resgates pesam muito nos orçamentos da nobreza. Muitas famílias são obrigadas a vender a totalidade ou parte dos bens para quitar as dívidas. Outros encontram-se permanentemente arruinados.

É provável que a Guerra dos Cem Anos tenha dado origem ao maior tráfico de resgates da história da Europa. A ponto de poder ser considerado um verdadeiro setor de economia paralela, no qual os ingleses obtêm lucros consideráveis. Nos estágios iniciais do conflito, um homem como Walter Mauny acumula uma fortuna dessa maneira: 11 mil libras de prisioneiros em Flandres e no norte da França entre 1337 e 1340, depois sete nobres bretões capturados em 1342. A batalha de Auberoche em 1345 e a captura de Caen em 1346 resultaram em centenas de prisioneiros para resgate, incluindo o conde d'Eu, por exemplo, que Eduardo III comprou de Tomás Holland por 12 mil libras. Em Poitiers, Jacques de Bourbon foi resgatado por 25 mil escudos; o conde d'Eu, novamente, por 30 mil. Em Nájera, o conde de Denia foi avaliado em 28.800 libras; em Launac, o resgate do conde de Armagnac atingiu 42.500 libras e o de Arnaud-Amanieu d'Albret, 14 mil libras, causando-lhes sérias dificuldades financeiras.

A oferta do resgate segue todo um conjunto de convenções e, após as grandes batalhas, os prisioneiros são trocados e vendidos. Assim, depois de Poitiers, o Príncipe Negro vende a seu pai, Eduardo III, um lote de prisioneiros franceses por 20 mil libras e compra de *sir* John Wingfield, seu prisioneiro, o *sire* d'Aubigny, por 1.666 libras. De modo geral, ficam reservadas para o rei as grandes capturas, mesmo que isso signifique indenizar a pessoa que as capturou. Isso é o que os contratos de *indenture* preveem: prisioneiros com valor superior a 500 libras são destinados ao rei. No exército inglês, uma codificação bastante precisa é estabelecida no tempo de Eduardo III: os soldados devem pagar um terço do valor de suas capturas ao capitão e o capitão, por sua vez, um terço de seus ganhos ao rei.

O valor de mercado do prisioneiro depende, é claro, de sua posição social. É possível resgatar um burguês por casacos e utensílios diversos, um cavaleiro ou escudeiro por dinheiro ou cavalos. Uma boa captura pode render uma fortuna. Em 1347, Eduardo III oferece 4.900 libras a Tomás Dagworth por Carlos de Blois. A captura de um rei é uma dádiva excepcional. De 1360 a

A GUERRA DOS CEM ANOS

1370, o tesouro de Eduardo III receberá 268.333 libras de resgate por João, o Bom, por Davi Bruce e pelo duque da Borgonha. Quase sempre, o prisioneiro é libertado sob promessa ou em troca de reféns a fim de que ele próprio possa arrecadar o valor de seu resgate: é o caso de Carlos de Blois e Du Guesclin.

A fixação do valor do resgate fica a critério do vencedor, mas o vencido raramente contesta o valor: quanto maior o resgate exigido, mais o prisioneiro é honrado. Segundo a tradição, o próprio Du Guesclin, depois de Nájera, fixa o valor de seu resgate na enorme cifra de 100 mil duplos de Castela. É difícil estimar o valor real desses números, devido à multiplicidade de espécies monetárias utilizadas. De acordo com especialistas, a conversão em ouro fino ilustra a ascensão social de Du Guesclin, um nobre bretão menor: ele é resgatado por 106 quilos de ouro em 1360, 155 quilos em 1364 e 460 quilos em 1367.

Se o dano de guerra for adicionado a isso, o senhor pode ser totalmente arruinado. É o que acontece com Raymond-Bernard de Gaulejac, senhor de Puich-Calvet e Lunegarde, em Quercy. Primeiro ele é vítima dos ingleses, que destroem seu castelo: "Os ditos ingleses tomaram dele seu *hôtel*-castelo de Puchecalvel, e o derrubaram e demoliram de tal maneira que deixaram apenas uma torre ali, na qual ele, seu pai e todos os seus familiares permaneceram morando em grande pobreza e necessidade". Depois, foi feito prisioneiro cinco vezes em um ano e teve que vender os bens da família para pagar os resgates, sendo reduzido à mendicância. Mesmo no topo da hierarquia, sabe-se o quanto os resgates podem atrapalhar o bom funcionamento dos ducados e condados.

Na Inglaterra, o balanço dos resgates é amplamente positivo e os senhorios não sofrem destruição. A nobreza é, portanto, menos afetada do que na França. Todavia, a renda da terra dos ingleses declina igualmente. Na mansão de Forncett, o acre é arrendado por uma taxa média de 10 d. em 1376-1378, e 6 d. em 1451-1460, ou seja, uma queda de mais de um terço. Além disso, as arrecadações *in natura* caem de maneira espetacular em benefício dos aluguéis de arrendamentos em dinheiro. É assim que se verifica o progresso da categoria dos *yeomen*, esses arrendatários abastados que exploram a reserva senhorial. Eles constituem o coração do exército inglês. Os servos estão prestes a desaparecer.

Na França, a nobreza encontra-se empobrecida pela queda dos rendimentos senhoriais, em dificuldades devido ao pagamento de resgates, criticada e humilhada por conta das derrotas militares e em completa desordem. Ademais, a crise que atingiu os nobres beneficia o poder real no tempo de Carlos VII. Enquanto isso, na Inglaterra, constata-se o oposto: um reforço da grande nobreza por meio da concentração das propriedades. Enquanto na França o rebaixamento da nobreza favorece a ascensão do absolutismo real, na Inglaterra duques e condes fazem e desfazem os reis, controlando-os. Em breve eles irão se enfrentar na Guerra das Duas Rosas. A Guerra dos Cem Anos é diretamente responsável por essa evolução contraditória.

Muitos devem sua ascensão aos êxitos como senhores da guerra: Lancaster, Bohun, Beauchamp, Arundel, Mortimer, Warenne e outros. Assim, Henrique de Grosmont, que se destaca nos estágios iniciais do conflito, torna-se conde de Lancaster em 1345 e duque em 1351; seu condado é transformado em palatinado. João de Vere, conde de Oxford; Tomás Beauchamp, conde de Warwick; Roberto Ufford, conde de Suffolk; William Bohun, conde de Northampton. Todos construíram seu poder no exército de Eduardo III. Esses grandes senhores, frequentemente ausentes por longos períodos, são administradores sábios que encarregam um parente próximo de administrar seus domínios com muitos oficiais. Evitam a fragmentação de sua herança transmitindo-a a um único filho e constituindo reservas pelo sistema de *usos* ou *trusts*: a terra é confiada à gestão de parentes até a morte do senhor, que dela dispõe livremente por seu testamento. Eduardo III, a fim de conservar a fidelidade dos grandes aristocratas, deu-lhes total liberdade nessa área. E ainda lhes permite empregar *retidos* por contrato, que carregam o livramento do seu empregador: várias dezenas – por vezes centenas de pessoas – que constituem uma espécie de exército privado, uma guarda cuja função é sobretudo honorária e ostentatória, mantendo-se ao redor do duque ou do conde nas viagens. O sistema é mais prático do que o serviço feudal, mas pode ser perigoso em tempos de fraqueza monárquica.

As despesas suntuárias com móveis, roupas, equipamentos, mansões e castelos contribui para isolar ainda mais a nobreza do restante da sociedade, tornando-a uma verdadeira casta cada vez mais fechada. O desenvolvimento das armaduras e a utilização dos "reis de armas" (especialistas em brasões e porta-vozes dos nobres em reuniões diplomáticas e militares) caminham na mesma direção. A criação da Ordem da Jarreteira em 1348 revela o desejo de erigir a cavalaria em uma espécie de corpo honorário internacional, uma

A GUERRA DOS CEM ANOS

fraternidade guerreira, com seu próprio arauto, Windsor. Vários estrangeiros são admitidos ali, como João de Grailly, Captal de Buch, Roberto de Namur e o duque da Bretanha. É, para o rei, um substituto da feudalidade, o que lhe permite anexar pessoalmente a fidelidade da alta nobreza.

A NOBREZA, DA REALIDADE AO SONHO

Isso também sinaliza a mutação da nobreza militar, que, durante a Guerra dos Cem Anos, perde o protagonismo nas batalhas. Os nobres haviam sido destronados na guerra por piqueiros, arqueiros e operadores de canhões, ameaçados na cidade pela ascensão de banqueiros, burgueses e mercadores, além de destituídos dos conselhos por juristas. Resta à nobreza refugiar-se no sonho de um mundo ideal de beleza e de grandeza com base no qual é construída a decoração espetacular, teatral e extravagante. Ornamentos exuberantes de igrejas e castelos, excessos em vestimentas e banquetes, etiqueta que codifica criteriosamente os ritos sociais, cujos assaltos de polidez dão origem a balés grotescos. Tais decoração e códigos visam sobretudo delimitar o mundo da nobreza e erguer barreiras entre ele e o resto.

Barreiras bastante visíveis pelas vestimentas: as leis suntuárias proíbem aos plebeus certos tipos de roupas e reservam à nobreza os ridículos sapatos de tipo *poulaine*, turbantes com cornetas pendentes, robes longos ou curtos, em duas partes ou com mangas abertas, além de *hennins* gigantes. O pertencimento a um grupo ou a um partido é marcado por cores e emblemas, lemas e gritos; os brasões, que se mostram complexos, herméticos e indecifráveis para os não iniciados, individualizam os membros da aristocracia, com todo um bestiário simbólico para uso dos arautos das armas. E os burgueses ficam fascinados: desejam muito o enobrecimento e, assim que conseguem, mandam fazer brasões.

A cavalaria é o ápice desse ideal aristocrático. Reservada à nobreza, ela é a sociedade ideal, a dos valentes, unida por um código de honra. As ordens de cavalaria se multiplicam: o Escudo de Ouro de Luís de Bourbon, o Porco-Espinho de Luís de Orléans, a Espada de Pedro de Lusignan, a Estrela de João, o Bom, a Jarreteira de Eduardo III, o Tosão de Ouro de Filipe da Borgonha. Cada ordem tem seu arauto de armas; com este fazem-se juramentos, como o do Faisão no banquete de Lille em 1454. Formalismo e convenções, tudo isso se assemelha a brincadeiras de crianças crescidas que se recusam a entrar no mundo adulto da modernidade que se aproxima. Enquanto o destino das guerras é disputado com tiros de canhão e com exércitos de mercenários sem lei, vemos príncipes desafiando-se em duelo a fim de resolverem querelas internacionais: em 1425, por exemplo, Filipe, o Bom, desafia Humphrey de Gloucester "para evitar o derramamento de sangue cristão e a destruição do povo, pelo qual meu coração se compadece". Como Monstrelet conta da forma mais séria, o duque leva a comédia até o treino: dieta e exercícios físicos, "tanto com abstinência da boca quanto com dor para colocá-lo em forma". Ergue-se uma tenda toda decorada para o futuro combate que obviamente nunca acontecerá. Tudo isso é jogo e convenção.

Algumas práticas obsoletas de guerra de cavalaria também são preservadas. Vimos exemplos disso, os quais confirmam o caráter de época de transição da primeira metade do século XV. Essas convenções, entretanto, só são respeitadas quando convêm a ambos os lados, um pouco como a observância episódica das "leis da guerra" no século XX: encontro marcado para tal dia em tal lugar para que a batalha seja travada, prazo-limite para resgate de local sitiado, soltura sob juramento com proibição de porte de armas até o efetivo pagamento do resgate e assim por diante. O problema do resgate, tão importante do ponto de vista econômico, dá origem a toda uma casuística formal que é debatida no *Jouvencel*: a quem pertence um prisioneiro fugido que é recapturado por outro cavaleiro? Um prisioneiro pode escapar quando se esquece de lhe pedir juramento? E quando ele é acorrentado? A quem pertence um prisioneiro que é agarrado pelo braço por um capitão, mas que fez o juramento a um outro?

O formalismo também encontra sua expressão na cerimônia de homenagem, onde mesmo uma irregularidade involuntária pode anular o vínculo. O pensamento simbólico é muito importante, assim como a alegoria e as divisas enigmáticas: "Outra vez melhor", "Cedo ou tarde vem", "Mais dor que alegria", "Vosso prazer": tudo o que pode contribuir para separar, para ser colocado em um mundo diferente, é cultivado por essa nobreza que se reconhece cada vez menos no mundo real.

A confusão entre o sonho e a realidade implica essa indefinição da fronteira entre os diferentes domínios – isso é típico de tempos em que a irracionalidade se eleva e de sociedades em mutação, quando perdem os seus rumos tradicionais e vivem uma desorganização cultural. O apagamento desses limites, entre o plausível e o implausível, entre o virtual e o real, entre o possível e o impossível, revela uma profunda crise civilizatória semelhante à do início do século XXI. No século XV, a nobreza, que garante a ordem feudal, é particularmente afetada. Ameaçada em sua razão de ser, na sua própria essência, por sublevações militares, ela constrói um espaço reservado, no qual simula o seu próprio papel onírico. O papel que a nobreza deixa de desempenhar na batalha é transferido para o esporte à medida que se elaboram jogos estritamente codificados, como as justas ou outros simulacros de guerra sem armas. A justa substitui a grosseria do embate corporal dos torneios de outrora. Num espaço bem definido, as liças, os campeões competem com lança ou com espada; trata-se de uma representação teatral, onde cada um tem o seu papel, onde a virtude da coragem permite selecionar os heróis. Identificamo-nos com as figuras míticas dos nove valentes, Rolando, Artur, Percival, Lancelot. O *Livro dos torneios do rei René de Anjou* explica todas as sutilezas desse esporte, cujo lema "passo de armas" aparece como fórmula nos anos 1430-1440. Esse jogo particularmente violento tem suas raízes na mitologia dos cavaleiros. Nos romances arturianos, Lancelot, Percival ou Gauvain costumam lutar para defender ou atacar um vau, uma ponte, uma passagem, um "passo". O "empreendedor", ou organizador do grande jogo, escolhe um local adequado e divulga um comunicado público no qual as regras são definidas com o desafio lançado a todos para forçar a passagem. Os candidatos inscrevem-se e durante vários dias enfrentam o campeão, com uma encenação saída diretamente dos romances de cavalaria. Na Borgonha, esse jogo perigoso é particularmente popular. Em 1443, Pedro de Bauffrement, senhor de Charny, organiza em Marsannay-la-Côte, perto de Dijon, o Passo da Árvore de Carlos Magno, inspirado no episódio do Passo de Roncesvales da *Canção de Rolando*. Em 1449, aconteceu o Passo da Bela Peregrina, organizado pelo bastardo de Saint-Pol, em Saint-Omer, e inspirado em um romance arturiano, *Alexandre, o Órfão*. No mesmo ano, Jacques de Lalain organiza o Passo da Fonte das Lágrimas, em Chalon-sur-Saône, retomando a história de *Ponthus e a bela Sidoine*. Em 1454, é o Passo do Cavaleiro do Cisne, em Lille, de Adolfo de Clèves, inspirado no romance *O cavaleiro do cisne*. Em seguida, haverá em Bruges o Passo da Escadaria Mágica, o Passo da Árvore de Ouro.

A juventude aristocrática adora as ocasiões nas quais pode se exibir aos olhos das damas, como conta Mateus de Escouchy:

> Devido às tréguas entre franceses e ingleses, que mencionamos anteriormente, nada mais havia além de entretenimento; como os senhores e os nobres na verdade não tinham outra grande ocupação além da guerra, o rei da França, os príncipes e os grandes senhores começaram a praticar muitas justas, bem como outras distrações de grandes custos e despesas, a fim de manter essa gente em exercício militar e também passar o tempo com mais alegria.

O rei René, em 1446, organiza um passo em Saumur que resultou em uma morte e vários feridos graves.

Esses jogos têm, naturalmente, seus campeões e ídolos, como o jovem cavaleiro de Hainaut, Jacques de Lalain, prodígio da lança e da espada, que conquista o seu primeiro título aos 19 anos, em 1440, com o prêmio de "melhor feito". Ele começa então uma brilhante carreira como profissional de justa, acumulando recompensas e derrotando todos os seus adversários, atuando como personificação luminosa de uma Idade Média moribunda, um nostálgico e já romântico campeão de uma época passada. A crônica que leva seu nome, atribuída por muito tempo a George Chastellain, arrola indefinidamente a lista de suas façanhas inúteis pela Europa. Não encontrando mais adversário à sua altura na França, empreende uma grande turnê pela Europa, "com intenção de procurar todos os reinos cristãos um após o outro", começando pela Espanha e continuando até a Escócia, onde derrota James Douglas. Amigo do duque da Borgonha, recebido por Jacques Cœur, felicitado por Carlos VII, elevado às nuvens pelos cronistas, ele "era a flor dos cavaleiros; belo como Paris, o troiano; piedoso como Eneias; sábio como Ulisses, o grego. Quando estava em batalha contra seus inimigos, demonstrava a ira de Heitor, o troiano".

Tal super-herói é a ilustração perfeita da esquizofrenia aristocrática do século XV: embora fosse invencível nos torneios, é derrubado por uma bala de canhão na "guerra verdadeira" aos 32 anos, na batalha de Poucques, em 1453. O final da Guerra dos Cem Anos é também o fim da supremacia do cavaleiro no campo de batalha. A nobreza dá lugar à tecnologia, ao dinheiro e àqueles que os controlam.

– 11 –

A GUERRA DOS CEM ANOS:
FATOR DE MUDANÇAS POLÍTICAS E MILITARES

Dois fatos importantes emolduram a Guerra dos Cem Anos e lhe dão seu significado profundo. Em 1336-1337, uma grande cruzada franco-inglesa está prestes a partir para o Oriente. Ela é cancelada no último momento devido à tensão entre Filipe VI e Eduardo III na Aquitânia. Em vez de lutar contra os turcos, os dois reis se voltam um contra o outro. O que deveria ter sido o ano da cruzada torna-se o ano do início da Guerra dos Cem Anos. 116 anos depois, em 1453, os turcos se apossam de Constantinopla e derrubam um império cristão milenar que servia de baluarte para a Europa contra o Islã. Nenhum soberano ocidental se move. Para eles, o grande acontecimento do ano não é a tomada de Constantinopla, mas a captura de Bordeaux por Carlos VII, que põe fim à Guerra dos Cem Anos. Assim, esse momento coincide exatamente com a transição da cristandade para a Europa das nações.

Evidentemente, há mais do que coincidência aqui: trata-se de uma relação de causa e efeito. Durante o século em questão, as ideias de cruzada e de cristandade tornam-se abstrações colocadas no patamar de ideais nostálgicos para sempre desaparecidos. Elas são substituídas por uma visão e por práticas muito mais realistas e secularizadas. A diplomacia pontifícia dá lugar à diplomacia nacional e aos seus novos métodos; os estados se desenvolvem, se estruturam e adquirem sua originalidade; as relações são cada vez mais conflituosas e as práticas bélicas se transformam. A Guerra dos Cem Anos é em grande parte a causa de tudo isso.

ENFRAQUECIMENTO E DESVIO DA IDEIA DE CRUZADA

De 1330 a 1336, a França e a Inglaterra cantarolam os preparativos para a cruzada. Em 1331, os dois reis estreitam sua amizade e se dizem dispostos a partir. Os monges Roger de Stavegni e Marino Sanudo dedicam-lhes dois tratados sobre a guerra santa: o primeiro, *Da conquista da Terra Santa*, a Eduardo III, e o segundo, *Secreta fidelium crucis*, a Filipe VI. O papa João XXII encoraja a expedição. Em 1332, manda pregar a cruzada na França por Pedro Roger, arcebispo de Rouen, e nomeia Filipe VI para chefiar a expedição. Em dezembro, uma delegação armênia chega a Londres e Eduardo III se declara pronto para partir em dois anos. Ele renova sua promessa em 1334 e os fundos começaram a ser arrecadados – o clero francês arrecada um dízimo. Em 1335, as coisas ficaram mais claras. Os reis da França, da Boêmia e de Navarra se encontram em Villeneuve-les-Avignon. As frotas de Veneza e dos hospitalários se preparam e os armênios fazem uma segunda viagem a Londres. O novo papa, Bento XII, está pronto para dar o sinal de partida. Filipe VI declara estar pronto para embarcar no mês de agosto de 1336.

E então, no último momento, o papa cancela tudo. A tensão entre Inglaterra e Escócia chega a um ponto perigoso, com os franceses estreitando os laços com os escoceses. O problema da Aquitânia ameaça piorar. Uma cruzada lançada em tal contexto implicaria o risco de uma catástrofe cristã. O papa pede aos reis da França e da Inglaterra que, antes de tudo, resolvam seus problemas. Porém, isso levará mais de um século para acontecer, e, no final, a cruzada terá se tornado um mito.

A ideia, no entanto, jamais será abandonada. Ela permanecerá como um ideal que dará origem a algumas pequenas tentativas de realização. E, acima de tudo, ao longo de toda a Guerra dos Cem Anos, a ideia de cruzada será

A GUERRA DOS CEM ANOS   465

constantemente desviada e manipulada a serviço de objetivos nacionais. Os reis usarão o ouropel da guerra santa para sacralizar sua guerra feudal, que, mais tarde, será nacional. O Cisma será a ocasião para batizar como "cruzada" qualquer operação puramente secular. Demonizar o adversário, anatematizá-lo e chamá-lo de herege fazem parte do arsenal de propaganda para fortalecer o ânimo das tropas e desmoralizar o adversário. "Cruzada" das grandes companhias na Espanha, "cruzada" dos ingleses em Castela, "cruzada" do bispo de Norwich em Flandres: são vários os desvios do ideal de cristandade a serviço do ideal nacional.

No entanto, os apelos continuam. Nas décadas de 1330 e 1340, o franciscano espanhol Alvarez Pelayo, no *De Statu et planctu Ecclesiae* e no *Speculum regum*, escreve que os reinos cristãos foram instituídos para a reconquista da Terra Santa, e que os reis que não participam da cruzada cometem um grande pecado. Ele fustiga os nobres que desperdiçam seu tempo em torneios e guerras particulares. No final do século, Filipe de Mézières e João de Montreuil lançam novos apelos. Em 1429, circulam em Avignon rumores de que Joana d'Arc prometera a Carlos VII conduzi-lo na cruzada. O papa multiplica seus esforços para pôr fim ao interminável conflito franco-inglês, condição indispensável para a organização de uma expedição cristã. Em 1435, uma delegação do Concílio da Basileia se apresenta no Congresso de Amiens com o objetivo, diz Tomás Basin, de "exaltar os benefícios da paz às partes envolvidas e, em caso de necessidade para a salvação de todo o mundo cristão e da Igreja de Deus, de recorrer sem reservas às censuras espirituais a fim de obrigá-los a isso".

Naquela época, a preparação de uma cruzada havia se tornado em grande parte um jogo para as cortes de príncipes e reis, um meio de pressão ou chantagem, um pretexto para cobrar impostos adicionais. Surgem ainda algumas realizações parciais, como a captura de Esmirna em 1344 por tropas, a maioria das quais, italianas. Nessa ocasião, o papa ordena procissões e renova suas injunções aos reis da França e da Inglaterra para cessarem sua guerra. Ele consegue criar uma liga efêmera com Veneza, o rei de Nápoles, os genoveses, os catalães, os hospitalários e o rei de Chipre. Em 1345, o estranho e melancólico delfim de Viennois, Humberto II, vai a Avignon e se coloca à frente de uma cruzada destinada a resgatar Esmirna, onde os líderes cristãos acabam de ser massacrados. A exaltação é extrema na Itália, onde fenômenos milagrosos são relatados entre as pessoas comuns. Pregadores animados percorrem a península. Uma carta apócrifa do rei de Chipre a Joana de Nápoles noticia uma batalha na qual 200 mil cristãos teriam vencido 1,2 milhão de turcos, matando 73 mil de seus homens. Humberto desembarca em Nègrepont; mas os genoveses e os venezianos estão mais preocupados em lutar entre si do que contra os turcos. Em 1346, Humberto retira-se para Rodes e, doente, volta para casa. Uma trégua é concluída com o emir de Esmirna. Enquanto isso, franceses e ingleses se enfrentam em Crécy e Eduardo III sitia Calais. As preocupações dos dois reis passam muito longe da cruzada. Seguem-se então Poitiers e Brétigny; Carlos V está muito ocupado recuperando seu próprio reino para pensar em conquistar Jerusalém. Os apelos dos cristãos nos Bálcãs não têm chance de serem ouvidos. Em 1396, um exército de socorro com alemães e burgúndios é formado e despedaçado em Nicópolis.

No século XV, o duque da Borgonha, retomando uma tradição familiar, inclinava-se às cruzadas. Em 1421, ele envia Gilberto de Lannoy ao Oriente para estudar as possibilidades de desembarque no Egito e na Síria. Em 1425-1426, cavaleiros burgúndios oferecem apoio ao rei de Chipre. Em 1432, enquanto Jacques Cœur e Carlos VII negociam com o sultão, Filipe, o Bom, envia um novo espião disfarçado de peregrino, Bertrandon de la Broquière, que traz informações destinadas a favorecer uma expedição militar. Em 1442-1443, o duque envia vários navios e recebe os embaixadores do imperador bizantino, que pedem ajuda. Em 1444-1445, uma pequena frota burgúndia, liderada por Waleran de Wavrin, luta contra os turcos. Em 1451, no capítulo do Tosão de Ouro ocorrido em Mons, o bispo de Châlons, João Germain, exorta os cavaleiros a se juntarem na cruzada; o duque o envia como embaixador a Carlos VII para convidá-lo à liderança de uma cruzada. A resposta é muito evasiva.

Na corte da Borgonha, as mentes estão preparadas para a ideia de "viagem a ultramar". No capítulo de Mons, havia-se até mesmo planejado organizar uma grande festa durante a qual os nobres fariam voto de partir. Os acontecimentos de 1453 confirmam a necessidade, e disso decorre o famoso banquete do faisão, em Lille, no dia 17 de fevereiro de 1454. No juramento que presta durante esse banquete-espetáculo, Filipe promete ir à cruzada, quer seguindo o rei, se isso fosse do agrado do príncipe "muito cristão e muito vitorioso", quer sem ele, mas com a sua autorização.

A GUERRA DOS CEM ANOS

O príncipe "muito cristão e muito vitorioso" não deseja enfrentar o sultão Maomé II apenas para agradar um papado decadente e, portanto, toda a responsabilidade da operação recai sobre o duque, que se depara com obstáculos intransponíveis para organizar sua expedição. Filipe, entretanto, não poupa esforços. Uma propaganda ativa em seus estados faz aumentar o medo e o ódio dos turcos. Um "Anúncio de correção para o fato da viagem que meu mais temido senhor pretende fazer brevemente a pedido de Nosso Senhor contra o turco" prevê a reunião de 12 mil homens e 36 navios. Porém, a parte mais difícil é fazer os soberanos se moverem.

O imperador hesita. Na Dieta de Ratisbona, em maio, a questão é evitada. Filipe faz a viagem pessoalmente: "Ele fez uma longa e perigosa jornada com poucos frutos, mas que, no entanto, foi cheia de méritos e de glória no tocante à sua pessoa", escreve Chastellain. A Dieta de Frankfurt e a de Wiener-Neustadt, nas quais o imperador se faz representar por Simon de Lalain, cavaleiro do Tosão de Ouro, e pelo bispo de Toul, Guilherme Fillastre, não dão melhores resultados. No lado do rei da França, as pessoas fazem-se de surdas e a resposta é bastante irônica. A desconfiança recíproca é grande demais para se colocar em risco o interesse nacional em um empreendimento que parece cada vez mais utópico e de outra época. Além disso, no Ocidente, não é absurda a preferência pelos muçulmanos em relação aos ortodoxos, os quais, como se pensa, têm apenas o que merecem. O fracasso da reunificação das igrejas em 1439, apesar do decreto de união do Concílio de Florença, mostra quanto a hostilidade para com os orientais permanece forte, ao mesmo tempo que se levantam vozes reconhecendo certo valor da religião muçulmana. Já em 1345-1346, um curioso documento, na forma de uma falsa carta do emir Morbasianus ao papa Clemente VI, destacava o interesse comum dos turcos e dos italianos contra os gregos, bem como contra os judeus, assassinos de Jesus. No Concílio de Constança, o polonês Wladimir havia afirmado que, para defender uma causa justa, um rei católico poderia aliar-se a um soberano muçulmano. Pouco depois, o *Livro da aparição do mestre João de Meun* fala elogiosamente da moral muçulmana. E, então, os turcos são bons parceiros comerciais, com os quais os venezianos, bem como Jacques Cœur, fazem negócios frutíferos.

Nessas condições, os soberanos ocidentais não estão prontos para responder aos apelos do papa para uma nova cruzada. Carlos VII alega a sempre presente ameaça inglesa. Tudo o que ele concorda em fazer é confiar duzentos homens e alguma artilharia ao grão-prior da França, que vem pedir ajuda para a ilha de Rodes. Porém, a má vontade do doge de Gênova impede o encaminhamento da expedição.

Não há questão de fazer mais. Além da permanência do perigo inglês, a desconfiança em relação ao duque da Borgonha, as intrigas do delfim e o precário equilíbrio das finanças são bons motivos para evitar o risco dessa longa viagem. Para Carlos VII, os interesses do reino da França são mais importantes do que a ameaça turca. Realista, ele não compactua nem com os sonhos de glória cavaleiresca nem com o entusiasmo religioso da aristocracia de seu tempo. Consequentemente, proíbe a publicação das bulas da cruzada na França e, se aceita que os dízimos sejam arrecadados para aquele ano, é para aplicar o dinheiro na construção de embarcações que, na verdade, seriam usadas contra os aragoneses de Nápoles e em um ataque a Sandwich em 1457.

O papa está furioso. Faz ameaças. Os soberanos fingem não escutar. Até Filipe, o Bom, encontra pretextos para não respeitar o juramento do faisão. A cristandade encontra-se totalmente morta e, graças à Guerra dos Cem Anos, cede seu lugar à Europa das nações. É exatamente isso que Enea Piccolomini, o futuro papa Pio II, constata em 1453:

> A cristandade é um corpo sem cabeça, uma república que não tem leis nem magistrados. O papa e o imperador têm o brilho que as grandes dignidades conferem; são fantasmas deslumbrantes, porém incapazes de comandar e ninguém quer obedecer: cada país é governado por um soberano particular e cada príncipe tem interesses separados. Que eloquência seria necessária para unir sob a mesma bandeira tantos poderes que discordam e se odeiam? Se suas tropas pudessem ser reunidas, quem ousaria cumprir a função de general? Que ordem seria estabelecida neste exército? Qual seria a disciplina militar? Quem se comprometeria a alimentar uma multidão tão grande? Alguém viria a conhecer suas diversas línguas ou lidar com seus costumes incompatíveis? Que homem conseguiria reconciliar ingleses e franceses, genoveses e aragoneses, alemães e povos da Hungria e da Boêmia?

UMA DIPLOMACIA DE DESCONFIANÇA

Que então se abram alas para as nações. O movimento já havia sido iniciado e anunciado no início da guerra por dois intelectuais que eram ferrenhos opositores da supremacia papal e defensores das monarquias nacionais: Marsílio de Pádua e Guilherme de Ockham (ou Occam). Marsílio de Pádua, falecido em 1343, publicou em 1324 o *Defensor da paz*, dedicado ao imperador Luís da Baviera, em cuja corte se refugiou. Esse médico e professor da Faculdade de Artes de Paris ataca de frente o poder exercido pelo papado no domínio civil. O clero e as autoridades eclesiásticas devem se sujeitar ao príncipe, isto é, ao governo investido de poder pelo legislador humano, que não é senão o conjunto dos cidadãos, ou ao menos a parte mais válida, a *valentior pars*. A Igreja não constitui uma sociedade separada da sociedade civil; é o nome dado à sociedade civil quando esta é considerada como o conjunto dos crentes. A sociedade só pode ter um chefe: o príncipe. Marsílio quer dizer, com isso, sobretudo o imperador, mesmo que os soberanos locais também tenham autoridade. Ele gostaria, portanto, de transformar a cristandade em uma Europa laica, o que não necessariamente quebraria sua unidade. Já Guilherme de Ockham, contemporâneo de Marsílio e falecido em 1350, insiste na necessidade de respeitar os direitos e as liberdades de reis e príncipes. Ockham tem uma concepção mais "federalista" ou "descentralizada" da Europa. Suas ideias são transmitidas na Inglaterra por seu compatriota de Oxford, João Wyclif, que vai mais longe nessa área, declarando que o rei é o vigário de Deus, o representante da divindade de Cristo, que seus súditos lhe devem obediência absoluta; ele é a uma só vez líder secular e clerical, à frente da Igreja nacional; ele é independente tanto do papa quanto do imperador. Eis a semente do anglicanismo e do absolutismo.

Os ingleses, no entanto, não seguem nessa segunda direção. A desventura de Ricardo II e a longa menoridade de Henrique VI vão orientá-los rumo a um sistema parlamentar. Porém, a partir do século XV, parece assentado o princípio da autonomia política de cada nação, livre para adotar o regime que lhe convém. O jurista inglês João Fortescue, em meados do século, distingue, de um lado, o regime inglês, que chama de *regimen politicum et regale*, combinando a monarquia hereditária e o império da lei, e, de outro lado, o regime francês, *regimen regale*, no qual o rei governa segundo seu bel-prazer.

A autoridade do imperador não passa de uma vaga ficção; cada nação goza de plena liberdade política. O próprio papado reconhece de fato a vitória das forças centrífugas ao multiplicar as concordatas, ou seja, os acordos bilaterais entre a Santa Sé e os príncipes, que substituem as decisões universais.

Doravante, o quadro político privilegiado é, portanto, o reino. A Guerra dos Cem Anos contribuiu poderosamente para esse resultado ao colocar os dois maiores reinos do Ocidente um contra o outro por mais de um século. Resultado de certa forma paradoxal, já que a guerra foi travada, do lado inglês, em nome da unidade dos dois estados, que deveriam ter o mesmo soberano. De fato, a guerra instaurou nas mentalidades um clima de permanente suspeição, que se traduz, por exemplo, na vigilância e nas detenções periódicas de oficiais estrangeiros.

Desde o início do conflito, Eduardo III apodera-se de todos os bens dos franceses residentes na Inglaterra, com exceção dos gascões e bretões, depois dos flamengos, a partir de 1338. As principais vítimas foram os priorados dos mosteiros franceses. Assim, Cluny tem 38 casas religiosas na Inglaterra, incluindo os grandes priorados de Lewes, Wenlock, Bermondsey, Montacute; várias abadias normandas também têm filiais na Inglaterra: Bec, por exemplo, tem mais de 40 palacetes no sul do país, e priorados como Stoke-by-Clare (Suffolk), Saint-Neots (Huntingdonshire) e Ogbourne. Todos esses bens são colocados sob sequestro em 1337. As posses de nobres franceses são confiscadas, como as de Raul, conde d'Eu. Outras ondas de apreensões ocorrem em 1360 e 1369. Em 1346, uma petição do Parlamento exige a expulsão de monges estrangeiros; pedido reiterado em 1377, 1379 e 1380. Às vezes, o rei prefere cobrar um tributo especial e muito pesado de priorados estrangeiros: 500 marcos em Lewes, 120 libras em Montacute, 100 libras em Bermondsey. Isso é acompanhado pelas sucessivas rupturas de laços com a casa-mãe francesa: Thedford em 1376, Bermondsey em 1399, Northampton, Saint-Andrew's em 1405, Montacute em 1417. Os priorados são atribuídos a leigos. Quando Henrique IV tenta restituí-los, ele se depara com a oposição do Parlamento, e o movimento recomeça com força: um ato de 1414 pura e simplesmente suprime os priorados estrangeiros. Alguns são usados para prover faculdades, como All Souls em Alberbury em 1441.

Medidas semelhantes são tomadas na França, com a apreensão dos bens da catedral da Cantuária, restituída na trégua de 1344. Os mais afetados no lado do continente foram os leigos ingleses residentes na França. Em 1338, são obrigados a declarar todos os seus bens e pagar um imposto de um terço do valor. Muitos então pedem cartas de naturalização. Residentes temporários, mercadores, viajantes e marinheiros são presos. Em agosto de 1338, Filipe VI manda revistar as casas dos residentes ingleses em busca de armas; as prisões são feitas em zonas delicadas: costas e setores de combate. Por exemplo, em 1340, dois ingleses que trabalhavam em uma cervejaria em Compiègne foram presos durante o cerco de Tournai. As mesmas precauções foram tomadas na Inglaterra: em 1342, os franceses residentes nos portos são presos, revistados e os documentos apreendidos passam por rigoroso exame; o mesmo ocorre em ambos os lados do canal da Mancha em setembro de 1345. O medo de espiões e agentes infiltrados cresce na véspera de grandes operações militares.

Tais medidas mantêm a psicose do inimigo oculto, que pode provocar movimentos espontâneos contra estrangeiros perfeitamente leais e integrados. Cita-se o caso de um francês, Pedro Hughes, radicado há mais de vinte anos com a mulher e os filhos em Cirencester, na região de Cotswolds, que é obrigado a pedir cartas de naturalização no início da guerra para se proteger de acusações; caso semelhante é o do criado do *hôtel* de Filipe VI, João Cabeça Negra, filho de um francês e de uma inglesa, nascido na Inglaterra. O estrangeiro se trai por sua língua, o que não deixa de causar problemas aos franceses quando querem separar os inimigos ingleses e os amigos escoceses: William Scot, um alfaiate escocês estabelecido em Noyon, herda o apelido infame (para ele) de "o Inglês", o que leva os fiscais a perseguirem-no em 1337. Perto de Amiens, quatro escoceses foram mortos por soldados que os tomaram por ingleses. Na Inglaterra, é ainda mais difícil separar bretões, gascões, flamengos e burgúndios, que são amigos, e os verdadeiros franceses, inimigos. A discriminação não é sistemática: por volta de 1340, há um inglês morando em Amiens em uma família francesa para aprender francês, e que está tão preocupado quanto um picardo que aprende inglês em Salisbury.

Confisco de bens, obstáculos à circulação de pessoas e, é claro, embargo comercial: a Idade Média não ignora a guerra econômica. Porém, enquanto nos tempos modernos o objetivo principal será impedir as importações do inimigo, nos séculos XIV e XV são feitas tentativas para bloquear as exportações destinadas a eles. Desde o início, o governo inglês utiliza a lã como arma; o embargo às exportações para Flandres consegue arruiná-la e causar tal agitação a ponto de fazer seu duque ser rejeitado em troca de um acordo com Eduardo III. Obtido esse resultado, Eduardo III relaxa o controle: as exportações são indispensáveis por razões tributárias. O comércio do trigo também é acompanhado de perto: exportação autorizada apenas por determinados portos, com emissão de certificados, juramento do capitão de que não descarregaria em local proibido – e, ainda, este era obrigado a trazer um certificado do porto de desembarque. Regras semelhantes se aplicam ao comércio de peles, madeira e cavalos. Os controles são muito difíceis de realizar e a eficácia é, sem dúvida, limitada. Mas tudo isso mantém o clima de desconfiança e a hostilidade para com o estrangeiro, sempre visto como o rival mal-intencionado. As mentalidades coletivas não saem ilesas após um século de suspeição.

As relações diplomáticas entre a França e a Inglaterra são muito frágeis, o que agrava o desentendimento entre as duas cortes. Além das dificuldades naturais de comunicação (condições das estradas e perigos da travessia do canal da Mancha) que podem causar atrasos fatais nas tomadas de decisão, a ausência de representantes permanentes é um fator de desconhecimento e incompreensão. Nos estágios iniciais do conflito, Eduardo III tem apenas alguns juristas representando-o no Parlamento de Paris, devido aos assuntos de Guiena. Ele está um pouco mais informado sobre os assuntos franceses do que Filipe VI sobre os ingleses. Há um serviço em Westminster que guarda todos os documentos relativos aos assuntos da Aquitânia com certa continuidade de pessoal. Mas esses juristas, bem cientes das peripécias das querelas passadas, estão mal informados acerca das mudanças recentes. Do lado francês, os melhores conhecedores dos negócios ingleses na década de 1330 são o bispo de Tournai, Andrea Ghini, e o bispo de Rouen, Pedro Roger.

Para resolver os problemas, recorre-se, portanto, ao envio de embaixadas solenes, que mais complicam as coisas do que facilitam: lentidão dos preparativos e da viagem, problemas protocolares delicados devido à altíssima hierarquia dos embaixadores, além do caráter público das negociações, o que torna difícil o compromisso, pois ninguém quer expor tudo abertamente. Além disso, os embaixadores têm instruções precisas e são obrigados a recorrer ao seu governo assim que surge uma questão imprevista, o que prolonga indefinidamente as discussões.

O sucesso das campanhas militares depende muito do estado de preparação do adversário e do efeito da surpresa relativa. Este é obviamente o caso dos desembarques ingleses na França: onde?, quando?, com que meios? – é isso que os espiões são encarregados de descobrir. E é por isso que, antes de cada grande expedição, o rei da Inglaterra fecha os portos do sul. Em julho de 1346, por exemplo, os navios são proibidos de deixar Londres, Douvres, Winchelsea e Sandwich durante uma semana após a partida da frota. Em 1359, para sua última campanha na França, Eduardo III multiplica as precauções, porque Londres está cheia de espiões franceses, muitas vezes de origem inglesa, o que os tornava indetectáveis. Ademais, há essa multidão de prisioneiros franceses em semiliberdade – estes circulam com seus criados entre Londres e seus domicílios franceses e podem ser agentes de inteligência. Em 5 de julho, todos os franceses são expulsos de Inglaterra, exceto os prisioneiros, é claro, mas estes mudam de residência, incluindo João II, transferido para Somerton sob vigilância severa.

Por outro lado, os ingleses, obviamente, têm espiões na França e, se ainda não é possível falar de um Serviço Secreto de Sua Majestade, a eficiência dos agentes é formidável. Em 20 de novembro de 1338, Eduardo III já sabe do plano de ataque contra a Aquitânia e, alguns dias antes, prepara-se com grande sigilo em Vincennes: quatro espiões enviados por João Stratford conseguem se misturar com os cortesãos e coletar rumores. Em agosto de 1413, para preparar sua expedição, Henrique V encarrega o bispo de Norwich de organizar um serviço de inteligência. Entre seus informantes há notáveis parisienses, um médico de origem lombarda, um cônego de Notre--Dame, João Fusoris, mestre em medicina, astrônomo e astrólogo. Descoberto, ele é julgado por traição e lesa-majestade e, no processo, alega ter apenas transmitido ao bispo o segredo de uma dieta para emagrecer!

O REI DA FRANÇA: RUMO AO DIREITO DIVINO

O estado de guerra manteve assim por mais de um século uma extrema desconfiança entre os dois governos. As relações diplomáticas, muito limitadas, alargaram o fosso entre os dois reinos, que já não tinham muito em comum em 1453. Isso porque a guerra acentuou também as diferenças de natureza política entre as duas monarquias, como João Fortescue observa com muita justiça: o poder real inglês enfraquece e evolui para o parlamentarismo, enquanto na França se fortalece e evolui para o absolutismo.

Na França, paradoxalmente, são os infortúnios da monarquia que a reforçam, porque estimulam a reflexão sobre a natureza do poder real, cujo caráter sagrado é acentuado para evitar que se afunde completamente nos desastres das derrotas, do cativeiro, das menoridades e da loucura. O poder real fez progressos espetaculares no tempo de Filipe IV, o Belo, cujos legistas haviam construído uma administração de eficácia formidável. Contudo, os desastres do início da guerra, com Filipe VI e João II, colocam em risco a integridade do território e a legitimidade do soberano. São esses eventos que inspiram diretamente o trabalho de reflexão, de aprofundamento e de teorização do poder real no tempo de Carlos V.

Em primeiro lugar, um trabalho sobre a noção de soberania. Tal avanço deve-se diretamente às vicissitudes da guerra, pois foram as dificuldades de aplicação do Tratado de Brétigny que levaram o conselho a enumerar os "direitos de soberania tanto de jurisdição quanto de direitos reais". Nas negociações de Bruges, João Le Fèvre, abade de Saint-Vaast d'Arras, profere em 8 de dezembro de 1376 um discurso que expõe as bases da soberania real: o rei, pelo juramento da consagração, proíbe-se de alienar os direitos da coroa; o território do reino é indivisível e inalienável. Tal posição é integrada por Evrart de Trémaugon no *Sonho do pomar*, de 1378, compilação de reflexões e discussões políticas do reinado.

Essa obra, como o *Tratado da consagração*, de João Golein, ajuda a conceituar o poder real e a esclarecer o vocabulário. A noção de *coroa*, que representa a dinastia na sua continuidade e o corpo político na sua perenidade e seus direitos soberanos, separa-se da noção de *reino* como entidade geográfica. Os problemas de sucessão, que estão no cerne da Guerra dos Cem Anos, levam à clarificação das regras. Em 21 de maio de 1375, o édito da floresta de Vincennes é lido solenemente; ele fixa a ordem de sucessão na monarquia francesa: o filho mais velho do rei, cuja maioridade é fixada em 13 anos e um dia, depois o filho deste último, ou, na falta de seus irmãos, na ordem de nascimento. As mulheres são totalmente excluídas; elas nem mesmo constituem "ponte e prancha", ou seja, não podem transmitir o direito de reinar.

O prestígio régio é desenvolvido por um cerimonial de corte, que começa a ser registrado por escrito; o ritual de entradas solenes torna-se um importante elemento de propaganda e o modelo do desfile vem da procissão de *Corpus Christi*: o rei avança sob um dossel, as casas são decoradas, o chão é coberto de folhagem. O clero faz homilias em honra do soberano, cuja estatura, graças à consagração, ultrapassa a simples humanidade; a cura da escrófula é o sinal tangível disso. Em 1369, a prática dos sermões de São Luís é inaugurada pelos teólogos do colégio de Navarra: a cada ano, um panegírico do rei era declamado.

A sacralização é levada às últimas consequências. Carlos V assume o título de "Muito Cristão" e Cristina de Pisano chama-o de "vassalo de Deus e o primeiro dos reis". A consagração é cercada por uma mitologia milagrosa, com a Ampola Sagrada que nunca se esvazia, o escudo com três lírios trazidos pelo anjo para o batismo de Clóvis, a auriflama equivalente à Arca da Aliança. O rei, na crença popular, tem sinais divinos no corpo: nasce com uma flor-de-lis na pele.

A sacralização é acentuada no tempo de Carlos VI, apesar – ou talvez por causa – de sua fraqueza: seu poder vacilante é reforçado ao colocá-lo fora do alcance dos mortais comuns. Filipe de Mézières, em *O sonho do velho peregrino*, faz do jovem rei um novo Moisés, que conclui um pacto entre Deus e os homens. Pinta-se o retrato do soberano ideal, cuja qualidade essencial é a sabedoria, que seu pai havia incorporado. O paradoxo é que essa exaltação da sabedoria real ocorre durante o reinado de um rei louco. No *Livro dos fatos e bons costumes do sábio rei Carlos V*, em 1404, e no *Livro do corpo político* de 1407,[1] Cristina de Pisano enumera as virtudes do rei-modelo: humilde, piedoso, continente, ama seus súditos como pai, apieda-se dos pobres, é longânime, generoso e justo; ele é uno com o corpo místico do reino e, portanto, sua virtude neste se reflete. Tem em si um aspecto sacerdotal, visível quando aparece com as insígnias reais nas cerimônias. Ele deve cercar-se de conselheiros bons e honestos. O édito da floresta de Vincennes já declarava que, "quanto mais os grandes negócios e as grandes obras forem feitos pelo conselho de sábios, em grande número, mais eles estarão seguros e certos", e

---

1 Títulos originais: *Livre des fais et bonnes meurs du sage roy Charles V* e *Le Livre du corps de policie*. (N. T.)

João Gerson acrescenta que "rei sem conselheiros prudentes é como a cabeça de um corpo sem olhos, sem ouvidos e sem nariz". O rei deve não apenas escolher conselheiros honestos e competentes, mas também jamais hesitar em monitorá-los: Filipe de Mézières chega a sugerir que eles sejam espionados pelo confessor.

A própria loucura de Carlos VI contribuiu para o desenvolvimento do culto real de duas formas distintas: ao contrastar o "bom governo" dos *marmousets* e as desordens do governo feudal dos tios do rei, a administração real torna-se sinônimo de justiça e eficiência; por conferir ao soberano a auréola do martírio, o sofrimento do infeliz rei torna este um objeto de piedade e amor perante seus súditos. As manifestações de luto em seu funeral são uma marca tangível disso. João Gerson havia dito ao soberano em 1390: sois "rei muito cristão, rei por milagre consagrado, rei espiritual e sacerdotal".

A tendência se confirma com Carlos VII, que, para João Jouvenel des Ursins, já "não é simplesmente alguém leigo", mas "pessoa eclesiástica", "prelado eclesiástico, o primeiro no vosso reino, que é, depois do papa, o braço direito da Igreja". Desse ponto de vista, ele é ajudado pelas circunstâncias: os problemas da Igreja o colocam na posição de árbitro, lisonjeado por ambos os lados, pelo concílio e pelo papa, pelo papa e pelo antipapa. Sua participação ativa na solução desses cismas deu-lhe uma reputação comparável à de São Luís, que arbitrava entre o papa e o imperador. Ele aproveitou a oportunidade para aumentar o domínio real sobre o clero galicano e conquista as benesses do episcopado e da Universidade.

A Guerra dos Cem Anos confirma até que ponto o rei é o escolhido do Senhor: não foi milagrosa a recuperação do reino, com as façanhas da Donzela, a expedição da consagração e a rápida reconquista da Normandia? O processo de reabilitação de Joana d'Arc, em 1456, será um espetacular empreendimento de propaganda, cujo verdadeiro objetivo estaria em mostrar que Deus apoia o rei.

A propaganda monárquica de fato atinge proporções sem precedentes no tempo de Carlos VII. Os tratados se multiplicam, desde o do jurista João de Terrevermeille, em 1420, que elabora a teoria do corpo místico do reino, do qual o rei seria a cabeça, até a obra anônima *Dos direitos da coroa*, em 1460. O rei cuida da própria imagem, apesar de sua aversão a lugares públicos. Viajando pelo reino em todas as direções, ele é visto – ou vislumbrado – em

Tours, Poitiers, La Rochelle, Toulouse, Montpellier, Clermont, Lyon, Bourges, Orléans, Rouen, Caen, Reims e até em Paris!

A propaganda real também é muito ativa com as "boas cidades": Carlos VII não deixa de enviar-lhes cartas para explicar sua política, justificar suas decisões, compartilhar boas notícias. Os burgueses ficam lisonjeados com isso e são os mais fortes apoiadores do poder. A decisão de celebrar anualmente o aniversário da reconquista da Normandia é também um elemento unificador do culto real. Enfim, ao se considerar todas as estratégias, não é possível hesitar no uso de engodos astrológicos para o mesmo fim. Durante o processo de reabilitação de Joana d'Arc, o próprio Grande Inquisidor, João Bréhal, relembra um prognóstico astrológico de Giovanni Montalcino, um astrólogo sienense que teria previsto a vitória de Carlos VII em 1429 graças a uma Donzela. Embora a Igreja se oponha ferozmente à astrologia, admite-se fazer concessões quando esta é defendida por um inquisidor. Em 1437, é um beneditino normando, Simão de Boesmare, que faz um horóscopo prevendo a vitória final de Carlos VII. Este, portanto, teria atrás de si Deus, as estrelas, os burgueses provinciais, os bispos e uma boa rede administrativa. Ele rompe com um certo número de tradições capetianas, porém inova em certas áreas, fazendo-se rei da transição entre a era da cavalaria e a de Maquiavel. Com um realismo pragmático, sabe aproveitar as oportunidades, desviar elementos tradicionais para novos objetivos. Por isso, ele é o primeiro rei moderno. Evolução simbólica: abandonando o velho São Dinis, que pouco frequenta, adota como protetor celeste São Miguel, mais moderno em sua armadura de última geração, além de mais poderoso: um arcanjo ainda é superior a um velho santo humano. E então, São Dinis é Paris; São Miguel não se vincula a nenhuma localidade em particular, exceto ao monte; é mais universal.

A GUERRA DOS CEM ANOS: FATOR DE CENTRALIZAÇÃO OU DESCENTRALIZAÇÃO?

Se o poder real era muito mais poderoso em 1453 do que em 1337, isso se deve ao seguinte fato: a monarquia francesa soube explorar as vicissitudes da Guerra dos Cem Anos e transformar sua provação em elemento de força.

Ela não apenas acaba se sacralizando, como ainda se torna terrivelmente mais eficaz nos âmbitos administrativo e financeiro. A máquina administrativa é fortalecida no tempo de Carlos V e, mais tarde na década de 1380, desenvolvida pelos *marmousets*. Assiste-se ao surgimento de um verdadeiro corpo de servidores do Estado, recrutados entre os parlamentares. Na maioria das vezes provenientes das faculdades de direito de Paris e Orléans, são pessoas competentes e cultas. O conhecimento desse ambiente foi renovado pelos estudos de Françoise Autrand, que mostrou que, no início do século XV, conselheiros, advogados e procuradores do Parlamento de Paris eram pessoas de inegável capacidade, possuidoras de uma elevada ideia de Estado. A cultura delas é ilustrada pela posse de importantes bibliotecas: centenas de volumes em média, o que é bastante notável quando sabemos que a célebre biblioteca de Carlos V continha 910 volumes, a do duque de Berry, 297, e a de Carlos de Orléans, 80.

Essa administração, no entanto, parece bem ridícula para liderar o enorme reino da França. Em torno do rei e do chanceler, um Grande Conselho no qual são tratados negócios importantes; uma chancelaria de cerca de quarenta secretários para redigir e despachar atos; uma Câmara de Contas e uma Câmara do Tesouro para receitas ordinárias e extraordinárias; uma Casa da Moeda para cunhar dinheiro; dois tesoureiros de guerra; cinco mestres de requisições do *hôtel*; um Parlamento com cerca de uma centena de deputados para julgar grandes causas, registrar decisões e, por vezes, emitir pareceres políticos. São cerca de 250 pessoas no total. A novidade é que esses servidores da monarquia estão começando a adotar a atitude de altos funcionários. As ordenanças de 1389 conferem-lhes um estatuto especial, privilégios legais ligados à sua função: entre elas, começa-se a distinguir o homem público do homem privado.

Carlos VII não aumenta o tamanho das equipes de burocratas: em 1454, o Parlamento mal tinha o mesmo número de conselheiros que em 1345, e a Câmara de Contas tinha apenas 24 membros, enquanto em 1338 tinha 29. O que muda gradativamente é a prática, que se torna mais eficaz. Em particular, no Judiciário. De fato, essa é uma das áreas essenciais dos reis, como bem viu São Luís. O rei é justiceiro, e é pela qualidade da sua justiça que se avalia o seu prestígio. Carlos VII prestou muita atenção nesse quesito, e esse é um dos pontos mais positivos de seu reinado.

O Parlamento de Paris, reorganizado a partir de 1436 por sua fusão com o de Poitiers, não estará verdadeiramente completo até 1454. O rei nomeia o promotor, os advogados e o escrivão civil; para os conselheiros, geralmente escolhe entre os candidatos apresentados pelos demais magistrados. A partir de 1444, as penhoras são pagas regularmente, reiterando-se a proibição de "especiarias" e outras "dádivas corruptíveis", bem como a compra e venda de encargos. De acordo com Tomás Basin, o rei escolhe cuidadosamente os conselheiros "recomendáveis por sua lealdade, sua experiência jurídica, sua alta moralidade".

O Parlamento está sobrecarregado de trabalho, porque não quer prescindir de nenhuma prerrogativa e, além de julgar tanto em primeira instância quanto em apelação, ainda exerce funções administrativas e registra as decisões régias. Este último aspecto lhe permite controlar meticulosamente a alienação de domínios particulares. Entre outras coisas, é para tentar acelerar o processo que o rei publica duas grandes ordenanças sobre a justiça, em 1446 e 1454.

Apesar da enorme massa de negócios a tratar, o Parlamento de Paris não vê com bons olhos a criação de parlamentos provinciais, que Carlos VII é o primeiro a estabelecer. A partir de 1420, ele havia instituído o Parlamento de Toulouse, definitivamente organizado em 1443 e recebendo apelações de Languedoc, Guiena e Gasconha. Em 1452 é criado o Parlamento de Bordeaux, suprimido quase imediatamente por causa da revolta da cidade. Em 1453, o rei confirma o Parlamento de Grenoble, criado pelo delfim. No mesmo ano, porém, o Parlamento de Paris se opõe à criação do Parlamento de Poitiers.

A Guerra dos Cem Anos provoca um duplo movimento no campo administrativo, duas tendências que, embora sejam aparentemente contraditórias, são na realidade complementares: a centralização e a descentralização. A centralização é manifesta. Em todos os lugares, as instituições locais estão sendo solapadas. Os reis da reconquista, Carlos V e Carlos VII, aproveitam os seus sucessos militares e a penetração dos seus exércitos para reduzir a autonomia das províncias "libertadas". É assim que as assembleias representativas locais, os estados, veem suas prerrogativas cerceadas. Em todas as regiões há alguma delas: Champagne, Berry, Touraine, Poitou, Saintonge, Aunis, Limousin, Quercy, Rouergue, Gévaudan, Vivarais, Velay, Anjou,

Maine, Marche, Auvergne, Lyonnais e, é claro, Normandia e Dauphiné. São assembleias modestas que reúnem certos titulares de feudos e cargos eclesiásticos, além de deputados burgueses de algumas cidades, que se reúnem durante dois ou três dias, muitas vezes numa igreja, para discutir o montante dos impostos régios, impostos para o sustento das necessidades locais, medidas a serem tomadas para melhorar as comunicações ou lutar contra os esfoladores. Por exemplo, em 1431, os estados de Saintonge decidem demolir os castelos que serviam de esconderijo para os *routiers*; em 1441, eles votam por uma expedição contra o *sire* de Pons.

Carlos VII ataca essas assembleias impondo com autoridade o valor dos impostos reais e proibindo a votação de impostos para as necessidades locais. Por exemplo, em 1442, os estados da Baixa e da Alta Auvérnia votam um subsídio de 24 mil libras para liderar a luta contra os *routiers*; diante disso, o rei lembra que só ele tinha o direito de cobrar impostos e impõe uma multa de 20 mil libras para a província. Ele ainda destitui os estados da França central do poder de partilhar os impostos, uma tarefa confiada aos "eleitos" da realeza. Os estados provinciais se estiolam gradualmente na década de 1450.

Em um nível ainda mais local, os estados dos senescais e dos prebostes também são alinhados. Em 1443, os estados da senescalia de Agenais e da Gasconha recusam-se a votar um subsídio de 2 mil escudos: os comissários do rei mandam prender os líderes, os cônsules de Condom e de Montreal. Os habitantes protestam e apelam ao Parlamento. Nada funciona. É preciso pagar e, doravante, ninguém mais ousa protestar. A autonomia local declina e Carlos VII é considerado o coveiro do sistema representativo medieval. Ele aproveita ao máximo sua vitória sobre os ingleses para estender a rede de seus oficiais locais por toda parte e deixar claro que o retorno à segurança tem um preço: o pagamento sem questionamento das talhas. Os estados locais são reduzidos cada vez mais a simples serviços técnicos.

Tal centralização não é geográfica, e sim, pessoal. O centro do poder é a pessoa do rei, e não um lugar. Seus agentes estão por toda parte e são cada vez mais eficientes. No final do reinado, o reino é dividido em 27 bailiados e 15 senescalias, além da jurisdição do preboste de Paris e o governo de La Rochelle. Bailios e senescais são personagens importantes, muitas vezes empregados para tarefas diplomáticas ou militares. Seus auxiliares, tenentes, juízes, promotores e advogados do rei, formam o conselho do bailiado ou

A GUERRA DOS CEM ANOS 481

da senescalia. Temidos, eles são agentes efetivos do poder real e repelem os poderes senhoriais. A ação dos bailios e dos senescais conjuga-se com a dos tenentes e dos governadores, funções que não têm definições precisas; eles podem ser encarregados das mais diversas missões. Finalmente, de tempos em tempos aparecem comissários em turnê, ou comissários reformadores, enviados para vigiar os oficiais e corrigir erros. A chegada desses desmancha-prazeres não é bem recebida: em 1445, os estados da Auvérnia preferirem comprar sua dispensa.

Assim, o desenvolvimento da centralização administrativa é, em parte, consequência da vitória. Ela é contrabalanceada, todavia, pela descentralização cultural, que, por sua vez, é consequência dos períodos de insegurança e ocupação parcial do território durante a guerra. Elementos políticos certamente prepararam tal situação, como a prática de apanágios. Lembremos que os apanágios eram vastos senhorios separados do domínio real e dados aos filhos mais novos do rei, que os dirigiam como verdadeiros soberanos. Os príncipes que recebiam o apanágio tinham um capital, uma administração completa, receitas fiscais, um sistema judiciário com direito de apelação. Trata-se de um verdadeiro desmembramento do reino, exceto pelo fato de que os príncipes eram filhos ou irmãos do soberano e, portanto, deveriam ser totalmente leais a ele. Ainda nesse ponto, são as condições criadas pela guerra que revelam a utilidade desse sistema: depois de 1360, João, o Bom, prisioneiro, distribuiu apanágios aos seus filhos, Luís, João e Filipe; isso permite aliviar o filho mais velho, o delfim Carlos, além de evitar brigas de família, dando satisfação territorial aos mais novos. Carlos V perpetua o sistema ao estabelecer em 1374-1375 as regras de sucessão: os apanágios só podiam ser transmitidos aos descendentes masculinos diretos. Assim, surgem algumas grandes massas territoriais que gozam de autonomia parcial: Luís, duque de Anjou, em Anjou, Maine e Touraine; João, duque de Berry, tem Berry, Auvérnia e Poitou; Filipe, duque da Borgonha, tem a Borgonha; Carlos, o rei, possui o domínio real centrado em Île-de-France. Na periferia do reino, os últimos grandes vassalos estão à frente de feudos que também têm todos os atributos de um Estado: condado de Flandres, ducado da Bretanha e condado de Foix.

A prática dos apanágios foi julgada com severidade pela historiografia até tempos recentes, pois ela parecia contradizer e frear o trabalho de reunião do território francês por uma monarquia centralizadora que tivera grandes dificuldades em triunfar sobre os grandes vassalos, e que agora parecia desfazer seu próprio trabalho. A ascensão da Borgonha e os problemas que ela vai criar para o rei no século XV ilustram o caráter nefasto de tal prática.

Há hoje uma tendência maior em vê-la como um passo na construção de uma monarquia absoluta centralizada. Os apanágios e os últimos grandes feudos se inscrevem no processo de concentração de poderes. Príncipes, duques e condes reúnem sob sua autoridade os senhorios menos importantes e desenvolvem uma administração eficiente que prepara as populações para a tutela monárquica. Os principados e ducados são níveis intermediários entre o senhorio local e o poder régio, no quadro do que se pode denominar descentralização.

Os apanágios e os últimos grandes feudos contribuem para manter uma certa forma de patriotismo local, provinciano, reforçado pela diversidade de dialetos e linguajares, no quadro daquilo que verdadeiramente pode ser chamado de Estado. Assim, o "Estado bretão" do século XV estudado por Jean Kerhervé tem quase as estruturas políticas de um Estado independente. Em torno do duque, os grandes oficiais: tesoureiro geral, chanceler, presidente da Bretanha (que preside o Parlamento), marechal (que preside as *"montres"*[2]) e almirante. O conselho ducal reúne os membros da família ducal, além de grão-oficiais, prelados, conselheiros e mestres de requisições. Uma Câmara de Contas governa o domínio e controla as finanças. Os estados, reunidos anualmente, são compostos por cerca de 200 pessoas – incluindo 56 representantes do clero, 100 dos nobres, 50 das boas cidades – que discutem e votam o orçamento. O ducado é dividido em oito senescalias e o duque recebe a homenagem lígia de muitos vassalos.

A leste do reino encontra-se o "Estado burgúndio", estudado por Bertrand Schnerb. O duque governa com um conselho ao qual Filipe, o Bom, dá uma estrutura estável. A partir de 1419, ele nomeia um "chefe do nosso conselho", que preside as reuniões na ausência do chanceler; em 1426, institui

---

2 A *montre* era uma revista militar pela qual os nobres de uma região passavam com o objetivo de se verificar a conformidade do equipamento de guerra com os títulos ostentados pela nobreza local. Do ponto de vista etimológico, a explicação vem do comércio: trata-se de separar uma parte da mercadoria que é apresentada como amostra (*montre*) indicativa da qualidade do restante armazenado. (N. T.)

A GUERRA DOS CEM ANOS

dez "conselheiros-camareiros", representando a nobreza da corte, que se sentavam junto aos conselheiros mestres de requisições, que eram os técnicos. Em 1433, fica decidido que um "conselho ordinário" se reuniria duas vezes ao dia com algumas grandes figuras, como o senhor de Croy, o senhor de Charny e Hugo de Lannoy. Duas vezes por semana seria realizado um conselho na presença do duque.

Este último é cercado por uma competente equipe de legistas: depois de 1430, 80% dos conselheiros no conselho de Brabante são formados em direito. É ainda com o objetivo de constituir um criadouro de profissionais que Filipe criou a Universidade de Dole em 1422, compreendendo as faculdades de Artes, Medicina, Direito e Teologia. Entre os bons juristas do conselho estão João de Toisy, João Chevrot e João Jouard. A personalidade dominante é Nicolau Rolin, chanceler por quarenta anos, de 1422 a 1462. O duque tem um sistema de tribunais bastante atuante, com "conselhos" ou "câmaras de conselho" em cada principado, e um "grande conselho de justiça" para o conjunto. Em matéria financeira, ele recorre cada vez mais ao imposto extraordinário, concedido pelos estados de cada território após discussão. Tal qual o duque da Bretanha, o duque da Borgonha tinha um exército próprio, bastante heteróclito, composto principalmente por bandos de mercenários e dotado de poderosa artilharia: 575 armas de fogo de todos os calibres para a expedição a Calais em 1436, por exemplo.

Descrito nesses termos, o reino da França pode parecer um estranho mosaico, uma justaposição de países com estatutos variados: Gilles le Bouvier, no século XV, cita cerca de cinquenta, e, no século XIV, Froissart fala de gente da Bretanha, de Flandres, da Picardia, da Normandia e do Poitou, bem como tantos outros povos diferentes, os quais mal conseguem se entender. A Guerra dos Cem Anos aumentou notavelmente as diferenças e oposições entre o norte e o sul. As terras da língua d'oc têm um forte sentimento de originalidade cultural e linguística: o papa João XXII, natural de Cahors, se dizia incapaz de ler as cartas do rei da França se não fossem traduzidas para o latim. O futuro bispo de Montauban, um personagem importante na corte de Armagnac, declara em 1442: "Não sei falar bem o francês e menos ainda escrevê-lo". Durante a guerra, as comunidades locais de Languedoc adquiriram o hábito de organizar sua própria defesa contra as companhias, só concordando em cobrar impostos sob a condição de que o produto fosse usado localmente. Os laços diretos com a monarquia diminuem até o final do reinado de Carlos VI, quando o conflito se verifica principalmente no norte. No tempo de Carlos VII, a ruptura entre a França anglo-burgúndia no norte e o reino de Bourges no sul apenas acentua a divisão.

Essa diversidade cria uma certa tensão, e as forças centrífugas ainda são um obstáculo significativo para a eficácia do governo monárquico. A guerra desempenha papel nos dois sentidos: aumenta o prestígio do poder régio, que é um fator de centralização, e desenvolve particularismos locais, fazendo que cada "país" tenha a tendência de fechar-se sobre si mesmo e garantir a sua própria defesa diante das carências do poder central. Essas duas tendências contraditórias se fazem sentir no que diz respeito à manutenção dos estados gerais. Essas assembleias, eleitas segundo métodos extremamente variados, representam a elite burguesa, nobre e clerical do reino. Seu principal objetivo é votar impostos e eles só se reúnem quando convocados pela realeza. Por outro lado, mostram-se um meio de tornar conhecidas as queixas dos súditos. As assembleias são, portanto, o equivalente do Parlamento inglês. Porém, como este último se torna a principal engrenagem do governo, os estados gerais franceses caem em desuso: nada melhor ilustra a evolução divergente dos sistemas políticos da França e da Inglaterra durante a Guerra dos Cem Anos.

Na França, a manutenção de verdadeiros estados gerais de todo o reino torna-se quase impossível, pois o país estava desmembrado, com províncias inteiras sob controle inglês, sem contar as rivalidades e os particularismos exacerbados, além da extrema dificuldade de comunicação. Durante o reinado de Carlos VII, o rei convoca os estados gerais quatro vezes, mas apenas uma sessão efetiva é realizada, de setembro a novembro de 1428, em Chinon. Ainda assim, houve muitas ausências: nenhum delegado da Normandia, poucos de Île-de-France, os de Rouergue se recusam a sentar e os do Languedoc estão descontentes por terem que fazer a viagem. Lá são feitos juramentos piedosos: os saques devem parar, a luta contra os ingleses deve ser travada com mais eficácia, Richemont deve ser chamado de volta, as finanças e a justiça devem ser reformadas. Em 1439, há uma última tentativa de assembleia geral, mas os representantes do Languedoc e de Rouergue recusam-se a aparecer.

Tal recusa é muito sintomática da divisão da França no século XV e precisará ser levada em conta a fim de se relativizar o suposto aparecimento de um "sentimento nacional". Há, de fato, uma França meridional e uma França setentrional, as quais não se entendem, pois seus representantes se recusam a sentar-se juntos. É por isso que, na prática, o rei convoca separadamente os estados de língua d'oïl e os estados de língua d'oc. Os de língua d'oïl incluem delegados de Touraine, Maine, Anjou, Orléanais, Poitou, Saintonge, Angoumois, Marche, Limousin, Berry, Auvérnia, Bourbonnais, Forez, Beaujolais e Lyonnais. O rei os reuniu quinze vezes, em Bourges (1423), Selles (1423 e 1424), Poitiers (1424, 1425, 1431, 1435, 1436), Chinon (1425, 1428), Mehun-sur-Yèvre (1426), Amboise (1431), Tours (1433, 1434) e Orléans (1439). As sessões são breves: um único dia em Selles em 1423, cinco dias em Poitiers em 1425. Por vezes, a convocação chega a ser cancelada devido à insegurança do local, como em Poitiers em 1427. Ou então, a sessão é dividida em duas a fim de se reduzir a duração das viagens: em 1426, alguns dos deputados vão para Mehun e outros para Montluçon.

A eficácia desses estados é muito limitada. Os delegados protestam contra os abusos e manifestam promessas que na maioria das vezes permanecem piedosas. Surgem apenas duas ordenanças sobre disciplina militar, em 1431 e 1439, e uma sobre moedas, em 1431, que não chegam a ser aplicadas. A utilidade principal dos estados é votar impostos e, como desde 1440 o rei mantivera o hábito de renová-los automaticamente, os estados de língua d'oïl tornam-se obsoletos. Quanto aos de língua d'oc, que representam os senescais de Beaucaire e Toulouse, estes continuam mais ativos. O afastamento e a necessidade de se garantir rapidamente as condições de segurança no local dão-lhes mais autonomia – eles discutem amargamente sobre o valor dos impostos. Em 1442, Carlos VII manifesta a intenção de suprimi-los, mas acaba por mantê-los na forma de simples assembleia provincial.

O IMPOSTO PERMANENTE: CONSEQUÊNCIA DIRETA DA GUERRA

A Guerra dos Cem Anos foi uma das causas do declínio das instituições representativas do reino em benefício do rei. A ilustração mais flagrante disso é o sistema tributário, com o estabelecimento do imposto permanente. Que isso tenha sido de fato uma consequência direta da guerra, a cronologia e o contexto demonstram-no amplamente: é a necessidade de arrecadar a enorme quantia devida pelo resgate de João, o Bom, que origina o Decreto de Compiègne de 5 de dezembro de 1360: uma ajudadeira de 12 denários por libra (5%) será cobrada sobre todas as mercadorias vendidas, bem como uma gabela sobre o sal e uma taxa de 1/13 sobre o vinho. Mais tarde, em 5 de dezembro de 1363, uma *fouage* de três libras por família, "o forte suportando o fraco", é decidida "para a defesa do reino". Em 1369, os estados de Paris tornam o sistema ainda mais pesado: manutenção da ajudadeira de 12 denários por libra e de 1/13 sobre os vinhos por atacado, com acréscimo de uma taxa de 25% sobre o vinho a varejo, sobretaxa de um quinto sobre a gabela do sal, 6 libras por família na cidade e 2 libras no país plano.[3] Para organizar a arrecadação, são nomeados oficiais no âmbito das dioceses: são os "eleitos", que são eleitos apenas de nome. Eles entregam as quantias aos três "tesoureiros gerais para o resgate do rei": um prelado, um barão e um burguês. Em 1363 são criados os três "generais eleitos para a defesa do reino" e, em 1369, os doze "generais conselheiros", que também representam as três ordens do reino. Eles assinam no verso das ordens de pagamento a fim de controlar o uso dos recursos tributários.

Nem todo o dinheiro chega a Paris: uma parte dele é desviada no quadro dos apanágios. Por exemplo, em 1372-1373, 13 mil libras para o duque de Anjou, 14 mil para o duque de Orléans, 6.200 para o duque de Bourbon. No Louvre, em Vincennes e em Melun, milhares de peças estão guardadas em bolsas de couro: trata-se do tesouro de guerra, destinado ao pagamento das tropas.

Esses impostos são sempre considerados "extraordinários", ou seja, temporários. O próprio princípio é debatido com paixão no Conselho Real, e *O sonho do pomar* ecoa tais discussões. A opinião mais difundida é que o imposto real só deveria ser cobrado em tempo de guerra. Porém, se a guerra dura cem anos, isso equivale a torná-lo definitivo. É o que acaba acontecendo, como vimos, sob Carlos VII. Terminado o conflito, muitos acham que o imposto deveria desaparecer. Para Tomás Basin, a guerra serve de pretexto para a instauração de taxas, que são uma forma de tirania:

---

3 No original, *plat pays*, literalmente "país chato", em referência à Bélgica e seu relevo marcado por planícies. (N. T.)

A GUERRA DOS CEM ANOS

Assim, o reino da França, outrora terra de nobreza e liberdade, se precipitou, sob o pretexto da necessidade de se manter o exército de aluguel, nesse abismo de servidão dos tributos e das extorsões, a ponto de todos os habitantes serem proclamados publicamente como sujeitos à talha, segundo a vontade do rei, por tesoureiros chamados generais de finanças, bem como por seus comissionados e satélites, e são de fato submetidos à talha da maneira mais desumana, sem que ninguém ouse dizer uma palavra ou mesmo fazer uma oração.

Assim, para Tomás Basin, a Guerra dos Cem Anos fez o sistema político francês evoluir para a tirania. Comentário exagerado, mas que reflete uma realidade inegável: o progresso do poder régio rumo ao absolutismo por direito divino. O rei da França sai da guerra engrandecido e consagrado, com um exército permanente, impostos eficientes, nobres enfraquecidos e instituições representativas moribundas. Os infortúnios da guerra, assim como os sucessos, contribuíram para esse resultado.

O PODER REAL INGLÊS PRESSIONADO ENTRE O PARLAMENTO E A ARISTOCRACIA

Na Inglaterra, a Guerra dos Cem Anos teve efeitos opostos. Aqui, o grande vencedor é o Parlamento. O papel fundamental dessa instituição já estava bem estabelecido no início do século XIV, mas com a guerra tornou-se absolutamente indispensável, como máquina de votação de impostos. Afinal, o recurso aos empréstimos está longe de ser suficiente para financiar as expedições. Desde a Carta Magna de 1215 e os problemas de Henrique III, os reis da Inglaterra sabem que não podem prescindir da colaboração dessa assembleia, e devem apaziguá-la aceitando suas petições: satisfação dos pedidos contra voto de imposto, tal é a condição habitual. Um dos grandes motivos do sucesso de Eduardo III foi ter conseguido envolver o Parlamento nas suas decisões, e este, a partir de 1341, após alguns confrontos iniciais, apoiou infalivelmente a sua política de guerra. Durante seu reinado de cinquenta anos, Eduardo III reuniu 48 parlamentos. O controle é, portanto, quase permanente. Podemos medir a diferença com a prática francesa, onde o rei quase nunca consegue convocar estados gerais por completo.

O reino da Inglaterra, muito menor e muito mais homogêneo, obviamente se presta melhor à reunião de uma assembleia representativa. Assembleia dupla: entre os lordes, os lordes espirituais, que se sentam à direita do rei e incluem os dois arcebispos, os bispos e os abades; os lordes temporais, à esquerda, são convocados individualmente e seu número é variável: 63 em 1334, 30 em 1348, 56 em 1351, 38 em 1376, 48 em 1384, 45 em 1388, 38 em 1397. É somente no século XV que se fixa a lista. Duques, condes e barões: toda a grande aristocracia está presente. As comunas são compostas por delegados dos condados e das cidades. Os xerifes são encarregados de organizar as eleições de dois cavaleiros por condado e dois burgueses em cada burgo. O número de cidades representadas não é conhecido com precisão (algo em torno de oitenta). Quanto aos eleitores, são os membros mais abastados das comunidades urbanas ou rurais. Dessa forma, o sistema garante um grau satisfatório de representatividade das classes altas.

As sessões em geral são curtas: cerca de dez dias. As comunicações com o rei e os lordes são feitas por deputação e, a partir de 1376, a Câmara dos Comuns conta com um porta-voz: o *speaker*. As relações no tempo de Eduardo III são muito boas. As frequentes ausências do soberano só podem reforçar o papel do Parlamento. Em contrapartida, com Ricardo II, a oposição cresce e o rei é repetidamente forçado a capitular diante das exigências dos Comuns. O Parlamento desempenha um papel vital na deposição do soberano. Com a nova dinastia, sua posição fica ainda mais fortalecida, pois a base legal do poder de Henrique IV é frágil, ele depende totalmente do apoio dos representantes da nação. Com os Lancaster, praticamente toda a legislação vem de petições parlamentares. O rei parece deixar a iniciativa das leis para a assembleia. Além disso, os Comuns ganham cada vez mais vantagem sobre os lordes. Estes têm cada vez menos assentos: em 1406, dos 84 pares convocados, 41 estão presentes. A frequência média para o reinado de Henrique IV é de 60% dos lordes espirituais e 50% dos lordes temporais. É que, massivamente, a nobreza, mesmo a mais elegante, conta com a Câmara dos Comuns para expressar seus desejos. De repente, as eleições se tornam mais disputadas, pois percebe-se que a Câmara dos Comuns é de fato a verdadeira sede do poder. Os eleitores se pressionam e, em 1429, uma petição exige que o eleitorado seja rigorosamente definido, pois, como diz o texto (em francês, como ainda acontecia na legislação inglesa da época), as eleições são feitas por um número demasiado grande e excessivo de pessoas residentes nos mesmos condados, a maior parte das quais, pessoas de pouco valor, ou até mesmo de nenhum valor, cada uma delas pretendendo ter um voto equivalente, quanto a quais eleições fazer, ao dos cavaleiros ou escudeiros mais valentes residentes nos mesmos condados.

Um estatuto de 1429, portanto, fixa a franquia eleitoral em uma renda de 40 xelins e exige que os eleitores residam no condado. Quanto aos eleitos, muitas vezes pertencem ao séquito dos grandes nobres, o que explica por que estes últimos não consideram necessário viajar pessoalmente para sentar-se na Câmara dos Lordes. Muitos membros dos Comuns também faziam parte da casa do rei: em 1453, dezoito condados elegem um *curialis*, Herfordshire e Northamptonshire elegem dois e muitos burgos fazem o mesmo, o que obviamente facilita as boas relações entre o rei e o Parlamento, e leva a relativizar o enfraquecimento do poder real. O *speaker*, eleito desde 1384, também é frequentemente um homem do rei.

A Guerra dos Cem Anos é, no entanto, um período de enfraquecimento do poder real na Inglaterra: dois soberanos são depostos e assassinados no século XIV, e a série termina com a longuíssima menoridade de uma figura fraca, que cai na loucura em 1453. É certo que também existem dois colossos, que devem sua estatura aos seus sucessos militares; porém, suas frequentes ausências e a estreita vigilância do Parlamento limitam a sua liberdade de manobra.

A sacralização da pessoa real tem na Inglaterra o mesmo sucesso que na França. No entanto, ela está baseada nos mesmos subterfúgios religiosos. Desde o século XII, o soberano também afirma curar os escrofulosos. Eduardo III, durante sua estada em Flandres entre 1338 e 1340, toca em 885 deles: propaganda para mostrar que ele é tão forte quanto seu confrade e rival Valois nesse campo, ou melhor, que ele sozinho é o rei da França. A consagração do rei da Inglaterra é cercada pelas mesmas lendas que a do rei da França; aqui também é usado um frasco de óleo sagrado entregue pela Virgem em pessoa a Tomás Becket, mas que permanece escondido em Poitiers, na igreja de Saint-Georges, e que o duque de Brabante, João II, finalmente leva para a Inglaterra em 1307. Esse conto é uma invenção do dominicano Nicolau de Stratton, em 1318. O fato é que o famoso frasco teria então desaparecido, perdido nas quinquilharias da Torre de Londres, o que atesta dessa forma um certo desdém em relação aos dons do céu. Depois, milagrosamente, Henrique IV redescobriu-o logo após destronar Ricardo II, o que lhe permite, em 1399, ser ungido com o óleo de Tomás Becket, atenuando assim a sua ilegitimidade. A mentira é um pouco grosseira, principalmente porque a ocasião serve de pretexto para modificar a lenda: foi o duque de Lancaster que, após encontrar o recipiente em Poitiers, deu-o ao Príncipe Negro, e, depois, ele desaparece novamente; Ricardo II o havia encontrado, mas somente após sua própria consagração, de tal maneira que não se havia beneficiado das virtudes do óleo sagrado. Como se isso não bastasse, acrescenta-se uma profecia: o primeiro rei que usasse esse óleo seria o conquistador da Normandia e da Aquitânia.

Até mesmo a credulidade medieval tem seus limites. O frasco de Tomás Becket é ainda mais inverossímil do que a ampola de São Remígio e os próprios ingleses são muito céticos quanto a esse assunto. O caráter sagrado de seu rei é muito menos acentuado do que na França. Por outro lado, a reflexão jurídica sobre a natureza do poder régio é mais avançada, o que não beneficia o soberano. A maioria das obras teóricas relativas à monarquia são simples tratados morais que enumeram as virtudes do rei ideal, mas é a deposição de Ricardo II que oferece a oportunidade de especificar os limites do direito monárquico. Era preciso, de fato, justificar tal deposição e, portanto, explicar quais eram os limites que o soberano não deveria ultrapassar.

Esses limites são estabelecidos pela lei natural. O rei está sujeito à lei; ele não tem o direito de modificar um estatuto sem o acordo do Parlamento; não tem o direito de perseguir o *speaker* se este expressar opiniões diferentes das dele. Essas concepções foram elaboradas pelo jurista João Fortescue, que se torna *chief justice* (ou seja, procurador) do Banco do Rei (*King's Bench*) em 1442. Fortescue, em seu *De Natura legis Naturae*, distingue três tipos de *dominium* ou exercício da soberania. No primeiro, que ele chama de "domínio regaliano", o chefe governa de acordo com suas próprias leis, que pode mudar à vontade; o rei não consulta o povo, a quem pode tributar como quiser. Esse sistema era o dos reis antigos, como Nimrod, e é o da monarquia francesa. Ao contrário, no "domínio político", são os cidadãos que fazem a lei e o governo pode ser coletivo; era o sistema da república romana. Por fim, há o sistema inglês, que é a combinação dos dois anteriores, no qual o rei faz a lei de acordo com os representantes do povo e com a lei natural. Em *De laudibus legum Anglie*, Fortescue recupera a imagem da cabeça e do corpo, emprestada do *Policraticus*, de João de Salisbury:

> Assim como a cabeça do corpo físico é incapaz de mudar os nervos ou negar a seus membros força ou o alimento do sangue, o rei, que é o chefe do corpo político, é incapaz de mudar as leis desse corpo ou privar o povo de sua substância sem ser convidado ou contra sua vontade. Tens aqui, Príncipe, a forma da instituição do reino político.

Em muitos aspectos, o sistema político inglês que emerge da Guerra dos Cem Anos é um compromisso original que se afirmará nos séculos seguintes: trata-se de uma monarquia a uma só vez aristocrática e democrática. O poder da grande aristocracia é combinado com o do Parlamento a fim de limitar o poder real. O governo central é reduzido a bem pouca coisa: o Conselho, três secretários, o Tesouro e os tribunais. O serviço da Chancelaria é o coração do sistema, cuja eficiência aumenta no tempo de Henrique V devido às frequentes ausências deste último, que precisou governar a Inglaterra de sua tenda durante as campanhas militares. Na verdade, ele tem dois governos: um embrião consigo, cujas decisões são autenticadas pelo *sinete*, ou anel sigilário, e um órgão governamental completo em Westminster, cujo pivô é o chanceler. A Guerra dos Cem Anos contribuiu para melhorar a eficiência da máquina governamental.

Isso é especialmente verdadeiro para a política fiscal. A grande conquista da monarquia inglesa é ter conseguido associar o povo inglês aos empreendimentos reais na França por meio de impostos. Pode-se dizer que, na Inglaterra, a guerra é um assunto privado, financiado pelo povo e confiado à direção do rei. Os ingleses são como os acionistas dessa empresa, da qual esperam benefícios, e o Parlamento é como o conselho de administração, que supervisiona a gestão do soberano. Os ingleses, portanto, sentem-se muito mais preocupados com o conflito do que os franceses, e não surpreende que, como veremos no capítulo seguinte, o patriotismo inglês tenha se desenvolvido antes do patriotismo francês e de forma diferente.

O rei da Inglaterra tem o cuidado de relatar as peripécias de suas campanhas ao Parlamento, de modo a associá-lo ao esforço de guerra. Por exemplo, em 1343, Eduardo III encarrega Bartolomeu Burghersh de explicar aos Comuns que a Trégua de Malestroit havia sido concluída a pedido do papa, mas que ele, o rei, não estava disposto a se envolver sem pedir o conselho dos representantes do povo: devo enviar representantes a Avignon?, pergunta a eles. Cada batalha e cada tratado é objeto de um relatório detalhado. Em 1346, é lido para os Comuns um documento encontrado em Caen, que previa uma invasão da Inglaterra pelos franceses: uma boa forma de manter a vontade de luta, o *fighting spirit* dos ingleses. Os Comuns apreciam a confiança testemunhada pelo rei e, em geral, concedem-lhe de bom grado os impostos solicitados. A guerra do rei é a guerra de todo o país e essa solidariedade, totalmente inexistente na França nas primeiras décadas do conflito, explica em grande parte a segurança dos exércitos ingleses e suas vitórias.

A renda ordinária do rei é absolutamente insuficiente para travar uma guerra dessa magnitude. O recurso a uma ajudadeira extraordinária é essencial: a Carta Magna já dizia que, para obtê-la, o rei deveria buscar o consentimento do "conselho comum do reino". Essa necessidade explica o desenvolvimento concomitante do Parlamento e da tributação durante a Guerra dos Cem Anos. O déficit crônico estimula a engenhosidade dos serviços do Tesouro e, portanto, promove a economia política por meio da prática de empréstimos, por intermédio do consórcio de comerciantes e dos arranjos para controlar as receitas alfandegárias; o rei acaba monopolizando os impostos de exportação da lã. Todavia, apesar de todos esses procedimentos, as despesas superam as receitas com regularidade, e daí a importância dos resgates para compensar o déficit. A guerra torna obrigatória a melhoria dos métodos de gestão financeira do governo e, em particular, a elaboração de um verdadeiro orçamento provisório. Por exemplo, o de 1362-1363, de um Saint-Michel para o outro, prevê 98.929 libras, 10 soldos e 10 denários de despesas, incluindo 12 mil libras para o *hôtel* do rei, 14 mil libras para suas obras, 7.500 libras para os pagamentos de guerra na Irlanda, 4 mil libras para as guarnições de Calais, Douvres e Berwick, além de 5.600 libras para os pagamentos da guerra na França. As receitas planejadas representam apenas 45% das despesas: 42.254 libras, 13 soldos e 4 denários. "E assim as despesas excederão as receitas no ano mencionado em 56.674 libras e 17 s. 6 d., que serão recuperados e pagos por meio dos resgates da França e da Borgonha e pelas receitas de Ponthieu e Calais".

As recorrentes dificuldades financeiras da monarquia resultaram ainda em uma grave consequência política: a crescente dependência do rei em relação a uns poucos financistas e à grande aristocracia. Os primeiros, como Ricardo Whittington, emprestam maciçamente ao Tesouro, enquanto os duques e condes são frequentemente obrigados a adiantar as despesas militares de seus cargos, pelos quais só seriam reembolsados tardiamente e de forma parcial. Henrique V deve 5.737 libras em salários atrasados ao conde de Northumberland por suas despesas como guardião da marca oriental da Escócia; deve 1.054 libras ao duque de Exeter por ter este sido guardião da marca ocidental e 1.007 libras a Ricardo Gray. Essa situação se agrava durante a menoridade de Henrique VI, cuja renda anual média era de 75 mil libras e despesas de 95 mil libras. Assim, a guerra, pelos enormes gastos que provoca, confirma a fragilidade do poder real inglês, espremido entre, de um lado, o Parlamento, que vota os impostos, e, de outro, a grande aristocracia, que tem enormes expectativas em relação ao soberano.

EFICÁCIA DO EXÉRCITO INGLÊS NO SÉCULO XIV: O GRANDE ARCO, ARMA MÍTICA

Se há uma área que a Guerra dos Cem Anos fez evoluir significativamente, esta é sem dúvida a do exército e das técnicas militares. O conflito começa com flechadas e termina com tiros de canhão: esse atalho abrange mudanças profundas que têm implicações sociais e culturais.

Desde as primeiras fases, as diferenças entre os dois exércitos são marcantes. Do lado inglês, o exército de tipo feudal, constituído por vassalos que prestavam serviço militar gratuito de duração limitada, há muito se tornara obsoleto, embora o rei ainda o tenha utilizado na Irlanda em 1332 e na Escócia em 1333 e, pela última vez, em 1385. O exército de Eduardo III era composto por profissionais que recebiam soldo. Eram contratados por um capitão, que assinava contrato de *indenture* com o soberano, prevendo o tamanho da tropa, o tempo de serviço, o valor dos soldos e as diversas compensações. Voluntários não faltavam em razão das perspectivas de espólio, salários e remissão de ofensas penais. Para as grandes campanhas, porém, havia reforço por alistamento de um certo número de homens com idade entre 16 e 60 anos, escolhidos em cada aldeia pelos comissários das *commissions of array*. Era a própria comunidade que assumia a responsabilidade de manter esses soldados. Os chefes são os membros da alta aristocracia, supostamente guerreiros natos. Eles são auxiliados por capitães experientes, inspirados pelos exemplos de Calveley, Knolles, Scales, Talbot e Fastolf.

Todos são cavaleiros e utilizam vestimenta pesada, combinando cota de malha e placas de metal, além de capacete com viseira. A armadura está em plena evolução: torna-se mais complexa e mais cara. Nos últimos anos da guerra, o homem de armas, pertencente à cavalaria pesada, veste armadura completa, o *"harnois* branco", um complexo conjunto de peças metálicas articuladas, que é tanto uma proteção quanto um elemento de *status* social. A armadura, que custa uma fortuna, distingue o grande nobre, faz dele uma estátua viva, impassível e indestrutível, o homem de ferro cujas falhas, medos e feiuras ninguém poderia ver e, quando com a viseira abaixada, só poderia ser reconhecido por seus brasões. É verdade que a eficácia da armadura é maior em defesas do que em batalha; mas, do ponto de vista simbólico, ela funciona como um meio espetacular de afirmação da natureza diferente da nobreza numa época em que a sua importância social declina.

Mais funcionais, porque mais móveis, são os cavaleiros de armas mais leves, os *hobelars*, cujo nome vem de *hobyns*, pôneis de origem irlandesa. Armados com uma espada, uma faca e, às vezes, uma lança, eles são usados em operações de reconhecimento e assédio. Aos poucos, dão lugar ao arqueiro montado, que elevou a reputação do exército inglês durante a Guerra dos Cem Anos.

O arco ocupa um lugar crucial na história da guerra. É uma arma que tem um significado cultural pesado. Trata-se da arma do herói na mitologia – e não somente na oriental, mas também na mitologia grega. Apolo é um arqueiro divino e na *Odisseia* o arco é, a uma só vez, o objeto que permite a Ulisses demonstrar sua legitimidade e matar os pretendentes de Penélope. É também com o arco que Diana caça e que Eros atinge os corações. A velocidade da flecha, sua capacidade de atuar à distância e sua força de penetração conferem-lhe um aspecto mágico, quase sobrenatural. Já no mundo cristão, o arco tem uma conotação bastante diabólica: é a arma dos cavaleiros do Apocalipse, dos carrascos de São Sebastião, dos exércitos infernais e dos muçulmanos. Os anjos, por sua vez, lutam com a espada, arma nobre e leal, própria do combate corpo a corpo. Na guerra feudal, armas de arremesso, que permitem a qualquer camponês matar um príncipe, são consideradas desleais. Sabemos que, no século XII, a Igreja tenta proibir a besta. Assim como o arco, a besta é a arma dos camponeses, dos mercenários, dos caçadores e dos foras-da-lei: de Robin Hood a Guilherme Tell, são instrumentos de libertação dos povos, de contestação da ordem estabelecida – são os *Kalashnikovs* da Idade Média.[4]

A adoção maciça do arco pelo exército inglês é, portanto, uma verdadeira revolução cultural, o triunfo do espírito prático e da eficiência sobre as tradições cavaleirescas. O arco em questão é de um tipo muito especial, é o *long bow*, o grande arco, de dois metros de altura, que só pode ser usado por um soldado de infantaria; requer força e habilidade e, portanto, prática regular, incentivada na Inglaterra desde o reinado de Eduardo I. Um bom arqueiro pode disparar até dez flechas por minuto e perfurar cota de malha a 150 metros de distância. Contudo, trata-se de uma arma exclusivamente defensiva: os arqueiros, imóveis, colocados nos flancos do corpo de batalha, em linha oblíqua e ligeiramente para a frente, dizimam as cargas inimigas: são as metralhadoras da Idade Média. Isso explica os confrontos intermináveis entre os exércitos antes das batalhas: ninguém quer lançar o ataque. Porém, fora da batalha, os arqueiros viajam a cavalo, o que lhes dá grande mobilidade. Esses homens em geral são camponeses abastados, homens livres, pequenos proprietários de terras, *yeomen*, muitas vezes dos condados do oeste, em particular, de Cheshire. Movidos por um sentimento corporativo e bem pagos (6 pence por dia), eles abraçam a causa real e são animados por um espírito patriótico.

O exército também inclui soldados de infantaria, em sua maioria galeses, com uniformes verdes e brancos, cuja principal tarefa é recorrer à faca para acabar com inimigos sem valor de mercado. Eles recebem 2 pence por dia. A isto se somam muitos técnicos, especialistas em minas e escalada, carpinteiros, ferreiros, pedreiros, armeiros e muitos outros. Os serviços administrativos asseguram o fornecimento de comida para vários milhares de homens em marcha durante meses, o que exige uma organização bastante notável.

---

4 Referência ao fuzil de assalto conhecido pela sigla AK-47, que começou a ser fabricado na União Soviética no final da Segunda Guerra, tornando-se popular, por assim dizer, devido à eficiência e à facilidade de uso. (N. T.)

Se não faltam voluntários no exército inglês, é porque a guerra na França oferece boas oportunidades. O soldo por si só é atraente: até mesmo o soldado de infantaria galês ganha em 80 dias a renda anual de um lavrador; para o arqueiro, isso se reduz a 25 dias. Há ainda suplementos a cada quatro meses e, principalmente, o espólio que é recolhido ao longo do caminho. Os cronistas contam que não havia uma inglesa que não tivesse um pequeno adorno trazido de Caen, de Harfleur, de Calais ou de outro lugar por um marido, um parente ou um amante. Às vezes, esses presentes são mais do que pequenas lembranças: a prataria de igreja é especialmente apreciada; em 1381, um alfaiate de Nottingham arrecada 36 libras em bens, uma pequena fortuna para a época. E, para os oficiais, há os resgates. Entende-se que a guerra é extremamente popular na Inglaterra, a despeito das reclamações sobre os impostos que ela causa. O que se deseja são líderes competentes que tomem as cidades e obtenham vitórias frutíferas. Ir lutar na França também é uma aventura e implica orgulho do combatente, num espetáculo de estandartes, armaduras e liberdade, além do prazer de violentar cidades e mulheres bonitas. Por cem anos, a França foi a terra aventurosa dos ingleses.

Esse aspecto deve ser levado em consideração para se compreender a longa série de sucessos ingleses. O clima no exército inglês é totalmente diferente daquele do exército francês. Por um lado, tropas coerentes, homogêneas e solidárias que integram os elementos populares e aristocráticos, havendo por parte dos nobres total confiança nos arqueiros, um exército bem comandado com moral de conquistadores e confiança reforçada a cada vitória. Do outro lado, um exército heteróclito, composto em parte por mercenários estrangeiros pouco motivados, que falam línguas diferentes e se atormentam pela desconfiança e pelas rivalidades sociais. A nobreza insiste em acreditar que a guerra é o seu negócio, que todo nobre é um guerreiro nato e que os camponeses atiradores de flechas são pessoas desprezíveis, inúteis e até perigosas para o próprio exército. Como vimos, os franceses não hesitam em passar por cima dos corpos dos arqueiros, quando necessário, a fim de enfrentar o inimigo.

O EXÉRCITO FRANCÊS: DO CAVALEIRO AO CANHÃO

Apesar do acúmulo de infortúnios, o cavaleiro mantém seu prestígio e só muito lentamente conhece seu rebaixamento. O exército é um microcosmo que reflete as estruturas sociais globais. O nobre, que vive de seus senhorios, vê sua posição ameaçada tanto pela queda dos rendimentos como pela evolução da técnica militar. Outrora, o nobre constituía a espinha dorsal do exército feudal ao atender à convocação do *ban* com o seu pequeno grupo de combatentes conforme a importância do seu feudo. Agora, porém, prefere-se o soldado profissional, seja o de infantaria, seja o cavaleiro. O autêntico cavaleiro, aquele que foi equipado como tal, torna-se uma incômoda antiguidade, pois forma com seus colegas um grupo pitoresco, colorido e já quase folclórico: encouraçado de ferro, sobrecarregado com sua lança pesada, indisciplinado e ansioso por façanhas pessoais no combate de corpo a corpo, ele se mostra inadequado às novas formas de luta. Não há exagero quando afirmamos: ele ainda representa uma força impressionante e, se o terreno favorecê-la, suas investidas ainda podem ser mortais. No entanto, ele se mostra melhor num desfile e na justa do que numa batalha de verdade. Para fazer outra comparação com o século XX, o cavaleiro é um pouco como o encouraçado pesado diante do ataque aéreo na guerra do Pacífico: ultrapassado.

Ademais, o cavaleiro fica desconcertado com o realismo que preside a guerra moderna. Uma guerra que mata: isso é novo! É claro que os nobres adversários sempre buscam fazer prisioneiros para resgate, mas a infantaria e os mercenários, que não têm nada a esperar e que, além disso, se recusam a se render, matam sem escrúpulos. São açougueiros e carpinteiros na vida civil, e sabem muito bem encontrar a brecha na armadura para nela introduzir a faca, como se estivessem abrindo uma ostra. Ao matar um nobre, eles têm a satisfação de se vingar mais do inimigo de classe do que do inimigo "nacional" e, embora não ganhem com resgate, ainda assim sempre podem saquear os cadáveres. As batalhas da Guerra dos Cem Anos, como vimos, terminam em uma hecatombe do lado dos vencidos, o que na época é uma novidade.

Os cavaleiros também são mal adaptados à guerra marítima. Lutar no convés de um barco, onde se corre o risco de enjoar, não condiz com a dignidade dos nobres. Os ingleses não têm tais reservas. Os condes e o próprio rei participaram da batalha de Eclusa. Em meados do século XV, no *Debate entre os arautos de armas da França e da Inglaterra*, um tratado que discute os méritos respectivos dos dois exércitos, o arauto inglês pergunta ao colega francês o motivo pelo qual o rei da França não havia construído uma frota de guerra. A resposta é que as batalhas navais não são cavaleirescas, o enjoo no mar é inconveniente e, além disso, é provável que alguém afunde: "Pois, havendo perigo e perda de vidas, Deus precisa ter piedade quando causa uma tormenta, sem contar o forte enjoo no mar que afeta muitas pessoas. Ademais, se fosse assim, a vida seria muito dura, o que não é condizente com a nobreza".

A ética cavaleiresca não desaparece completamente. Algumas sobras são preservadas, mas apenas aquelas que são úteis nas situações delicadas ou no salvamento de reputações; os resquícios de convenções cavaleirescas são cinicamente usados a serviço do novo realismo, e nisso a Guerra dos Cem Anos é, de fato, uma guerra de transição. Príncipes e reis se desafiam a duelos a fim de resolverem a disputa pessoalmente, mas tudo não passa de mera propaganda: duelos nunca acontecem. Chega-se a fixar o local e o dia da batalha, mas não se hesita em surpreender o inimigo antes disso, quando há oportunidade. Os prisioneiros muito incômodos são libertados sob juramento. O formalismo é especialmente importante durante os cercos: a cidade se renderá se os reforços não chegarem antes de uma certa data. Um estranho costume da cavalaria ainda é normalmente observado: fazer um juramento. Na maioria das vezes, trata-se de impor a si mesmo uma privação que será um estímulo à ação. O arquétipo é o famoso *Juramento da Garça*, feito na corte de Eduardo III às vésperas da guerra contra a França. Cada senhor se compromete com o rei e sua senhora: o conde de Salisbury jura não abrir o olho direito até que tenha lutado na França, e Froissart relata ter visto ingleses escondendo o olho com um pano até que realizassem uma ação brilhante. Em Dinan, Tomás da Cantuária jura não dormir em uma cama até que tenha enfrentado Du Guesclin; este último, por sua vez, jura não beber nada além de sopa de vinho[5] até que tenha combatido Tomás. Em Pontvallain, Bertrand jura não descer do cavalo e não comer nada além de pão até que tenha travado a batalha; em Moncontour ele jura não se desarmar até

---

5 Trata-se do *chabrot* (ou *chabròl* em língua d'oc), que consiste em misturar vinho tinto no fundo do prato com resto de sopa a fim de diluir a mistura e tomar tudo em goles grandes. Na Gasconha, o mesmo costume da sopa com vinho era designado pelo termo *goudale*. (N. T.)

A GUERRA DOS CEM ANOS

que a cidade seja tomada; em Sainte-Sévère, fez dois juramentos: o de executar todos os franceses que ficaram do lado dos ingleses e o de não comer nem beber enquanto as execuções não acontecessem.

Em *O outono da Idade Média*, Huizinga analisa tal prática:

> É aqui que aparecem os próprios fundamentos do ideal cavaleiresco. O caráter da barbárie é tão manifesto nos juramentos que é impossível duvidar da relação que une a cavalaria, o torneio e as ordens aos costumes primitivos [...] O voto cavaleiresco pode ter uma significação religiosa e ética, o que o coloca no mesmo plano do voto religioso; ele também pode ser de natureza romanesca e amorosa; e, enfim, é possível que degenere em um divertimento cortês. Essas três características ainda estão, de fato, presentes e unidas; o juramento é a consagração da vida a um ideal sério; é também o escárnio que brinca um pouco com a coragem, o amor e os interesses do Estado.[6]

Embora a estrutura do exército do rei da França fosse arcaica no tempo de Filipe VI, ela evolui sob o efeito das derrotas. Apesar da relutância, o recrutamento e as táticas se modernizam. Com Carlos V, a prática do contrato de retenção torna-se generalizada. A grande ordenança de 13 de janeiro de 1374 regulamenta essa modalidade de recrutamento. O rei indica que os capitães de retenção eram muitas vezes desonestos: durante os turnos, apresentavam aos marechais contingentes fictícios, que depois mandavam de volta, guardando para si o soldo dessas tropas imaginárias. Não informavam

---

6 Minois cita a tradução feita por Julia Bastin a partir do texto em holandês, publicada na França em 1932. O mesmo trecho, na tradução brasileira de Francis Petra Janssen (p.164-5), é o seguinte: "Os votos prescritos pela ordem dos cavaleiros são apenas uma forma coletiva fixa do voto cavaleiresco pessoal de realizar algum feito heroico. Talvez esse seja o ponto em que melhor se possa observar as bases do ideal cavaleiresco. Aqueles que poderiam se inclinar a considerar como uma mera sugestão o vínculo entre a ordenação do cavaleiro, o torneio, as ordens cavaleirescas e os costumes primitivos encontrarão no voto cavaleiresco um caráter bárbaro tão perto da superfície que a dúvida não é mais possível. [...] O voto cavaleiresco pode ter um sentido ético-religioso, que o coloca no mesmo plano dos votos religiosos; o seu conteúdo e o seu significado também podem ser de natureza erótico-romântica; por último, o voto pode ter se reduzido a um simples jogo cortesão, que tem sentido apenas como divertimento. Na verdade, todos esses três significados coexistem de forma inseparável; a ideia do voto oscila entre a suprema consagração da vida a serviço do ideal mais solene e o escárnio mais presunçoso daquele jogo de salão luxuoso, que apenas se diverte com a coragem, o amor e os interesses de Estado". (N. T.)

os tesoureiros das guerras das partidas prematuras dos seus homens, para continuarem a receber o seu salário. O equipamento fornecido não era respeitado. Para evitar tais práticas, o rei organiza um sistema de fiscalização mais eficiente, colocado sob a responsabilidade dos marechais da França e seus oito tenentes. Cada homem deve se apresentar com equipamento completo; ele não poderá ser substituído e terá que jurar servir nesse estado enquanto estiver sendo pago pelo rei. Os capitães recrutarão apenas soldados de boa qualidade e reputação, aos quais não concederão folgas exageradas. Eles deverão informar as partidas e evitar causar danos à população civil. Os pagamentos serão feitos pelos escriturários dos marechais em grupos de pelo menos cem homens. Só se pode ser capitão de retenção por cartas do rei, de seus tenentes ou de um príncipe.

A tática torna-se mais realista, notavelmente graças à ação pessoal de Du Guesclin, que recorre a operações de assédio empregando astúcia e surpresa. Embora os historiadores universitários tenham quase sempre desprezado esse chefe de bando que pouco se importava com as leis da guerra ou com a grande estratégia, é preciso reconhecer que ele foi capaz de aproveitar ao máximo os meios medíocres à sua disposição. Sua forma de fazer a guerra era provavelmente a mais adequada ao contexto do seu tempo, num momento em que a Guerra dos Cem Anos se transformava em guerrilha. É perfeitamente possível enquadrar sua ação na estratégia geral de defesa ativa desenvolvida por Carlos V: recusar as grandes batalhas, esconder-se em fortalezas inexpugnáveis, deixar o inimigo esgotar-se por conta própria e, ao mesmo tempo, não parar de assediá-lo. O conflito havia entrado em sua fase de guerra de exaustão e os métodos pouco ortodoxos do condestável se mostram eficazes.

No tempo de Carlos VII, a organização militar francesa continua a se adaptar e as grandes reformas por ele desenvolvidas invertem o equilíbrio de forças: o exército francês, a partir da década de 1440, é inegavelmente superior. O recrutamento, com as companhias de ordenança, é agora de alta qualidade; a tática finalmente evolui o suficiente para diminuir a vantagem dos arqueiros ingleses, o que se realiza pela escolha criteriosa de terreno e pelo abandono dos imprudentes ataques de cavalaria. Finalmente, o poder da artilharia torna-se um trunfo importante. Assim como o arco, o canhão é mais que uma arma, pois apresenta uma dimensão cultural que marcou as mentalidades. Combinando barulho e fogo, essa engenhoca parece ter saído diretamente do inferno: Francisco di Giorgio a qualifica como uma descoberta "não humana, mas diabólica". Por volta de 1390, João Mirfield menciona "aquele instrumento belicoso ou diabólico que é vulgarmente denominado canhão", do grego *kanun* ou do latim *canna*, ou seja, tubo. Na época de Carlos VII, não se trata mais de uma novidade, pois já fazia um século que as primeiras bombardas haviam aparecido nos campos de batalha. Contudo, é na primeira metade do século XV que essa arma se torna verdadeiramente eficaz, com modelos diversificados, adaptados a diferentes usos: bombardas, *veuglaires*, colubrinas, serpentinas, *crapaudeaux, crapaudines, cortauds*, morteiros, cuspidoras de bolas de pedra ou de ferro. As técnicas de fabricação se desenvolvem com o aparecimento de moldes cilíndricos e a pólvora é de melhor qualidade. Engenheiros, como os irmãos Bureau, aperfeiçoam os modos de uso e o ajuste dos tiros. As engenhocas variam muito em tamanho: *veuglaires* e *crapaudeaux* pesam entre 1,5 tonelada e 5 toneladas; isso para não se falar dos monstros: 7,5 toneladas para *Mons Meg*, que ainda pode ser visto no castelo de Edimburgo, e 16,5 toneladas para *Dulle Griet*. Em 1410, o duque de Brabante manda forjar em Bruxelas um canhão de 35 toneladas!

Disso decorrem os problemas de transporte. Na maioria das vezes, o cilindro e a câmara são transportados em duas carroças de quatro rodas e devem ser descarregadas antes do uso. Assim, para o transporte da *Bergère*, uma bombarda utilizada no cerco de Orléans em 1429, utilizou-se uma carreta puxada por 29 cavalos para o cilindro, e outra de 7 cavalos para a câmara. Durante o deslocamento, foi necessário ainda mudar o trajeto e reforçar as pontes. Em 1436, a bombarda *Borgonha* exigiu dois vagões para o transporte, um puxado por 48 cavalos, que transportava o cilindro, e outro com 36 cavalos para a câmara.

A eficácia do canhão ainda se mostra muito limitada em batalhas campais devido à baixa cadência e ao alcance medíocre dos tiros. Uma vez disparada a primeira salva, o inimigo pode avançar sem medo, agarrar as peças e desativá-las. Por esse motivo, os canhões eram protegidos por paliçadas, fossos ou aterros, como em Castillon em 1453, onde, excepcionalmente, a artilharia causou estragos por causa do ataque desesperado de Talbot: os canhões dispararam diretamente contra a compacta multidão de atacantes, e "a cada tiro, cinco ou seis eram derrubados, todos mortos". Por outro lado, a artilharia é absolutamente indispensável na guerra de cerco; foi graças ao poder do parque de Carlos VII que a reconquista das cidades normandas e gasconas ocorreu rapidamente. Todos os teóricos insistem no papel dos canhões em matéria de ataque e defesa de fortalezas.

PRÁTICA E TEORIA DA GUERRA

A condução da guerra e o desenrolar das batalhas evoluem muito no intervalo de um século. É evidente que a Guerra dos Cem Anos faz progredir o que se denomina arte da guerra. A ideia de uma estratégia de conjunto é bastante rudimentar, mas não ausente. Do lado inglês, utilizam-se as combinações oferecidas pela posse de bases em Calais, na Bretanha e na Guiena. A imensidão do território a ser conquistado e as tropas disponíveis com efetivos reduzidos faz as cavalgadas serem privilegiadas, pois elas obedeciam a um plano global de reforço dos lugares fronteiriços e enfraquecimento das defesas inimigas. As cavalgadas dão provas de notável capacidade para domínio do espaço numa época em que não havia mapas terrestres, quando o avanço dependia da ajuda de guias e espiões, com informações recolhidas de mercadores e religiosos. Ser capaz de planejar e dominar um teatro de operações que se estende por várias centenas de quilômetros – e isso por vários meses – atesta qualidades táticas bastante admiráveis.

As campanhas ocorrem quase sempre no verão, por razões óbvias de facilidade de deslocamento, abastecimento e conforto. Das 120 lutas e batalhas travadas nos séculos XIV e XV, 88 aconteceram entre abril e setembro. Contudo, as campanhas podiam se prolongar até a chegada do inverno.

A natureza das tropas numa batalha impõe uma tática bastante rotineira: o exército é instalado em uma frente que raramente ultrapassa um quilômetro de largura; quanto aos flecheiros, estes são intercalados entre os grupos de cavaleiros ou colocados à frente, com a obrigação de se retirarem para dar lugar à carga. São eles que se engajam no combate: arqueiros ingleses de um lado, besteiros (principalmente genoveses) do outro. Estes têm uma arma formidável, porém pesada, que dispara três vezes mais devagar que o arco. Os cavaleiros encontram-se em formações mais agrupadas: em geral três ou quatro fileiras, divididas em pequenos grupos compactos (eram chamados estandartes) à frente dos quais está o cavaleiro porta-bandeira, cercado por homens de armas e escudeiros. Seu escudo e seu grito de guerra servem como marcos para a orientação das tropas na batalha. A carga começa lentamente e atinge sua velocidade máxima no instante do choque. Trata-se então de quebrar a formação inimiga, isolando pequenos grupos que serão cercados, e é então que os cavaleiros eram feitos prisioneiros. Quem termina o trabalho são os soldados de infantaria, que matam todos os que não foram pegos porque não têm valor no mercado de resgate. O século XIV assiste à melhoria da ordem e da disciplina durante o combate: cada um tem seu lugar designado; alguns cavaleiros devem ficar na retaguarda ou na reserva, o que nem sempre aceitam, pois todos querem participar do assalto, sobretudo à frente (devido à honra), o que também lhes possibilita escolherem os melhores prisioneiros.

Nas batalhas, quase sempre quem ataca primeiro é derrotado, daí a espera interminável que antecede o embate. João de Bueil está convencido disso: "Aqueles que marcharem perderão e aqueles que permanecerem em pé e ficarem firmes vencerão". Ele fala com base na experiência. Da mesma forma, recomenda escolher bem o terreno antes de lançar uma carga de cavalaria, pois, diz ele, está fora de questão recuar após iniciado o movimento: "Os batalhões a cavalo devem correr em direção ao inimigo e avançar com fúria, contanto que possam ver que estão em um terreno onde podem passar, pois hesitar e retornar levaria à derrota na batalha".

Tais recomendações, contidas em *Le Jouvencel*, que data de cerca de 1460, são indicativas de outra inovação decorrente da Guerra dos Cem Anos: o surgimento de uma literatura sobre a arte da guerra. A duração do conflito faz da guerra a situação normal, integrada na cultura envolvente; pelo menos três gerações conheceram apenas a guerra e é lógico que ela tenha sido objeto de reflexão e tenha dado origem a tratados teóricos. Estes últimos não inovam muito: suas referências são os romanos Frontino e Vegécio,[7] o que sugere que a guerra teria mudado pouco em mil anos. Suas obras podem ser encontradas em algumas bibliotecas principescas. O teólogo João de Rouvroy faz

---

7 Sexto Júlio Frontino, engenheiro e senador romano do século I d.C., autor de *Stratagemata*. Flávio Vegécio, escritor romano do século IV d.C., autor de *De Re Militari* (*Acerca de assuntos militares*). (N. T.)

para Carlos VII uma tradução francesa da obra *Stratagemata*, de Frontino, que apresenta um catálogo dos ardis da guerra, sempre útil porque, diz ele, as guerras são vencidas por "cautelas e sutilezas" muito mais do que por "grande força dos combatentes". Isso mostra bem que a guerra cavaleiresca está superada.

Entre os tratados que obtêm algum sucesso, destaca-se aquele redigido em 1327 por Teodoro Paleólogo, traduzido para o francês no final do século XIV por João de Vignai com o título *Ensinamentos e ordenanças para um senhor que tem guerras e grandes governos a realizar*. Em 1360, o jurista italiano João de Legnano escreve *De Bello, de represaliis et de duello*; em 1387, o beneditino Honoré Bovet (ou Bonet) publica *A árvore das batalhas*, com dedicatória a Carlos VI; em 1410, é a vez de *O livro dos feitos de armas e de cavalaria*, de Cristina de Pisano; no mesmo momento, Conrad Kyeser descreve máquinas de guerra e o modo de usá-las em *Bellifortis*; em 1449, é lançado *De machinis*, de Marciano di Jacopo Taccola.

Monges, teólogos, juristas e mulheres: a guerra é realmente assunto de todos e uma preocupação geral. Gerson recomenda que o delfim leia Vegécio. O "saber clerical" e a "ciência" devem acompanhar "cavalaria" e "proeza", estimam os autores. O tratado militar entra na literatura geral e, desse ponto de vista, a obra-prima, tanto por suas qualidades literárias quanto por suas observações técnicas, é *Le Jouvencel*. O autor é, pela primeira vez, um verdadeiro profissional, que sabe do que fala. Nascido em 1405, lutou em guerras por cerca de quarenta anos e seu livro é uma espécie de autobiografia romanceada. João de Bueil ama seu ofício:

> É coisa alegre a guerra. Nós nos ajudamos muito na guerra. Quando vemos boa briga e nosso sangue combate bem, os olhos se enchem de lágrimas. Surge no coração uma doçura, além de lealdade e piedade, quando vemos o amigo que tão valentemente expõe seu corpo: dispomo-nos a morrer ou a viver com ele e, por amor, jamais abandoná-lo. Você acha que o homem que faz isso teme a morte?

À frente dos exércitos, diz ele, são necessários especialistas, pois o tempo dos amadores já passou: "A condução da guerra é artificiosa e sutil; por isso, é conveniente governar por meio da arte e da ciência, procedendo pouco a pouco, antes que se possua perfeito conhecimento". Para ele, "o ponto principal de toda guerra é, depois de Deus, a discrição do líder", ou seja, sua competência. Ele dá como exemplo La Hire, que certamente não é discreto no sentido moderno da palavra, com seu grande casaco vermelho e seus trajes extravagantes, mas é "um bom doutor da ciência da guerra". A guerra, como João de Bueil a concebe, é negócio de profissionais, realistas e competentes, capazes de usar canhões, propaganda, astúcia e espionagem: "Um príncipe deve colocar a terça parte de seu dinheiro em espiões".

Outros profissionais se expressam dando conselhos esclarecidos sob forma de relatórios de especialistas. O mais famoso é João Fastolf, veterano das últimas fases do conflito, autor de vários memoriais em que não faltam conselhos aos líderes do exército inglês. No memorial de 1435, ele apresenta a teoria das cavalgadas com um plano bastante rudimentar: duas expedições de 3 mil homens cada, saindo de Calais em 1º de junho, fazem um circuito por Artois, Picardia, Laonnois e Champagne destruindo tudo. Volta-se a Calais em 1º de novembro trazendo na bagagem o saque. Alguns líderes parecem se documentar seriamente: Guichard Dauphin, senhor de Jaligny, mestre dos besteiros da França, tem em sua biblioteca as vidas de Alexandre e de César, livros sobre torneios, os tratados de Teodoro Paleólogo e de Godofredo de Charny, além da *Árvore das batalhas*. Em 1432, Bertrandon de la Brocquière, em *A viagem de ultramar*, dedicado a Filipe, o Bom, imagina o exército ideal: soldados e flecheiros franceses e alemães, com mil homens de armas e 10 mil arqueiros ingleses. Nesse exército europeu, os cavaleiros estariam equipados com uma lança leve, espadas e machados; a infantaria, com bisarmas.[8] Durante a batalha, seriam colocados flecheiros e *ribaudequins*[9] entre os corpos de cavalaria. Para manter a coesão, proíbe-se o lançamento de escaramuças e a perseguição do inimigo no final.

A guerra está tão integrada à cultura que as pessoas tendem a ser caracterizadas por seu valor guerreiro. É o que o arauto Berry faz na década de 1450 em seu *Livro da descrição dos países*. Ele classifica os povos de acordo com suas qualidades militares. Eis os napolitanos, que são "valentes homens de armas a cavalo, as pessoas que melhor montam e as mais bem vestidas entre

---

8 A *bisarma* (no original, *guisarme*) era uma espécie de alabarda que tinha na extremidade uma foice junto ao ponteiro aguçado. (N. T.)

9 O *ribaudequin* era uma peça de artilharia com doze tubos de canhão paralelos que disparavam simultaneamente. (N. T.)

todos os italianos". Os alemães são "bons besteiros a cavalo e a pé, capazes de atirar bem com bestas de chifre ou de tendão,[10] que são boas, seguras e fortes porque não quebram". Os húngaros "têm pequenos arcos de chifre e de tendão e bestas e têm bons cavalos, e estão armados de maneira leve e não desmontam voluntariamente a pé para lutar". Os tchecos, "quando entram em batalha contra os alemães, se protegem em seus carros com correntes de ferro, usando bastões fortes e correntes de ferro nas quais, na extremidade, havia bola com pontas; e a cada vez que golpeavam, abatiam um homem, e assim permaneciam sempre em seus carros fortificados".

Os suíços o impressionam: "Essa gente é gente cruel e rude; luta contra todos os seus vizinhos mesmo que nada lhes seja pedido; tanto nas planícies quanto nas montanhas há 40 ou 50 mil homens juntos para lutar". A qualidade suíça é a revelação da época. O delfim fica pasmo com esses homens que sabem como matar uma pessoa no local, e Mathieu de Escouchy relata que líderes experientes lhe disseram que em nenhum lugar haviam visto "pessoas que se defendiam tão bem e que eram tão ultrajantes a ponto de serem capazes de abandonar a própria vida".

Embora os suíços tivessem todas as qualidades necessárias para serem vistos como bucha de canhão, os ingleses, apesar de tudo, ainda eram a referência nesse quesito. O arauto Berry não poupa elogios ao dizer que os ingleses são cruéis, sanguinários, fazem guerra contra todos e até lutam entre si (ele escreve durante a Guerra das Duas Rosas) e têm uma organização notável:

> são bons arqueiros e homens de guerra de verdade. E quando o rei deles quer organizar um exército para fazer guerra na França, na Espanha ou na Bretanha (pois ele está guerreando contra o rei da França e os países mencionados são aliados do rei da França), ele os envia pelo mar para irem ao referido país a fim de obter o que pudessem ou morrer em aventura, de acordo com o que encontrassem como resistência. Essa nação tem gente cruel e sanguinária. E eles mesmos, na condição em que se encontram, lutam em seu país uns contra os outros e travam grandes batalhas. Tal é o quadro do dito reino que faz guerra contra

---

10 O arco das bestas era fabricado com material de animais para ser flexível e resistente: utilizavam-se os chifres ou os tendões (dizia-se *nerfs*). (N. T.)

todos os povos do mundo pelo mar e pela terra. Tudo o que ganham vem das terras estranhas por onde passam; enviam ao seu reino, que, por isso, é rico.

Um dos pontos debatidos nos tratados militares diz respeito ao armamento do populacho: será que é necessário armar e treinar o povo para participar da defesa? Os porta-vozes da aristocracia veem o perigo. Cristina de Pisano denuncia o "perigo de dar a pessoas menores mais autoridade do que lhes é devida". De acordo com ela, "para um príncipe que quer obter seu senhorio com franqueza e em paz, não seria loucura, ouso dizê-lo, dar licença de armamento às pessoas comuns?". O povo armado é um perigo permanente de revolta, como mostram os acontecimentos normandos. João Jouvenel des Ursins expressa o mesmo receio, lembrando que no reinado de Carlos VI, em 1384, todos os jogos eram proibidos, com exceção do tiro com arco ou besta, e que se isso tivesse sido aplicado, os camponeses "teriam sido mais poderosos do que os príncipes e nobres". É preferível deixá-los jogar cartas, diz Jouvenel des Ursins. Contentamo-nos, pois, com o regime dos franco-arqueiros, em 1448, com a imposição do exercício a poucos habitantes por paróquia: um para 120, 80 ou 50 famílias. Uma cidade como Poitiers, por exemplo, tem apenas 30 franco-arqueiros, número que logo se reduz a 12; são 8 mil para todo o reino, "e depois as pessoas voltaram a jogar outros jogos e diversões como faziam antes".

O problema também surge na Inglaterra. Os estatutos de Eduardo I, complementados pelos de Eduardo III em 1328 e 1331, obrigam todos os homens com idade entre 15 e 60 anos a ter armas ofensivas e defensivas: da simples faca ao arco e à espada, com cota de malha e elmo, se houver meios para tê-los. O treinamento também é obrigatório, com exercícios sob a direção dos condestáveis. A vantagem é poder assegurar um mínimo de autodefesa, nas costas e na fronteira escocesa. Porém, há um perigo real nesse projeto: milhares de marginalizados, vagabundos, bandidos armados e treinados em técnicas de guerra. Ademais, calcula-se que, no século XIV, cerca de 10% dos efetivos do exército inglês compreendiam foras-da-lei, assassinos e outros condenados à forca. A Inglaterra não conheceu o flagelo das grandes companhias e dos esfoladores, mas a bandidagem é endêmica por lá. Os "Robin Hoods" abundam e, se roubam dos ricos, não é para dar aos pobres. Na ausência de verdadeiras forças da ordem, os bandidos prosperam.

Um exemplo em meio a centenas de outros: nos primeiros dias do reinado de Eduardo III, os seis irmãos Folville, incluindo um padre, eram conhecidos em Leicestershire pelo histórico de roubos e estupros que duraria dezesseis anos.

O perigo das rebeliões para as autoridades era tanto maior quanto maior fosse a perícia do camponês no manejo do machado, da faca e do arco. Em 1353, o Príncipe Negro teve que intervir contra os rebeldes de Cheshire; em 1355, bandos de aldeões de Oxfordshire se rebelam, gritando estranhos *slogans* assassinos: "*Havak, havok, smygt faste, gyf good knok*" ("Destrua, saqueie, mate rápido, dê um bom golpe"). Sabe-se que os grandes movimentos de 1381 e 1450 alarmaram seriamente as autoridades.

OS MERCENÁRIOS

A Guerra dos Cem Anos é também, no campo militar, a grande oportunidade dos mercenários. Desde a Antiguidade mais longínqua, os governos empregam tropas de profissionais que lutam mediante pagamento. No século XIV, as insuficiências do exército feudal, especialmente do lado francês, tornam-nas indispensáveis. Na verdade, essas tropas vão garantir a transição entre o exército feudal e o exército nacional. As necessidades de soldados que surgem a todo instante numa guerra sem fim abrem perspectivas inesperadas a alguns marginalizados e delinquentes, mas também a jovens da nobreza pobre e a clérigos destituídos, que ali encontram um meio de vida para ganhar dinheiro, seja por soldo ou por pilhagem, enquanto satisfazem seus instintos com total impunidade. Contratados por um capitão, eles fazem parte de uma *route*, que é uma espécie de confraria cujo número de integrantes varia entre 50 e 200. O chefe lidera com a ajuda de um conselho de *caporales*, assegurando a distribuição dos espólios. Embora a disciplina seja exigida no grupo, esses desordeiros na prática têm licença para pilhar, matar, torturar, incendiar e estuprar. A violência é seu ofício e, entre eles, há muitos desequilibrados e psicopatas. Totalmente apátridas, eles vêm de todos os lugares da Europa, com grande quantidade de gascões, bretões, flamengos, alemães, italianos e espanhóis. Os *routiers*, como são chamados, formam em meados do século XIV uma espécie de federação, as grandes companhias (sobre as quais falamos), que se tornam um flagelo inextirpável após o Tratado de Brétigny.

O historiador britânico Kenneth Fowler, em seu estudo *Medieval Mercenaries*, conseguiu reconstituir as origens de 91 capitães de aventura que participaram das grandes companhias da década de 1360: 31 eram ingleses, 27 da Aquitânia, incluindo 21 da Gasconha propriamente dita, 4 de Périgord e 2 de Quercy. Alguns realizaram carreira brilhante e acabaram se tornando verdadeiras celebridades, ricas e respeitadas, como o famoso Bascot (ou Bascon) de Mauléon, que teve a honra de ser entrevistado pelo grande repórter de guerra João Froissart, em Orthez, em 1399. Nascido por volta de 1335 em Béarn, passou a vida na guerra e suas aventuras constituem um verdadeiro romance. Primeiro, a serviço do Captal de Buch, lutou em Poitiers no exército inglês; depois, na Lituânia sob o comando de Gastão Phoebus; na França para Carlos, o Mau, e, em outro momento, para Eduardo III. Tendo se tornado um chefe de *route*, ele faz arrastão no campo e acumula uma fortuna que lhe permite viver como um grande senhor, ostentando aos quatro ventos sua riqueza. Para ele, como declarou a Froissart, era normal saquear quando não se tem mais empregador: é preciso viver bem! Ele se gaba de suas façanhas e se apresenta como um homem totalmente honrado, o que diz muito sobre o declínio dos valores morais causado pela Guerra dos Cem Anos. Ao mesmo tempo que Bascon, outros líderes mercenários também se tornaram personalidades que lidavam com príncipes e reis: falamos de Arnaud de Cervole (o arcipreste), Seguin de Badefol, Bertucat de Albret, Bernardo de la Salle, João Cresswell, Hugo Calveley e Roberto Knolles. Menos conhecidos são os alemães, como Albert Sterz, Winrich von Fischenich, Folekin Volemer, Johann Hazenorgue, Frank Hennequin e dezenas de outros.

Muitos desses chefes são bastardos de famílias nobres, ou, como se diz no sudoeste, *bourcs*: Bourc Camus, Bourc de Breteuil, Bourc Campagne, Bourc de Armagnac, Bourc Lesparre, Bourc de Périgord, Bourc Aussain, Bourc Monsac. Alguns são de origem humilde: Arnaud de Solier e o Pequeno Meschin eram valetes; Frank Hennequin, "um pobre menino alemão", segundo João, o Belo. Para eles, a guerra é um meio de ascensão social. Outros vêm da boa nobreza, como Seguin de Badefol, filho de um grande senhor do Périgord. Já os ingleses oferecem um leque bastante diversificado: muitos são de origem honrosa e vêm dos condados do norte e oeste, como João Cresswell, vindo de Northumberland; João Amory e Davi Holgrave, de Cheshire; Godofredo Worsley, de Lancashire; Ricardo Holon, de Yorkshire; alguns são assassinos fugitivos e bandidos: William Bardolf e Ricardo Holm (que vai para a França após um assassinato em Coventry em 1359); Jannequin Nowell recebe na década de 1380 cartas de perdão por vários assassinatos, estupros, traições e roubos.

Esses homens são inegavelmente bons soldados. A expressão trivial "bestas de guerra" combina perfeitamente com eles. Alguns têm talentos excepcionais, como Bernard de La Salle, um nobre da região de Agen, conhecido por sua audácia e agilidade como um "escalador de muralhas forte e sutil", nas palavras de Froissart. Em novembro de 1359, ele conquista o castelo de Clermont-en-Beauvaisis "grimpando como um gato" nos muros – uma façanha que repetiu em Charité-sur-Loire e Figeac. Em 1375, seus serviços são contratados pelo papa. Esses personagens pitorescos e terríveis semeiam o terror durante décadas nos campos da França. A última geração – Villandrando, La Hire, Xaintrailles, João de Grailly, Mathew Gough, Perrinet Gressart, João de Surienne e Guilherme de Flavy – não é menos formidável. O cavaleiro sem medo e, sobretudo, sem reprovação, defensor de viúvas e órfãos, com a Guerra dos Cem Anos é definitivamente retirado do pódio onde ficam os mitos da idade de ouro da cavalaria – ele é substituído pelo chefe de bando, sem fé nem lei, personagem que existe de fato, tanto como bandido quanto como capitão. Este representa a transição entre o exército feudal e o exército real regular, uma longa e dolorosa transição, da qual a Guerra dos Cem Anos é o episódio principal.

UMA LACUNA: A MARINHA

O recrutamento de exércitos e os métodos de combate não são as únicas evoluções durante esse período crucial. A logística também progride. A guerra ocorre em um teatro surpreendentemente amplo, de Calais a Bigorre e de Brest a Nancy. Os exércitos deslocam-se a uma velocidade que, para os meios técnicos disponíveis, é notável. As cavalgadas inglesas percorrem centenas de quilômetros em poucas semanas: no caso do Príncipe Negro em 1355, são novecentos quilômetros em dois meses, assolando o país e coletando enorme espólio. Nos eixos principais, as estradas estão mais ou menos conservadas; são construídas em terra batida, compactada pela passagem de carroças e com lenha preenchendo os buracos maiores. Um grande problema é o da orientação. Sem mapas, os chefes não têm em mente uma visão global do país; eles avançam baseados no que enxergam, recorrendo a guias e espiões. As únicas orientações existentes são mapas globais; porém eles carecem de cuidados com proporções e, além disso, suas escalas são tão pequenas e as aproximações são tantas que esse tipo de material mostra-se totalmente inútil. O primeiro mapa confiável data de meados do século XIV, embora esteja na escala de 1:1.000.000 e diga respeito apenas à Inglaterra: trata-se do mapa de Gough. Os pontos delicados são evidentemente os vaus e as pontes, que são raras e frágeis. Os mais importantes são fortificados. As distâncias são frequentemente expressas em duração e não em comprimento. De acordo com Le Bouvier, no século XV, a duração da França era de 22 dias entre Eclusa e Saint-Jean-Pied-de-Port ou 16 dias entre Brest e Lyon, o que obviamente não passava de mera aproximação, pois pedestres, peregrinos, mercadores e soldados podiam fazer, em terreno plano, 30 a 40 quilômetros por dia, ou até mais de 100 quilômetros, no caso de mensageiros rápidos. O recorde parece pertencer ao mensageiro que, em 1381, leva a Carlos VI a notícia de que o rei de Castela havia reconhecido o papa Clemente VII: três dias para os 600 quilômetros de Avignon a Paris.

Durante a Guerra dos Cem Anos, as operações anfíbias se multiplicam. A necessidade de atravessar o canal da Mancha coloca problemas muito particulares e surpreende-nos ver o quanto essa zona é negligenciada. Em 1453, os navios não estão mais adaptados para o transporte de tropas do que em 1338. Recorre-se, como antes, ao aluguel de navios mercantes, que não estavam de todo concebidos para esse fim. O barco médio de 60 toneladas, com porão profundo e convés muito estreito, dificilmente consegue carregar mais de uma dezena de homens de armas com seus cavalos, que precisam ser içados, tanto no embarque quanto no desembarque. Muitos navios eram, portanto, necessários para o transporte de um único exército: em 1338, precisava-se de 350 barcos e 12 mil pessoas para transportar um exército de 4.400 homens até a Antuérpia; em 1346, 750 navios são alugados para transportar entre 7 mil a 8 mil homens de Eduardo III. A travessia leva entre um e dois dias, dependendo dos caprichos do vento, e a partida costuma ser atrasada por semanas. O desembarque pode trazer sérios problemas; porém, ele funciona na prática, pois o adversário não consegue prever o ponto de chegada. Isso relativiza a importância de Calais, que na verdade é mais usado para reembarque do que para embarque: a maioria das grandes expedições chega pela Normandia, do país de Caux ao Cotentin.

O custo de manutenção de uma verdadeira marinha de guerra é muito alto para as finanças das duas monarquias. Os franceses preferem contratar os serviços de castelhanos e genoveses. Na Inglaterra, os Cinco Portos deveriam fornecer 57 navios com tripulação de 24 homens cada, por um curto período a cada ano, mas esse serviço encontra-se cada vez mais em desuso e, aliás, os portos estão prestes a ser assoreados. O principal centro de encontro das frotas é o complexo Southampton-Portsmouth, que oferece um belo porto protegido, e o castelo de Portchester para abrigar o chefe da expedição.

Apesar de algumas batalhas navais importantes (Eclusa, La Rochelle, Winchelsea) e repetidos desembarques, a Guerra dos Cem Anos é, acima de tudo, uma guerra terrestre. Os reis parecem não reconhecer importância do domínio dos mares, em parte devido aos caprichos e às incertezas da guerra naval: ventos e tempestades, além da incapacidade de se orientar em alto-mar, fazem com que esse campo de operações não seja dominado. O canal da Mancha é simplesmente um braço de mar a ser atravessado, um obstáculo natural cujo controle não desperta interesse em si mesmo. O único problema que parece preocupar os dois governos são os ataques de corsários nas costas, pois eles provocam danos consideráveis. Entretanto, desenvolver uma frota de combate real não é algo prioritário. A Guerra dos Cem Anos atrasa a vocação marítima da Inglaterra ao fixar sua atenção no espaço francês. Enquanto os dois reinos lutam, castelhanos e portugueses começam a explorar o Atlântico. No ano de Azincourt, os portugueses de Henrique, o Navegador, apoderam-se de Ceuta e, em 1434, chegam ao cabo Bojador. As primeiras caravelas começam a navegar. Outro mundo se desvela sem o conhecimento da França e da Inglaterra.

– 12 –

A GUERRA DOS CEM ANOS:
FATOR DE MUDANÇAS CULTURAIS E RELIGIOSAS

Mais de três gerações, na França e na Inglaterra, conheceram apenas a guerra, desde o nascimento até a morte. Certamente, nem todas as regiões foram afetadas com a mesma intensidade e, até mesmo nas mais afetadas, houve tréguas. A Inglaterra não sofreu diretamente. De todo modo, as populações viveram num clima de conflito perpétuo; alguns homens passaram toda a vida lutando, desde a adolescência, e morreram em combate, como Du Guesclin ou Talbot: cada um deles com quarenta anos de campanhas militares. De 1337 a 1453, a guerra é normal; paz não passa de uma palavra, ou um mito. Seria possível que tal estado de coisas não tivesse consequências nas mentalidades coletivas? De fato, a Guerra dos Cem Anos marcou a cultura ocidental.

A BANALIZAÇÃO DA VIOLÊNCIA E O CARÁTER INELUTÁVEL DA GUERRA

O aumento na violência dos costumes é o efeito mais difundido. Com certeza, a brutalidade encontra-se na base das relações humanas desde as origens: assírios, gregos, romanos e merovíngios, todos têm sua galeria de horrores. A Alta Idade Média e a Idade Média clássica não são conhecidas pela suavidade de seus costumes. No entanto, com esforço paciente, o cristianismo fez progredir o ideal de paz: paz de Deus, trégua de Deus, direito de asilo, proteção de mulheres, crianças, clérigos e peregrinos, multiplicação de mosteiros e abadias, que supostamente deveriam ser refúgios de paz. Mais uma vez: a doçura está longe de reinar e não podemos ser ingênuos; todavia, a doçura é reconhecida como um valor e a paz, como um ideal pelo qual é necessário lutar.

Cem anos de guerra arruinaram tudo isso. Na vida cotidiana, a violência é a regra, pois todos precisam assegurar a própria defesa. A ameaça de bandidos, esfoladores e mercenários é permanente. Já em 1364, o papa Urbano V descreve o seguinte quadro:

> Multidões de celerados de várias nações, associados em armas pelo desejo ávido de se apropriar do fruto do trabalho de povos inocentes e indefesos, prontos para as piores crueldades a fim de extorquir dinheiro, devastar metodicamente o campo, queimar as casas, cortar as árvores e as vinhas, forçar os camponeses pobres a fugir, assaltar, sitiar e saquear, além de destruir castelos e cidades muradas, torturam sem se importar com a idade ou com a condição eclesiástica, estupram as damas, as virgens e as religiosas, obrigam as moças a segui-los em seus acampamentos para servir ali oferecendo prazeres e transportando armas e bagagens.

Vive-se com frio no estômago e o medo produz muita agressividade: as pessoas atacam e matam por pretextos leves. A corrente é infernal. A justiça reage com castigos selvagens: enforca-se, afoga-se, decapita-se, esquarteja-se, empala-se, esfola-se, mutila-se e tortura-se com exposição de cabeças e membros. Não há limites para a variedade de suplícios. Em Dijon, em meados do século XV, três falsificadores de moedas do bando de *coquillarts* são fervidos vivos. Os novos métodos de combate estão associados a tais práticas. O combate corpo a corpo exige que o ataque aconteça da forma mais selvagem possível, deixando feridas atrozes – sobreviventes cobertos de cicatrizes e incontáveis caolhos –, como a arqueologia medieval evidencia pelo exame de esqueletos. Lionel de Wandonne, que capturara Joana d'Arc, fica completamente desfigurado por um golpe de machado recebido de Poton de Xaintrailles no rosto; em 1423, ele sai de uma batalha mutilado "no braço e na perna". Seu senhor, João de Luxemburgo, perde um olho; em outra batalha, um golpe de espada lhe corta o rosto e o nariz. Não se mata anonimamente como na guerra moderna: quando se enfia a lâmina no corpo de um homem, é preciso estar face a face com ele.

Pratica-se a guerra "de fogo e sangue", na qual se empregam "crueldades, chacinas e desumanidades", segundo Filipe de Vigneulles. A violência guerreira sempre existiu, é claro, e, nesse quesito, nosso tempo não deve nada à Idade Média. Porém, durante a Guerra dos Cem Anos, a violência não se limita a alguns momentos febris – ao tornar-se parte da rotina, ela penetra nas relações sociais e as práticas guerreiras funcionam como modelo de comportamento. João de Bueil faz dela uma escola de ascese onde, através do "sofrimento, perigo, pobreza e escassez", se adquire "honra e glória"; "usar armadura dia e noite, jejuar tanto quanto possível" é o equivalente da vida monástica, mas com o propósito de obter "uma glória perfeita neste mundo".

Na vida política, o assassinato torna-se um procedimento comum, embora tenha diminuído consideravelmente entre 800 e 1300 no quadro do mundo feudal. A degradação dos laços entre os seres humanos fez do assassinato o meio mais eficaz para se resolver querelas privadas e públicas. Além disso, o debate sobre o tiranicídio, após o assassinato do duque de Orléans em 1407, contribui para dar certa respeitabilidade a esse método, até mesmo entre os clérigos: o teólogo João Petit não tem dificuldade em encontrar argumentos bíblicos a favor do crime político.

Sob o efeito da violência ambiente, a própria religião se militariza. Na primeira metade do século XV, santos curandeiros e evangelizadores dão lugar a santos guerreiros e libertadores. A evolução pode ser observada em um santuário como Noblat, por exemplo, perto de Limoges. Ali se venera São Leonardo, um eremita do século VI conhecido por libertar prisioneiros. Depois de 1400, faz-se dele um parente próximo de Clóvis que teria salvado

Clotilde e, dessa maneira, preservado o futuro da dinastia. Carlos VII faz um voto a ele em 1422 e, em 1439, vem em peregrinação, trazendo um relicário na forma da bastida Saint-Antoine, que simboliza a libertação de Paris. Outro exemplo é o do santuário de Fierbois. Ali se venera Santa Catarina, protetora do reino. Como ela havia derrotado um demônio, este representaria os ingleses. Os soldados vão até lá para buscar proteção e depor suas armas. É nesse local que Joana d'Arc vai buscar a espada utilizada em Orléans e não é por acaso que Santa Catarina faz parte de suas visões.

Nessa mesma época, São Miguel (um arcanjo militar, diga-se de passagem) começa a ser representado com armadura e espada em punho. Carlos VII faz dele seu protetor favorito e, já em 1418, adota como emblema um São Miguel armado, triunfante sobre o dragão e com o lema: "Miguel é meu único defensor". O rei declara que o arcanjo fez "mais milagres para ele do que para Carlos Magno ou São Luís". A resistência do Mont-Saint-Michel aos ingleses confirma essa ideia e a cruz branca do arcanjo é carregada por suas tropas diante da cruz vermelha de São Jorge, outro santo militar matador de dragões.

O próprio misticismo incorpora o espírito guerreiro. A vida espiritual é uma guerra perpétua contra o pecado e os tratados estão repletos de questões de táticas, estratégias, assaltos, defesas, cercos, armas da fé contra as tropas de Satanás. "A ciência do combate é talvez a única coisa que faltou a esses eremitas que, embora levassem uma vida sublime, acabaram caindo na solidão", observa Tauler em *A armadura do cristão*, enquanto João de Bonilla, em *Tratado sobre a paz da alma*, descreve a vida como uma longa batalha. Tomás de Kempis, no *Hospitale pauperum*, enumera as armas do cristão: as armas de ouro são os nomes de Jesus e Maria, seguidas pelas armas de prata, de bronze brilhante e de ferro. A *Imitação de Jesus Cristo* aconselha a estar sempre em guarda, pronto para atacar ou recuar, conforme o caso. Um inimigo é particularmente temido: a luxúria, diante da qual a tática mais sábia é a fuga. O que não significa rendição, é claro.

A pastoral também inclui a guerra. Castigo divino por nossos pecados, a guerra está onipresente nos sermões quaresmais da primeira metade do século XV, quando redobraram de intensidade os massacres entre armagnacs e burgúndios: "Deus permite as guerras pelos infinitos males cometidos por nobres, poderosos e citadinos"; "quando Deus está irado conosco por causa de nossos pecados, ele demonstra isso por meio de tempestades, doenças ou guerras". Em uma série de quarenta sermões compostos de 1411 a 1417, o *cordelier* Pierre-aux-Boeufs coloca a guerra no primeiro plano das calamidades que Deus envia para nos punir, à frente da carestia, da falta de alimentos, da pobreza e da necessidade, das adversidades, dos massacres, das pestes, das tribulações, dos cativeiros e dos resgates, das doenças e das mortalidades, das dissensões, do cisma e das devastações.

Particularmente reveladora é a ideia do caráter inelutável da guerra: a duração do conflito confirma que a paz é uma ilusão, uma utopia, um ideal irrealizável neste mundo. O fatalismo e a resignação se instalam. O flagelo da guerra é um aspecto do problema do mal moral, consequência do pecado original. Sendo a guerra inevitável porque o homem é pecador, é melhor codificá-la do que perder tempo tentando eliminá-la: assim pensa Honoré Bonet. Mesmo para além do pecado original, a guerra faz parte das estruturas fundamentais do universo, segundo as quais tudo se baseia em confrontos: Lúcifer contra Deus, demônios contra anjos, o mal contra o bem, o frio contra o calor, os planetas uns contra os outros. Tudo é luta e oposição.

Para o jurista italiano João de Legnano, que publica um tratado sobre a guerra em 1360, *De Bello, de represaliis et de duello*, as seis razões para os confrontos humanos são que os malefícios permanecem impunes, que os bens temporais são abundantes, que nós não lutamos o suficiente contra o diabo, que não consideramos o suficiente os danos causados pela guerra, que não medimos corretamente sua incerteza, que não respeitamos os mandamentos de Deus.

O ideal de paz, doravante, são os hereges que o defendem: a Guerra dos Cem Anos inverteu as perspectivas. As igrejas nacionais encontram-se tão integradas ao clima de guerra que as proposições pacifistas são vistas quase como heresias. Entre os hussitas, embora algumas correntes considerem legítimo resistir à perseguição pela violência, predomina o pacifismo. Na Inglaterra, Wyclif e os lolardos também se opõem à guerra. Nessa área, dizem eles, os exemplos do Antigo Testamento são anulados pelos do Novo, que é inteiramente pacifista: "O assassinato em batalha é expressamente contrário ao Novo Testamento, em virtude da injunção de Cristo ao homem para amar seus inimigos e se apiedar deles em vez de matá-los". Esta é uma das doze proposições lolardas condenadas em 1395, enquanto outra castiga o ofício de fabricante de armas. Nicolau de Hereford tem o cuidado de dissociar o combate espiritual do combate temporal: "Jesus Cristo, duque da nossa batalha, ensinou-nos a lei da paciência e da renúncia ao combate corporal". Interrogados nos julgamentos da diocese de Norwich entre 1428 e 1431, os lolardos são todos contrários à guerra, mesmo quando precisam defender seu país e seus bens.

Os teólogos oficiais, por outro lado, defendem a legitimidade da guerra. É o que expressam os de Cambridge numa declaração de 1393:

> Combater pela defesa da justiça contra os infiéis, bem como contra os cristãos, é em si uma coisa santa e lícita: defender opinião oposta a isso é errado [...] Os santos padres em seus ensinamentos aprovam e defendem as guerras justas como permitidas e autorizadas aos cristãos, se seu fim for a defesa da justiça ou a proteção da Igreja e da fé católica. Assim, os santos aprovados pela Igreja concederam indulgências aos homens que vão à guerra por esses motivos. O próprio Deus aprova guerras justas desse tipo e, na verdade, muitas vezes ordenou que o povo escolhido lutasse, como aparece na leitura de quase todo o Antigo Testamento [...] Os cristãos podem se defender com determinação acima de tudo contra os insultos que os atingem injustamente e podem opor força à força, especialmente quando o castigo não ameaça imediatamente os agressores.

Filipe de Mézières só vislumbra a paz numa utopia, no país dos Brigadins, onde "não se combatem", ou na Etiópia, onde "não se sabe o que é guerra".

A GUERRA JUSTA: TEMA DE PROPAGANDA

A Guerra dos Cem Anos fez evoluir a teologia da guerra justa. Originada no século XII com o *Decreto* de Graciano em 1140 e depois desenvolvida por numerosos comentários, sua versão definitiva foi elaborada por volta de 1270 com Tomás de Aquino na *Suma teológica*. Concordava-se que, para ser justa e, portanto, legítima aos olhos de Deus, a guerra deveria cumprir três condições: ser declarada pela autoridade legítima, ou seja, o "príncipe"; ter em vista uma causa justa, como vingar injúrias ou recuperar bens espoliados; enfim, ser conduzida com reta intenção, evitando o mal e buscando o bem, com o objetivo de restaurar uma paz equânime. Teólogos e canonistas dos séculos XIV e XV abordaram esses temas. Entre 1386 e 1390, o beneditino Honoré Bonet, em *A árvore das batalhas*, tenta estabelecer uma espécie de código de direito internacional, no qual o direito da guerra estaria inscrito. Ele insiste em particular no respeito pelos não combatentes e seus bens. É também o único ponto abordado por William de Pagula em 1330 no *De speculo regis Edwardi III*. João Gerson (1363-1429), chanceler da Universidade de Paris, observa que os romanos guerreavam apenas por despojos e pelas conquistas, de tal maneira que os cristãos não deveriam imitá-los, embora ainda houvesse motivos para uma guerra justa. No mesmo espírito, o bispo de Chalon-sur-Saône, João Germain (1400-1461), em *O patrono das duas telas de tapeçaria cristã*, escrito por volta de 1455 para o clero de sua diocese, menciona como pecado contra o sexto mandamento: o caso dos soberanos que iniciam guerras por avareza, ambição ou ódio; o dos capitães que põem em perigo o seu exército; o dos que provocam a captura de uma cidade por traição; o dos instigadores de guerras privadas.

Santo Antonino, arcebispo de Florença, vai mais longe. Em sua *Suma teológica*, ele declara que a guerra só deve ser iniciada em circunstâncias extremas, muito excepcionais. Ele introduz implicitamente uma nova noção capital: a da proporcionalidade. A guerra, seja qual for o motivo, causa tantos desgastes que é necessário, antes de embarcar nela, medir se os prejuízos não são maiores do que os danos que seriam sofridos ao se manter a paz. Além disso, "aquele que conduz uma guerra injusta é obrigado a reparar, entre seus súditos, todos os danos sofridos por aqueles que o seguiram, não voluntariamente, mas por coerção": esse é o dever de indenização dos súditos.

Tudo isso, é claro, não passa de pura teoria. Na prática, a noção de guerra justa é empregada pelos soberanos como mero tema de propaganda. Todos se dizem convencidos de que conduzem uma guerra justa e encarregam seus juristas e teólogos das justificativas: querem que todos os elementos comprovando que as condições exigidas são de fato atendidas. Trata-se de um jogo de criança para escreventes de ambos os lados. O próprio Froissart não se deixa enganar – ele mostra como, em 1369, Eduardo III e Carlos V utilizam a religião para preparar psicologicamente seus súditos para a retomada da guerra. Cada um disse ter sido injustamente atacado:

E, assim, o rei da França, movido por devoção e humildade, ordenava continuamente que fossem feitas procissões na cidade de Paris envolvendo todo o clero e ele próprio, todos andando descalços, bem como a senhora La Royne, caminhando nesse estado: suplicando e pedindo devotamente a Deus que eles fossem ouvidos e que fossem solucionados os negócios do reino, que há muito estava em grande tribulação. E o dito rei da França fez com que, em todos os lugares de seu reino, por constrangimento dos prelados e dos eclesiásticos, seu povo se mantivesse nessa aflição.

O rei da Inglaterra fazia tudo da mesma maneira em seu reino; e naquela época havia em Londres um bispo cujas várias pregações eram grandes e belas. E esse bispo dizia e mostrava ao povo em seus sermões e pregações que o rei da França e os franceses, com grande erro e preconceito, haviam recomeçado a guerra, e que isso era contrário ao direito e à razão, por vários pontos e artigos verificáveis. A bem da verdade, como desejavam guerrear, era necessário a ambos que colocassem em termos e divulgassem ao seu povo a ordenança da querela, pelo que cada um pretendia ter maior vontade para confortar seu senhor. E a esse respeito todos estavam atentos, tanto num reino quanto no outro.

Ao longo de toda a Guerra dos Cem Anos, vemos soberanos ansiosos por apresentar seu motivo como um caso de guerra justa, tanto para tranquilizarem a si mesmos, quanto para conquistarem a opinião pública. Eduardo III, particularmente escrupuloso nessa área, foi efetivamente apoiado por seu clero. Assim, em seus sermões, o bispo de Winchester, João Stratford, dizia aos fiéis que a guerra de 1327 contra a Escócia era travada pela fé, pelo direito e pelo país; Deus estava, portanto, ao lado do rei, que, como valente soberano, se expunha na batalha. Em 1337, ele defenderá com igual ardor os direitos de Eduardo III contra Filipe VI na disputa pela Aquitânia, e quando, em dezembro, o papa envia cardeais para tentar resolver a crise, os bispos ingleses formarão um corpo atrás do rei.

Sem a participação do clero, o esforço de guerra inglês seria impossível: eles sozinhos forneciam metade dos impostos, organizavam as expedições, a construção de armas, máquinas, tendas, transporte e pagamento de salários, sem contar que prestaram até mesmo serviço militar quando, até 1418, o país era ameaçado pelo desembarque francês. A grande maioria da administração era composta por eclesiásticos. Eduardo III mantém sua imagem

A GUERRA DOS CEM ANOS 521

de tenente de Deus fazendo peregrinações antes de suas campanhas militares e seguindo o conselho de teólogos.

Seu adversário Filipe de Valois não fica nem um pouco atrás nesse quesito: antes de se engajar nas guerras de Flandres, todas as manhãs ele visitava igrejas, hospitais e os *hôtels-Dieu* de Paris, além de distribuir esmolas,
beijar os pés dos pobres e servi-los à mesa; ele não apenas visitava os corpos
dos mártires em Saint-Denis, como ainda fez com que o corpo de São Luís
fosse levado ao altar-mor para ali ser venerado. Seu confessor o acompanhava
durante a campanha militar; em Cassel, ele salvou a vida de Filipe ao avisá-lo
sobre uma conspiração dos flamengos e ajudá-lo a vestir sua armadura. Em
1336, o rei teve o cuidado de mandar ler em todas as igrejas do reino uma
declaração pública na qual denunciava ter sido atacado pelo rei da Inglaterra,
"a despeito de estarmos corretos do ponto de vista do direito e termos causa
justa de acordo com o julgamento de todos os nossos conselheiros".

Os filhos de Eduardo III e Filipe VI são dignos do pai: em Poitiers, em
1356, cada um acha que pode contar com o apoio de Deus para si. João, o
Bom, traz na bagagem os *Milagres de nossa Senhora* e uma Bíblia histórica,[1]
enquanto o Príncipe Negro faz uma ardente oração ao Deus das batalhas.
O trovador Cuvelier, em *A canção de Bertrand Du Guesclin*, chega a atribuir ao
futuro condestável – que, no entanto, era pouco devoto – uma exortação às
suas tropas com o tema da guerra justa: "Não duvideis: Deus e o bom direito,
sobre o qual nos apoiamos, irão nos ajudar", declara ele em 1364 antes da
batalha de Cocherel. Ele chega a prometer o céu aos que serão mortos a fim
de promover adesão aos privilégios da guerra santa: "pois, de quem morre
na batalha por seu senhor, Deus se compadece e o leva para sua glória". Mais
tarde, em sua campanha de Castela, antes de enfrentar o Príncipe Negro,
Du Guesclin apresenta a batalha iminente como um julgamento de Deus:
"que estejam de nosso lado tanto o Deus das batalhas, que vê o bom direito,
quanto o destino e o acaso, que protegem o homem". Nessa mesma época,
Carlos de Blois, cuja beatificação os franciscanos rapidamente conseguem
obter, multiplica as devoções durante as campanhas militares na Bretanha

---

1 Trata-se da *Bible historiale*, uma tradução francesa da Vulgata acompanhada de comentários
da *Historia scholastica* (c.1173) de Petrus Comestor. (N. T.)

– com temperamento pacífico e hesitante, mostra-se perpetuamente preocupado com a justiça de sua causa.

Em 1368 e 1369, Carlos V, após o desastroso Tratado de Brétigny, procura retomar a guerra contra Eduardo III. Após serem consultados, prelados e barões asseguram-lhe seu direito: "Caro *sire*, empreendei a guerra com ousadia, pois tendes motivo para tanto". Munido desse conselho, o rei procede à preparação moral do país: submete-se a penitências e procissões, além de ordenar que em toda parte seus súditos o imitem, a fim de pedir a vitória a Deus.

Quando Henrique V se vê particularmente preocupado com sua imagem de rei cristão, ele vai cuidar de sua propaganda de guerra. Um dos seus capelães se empenha em provar que a guerra do rei é justa, pois, como escreve, este quer apenas recuperar a sua legítima herança; ademais, ele oferece a paz nos termos do Deuteronômio e quer pacificar a cristandade preparando a cruzada, de tal maneira que sua intenção é certa; e isso sem mencionar que, como mostram suas ordenanças de guerra, ele tem a autoridade necessária, pois é o príncipe legítimo e não pede aos clérigos derramamento de sangue. Em Azincourt, os capelães encontram-se separados com os valetes, as carroças e as bagagens, apoiando os combatentes com suas orações.

A primeira biografia de Henrique V, escrita em 1513 por um autor anônimo, contém um curioso episódio: em 1418, Vicente Ferrier vem pregar perante o rei, ocupado com a conquista da Normandia, e este o denuncia como opressor e destruidor do povo de Deus. Terminada a missa, o soberano convoca mestre Vicente, com quem mantém uma longa conversa de duas a três horas. Não se sabe o que foi conversado, mas, no final da reunião, o dominicano, convencido pelos argumentos do rei, declara aos capitães:

> Atenção, senhores e todos vós, mestres: continuai a servir ao vosso mestre com fidelidade, como tendes feito até agora, pois, assim fazendo, agradareis a Deus. Nesta manhã, antes de vir aqui, eu acreditava que o rei, vosso mestre, era o mais tirânico dos príncipes cristãos, porém, agora penso o contrário. Porque asseguro-vos que ele é o mais perfeito e o mais aceitável a Deus, de tal modo que sua querela é tão justa e tão verdadeira quanto, sem dúvida, é certo que Deus é e será seu socorro em todas as guerras.

Com a Guerra dos Cem Anos, Deus torna-se acima de tudo o Deus dos exércitos. É ele quem dá a vitória, que é, em última instância, o verdadeiro critério da guerra justa. Assim dizia o bispo de Maillezais, na região de La Rochelle, já em 1346, a fim de convencer seus diocesanos a não resistir: as vitórias inglesas são a prova de que Deus faz milagres para eles e, portanto, são eles que conduzem uma guerra justa. No século XV surge a prática de se celebrar um *Te Deum* para as vitórias militares. Troféus tirados do inimigo são oferecidos ao Deus da Vitória. Carlos VI doa sua armadura para a igreja Notre-Dame de Chartres em 1382, após a batalha de Roosebeke. Carlos VII instaura uma missa perpétua para comemorar o levantamento do cerco de Tartas em 1442.

Os exércitos cobrem-se de símbolos religiosos. Recuperando uma prática da cruzada, os soldados se habituam a usar uma cruz de tecido com formas e cores diferentes, variando de acordo com os exércitos: cruz vermelha de São Jorge para os ingleses, cruz branca no exército dos Valois, cruz de Santo André vermelha ou branca entre os burgúndios. Estandartes e bandeiras trazem inscrições religiosas e alguns estandartes são objetos quase sagrados: os de Santiago de Compostela e São Lamberto de Liège, por exemplo; os exércitos do rei da França marcham seguindo a auriflama de São Dinis. Durante as batalhas, os gritos de guerra imitam as litanias – são invocações dos santos: "São Jorge pela Inglaterra!" ou "Nossa Senhora Guesclin!", enquanto os capelães e acólitos, afastados com as bagagens, rezam ao céu pela vitória. Por vezes, a Guerra dos Cem Anos assume a aparência de uma guerra santa, com promessas de paraíso para os "mártires de Deus" que, nas palavras de Gerson, "entregam a própria vida pela retidão e defesa da justiça e da verdade pela intenção correta"; em contrapartida, do outro lado estão os "mártires do inferno", que "sustentam injusta querela".

O CLERO E A GUERRA: PARTICIPAÇÃO ATIVA

A propaganda não se preocupa apenas com a noção de guerra justa. A imagem a ser cuidada também diz respeito ao comportamento dos soldados, que devem conduzir uma "boa guerra", ou seja, sem ódio e sem crueldade. É preciso matar o inimigo mesmo que, de alguma forma, ele seja amado. Regulamentações não faltam nessa área: proibição de saques, de profanação de igrejas e de estupros, como nos estatutos de Ricardo II em 1385 e nas leis imperiais de 1393. No século XV, multiplicam-se os textos condenando toda crueldade e devastação inúteis. Uma crônica espanhola declara que, na boa guerra, não se deve matar prisioneiros, nem maltratar aqueles que se refugiam em igrejas, os não combatentes, nem queimar plantações e casas. Filipe de Vigneulle pede "que ninguém estupre menina nem mulher, que ninguém incomode mulher deitada e que ninguém cometa maldade nem exerça força contra qualquer pessoa, assim como deve ser em uma boa guerra". Os soberanos tinham interesse em respeitar essas instruções de boa conduta, pois elas favoreciam a manutenção da disciplina no exército. Todavia, não era isso que se verificava na prática. Os soberanos conduziam campanhas de devastação sistemática que seguiam o modelo típico das cavalgadas inglesas. Tratava-se de enfraquecer o potencial do adversário, arruinando seus contribuintes e desencorajando qualquer resistência pelo uso do terror. Certos mercenários, diz Froissart,

> não consideravam morto um homem até que lhe tivessem cortado a boca como se faz com uma ovelha, aberto seu ventre e arrancado seu coração para levá-lo embora. E, entre aqueles que os conhecem, há quem diga que eles cometem o delito de comer o coração, pois, para eles, nenhum homem é oferecido em resgate.

Diante da extensão do dano, alguns teóricos pedem que se leve em conta a proporcionalidade entre os objetivos da guerra e os danos prováveis: um conflito só poderia ser justo se a vantagem a ser obtida pela realização dos objetivos fosse claramente superior aos danos. Assim, Filipe de Mézières sugere em 1395 o princípio dos dois terços: quem se sentir lesado concorda desde o início em ceder dois terços das províncias reivindicadas, das quais perderá em qualquer caso o equivalente com os danos que a guerra lhe causar. Solução excessivamente teórica para ser implementada: afinal, como as estimativas seriam feitas?

Os teólogos, a uma só vez engenhosos e ingênuos, também se preocupam em regular certos pontos de tática. "É permitido nas guerras usar artimanhas?", pergunta São Tomás. Não, ao que parece, pois as artimanhas são desleais, e é dito em Mateus que não devemos fazer aos outros o que não gostaríamos que fizessem a nós; mas Josué empregou artimanhas contra a cidade de Ai. Portanto, existem artimanhas lícitas, como esconder seus planos, e outras ilícitas, como não respeitar suas promessas. "É permitido fazer guerra em dia de festa?" Sim, pois não há descanso para o bem público. É legítimo transportar espólio? Sim, se a guerra for justa e se não a fizermos por cupidez (!). "Pode uma ordem religiosa propor a vida militar como meta?" Sim, contanto que guerreie apenas por ordem do príncipe ou da Igreja.

Tudo isso é puramente formal e pode, em última análise, legitimar todas as práticas, bastando que elas digam respeito a uma guerra justa. Mas o que o soldado deve fazer se duvidar da justiça da guerra conduzida por seu soberano? A resposta de Santo Antonino, por volta de 1450, é característica da deriva permissiva dos teólogos:

> O súdito daquele que faz a guerra, se o segue numa guerra injusta, sabendo que é injusta, não é, porque segue seu senhor, escusado do pecado, nem isento de reparação pelos danos que ele mesmo causou; contudo, se, depois de seguir o conselho de pessoas experientes em tais assuntos, ele permanecer em dúvida quanto à justiça da guerra, então está desculpado, pois, na dúvida, deve obedecer; seu senhor, porém, não está desculpado.

A noção de guerra justa contradiz a obrigação de obediência à autoridade legítima, pois o soldado fica desobrigado diante um princípio absoluto que o obriga: o que deve fazer se o seu superior legítimo lhe ordenar que faça algo ilegítimo, como lutar por uma causa injusta ou executar reféns? A solução é: o soldado deve obedecer e seu superior responderá por isso perante Deus. Essa será, doravante, a posição da maioria dos teólogos. Embora no século XIII, Roberto de Courçon, Estêvão Langton e Tomás de Chobham ainda defendessem a desobediência dos súditos no caso de uma guerra injusta, agora se admite que o soldado não é culpado quando age sob ordens. Tal princípio, favorável à disciplina nos exércitos, tem naturalmente a aprovação total dos soberanos. O debate, no entanto, é puramente formal: é improvável que o mercenário de base faça perguntas éticas durante o saque de uma aldeia.

Há uma outra proibição canônica com a qual ninguém mais se preocupa na prática: é a proibição absoluta aos clérigos de portar armas e, por conseguinte, de lutar e derramar sangue. Esse princípio nunca foi muito respeitado. Na melhor das hipóteses, os mais escrupulosos recorriam a subterfúgios, como o arcebispo de Mainz que, no exército de Frederico Barbarossa, só usava a maça de armas,[2] que permitia nocautear o adversário sem derramamento de sangue (fato este que, todavia, precisaria ser verificado). Porém, nem todos tinham tamanha delicadeza. Era o caso do capelão do conde de Douglas, que Froissart nos mostra, na batalha de Otterburn em 1388, participando alegremente da carnificina com um machado na mão:

> Não era como um padre, mas como um homem de armas valente, pois, durante toda a noite, no auge de seu serviço, ele perseguia velozmente a todos com um machado na mão. E ainda, como um homem valente em torno do conde, ele lutava e se agitava, fazendo os ingleses recuarem diante dos golpes de um machado que ele manejava e arremessava rudemente contra eles.

Durante a Guerra dos Cem Anos, clérigos de todas as classes, desde o simples padre até os bispos, como Henrique Despenser, bispo de Norwich, participam dos combates. Alguns chefes de bando são clérigos, como o abade de Malepaye (o arcipreste). Ninguém se comove, pois a guerra agora está integrada às atividades cotidianas.

Tanto na França quanto na Inglaterra, o clero, longe de condenar a guerra, a justifica e a apoia ativamente, quer por meio de pregações e orações, quer por participação direta ou financeira. Na Inglaterra, as contribuições voluntárias votadas pelas convocações da Cantuária e de York fornecem somas consideráveis; existem também impostos excepcionais, como uma doação de 50 mil libras em 1371, uma *poll tax* em 1377 e outra em 1380. Desde o início do conflito, as ordenanças obrigam o clero, especialmente nas regiões costeiras, a possuir armas e a saber usá-las. As comunidades religiosas e o clero paroquial representam milhares de homens disponíveis. Todos são convocados em 1400, 1415 e 1418 para enfrentar os ataques franceses; bispos e arquidiáconos passam suas tropas em revista. A maioria dos membros da administração militar também são clérigos. Mas é sobretudo na pregação patriótica que eles intervêm, defendendo a causa régia. As únicas vozes dissidentes, sem

---

2 A *maça de armas* (*masse d'armes*) era um porrete leve com um objeto metálico na ponta (uma bola com cravos ou lâminas pontudas, por exemplo). A facilidade de uso permitia que esse instrumento fosse manuseado com uma só mão. Não confundir com a maça (*masse*), que era uma espécie de marreta. (N. T.)

A GUERRA DOS CEM ANOS 527

mencionar o pacifismo dos lolardos (compreende-se o motivo pelo qual estes são perseguidos por Henrique IV e Henrique V), são as dos clérigos desapontados com suas ambições de carreira, como Tomás Hoccleve e William Langland. O episcopado é inteiramente dedicado à causa do soberano. Já mencionamos João Stratford, bispo de Winchester de 1323 a 1333, arcebispo da Cantuária de 1333 a 1348, tesoureiro em 1326-1327, chanceler em 1330-1334, 1335-1337 e 1340: este, no reinado de Filipe VI, justifica a guerra, porém sem aceitar qualquer responsabilidade para si. Em missão diplomática na França, de julho de 1338 a outubro de 1339, aproveita para espionar as defesas: seus agentes coletam informações sobre Dieppe, sobre as fortificações da costa da Normandia e sobre a composição do exército francês que se reunia em Amiens. Em 1339, manda publicar em frente à catedral Saint-Paul o plano francês para a invasão da Inglaterra, descoberto em Caen. É verdade que ele também protesta contra os impostos excessivos sobre o clero e se vê pressionado entre seus sentimentos patrióticos e as exortações do papa pela paz. Porém, como o resto do clero, eles são ingleses antes de cristãos, e nesse fato se verifica um grande desenvolvimento que a Guerra dos Cem Anos favoreceu: a desagregação da Igreja universal em igrejas nacionais.

A GUERRA DOS CEM ANOS: RECUO DA CRISTANDADE EM BENEFÍCIO DAS IGREJAS NACIONAIS

O movimento é, ao mesmo tempo, espontâneo e encorajado. Na Inglaterra, a hostilidade ao papado tem tradição firmemente estabelecida desde pelo menos o século XII, com as disputas de Henrique II e Tomás Becket. O período dos papas de Avignon reforça a desconfiança: a série de pontífices franceses e residentes na França é denunciada, não sem razão, como parcialidade na guerra. De 1305 a 1378, os sete papas sucessivos são franceses e intimamente ligados aos capetianos: Clemente V, de 1305 a 1314 (Bertrand de Got, arcebispo de Bordeaux), João XXII, de 1316 a 1334 (o *cahorsin*[3] Jacques

---

3 Os *cahorsins* eram os banqueiros-mercadores de Cahors. A palavra tornou-se sinônimo de usurário, de acordo com o *Dictionnaire de l'ancienne langue française et de tous ses dialectes du IXe au XVe siècle*, de Frédéric Godefroy. (N. T.)

Duèze), Bento XII, de 1334 a 1342 (Jacques Fournier, bispo de Pamiers), Clemente VI, de 1342 a 1352 (Estêvão Aubert, de Corrèze), Urbano V, de 1362 a 1370 (Guilherme Grimoard, do Languedoc), Gregório XI, de 1370 a 1378 (sobrinho e homônimo de Clemente VI).

Cercados por cardeais (a maioria deles franceses), os papas tomam o partido do rei da França mais ou menos abertamente. O mais empenhado é Clemente VI, a quem Guilherme de Ockham chama de "cismático" e acusa de ter provocado a guerra e de apoiar escandalosamente o rei de França. Até mesmo um "neutro" como o alemão Conrad de Megenberg reconhece sua parcialidade e justifica-se alegando que os laços entre a França e o papado sempre foram estreitos. O francês João de La Porte é o único a saudá-lo como um homem de concórdia. Quando era arcebispo de Rouen, o futuro Clemente VI em 1339, num sermão da Quarta-Feira de Cinzas, declarou abertamente que Eduardo III era um vassalo desobediente e rebelde a conduzir uma guerra injusta. Filipe VI estava tão certo de ter o papa "no bolso" que escreveu em 1343 a Pedro de Aragão sobre Clemente: "ele é nosso bom amigo". Tanto que o dinheiro dos impostos pontifícios cobrados na Inglaterra em 1343 e 1344 é direcionado para financiar o esforço de guerra francês, na forma de empréstimos. Na Inglaterra, ninguém duvida disso. Eduardo III proíbe todos os apelos ao tribunal papal e manda afixar seu édito nos portões de Saint-Paul e da abadia de Westminster. O papa retalia enviando embaixadores à Inglaterra e ameaçando represálias no caso de serem maltratados. Quando, alguns dias depois, ele nomeia Luís da Espanha, uma pessoa próxima do rei da França, como "príncipe das ilhas Afortunadas" (as ilhas Canárias), incumbindo-o de conquistá-las, acreditava-se na Inglaterra que ele havia incluído as ilhas britânicas como um todo, a fim de preparar a invasão dos franceses. Clemente VI traz à tona os antigos pergaminhos datados do início do século XIII, os quais mostram que o rei João foi obrigado a se reconhecer como vassalo da Santa Sé, e faz que sejam lidos diante do embaixador inglês. Quando este lhe diz que João Sem Terra não tinha nenhum direito de alienar seu reino, o papa perde a paciência, *"et incoepit aspere loqui"* ("ele começa a levantar a voz"), observa João Offord, deão de Lincoln.

Para Clemente VI, é claro que é o rei da França que está travando uma guerra justa, pois, para ele, trata-se de uma guerra tipicamente feudal. Ao escrever em 1346 para a duquesa da Normandia sobre a morte de seu pai João da Boêmia, morto em Crécy, ele declara que este último morrera em *iusto bello regnum Francie defendendo*, em uma guerra justa para defender o reino da França. O papa favorece o rei da França até mesmo nos projetos de cruzadas ao permitir a este último manter para a defesa do reino o produto dos dízimos arrecadados para a expedição, ao passo que Eduardo III não recebe tal concessão. Ou melhor: o papa concede indulgências em todos os países da cristandade para aqueles que participarem da cruzada, exceto na França, a fim de que os melhores soldados do reino não sejam encorajados a partir e, assim, permaneçam à disposição do rei. Finalmente, em 1348, ele faz uma confissão surpreendente: ao escrever para Eduardo III tentando convencê-lo a enviar um representante a Avignon para participar de uma conferência de paz, promete-lhe que dessa vez não tomaria partido, *"omnino parcialitate cessando"* ("cessando toda parcialidade"), reconhecendo claramente que havia sido parcial até então.

Evidentemente, o papa não é a pessoa mais indicada para promover a paz – a desconfiança é generalizada. De qualquer forma, os papas medievais não são cordeiros pacifistas. Eles foram os primeiros a usar a guerra para resolver seus problemas: na década de 1350, Inocêncio VI encarrega o cardeal espanhol Egídio Albornoz de reconquistar, com espada à mão, os domínios papais na Itália; em 1373, Gregório XI alista *routiers* para defender Avignon; em 1376, envia um legado à frente de um exército contra Florença. E, se o papa procura restabelecer a paz entre a França e a Inglaterra, é apenas para favorecer a guerra contra os turcos. Se, por um lado, os princípios evangélicos são usados para a paz, por outro, eles também são usados para a guerra.

De qualquer forma, a Guerra dos Cem Anos marca a completa falência da diplomacia papal. Os legados, como vimos, seguem os exércitos de franceses e ingleses; os soberanos, porém, só os escutam quando estão em dificuldade e precisam de uma trégua para respirar. Já passou o tempo em que o papa se permitia ditar suas condições ao imperador, a Filipe Augusto ou a João Sem Terra. Os reis não vão mais para Canossa. Eles não se comovem mais nem mesmo com a ameaça de excomunhão. É o canhão, e não as orações do papa, que restaura a paz.

O Cisma não mudou as coisas, é claro, uma vez que o papado foi engolido pela Guerra dos Cem Anos: cada rei tinha seu papa. Pode-se até pensar, vez ou outra, em resolver o problema com golpes de espada: Henrique de Langenstein, Conrad von Gelnhausen, Raul de Oulmont, João Goulain e, sobretudo, o cardeal Pedro de Ailly são teólogos que ponderam os prós e os contras da *via factis* e a *via rigoris*. No final do Cisma, são os franceses que expressam sua desconfiança em Martinho V e, nos confrontos entre o papa e o concílio, os ingleses apoiam o papa e os franceses, o concílio. Em 1422, o papa retoma suas tentativas de mediação entre os reis. Ele envia um legado, o arcebispo de Colônia, Nicolau Albergati, a Bourges, Paris e Senlis a fim de encontrar o delfim, Henrique V e Carlos VI. Esse movimento é visto como um reconhecimento da própria impotência. Afinal, como poderia ser diferente quando todas as orações e esforços diplomáticos foram em vão por quase um século? Escreve o papa a seu legado:

> Como sabes, uma guerra detestável, provocada por dissensões graves e atrozes entre os príncipes franceses, incitou e incita ódio, provocando agora o extermínio desses povos e a ruína desastrosa de toda a república cristã. Nós, desejando acabar com tantos males e apaziguar os corações endurecidos desses príncipes, destinando a essas regiões, em vista dessa paz tão necessária e tão santa, um núncio apostólico que estará na presença de tais príncipes e tais povos, pregador adequado e persuasivo da paz e do amor, nós te escolhemos entre todos os outros prelados como o mais digno núncio de tão grande paz para ir perto de nosso muito querido filho Henrique, ilustre rei da Inglaterra, e os queridos filhos nobres homens, o delfim e o duque da Borgonha, a fim de tratar da paz entre eles e da concórdia.

Será que o papa ainda acredita nisso? Tudo o que Albergati consegue é a realização de uma nova conferência, em Chalon-sur-Saône. De resto, ninguém mais ouve o papa e, sem que ninguém esperasse, as perspectivas estão prestes a se inverter. Com a crise conciliar, não é mais a Igreja que tenta estabelecer a paz entre os reis, mas os reis que tentam estabelecer a paz na Igreja. Carlos VII intervém várias vezes para tentar reconciliar o papa Eugênio IV e o Concílio da Basileia. Agora é ele quem dá conselhos pacíficos aos bispos e ao soberano pontífice, chamando-os à moderação! Ele escreve ao concílio em 28 de agosto de 1433:

> É a caridade de Jesus Cristo e o amor filial que temos por nosso santo padre, o papa, além do zelo e do carinho que temos por vossa assembleia, que nos

impele a vos inspirar com sentimentos de paz. Fomos informados, veneráveis padres, do decreto que recentemente publicastes contra nosso santo padre, o soberano pontífice da Igreja universal, e, para dizer a verdade, ficamos assustados com seu teor, que pode causar escândalos, abalo de consciências e discórdias, de tal maneira que os estados cristãos poderiam ser agitados por ocasião de tais desdobramentos: porque, finalmente, ainda existem muito poucos príncipes e reis que têm seus enviados na Basileia e que consentem com esse decreto. Exortamos, portanto, recorrendo ao âmago da misericórdia e da caridade de Jesus Cristo, a não pressionar com tanta força nosso santo padre, o papa, considerando-se o risco de um cisma infeliz que possa advir como resultado desses procedimentos. Infelizmente, ainda estremecemos com a lembrança da divisão cruel que fragmentou as Igrejas por tanto tempo. Seria como se um incêndio que só foi apagado com muita dificuldade estivesse prestes a reacender.

Ao mesmo tempo, ele envia uma delegação ao papa, para exortá-lo da mesma forma à conciliação.

Se o rei se permite dar lições de amor fraterno ao papa e ao concílio bem em meio à Guerra dos Cem Anos, é porque a guerra de fato o legitima, assim como ao rei da Inglaterra, a afirmar sua autoridade sobre a Igreja nacional. Ele é o senhor de seu clero e não precisa mais temer as intervenções do papado. A cristandade está fragmentada em igrejas nacionais; o que podemos chamar de anglicanismo e galicanismo já se afirmam. Embora essas tendências sejam anteriores à guerra, é a guerra que as desenvolve, devido à necessidade de agrupar todas as forças do país em torno do rei. O papa é, de fato, o grande derrotado da Guerra dos Cem Anos. É a guerra que faz com que triunfem, na Igreja, as forças centrífugas. Em ambos os países, os textos oficiais afirmam, doravante, a supremacia disciplinar do rei sobre o clero.

No caso da França, estamos falando da Sanção Pragmática de 1438. O texto, adotado por uma assembleia do clero realizada em Bourges, reduz consideravelmente os direitos do papa: bispos e abades serão eleitos pelos capítulos; o papa não pode reservar para si a atribuição de certos benefícios, nem usar o dispositivo das "graças expectantes", pelo qual concede um benefício antecipadamente, enquanto o titular ainda estiver vivo; ele não pode mais criar novos canonicatos; não pode mais consagrar o recém-eleito, a menos que este esteja em Roma no momento de sua eleição, devendo nesse caso prestar juramento de obediência ao seu superior imediato. As eleições para benefícios não devem levar em conta nem pressões nem demandas, mas unicamente a capacidade dos candidatos. No entanto, admite-se que "o rei e os príncipes do reino, abstendo-se de qualquer ameaça ou violência, possam vez ou outra recorrer a solicitações benignas e benévolas, em favor de pessoas de mérito, zelosas do bem do Estado e do reino". De fato, sabemos bem o significado de "solicitações benignas": o rei é livre para impor seus candidatos. Além disso, um terço dos lucros deve ser reservado para graduados da Universidade.

O papa deve renunciar a todos os impostos cobrados na nomeação para um benefício, como o direito ao pálio e as anatas, ou seja, a renda de um ano do benefício em questão. Para que Eugênio IV não se sentisse muito lesado, aceita-se que, durante sua vida, ele possa arrecadar um quinto dos impostos habituais. Em matéria de justiça eclesiástica, nenhum recurso pode ser feito a Roma até que todas as jurisdições intermediárias tenham sido esgotadas. A Pragmática, registrada pelo Parlamento em forma de édito em 13 de julho de 1439, faz do rei o verdadeiro senhor das nomeações eclesiásticas na França.

Na Inglaterra, Eduardo III assume os mesmos poderes ao explorar a impopularidade do papa de Avignon decorrente da guerra. Em 1343, numa carta enérgica a Clemente VI, tornada pública para fins de propaganda, ele apresenta razões piedosas e lembra ao papa que: a nomeação de bispos estrangeiros prejudica a qualidade da vida religiosa, uma vez que tais pastores não conhecem a língua do seu rebanho; a caridade havia sido negligenciada; a renda das igrejas era enviada para o exterior, especialmente para Avignon. Os fiéis se convencem de que estavam sendo usados para financiar os exércitos franceses. Cartas semelhantes são enviadas em 1344 e 1348, e, em 1351, o Parlamento adota o estatuto de *Provisors*: o rei poderia expulsar qualquer candidato a bispado que tivesse cartas pontifícias de provisão, se o capítulo elegesse outro; na verdade, o rei nomeia o titular. Em 1353, o estatuto de *Praemunire* proíbe que um inglês seja levado perante um tribunal estrangeiro, ou seja, o candidato nomeado pelo rei não pode ser citado perante uma jurisdição pontifícia. O titular das provisões papais pode até ser preso. Medidas semelhantes são tomadas em relação aos benefícios menores. Ricardo II vai ainda mais longe com um segundo estatuto de *Provisors* em 1390, ameaçando com sanções mais graves qualquer um que aceitasse os favores do papa. Em 1393, um terceiro estatuto proíbe a entrada na Inglaterra de qualquer bula de excomunhão e carta de provisão para um benefício inglês. Em 1398, Ricardo II conclui uma concordata com o papa, compartilhando com ele a arrecadação de benefícios.

Todos esses textos, no entanto, não são estritamente aplicados. Como a Pragmática, eles fazem parte da gesticulação diplomática que visa pressionar o papado. Os dois reis não podiam se dar ao luxo de romper totalmente com a Santa Sé bem em meio à guerra. Porém, na Inglaterra, a oposição à tributação papal é extremamente forte e o soberano faz uso extensivo dessa hostilidade numa espécie de chantagem. Todos os compromissos são possíveis, como no caso do pagamento do resgate de João, o Bom: quando Inocêncio VI cobra 15 mil libras do clero inglês para contribuir com esse resgate, Eduardo III não faz objeção nenhuma, pois esse dinheiro é destinado a ele. Por outro lado, doze anos depois, quando Gregório XI quer cobrar um imposto para suas próprias necessidades, o governo proíbe sua cobrança.

Na Inglaterra, o problema religioso vai além da mera hostilidade ao papado. Existe um verdadeiro anticlericalismo, que se acentua com as dificuldades do fim do reinado de Eduardo III. As derrotas militares, aliadas aos problemas econômicos, ao peso dos impostos e à perda de confiança no governo (no qual os bispos monopolizam todos os cargos importantes), criam condições muito desfavoráveis para o clero, cuja riqueza parece escandalosa. Em 1380, a Câmara dos Comuns declara que, uma vez que o clero possui um terço das terras, eles deveriam pagar um terço das 100 mil libras da *poll tax*. Alguns extremistas reivindicam o confisco dos bens da Igreja. João Wyclif, em seus sermões e escritos, declara que, se o clero fizer mau uso de sua propriedade, o governo pode apoderar-se dela; que o papa e seus cardeais podem errar; que um papa herético pode ser deposto. Na obra *Da eucaristia*, de 1379, ele ataca a própria raiz da autoridade clerical: o sacerdócio; ele ainda nega o dogma da transubstanciação. Graças à proteção de João de Gante e da princesa de Gales, bem como ao apoio de seus colegas em Oxford, ele escapa da acusação até sua morte em 1384. Mas suas ideias, radicalizadas por João Ball e os lolardos, preparam os espíritos para uma ruptura com o papado. Suas críticas à confissão, ao Purgatório, às indulgências, ao monasticismo, ao culto de relíquias e aos santos espalham temas de uma "heresia nacional". Com Wyclif, e no contexto da Guerra dos Cem Anos, que aumenta a desconfiança do resto da cristandade, a Igreja inglesa começa a se aproximar da Igreja anglicana.

O esfacelamento do cristianismo em igrejas nacionais se manifesta até mesmo no âmbito dos concílios, que deveriam representar a unidade. Em Constança, as clivagens são tanto nacionais quanto teológicas. A partir de 1415, os votos em sessões solenes são feitos por nação: ingleses, alemães, franceses, italianos e espanhóis votam separadamente. Os franceses também propõem que a eleição do papa passe a ser feita pelo colégio dos cardeais, ao qual se acrescentariam seis representantes de cada uma das cinco nações.

O espírito nacional agora prevalece sobre o espírito de unidade. A Guerra dos Cem Anos contribuiu muito para que as forças de paz e de união fossem desintegradas. A aspiração à paz certamente suscitou apelos, lá pelo meio do conflito, em *O livro da paz* de Cristina de Pisano, *O sonho do velho peregrino* de Filipe de Mézières, o *Livro dos pedidos feitos pelo rei Carlos VI* de Pedro Salmon, além dos sermões de Gerson. Contudo, essa literatura é, na verdade, inspirada também por objetivos nacionais: os autores sugerem discussões bilaterais, que apenas expressam relações de força – não por acaso, Cristina de Pisano recomenda ao delfim que busque obter vantagem desse ponto de vista. A ideia de uma paz geral estável parece agora uma utopia, na ausência de uma autoridade internacional credível. O *De concordancia catholica*, do cardeal alemão Nicolau de Cusa, em 1433, e seu *De pace fidei*, em 1453, clamando pela concórdia universal, não causam nenhuma repercussão. A falência do papado revela que, de agora em diante, somente a força é capaz de impor a paz, numa Europa onde as nações prevaleceram sobre a cristandade.

XENOFOBIA E SENTIMENTO NACIONAL: FRANÇA

A Guerra dos Cem Anos é a causa direta da afirmação das identidades nacionais. Na base delas, antes mesmo de tomar consciência da própria especificidade, está a rejeição do outro. A identidade cultural começa com a xenofobia. Cada um se coloca em oposição, tanto no âmbito dos indivíduos quanto no dos povos. Os outros não são como nós e, portanto, devemos ter cuidado com eles. Os sinais de xenofobia espontânea se multiplicam durante a guerra e não se limitam a franceses e ingleses: "preferir um estrangeiro a um compatriota é o contrário do amor verdadeiro", declara Venceslau, o rei da Boêmia, no decreto de Kutna Hora de 18 de janeiro de 1409, acrescentando a seguinte frase, que não envelheceu nem um pouco em seis séculos: "Achamos injusto que estrangeiros e imigrantes possam gozar copiosamente dos bens atribuídos aos habitantes do país enquanto estes se sentem oprimidos por uma indigência nociva".

Tomás Basin escreve:

> Na França, os habitantes, por volta de 1410, tinham horror ao nome inglês, que os habitantes do país desconheciam em absoluto naquela época, apesar da largura medíocre do braço de mar que separava os dois povos; nome que, aos olhos da maioria dessa gente simples, designava mais bestas ferozes do que homens, como já dissemos.

Com efeito, não seria a existência do canal da Mancha a prova de que Deus quis a separação entre franceses e ingleses? É a questão colocada por um libelo na mesma época: "o mar é e deve ser um limite"; como se relacionar com esses "homens ingleses estrangeiros cuja língua não se conhece"? "Como bárbaros como vós [...] podem desejar comandar a nós, franceses?" Os ingleses são violentos, gananciosos, glutões, rudes e inchados de cerveja, enquanto nós, franceses, somos pessoas trabalhadoras e pacíficas. O *Diário de um burguês de Paris* está cheio de comentários depreciativos a respeito desses comedores de carne cozida, que falam uma língua incompreensível e que vivem em um país triste, com neblina e chuva. João de Montreuil escreve um *Tratado contra os ingleses*, no qual refuta seus direitos sobre a Aquitânia e a coroa da França. Em 1417, Pedro de Ailly, perante o Concílio de Constança, castiga "os detratores da Gália, os invasores que vêm perturbar a sua honra e a sua glória, a sua prosperidade e a sua paz". Em *O sonho do pomar*, eles são acusados de conduzir uma guerra desumana; de qualquer maneira, "o país da França é mais sagrado do que o de Roma", acrescenta; a França é a "Terra Santa", que Jesus ama acima de tudo. Para Estêvão de Conty, em seu *Brevis Tractatus*, "o rei da França é considerado o maior, o mais poderoso, o mais nobre, o mais sagrado e o mais razoável".

Todos esses testemunhos datam da virada dos séculos XIV e XV, o que parece marcar a grande ascensão da xenofobia anti-inglesa. Esta, portanto, não esperou por Joana d'Arc, que é apenas uma ilustração. É preciso, no entanto, relativizar a questão. No norte da França, os casamentos franco--ingleses são frequentes até 1435; é quando a retirada dos ingleses coloca um problema. Em Paris, em 1437, o Parlamento proíbe uma certa Jeannette, filha de um burguês da rue Saint-Antoine, de se unir ao noivo, um soldado inglês, de se casar com ele e assim "tornar-se inglesa". Le Châtelet confisca os bens de Denise Le Verrat, filha de outro notável, que, com seus quatro filhos, quer se unir ao marido, retirado em Rouen; trata-se de um italiano, Bernardini, que no entanto está muito comprometido com os ingleses. O procurador do rei declara que "todos estão presos e obrigados à tutela e à defesa do país onde vivem, e isso, de tal maneira que se está mais preso do que aos seus pais".

Parece que, na França, o "patriotismo" é mais uma atitude ditada por exigências administrativas e disseminada de cima pela propaganda real, veiculada por alguns intelectuais. O patriotismo não nasce no povo. Trata-se de um instrumento do qual os líderes então descobrem o potencial e o usam para fins políticos e militares. Os escritos patrióticos da época são todos escritos de propaganda.

A partir da década de 1380, a campanha patriótica é lançada em particular pelos bispos, que convocam os bons franceses a lutar contra os ingleses. O caso de Laurent de La Faye, habitante de Tours, mestre de pedidos do *hôtel* de Carlos V, bispo de Saint-Brieuc de 1375 a 1379, e de Avranches de 1379 a 1391, é revelador. Cerca de sessenta sermões, recentemente estudados por Hervé Martin, contêm apelos vibrantes pela defesa da pátria: "Para todos nós é melhor morrer na guerra do que ver nossa raça na infelicidade". Aqueles que puderem, lutem; deixem que outros paguem impostos sem reclamar: "Apoiai, portanto, vosso clero e vossos cavaleiros, cumpri vossas obrigações para com vosso rei e tereis a vitória sobre vossos inimigos e, assim, obtereis a paz, tanto dos inimigos quanto dos saqueadores, tanto a paz temporal quanto a espiritual". Ao mesmo tempo, ele fustiga os maus cavaleiros, que se tornaram saqueadores de igrejas.

É também *A toda cavalaria da França* que João de Montreuil se dirige em 1411: "Quando vejo que eles [os ingleses] não desejam nada além de estragar e destruir este reino guardado por Deus, travando guerra mortal com todos os seus vizinhos, eu os abomino e odeio a tal ponto que chego a amar aqueles que os odeiam e odiar aqueles que os amam". Em 1420, no anônimo *Diálogo da Verdade e da França*, lemos que

> a guerra que eles [os ingleses] fizeram e fazem é falsa, desleal e danosa, e eles são uma seita de pessoas malditas que contradizem tudo o que é bom e racional, lobos rapinadores, orgulhosos, pomposos, hipócritas, enganadores e sem consciência, tiranos e perseguidores de cristãos, eles sugam e engolem sangue humano, assemelhando-se à natureza das aves predadoras, que vivem de rapina.

No final do conflito, a propaganda xenófoba torna-se sistemática. Que a iniciativa vem dos dirigentes e dos conselheiros do rei, isso é manifesto. Os escritos patrióticos são de fato colocados sob o patrocínio dos arautos reais. Na década de 1450, dois livros reveladores apareceram. O *Debate dos arautos de armas da França e da Inglaterra* compara os méritos dos dois reinos e insiste na superioridade da França, que tem todas as vantagens, em particular a da situação geográfica: "O reino da França está bem melhor situado do que vós", diz o arauto da França ao da Inglaterra, "pois ele está entre regiões quentes e frias". Sempre chove e faz frio na Inglaterra, "mas na França, que está no meio entre dois extremos, ali existe virtude e ali o ar é suave e agradável, e todas as frutas crescem abundantemente e são virtuosas e deliciosas, e ali as pessoas vivem de forma agradável e moderada, sem muito calor nem muito frio".

No *Livro da descrição dos países*, o arauto Berry também elogia os méritos da França. Gilles le Bouvier, conhecido como o arauto Berry, nasce por volta de 1386. Ele serviu primeiro ao duque de Berry, depois ao delfim João e, depois, ao delfim Carlos. Em 1420, foi "mensageiro da escuderia de Monsenhor" em Mehun-sur-Yèvre e, em dezembro daquele ano, torna-se rei de armas. É empregado em várias missões diplomáticas sérias, participa de campanhas militares e entra em Paris em 1437 antes do rei. Depois de 1440, viaja para o Oriente, depois participa da expedição da Guiena em 1451 e morre pouco depois de 1455. Sua *Descrição* passa em revista a maioria dos países europeus: França, Suíça, Baviera, Itália, Hungria, Polônia, Irlanda, Inglaterra, Espanha e Portugal, além de descrever os habitantes. Assim, os gascões são "cabeças-ocas e bons homens de armas", os bretões são "cautelosos, grandes litigantes e bons marinheiros", os flamengos são "perigosos" e rebeldes. Quanto aos habitantes de Berry, fala-se em "gente boa e simples, muito obedientes ao seu senhor". A França, muito fértil, "é a mais bela, a mais agradável, a mais graciosa e a mais equilibrada entre todas as outras [regiões], porque tem seis meses de verão e seis meses de inverno".

Um dos instrumentos privilegiados para o desenvolvimento voluntário do patriotismo é a história. Desde o final do século XIV, reis e príncipes encorajaram intelectuais a produzir uma história oficial que glorificasse seu país ou dinastia. O movimento desenvolve-se no século XV em meio às cortes e ao mecenato. Na Bretanha, por exemplo, todas as obras históricas são encomendas ducais, ou obras compostas por secretários, juristas e oficiais ducais com objetivo de propaganda, a exemplo do que ocorre nos outros estados na mesma época: a *Crônica de Saint-Brieuc*, por volta de 1415, a *Crônica de Artur de Richemont*, de Guilherme Gruel, as obras de Pedro Le Baud, de Alain Bouchart, de Guilherme de Saint-André e de João de Saint-Paul.

Filipe, o Bom, reúne os mais prestigiados cronistas do seu tempo e faz deles a equipe de funcionários de sua casa: Enguerrand de Monstrelet, Mateus de Escouchy, Jacques du Clercq, João de Wavrin, Olivier de La Marche, João Molinet, João Le Fèvre, Georges Chastellain forja uma narrativa sob medida para glorificar o passado e o presente da família ducal.

Para o reino da França, o monumento são as muito oficiais *Grandes crônicas da França*, que refazem a epopeia nacional. Embora a ideia seja bem anterior à Guerra dos Cem Anos, é esta que muda sua história para uma direção patriótica. A ideia é de São Luís e seu primeiro redator, o monge Primat de Saint-Denis, já insiste nesse fato: que Deus ajuda especialmente o rei da França. A seguir, são acrescentadas crônicas curtas, elaboradas por outro monge de Saint-Denis, Ricardo Lescot, por volta de 1350. A obra assume então um tom mais nacional que se reflete no título: passa-se do *Romance dos reis* de Primat para as *Crônicas da França* de Lescot. Com Carlos V, a obra torna-se propagandística. No entanto, para recuperar a história dos reinados de João II e do seu próprio, o sábio rei não escolhe o muito competente Lescot, mas seu chanceler, Pedro de Orgement. Trata-se de um jurista que conta uma história fria, porém uma história que consiste em peça de defesa, com provas favoráveis ao direito do rei. Além disso, o texto é ricamente ilustrado com miniaturas que adicionam peso e brilho à argumentação. No reinado de Carlos VI, cerca de cinquenta cópias são produzidas e distribuídas aos membros da alta aristocracia, ajudando a desenvolver a admiração pela monarquia nacional. O sucesso é inegável: cerca de cinquenta outras cópias são feitas no século XV, e Carlos VII encarrega João Chartier de continuar a obra, que termina a construção do mito da nação francesa. Bernard Guénée, que reconstitui a história desse monumento, conclui com razão:

> No desenvolvimento do sentimento nacional francês ao final da Idade Média, o conhecimento do passado francês desempenha um papel fundamental. O sentimento nacional francês tem um componente histórico essencial. Seguramente as *Crônicas da França* são as mais elaboradas, as mais prestigiadas e, talvez, as mais divulgadas da história da França.

NASCIMENTO DO ORGULHO NACIONAL INGLÊS

A Inglaterra não fica atrás no tocante à xenofobia e à afirmação de uma identidade nacional. Parece até que esses traços de mentalidade coletiva aparecem por lá mais cedo do que na França. Já em meados do século XIII, o cronista beneditino Mateus de Paris considera maus todos os estrangeiros, a menos que permaneçam em casa. Em sua opinião, os estrangeiros fariam qualquer coisa para se apossar das terras inglesas. A respeito de um grupo de Poitou que conhece, é a aparência física e as vestimentas que se tornam temas de comentários depreciativos: aparência de atores ou palhaços, botas indecentes etc. A Guerra dos Cem Anos só pode desenvolver tal xenofobia. Desde o início, medidas são tomadas contra os franceses residentes na Inglaterra. Durante a guerra de Saint-Sardos, um édito régio de 13 de outubro de 1324 declara que

> desde a deflagração da guerra entre nós e o rei da França, foi ordenado por nós e por nosso conselho que os estrangeiros, ainda que sejam cônegos seculares ou clérigos beneficiados, em todas as igrejas, catedrais e estabelecimentos colegiados que manifestem sujeição ou adesão ao rei da França, ou que sejam a ele ligados por laços de amizade ou afinidade de qualquer espécie, [...] residindo próximo à costa ou rios navegáveis, serão transportados para lugares mais distantes, onde possam viver sem despertar suspeitas [...].

Os bispos devem fornecer a lista de todos esses estrangeiros. Em 10 de novembro, é dada a ordem a todos os súditos beneficiados pelo rei da França para que procurem o bispo e jurem que não farão nada contra o rei da Inglaterra.

Em 1340, o *Dito da rebelião da Inglaterra e de Flandres*, dirigido a Filipe VI, declara: "Podes muito bem saber que os ingleses nunca amaram os franceses". Em 1346, um poema latino fala da "França efeminada, farisaica, sombra de vigor,/ lince, víbora, raposa, loba, Medeia,/ sereia manhosa sem coração, repulsiva e orgulhosa". O poema põe em cena uma discussão entre um inglês e um francês, trazendo à tona todas as falhas deste último. Apresentado sobretudo como um efeminado que só pensa em amor lascivo, usando véu e cabeleira, com andar de dama, falando em tom afetado, ao passo que o inglês é viril, corajoso e leal. Composto logo após a batalha de Crécy, o texto expressa o orgulho inglês. Depois de Poitiers e Azincourt, torna-se uma verdadeira aula de arrogância: um inglês pode derrotar três estrangeiros, dizia-se. Libelistas, como o poeta Laurence Minot e o clérigo de Oxford Godofredo Baker, se lançam contra os franceses com ferocidade e grosseria espantosas. As atrocidades cometidas pelos corsários durante os ataques nas costas inglesas são amplamente divulgadas para alimentar sermões e discursos francófobos.

Com os reveses e o refluxo que se iniciam na década de 1430, a humilhação desperta o ódio dos franceses e até do estrangeiro em geral. Identificado, vigiado e taxado, o estrangeiro é alvo de manifestações populares orquestradas por círculos de comerciantes, pois trata-se não apenas de um espião em potencial, mas também de um concorrente dos mercadores autóctones, e é por isso que os hanseáticos e os italianos tornam-se objeto da mesma discriminação que os franceses. As medidas xenófobas se multiplicam em 1439-1440, quando as comunas tomam decisões draconianas: realiza-se um censo completo de estrangeiros que resulta na revelação de 16 mil nomes, ou seja, talvez uma comunidade de 30 mil pessoas, 10% das quais em Londres. Um imposto especial de 1 xelim e 4 pence é cobrado de proprietários estrangeiros; quanto aos funcionários estrangeiros, cobram-se 6 pence. Escapam apenas mulheres estrangeiras casadas com um inglês, filhos menores de 12 anos e servos dos grandes, como os da rainha Margarida. Comerciantes estrangeiros e suas transações são alvos de intensa vigilância. Somente são aceitos trabalhadores altamente qualificados e empreendedores com atividades

A GUERRA DOS CEM ANOS

raras, como os vidreiros ou aqueles dois gregos que chegam em 1445, especialistas em damasquinaria.[4]

A xenofobia inglesa é sempre motivada por questões econômicas. O estrangeiro é a uma só vez o inimigo político e o concorrente comercial, de tal maneira que os libelos e panfletos misturam os dois domínios intimamente, como os de João Lydgate em 1436, durante o ataque de Filipe, o Bom, contra Calais. Canções e baladas antiflamengas são transmitidas ao público, ridicularizando o povo de Gante e de Bruges, além dos maus soldados e dos comerciantes desleais. É também pouco depois de 1436 que circula o escrito xenófobo *Libelle de Englysche Polycye* [Libelo da política inglesa], conclamando os bons ingleses a rejeitar os flamengos, os italianos e os franceses a fim de garantir o controle do canal da Mancha. Indícios dessa mensagem já aparecem no famoso dístico shakespeariano de Ricardo II sobre "este lugar abençoado, esta terra, este reino, esta Inglaterra": o autor fala do "verdadeiro caminho da política inglesa/ para realmente conservar este reino em paz,/ nossa Inglaterra, para que ninguém possa negar/ que não há reino melhor".

Apelos que têm tanto mais ressonância pelo fato de surgirem num momento em que a situação militar inglesa se deteriora gravemente na França, e também porque os interesses comerciais em Calais encontram-se ameaçados. Os súditos franceses de Henrique VI que chegam a Londres sofrem cada vez mais desaprovação: são vistos como espiões e criminosos em potencial. Para R. A. Grifith, biógrafo do soberano inglês, "a propaganda despertava a latente xenofobia dos ingleses, e, depois de Arras, os novos esforços bélicos foram a ocasião para eles mostrarem seu patriotismo de forma mais agressiva do que no passado".

Já o episódio de Joana d'Arc havia radicalizado a oposição ao transpor o conflito para o domínio sobrenatural, fazendo dele uma oposição maniqueísta entre o bem e o mal. Muitas vezes se esquece que Joana d'Arc contribuiu mais para desenvolver o patriotismo inglês do que o patriotismo francês. Nesse ponto, a Donzela merece mais estátuas na Inglaterra do que na França. A "vaqueira" e "prostituta do delfim" ajudou a ridicularizar os

---

4 A damasquinaria é a arte de imprimir desenhos decorativos em ouro, prata ou cobre sobre uma superfície de metal brilhante (em geral, ferro ou bronze). Também conhecida como tauxia ou damasquinagem. (N. T.)

crédulos e supersticiosos franceses, sem contar que a propaganda inglesa explorou o episódio mais do que o de Carlos VII. Cartas abertas manifestam desprezo à atitude dos chefes franceses, rudes o suficiente para se deixar enganar por essa criatura imoral em trajes masculinos. É o que Bedford escreve a Carlos em 7 de agosto de 1429. Após a execução, o regente envia uma carta aos duques, príncipes, cidades e prelados com o intuito de extrair uma lição do episódio. Monstrelet reproduz o texto, no qual as autoridades inglesas lembram que

> essa mulher chamada Joana, a Donzela, esteve, por mais de dois anos, contra a lei divina e o estado de seu sexo feminino, vestida em trajes de homem, uma coisa abominável a Deus, e em tal estado ela foi transportada para nossa capital inimiga e a vossa; [...] nesse estado ela saiu aos campos, conduzindo homens de armas e flecheiros em exercícios e grandes companhias, a fim de praticarem crueldades desumanas, derramando sangue humano e causando sedições e comoções de povos, induzindo-os a perjúrios, rebeliões e falsas crenças, perturbando toda a verdadeira paz e renovando a guerra mortal, sofrendo para ser honrada e reverenciada por muitos como uma mulher santificada, e procedendo de modo condenável por muito tempo e em incontáveis ocasiões, que, no entanto, foram em muitos lugares conhecidos, com os quais quase toda a cristandade escandalizou-se.

Joana foi considerada culpada: "supersticiosa, adivinha de demônios, blasfemadora de Deus e de seus santos, cismática e errática em todos os sentidos na fé em Jesus Cristo". Após reconhecer seus erros,

> o fogo de seu orgulho, que parecia extinto dentro dela, aceso novamente em chamas pestilentas, pelos sopros do inimigo; e às vezes a dita infeliz recaía em seus erros e acessos de ódio [...] Por esses motivos, segundo o que os julgamentos e instituições da santa Igreja ordenam, para que outros membros de Jesus Cristo não fossem contaminados, ela foi, mais uma vez, julgada publicamente; e por ter recaído nos seus crimes, faltas e vilanias habituais, foi entregue à justiça secular, que imediatamente a condenou à fogueira. Vendo que seu fim se aproximava, ela reconheceu plenamente e confessou que os espíritos, os quais ela disse que lhe apareciam com frequência, eram maus e mentirosos, e que as promessas que haviam feito a ela para libertá-la eram falsas: e então confessou

estar desapontada com esses espíritos que a haviam humilhado. Então, a dita justiça a conduziu amarrada ao antigo mercado de Rouen, e ali, publicamente, foi queimada diante de todo o povo.

A santa certamente contribuiu mais para estabelecer um ódio duradouro do que uma reconciliação entre os dois povos.

A propaganda oficial inglesa, muito ativa a partir do Tratado de Troyes, encontra-se todavia em situação instável. Isso porque, se o rei agora se adorna com o título de rei da Inglaterra e da França, ele deve considerar os franceses iguais aos ingleses. A propaganda irá, portanto, centrar-se na vertente dinástica, esforçando-se por demonstrar que o Lancaster é o soberano legítimo. Para isso, vale apelar aos grandes meios, os quais permitem acesso até mesmo às pessoas mais simplórias. Em 1423, Bedford contrata Laurence Calot para produzir uma grande genealogia ilustrada, que fica pendurada nas paredes de Notre-Dame em Paris. Em 1425, um cônego de Reims danifica a obra e, por isso, é condenado a fazer duas cópias. Em 1426, o conde de Warwick manda traduzir um poema *Sobre os direitos à coroa da França,* mostrando que Henrique VI faz parte "da linhagem e do sangue de São Luís". Sermões, canções, cartazes e representações simbólicas – tudo é empregado para persuadir o povo acerca dessa verdade.

Na Inglaterra, porém, a hostilidade contra os franceses supera em muito qualquer sentimento de solidariedade. A imagem do francês é identificada com a dos inimigos, especialmente porque, a partir da década de 1430, a soberania de Henrique VI sobre "seu" reino da França é cada vez mais teórica. O duque de Gloucester, por sua vez, contrário às medidas de conciliação, procura reavivar o espírito guerreiro contra o antigo adversário; em 1437-1438, ele encarrega o humanista italiano Tito Lívio Frulovisi de escrever uma *Vida* de Henrique V, concebida como grande epopeia para a glória dos exércitos ingleses.

No final da guerra, assiste-se a uma feroz retirada dos ingleses para a sua insularidade. Atribuindo a derrota à má gestão dos negócios públicos, eles adotam uma atitude isolacionista, que será reforçada durante a Guerra das Duas Rosas. Os sucessos das primeiras fases do conflito os convenceram definitivamente da superioridade inglesa, e os infortúnios do final não diminuíram sua arrogância. O orgulho nascido em Crécy, Calais, Poitiers,

Azincourt e Troyes está na raiz do orgulho britânico que se desenvolverá no século XVI e será magnificamente expresso por Shakespeare. Esse sentimento de superioridade é acompanhado por um proverbial desprezo pelo estrangeiro e pelo continente, o que leva o italiano Andrea Trefisano a dizer: "Os ingleses acham os estrangeiros antipáticos e imaginam que estes vêm à sua ilha apenas para apoderar-se dela e usurpar seus bens". E acrescenta que, quando veem um estrangeiro com boa aparência, dizem: "Parece um inglês".

AS GUERRAS DAS LÍNGUAS

Um elemento essencial do sentimento nacional é a língua. A Guerra dos Cem Anos assiste à concretização da ruptura linguística e é parcialmente responsável por ela. No início, por volta de 1330, a significação das línguas faladas e escritas na França e na Inglaterra não têm alcance "nacional". O latim, língua da cristandade por excelência, ainda reina nas universidades, nos tratados eruditos, nos ofícios religiosos e nos atos mais oficiais e solenes, como os tratados internacionais. Em seguida vem o francês, que, em ambos os lados do canal da Mancha, é a língua da aristocracia desde Guilherme, o Conquistador, bem como da diplomacia, dos atos jurídicos e dos parlamentares ingleses. A população iletrada, por sua vez, fala uma variedade de dialetos e não apenas na França: os ingleses do sul têm grande dificuldade de compreender os do norte e do oeste, sem falar nas línguas celtas da Cornualha, do País de Gales e da Escócia. Em 1342, Adão de Carleton, arquidiácono da Cornualha, teve que renunciar porque não entendia as pessoas.

É sob o efeito de tensões crescentes que, mesmo antes do início da Guerra dos Cem Anos, essa Babel começa a evoluir. Já em 1295, Eduardo I acusa Filipe, o Belo, de querer fazer desaparecer a língua inglesa. Nos anos 1300-1320, o autor anônimo da epopeia *Cursor Mundi* posa como um defensor da língua inglesa contra o invasor francês: "Este livro, escrevi-o para que pudesse ser lido em língua inglesa e por amor ao povo inglês, o povo inglês da Inglaterra [...] É muito raro que, por algum acaso, a língua inglesa seja elogiada na França. Que cada um tenha sua própria língua: isso não faz mal a ninguém".

Em 1344, Eduardo III retoma a curiosa acusação de seu avô: Filipe VI queria erradicar a língua inglesa. Alegação que, apesar de absurda, mostra o reconhecimento da língua como patrimônio cultural importante, ainda que essa língua seja essencialmente oral. A posição do rei da Inglaterra é, aliás, ambígua. Falante do francês e filho de francesa, ordena "que todos os senhores, barões, cavaleiros e pessoas honestas de boas cidades tenham o cuidado e a diligência de instruir e ensinar a seus filhos a língua francesa, com a qual eles seriam mais capacitados e mais legitimados em suas guerras", escreve Froissart. E, ao mesmo tempo, por um ato de 1362, o rei prescreve que todos os processos sejam "contestados, demonstrados, defendidos, respondidos, debatidos e julgados em língua inglesa". Será que se deve entender que ele deseja uma diversidade socioprofissional do ponto de vista da língua? Falar a língua do inimigo é muito útil para os militares, principalmente se alguém pretende representar o poder legítimo. Isso também vale para os mercadores, que se iniciam no francês cotidiano por meio dos manuais de conversação. Em 1362, é em francês que o duque de Lancaster redige o livro piedoso, *Livre de Seyntz Medecines*.[5] Ainda em 1395, Froissart, recebido por Ricardo II, nota que o rei fala e escreve muito bem em francês.

No entanto, a ascensão da língua inglesa parece irresistível. Em 1385, João de Trévise observa que, desde a peste negra, todos os estudos nas escolas inglesas eram feitos em inglês, enquanto anteriormente eram feitos em francês. E, no final do século, William Nassynington escreve: "Alguns sabem francês e não latim,/ aqueles que frequentaram as cortes e por ali ficaram,/ e os que sabem um pouco de latim sabem pouco de francês;/ e alguns entendem o inglês,/ são aqueles que não sabem latim nem francês;/ mas clérigos e leigos, velhos e jovens, todos entendem a língua inglesa".

A grande mudança acontece por volta de 1400. É nessa época que surgem as primeiras verdadeiras obras literárias em língua inglesa, de autores que nascem durante a Guerra dos Cem Anos. João Gower, de uma família de escudeiros em Kent, estava familiarizado com os movimentos de tropas; ele começa sua obra em francês (29 mil versos) e continua em inglês a partir de 1392 (33 mil versos). William Langland, nascido em 1332, compõe seu *Piers Plowman* entre 1362 e 1393. Godofredo Chaucer, filho de um mercador de vinhos de Londres, participa ativamente da guerra: esteve na campanha de 1359-1360, quando foi feito prisioneiro para ser resgatado; esteve com o duque

---

5 Em tradução livre, *Livro dos santos remédios*. (N. T.)

de Lancaster na Picardia em 1369, cumpriu várias missões diplomáticas na França e na Itália, ocupou cargos de responsabilidade e morreu em 1400. De vasta cultura, conhecia bem as obras de seus contemporâneos franceses Guilherme de Machaut, Eustáquio Deschamps e Froissart. Chaucer escolhe deliberadamente a língua inglesa para si. Em 1396, circulam as primeiras traduções inglesas da Bíblia, obras dos lolardos.

A partir de 1400, a nova dinastia Lancaster joga com fibra "nacionalista" e, para melhor estabelecer sua legitimidade, encoraja o uso do inglês sem reservas. Em 1422, por exemplo, os cervejeiros de Londres utilizam o inglês para as atas administrativas de sua corporação. A literatura nacional desponta em estreita ligação com a epopeia nacional e, nesse sentido, ela é fruto da Guerra dos Cem Anos. As façanhas de Henrique V tornam-se a base para poesias e crônicas mais ou menos romanceadas. Thomas Malory, na *Morte de Artur*, não hesitará em modificar a rota de seu herói bretão, a fim de fazê-la coincidir com a de Lancaster. E agora toda essa literatura tem um público. A proliferação de escolas de gramática e a fundação de colégios universitários contribuem para um aumento significativo na proporção de alfabetizados. O estudo dos testamentos mostra que cerca de 20% dos burgueses de Londres possuíam alguns livros no final da Guerra dos Cem Anos. Naquela época, a língua inglesa praticamente expulsou a língua francesa da Inglaterra.

Na França, a questão linguística é colocada de outra forma, na medida em que o dialeto de Île-de-France não tem rival a eliminar. Seu único rival é o latim, que continua sendo a língua de obras acadêmicas, de tratados teológicos e políticos, bem como de estudos no *"Quartier Latin"*. Carlos V empreende um trabalho de promoção da língua francesa ao mandar traduzir para o francês as melhores obras de sua biblioteca. Embora João II já houvesse mandado traduzir as *Décadas* de Tito Lívio e o *Xadrez moralizado* de Jacques de Cessoles,[6] agora, com o sábio rei, a tradução torna-se uma verdadeira política cultural. Cristina de Pisano observa que o rei manda

---

6 Do original em latim, *Liber de Moribus Hominum et Officiis Nobilium Super Ludo Scacchorum* (Livro sobre os costumes dos homens e os ofícios dos nobres, ou Sobre o jogo de xadrez), escrito pelo frade dominicano Jacobus de Cessolis (c.1250-c.1322). Trata-se de um sermão sobre os costumes da nobreza. Escrito em linguagem alegórica, o autor utiliza as peças de xadrez para simbolizar a hierarquia social e as relações entre elas na ordem medieval. Nessa alegoria moralizante, o verdadeiro objetivo do jogo não estaria na destruição do adversário, como numa guerra, mas na vitória da virtude. Três versões em língua francesa foram

A GUERRA DOS CEM ANOS   547

"traduzir do latim para o francês todos os livros mais notáveis". A lista é longa e revela as intenções do rei. No começo eram livros científicos, como o *Quadriparti* de Ptolomeu, em 1362-1363, o *Livro das propriedades das coisas* em 1372,[7] o *Rusticon* em 1373, as *Meteorológicas* e o tratado *Sobre o céu e o mundo* de Aristóteles, em 1377; há também muitos livros religiosos e históricos. Por volta de 1370, porém, os objetivos ficaram mais claros: era preciso traduzir livros de ciência política, essenciais para os trabalhos de administração e diplomacia. Nessa área, Nicolau Oresme é quem cuida do empreendimento. No *Prólogo à tradução dos livros de Ética e Política de Aristóteles*, ele escreve que estes apresentam "a arte e a ciência de governar reinos, cidades e comunidades". A tradução para a língua francesa tem, portanto, um propósito prático, tanto na política interna quanto em termos de relações exteriores. Afirmar a identidade e a independência da França: esse é o objetivo, elaborado no contexto da Guerra dos Cem Anos. As embaixadas francesas insistem em conduzir as negociações em francês, o que provoca o mau humor dos ingleses: em 1402, dois enviados de Henrique IV à corte francesa declaram ser "tão ignorantes em francês quanto em hebraico", e repetidamente, no século XV, o início das negociações terá que enfrentar o problema da língua, sempre com a alegação dos ingleses de que não entendem o francês.

Entre o povo, a incompreensão e, por conseguinte, a desconfiança e a hostilidade, se agravam devido à barreira linguística: "não os ouvimos [entendemos] falar, e eles não nos ouvem", escreve o *Burguês de Paris*; "não entendemos o que dizem"; eles brigam com todos: "os ingleses querem sempre guerrear com os vizinhos sem motivo".

NASCIMENTO DA IDENTIDADE CULTURAL

A contribuição da Guerra dos Cem Anos inclui ainda o avanço de um argumento particularmente insidioso no tocante ao sentimento de pertença

---

publicadas no século XIV com o título *Échecs moralisés*; os tradutores foram: João de Vignay, um anônimo da Lorena e João Ferron. (N. T.)

7 Trata-se da grande enciclopédia da Idade Média, *De proprietatibus rerum*, escrita em latim por Bartolomeu, o Inglês, no século XIII, e vertida para o francês por João Corbechon, capelão do rei Carlos V. (N. T.)

nacional: a "natureza". Nada é mais artificial do que o sentimento do natural, que é, em última análise, uma noção cultural que tem a vantagem de ser considerada indiscutível. É assim para o território nacional. Que a "natureza" – ou Deus, como se entende na época – quis separar franceses e ingleses, não é a existência do canal da Mancha a prova disso? São as palavras de João Jouvenel des Ursins. A noção de território nacional torna-se cada vez mais clara. Para o inglês insular, trata-se de uma evidência. Na França, a Guerra dos Cem Anos também faz avançar a noção de fronteira: Froissart, por exemplo, fala em "fazer fronteira com os ingleses", e no sudoeste um documento de 1384 declara que "os inimigos do reino [...] mantêm grande fronteira com o país da Guiena". O guia de Froissart, em uma excursão na Aquitânia, consegue indicar-lhe exatamente no terreno o limite entre o reino da França e o viscondado de Béarn. No leste, a fronteira entre o reino da França e o Império, tão confusa nos mapas históricos, é perfeitamente nítida para os habitantes, como mostram os levantamentos de 1387 e 1390 na castelania de Vaucouleurs: muralhas, riachos e árvores seculares marcam o território. Por muito pouco, Joana d'Arc não foi alemã.

Para cada território, um povo "natural" e um soberano "natural". Um dos *leitmotivs* da propaganda dos Valois é: "O príncipe legítimo e senhor natural".[8] Trata-se do delfim Carlos, acredita Alain Chartier. E é contrário à natureza lutar por um príncipe "estrangeiro ou novo", diz Gerson. O soberano natural descende em linha reta do fundador da dinastia e em suas veias corre o sangue puro de Clóvis, Carlos Magno e São Luís. Antes do surgimento da ideia de raça no sentido étnico do termo, a palavra já se aplicava às dinastias reais: as raças merovíngia, carolíngia e capetiana, em torno das quais a historiografia oficial constrói uma mitologia e um panteão.

Um povo, um território, uma língua, um soberano natural: essas ideias emergem gradualmente em meio às lutas da Guerra dos Cem Anos. É instituído um verdadeiro culto patriótico, que exige devoção e sacrifício. Morrer pela pátria torna-se o nobre dever por excelência, uma nova versão do martírio. A guerra santa é incorporada pela guerra real: morrer pela fé assegura

---

8 No original, *"prince droiturier"*, que deve ser entendido como o governante que age em conformidade ao direito, que é justo, equânime, legítimo etc. Observe-se que no *Dictionnaire de l'ancienne langue française*, Frédéric Godefroy, no verbete *"Droiturier"*, registra com todas as letras: "legítimo, natural". (N. T.)

o paraíso, morrer pela pátria assegura o reconhecimento da nação. A evolução das motivações do cavaleiro combatente é muito clara. E nisso também a ruptura ocorre depois de 1400. No século XIV, o cavaleiro ainda luta por motivos pessoais acima de tudo. É o que se depreende tanto do *Livro da cavalaria*, de Godofredo de Charny, por volta de 1350, quanto da *Árvore das batalhas*, de Honoré Bonet, por volta de 1385-1390. Busca-se a honra, o amor de sua dama, o saque e a glória, além da defesa de um amigo, de um parente ou de uma linhagem, buscando-se sempre superar os outros, sem contar que, na cruzada, morre-se por Cristo, obviamente. O reinado de Carlos V marca o início de uma transição, com a propaganda real já tingida de pré-humanismo pelos *marmousets*: é em Horácio e Cícero que se encontram apelos ao sacrifício em defesa da terra dos ancestrais. Porém, naquela época, até o bom condestável Du Guesclin ainda luta mais por lealdade feudal e gosto pela ação do que por amor a uma pátria, da qual ele não possui a menor ideia.

O verdadeiro choque é a agressão de Henrique V e o cataclismo de Azincourt. A brutalidade do acontecimento que, em última análise, poderia ser comparada ao colapso de junho de 1940, está na origem de uma tomada de consciência entre os intelectuais franceses. O normando Roberto Blondel conclama os "bons franceses" a "defender seu país" contra o "mortal e antigo inimigo do reino". Os seus escritos abundam em alusões ao "país da França", ao "país francês", e é um dos primeiros a lançar o apelo: o cavaleiro "não deve ter medo de morrer batalhando por seu país". Ele também é um dos primeiros a distorcer o passado recente a fim de recuperar Du Guesclin e torná-lo um patriota. Fazendo a comparação com Heitor, ele escreve que "o bom Bertrand de modo semelhante/ du Gueasquin cheio de valentia/ sempre se preparou bastante/ para morrer em defesa da França". Deslocando igualmente o espírito de cruzada, ele não hesita em fazer da Guerra dos Cem Anos uma guerra santa, na qual "aqueles que morrem pelo país são julgados para que vivam no paraíso". É verdade que Gerson já havia dito a Carlos VI em 1392 que "toda a cristandade, *sire*, é o vosso país", e que os cavaleiros que "expõem suas vidas por justo título e defesa da justiça e da verdade pela intenção correta" são "mártires de Deus".

É também logo após a batalha de Azincourt que Cristina de Pisano escreve à viúva de João de Berry afirmando que aqueles que morreram em batalha estavam "com os mártires de Deus, os eleitos em justa defesa pela batalha obedientes até a morte pela justiça, defendendo tanto o direito da coroa francesa quanto o seu soberano senhor". Em 1422, João de Terrevermeille escreve que a morte pela defesa do corpo místico do reino é a única que vale a pena. No mesmo ano, Alain Chartier, em seu *Quadrilogue invectif*, faz da defesa da pátria uma coisa "natural": para ele, "o amor natural do país" obriga todos a se sacrificarem por ele: "A natureza vos tem antes que qualquer coisa torne obrigatória a salvação comum do país nativo e a defesa daquele senhorio sob o qual Deus o fez nascer e ter vida [...] Nenhum trabalho deve ser triste [...], nenhuma aventura deve ser estranha para sustentardes e, assim, salvar este país e senhorio". "Combater pela pátria diz respeito ao direito natural, que é imutável", diz a *Crônica de Carlos VI*. Está traçado o caminho que leva ao "amor sagrado à pátria" e à glorificação das hecatombes patrióticas.

Para manter esse espírito de sacrifício é preciso que o Estado (leia-se aqui o rei) homenageie os "mortos pela pátria" por meio de comemorações, monumentos, celebrações e até mesmo pensões às famílias. É o que Carlos VII parece não ter compreendido, manifestando total indiferença perante a notícia das enormes perdas registadas na batalha de Verneuil em 1424. Um escrito anônimo de 1425 encarrega-se de recordá-lo de

> que, quando há uma batalha em que o rei perde o povo de seu sangue, barões, cavaleiros e escudeiros e outros, ele deve mostrar sinais de ira e solenemente fazer os funerais, a fim de que os amigos dos mortos estejam mais felizes e queiram continuar a servir o rei e a coisa pública até a morte, da mesma forma que os filhos dos mortos devem ser promovidos em suas condições e ofícios, se forem dignos disso, para que, diante dos outros vivos, inspirem a coragem àqueles que se tornaram valentes quando foram expostos à defesa do reino.

O rei, ao que parece, entende a lição: ordena a celebração de uma missa anual para comemorar a captura de Tartas e, acima de tudo, está na origem do que pode ser descrito como "11 de novembro medieval": em 12 de agosto, o aniversário da captura de Cherbourg, que marca a libertação da Normandia em 1450, haverá em cada cidade-catedral uma missa solene e uma procissão de ação de graças com participação obrigatória de todos os clérigos e todos os chefes de família. Os bispos devem fazer ali um sermão patriótico.

Desses sermões, temos o texto daquele proferido em 12 de agosto de 1451 pelo bispo de Bayeux, escrito por um de seus cônegos, que, aliás, não é francês: o italiano Orlando dei Talenti. O texto manifesta gratidão a todos os que morreram por "amor ao país" e os exalta como exemplos para os vivos, a fim de que estes não se esqueçam e também saibam lutar no futuro contra a servidão: temas familiares a todas as cerimônias futuras de memoriais aos mortos de guerra. O bispo vai mais longe e faz da guerra contra os ingleses uma guerra do bem contra o mal, de Deus contra Satanás. Um maniqueísmo que tem grande futuro pela frente.

Localmente, as cidades também têm suas cerimônias comemorativas: Bruges comemora o aniversário da batalha de Roosebeke para agradecer à Virgem por ter protegido seus lutadores, embora eles tenham sido derrotados. Ypres celebra o levantamento do cerco pelos ingleses: é o Thuyntag; Orléans comemora sua libertação desde 1430, assim como Rouen depois de 1449; em Troyes, Abbeville e Compiègne é encenada uma peça, *A derrota de Talabot,* celebrando a partida dos ingleses.

Obviamente, os ingleses não celebram os mesmos eventos, mas, em sua memória coletiva, a festa de São Crispiniano, no dia da batalha de Azincourt,[9] substitui um feriado quase nacional. Quase dois séculos depois, Shakespeare faz Henrique V dizer coisas que prenunciam o "Eu estava em Austerlitz: – Eis um homem corajoso!":[10]

> *Hoje é a festa de São Crispiniano.*
>
> *Quem sobreviver e voltar são e salvo*
>
> *A seu lar, erguendo-se em toda a sua altura,*
>
> *Vai se sentir engrandecido em nome de Crispiniano.*
>
> *Quem vir esse dia e atingir a velhice,*
>
> *Irá deliciar seus vizinhos todos os anos na vigília,*
>
> *E dirá: Amanhã é* [dia de] *São Crispiniano.*
>
> *Então, arregaçando a manga para mostrar suas cicatrizes,*

---

9 A festa de São Crispim e São Crispiniano é comemorada em 25 de outubro, data em que ocorre a batalha de Azincourt. Shakespeare menciona a data na peça *Henrique V,* ato IV, cena 3. (N. T.)

10 Essa frase aparece ao final do discurso de Napoleão Bonaparte sobre a vitória em Austerlitz, pronunciado em 3 de dezembro de 1805. (N. T.)

Ele dirá: Recebi essas feridas em São Crispiniano...
O bom homem ensinará essa história a seu filho,
E Crispim Crispiniano nunca mais voltará,
De hoje até o fim do mundo, sem que seja evocado
À nossa memória, aquela de uma minoria,
De uma feliz minoria, de um bando de irmãos.

Em 1438, quando o bispo Chichele inaugura o colégio de All Souls ("Todas as almas") na Universidade de Oxford, Henrique VI, na carta de fundação, ordena que orações fossem oferecidas ali "pelas almas do muitíssimo ilustre príncipe Henrique, finado rei da Inglaterra, de Tomás, falecido duque de Clarence, seu tio, bem como dos duques, barões, cavaleiros, escudeiros e outros nobres súditos de nosso pai e dos nossos, *caídos em guerra pela coroa da França*". As almas dos soldados de infantaria, que não eram nobres, pouco importam (será que eles tinham apenas uma?), muito embora a ideia ainda esteja ali. O rei da Inglaterra se reconecta de certa forma com a tradição grega inaugurada por Péricles de homenagear os mortos na guerra. É a primeira vez que se organizam orações pelos mortos da grande guerra, a Guerra dos Cem Anos, e esse fato testemunha também a consciência da unidade dessa guerra, que então ainda não acabou, mas já dura exatamente um século (1337-1438).

Diante da multiplicação dos sinais do surgimento de uma consciência nacional, é preciso se perguntar se tal tomada de consciência é espontânea ou provocada pela propaganda régia. A resposta é difícil, porque os dois aspectos são interdependentes. De maneira geral, porém, parece que o que se pode chamar de "patriotismo" tem origem diferente nos dois países. Na Inglaterra, o sentimento de identidade nacional aparece primeiro no povo e, somente depois, com a intervenção da propaganda. A insularidade, as lutas entre bretões e anglo-saxões, depois entre estes e os normandos, bem como a exiguidade do país, conscientizam desde muito cedo as pessoas mais simples acerca de sua identidade cultural e sua especificidade diante dos estrangeiros, o que era facilmente verificável pelo fato de chegarem de barco e em número limitado. Trata-se de uma identidade cultural baseada na prática comum, na vida material e no cotidiano de um povo unido ainda mais pelas vitórias militares de Eduardo III, ao que se acrescenta um sentimento de superioridade. A propaganda intervém somente depois e de forma bem superficial. O aspecto teórico é absolutamente secundário.

Na França, o processo é invertido. São as elites políticas e intelectuais que tomam a iniciativa, construindo, a partir do reinado de Carlos V, um edifício ideológico em torno da mística real e da construção de um passado mítico. Essa identidade vem de cima para baixo, é intelectual e teórica, obra de legistas e oficiais. É somente num segundo momento, com os problemas surgidos da ocupação, que o sentimento nacional penetra no povo. O patriotismo dos ingleses é prático, ao passo que o dos franceses é teórico e intelectual. Um país mais vasto, com fronteiras menos rígidas e com uma grande diversidade de línguas e costumes: isso basta para explicar o atraso na difusão do sentimento nacional, que precisou ser construído pouco a pouco. Os franceses precisavam ser persuadidos de que eram um povo; a ocupação inglesa então os convenceu disso.

Outro contraste: o patriotismo inglês é forjado na vitória, o que lhe dá um tom triunfalista e até mesmo arrogante; o inglês é seguro acerca de si. O patriotismo francês é forjado na derrota e, justamente por isso, precisa de construções intelectuais para se sentir confiante; vencido no campo de batalha, porém vitorioso nas justas orais. Os ingleses não ficam quebrando a cabeça para definir a nação; eles estão satisfeitos porque formam uma unidade e podem agir; os franceses procuram primeiro definir-se, provar a si mesmos que constituem uma nação. A Guerra dos Cem Anos, ao colocar em conflito esses dois temperamentos coletivos, contribui poderosamente para forjar as duas identidades nacionais.

A GUERRA, ESTIMULADORA DA HISTÓRIA E DA PROFECIA

A guerra também estimula o sentido histórico. A história é, antes de tudo, a história dos infortúnios, como sabemos: um povo feliz não tem história. Não é surpreendente, portanto, que uma época tão conturbada tenha visto uma proliferação de crônicas. Todavia, não há apenas inflação quantitativa – há também algo que vai surgindo gradualmente: um desejo de entender e explicar. A esse respeito, a distância entre Froissart e Tomás Basin é reveladora. João Froissart nasce com a guerra, em 1337. Os três livros de suas

Crônicas cobrem o período 1328-1400 e o título é plenamente justificado. Trata-se de um relato de acontecimentos que, de modo neutro e superficial, se debruça sobre "as grandes maravilhas e os belos feitos de armas que ocorreram nas grandes guerras da França e da Inglaterra". Fatos e não reflexão. Sem qualquer compromisso com as partes, ele assume o lado do repórter esportivo que torna sua narrativa vibrante, porém sem profundidade. Seus contemporâneos João, o Belo, e João de Venette mostram-se por vezes mais bem documentados, porém dificilmente mais analíticos. Ao final da guerra, pelo contrário, o normando Tomás Basin, bispo de Lisieux desde 1441, então colocado a serviço de Carlos VII, escreve uma obra bem argumentada, com estudo das motivações dos atores, das causas e das consequências, tanto sociais quanto econômicas, dos acontecimentos. Se Froissart é neutro, Basin é tendencioso; sua *História de Carlos VII*, redigida em 1471-1472 durante seu exílio, é um apelo em favor do rei. Isso o leva a aprofundar o significado dos fatos e a buscar suas origens. A neutralidade indiferente dos cronistas do início da guerra é substituída, ao final do conflito, pelo viés dos historiadores. Aqui, é necessário compreender que se trata de um progresso da ciência histórica. A história não é uma ciência exata e o desejo de justificar uma causa é um poderoso motivo de pesquisa e aprofundamento. As maiores obras da história são todas orientadas e animadas pela vontade de defender uma tese, o que ainda estimula os partidários da tese oposta; é assim, de modo dialético, que a historiografia é construída. Basin não carece de espírito crítico, até mesmo porque ele se dirige ao rei com duras reprovações à sua vida privada, ao imposto e ao exército permanente. Antecipar objeções também é uma preocupação que promove a análise. A Guerra dos Cem Anos provoca o aparecimento de cronistas propagandistas, responsáveis pela construção de um passado nacional; a sua manifesta falta de imparcialidade é precisamente o que lhes interessa, pois eles testemunham tanto o seu tempo quanto o passado que descrevem.

Os príncipes e soberanos da Guerra dos Cem Anos recrutam cronistas para escrever a história oficial, glorificando sua casa e lançando as bases da identidade nacional. Convém não buscarmos neles uma "verdade histórica" que não existe; a "verdade" é o que escrevem, mesmo que eles próprios não acreditem totalmente nela. São testemunhas do seu tempo e até contribuem para a construção do futuro, acreditando em fábulas que moldarão as mentalidades patrióticas: Clóvis e a sua ampola, Becket e o seu frasco, Conan Mériadec e as suas 71 mil virgens bretãs. Esse desejo de fixar o passado nacional em algumas imagens marcantes é ilustrado pela redação de breves tratados, espécies de resumos ou manuais, como catecismos de história oficial que enumeram os dogmas do credo nacional. Assim é o *Brevis Tractatus*, de Estêvão de Conty, por volta de 1400, que afirma: "entre todos os reis cristãos, o rei da França é considerado o maior, o mais poderoso, o mais nobre, o mais santo e o mais razoável".

Por volta de 1400, começam a se multiplicar igualmente outros tipos de crônica, os diários e os livros de razão,[11] que eram guardados para uso privado e familiar por burgueses, escriturários, comerciantes e oficiais. A motivação para esses registros eram a inquietação do ambiente e o desejo de compreender e explicar a sucessão aparentemente caótica de acontecimentos trágicos. Por meio dessas anotações, é possível perceber um questionamento preocupado com o sentido dessa época desconcertante. O que significa tal multiplicação de catástrofes, fenômenos estranhos, monstros, cometas e terremotos, além das convulsões políticas e dos massacres? Tudo está de cabeça para baixo e o que se ouve são pregadores que anunciam o apocalipse. O *Diário de um burguês de Paris* é um modelo desse gênero literário. Guillebert de Metz, que testemunha a destruição dos subúrbios de sua cidade em 1444, se inscreve nesse mesmo movimento. Todos esses homens acreditam ser testemunhas de convulsões que anunciam grandes mudanças. A explicação do presente, portanto, reside tanto no passado quanto no futuro.

Daí a importância assumida pelas profecias como complementos e auxiliares da história. Eles proliferam e há quem as colecione. Em meados do século XV, um manuscrito da abadia de Marmoutiers contém mais de duzentas profecias – destas, mais da metade tem relação com a guerra. Os infortúnios da época estimulam a imaginação apocalíptica: "Somos esmagados por uma quantidade imensa de profecias que anunciam o advento do Anticristo, os sinais do Juízo próximo e a reforma da Igreja", escreve Bernardino de Siena. Até os espíritos mais calmos se preocupam com tais extravagâncias,

---

11 Os *livres de raison* eram registros de contabilidade de uma família; além de serem importantes para as questões de herança, ainda continham anotações sobre o caráter da família e da comunidade local. (N. T.)

que comovem as multidões e desencadeiam sinistras procissões de flagelantes, semeando o pânico e aumentando a desordem. Em 1416, João Gerson escreve a Vicente Ferrier censurando-o por manter-se próximo a "essa seita de pessoas que se chicoteiam" e pedindo-lhe para que se livrasse delas.

Outro grande espírito da época também fica desorientado com esse impulso da irracionalidade profética: Pedro de Ailly, chanceler da Universidade de Paris, cardeal em 1411 e legado papal em 1417. "Parece que estamos perto do fim do mundo", escreve. Traumatizado pelo Grande Cisma, ele declara em um sermão do Advento: "No que diz respeito a essa terrível sedição do atual cisma, temo fortemente dizer que se trata da horrível divisão e perseguição cismática, após a qual virá rapidamente a furiosa perseguição do Anticristo".

Os exaltados pregadores nômades eram muitos e o *Burguês de Paris* testemunha a passagem de um deles, que vociferava contra a degradação dos costumes e conclamava ao arrependimento, além de anunciar o Anticristo e o apocalipse, semeando confusão e pânico entre os fiéis desorientados, prontos para acreditar em qualquer orador que se dissesse inspirado. Um *cordelier*, o irmão Ricardo, chega a Paris em meados de abril de 1429. Ele prega sem parar, por cinco horas todos os dias, em um ambiente bem significativo: em frente ao afresco da dança macabra no cemitério dos Inocentes. As pessoas correm para seus sermões a partir das cinco da manhã. E o que diz o irmão Ricardo? Que o Anticristo nasceu e que o apocalipse será em 1430, juntando assim os temas de Vicente Ferrier, falecido em Vannes poucos dias antes, e de Bernardino de Siena.

Esses visionários e iluminados fazem parte do jogo político-militar. Têm acesso aos grandes, que pedem seus conselhos e, ao mesmo tempo, os manipulam e os utilizam como seus propagandistas. Aí reside a ambiguidade desses personagens e suas profecias. Fabricadas após os fatos, elas visam legitimar as ações deste ou daquele campo, uma vez que a Guerra dos Cem Anos é propícia a essas manipulações. Assim, uma profecia em verso atribuída ao agostiniano João de Bridlington, morto em 1379, foi composta pouco depois de 1361 em círculos favoráveis ao Príncipe Negro, apresentado como a figura messiânica do soberano dos últimos dias. Trata-se de dar uma dimensão apocalíptica à luta contra os franceses e de justificar o recomeço da guerra após o Tratado de Brétigny de 1360.

A intenção partidária fica ainda mais clara em um comentário em prosa sobre a profecia de Bridlington feito pelo agostiniano João Ergome, de York. O texto tem a data grosseiramente antecipada para ser atribuído ao prior do convento, Roberto, o Escriba, falecido em 1160. Nele se lê a previsão de todas as vitórias inglesas e a devastação da França. Com o mesmo espírito aparecem as profecias atribuídas a João de Roquetaillade e a Santa Brígida da Suécia, ou que foram supostamente encontradas após a batalha de Azincourt.

O episódio de Joana d'Arc obviamente dará ocasião para esse tipo de prática. Uma guerra de profecias se desdobra sobre esse tema com um objetivo estritamente propagandístico. Do lado de Carlos VII, nenhuma dúvida é possível: a Donzela não apenas profetiza, ela mesma havia sido anunciada por profecias; e citam, desordenadamente, o incontornável Merlin, assim como a Sibila e os autores mais ortodoxos. É assim que Cristina de Pisano escreve sobre esse assunto: "pois Merlin, Sibila e Beda a viram em sua imaginação há mais de quinhentos anos e a colocaram em seus escritos como a que salvava a França, e fizeram profecias dizendo que ela traria o estandarte nas guerras francesas e narrariam todas as suas ações".[12]

Joana d'Arc está destinada a reconciliar a cristandade e tomar posse da Terra Santa. Um clérigo alemão anônimo a descreve em 1429 como a *Sibylla francica*, inspirada por Deus, e conta que ela perscruta o céu à noite e profetiza. Isso é confirmado por Cosimo Raimondi, de Cremona, enquanto em 10 de maio de 1429 Pancrazio Giustiniani escreve de Bruges a seu pai que em Paris se espalham "muitas profecias [...] que concordam em anunciar que o delfim prosperará muito" e acrescenta em 9 de julho: "Em Paris foram encontradas muitas profecias que mencionam essa senhorita". Além disso, há uma certa Maria de Avignon, que teria anunciado a vinda de uma donzela de armadura.

Em 1429, outra visionária aparece: Catarina de La Rochelle, descoberta pelo famoso irmão Ricardo. Todas as noites uma senhora branca aparece

---

12 No original: "Car Merlin, et Sebile et Bede,/ Plus de cinq cens a la veïrent/ En esperit, et pour remède/ À France en leurs escriptz la mirent;/ Et leurs prophécies en firent,/ Disans qu'el pourterait bannière/ Es guerres françoises; et dirent/ De son fait toute la manière". A tradução utilizada aqui é a de Nathalya Bezerra Ribeiro, publicada na dissertação de mestrado *Traduzindo* Le Ditié de Jeanne d'Arc *de Christine de Pizan: uma ponte para o resgate de obras de autoria feminina na Baixa Idade Média*, defendida em 2016 no Programa de Pós-Graduação em Letras da Universidade Federal da Paraíba, sob orientação de Luciana Eleonora de Freitas Calado Deplagne. (N. T.)

para ele, vestida de ouro; ela lhe ordena que procure o rei, a quem revelará tesouros ocultos que possibilitarão o recrutamento de tropas. Não parece que Carlos VII a tenha recebido. Em contrapartida, Joana d'Arc tem uma entrevista com ela, perto de Baugé. Compartilham suas visões e Joana não se deixa convencer pelas de Catarina. Ela escreve ao rei que "o que vem de Catarina é loucura ou não é nada", oferecendo à sua colega e concorrente o conselho desdenhoso de "voltar para o marido, fazer o trabalho doméstico e alimentar os filhos". A evidente desvantagem de Catarina em relação a Joana é o fato de não ser virgem.

No ano seguinte, outra iluminada se faz ouvir: Pierronne la Bretonne. Ela vem da Baixa Bretanha. Suas visões são mais impressionantes do que as de Joana e Catarina, pois Pierronne mantinha conversas familiares – em bretão? – com o próprio Deus, que lhe aparecia em forma humana, vestindo uma túnica branca por baixo de um manto vermelho. É essa fantasia indumentária que permite desmascarar o engano: com efeito, todos os teólogos sabem que Jesus veste um manto vermelho por baixo de uma túnica branca, e não o contrário. Por conta disso, Pierronne é queimada viva como herege em 3 de setembro de 1430 em frente à Notre-Dame. Visionários "verdadeiros" e "falsos" compartilham o mesmo destino. Ao que parece, Pierronne também veio da comitiva do irmão Ricardo e fazia campanha para Carlos VII.

A GUERRA, O MEDO E O IRRACIONAL

A Guerra dos Cem Anos contribuiu amplamente para a ascensão do irracional. As pessoas estão perturbadas e, em seu desejo de compreender as coisas, misturam o profano e o sagrado, o natural e o sobrenatural, o verossímil e o inverossímil. Traumatizados pelas catástrofes e excitados pela exaltação dos pregadores, todos encontram-se propensos a excessos incontroláveis, a uma credulidade sem limites. Época favorável aos inspirados, aos profetas, aos prodígios, às manifestações diabólicas, à feitiçaria. Há sinais em toda parte, vindos do mundo sobrenatural – o *Diário de um burguês de Paris* relata vários deles: fonte de sangue na porta Saint-Honoré em 1421, nascimento de um bezerro de duas cabeças e dois gêmeos siameses em 1429, pão em cor de cinzas em 1431, relâmpagos em 1428 e 1449 na igreja dos Agostinianos e em

1444 na de Saint-Martin-des-Champs. As *Memórias* de Jacques Du Clercq são repletas de histórias sobre feitiçaria. Em 1453, o prior de Saint-Germain-en--Laye, Guilherme de Ollive, faz um pacto com o diabo "para agradar a uma dama cavaleiresca":[13] ele monta em uma vassoura que o leva a uma assembleia diabólica, onde beija o traseiro de Satanás. Em 1460, em Cambrai, um certo Jennin é queimado porque "confessa muitas coisas diabólicas, o diabo frequentemente lhe aparecia e estava bem familiarizado com o diabo". No mesmo ano, em Soissons, um padre batizou um sapo e deu-lhe a comunhão a pedido de uma feiticeira, que depois usou o sapo numa poção mortal. São apenas infantilidades comparadas às façanhas sádicas de Gilles de Rais, companheiro de Joana d'Arc, condenado pelo assassinato de 140 crianças que violentou com refinamentos inconcebíveis (desmembramento e queimadura) e aproveitou o sangue para fazer pactos com o diabo. O destino dele também foi a fogueira.

Esses casos são ilustrações da ascensão do satanismo na cultura ocidental no século XV. Os julgamentos por feitiçaria seguem aumentando, assim como o número de tratados relacionados a esse fenômeno: 13 são publicados entre 1320 e 1420 e 28 entre 1435 e 1485. Dos anos 1330-1340, os julgamentos são instaurados contra as bruxas de Toulouse; ouvimos lá falar do *sabbat*. Os casos multiplicam-se: 12 processos registrados entre 1320 e 1420, número aparentemente baixo, mas não exaustivo, e 34 de 1420 a 1486 perante os tribunais da Inquisição, enquanto para os tribunais leigos o número de processos passa, para as mesmas datas, de 24 a 120. Alguns são consideráveis: 67 bruxos e bruxas queimados em Carcassonne em 1387, por exemplo. Entre 1428 e 1447, são pronunciadas condenações contra 110 mulheres e 57 homens no caso dos valdenses de Briançonnais, por apostasia, sacrilégio e união com o diabo. Na verdade, toda a cristandade é afetada.

Há sinais de que a desrazão coletiva atinge até mesmo as elites: tudo o que é inusitado ou "mágico" começa a ser demonizado, pois a opinião pública, dominada pelo medo, atribui as causas a Satanás. Os espíritos são abalados por fomes, epidemias, guerras intermináveis com seus cortejos de devastação e atrocidades, insegurança permanente, agitação religiosa.

---

13 No original, *une dame chevallieresse*, que pode significar tanto a esposa de um cavaleiro quanto uma mulher pertencente a alguma ordem de cavalaria. (N. T.)

A ansiedade e o pessimismo também afetam o clero, de qualidade medíocre, que compartilha superstições populares.

Nessa atmosfera crepuscular florescem os movimentos milenaristas. A mentalidade apocalíptica ressurge; trata-se da última grande batalha, anunciando o fim do mundo; o diabo lidera o assalto final, como afirma o *Malleus maleficarum*: "Em meio às calamidades de um século decadente", enquanto "o mundo à noite tende ao seu declínio e a malícia dos homens cresce", Satanás incita uma onda de feitiçaria, pois, "em seu ódio, ele sabe que o tempo que lhe resta é pouco".

Por trás de todas essas desordens e da ascensão do irracional está o medo, tão bem estudado por Jean Delumeau. Um medo que contamina até o riso, que se torna agressivo e raivoso, que assume a aparência de protesto social e religioso. Os notáveis já desconfiam das alegres companhias e do carnaval, que começa a ser objeto de proibições. Por trás dos risos de loucura – esta também em fase de recrudescimento – e de escárnio, as elites cultivadas veem o desdém do diabo. Na verdade e acima de tudo, é preciso ver nisso o onipresente escárnio da morte.

Um dos grandes sucessos iconográficos da época, além do *Conto dos três mortos e dos três vivos*, é a dança macabra, cujo nascimento as pesquisas recentes localizam por volta de 1350, ou seja, logo após a primeira grande passagem da peste negra. Com a terrível epidemia na origem desse tema, é certo que os estragos da guerra contribuíram para a sua propagação. Em 1421, um cronista francês escreve: "Há 14 ou 15 anos que essa dolorosa dança começou; e a maior parte dos senhores morreu pela espada ou por veneno ou por alguma morte ruim contra a natureza". O tema é verdadeiramente europeu: das 80 apresentações listadas, 22 são francesas e 14 inglesas, mas também há 22 na Alemanha, 8 na Suíça, 8 na Itália, 6 nos Países Baixos. A mais célebre é a pintada em 1424 no muro do cemitério dos Inocentes em Paris, local de encontro, de passeio, de discussão e de pregação num cenário com ossos empilhados ao longo das arcadas. Até mesmo os adultos gostam desses lugares: o duque de Berry quis ser enterrado ali e mandou esculpir os três mortos e os três vivos sobre o portal da igreja. Quanto a Filipe, o Bom, ele fez que, em 1449, a dança macabra fosse encenada em seu *hôtel* de Bruges.

Época de terror e desespero, tristeza e melancolia: "Tudo vai mal", lamenta-se Eustáquio Deschamps, nascido no ano de Crécy e falecido sete anos antes de Azincourt. Na condição de bailio de Senlis, esteve no centro dos horrores da guerra, e a sua visão do mundo e da vida está marcada com o selo da tristeza e da melancolia, "senhora Merencolie", como ele a chama alegoricamente:

> *Tempo de dor e tentação,*
> *Época de choro, inveja e tormento,*
> *Tempo de languidez e danação,*
> *Época que nos conduz para próximo ao fim,*
> *Tempo cheio de horror que faz tudo falsamente,*
> *Época de mentiras, plena de orgulho e inveja,*
> *Tempo sem honra e sem verdadeiro julgamento,*
> *Idade infeliz que abrevia a vida.*[14]

Alain Chartier, que assombra a corte de Bourges, encontra-se igualmente desesperado, num estado de espírito compartilhado por poetas e cronistas: René de Anjou, que chama a tristeza de seu "parente próximo"; Carlos de Orléans, que deve à guerra uma permanência forçada de 25 anos nas brumas de Albion (onde "o tédio", diz ele, é extraído "do poço profundo de minha melancolia"); João Chastellain, que se define como "homem de dores, nascido sob tenebrosos eclipses e espessas brumas de lamentação"; "Tanto sofreu" é o lema de Olivier de La Marche. Na Inglaterra, Godofredo Chaucer incrimina Saturno, o planeta funesto que causa guerras:

> *Minha é a prisão na masmorra escura;*
> *Meus são, pela garganta, o enforcamento e o estrangulamento;*
> *O murmúrio e a rebelião dos camponeses,*
> *O descontentamento e, em segredo, o envenenamento.*
> *Executo a vingança e a justiça estrita,*
> *Enquanto sob o signo de leão eu estiver.*

---

14 No original: "Temps de doleur et de temptacion,/ Aages de plour, d'envie et de tourment,/ Temps de langour et de dampnacion,/ Aages meneur près du définement,/ Temps plains d'orreur qui tout fait faussement,/ Aages menteur, plain d'orgueil et d'envie,/ Temps sanz honeur et sanz vray jugement,/ Aage en tristour qui abrege la vie". (N. T.)

> *Minha é a ruína dos altos palácios,*
> *A queda das torres e dos muros*
> *Sobre o mineiro e o carpinteiro.*[15]

Em 1405, João Gerson culpa a guerra pela onda de desespero suicidário que acredita ter detectado: "Em nossos dias, muitos se desesperam e se matam [...], um enforcado, outro afogado, outro esfaqueando o próprio peito". A guerra é onipresente na mente das pessoas, ela obseda. O tema retorna com insistência. "Não há nada que a guerra não mate, [...] a guerra é prisão total, [...] querendo tudo segurar e tudo agarrar, a guerra é carne de caça", escreve João Régnier em 1433. Cristina de Pisano, nas suas *Lamentações sobre as guerras civis*, ecoa seu mestre Eustáquio Deschamps, que, em 1385, manifesta alarmismo: "a guerra avança dia após dia", "teremos guerra e guerra", "príncipes, em qualquer caso de guerra, apiedem-se de mim", "guerra em todos os lugares" etc.

Sua célebre balada contra a guerra ilustra a atmosfera crepuscular desse fim de Idade Média, quando a cristandade mergulha nos horrores de uma guerra sem fim:

> *Porque são cometidos os sete pecados mortais,*
> *Sequestrando e assassinando, matam-se uns aos outros,*
> *As mulheres se deleitam, destroem-se os templos,*
> *Não há lei entre eles, o menor é o maior,*
> *E um vizinho oprime o outro.*
> *Corpo e alma levados à perdição*
> *Quem segue a guerra? que diabo! como é possível?*
> *Fazer guerra é apenas danação.*[16]

---

15 No original: "Mienne est la prison dans le sombre donjon;/ Miennes la pendaison et la strangulation par la gorge;/ Le murmure et la rébellion des paysans,/ Le mécontentement et l'empoisonnement secret./ J'exécute le vengeance et la stricte justice,/ Pendant que je suis sous le signe du lion./ Mienne est la ruine des hauts palais,/ La chute des tours et des murs/ Sur le mineur et le charpentier". (N. T.)

16 No original: Car on y fait les sept pechiez mortez,/ Tollir, murdrir, l'un va l'autre tuant,/ Femmes ravir, les temples sont cassez,/ Loy n'a entr'eulx, le mendre est le plus grant,/ Et l'un voisin va l'autre deffoulant./ Corps et ame met a perdicion/ Qui guerre suit; aux diables la comment!/ Guerre mener n'est que dampnacion. (N. T.)

EPÍLOGO

DO CRISTIANISMO
À EUROPA DAS NAÇÕES

"Vejo toda a santa cristandade sobrecarregada com guerras e ódios, com roubos e dissensões, a tal ponto que é muito difícil nomear um país, até mesmo pequeno, ducado ou condado, que esteja em boa paz." Assim se expressou Honoré Bonet em 1380 em *A árvore das batalhas*. A Guerra dos Cem Anos ainda não havia chegado à metade de seu decurso e a impressão que se tinha já era a de uma cristandade arruinada.

É aí que se situa, na longa duração, o resultado mais importante do conflito. Até cerca de 1330, a autorrepresentação dos europeus se dá em termos de cristandade feudal. Ou seja, a Europa seria uma justaposição entre a unidade religiosa e a extrema fragmentação política. Apesar de algumas heresias locais, a Igreja continua a ser um belo edifício unitário, com suas estruturas clericais hierárquicas e uniformes, dirigidas por Roma, sua língua universal, o latim, seu credo único, sua administração e seu sistema tributário. O mundo secular, por sua vez, é constituído por uma miríade de feudos ligados por elos instáveis de homem para homem no interior de federações locais que são os principados e os reinos, havendo no topo uma cabeça puramente teórica, o imperador. O que ocorre entre 1350 e 1450, mais ou menos, é uma dupla evolução em sentido oposto: a unidade da cristandade se fragmenta em igrejas nacionais e os feudos se concentram em unidades monárquicas nacionais; estilhaçamento de um lado, reagrupamento de outro, tendo como resultado uma convergência que faz com que coincidam os elementos religiosos e os elementos políticos nas monarquias nacionais. Passa-se da cristandade feudal à Europa das nações.

Tal movimento corresponde exatamente à Guerra dos Cem Anos. Pura "coincidência"? Nossa resposta é: não. Em diversas ocasiões, pudemos constatar um vínculo de causalidade direto. No que diz respeito à desagregação da cristandade, a guerra contribuiu fortemente para o aumento da hostilidade das igrejas nacionais para com o papado, acusado pelos ingleses de favorecer o rei da França durante o período de Avignon, até 1378. Em seguida, a guerra lidou com o Cisma, cada um dos lados com seu papa; ambos os países exploraram as dificuldades da Santa Sé para aprovar, com os estatutos dos *Provisors* e de *Praemunire*, além da Sanção Pragmática e das legislações que reduziam os direitos do papa em favor dos reis. O clima de guerra aumentou a desconfiança em relação aos beneficiários estrangeiros, reforçando a preferência nacional nas nomeações. A incapacidade de Roma e Avignon de reformar o clero fez que os governos da França e da Inglaterra desenvolvessem medidas disciplinares no âmbito de cada reino. A afirmação das línguas nacionais, outro fruto da guerra, engendrou as primeiras traduções da Bíblia, com destaque para a dos lolardos. Em ambos os lados do canal da Mancha, cada vez mais pessoas procuram as autoridades seculares para que se encarreguem da necessária reforma da Igreja: as tendências galicanas e anglicanas não foram criadas pela guerra, mas esta as acentuou.

No domínio político, a guerra acelerou o naufrágio da feudalidade, demonstrando assim a impotência desta no domínio onde precisamente se encontrava a sua justificação básica: o apoio militar. O serviço vassálico foi substituído pelo uso de mercenários que respondiam diretamente ao rei. O poder deste é reforçado até mesmo pelas inovações técnicas, pois o rei era o único capaz de possuir artilharia poderosa. Por estar concentrada no duelo entre os dois reis, a Guerra dos Cem Anos obrigou os nobres a alinharem-se a uma das bandeiras, relegando para segundo plano as guerras privadas, típicas do mundo feudal. Os poderes dos soberanos foram decisivamente aumentados devido às exigências da guerra de exaustão, mediante impostos e intervenções na economia, além do desenvolvimento da administração. Passa-se da monarquia feudal à monarquia nacional.

Nesse campo, a guerra também lançou as bases dos dois futuros regimes políticos, francês e inglês, e assim orientou a história de ambos por vários séculos. Do lado francês, a série de derrotas e hecatombes esmagou a aristocracia dizimada e arruinada pelos resgates; o rei Carlos VII construiu sua vitória e desenvolveu seu poder sobre as ruínas da nobreza. As derrotas diziam respeito, em primeiro lugar, aos nobres; a vitória era do rei. Este conseguiu, dessa maneira, estabelecer o exército e o imposto permanentes: o caminho para a monarquia absoluta estava aberto. Na Inglaterra, a situação era invertida. As vitórias fortaleceram e enriqueceram a grande aristocracia, que pôde destronar o soberano em 1399. As derrotas ao final da guerra resultaram primeiramente no enfraquecimento do poder real, nas mãos débeis de Henrique VI. O rei se encontrava sujeito às duas grandes forças ascendentes do Parlamento e da aristocracia, da lei e do poder. Os grandes nobres, de início, matar-se-ão uns aos outros na Guerra das Duas Rosas, dando lugar a um equilíbrio instável entre o soberano e o Parlamento no tempo dos Tudor, antes da vitória definitiva do Parlamento no reinado dos Stuart: o caminho da monarquia parlamentar está aberto.

A Guerra dos Cem Anos determinou também as grandes orientações da futura política externa dos dois países: a França ficava com o continente e a Inglaterra, com o oceano. É certo que nem tudo é tão claro. No entanto, é possível considerar que, a partir do momento em que os ingleses perdem as suas duas grandes bases territoriais no continente, a Guiena e a Normandia, eles tomam consciência da sua vocação insular, afastam-se das aventuras europeias e passam a vislumbrar o horizonte marítimo. Derrotados no continente, depois paralisados pela Guerra das Duas Rosas, é no mar que irão buscar compensações comerciais e coloniais. A monarquia francesa, ao contrário, que agora domina seu território, vira as costas para seu velho inimigo e passa a afirmar seu jovem poder em direção ao sul e ao leste.

No final das contas, a Guerra dos Cem Anos cavou um fosso cultural duradouro entre os dois países ao fazer que construíssem suas identidades nacionais e tomassem consciência delas. A língua, o regime político, o modo de vida, tudo é motivo de oposição e incompreensão, desprezo, escárnio e até de ódio. A Guerra dos Cem Anos torna-se um repositório de imagens e símbolos que alimentaram a hostilidade franco-britânica durante séculos, e cujas insinuações podem ser vistas ainda hoje na mídia populista. Joana d'Arc, santa de um lado, "vagabunda" de outro (diz Talbot em *Henrique V* de Shakespeare); Azincourt, glória para alguns e vergonha para outros; o Príncipe Negro e Du Guesclin, heróis nacionais cujas estátuas funerárias na Cantuária e em Saint-Denis são como os símbolos da luta impiedosa entre dois países que em tudo se aproximam e em tudo se opõem, num jogo de atração e repulsão ligado a um folclore que nem mesmo a União Europeia dissipou por completo até hoje.

Enfim, a Guerra dos Cem Anos, como guerra, foi a ocasião para o desencadeamento de uma selvageria sem precedentes. As miniaturas dos manuscritos e as expressões estereotipadas dos cronistas criaram um referencial estético que contribuiu, com a voga do neogótico e as reabilitações de uma Idade Média comercial, para disfarçar a carnificina atroz com aparência de romance de cavalaria. Em nenhum outro momento da história a guerra, organizada ou selvagem, marcou tanto as estruturas da sociedade. Embora essa realidade tenha sido amplamente lamentada, ela também exerce fascínio: pois, enquanto Eustáquio Deschamps afirma que "fazer guerra é apenas danação", João de Bueil discorda totalmente: "é uma coisa alegre a guerra", e diz bem comovido: "lágrimas [de ternura] vêm aos olhos, vem uma doçura ao coração". Tais palavras dizem muito sobre a atmosfera da época, sobre a esquizofrenia que herdamos do homem medieval: a guerra horroriza e fascina; rezamos para evitá-la e fazemos de tudo para que ela aconteça; a guerra é um dado fundamental da vida em sociedade.

Como recorda Philippe Contamine, a Guerra dos Cem Anos deixou uma marca indelével em todos os aspectos da civilização ocidental:

> Parece que a guerra caiu com todo o seu peso sobre uma cristandade latina que, de resto, estava espiritualmente desorientada e preocupada, até mesmo dividida e dilacerada por profundas rivalidades políticas e sociais, economicamente enfraquecida e desequilibrada, além de demograficamente esgotada. A guerra, em grande medida, contribuiu para esse mal-estar, para esse longo período de anemia perpassado por crises e convulsões; ao mesmo tempo, a

depressão e as tensões, como tantos fatores beligerantes, suscitaram conflitos cujo resultado foi uma espécie de círculo vicioso do qual o Ocidente só conseguiu escapar, progressiva e incompletamente, após 1450.

Onipresença da guerra e onipresença da morte: a Guerra dos Cem Anos deixou uma marca duradoura nas mentalidades ocidentais. Ela ilustra da forma mais brutal possível não apenas que "as civilizações também são mortais", mas, além disso, que elas sempre morrem em convulsões e sempre nascem no sofrimento, a despeito de quais sejam os valores que as fundamentem. A cristandade conduziu aos horrores da Guerra dos Cem Anos, que deu origem à Europa das nações, as quais, por sua vez, foram engolidas em duas guerras mundiais que, dolorosamente, engendraram a civilização da globalização. Cabe a cada um imaginar aquilo que virá, de acordo com a lógica dos fatos e com seu temperamento.

CRONOLOGIA

1327   Deposição de Eduardo II por Isabel e Mortimer.
Início do reinado de Eduardo III.

1328   Morte de Carlos IV.
Filipe de Valois proclamado rei da França: Filipe VI.

1329   Eduardo III presta homenagem a Filipe VI pela Guiena.

1330   Começa o reinado pessoal de Eduardo III.
Mortimer executado.

1331   Homenagem lígia de Eduardo III por seus feudos franceses.

1337   Revolta flamenga de Jacques van Artevelde.
Confisco da Guiena por Filipe VI e desafio de Eduardo III ao rei da França: o verdadeiro início da Guerra dos Cem Anos.

1339   Expedição de Eduardo III a Flandres. Cerco de Cambrai.

1340   Batalha naval de Eclusa (Sluys).

1341   Início da guerra da sucessão da Bretanha.
Filipe VI apoia Carlos de Blois contra João de Montfort.

1345   Cavalgada do conde de Lancaster em Poitou.

1346   Cerco de Aiguillon pelo príncipe João, filho de Filipe VI.
Batalha de Crécy.
Captura do rei Davi Bruce da Escócia.

1347   Captura de Calais por Eduardo III.
Trégua franco-inglesa.

1348	Peste negra.

1348   Peste negra.

1350   Morte de Filipe VI.
Ascensão de João II, o Bom.

1354   Assassinato do condestável de La Cerda por instigação do rei de
Navarra.

1355   Cavalgada do Príncipe Negro de Bordeaux a Narbonne.

1356   Prisão de Carlos, o Mau.
Batalha de Poitiers. João II prisioneiro.

1357   Levante parisiense de Étienne Marcel e Roberto Le Coq.
Grande Ordenação da Reforma.

1358   *Jacquerie* em Beauvaisis e na região de Paris.
Assassinato de Étienne Marcel.

1359   Cavalgada de Eduardo III em Champagne.

1360   Tratado de Brétigny: Eduardo III captura um quarto da França.

1362   Batalha de Brignais: vitória das grandes companhias.

1364   João II retorna à Inglaterra. Sua morte.
Ascensão de Carlos V.
Batalhas de Cocherel e Auray. Morte de Carlos de Blois.

1365   Tratado de Guérande.

1367   Batalha de Nájera.

1369   Reinício da guerra franco-britânica.
Batalha de Montiel.

1370   Cavalgada de Roberto Knolles.
Du Guesclin condestável.

1372   Batalha naval de La Rochelle.
Reconquista de Poitou.

1375   Trégua de Bruges.

1377   Morte de Eduardo III.
Ascensão de Ricardo II.

1378   O imperador Carlos IV visita Paris.
Início do Grande Cisma.

CRONOLOGIA

1380	Morte de Du Guesclin e Carlos V. Ascensão de Carlos VI.

1380 Morte de Du Guesclin e Carlos V.
Ascensão de Carlos VI.

1381 Revolta dos camponeses do sudeste da Inglaterra: Wat Tyler.

1382 Movimentos da Harelle em Rouen e dos Maillotins em Paris.
Revolta flamenga de Van Artevelde. Broosebeke.

1383 Cruzada do bispo de Norwich em Flandres.

1389 Tréguas franco-inglesas.

1392 Início da loucura de Carlos VI.

1396 Casamento de Ricardo II e Isabel de França.

1399 Deposição de Ricardo II.
Ascensão de Henrique IV Lancaster.

1404 João Sem Medo duque da Borgonha.

1407 Assassinato do duque de Orléans.
Início da guerra entre armagnacs e burgúndios.

1413 Morte de Henrique IV.
Ascensão de Henrique V.
Revolta cabochiana em Paris.

1415 Captura de Harfleur por Henrique V.
Batalha de Azincourt.

1418 Conquista da Normandia por Henrique V.
Entrada dos burgúndios em Paris.

1419 Captura de Rouen pelos ingleses.
Assassinato de João Sem Medo.
Filipe, o Bom, duque da Borgonha.

1420 Tratado de Troyes.

1422 Morte de Henrique V.
Ascensão de Henrique VI.
Morte de Carlos VI.
Ascensão de Carlos VII.

1423 Batalha de Cravant.

1424 Batalha de Verneuil.

1428	Início do cerco de Orléans.
1429	Levante do cerco de Orléans e consagração de Carlos VII em Reims. Fracasso perante Paris.
1431	Execução de Joana d'Arc. Consagração de Henrique VI como rei da França em Paris.
1435	Tratado de Arras: reconciliação de Carlos VII e Filipe, o Bom.
1436	Captura de Paris pelo condestável de Richemont.
1440	O duque de Orléans retorna ao cativeiro.
1442	Expedição Tartas.
1444	Trégua de Tours. Campanha de Carlos VII na Lorena e do delfim Luís na Suíça.
1445	Criação das companhias de ordenança.
1449	Captura de Fougères por Francisco de Surienne. Retomada da guerra. Reconquista da Normandia. Captura de Rouen.
1450	Batalha de Formigny. Captura de Caen e Cherbourg.
1451	Reconquista da Guiena. Captura de Bordeaux.
1452	Retorno dos ingleses à Guiena.
1453	Segunda reconquista da Guiena. Batalha de Castillon. Morte de Talbot. Segunda captura de Bordeaux. Fim da Guerra dos Cem Anos.

GENEALOGIAS

1. A sucessão franco-inglesa: Valois, Plantagenetas e Évreux

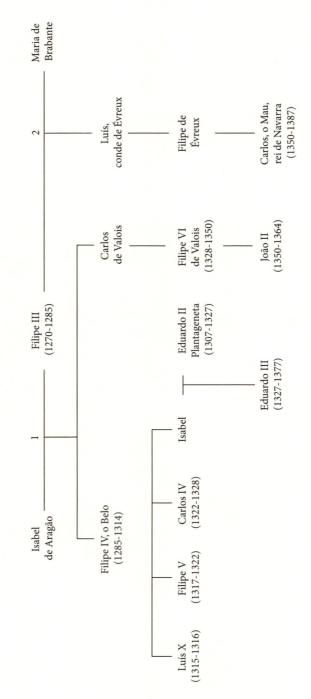

GENEALOGIAS

2. Valois, Orléans e Borgonha (para os soberanos, as datas são as do reinado)

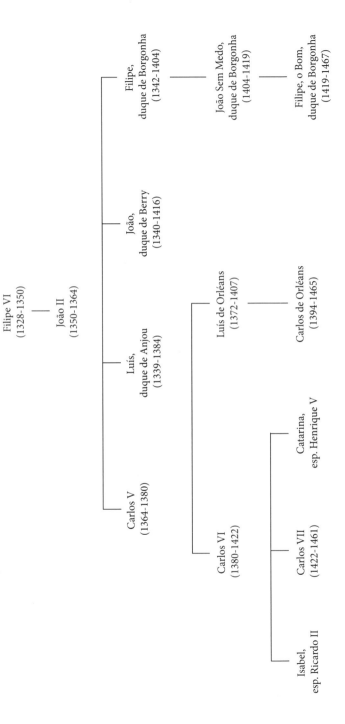

3. Plantagenetas, Lancaster e York (para os soberanos, as datas são as do reinado)

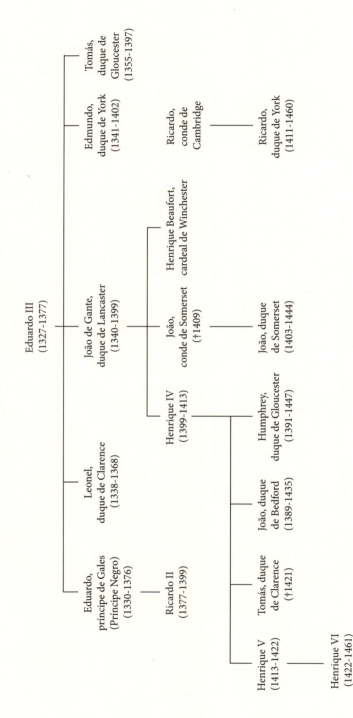

GENEALOGIAS 577

4. A sucessão da Bretanha (as datas são aquelas dos reinados)

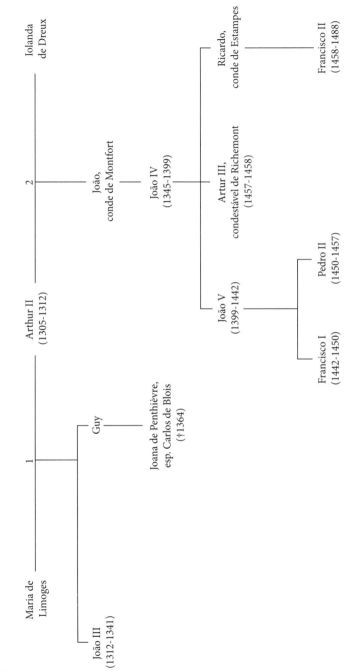

BIBLIOGRAFIA SELECIONADA

A lista é imensa: mais de 7 mil títulos de artigos e livros, na França e na Inglaterra, tratam de aspectos da Guerra dos Cem Anos. A bibliografia a seguir limita-se, assim, a uma seleção das publicações mais importantes, deixando-se de lado uma multidão de artigos de âmbito regional, alguns dos quais, no entanto, de grande qualidade.

SIGLAS

AB	*Annales de Bretagne*
ABSHF	*Annuaire-Bulletin de la Société de l'Histoire de France*
AE	*Annales de l'Est*
AESC	*Annales Economie, Sociétés, Civilisations*
AM	*Annales du Midi*
Arc.	*Archaeologia*
BEC	*Bibliothèque de l'École des Chartes*
BH	*Bulletin Hispanique*
BIHR	*Bulletin of the Institute of Historical Research*
BJR	*Bulletin of the John Ryland Library*
BPH	*Bulletin Philologique et Historique du Comité des Travaux Historiques et Scientifiques*
BSAN	*Bulletin de la Société Archéologique de Nantes*
CLD	*Cahiers Léopold Delisle*

CM	*Camden Miscellany*
CV	*Les Cahiers Vernonnais*
EHR	*English Historical Review*
EcHR	*Economic Historical Review*
His.	*History*
MA	*Le Moyen Âge*
MAIBL	*Mémoires de l'Académie des Inscriptions et Belles Lettres*
MANC	*Mémoires de l'Académie Nationale de Caen*
Med.	*Médiévales*
MSHP	*Mémoires de la Société Historique de Paris*
PP	*Past and Present*
RBPH	*Revue Belge de Philologie et d'Histoire*
RH	*Revue Historique*
RHDFE	*Revue Historique de Droit Français et Étranger*
RHE	*Revue d'Histoire Ecclésiastique*
RIS	*Rerum Italicarum Scriptores*
RN	*Revue du Nord*
Rom.	*Romania*
RQH	*Revue des Questions Historiques*
Spec.	*Speculum*
TRHS	*Transactions of the Royal Historical Society*
Tra.	*Traditio*
WHR	*Welsh Historical Review*

FONTES E DOCUMENTOS IMPRESSOS

ACTES du Parlement de Paris. 2ª série: 1328-1350. Org. H. Furgeot. 3v. Paris: Archives Nationales de France, 1920-1975.

ACTES normands de la Chambre des Comptes sous Philippe de Valois. Org. L. Delisle. Rouen: Le Brument, 1871.

ALLMAND, C. T. Documents Relating to the Anglo-French Negociations of 1439. *CM*, v.XXIV, 1972.

ANGLO-FRENCH Negociations at Bruges, 1374-1377. Org. E. Perroy. *CM*, v.XIX, 1952.

AUMALE, H. (duque de). Notes et documents relatifs à Jean, roi de France, et à sa captivité en Angleterre. *Miscellanies of the Philobiblon Society*, v.II, 1855-1856.

BALFOUR-MELVILLE, E. W. M. Papers Relating to the Captivity and Release of David II. *Miscellany of the Scottish History Society*, v.IX, 1958.

BAUTIER, R.-H. Inventaires de comptes royaux particuliers de 1328 à 1351. *BPH*, 1960.

BEAUCOURT, Gaston Du Fresne de. *Extrait du catalogue des Actes de Charles VII du siège d'Orléans au sacre de Reims (1428-1429)*. Besançon: Paul Jacquin, 1896.

BENOÎT XII. *Lettres closes et patentes intéressant les pays autres que la France*. Org. J.-M. Vidal e G. Mollat. 2v. Paris: De Boccard, 1913-1935.

_____. *Lettres closes, patentes et curiales se rapportant à la France*. Org. G. Daumet. Paris: Ancienne Librairie Thorin & Fils, 1920.

BLOIS, Charles de. *Recueil des Actes de Charles de Blois et Jeanne de Penthièvre, duc et duchesse de Bretagne (1341-1364)*. Org. M. Jones. Rennes: Presses Universitaires de Rennes, 1996.

BOCK, F. *Das deutsch-englische Bundniss von 1335-1342*. v.I. Munique: C. H. Beck, 1956.

_____ (org.). Some New Documents Illustrating the Early Years of the Hundred Years War (1353-1356). *BJR*, v.XV, 1931.

BOSSUAT, A. La Littérature de propagande au XVe siècle: le mémoire de Jean de Rinal, secrétaire du roi d'Angleterre, contre le duc de Bourgogne, 1435. *Cahiers d'Histoire*, v.I, 1956.

BROOME, D. M. (org.). The Ransom of John II, King of France. *CM*, v.XIX, 1926.

CALENDAR of Close Rolls. 45v. Londres, 1892-1954.

CALENDAR of Documents Relating to Scotland. Org. J. Bain. 5v. Edimburgo, 1881-1988.

CALENDAR of Entries in the Papal Registers Relating to Great Britain and Ireland: Papal Letters. Org. W. H. Bliss e C. Johnson. 14v. Londres, 1894-1961.

CALENDAR of Letter Books of the City of London. Org. R. R. Sharpe. 11v. Londres, 1899-1912.

CALENDAR of Patent Rolls. 70v. Londres, 1891-1982.

CALMETTE, J. Les Lettres de Charles VII et de Louis XI aux archives municipales de Barcelone. *Annales du Midi*, p.57-65, 1907.

CATALOGUE de comptes royaux des règnes de Philippe VI et Jean II, 1328-1364. Org. R. Cazelles. Paris: Imprimerie Nationale, 1984.

CATALOGUE des Rolles gascons, normans et françois conservés dans les Archives de la Tour de Londres. Org. T. Carte. Londres: Jacques Barois, 1743.

CHAMPOLLION-FIGEAC, L. A. *Lettres de rois, reines et autres personnages des cours de France et d'Angleterre*. 2v. Paris: Imprimerie Royale, 1839-1843.

CHAPLAIS, P. *English Medieval Diplomatic Practice*: Documents and Interpretation. Londres: H. M. Stationey Office, 1982.

_____. *The War of Saint-Sardos (1323-1325)*: Gascon Correspondance and Diplomatic Documents. Londres: Offices of the Royal Historical Society, 1954.

_____. Some Documents Regarding the Fulfillment and Interpretation of the Treaty of Brétigny (1361-1369). *CM*, v.XIX, 1952.

CLÉMENT VI. *Lettres closes, patentes et curiales se rapportant à la France*. Org. E. Déprez, J. Glénisson e G. Mollat. Paris: De Boccard, 1901-1961.

_____. *Lettres closes, patentes et curiales intéressant les pays autres que la France*. Org. E. Déprez e G. Mollat. Paris: De Boccard, 1960-1961.

CLÉMENT VI. *Lettres de Clément VI (1342-1352)*. Org. Philippe van Isacker e Ursmer Berlière. Roma: Institut Historique Belge, 1924.

COMPTES de recettes et dépenses du roi de Navarre en France et en Normandie de 1367 à 1370, Le. Org. E. Izarn. Paris: Picard, 1885.

COOPLAND, G. W. (trad.). *Philippe de Mézières: Lettre to King Richard II*. A Plea Made in 1395 for Peace between England and France. Reino Unido: Liverpool University Press, 1975.

COSNEAU, E. *Les Grands traités de la guerre de Cent Ans*. Paris: Alphonse Picard, 1885.

DAVID II. *The Acts of David II, King of Scots*: 1329-1371. Org. B. Webster. Edimburgo: Edinburgh University Press, 1982.

DELISLE, L. *Mandements et actes divers de Charles V (1364-1380)*. Paris: Imprimerie Nationale, 1874.

DOCUMENTS comptables des Archives Générales de Navarre concernant la Normandie durant le règne de Charles d'Evreux (1328-1345) et Charles le Mauvaix (1349-1387), rois de Navarre. Org. M. Baudot. *CLD*, v.XIV, 1965.

DOCUMENTS pontificaux sur la Gascogne: pontificat de Jean XXII. Org. L. Guérard. 2v. Paris: Honoré Champion, 1896-1903.

DOCUMENTS relatifs au Clos des Galées de Rouen et aux armées de la mer du roi de France de 1293 a 1418. Org. A. Chazelas. 2v. Paris: Bibliothèque Nationale, 1977-1978.

EDWARD, Prince of Wales. Campaign Letters. *Arc.*, v.I, 1754.

EXCHEQUER Rolls of Scotland. Org. J. Stuart. 23v. Edimburgo: H. M. General Register House, 1878-1908.

FAUCON, M. Prêts faits aux rois de France par Clément VI, Innocent VI et le comte de Beaufort (1345-1360). *BEC*, v.XL, 1879.

GALLIC Regia, ou État des officiers royaux des baillages et des sénéchaussées de 1328 à 1515. Org. G. Dupont-Ferrier. 7v. Paris: Imprimerie Nationale, 1942-1965.

GUESNON, A. H. Documents inédits sur l'invasion anglaise et les États au temps de Philippe VI et Jean le Bon. *BPH*, 1897.

INNOCENT VI. *Lettres secrètes et curiales*. Org. P. Gasnault, M. H. Laurent e N. Gotteri. 4v. Paris: Boccard, 1959.

INSTRUCTIONS pour la défense du duché de Bourgogne contre les Grandes Compagnies. Org. L. Mirot. *Annales de Bourgogne*, v.XIV, 1942.

JACQUETON, G. *Documents relatifs à l'administration financière en France de Charles VII à François Ier*: 1443-1523. Paris: Alphonse Picard, 1891.

JEAN IV (duque da Bretanha). *Recueil des Actes de Jean IV, duc de Bretagne*. Org. M. Jones. Paris: C. Klincksieck, 1980-1983.

JEAN XXII. *Lettres secrètes et curiales du pape Jean XXII (1316-1334) relatifs à la France*. Org. A. Coulon e S. Clémencet. Paris: A. Fontemoing, 1900.

JONES, M. Some Documents Relating to the Disputed Succession of the Duchy of Brittany, 1341. *CM*, v.XXIV, 1972.

JOURNAL des États Généraux réunis à Paris au mois d'octobre 1356. Org. R. Delachenal. *RHDFE*, 3ª série, v.XXIV, 1900.

JOURNAUX du Trésor de Philippe VI de Valois. Org. J. Viard. Paris: Imprimerie Nationale, 1899.

BIBLIOGRAFIA SELECIONADA   583

KENDALL, P. M.; ILARDI, V. *Dispatches with Related Documents of Milanese Ambassadors in France and Burgundy, 1450-1483*. 3v. Estados Unidos: Ohio University Press, 1970-1981.

LANGLOIS, C. V. Instructions remises aux députés de la commune de Montpellier qui furent envoyées au roi pendant sa captivité en Angleterre (1358-1359). *Mémoires de la Société Archéologique de Montpellier*, v.VIII, 1892.

LARSON, A. English Embassies during the Hundred Years War. *EHR*, v.LV, 1940.

LE BOUVIER, G., dito Berry. *Le Livre de la description des pays*. Org. E. T. Hamy. Paris: Ernest Leroux, 1908.

LE CACHEUX, P. *Actes de la chancellerie d'Henry VI concernant la Normandie sous la domination anglaise, 1422-1435*. 2v. Rouen; Paris: A. Lestringant; A. Picard, 1907-1908.

LETTRES des rois, reines et autres personnages des cours de France et d'Angleterre, depuis Louis VII jusqu'a Henri IV, tirées des archives de Londres par Bréquigny. Org. M. Champollion--Figeac. t.II: 1301-1515. Paris: Imprimerie Royale, 1867.

MAÎTRE, L. Répertoire analytique des Actes de Charles de Blois. *BSAN*, v.XLV, 1904.

MANDEMENTS et actes divers de Charles V (1364-1380). Org. L. Delisle. Paris: Imprimerie Nationale, 1874.

MÉZIÈRES, P. de. *Le Songe du vieil pèlerin*. Org. G. W. Coopland. Cambridge: Cambridge University Press, 1969.

MIROT, L.; DÉPREZ, E. *Les Ambassades anglaises pendant la Guerre de Cent Ans*: catalogue chronologique (1327-1450). Paris: Alphonse Picard, 1900.

MOLINIER, E. Documents relatifs aux Calésiens expulsés par Edouard III. *Le Cabinet Historique*, v.XXIV, 1878.

MONUMENTS du procès de canonisation du bienheureux Charles de Blois, duc de Bretagne, 1320-1364. Org. F. Plaine. Paris: R. Prud'homme, 1921.

MORANVILLÉ, H. Rapports à Philippe VI sur l'état de ses finances. *BEC*, v.XLVIII, 1887; v.LIII, 1892.

MORICE, H. *Mémoires pour servir de preuves à l'histoire ecclésiastique et civile de Bretagne*. 3v. Paris: Charles Osmont, 1742-1746.

ORDONNANCES des rois de France de la troisième race. Org. D. Secousse. 22v. Paris: Imprimerie Royale, 1729-1842.

PERROY, E. Select Documents: France, England and Navarre from 1354 to 1364. *BIHR*, v.XIII, 1936.

PHILIPE VI. Lettres Closes: Lettres "De par le roy" de Philippe de Valois. Org. R. Cazelles. *ABSHF*, 1958.

PROCÈS de condamnation de Jeanne d'Arc. Org. P. Champion. 2v. Paris: Honoré Champion, 1920-1921.

PROCÈS-VERBAL de délivrance à Jean Chandos commissaire du roi d'Angleterre des places françaises abandonnées par le Traité de Brétigny. Org. A. Bardonnet. *Mémoires de la Société stat. Sci. et arts des Deux-Sèvres*, 2ª série, v.VI, 1866.

REGISTER of Edward the Black Prince. 4v. Londres: H. M. Stationery Off., 1930-1933.

RÉPERTOIRE analytique des actes de Charles de Blois. Org. L. Maître. *BSAN*, v.XLV, 1904.

RICHARD, J. M. Instructions données aux commissaires chargés de lever la rançon du roi Jean (1360). *BEC*, v.XXXVI, 1875.

SECOUSSE, D.-F. *Recueil de pièces servant de preuves au mémoires sur les troubles excités em France par Charles II, dit Le Mauvais, roi de Navarre et comte d'Evreux*. Paris: Chez Durand, 1755.

STEVENSON, J. *Letters and Papers Illustrative of the Wars of the English in France during the Reign of Henry VI*. 2v. Londres: Longman; Green; Longman; Roberts and Green, 1861-1864.

_____. *Narratives of the Expulsion of the English from Normandy*. Londres: Longman; Green; Longman; Roberts and Green, 1863.

SUPPLIQUES de Clément VI (1342-1352): Textes et analyses. Org. U. Berlière. Roma: Institut Historique Belge, 1906.

TIMBAL, P.-C. *La Guerre de Cent Ans vue à travers les registres du Parlement (1337-1369)*. Paris: Centre National de la Recherche Scientifique, 1961.

URBAIN V. *Lettres secrètes et curiales du pape Urbain V (1362-1370) se rapportant à la France*. Org. P. Lecacheux e G. Mollat. Paris: Fontemoing; Boccard, 1902-1955.

VIARD, J. Itinéraire de Philippe VI de Calois. *BEC*, v.LXXIV, 1913.

WARNER, G. (org.). *The Libelle of Englysche Polycye*: A Poem on the Use of Sea-Power. Londres: Clarendon Press, 1926.

WROTTESLEY, G. *Crécy and Calais*: From the Public Records in the Public Record Office. Londres: Harrison and Sons, 1897.

CRÔNICAS E FONTES NARRATIVAS

ACTA bellicosa... Edwardi regis Angliae. In: MOISANT, J. *Le Prince Noir em Aquitaine*. Paris: Picard, 1894.

AYALA, Pedro López de. *Cronicas de los reyez de Castilla. Don Pedro, Don Enrique II, Don Juan I, Don Enrique III*. Org. De Llaguno Amirola. 2v. Madri: Imprenta de Don Antonio de Sancha, 1779-1780.

BASIN, T. *Histoire de Charles VII*. Org. C. Samaran. 2v. Paris: Les Belles-Lettres, 1964.

BEL, Jean le. *Chronique*. Org. J. Viard e E. Déprez. 2v. Paris: Société de l'Histoire de France, 1904-1905.

BERRY, arauto (G. Le Bouvier). *Les Chroniques de feu roi Charles septième de ce nom (1403-1455)*. Org. Godefroy. Paris, 1661.

_____. Le Recouvrement de Normandie. In: STEVENSON, J. (org.). *Narratives of the Expulsion of the English from Normandy*. Londres: Longman, Green, Longman, Roberts and Green, 1863.

BLONDEL, R. De reductione Normanniae. In: STEVENSON, J. (org.). *Narratives of the Expulsion of the English from Normandy*. Londres: Longman, Green, Longman, Roberts and Green, 1863.

BRIDLINGTON Chronicle. Org. W. Stubbs. Paris, 1883.

BUEIL, Jean de. *Le Jouvencel*. Org. C. Favre e L. Lecestre. 2v. Paris: Renouard, 1877.

CABARET D'ORRONVILLE, J. *La Chronique du bon duc Louis de Bourbon*. Org. A.-M. Chazaud. Paris: Renouard, 1876.

CHANDOS, arauto. *La Vie du Prince Noir*. Org. D. B. Tyson. Tübingen: M. Niemeyer, 1975.

BIBLIOGRAFIA SELECIONADA

CHARNY, Geoffroy de. Le Livre messire Geoffroy de Charny. Org. A. Piaget. *Rom.*, v.XXVI, 1897.

CHARTIER, J. *Chronique de Charles VII roi de France (1422-1450)*. Org. A. Vallet de Viriville. 3v. Paris: P. Jannet, 1858.

CHASTELLAIN, Georges. *Œuvres*. Org. Kervyn de Lettenhove. 8v. Bruxelas: F. Beussner, 1863-1866.

CHRONIQUE de la Pucelle (1422-1429). Org. Vallet de Viriville. Genebra; Paris: Slatkine; Mégariotis, 1859.

CHRONIQUE du Mont-Saint-Michel (1343-1468). Org. S. Luce. 2v. Paris: Firmin Didot, 1879-1883.

CHRONIQUE catalane de Pierre IV d'Aragon, III de Catalogne, dit Le Cérémonieux. Org. A. Pagès. Paris: Privat; Didier, 1941.

CHRONIQUE du bon duc Loys de Bourbon. Org. A. M. Chazaud. Paris: Renouard, 1876.

CHRONIQUE du religieux de Saint-Denis. Org. L. Bellaguet. 43v. Paris: Crapelet, 1839-1852.

CHRONIQUE anonyme parisienne de 1316 à 1339. Org. A. Hellot. *MSHP*, v.XI, 1885.

CHRONIQUE des quatre premiers Valois (1327-1393). Org. S. Luce. Paris: Jules Renouard, 1862.

CHRONIQUE normande du XIVᵉ siècle. Org. A. Molinier e E. Molinier. Paris: Renouard, 1882.

CHRONIQUES romanes des comtes de Foix composées au XVᵉ siècle par Arnaud Esquerrier et Miégeville. Org. H. Courteauld e F. Pasquier. Foix; Toulouse; Paris; Pau: Gradat Ainé; Édouard Privat; A. Picard et Fils; Léon Ribaut, 1893.

CONTINUATION de la chronique de Richard Lescot (1344-1364). Org. J. Lemoine. Paris: Renouard, 1896.

CUVELIER. *La Chanson de Bertrand Du Guesclin*. Org. J.-C. Faucon. 3v. Paris: Editions Universitaires du Sud, 1990-1991.

DAVIES, J. S. (org.). An English Chronicle of the Reigns of Richard II, Henry IV, Henry V and Henry VI. *Camden Society*, v.LXIV, 1856.

D'ESCOUCHY, M. *Chronique*. Org. G. Du Fresne de Beaucourt. 3v. Paris: Société de l'Histoire de France, 1863-1864.

DU CLERCQ, J. *Mémoires (1448-1467)*. Org. F. Reiffenberg. 4v. Paris: Verdière, 1823-1827.

FENIN, P. de. *Chronique (1407-1422)*. Org. L.-M.-E. Dupont. Paris: Société de l'Histoire de France, 1837.

FROISSART, J. *Chroniques*. Org. S. Luce, G. Raynaud e A. Mirot. 15v. Paris: Hachette et Cie., 1869-1975.

GRANDES chroniques de France, Les. Org. J. Viard. 10v. Paris: Ancienne Honoré Champion, 1920-1953.

GRANDES chroniques de France: chronique des règnes de Jean II et de Charles V. Org. R. Delachenal. 4v. Paris: Renouard, 1910-1920.

GRUEL, G. *Chronique d'Arthur de Richemont, connétable de France (1393-1458)*. Org. A. Le Vavasseur. Paris: Renouard, 1890.

GUISBOROUGH, W., Chronicle of. Org. H. Rothwell. Paris: Royal Historical Society, 1957.

HEMINBURGH, W., Chronicon of. Org. H. C. Hamilton. 2v. Londres: Heeboll-Holm, 1948-1949.

HOCSEM, J. de. *La Chronique de Jean de Hocsem.* Org. G. Kurth. Paris: Kiessling et Cie., 1927.

HOLINSHED, R. *Chronicle of England, Scotland and Ireland.* Org. H. Ellis. 6v. Londres: J. Johnson, 1807-1808.

ISTORE et croniques de Flandres. Org. Kervyn de Lettenhove. 2v. Bruxelas: F. Hayez, 1879-1880.

JOURNAL d'un Bourgeois de Paris (1405-1449). Org. A. Tuetey. Paris: H. Champion, 1881.

JOUVENEL DES URSINS, J. *Histoire de Charles VI, roi de France (1380-1422).* Org. T. Godefroy. Paris: Abraham Pacard, 1614.

KLERK, J. de. *Les Gestes des ducs de Brabant.* Org. J. F. Willems e J. H. Bormans. 3v. Bélgica: M. Hayez, 1839-1869.

LA MARCHE, O. de. *Mémoires (1435-1488).* Org. H. Beaune e J. D'Arbaumont. 4v. Paris: BNF, 1883-1888.

LE BAKER DE SWYNEBROKE, G. *Chronicon (1305-1356).* Org. E. M. Thompson. Oxford: Clarendon Press, 1889.

LE FÈVRE DE SAINT-RÉMY, J. *Chronique (1408-1435).* Org. F. Morand. 2v. Paris: Renouard, 1876.

LESCOT, R. *Chronique.* Org. J. Lemoine. Paris: Renouard, 1896.

LE LIVRE des trahisons de France. Org. Kervyn de Lettenhove. Bélgica: F. Hayez, 1880.

MACHAUT, G. de. *Œuvres.* Org. E. Hoepffner. 3v. Paris: Firmin-Didot, 1908-1931.

MONSTRELET, E. de. *Chronique (1400-1444).* Org. L. Douët d'Arcq. 6v. Paris: Victor Lecou, 1857-1862.

MOROSINI, A. *Chronique (1396-1433).* Org. L. Dorez e G. Lefèvre-Pontalis. 4v. Paris: Renouard, 1898-1902.

PISAN, C. de. *Le Livre des fais et bonnes meurs du sage roy Charles V.* Org. S. Solente. 2v. Paris: Champion, 1936-1940.

READING, J. of. *Chronica Johannis de Reading et Anonymi Cantuariensis, 1346-1367.* Org. J. Tait. Londres: University Press, 1914.

RECUEIL des historiens des Gaules et de la France. Org. M. Bouquet. 24v. Paris: Imprimerie Royale, 1734-1904.

THE GREAT Chronicle of London. Org. A. H. Thomas e I. D. Thornley. Londres: George W. Jones, 1938.

VENETTE, J. de. *The Chronicle of Jean de Venette.* Org. R. A. Newhall. Nova York: Columbia University Press, 1953.

VIGNEULLES, P. de. *Chronique.* Org. C. Bruneau. 4v. Paris: Metz, 1927-1933.

VILLANI, M. F. Historia universalis. Org. L. A. Muratori. *RIS*, v.XIV, 1729.

WALSINGHAM, T. *Historia anglicana.* Org. H. T. Riley. 2v. Londres: Longman, Green, Longman, Roberts and Green, 1863-1864.

WESTMINSTER Chronicle, 1381-1394. Org. L. C. Hector e B. A. Harvey. Oxford: Clarendon Press, 1982.

BIBLIOGRAFIA SELECIONADA

HISTÓRIA GERAL DA GUERRA DOS CEM ANOS

ALLMAND, C. *The Hundred Years War*: England and France at War, c.1300-c.1450. Cambridge: Cambridge University Press, 1988.

BAILLY, A. *La Guerre de Cent Ans*. Paris: Arthème Fayard, 1943.

CONTAMINE, P. *La Guerre de Cent Ans*. 8.ed. Paris: Presses Universitaires de France, 2002.

CURRY, A. *The Hundred Years' War*. Nova York: Palgravre Macmillan, 1993.

FAVIER, J. *La Guerre de Cent Ans*. Paris: Fayard, 1980.

FOWLER, K. (org.). *The Hundred Years War*. Londres; Nova York: Macmillan; St. Martin's Press, 1971.

LAGUAI, A. *La Guerre de Cent Ans*. [s.L.]: [s.n.], 1974.

MITRE FERNÁNDEZ, E. *La Guerra de los Cien Años*. Madri: Historia 16, 1990.

PERROY, E. *La Guerre de Cent Ans*. Paris: Gallimard, 1945.

SEWARD, D. *A Brief History of the Hundred Years War*: The English in France, 1337-1453. Londres: Robinson Publishing, 2003.

SUMPTION, J. *The Hundred Years War*. v.I: Trial by Battle; v.II: Trial by Fire. Filadélfia: University of Pennsylvania Press, 1990-.[1]

ASPECTOS POLÍTICOS

ALLMAND, C. T. The Lancastrian Land Settlement in Normandy, 1417-1450. *EHR*, v.XXI, 1968.

_____. La Normandie devant l'opinion anglaise à la fin de la Guerre de Cent Ans. *BEC*, v.CXXVIII, 1970.

AMSTRONG, C. A. J. La Double monarchie France-Angleterre et la maison de Bourgogne (1420-1435): le déclin d'une alliance. *Annales de Bourgogne*, v.XXXVII, 1963.

ANDRÉ-MICHEL, R. Anglais, bretons et routiers à Carpentras sous Jean le Bon et Charles V. In: *Mélanges d'histoire offerts à M. Charles Bémont*. Paris: Félix Alcan, 1913.

ATIYA, A. S. *The Crusade in the Middle Ages*. Londres: Methuen, 1938.

AUTRAND, F. *Naissance d'un grand corps de l'Etat*: les gens du Parlement de Paris 1345-1454. Paris: Publications de la Sorbonne, 1981.

BALFOUR-MELVILLE, E. W. M. *Edward III and David II*. Londres: Historical Association, 1954.

---

1 A coleção desse estudo magistral da Guerra dos Cem Anos ainda não foi inteiramente publicada. Os dois primeiros volumes abarcam os períodos 1337-1347 e 1347-1369 em 1.340 páginas. Um terceiro volume está previsto para abril de 2009. O conjunto é notável por sua erudição, com domínio perfeito do assunto e análises esclarecedoras. Trata-se de um trabalho exaustivo do qual ainda desconhecemos a data de finalização. [A University of Pennsylvania Press publicou mais dois volumes: v.III: Divided Houses (2009), e v.IV: Cursed Kings (2015). (N. T.)]

BARBER, R. *Edward, Prince of Wales and Aquitaine*: A Biography of the Black Prince. Reino Unido: Boydell Press, 1978.

BAUTIER, R. H. Recherches sur la chancellerie royale au temps de Philippe VI. *BEC*, v.CXXII, 1964.

BERTRANDY, M. *Études sur les chroniques de Froissart*: Guerre de Guienne, 1345-1346. Bordeaux: Imprimerie Centrale, 1870.

BLANCHARD, J. *Représentation, pouvoir et royauté à la fin du Moyen Âge*. Paris: Picard, 1997.

BOURASSIN, E. *La France anglaise (1415-1453)*: chronique d'une occupation. Paris: J. Tailandier, 1981.

BREUILS, A. La Campagne de Charles VII en Gascogne, une conspiration du dauphin en 1446. *RQH*, jan. 1895.

BRILL, R. The English Preparations before the Treaty of Arras: A New Interpretation of Sir John Fastolf Report, September 1435. *Studies in Medieval and Renaissance History*, v.VII, 1970.

BRISSAUD, D. *Les Anglais en Guyenne*: l'administration anglaise et le mouvement comunal dans le Bordelais. Paris: J.-B. Dumoulin, 1875.

CALMETTE, J. *Chute et relèvement de la France sous Charles VI et Charles VII*. Paris: Hachette, 1945.

_____; DÉPREZ, E. *L'Europe occidentale de la fin du XIV⁵ siècle aux guerres d'Italie*. t.I: La France et l'Angleterre en conflit. Paris: Presses Universitaires de France, 1937.

CAMPBELL, J. Scotland and the Hundred Years War in the Fourteenth Century. In: HALE, J. R.; HIGHFIELD, J. R. L.; SMALLEY, B. (orgs.). *Europe in the Late Middle Ages*. Estados Unidos: Northwestern University, 1965.

CHAMPION, P.; THOISY, P. de. *Bourgogne, France-Angleterre au Traité de Troyes*: Jean de Thoisy, évêque de Tournai, chancelier de Bourgogne, membre du Conseil du roi (1350-1433). Paris: Balzac, 1943.

CAZELLES, R. *La Société politique et la crise de la royauté sous Philippe de Valois*. Paris: Librairie d'Argences, 1958.

CHAPLAIS, P. English Arguments Concerning the Feudal Status of Aquitaine in the Fourteenth Century. *BIHR*, v.XXI, 1948.

_____. Réglements des conflits internationaux franco-anglais au XIV⁵ siècle (1293-1377). *MA*, v.LVII, 1951.

_____. Le duché-paierie de Guyenne. L'hommage et les services féodaux. *AM*, v.LXIX, 1957.

CONTAMINE, P. *L'Oriflamme de Saint-Denis aux XIV⁵ et XV⁵ siècles*. Paris: Institut de Recherche Régionale, 1975.

CORDEY, J. *Les Comtes de Savoie et les rois de France pendant la Guerre de Cent Ans*. Paris: H. Champion, 1911.

COVILLE, A. *Les États de Normandie*: leurs origines et leur développement au XIV⁵ siècle. Paris: Imprimerie Nationale, 1894.

_____. Les Premiers Valois et la Guerre de Cent Ans, 1328-1422. In: LAVISSE, E. (org.). *Histoire de France*. Paris: Armand Colin, 1902.

DAUMET, G. *Étude sur l'alliance de la France et de la Castille aux XIV⁵ et XV⁵ siècles*. Paris: E. Bouillon, 1898.

BIBLIOGRAFIA SELECIONADA

DELACHENAL, R. *Histoire de Charles V*. 5v. Paris: Alphonse Picard et Fils, 1909-1931.

DÉPREZ, E. *Les Préliminaires de la Guerre de Cent Ans*: la papauté, la France et l'Angleterre (1328-1342). Genebra; Paris: Slatkine; Mégariotis, 1902.

_____. La Double trahison de Godefroy de Harcourt (1346-1347). *RH*, v.XCIX, 1908.

_____. La Conférence d'Avignon (1344). In: LITTLE, A. G.; POWICKE, F. M. (orgs.). *Essays in Medieval History Presented to Thomas Frederick Tout*. Manchester: Manchester University Press, 1925.

DICKINSON, J. C. *The Congress of Arras, 1435*. Londres: Clarendon Press, 1955.

DUPARC, P. La Conclusion du Traité de Troyes. *RHDFE*, 1971.

FARAL, E. Robert Le Coq et les États Généraux d'octobre 1356. *RHDFE*, 1945.

FOWLER, K. Les Lieutenants du roi d'Angleterre en France à la fin du Moyen Âge. In: *Les Serviteurs de l'État au Moyen Âge*: Actes du XXIXe Congrès de la SHMESP. Paris: Éditions de la Sorbonne, 1998.

FRANCE anglaise au Moyen Âge (La): Actes du 111e Congrès National des Sociétés Savantes. Poitiers, 1986. Paris: CTHS, 1988.

FRYDE, E. B. Parliament and the French War, 1336-1340. In: WILKINSON, B. *Essays in Medieval History Presented to Bertie Wilkinson*. Org. T. A. Sandquist e Michael R. Powicke. Toronto: University of Toronto Press, 1969.

_____. The Financial Policies of the Royal Governement and Populare Resistance to them in France and England, 1270-1420. *RBPH*, v.LVII, 1979.

FUNCK-BRENTANO, F. *Les Origines de la Guerre de Cent Ans*: Philippe le Bel en Flandre. Paris: Champion, 1896.

GARCÍA Y LÓPEZ, J. C. *Castilla durante los reinados de Pedro I, Enrique II, Juan Ier e Enrique III*. 2v. Madri: El Progreso Editorial, 1891-1892.

GERMAIN, A. *Projet de descente en Angleterre concerté entre le gouvernement français et le roi de Danemark Waldemar III pour la délivrance du roi Jean*. Paris: J. Martel, 1858.

GRIFFITH, R. A. Un espion breton à Londres, 1425-1429. *AB*, v.LXXXVI, 1979.

GUENÉE, B. *La Folie de Charles VI*. Paris: Perrin, 2004.

_____. *L'Occident aux XIVe et XVe siècles*: les états. Paris: Presses Universitaires de France, 1971. [Ed. bras.: *O Ocidente nos séculos XIV e XV*: os estados. São Paulo: Pioneira; Edusp, 1981.]

_____. *Un Roi et son historien*: vingt études sur le règne de Charles VI et la Chronique du religieux de Saint-Denis. Paris: Boccard, 1999.

GUILLEMAIN, B. *La Cour pontificale d'Avignon, 1309-1376*. Paris: Boccard, 1966.

GUTIERREZ DE VELASCO, A. Los ingleses en España, siglo XIV. *Estudios de Edad Media de la Corona de Aragon*, v.IV, p.215-319, 1951.

HARRIS, G. L. *King, Parliament and Public Finance in Medieval England, to 1369*. Paris: Clarendon Press, 1975.

HENNEMAN, J. B. *Royal Taxation in Fourteenth Century France*: The Development of War Financing, 1322-1356. Filadélfia: American Philosophical Society Press, 1971.

_____. *Royal Taxation in Fourteenth Century France*: The Captivity and Ransom of John II, 1356-1370. Filadélfia: American Philosophical Society Press, 1976.

HEWITT, H. J. *The Organization of War under Edward III, 1338-1362*. Reino Unido: Manchester University Press, 1966.

HILLGARTH, J. N. *The Spanish Kingdoms, 1250-1516*. 2v. Paris: Clarendon Press, 1976-1978.

HOUSLEY, N. *The Avignon Papacy and the Crusades, 1305-1378*. Oxford: Oxford University Press, 1986.

JEANNE d'Arc: une époque un rayonnement. In: *Actes du Colloque d'Histoire Médiévale*, Orléans, out. 1979. Paris: CNRS, 1982.

JONES, M. *Ducal Brittany, 1364-1399*. Oxford: Oxford University Press, 1970.

_____. Sir Thomas Dagworth et la guerre civile en Bretagne au XIVᵉ siècle: quelques documents inédits. *AB*, v.LXXXVII, 1980.

_____. Bas Bretons et bons Françoys. The Language and Meaning of Treason in Late Medieval France. *TRHS*, 5ª série, v.XXXII, 1982.

_____. Edward's Captains in Brittany. In: ORMROD, W. M. (org.). *England in the Fourteenth Century*: Proceedings of the Harlaxton Symposium. Reino Unido: Boydell Press, 1986.

JORGA, N. *Philippe de Mézières, 1327-1405, et la croisade au XIVᵉ siècle*. Paris: Librairie Émile Bouillon, 1896.

JUGIE, P. L'Activité diplomatique du cardinal Guy de Boulogne en France au milieu du XIVᵉ siècle. *BEC*, 1987.

KAEUPER, R. W. *Guerre, justice et ordre public*: la France et l'Angleterre à la fin du Moyen Âge. Paris: Aubier, 1994.

KEEN, M. H.; DANIEL, M. J. English Diplomacy and the Sack of Fougères in 1449. *His.*, v.LIX, 1974.

KERHERVÉ, J. *L'État breton aux XIVᵉ et XVᵉ siècles*: les ducs, l'argent et les hommes. 2v. Paris: Maloine, 1987.

KNOWLSON, G. A. *Jean V, duc de Bretagne, et l'Angleterre (1399-1442)*. Cambridge: Rennes, 1964.

LENNEL, F. *Histoire de Calais*. 3v. Paris: J. Peumery, 1908-1913.

LEROY, B. Autour de Charles le Mauvais: groupes et personnalités. *RH*, v.CCLXXIII, 1985.

LEWIS, P. *The Recovery of France in the Fifteenth Century*. Londres: Macmillan, 1971.

LODGE, E. C. The Constable of Bordeaux in the Reign of Edward III. *EHR*, v.50, n.198, 1935.

LOIRETTE, G. Arnaud Amanieu, sire d'Albret, et l'appel des seigneurs gascons en 1368. In: *Mélanges d'histoire offerts à M. Charles Bémont*. Paris: Félix Alcan, 1913.

LONGNON, A. *Paris pendant l'occupation anglaise (1420-1436)*. Paris: H. Champion, 1878.

LOT, F.; FAWTIER, R. *Histoire des institutions françaises au Moyen Âge*. 3v. Paris: Presses Universitaires de France, 1957-1962.

MARCHADIER, A. *Les États Généraux sous Charles VII*. Bordeaux, 1904.

MARQUETTE, J.-B. *Les Albrets*. 5v. Bordeaux: Les Cahiers du Bazadais, 1979.

MCDOUGALL, N. A. T. Foreign Relations: England and France. In: BROWN, J. M. (org.). *Scottish Society in the Fifteenth Century*. Londres: Edward Arnold, 1977.

MCKENNA, J. W. Henry VI of England and the Dual Monarchy: Aspects of the Royal Political Propaganda, 1422-1432. *Journal of the Warburg and Courtauld Institute*, v.XXVIII, 1965.

BIBLIOGRAFIA SELECIONADA

MICHEL, F. *Les Écossais en France et les Français en Écosse*. 2v. Londres: Trübner & Co., 1862.

MOISANT, J. *Le Prince Noir en Aquitaine, 1355-1356, 1362-1370*. Paris: Picard, 1894.

MOLLAT, G. *Les Papes d'Avignon*: 1305-1378. 10.ed. Paris: Letouzey & Ane, 1964.

_____. Innocent VI et les tentatives de paix entre la France et l'Angleterre, 1353-1355. *RHE*, v.X, 1909.

NICHOLSON, R. *Edward III and the Scots*: The Formative Years of a Military Career, 1327-1335. Oxford: Oxford University Press, 1965.

OFFLER, H. S. England and Germany at the Beginning of the Hundred Years War. *EHR*, v.LIV, 1939.

ORMROD, W. M. *The Reign of Edward III*: Crown and Political Society in England, 1327-1377. New Haven: Yale University Press, 1990.

PALMER, J. J. N. *England, France and Christendom (1377-1399)*. Londres: Routledge and Kegan Paul, 1972.

PATOUREL, J. le. L'Occupation anglaise de Calais. *RN*, v.XXXIII, 1951.

_____. Edward III and the Kingdom of France. *His.*, v.XLIII, 1958.

_____. The Origins of the War. In: FOWLER, K. (org.). *The Hundred Years War*. Londres; Nova York: Macmillan; St. Martin's Press, 1971.

_____. The Treaty of Brétigny, 1360. *TRHS*, 5ª série, v.X, 1960.

PERROY, E. The Anglo-French Negociations at Bruges, 1374-1377. *CM*, 3ª série, v.19, 1952.

_____. Charles V et le Traité de Brétigny. *MA*, 2ª série, v.XXIX, 1928.

_____. Edouard III et les seigneurs gascons en 1368. *AM*, v.LXI, 1948-1949.

PETIT-DUTAILLIS, C. *Charles VII, Louis XI et les premières années de Charles VIII*: 1422-1492. Paris: Jules Tallandier, 1902.

_____; COLLIER, P. La Diplomatie française et le Traité de Brétigny. *MA*, 2ª série, v.I, 1897.

PICOT, G. *Histoire des États Généraux*. t.I. Genebra: Mégariotis, 1872.

PROU, M. *Étude sur les relations politiques du pape Urbain V avec les rois de France Jean II et Charles V*. Paris: F. Vieweg, 1887.

PUISEUX, L. *L'Émigration normande et la colonisation anglaise de la Normandie au XVᵉ siècle*. Paris: Le Gost-Clérisse, 1866.

RIBADIEU, H. *Histoire de la conquête de la Guyenne par les Français*. Bordeaux: Paul Chaumas, 1866.

RUSSELL, P. E. *The English Intervention in Spain and Portugal in the Time of Edward III and Richard II*. Nova York: Oxford University Press, 1955.

TEMPLEMAN, G. Edward III and the Beginnings of the Hundred Years War. *TRHS*, 5ª série, v.II, 1952.

THOMPSON, G. L. *Paris and its People under English Rule*: The Anglo-Burgondian Regime, 1420-1436. Londres: Clarendon Press, 1991.

TOURNEUR-AUMONT, J. M. *La Bataille de Poitiers (1356) et la construction de la France*. Paris: Presses Universitaires de Poitiers, 1940.

VIARD, J. Les Ressources extraordinaires de la royauté sous Philippe de Valois. *RQH*, v.XCIV, 1888.

_____. Philippe de Valois: la succession à la couronne de France. *MA*, v.XXIII, 1921.

VIARD, J. La Chambre des Comptes sous le règne de Philippe de Valois. *BEC*, v.XCIII, 1932.

VIOLLET, P. Comment les femmes ont été exclues en France de la succession à la couronne. *MAIBL*, v.XXXIV, 1895.

ASPECTOS MILITARES

ALBAN, J. R. English Coastal Defense: Some Fourteenth Century Modifications within the System. In: GRIFFITH, R. A. (org.). *Patronage, the Crown and the Provinces in Later Medieval England*. Gloucester: Alan Sutton, 1981.

ALBAN, J. R.; ALLMAND, C. T. Spies and Spying in the Fourteenth Century. In: ALLMAND, C. T. (org.). *War, Literature and Politics in the Late Middle Ages*. Reino Unido: Liverpool University Press, 1976.

ALLMAND, C. T. Henry V the Soldier and the War in France. In: HARRIES, G. L. (org.). *Henry V, the Practice of Kingship*. Oxford; Nova York: Oxford University Press, 1985.

ALLUT, P. *Les Routiers au XIVᵉ siècle*: les Tard-Venus et la bataille de Brignais. Paris: Lyon, 1859.

ARMSTRONG, C. A. J. Sir John Fastolf and the Law of Arms. In: ALLMAND, C. T. (org.). *War, Literature and Politics in the Late Middle Ages*. Reino Unido: Liverpool University Press, 1976.

AUTRAND, F. La Déconfiture: la bataille de Poitiers (1356) à travers quelques textes français des XIVᵉ et XVᵉ siècles. In: CONTAMINE, P.; GIRY-DELOISON, C.; KEEN, H. M. (orgs.). *Guerre et société en France, en Angleterre et en Bourgogne, XIVᵉ-XVᵉ siècles*. Paris: Institut de Recherches Historiques du Septentrion, 1991.

BARNIE, J. *War in Medieval English Society*: Social Values in the Hundred Years War, 1377-1399. Reino Unido: George Weidenfeld & Nicholson, 1974.

BRADBURY, J. *The Medieval Archer*. Reino Unido: Boydell Press, 1985.

BROWN, R. A.; COLVIN, H. M.; TAYLOR, A. J. *The History of the King's Works*. v.I: The Middle Ages. Londres: H. M. Stationery Office, 1963.

BURNE, A. H. *The Agincourt War*: A Military History of the Latter Part of the Hundred Years War from 1369 to 1453. Londres: Eyre & Spottiswoode, 1956.

_____. *The Crécy War*: A Military History of the Hundred Years War from 1337 to the Peace of Brétigny, 1360. Oxford: Oxford University Press, 1955.

CARR, A. D. Welshmen and the Hundred Years War. *WHR*, v.IV, 1968.

CAUCHIES, J. P. Les Écorcheurs en Hainaut (1437-1445). *Revue Belge d'Histoire Militaire*, v.20, 1974.

CHAPELOT, J. *Le Château de Vincennes*: une résidence royale au Moyen Âge. Paris: Caisse Nationale des Monuments Historiques et des Sites, 1994.

CHÉREST, A. *L'Archiprêtre*: épisodes de la Guerre de Cent Ans au XIVᵉ siècle. Paris: A. Claudin, 1879.

CONTAMINE, P. Froissart: art militaire, pratique et conception de la guerre. In: PALMER, J. J. N. (org.). *Froissart*: Historian. Reino Unido: Boydell Press, 1981.

_____. *La Guerre au Moyen Âge*. Paris: Presses Universitaires de France, 1980.

CONTAMINE, P. Les Fortifications urbaines en France à la fin du Moyen Âge: aspects financiers et économiques. *RH*, v.CCLX, 1978.

_____. Crécy (1346) et Azincourt (1415): une comparaison, dans divers aspects du Moyen Âge en Occident. *Actes du Congrès de Calais*, sept. 1974. Calais, 1977.

_____. L'Oriflamme de Saint-Denis aux XIVᵉ et XVᵉ siècles: étude de symbolique religieuse et royale. AE, 1973.

_____. *Guerre, État et société à la fin du Moyen Âge: étude sur les armées du roi de France, 1337-1494.* Paris: La Haye Mouton, 1972.

CURRY, A. *The Battle of Agincourt*: Sources and Interpretations. Reino Unido: Boydell Press, 2000.

_____ (org.). *Agincourt 1415*: Henry V, Sir Thomas Epingham and the Triumph of the English Archers. Reino Unido: Tempus, 2000.

DEBORD, A. *Aristocratie et pouvoir*: le rôle du château dans la France médiévale. Paris: Picard, 2000.

DUBLED, H. L'Artillerie royale française à l'époque de Charles VII et au début du règne de Louis XI (1437-1469): les frères Bureau. *Mémorial de l'Artillerie Française*, v.50, 1976.

FINO, J. F. *Forteresses de la France médiévale.* 3.ed. Paris: Picard, 1977.

FINOT, J. *Recherches sur les incursions des Anglais et des Grandes Compagnies dans le duché et le comté de Bourgogne à la fin du XIVᵉ siècle.* Paris: Vesoul, 1874.

FOWLER, K. *Medieval Mercenaries.* v.I: The Great Companies. Nova York: Wiley-Blackwell, 2001.

_____. L'Emploi des mercenaires par les pouvoirs ibériques et l'intervention militaire en Espagne (vers 1361-vers 1379). In: RUCQUOI, A. (org.). *Realidad e imagenes del poder: Espana a fines de la Edad Media.* Madri: Ámbito, 1988.

_____. Deux entrepreneurs militaires au XIVᵉ siècle: Bertrand Du Guesclin et Sir Hugh Calveley. In: *Le Combattant au Moyen Âge*: Actes du XVIIIᵉ Congrès de la SHMESP, 1987. Paris: Publications de La Sorbonne, 1995.

_____. Truces. In: _____ (org.). *The Hundred Years War.* Nova York: Macmillan, 1971.

_____. *Le Siècle des Plantagenêts et des Valois*: la lutte pour la suprématie, 1328-1498. Paris: Albin Michel, 1968.

_____. Les Finances et la discipline dans les armées anglaises en France au XIVᵉ siècle. In: Actes du Colloque International de Cocherel des 16-18 mai 1964. *CV*, v.4, 1964.

GARNIER, E. Notice sur Robert de Fiennes, connétable de France (1320-1384). *BEC*, 3ª série, v.III, 1852.

GOYHENECKE, M. E. Bayonne, port d'embarquement des Navarrais vers la Normandie. In: Actes du Colloque International de Cocherel des 16-18 mai 1964. *CV*, v.4, 1964.

HEIDUK, C.; HÖFERT, A.; ULRICHS, C. *Krieg und Verbrechen nach spätmittelalterlichen Chroniken.* Köln: Böhlau, 1997.

HEWITT, H. J. *The Black Prince Expedition of 1355-1357.* Manchester: Manchester University Press, 1958.

_____. *The Organization of War under Edward III, 1338-1362.* Manchester: Manchester University Press, 1962.

594 GEORGES MINOIS

HIBBERT, C. *Agincourt*. Dorset: Batsford, 1964.

HONORÉ-DUVERGÉ, S. Participation navarraise à la bataille de Cocherel. In: Actes du Colloque International de Cocherel des 16-18 mai 1964. *CV*, v.4, 1964.

HOUSLEY, N. The Mercenary Companies, the Papacy and the Crusades, 1356-1378. *Tra.*, v.XXXVIII, 1982.

JONES, M. John Beaufort, Duke of Somerset, and the French Expedition of 1443. In: GRIFFITH, R. A. (org.). *Patronage, the Crown and the Provinces in Later Medieval England*. Gloucester: Alan Sutton, 1981.

KEEN, M. *The Laws of War in the Late Middle Ages*. Londres: Routledge and Kegan Paul, 1965.

LABANDE, L. H. Bertrand Du Guesclin et les états pontificaux de France. Passage des routiers en Languedoc (1365-1367). Guerre de Provence (1368). *Mémoires de l'Académie de Vaucluse*, v.IV, 1904.

LEFÈVRE-PONTALIS, G. Episodes de l'invasion anglaise: la guerre des partisans dans la Haute-Normandie, 1424-1429. *BEC*, v.LIV, 1893.

LEWIS, N. B. The Organization of Indentured Retinues in Fourteenth Century England. *TRHS*, 4ª série, v.XXVII, 1945.

_____. Recruitment and Organization of a Contract Army: May to November 1337. *BIHR*, v.XXXVII, 1964.

LOMBARD-JOURDAN, A. *Fleurs de lis et oriflamme*: signes célestes du royaume de France. Paris: Presses du CNRS, 1991.

LUCE, L. Les Préliminaires de la bataille de L'Ecluse. *Bulletin de la Société des Antiquaires de Normandie*, v.XIII, 1885.

MESQUI, J. *Châteaux et enceintes de la France médiévale*. 2v. Paris: Picard, 1991-1993.

MILLER, E. *War in the North*: The Anglo-Scottish Wars in the Middle Ages. Inglaterra: University of Hull Publications, 1960.

MORANVILLÉ, H. Philippe VI à la bataille de Crécy. *BEC*, v.I, 1889.

NEWHALL, R. A. *The English Conquest of Normandy, 1416-1424*: A Study in Fifteenth Century Walfare. New Haven: Yale University Press, 1924.

PRINCE, A. E. The Indenture System under Edward III. In: EDWARDS, J. G.; GALBRAITH, V. H.; JACOB, E. F. *Historical Essays in Honour of James Tait*. Manchester: Manchester University Press, 1933.

RENOUARD, Y. L'Ordre de la Jarretière et l'Ordre de l'Etoile. *MA*, v.55, 1949.

RICHMOND, C. F. The Keeping of the Seas during the Hundred Years War, 1422-1440. *His.*, v.49, 1964.

RIGAUDIÈRE, A. Le Financement des fortifications urbaines en France du milieu du XIVᵉ siècle à la fin du XVᵉ siècle. *RH*, v.CCLXXIII, 1985.

ROGERS, C. J. *The Wars of Edward III*: Sources and Interpretation. Reino Unido: Boydell Press, 1999.

RONCIÈRE, C. de la. *Histoire de la marine française*. 6v. Paris: Plon-Nourrit, 1899-1932.

SALCH, C. L. *Dictionnaire des châteaux et des fortifications du Moyen Âge en France*. Estrasburgo: Publitotal, 1979.

SHERBORNE, J. W. Indentured Retinues and English Expeditions to France, 1369-1380. *EHR*, v.LXXIX, 1964.

TUETEY, A. *Les Écorcheurs sous Charles VII*. 2v. Paris: Barbier, 1874.

VALE, M. G. A. Sir John Fastolf's Report of 1435: A New Interpretation Reconsidered. *Nottingham Medieval Studies*, v.XVII, 1973.

VIARD, J. La Campagne de juillet-août 1346 et la bataille de Crécy. *MA*, 2ª série, v.XXVII, 1926.

_____. Le Siège de Calais: 4 septembre 1346-4 août 1347. *MA*, 2ª série, v.XXX, 1929.

WRIGHT, N. A. R. The Tree of Battles of Honoré Bonet and the Laws of War. In: ALLMAND, C. T. (org.). *War, Literature and Politics in the Late Middle Ages*. Reino Unido: Liverpool University Press, 1976.

ASPECTOS ECONÔMICOS E SOCIAIS

ALLMAND, C. T. War and the Non-Combatant. In: FOWLER, K. (org.). *The Hundred Years War*. Londres; Nova York: Macmillan; St. Martin's Press, 1971.

BARNIE, J. *War in Medieval English Society*: Social Values in the Hundred Years War, 1377-1399. Ithaca: Cornell University Press, 1974.

BERLIOZ, J. *Catastrophes naturelles et calamités au Moyen Âge*. Turnhout: Brepols, 1998.

BERTHE, M. *Famines et épidémies dans les campagnes navarraises à la fin du Moyen Âge*. 2v. Paris: Sfied, 1984.

BLOCH, M. Mutations monétaires dans l'ancienne France. *AESC*, 1953.

_____. *La Société féodale*. Paris: Albin Michel, 1939. [Ed. bras.: *A sociedade feudal*. São Paulo: Edipro, 2016.]

BOUTRUCHE, R. *La Crise d'une société*: seigneurs et paysans du Bordelais pendant la Guerre de Cent Ans. Paris: Les Belles Lettres, 1947.

_____. *La Dévastation des campagnes pendant la Guerre de Cent Ans et la reconstruction agricole de la France*. Paris: Les Belles Lettres, 1947.

BURLEY, S. J. The Victualling of Calais, 1347-1365. *BIHR*, v.XXXI, 1958.

CAZELLES, R. *Société politique, noblesse et couronne sous Jean le Bon et Charles V.* Genebra: Droz, 1982.

CONTAMINE, P. *La Vie quotidienne pendant la Guerre de Cent Ans*. Paris: Hachette, 1976.

_____. La Guerre de Cent Ans em France: une approche économique. *BIHR*, v.48, 1974.

_____. The French Nobility and the War. In: FOWLER, K. (org.). *The Hundred Years War*. Londres; Nova York: Macmillan; St. Martin's Press, 1971.

COVILLE, A. Écrits contemporains sur la peste de 1348 à 1350. *Histoire Littéraire de la France*, v.XXXVII, 1938.

DENIFLE, H. *La Désolation des églises, monastères et hôpitauemen France, vers le milieu du XVᵉ siècle*. v.I: Documents relatifs au XVᵉ siècle. v.II: La Guerre de Cent Ans jusq'à la mort de Charles V. Paris: Picard 1899.

DIEUDONNÉ, A. *La Monnaie royale depuis la réforme de Charles V jusqu'à la restauration monétaire par Charles VII*. Paris: Bibliothèque de l'École des Chartes, 1912.

DILLER, G. T. *Attitudes chevaleresques et réalités politiques chez Froissart*. Genebra: Droz, 1984.

DOUCET, R. Les Finances anglaises en France à la fin de la Guerre de Cent Ans. *MA*, v.XXXVI, 1926.

DUBY, G. (org.). *Histoire de la France urbaine*. t.II: La Ville médiévale: des carolingiens à la Renaissance. Paris: Seuil, 1980.

_____; WALLON, A. *Histoire de la France rurale*. t.II: L'Âge classique des paysans, de 1340 à 1789. Paris: Seuil, 1977.

FAUCON, M. Prêts faits aux rois de France par Clément VI, Innocent VI et le comte de Beaufort (1345-1360). *BEC*, v.XL, 1879.

FAVIER, J. (org.). *XIVe et XVe siècles*: crises et genèses. Paris: Presses Universitaires de France, 1996.

FOURQUIN, G. *Les Campagnes de la région parisienne à la fin du Moyen Âge*. Paris: Presses Universitaires de France, 1964.

FOWLER, K. War and Social Change in Late Medieval France and England. In: _____ (org.). *The Hundred Years War*. Londres; Nova York: Macmillan; St. Martin's Press, 1971.

FRYDE, E. B. Edward III's Wool Monopoly: A Fourteenth Century Royal Trading Venture. *His.*, v.XXXVII, 1952.

_____. *William de La Pole*: Merchant and King's Banker. Londres: Hambleton Press, 1988.

GAUVARD, N. *"De Grâce especial"*: crime, État et société en France à la fin du Moyen Âge. Paris: Publications de la Sorbonne, 1991.

GEREMEK, B. *Les Marginaux parisiens aux XIVe et XVe siècles*. Paris: Flammarion, 1976.

GRESSER, P. *La Franche-Comté au temps de la Guerre de Cent Ans*. Paris: Cêtre, 1989.

HAINES, R. M. An English Archbishop and the Cerberus of War. In: SHEILS, W. J. (org.). *The Church and War*. Londres: Basil Blackwell, 1983.

HEERS, J. *L'Occident aux XIVe et XVe siècles*: aspects économiques et sociaux. Paris: Presses Universitaires de France, 1963.

HENNEMANN, J. B. Financing the Hundred Years War: Royal Taxation in France in 1340. *Spec.*, v.42, 1967.

HILL, R. M. T. Undesirable Aliens in the Diocese of York. In: SHEILS, W. J. (org.). *The Church and War*. Londres: Basil Blackwell, 1983.

LAFAURIE, J. *Les Monnaies des rois de France*. 2v. Paris: Bâle, 1951-1956.

LANDRY, A. *Essai économique sur les mutations des monnaies dans l'ancienne France, de Philippe le Bel à Charles VII*. Paris: H. Champion, 1969.

LEGUAI, A. *De La Seigneurie à l'Etat*: le bourbonnais pendant la Guerre de Cent Ans. Moulins: Imprimerie Réunies, 1969.

_____. Les Révoltes rurales dans le royaume de France du milieu du XIVe à la fin du XVe siècle. *MA*, 1982.

LLOYD, T. H. *The English Wool Trade in the Middle Ages*. Cambridge: Cambridge University Press, 1977.

MCHARDY, A. K. The English Clergy and the Hundred Years War. In: SHEILS, W. J. (org.). *The Church and War*. Londres: Basil Blackwell, 1983.

MCFARLANE, K. B. War and Society, 1300-1600: England and the Hundred Years War. *PP*, v.22, 1962.

_____. The Investment of Sir John Fastolf Profits of War. *TRHS*, v.VIII, 1957.

MARIN, J. M. (org.). *La Normandie dans la Guerre de Cent Ans, 1346-1450*. Paris: Skira, 1999.

MOLLAT, M. *Le Commerce maritime normand à la fin du Moyen Âge*. Paris: Plon, 1952.

NEWHALL, R. A. The War Finances of Henry V and the Duke of Bedford. *EHR*, v.36, 1921.

ORMROD, W. M. The English Crown and the Customs, 1349-1363. *EcHR*, 2ª série, v.XL, 1987.

POSTAN, M. M. The Costs of the Hundred Years War. *PP*, v.27, 1964.

PUISEUX, L. *Des Insurrections populaires en Normandie pendant l'occupation anglaise au XVᵉ siècle*. Paris: A. Hardel, 1851.

RENOUARD, Y. *Bordeaux sous les rois d'Angleterre*. Bordeaux: Féderation du Sud-Ouest, 1965.

REY, M. *Les Finances royales sous Charles VI*: les causes du déficit. 1388-1413. Paris: Sevpen, 1965.

RIGAUDIÈRE, A. Le Financement des fortifications urbaines en France du milieu du XIVᵉ à la fin du XVᵉ siècle. *RH*, v.CCLXXIII, 1985.

TOUCHARD, H. *Le Commerce maritime breton à la fin du Moyen Âge*. Paris: Les Belles Lettres, 1967.

VALE, J. *Edward III and Chivalry*: Chivalric Society and its Context. Reino Unido: Boydell Press, 1982.

WILLIMAN, D. *The Black Death*: The Impact of Fourteenth Century Plague. Nova York: Center for Medieval & Early Renaissance Studies, 1982.

WRIGHT, N. A. R. *Knights and Peasants*: The Hundred Years War in the French Countryside. Reino Unido: Boydell & Brewer, 1998.

ASPECTOS CULTURAIS

AINSWORTH, P. F. *Froissart and the Fabric of History*. Londres: Clarendon Press, 1991.

ALLMAND, C. T. (org.). *War, Literature and Politics in the Late Middle Ages*. Reino Unido: Liverpool University Press, 1976.

ALPHANDÉRY, P. *La Chrétienté et l'idée de croisade*. Paris: Albin Michel, 1954.

BABEL, R.; MOEGLIN, J. M. *Identité et conscience nationale en France et en Allemagne du Moyen Âge à l'époque moderne*. Alemanha: Thorbecke, 1997.

BARBEY, J. *La Fonction royale, essence et légitimité, d'après les "Tractatus" de Jean de Terrevermeille*. Paris: Lieu d'Édition, 1983.

BEAUNE, C. *Naissance de la nation France*. Paris: Gallimard, 1985.

BLANCHARD, J. *Représentation, pouvoir et royauté à la fin du Moyen Âge*. Paris: Picard, 1995.

CARDINI, F. *La Culture de la guerre*. Paris: Gallimard, 1992.

CHARTIER, A. *Le Quadrilogue invectif*. Org. E. Droz. Paris: E. Champion, 1950.

CONTAMINE, P. La Théologie de la guerre à la fin du Moyen Âge: la Guerre de Cent Ans fut-elle une guerre juste? In: *Actes du Colloque d'Histoire Médiévale*, Órleans, out. 1979. Paris: CNRS, 1982.

CORVISIER, A. *Les Danses macabres*. Paris: Presses Universitaires de France, 1998.

DELARUELLE, E.; LABANDE, E. R.; OURLIAC, P. *L'Eglise au temps du Grand Schisme et de la crise conciliaire (1378-1449)*. 2v. Paris: Bloud et Gay, 1962.

DELUMEAU, J. *La Peur en Occident, XIVe-XVIIIe siècles*. Paris: Fayard, 1978. [Ed. bras.: *História do medo no Ocidente (1300-1800)*. São Paulo: Companhia das Letras, 2009.]

DEMURGER, A. *La Croisade au Moyen Âge*: idée et pratiques. Paris: Nathan, 1998.

DESCHAMPS, Eustache. *Œuvres complètes*. Org. Queux de Saint-Hilaire e G. Raynaud. 11v. Paris: Didot, 1878-1904.

FAIRE mémoire: souvenir et commémoration au Moyen Âge. Org. C. Carozzi e H. T. Carozzi. Paris: Université de Provence, 1999.

GAUTIER DALCHÉ, P. Un Problème d'histoire culturelle: perception et représentation de l'espace au Moyen Âge. *Med.*, v.18, 1990.

GUÉNÉE, B. *Le Métier d'historien au Moyen Âge*: études sur l'historiographie médiévale. Paris: Université de Paris I Panthéon-Sorbonne, 1977.

_____. *Histoire et culture historique dans l'Occident medieval*. Paris: Aubier Montaigne, 1980.

_____. *L'Opinion publique à la fin du Moyen Âge*. Paris: Perrin, 2002.

GUIBAL, P. *Histoire du sentiment national en France pendant la Guerre de Cent Ans*. Paris: Sandoz et Fischbacher, 1875.

L'HONNEUR de la couronne de France. In: PONS, N. (org.). *Quatre libelles contre les Anglais (vers 1418-vers 1429)*. Genebra: Droz, 1990.

HUIZINGA, J. *Le Déclin du Moyen Âge*. Paris: Payot, 1932. [Ed. bras.: *O outono da Idade Média*. São Paulo: Penguin; Companhia das Letras, 2021.]

KANTOROWICZ, E. H. *Mourir pour la patrie (au Moyen Âge) et autres textes*. Paris: Presses Universitaires de France, 1984.

KRYNEN, J. *Idéal du prince et pouvoir royal en France à la fin du Moyen Âge (1380-1440)*: Étude de la littérature politique du temps. Paris: A. et J. Picard, 1981.

_____. *L'Empire du roi: idées et croyances politiques en France, XIIIe-XVe*. Paris: Gallimard, 1993.

LESTOCQUOY, J. *Histoire du patriotisme en France des origines à nos jours*. Paris: Albin Michel, 1968.

MARTIN, H. Des Prédicateurs français du Bas Moyen Âge entre guerre et paix. In: DESSÍ, R. M. (org.). *Prêcher la paix et discipliner la société*: Italie, France, Angleterre, XIIIe-XVe siècles. Turnhout: Brepols, 2005. (Collection d'Études Médiévales de Nice, v.5.)

MARTIN, H. *Mentalités médiévales, XIe-XVe siècles*. 2v. Paris: Presses Universitaires de France, 1996-2001.

MINOIS, G. *L'Eglise et la guerre*. Paris: Fayard, 1994.

MOLLAT, M.; VAUCHEZ, A. (orgs.). *Un Temps d'épreuves (1274-1449)*. t.6: Histoire du christianisme. Paris: Desclée, 1990.

PONS, N. La Propagande de guerre française avant l'apparition de Jeanne d'Arc. *Journal des Savants*, abr.-jun. 1984.

RAYNAUD, C. *La Violence au Moyen Âge, XIIIe-XVe siècles*: d'aprés les livres d'histoire em français. Paris: Le Léopard d'Or, 1990.

RENOMMÉE (La). *Med.*, n.esp., 1993.

BIBLIOGRAFIA SELECIONADA

RUSSELL, F. H. *The Just War in the Middle Ages*. Nova York: Cambridge University Press, 1975.
WERNER, K. F. Les Nations et le sentiment national dans l'Europe médiévale. *RH*, v.244, 1970.

BIOGRAFIAS DAS PRINCIPAIS PERSONALIDADES

ARMITAGE-SMITH, S. *John of Gaunt*: King of Castile and Leon, Duke of Aquitaine and Lancaster, Earl of Derby, Lincoln and Leicester, Seneschal of England. Edimburgo: A. Constable, 1904.
AUTRAND, F. *Charles VI*. Paris: Fayard, 1986.
_____. *Charles V*. Paris: Fayard, 1994.
BALFOUR-MELVILLE, E. W. M. *James I, King of Scots, 1406-1437*. Londres: Methuen and Co., 1936.
BARBER, R. *Edward Prince of Wales and Aquitaine*: Biography of the Black Prince. Nova York: Viking, 1978.
_____. *The Life and Campaigns of the Black Prince*: From Contemporary Letters, Diaries and Chroniques, Including Chandos Gerald's Life of the Black Prince. Nova York: Palgrave Macmillan, 1986.
BEAUNE, C. *Jeanne d'Arc*. Paris: Tempus, 2004. [Ed. bras.: *Joana d'Arc*: uma biografia. São Paulo: Globo, 2006.]
BOSSUAT, A. *Perrinet Gressart et François de Surienne, agents de l'Angleterre*. Genebra: Droz, 1936.
BREUILS, A. Jean Ier d'Armagnac. *RQH*, v.LIX, 1896.
BRIDGE, J. C. Two Cheshire Soldiers of Fortune in the Fourteenth Century: Sir Hugh Calveley and Sir Robert Knolles. *Journal of the Architectural, Archaeological and Historic Society for the County and City of Chester and North Wales*, v.XIV, 1908.
CAMMIDGE, J. *The Black Prince*. Londres: Eyre & Spottiswoode, 1943.
CASSARD, J.-C. *Charles de Blois (1319-1364), duc de Bretagne et bienheureux*. Paris: Centre de Recherche Bretonne et Celtique, 1994.
CAZELLES, R. *Étienne Marcel*: champion de l'unité française. Paris: Tallandier, 1984.
CHAVELOT, B. *Isabeau de Bavière*: ou l'épouse d'un roi fou. Paris: Rencontre, 1965.
CHOFFEL, J. *Le Duc Charles d'Orléans*: chronique d'un prince des fleurs de lys. Paris: Debresse, 1968.
CLIN, M.-V.; PERNOUD, R. *Jeanne d'Arc*. Paris: Fayard; Pluriel, 1986.
COSNEAU, E. *Le Connétable de Richemont (Artur de Bretagne)*: 1393-1458. Paris: Hachette, 1886.
CROSLAND, J. *Sir John Fastolf*: A Medieval "Man of Property". Londres: Owen, 1970.
DAUMET, G. Louis de La Cerda ou d'Espagne. *BH*, 1913.
DEVIOSSE, J. *Jean le Bon*. Paris: Fayard, 1985.
DU FRESNE DE BEAUCOURT, G. *Histoire de Charles VII*. 6v. Paris: A. Picard, 1881-1891.

600 GEORGES MINOIS

ETCHEVERRY, J.-P. *Arthur de Richemont, le justicier, précurseur, compagnon et successeur de Jeanne d'Arc ou l'honneur d'être français.* Paris: France-Empire, 1983.

FILLON, B. *Jean Chandos, connétable d'Aquitaine et sénéchal du Poitou.* Londres; Fontenay: Curt; Robuchon, 1856.

GILLESPIE, J. M. *Richard II*: The Art of Kingship. Oxford: Oxford University Press, 2003.

KERHERVÉ, J. Une Existence en perpétuel mouvement. Arthur de Richemont, connétable de France et duc de Bretagne (1393-1458). In: CORTÁZAR, J. A. G. de et al. *Viageros, peregrinos, mercaderes en el Occidente Medieval.* Madri: Governo de Navarra; Departamento de Educación y Cultura, 1992.

KIMM, H. *Isabeau de Bavière, reine de France (1370-1435)*: Beitrag zur Geschichte einer Bayerischen Herzogstochter und des französischen Königshauses. Munique: Neue Schriftenreihe des Stadtarchivs, 1969.

KINGSFORD, C. L. *Henry V*. Londres: F. DeFau & Co., 1923.

LALANDE, D. *Jean II le Meingre, dit Boucicaut (1366-1421)*: Étude d'une biographie héroïque. Genebra: Droz, 1988.

LEFRANC, A. *Olivier de Clisson, connétable de France.* Paris: V. Retaux, 1898.

MARTIN, L. L. *Dunois, le bâtard d'Orléans.* Paris: Colbert, 1943.

MCLEOD, E. *Charles d'Orléans*: Prince and Poet. Londres: Chatto & Windus, 1969.

MERCER, M. *Henry V*: The Rebirth of Chivalry. Reino Unido: A&C Black Business Information and Development, 2004.

MINOIS, G. *Du Guesclin.* Paris: Fayard, 1993.

_____. *Charles VII*: un roi shakespearien. Paris: Perrin, 2005.

MOLINIER, E. *Étude sur la vie d'Arnoul d'Audrehem, maréchal de France.* Paris: Imprimerie National, 1883.

NOULENS, J. Poton de Xaintrailles. *Revue d'Aquitaine*, t.I, p.153-63, 1857.

ORMOND, W. M. *Edward III*. Londres: The History Press, 2004.

PLAISSE, A. *Charles, dit Le Mauvais, comte d'Évreux, roi de Navarre, capitaine de Paris.* Paris: Société Libre de l'Eure, 1972.

_____. *Un Chef de guerre au XVe siècle, Robert de Flocques.* Paris: Société Libre de l'Eure, 1984.

POLLARD, A. J. *John Talbot and the War in France, 1427-1453.* Reino Unido: Royal Historical Society, 1983.

SEDGWICK, H. D. *The Black Prince*: 1330-1376. Nova York: Barnes & Noble, 1994.

STEEL, A. *Richard II.* Michigan: The University Press, 1941.

SUAREZ FERNANDEZ, L. *El canciller Pedro Lopez de Ayala y su tiempo, 1332-1407.* México: Diputación Foral de Alava; Consejo de Cultura, 1962.

TEMPLE-LEADER, J.; MARCOTTI, G. O. *Sir John Hawkwood*: Story of a Condottiere. Londres: T. F. Unwin, 1889.

TUCOO-CHALA, P. *Gaston Fébus et la vicomté de Béarn.* Paris: Bière, 1959.

VAUGHAN, R. *Philip the Good*: The Apogee of Burgondy. Nova York: Barnes & Nobles, 1970.

VICKERS, K. H. *Humphrey, Duke of Gloucester*: A Biography. Londres: A. Constable and Co., 1907.

WERVEKE, H. van. *Jacques van Artevelde.* Bruxelas: La Renaissance du Livre, 1942.

MAPAS

Mapa 1 – França em 1328

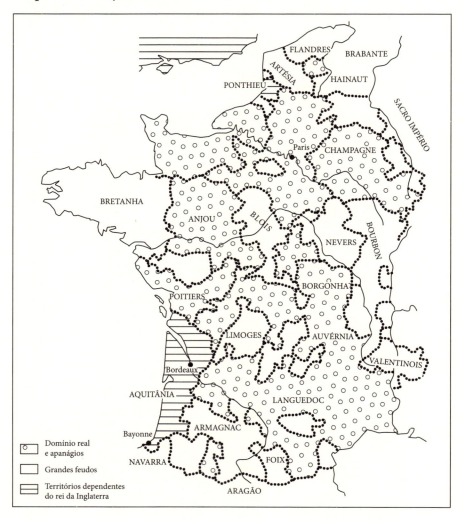

Mapa 2 – Inglaterra nos séculos XIV e XV

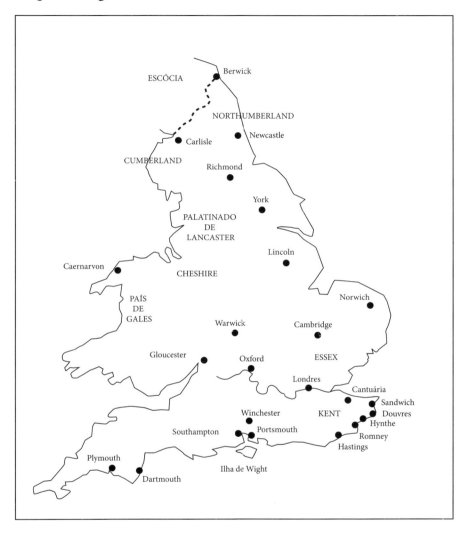

Mapa 3 – Londres por volta de 1400 e Paris por volta de 1400

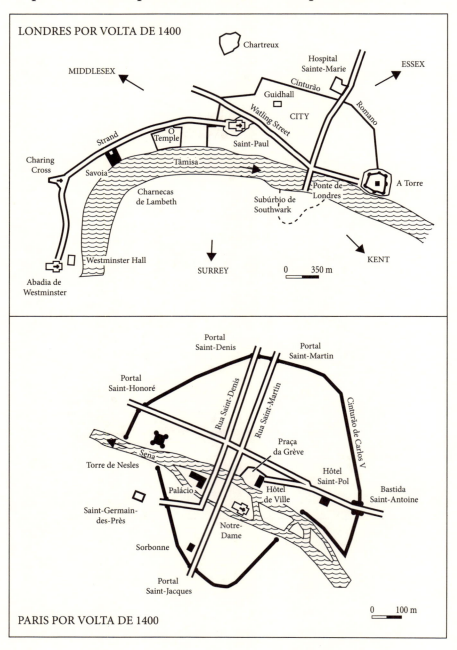

Mapa 4 – Principais zonas de confronto

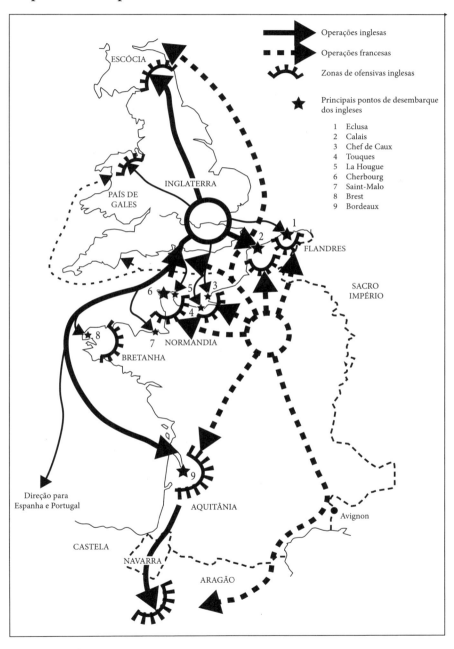

Mapa 5 – Principais cavalgadas inglesas no século XIV

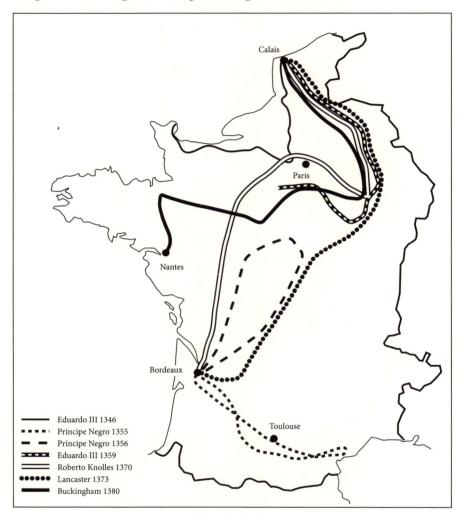

Mapa 6 – Principais batalhas campais

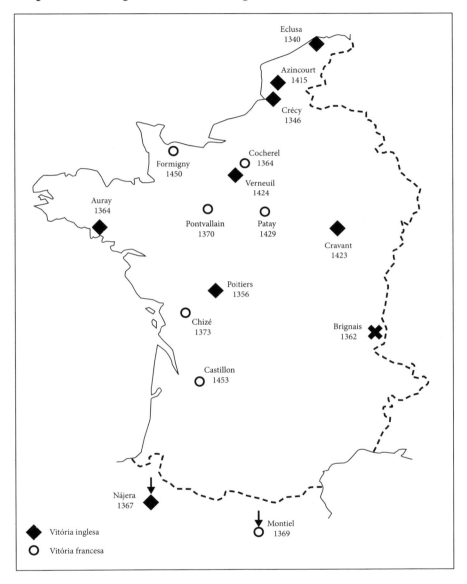

Mapa 7 – Crécy em 1346 e Poitiers em 1356

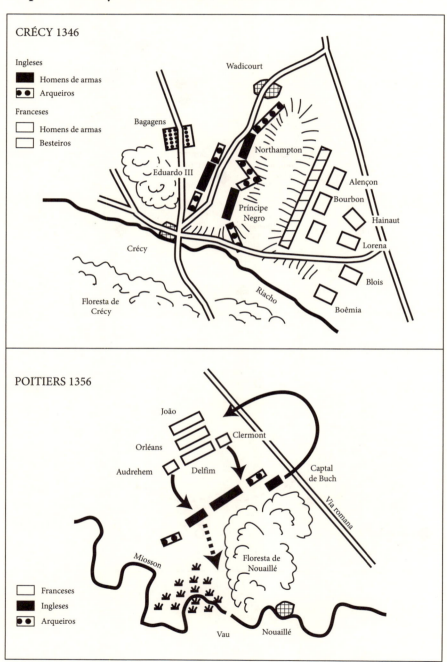

Mapa 8 – Cocherel em 1364 e Auray em 1364

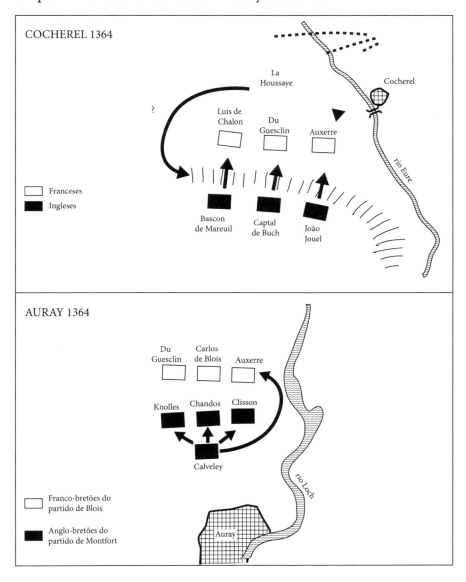

Mapa 9 – Nájera em 1367 e Azincourt em 1415

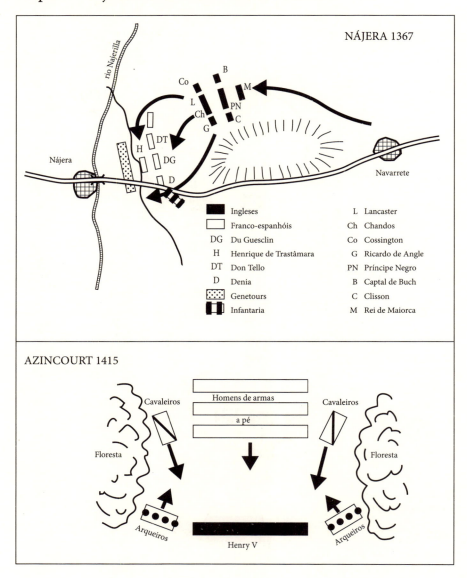

ÍNDICE DE NOMES SELECIONADOS

Afonso XI, 178, 184

Ailly, Pedro de, 290, 321, 530, 535, 556

Albergati, Nicolau (cardeal), 347, 350, 530

Alberti, Benedito de, 238

Albret, Arnaud-Amanieu de, 110-1, 157, 171, 176, 182, 184, 190-2, 197, 399

Albret, Bérard de, 43, 66, 120, 163, 178, 197

Albret, Carlos de, 259, 267, 268, 278, 285-8, 364, 380, 401

Albret, Bertucat de, 157, 159-60, 163-4, 178, 182, 184, 189, 509

Albret, Gulherme de, 333, 357, 364

Aleman, Luís (cardeal), 348

Alençon, Carlos, duque de, 32, 89, 131, 162, 209, 276

Alençon, João, duque de, 286, 316, 324, 326-7, 334, 336, 339, 342, 356, 361, 368, 392

Anjou, Carlos de, 347, 379, 393

Anjou, Iolanda, duquesa de, 291, 316, 326, 334, 350

Anjou, Luís I, conde e duque de, 125, 133, 166, 168, 178, 182, 188-9, 192-3, 196-8, 203, 221, 223-6, 229, 232, 233, 265, 481, 486, 575

Anjou, Luís II, duque de, 253, 261, 271-2

Anjou, Luís III de, 326, 348

Anjou, Margarida de, 367-70, 386, 388

Anjou, Maria de, 316, 368, 373

Anjou, René de (rei de Nápoles), 343, 348, 356, 369, 372, 387-8, 561

Archambaud (conde de Périgord), 191

Armagnac, Bernardo VII, conde de, 267-8, 271, 289-90, 292-3

Armagnac, conde de, 28, 44, 62, 68, 121-2, 127, 135, 158, 178, 184, 186, 190-2, 259, 342, 354, 356, 402, 456

Armagnac, João III, conde de, 91, 105-6, 113, 193, 196-7

Armagnac, João IV, conde de, 366

Armagnac, o bastardo de, 366, 509

Artésia, Carlos de (conde d'Eu), 130, 162, 288

Artésia, Roberto de, 38, 41, 58, 62, 70-1

Artésia, Bona de, 326

Artevelde, Filipe van, 233-5, 238

Artevelde, Jacob van, 45, 56-7, 59, 62, 74, 79, 80, 132

Artur III, 577

Arundel, conde de, 116, 224, 238, 245, 247, 262, 268, 285, 342, 458

Arundel, Ricardo, conde de, 238

Aubricourt, Eustáquio de, 160, 172, 176, 179, 182

Aubert, Estêvão (cardeal), 112, 528

Aubriot, Hugo, 206, 234

Audley, James, 120, 130, 151

Audrehem, Arnoul de, 113, 117, 122, 125, 129-30, 147, 151, 162, 164, 166, 179, 183, 187, 208

Aumale, conde de, 247, 316, 326
Auquetonville, Raoulet de, 265

Badefol, Seguin de, 163-64, 176-7, 509
Ball, João, 236-7, 451, 533
Balliol, Eduardo, 32-5, 117, 123
Bar, René, duque de, 272, 288, 343, 348
Barbavera, Pietro, 60-1
Barbazan, Arnaud Guilhem, *sire* de, 301
Bascot de Mauléon, 509
Basin, Tomás, 305, 307, 309, 311, 324, 329, 343, 346, 353-4, 358, 360, 363, 365, 367, 381, 387, 393-4, 396-7, 399, 401, 406, 408, 412, 416, 420, 422, 434, 449-50, 465, 479, 486-7, 535, 553-4
Baudricourt, Roberto de, 316
Baviera, Guilherme da. *Ver* Hainaut, Guilherme, conde de.
Baviera, Isabel da, 223, 233, 238, 251, 255, 272, 298, 301
Baviera, Jacqueline da, 314
Baviera, Luís da (imperador), 6, 40, 53, 251, 273, 469
Baviera, Luís, duque da, 251, 256, 275-6, 301
Baviera, Roberto da, 263
Baviera, Margarida da, 251, 298
Beaufort, Henrique (bispo de Winchester e cardeal), 260, 279, 306-7, 326, 330, 335, 338, 344, 349-51, 354, 362, 368, 576
Beaufort, Edmundo (bispo de Winchester), 279, 295, 303, 367, 385
Beaufort, Tomás (duque de Exeter), 269, 306
Beaufort, Guilherme, 215
Beauvau, Bertrand de, 348, 387-8
Bedford, João, duque de, 290, 300, 306-14, 317-8, 320, 324-6, 328, 330, 332, 335, 338, 340-2, 344, 347, 351, 353, 369, 430, 542-3, 576
Behuchet, Nicolau, 44-5, 51-2, 60-1
Belleville, Joana de, 102, 104
Bento XII, 6, 35-6, 40, 64, 72, 464, 528

Bento XIII, 261-2, 314
Berland, Pey (arcebispo de Bordeaux), 364, 400, 416
Berry, João, duque de, 168, 196-8, 203, 206, 209, 211, 215, 232-3, 252, 255, 261, 265, 268-9, 271, 276, 278, 286, 289, 294, 318, 432-3, 478, 481, 537, 549, 560, 575
Blois, Carlos de (duque da Bretanha), 68-71, 77, 80, 83, 89, 90, 102, 111-2, 117, 134-5, 167, 173, 175, 225, 456-7, 521, 569-70, 577
Blois, Luís de Châtillon, conde de, 89, 255
Blondel, Roberto, 320, 389, 549
Boccanegra, Ambrósio, 204, 209
Boccanegra, Simão (doge de Gênova), 60, 253
Boêmia, Ana da, 237
Boêmia, João de Luxemburgo, rei da. *Ver* Luxemburgo, João de.
Bonet, Honoré, 504, 517, 519, 549, 563
Bonifácio VIII, 5
Bonifácio IX, 254, 262
Borgonha, Agnes da, 271
Borgonha, Ana de, 345
Borgonha, Antonio da, 314, 343
Borgonha, Filipe, o Audaz, duque da, 24, 172, 193, 203, 211, 214, 216, 221, 232-4, 241, 243, 251-6, 256, 261, 263, 404, 575
Borgonha, Filipe, o Bom, duque da, 296, 298-9, 301, 305-6, 310-5, 317-9, 323, 326-7, 330, 336, 338, 340-3, 345-7, 349, 351-4, 363, 370, 373, 376, 386, 390, 399, 403-6, 415, 438, 457, 459-60, 462, 466, 468, 481-3, 505, 538, 541, 560, 571-2, 575
Borgonha, João Sem Medo, duque da, 251, 263, 264-76, 278-9, 286, 289-98, 301, 314, 320, 327, 352, 376, 404, 439, 530, 571, 575
Borgonha, Margarida de, 114, 251, 274, 313
Boucicaut, João, 111, 128, 151, 168, 172, 190, 285-8.

ÍNDICE DE NOMES SELECIONADOS

Bourbon, bastardo de, 357, 359
Bourbon, Carlos de, 271, 326, 356
Bourbon, Jacques de (condestável), 117, 121-2, 130, 164, 456
Bourbon, João de (marechal), 176, 286
Bourbon, Luís I, duque de, 22, 74, 83, 117, 130, 156-7, 168
Bourbon, Luís II, duque de, 203, 209, 211-2, 215, 223, 225, 232, 256, 268, 271, 276, 287-8, 317, 349, 361, 380, 387, 404, 432, 459, 486
Bourbon, Margarida de, 191
Brabante, Antônio, duque de, 501
Brabante, João II, duque de, 489
Brabante, João IV, duque de, 314-5
Brabante, Joana de, 251
Bretanha, Francisco I, duque da, 376, 386, 389-90, 396, 404, 411, 432, 438, 459, 483
Bretanha, João III, duque da, 67
Bretanha, João IV, duque da, 175, 211, 252, 257
Bretanha, João V, duque da, 272, 286, 288, 291, 312-3, 317, 326-7, 337, 342, 347, 350, 356, 367-8
Bretanha, Gilles da, 376
Brézé, João de, 390, 394
Brézé, Pedro de, 348, 357, 374-5, 380, 389, 394-5, 399
Brienne, Gautier de, 200
Brienne, Walter de (condestável), 130
Brienne, Raul de (conde d'Eu), 73, 107
Bruce, Davi, 16, 32-5, 41-2, 47, 51, 66, 74, 85, 91, 117-8, 123, 137, 210, 457, 510, 569
Bruce, Roberto, 16-7, 32
Buckingham, Tomás de, 169
Bueil, João de, 333, 348, 411, 503-5, 515, 566
Bureau, João, 348, 364, 374, 381, 389, 392, 397-8, 400-1, 403, 411, 413-5, 501
Burghersh, Henrique, bispo de Lincoln, 41-2, 45-6, 58
Burghersh, Bartolomeu, 110, 152, 492

Caboche, Simão, 274
Cade, Jack, 385, 400, 439, 452-3
Cale, Guilherme, 142-3
Calveley, Hugo, 102, 117, 145, 159-61, 173-4, 179, 181-5, 207-8, 213, 225, 242, 246, 494, 509
Cambridge, Edmundo, conde de, 169, 193, 198, 209, 215, 242, 281, 384
Capeluche, 293, 435, 439
Carlos IV (imperador), 8, 23-4, 28-9, 114, 159, 209, 221-2, 228, 569-70, 574
Carlos V, 169-70, 172-3, 175-9, 187-8, 190-3, 195-6, 199-200, 202-6, 208, 212-7, 221-2, 224, 226-31, 234, 306, 337, 339, 445, 450, 466, 474-5, 478-9, 481, 499-500, 519, 522, 536, 538, 546, 547n.2, 549, 553, 570-1, 575
Carlos VI, 222-3, 229, 232-3, 235, 246, 250-6, 258, 260, 264, 266, 269, 272, 274-6, 278, 292, 295, 297-9, 301, 305-6, 318, 320, 367, 379, 445, 475-6, 484, 504, 507, 511, 523, 530, 534, 538, 549-50, 571, 575
Carlos VII, 306, 310, 313-8, 320, 322-4, 326-8, 332-57, 359-79, 381-2, 384-5, 387-94, 396-408, 410-1, 414-6, 426, 433, 437, 439, 442, 445-50, 458, 462-3, 465-8, 476-80, 484-6, 500-2, 504, 516, 523, 530, 539, 542, 550, 554, 557-8, 565, 571-2, 575
Carlos, o Mau (rei de Navarra), 57, 101, 113, 115, 117, 119, 122, 124-5, 137, 140, 144-6, 162, 170, 172, 176-7, 179-81, 223-4, 255, 509, 570, 574
Catarina da França (rainha da Inglaterra), 222, 278-9, 295, 297, 301-5, 341, 367, 369, 575
Cauchon, Pedro, 310, 340, 355, 378
Cérisy, Tomás du Bourg, abade de, 266
Cervole, Arnaud de, "o Arcipreste", 109, 157-8, 164-5, 177, 180, 509
Chabannes, Antônio de, 333, 359, 380
Chabannes, Jacques de, 333, 395, 401, 411
Chandos, João, 127, 164, 173-5, 179, 182, 184-6, 192, 197, 220

Charny, Godofredo de, 105-6, 111, 119, 129-30, 505, 549

Chartier, Alain, 321-2, 455, 548, 550, 561

Chartier, João, 387, 398, 410, 413, 539

Chartres, Regnault de (arcebispo de Reims), 327, 334, 336, 338, 340, 343, 347-8

Chastellain, George, 304, 319, 384, 462, 467, 538

Chastellain, João, 561

Châtelier, Jacques du (bispo de Paris), 355

Châtillon, Gaucher de, 149

Châtillon, Hue de, 204, 216

Châtillon, Jacques de, 288

Châtillon, João de, 128

Chatterton, Tomás, 215

Chaucer, Godofredo, 149, 545-6, 561

Chevalier, Estêvão, 348, 374, 387

Chichele, Henrique (arcebispo da Cantuária), 262, 268, 278, 294-5, 306, 552

Antuérpia, Lionel de (duque de Clarence), 169, 270, 576

Lancaster, Tomás (duque de Clarence), 295-6, 301, 303-4, 308, 552, 576

Clemente V, 527

Clemente VI, 72, 78-9, 83, 86, 108, 112, 467, 528, 532

Clemente VII, 228-9, 235, 253-4, 261, 511

Clermont, conde de, 135, 259, 326, 379, 395, 400, 403, 410, 414

Clermont, João de, 117, 128-30, 143

Clermont, Roberto de, 139

Clèves, conde de, 270, 349

Clifton, Gervásio, sir, 399, 409

Clisson, Amaury de, 69-70, 77

Clisson, Olivier de, 73, 104, 173, 184-6, 196, 199, 207, 210-1, 214, 220, 225, 252, 254

Coëtivy, Olivier de, 380, 402-3, 408, 410

Coëtivy, Prigent de, 348, 364, 392, 395, 402

Cœur, Jacques, 328, 374-5, 382-3, 397, 402, 426, 433, 437, 446-8, 462, 466-7

Col, Gontier, 264, 290

Comminges, conde de, 113, 184

Cousinot, Guilherme, 348, 374, 387-9

Craon, Amaury de, 90, 111

Craon, João de (arcebispo de Reims), 132, 149, 231

Craon, Pedro de, 254

Cresswell, João, 164, 179, 182, 189-90, 210-1, 215, 509-10

Cromwell, Ralph, 307, 386

Culant, Carlos de, 380, 393

Cunningham, Roberto, 380

Dagworth, Tomás, 80, 90-1, 102, 104, 456

Dauvet, João, 405

Davi II, rei. Ver Bruce, Davi.

D'Arc, Joana, 335, 337-40, 403, 417, 425, 465, 516, 541, 548, 557-8

Deschamps, Eustáquio, 546, 560, 562, 566

Despenser, Henrique (bispo de Norwich), 8, 242-3, 526

Despenser, Hugo, 8, 208

Dormans, João de (bispo de Beauvais), 151, 215, 232

Douglas, Arquibaldo, 33, 304, 316, 324

Douglas, James (conde), 244, 257, 462, 526

Douglas, William, 35, 39, 51, 66, 91, 118, 123, 128-9

Du Châtel, Garciot, 182

Du Châtel, Tanneguy, 69, 77

Du Clercq, Jacques, 381, 387, 396-8, 406, 538, 559

Du Fay, Godemar, 62, 87, 93

Du Guesclin, Bertrand, 117, 135-6, 161, 165, 169-75, 177, 179-83, 185-9, 193, 195, 197-8, 200, 202-4, 207-16, 221, 223-7, 252, 317, 457, 498, 500, 513, 521, 523, 549, 566, 570-1

Dunois, João, o bastardo de Orléans, 264, 316, 327-8, 331-4, 336, 345,

ÍNDICE DE NOMES SELECIONADOS

355-6, 361, 366, 379, 388-9, 391-4, 400-3, 411
Duras, Roberto de, 221, 415

Eduardo I, 7, 10, 13, 15-6, 27, 258, 495, 507, 544
Eduardo II, 8, 13, 15-6, 23, 28-9, 245-6, 249-50, 367, 569, 574
Eduardo III, 8-10, 12-3, 15, 23-6, 30-41, 44-6, 49, 53-7, 60-3, 65-6, 69-77, 79, 82, 84, 87-90, 92, 94-7, 99, 101, 103-9, 111-4, 116-20, 122, 126-7, 135-8, 143, 146-52, 160-1, 163, 176-7, 181, 187, 191-3, 196, 199, 209, 211-2, 216-8, 220-1, 229, 231, 246, 248, 259, 281, 283, 285, 367, 403, 424, 429, 456-9, 463-4, 466, 470, 472-3, 487-9, 492-3, 498, 507-9, 511, 519-22, 528-9, 532-3, 544, 552, 569-70, 574, 576
Eduardo IV, 416
Eduardo, príncipe de Gales, o Príncipe Negro, 39, 101, 118-2, 126-31, 135, 176, 181-5, 187, 190-2, 199, 212, 217, 220, 246, 257, 456, 490, 508, 510, 521, 556, 566, 570, 576, 606, 608, 610
Escouchy, Mathieu de, 376, 389-90, 396, 405, 412, 414-5, 462, 506, 538
Espanha, Carlos da (condestável), 107, 109-15, 200
Espanha, João da, 258
Espanha, Luís da, 70-1, 78, 95, 528
Essarts, Pedro des, 93, 267, 274-5
Estouteville, Guilherme de, 374, 439
Eugênio IV, 348, 350, 378, 530, 532
Evreux, Filipe, conde de, 114, 136, 148, 574
Evreux, Joana de, 23, 114
Evreux, João, 211-2

Fastolf, João, *sir*, 308-9, 326, 332-3, 336, 384, 387, 452, 494, 505
Félix V, 377-8
Filipa de Hainaut, 9, 244, 256

Filipe III, o Audaz, 24, 574
Filipe IV, o Belo, 5, 7-8, 21, 23, 28, 36, 114, 202, 246, 367, 474, 574
Filipe V, 28, 574
Filipe VI de Valois, 24-6, 30-41, 43-6, 50-2, 54-5, 57-60, 62-4, 66-9, 72-3, 75, 77-80, 82, 84, 86-7, 89-91, 93-5, 97, 99, 102, 104-5, 107, 114, 204, 463-4, 471-2, 474, 499, 520-1, 527-8, 540, 544, 569-70, 574-5
Flandres, Joana de, 68-70, 75, 77
Flandres, Margarida, condessa de, 158, 193, 232
Flavy, Guilherme de, 340, 359, 480, 510
Frotier, Pedro, 317
Flakes, Pedro, 395
Flocques, Roberto, 38, 390
Foix, Gastão II, conde de, 44, 50-1, 62, 66, 113, 124, 167, 176, 187
Foix, Gastão Phoebus, conde de, 121, 143, 178, 190, 509
Foix, João de Grailly, conde de, 327-8, 342, 354, 359, 379, 399, 414
Fortescue, João, 469, 474, 490-1
Frederico III (imperador), 342, 372
Froissart, João, 9, 10, 12, 14-5, 18, 24, 74, 88, 103, 107, 126, 171-5, 186, 188-9, 196, 198-201, 207, 209-10, 213-5, 220, 224, 229, 233, 253, 483, 498, 509-10, 519, 524, 526, 545-6, 548, 553-4

Gamaches, Luís de, 305
Gante, João de. *Ver* Lancaster, João (duque de).
Garcia, Martin, 380
Gaucourt, Raul de, 284-5, 305, 316, 333, 336, 339, 342, 380
Germain, João, 466, 519
Gerson, João, 262, 321, 338, 476, 504, 519, 523, 534, 548-9, 556, 562
Giac, Pedro de, 317, 327, 347
Giribault, Luís, 381, 396, 412
Glendower, Owen, 258-9
Golein, João, 230, 337, 474

Gouffier, Guilherme, 374, 402
Gough, Matthew, 359, 388-9, 395-6, 510-1
Grailly, João de, Captal de Buch, 110-1, 120, 127, 130, 143, 148, 161, 170-2, 184-6, 197, 210, 328, 359, 409, 459, 509-10, 608-10
Gregório XI, 215, 227-8, 262, 528-9, 533
Gressart, Perrinet, 339, 359, 510
Grimaldi, Carlo, 52, 204
Gruel, Guilherme, 363, 396, 538
Gruel, Tomás, 397
Gueldres, duque de, 349
Gueldres, Maria de, 386

Hainaut, Guilherme, conde de, 8-9, 11, 24, 40-2, 59, 62-3, 251, 270, 289, 314.
Hainaut, Filipa, 9
Harcourt, Godofredo de, 73, 79, 85, 89, 115, 124-5, 136
Harcourt, Luís de, 113
Henrique II, 7, 26, 297, 527
Henrique III, 7, 15, 26, 248, 279, 487
Henrique IV, 248-9, 256-60, 262, 267-9, 272, 276, 279, 336, 470, 488, 490, 527, 547, 571, 576
Henrique V, 259, 276, 277-81, 283, 285-301, 303-6, 309, 344, 367, 384-5, 424, 473, 491, 493, 522, 527, 530, 543, 546, 549, 571, 575-6
Henrique VI, 305-6, 309-10, 314, 319, 323, 335-6, 341-2, 344-5, 350-1, 354, 363, 365, 367-70, 376, 384-8, 390, 399-401, 409, 414, 424, 469, 493, 541, 543, 552, 565, 571-2, 576
Humberto II (delfim de Viennois), 465
Humphrey (duque de Gloucester), 306, 314-5, 460, 576

Inocêncio VI, 118, 158, 162, 529, 533
Inocêncio VII, 262
Isabel da França, 8, 9, 23-4, 29, 31, 94, 246, 367, 569, 571
Isabel de França (esposa de Ricardo II), 255-7, 264-5, 267, 295, 367, 571, 575

Isabel de Portugal (duquesa da Borgo-nha), 349, 376

Jaime I (rei da Escócia), 332, 341
Jaime II, 386
Joana de Anjou (rainha de Nápoles), 158, 189, 229, 466
João II, o Bom, 107, 109-10, 112-4, 116-7, 119, 122, 124-8, 130, 134-5, 137-8, 142, 145-7, 150-3, 162, 164-8, 170, 316, 473-4, 489, 538, 546, 570, 574-5
João XXII, 6, 464, 483, 527
Jouvenel, João, 318, 378, 390, 394, 476
Jouvenel des Ursins, Guilherme, 390
Jouvenel des Ursins, Jacques, 387
Jouvenel des Ursins, João, 265, 321, 360, 389, 449, 507, 548

Kemp, João (arcebispo de York), 302, 350, 362
Knolles, Roberto, 102, 126, 145, 157-8, 160-1, 173, 182, 185, 199-200, 207, 212, 225, 238, 246, 494, 509, 570
Kyriel, Tomás, 395-6

L'Isle-Adam, Villiers de, 292, 296, 300, 355
La Fayette, marechal de, 324, 336, 347, 349, 393
La Hire, Estêvão, 295, 316, 325, 328, 333, 336, 342-3, 359, 505, 510
La Marche, Tomás de, 159
La Marche, Olivier de, 358-9, 379, 538, 561
La Roche, Androin de, 118, 150, 168
La Trémoille, Georges de, 317, 328-9, 334, 336, 338, 340, 342, 347, 361, 364
La Trémoille, João de, 327
Laillier, Miguel de, 355, 438
Lalain, Jacques de, 406, 455, 461-2, 467
Lancaster, Henrique de, 39, 65, 79-81, 91-2, 95, 97, 105, 109, 115-7, 248, 257-9, 571

ÍNDICE DE NOMES SELECIONADOS

Lancaster, João, duque de, 110, 112-3, 116, 118, 122, 126-7, 135-7, 140, 152, 161, 169, 182, 184, 196-8, 209, 213, 216-8, 224, 236, 242-4, 246-8, 386, 440, 490, 533, 545, 576
Lancaster, Tomás de, barão de, 14, 308
Lannoy, Hugo de, 338, 483
Lannoy, Gilberto de, 466
Lannoy, João de, 353
Laval, André de, 316
Laval, Foulques de, 104, 136
Laval, Guy de, conde, 90, 209, 336, 387, 392
Laval, Joana de, 215
Le Coq, Roberto, 113, 115, 117, 132, 134-5, 138-40, 145, 177, 570
Le Maingre, João. *Ver* Boucicaut.
Le Mercier, João, 253
Le Maçon, Josseran, 145
Lohéac, André de, 175, 392, 411
Loré, Ambrósio de, 333
Lorena, Carlos, duque da, 165, 273
Lorris, Roberto de, 107, 113, 117, 119, 124, 143
Luís da Baviera, imperador, 5-6, 40-1, 53-4, 65, 133, 135, 195, 251, 469
Luís IX (são Luís), 150n.10, 276n.4
Luís VII, 7
Luís X, 23, 57, 114, 574
Luís XI, 332, 416
Lusignan, Hugo de, 348
Lusignan, Pedro de, 459
Luxemburgo, Bona de, 221
Luxemburgo, João de, 6, 50, 88-9, 227, 298, 340, 464, 515, 528-9
Luxemburgo, Luís de (bispo de Thérouanne), 309-10, 346, 355
Luxemburgo, Waleran de, 227
Luxemburgo, Ana de, 228
Luxemburgo, Pedro de, 228
Luxemburgo, Jacquette de, 346, 369
Luxemburgo, Sigismundo de, 289-91, 347, 361, 386

Machaut, Guilherme de, 149, 546
Maçon, Roberto Le, 348

Maignelais, Antonieta de, 400
Male, Luís de (conde de Flandres), 94, 105, 109, 158, 193, 216, 232-4, 242, 251
Marcel, Étienne, 101, 124, 132-5, 138-41, 143-5, 570
Marcel, Gilles, 132
Marle, Henrique de, 293
Marle, João de, 293
Mauny, Olivier de, 182-3, 198
Mauny, Walter, 70, 96, 109, 148, 152, 456
Mauny, William, 122
Meschin, Pequeno, 164, 178, 183, 509
Mézières, Filipe de, 231-2, 465, 475-6, 518, 524, 534
Moleyns, Adão (bispo de Chichester), 368
Moleyns, João, 9
Monstrelet, Enguerrand de, 288, 298, 332, 336, 460, 538, 542
Montaigu, cardeal Pedro Aycelin de, 253
Montfort, João de, 68-70, 75-7, 79-80, 102, 111-2, 124, 135, 161, 166-7, 173, 175, 569, 577
Morhier, Simon, 309
Mortimer, Roger, 8-9, 24, 32, 569
Mortimer, Edmundo, 385
Mortimer, Hugo, 268
Morvilliers, Filipe de, 310
Mundford, Osbert, 389

Namur, Guilherme, conde de, 40, 270
Namur, Roberto de, 459
Navarra, Filipe de, 57, 115, 165
Nevers, Luís de (conde de Flandres), 22, 25, 40, 45, 47, 56, 80, 89, 94
Norfolk, Tomás Mowbray, duque de, 247
Northampton, Guilherme Bohun, conde de, 39, 70-1, 79, 91, 102, 119, 122-3, 152, 458
Northumberland, Henrique, conde de, 244, 248, 257-9, 307, 493
Noyers, Miles de, 35

Ockham (ou Occam), Guilherme de, 6, 469, 528

Oresme, Nicolau, 123, 231, 250, 444, 547
Oxford, João de Vere, conde de, 120, 127, 129, 269, 362-3, 458

Pádua, Marsílio de, 6, 469
Pedro I, o Cruel (rei de Castela), 178-9
Pedro IV, o Cerimonioso (rei de Aragão), 178, 180
Pembroke, João Hastings, conde de, 14, 29, 56, 71, 209
Penthièvre, Joana de, 67-9, 102, 112, 175, 225, 577
Penthièvre, Olivier de, 272, 399
Percy, Guilherme, 210
Percy, Henrique, conde de Northumberland. *Ver* Northumberland, Henrique, conde de.
Percy, Tomás, 184-5, 213, 215, 258
Talleyrand-Périgord, Éliede, cardeal, 128
Peruzzi (família), 37, 41, 53-4, 65-6, 442
Petit-Dutaillis, Charles, 381, 445, 455
Petit, João, 266, 515
Piccolomini, Enea Silvio (papa Pio II), 350, 468
Picquigny, João de, 115, 132, 134, 137
Picquigny, Roberto de, 146
Pisano, Cristina de, 201-2, 206, 229, 231, 263, 320, 338, 475, 504, 507, 534, 546, 549, 557, 562
Poilevillain, João, 104, 107, 146
Poitiers, Afonso de, 26
Poitiers, Luís de (conde de Valentinois), 78, 81
Poitiers, conde de, 126, 166
Pole, Ricardo, 65
Pole, William, 42, 53-4, 65-6
Pole, Miguel de La, 238, 244-5, 285, 288
Pole, William de La, 316, 328, 332, 336, 343, 349, 354, 367-9, 384-5, 442
Pons, *sire* de. *Ver* Flavy, Guilherme de.

Quiéret, Hugo, 51, 60-1

Rais, Gilles de, 317, 333, 339, 559
Ricardo Coração de Leão, 7, 197

Ricardo II, 222-3, 226-8, 233, 235-8, 241-4, 246-50, 255-7, 260, 264, 295, 367, 439, 469, 488, 490, 524, 532-3, 541, 545, 570-1, 575-6
Richemont, Artur, conde de (condestável), 272, 288, 313, 316-7, 326-9, 336, 342, 347, 349, 355, 357, 360, 363-4, 376, 379, 391-2, 395-7, 399, 411, 484, 572, 577
Rivière, Bureau de la, 216, 225, 232, 253
Rohan, visconde de, 90, 102, 112, 175, 209, 212, 225
Rostrenen, Joana de, 102
Rolin, Nicolau, 351, 406, 483

Saboia, Amadeu de, 270, 407
Saboia, Carlota de, 376, 407
Saint-Pol, Luís de Luxemburgo, conde de, 131, 199, 227, 256, 270, 346, 379, 392, 405
Salisbury, Tomás Montagu, conde de, 308, 331
Salisbury, Guilherme Montagu, conde de, 9, 39, 59
Sancerre, Luís, conde de, 190, 225, 438
Scales, Tomás (lorde), 332, 336, 345, 494
Shakespeare, William, 249, 276, 287, 336, 544, 551, 566
Somerset, Edmundo Beaufort, duque de, 304, 364-5, 376, 385-6, 390-1, 393-7, 452, 576
Sorel, Agnès, 373-6, 394, 402
Stratford, João, 32-4, 61, 65, 219, 473, 520, 527
Stuart, João (conde de Buchan), 332-3
Stuart, João (senhor de Darnley), 308
Stuart, Margarida, 332
Suffolk, Roberto, conde de Ufford, 9, 59, 120, 127, 152, 213, 458
     Ver também Pole, Miguel de La
                      Pole, William de La
Surienne, Francisco de (o Aragonês), 390, 394, 572
Surienne, João de, 359, 510

ÍNDICE DE NOMES SELECIONADOS

Talbot, João, *sir*, 259, 291, 308-9, 332, 335-6, 343, 345, 354, 363, 366, 369, 387, 392-4, 397, 409-14, 494, 501, 513, 566, 572

Tancarville, João de Melun, conde de, 86, 109, 164, 193, 199, 304, 354, 379, 393

Terrevermeille, João, 300, 320, 476, 550

Touraine, João de (delfim), 289, 294

Touraine, Filipe de, 165

Touraine, Luís de, 252-5, 481

Transtamare, Henrique de, 178

Tyler, Wat, 233, 236-8, 453, 571

Urbano V, 177, 179, 193, 514, 528

Urbano VI, 228-9, 234, 242-4, 254

Valois, Carlos, conde de, 24, 29, 83, 152, 297, 574

Valois, Filipe IV de, 24, 31, 46, 62, 521, 569

Valois, Catarina de, 341, 369

Vignolles, Estêvão de, 295, 316, 343. *Ver também* La Hire, Estêvã.

Villandrando, Rodrigue de, 316, 356-7, 359, 510

Visconti, Giangaleazzo, 165, 247, 263

Visconti, Valentina, 253, 266-7

Visconti, Bona, 338

Warwick, Ricardo Beauchamp, conde de, 278, 354

Warwick, Tomás Beauchamp, conde de, 458

Whittington, Ricardo, 260-1, 279, 304, 493

Wyclif, João, 242, 262, 469, 517, 533-4

Xaintrailles, Poton de, 295, 305, 314, 316, 333, 336, 342-3, 357, 380, 397, 414, 510, 515

York, Edmundo, duque de, 209, 247, 269-70, 278, 288, 291

York, Ricardo, duque de, 244, 354, 363, 365, 375, 384-5, 576

SOBRE O LIVRO

Formato: 16 x 23 cm
Mancha: 27,5 x 42 paicas
Tipologia: Iowan Old Style 10/14,6
Papel: Off-white 80 g/m² (miolo)
Cartão Triplex 250 g/m² (capa)

1ª edição Editora Unesp: 2024

EQUIPE DE REALIZAÇÃO

Capa
Marcelo Girard

Edição de texto
Tulio Kawata (Copidesque)
Marcelo Porto (Revisão)

Editoração eletrônica
Sergio Gzeschnik (Diagramação)

Assistente de produção
Erick Abreu

Assistência editorial
Alberto Bononi
Gabriel Joppert

Rua Xavier Curado, 388 • Ipiranga - SP • 04210 100
Tel.: (11) 2063 7000
rettec@rettec.com.br • www.rettec.com.br